NOMOSLEHRBUCH

RiVG Dr. Volker Herbolsheimer
Verwaltungsgericht Gelsenkirchen

Prof. Dr. Julian Krüper
Ruhr-Universität Bochum

Baurecht

Planen und Bauen im Rechtsstaat

Die Deutsche Nationalbibliothek verzeichnet diese Publikation in
der Deutschen Nationalbibliografie; detaillierte bibliografische
Daten sind im Internet über http://dnb.d-nb.de abrufbar.

ISBN 978-3-8487-2271-6 (Print)
ISBN 978-3-8452-6366-3 (ePDF)

1. Auflage 2024
© Nomos Verlagsgesellschaft, Baden-Baden 2024. Gesamtverantwortung für Druck
und Herstellung bei der Nomos Verlagsgesellschaft mbH & Co. KG. Alle Rechte, auch die
des Nachdrucks von Auszügen, der fotomechanischen Wiedergabe und der Übersetzung,
vorbehalten.

Vorwort

Dieses Buch ist ein gemeinsames Projekt von Praxis und Wissenschaft. Es richtet sich an Studenten der Rechtswissenschaft mit Interesse am öffentlichen Baurecht und ist darum bemüht, Anfängern das Baurecht zu erschließen und Fortgeschrittenen Anregungen für eine vertiefte Beschäftigung zu geben. Das Werk versteht sich also ausdrücklich als Lehrbuch, das verschiedene Angebote zu effektivem Lernen macht.

- Die Lernziele vor den einzelnen Kapitelabschnitten ermöglichen eine Kontrolle des Lernerfolgs.
- Die vor die Kapitel 2 bis 4 gestellten § 1 „Orientierung und Überblick" geben einen knappen Einstieg in das Kapitel bei der ersten Lektüre und verstehen sich zugleich als kondensierte Zusammenfassung für Leser, die – etwa vor einer mündlichen Prüfung – Wissen auffrischen wollen.
- Die einzelnen Kapitel sind durch verschiedene Visualisierungen ergänzt; Prüfungsmuster treten an verschiedenen Stellen hinzu.
- Die Darstellungen sind durch eine Fülle von Fallbeispielen ergänzt, um eine praktische Anschauung des Baurechts zu gewährleisten.
- Die Kapitel 2 bis 4 integrieren die im Baurecht besonders wichtige Rechtsschutzperspektive in eigenen Abschnitten und ermöglichen so eine gezielte Befassung.
- Die Wiederholungs- und Vertiefungsfragen ermöglichen eine auch falllösungsorientierte Rekapitulation der wesentlichen Inhalte.
- Die Kapitel 2 bis 4 umfassen jeweils ausführliche Fallbesprechungen, die es erlauben, die erarbeiteten Gegenstände in der Anwendung auf den Fall zu wiederholen.
- Ein Glossar stellt die wichtigsten Begriffe des öffentlichen Baurechts für Studienzwecke zusammen.

Das Buch ist von der Überzeugung getragen, dass sich das baurechtliche Pflichtfach dadurch auszeichnet, nur einen geringen Normbestand für die universitären und staatlichen Prüfungen zu thematisieren; die Anforderungen, die dabei gestellt werden, gehen aber häufig sehr deutlich über das Überblickswissen hinaus, das die Juristenausbildungsgesetze in den Ländern für das Baurecht in der Regel verlangen. Diesem Spannungsverhältnis versucht das Buch vor allem dadurch Rechnung zu tragen, dass es sich immer wieder um die Erklärung baurechtlicher Wertungen und die Erhellung der verfassungs- und verwaltungsprozessrechtlichen Hintergründe bemüht und praktisch handhabbare Wege durch die dogmatischen Inkonsistenzen des Rechtsgebiets weist.

Die Entstehung des Buches ist durch verschiedene Menschen gefördert worden, denen wir Dank schulden. *Nicola Pridik* hat mit hoher Kreativität die Visualisierungen für das Buch erstellt; das Urheberrecht daran liegt bei ihr. Außerdem hat VRVG *Dr. Peter Henke* die Passagen zur baurechtlichen Abwägung und zum Gebot der Rücksichtnahme kritisch gelesen.

Robin Anstötz, Piet Blanc, Emina Bureković und *Sebastian Hölling* haben sich in unterschiedlichen Phasen des Entstehungsprozesses um die Redaktion des Textes und die Erstellung des Glossars sehr verdient gemacht. Bei der Fahnenkorrektur haben sich zudem *Charlotte Haas* und *Jorah Spitta* sehr engagiert. *Dr. Peter Schmidt* vom Nomos

Verlag hat die Entstehung des Buches schließlich mit unerschütterlicher Geduld begleitet, wofür wir ihm besonderen Dank schulden.

Gelsenkirchen und Bochum, im Mai 2024

Volker Herbolsheimer *Julian Krüper*

Inhaltsübersicht

Vorwort   5

Kapitel 1: Baurechtlich denken lernen

§ 1 Die Bedeutung des öffentlichen Baurechts in Praxis und Studium   9

§ 2 Akteure im Baurecht   16

§ 3 Handlungsformen des öffentlichen Baurechts   19

§ 4 Öffentliches Baurecht im Studium   23

Kapitel 2: Bauleitplanung

§ 1 Zur Orientierung und Wiederholung   30

§ 2 Das System der Bauleitplanung   33

§ 3 Rechtmäßigkeit von Bauleitplänen   55

§ 4 Die Sicherung der Bauleitplanung   76

§ 5 Bauleitpläne und bauleitplanerische Sicherungsinstrumente im Prozess   86

§ 6 Fallbeispiel   94

Kapitel 3: Die Zulassung von Bauvorhaben

§ 1 Zur Orientierung und Wiederholung   104

§ 2 Das System der bauaufsichtlichen Zulassung   106

§ 3 Materielle Vorhabenzulassung im beplanten Gebiet, § 30 BauGB   131

§ 4 Materielle Vorhabenzulassung im unbeplanten Innenbereich, § 34 BauGB   158

§ 5 Materielle Vorhabenzulassung im unbeplanten Außenbereich, § 35 BauGB   185

§ 6 Der Einfluss von Planungssicherungsinstrumenten auf die Vorhabenzulassung   204

§ 7 Materielle Vorhabenzulassung nach Bauordnungsrecht   211

§ 8 Rechtsschutz bei der Vorhabenzulassung   218

Kapitel 4: Bauordnungsverfügungen

§ 1 Zur Orientierung und Wiederholung	255
§ 2 Maßnahmen in der repressiven Rechtmäßigkeitskontrolle	258
§ 3 Rechtmäßigkeitsvoraussetzungen von Bauordnungsverfügungen	262
§ 4 Rechtsschutzkonstellationen	288
§ 5 Fallbeispiel	296
Glossar	303
Stichwortverzeichnis	315

Kapitel 1: Baurechtlich denken lernen

§ 1 Die Bedeutung des öffentlichen Baurechts in Praxis und Studium

A. Eigenschaften des öffentlichen Baurechts 1
B. Baurecht als Teil der Rechtsordnung 6
   I. Baurecht als besonderes Verwaltungsrecht 7
   II. Baurecht als Bauplanungs- und Bauordnungsrecht 8
     1. Bauplanungsrecht als Bodenrecht 10
     2. Bauordnungsrecht als Gefahrenabwehrrecht 12
     3. Die Abgrenzung von Bauplanungs- und Bauordnungsrecht 14
   III. Öffentliches Baurecht als Verwaltungsverfahrensrecht 17

A. Eigenschaften des öffentlichen Baurechts

Öffentliches Baurecht ist ein Rechtsgebiet, dessen Regeln im Alltag vielfältige konkrete Konsequenzen haben, das als eigene Materie aber wenig bekannt ist. Das hat nicht zuletzt damit zu tun, dass die Regelungen des Baurechts typischerweise nicht unmittelbar menschliche Handlungen oder Willensäußerungen betreffen. Stattdessen steuern sie die **Ordnung und die Nutzung der natürlichen Umwelt**, die uns im Alltag mehr oder weniger gegeben erscheint: Das Aussehen unserer Städte und Stadtteile, ihrer Gebäude und deren Nutzungsstrukturen werden selten als rechtlich bestimmt wahrgenommen. Demgegenüber stehen der Abschluss von Verträgen, das Begehen von Straftaten, aber auch der aktive Gebrauch von Grundrechten wie der Meinungs- oder Versammlungsfreiheit auch dem Bürger oft als rechtlich geordnete Vorgänge vor Augen. Auch dass wir uns am Türrahmen nicht den Kopf stoßen, die Stufen einer Treppe stets gleich hoch sind und der Umstand, dass das Nachbarhaus hinreichend weit entfernt steht, so dass Licht und Luft in Gebäude gelangen, nehmen wir hin, betrachten es aber kaum als Ergebnis rechtlicher Vorgaben. Und doch handelt es sich bei alldem um (baurechtlich) begründete Tatsachen. Durch welche von welchem Hoheitsträger erlassenen Rechtsnormen und Verfügungen diese Bedingungen gesetzt und geschaffen werden, ist also kaum geläufig. Diese Zusammenhänge zu erhellen, ist das Ziel dieses Buchs.

In engeren Kontakt mit dem öffentlichen Baurecht kommt regelmäßig, wer ein Wohnhaus errichtet oder umbaut, eine Gewerbeimmobilie erwirbt und anders als bislang nutzen oder eine bauliche Anlage abreißen lassen will und dabei feststellt, dass all dies nicht bloß individueller Willkür anheimgegeben ist, sondern gesetzlichen Regelungen unterliegt. Bei Gelegenheiten wie diesen fällt auch auf, dass Normen des öffentlichen Baurechts **starke Grundrechtsrelevanz** haben, für die Reichweite des Eigentumsgrundrechts vornehmlich, aber auch für andere Grundrechte, etwa dort, wo die Errichtung einer Krypta in einem Gewerbe- oder Industriegebiet,[1] einer Moschee mit Minarett[2]

---
1 BVerfG, NVwZ 2016, 1804 ff. Als eine Falllösung bei *Enders*, JuS 2015, 1022 ff.
2 OVG RhPf, NVwZ 2001, 933 f.; VG Ansbach, Urt. v. 25.6.2013 – AN 9 K 12.01400 –, juris; VG Freiburg, Urt. v. 12.10.2016 – 6 K 641/16 –, juris. Zur Berücksichtigung der Religionsfreiheit im Rahmen des baurechtlichen Rücksichtnahmegebots BVerwG, NJW 1992, 2170 (2171); siehe ferner zum Spannungsfeld Religionsfreiheit und Nachbarschutz *Karabas*, DÖV 2022, 538 ff.

oder – ein Klassiker des Baurechts – die Nutzung einer Wohnung als Bordell[3] untersagt werden.

3 Viele eigentumsverfassungsrechtliche Zusammenhänge, die im Rahmen der Befassung mit den Grundrechten oftmals abstrakt bleiben, gewinnen im Baurecht Anschaulichkeit. So lassen sich wesentliche Teile der baurechtlichen Normen als Inhalts- und Schrankenbestimmung des Eigentumsrechts nach Art. 14 I 1 GG verstehen, die dem Grundrechtsausgleich in mehrpoligen Rechtsverhältnissen dienen. Das hat praktische Konsequenzen für die Lösung baurechtlicher Fälle (Kap. 1 Rn. 38 ff., Kap. 3 Rn. 399 ff.).

4 Da das öffentliche Baurecht auf die Ordnung, Schaffung und gegebenenfalls auch auf die Beseitigung von Tatsachen in der Umwelt des Menschen zielt, muss es diese Tatsachen in einem eigenständigen Begriffsapparat erfassen. Dieser Apparat beherrscht auch eine Reihe der für die baurechtliche Falllösung relevanten Normen und hat eine technische Anmutung, wenn etwa von den „im Zusammenhang bebauten Ortsteilen", den „Darstellungen" des Flächennutzungs- und den „Festsetzungen" des Bebauungsplans, von „Wohngebieten", „urbanen Gebieten", „Vergnügungsstätten", „Abstandsflächen" oder Regeln der „Außengestaltung" die Rede ist. Ein Vorzug des öffentlichen Baurechts als Studienfach ist es, dass die Kenntnis eines sehr überschaubaren Bestands an Normen für gewöhnlich ausreichend ist, um die gängigen Fallkonstellationen (jeweils am Ende der folgenden Kapitel) einigermaßen sicher bearbeiten zu können. Das allerdings setzt eine Vertrautheit mit dem technischen Begriffsapparat dieser Normen voraus, der mit hoher Strenge und Genauigkeit eingesetzt werden muss, wenn es um die Lösung konkreter Fälle geht (Kap. 1 Rn. 38 ff.).

5 Im Jurastudium gehört das öffentliche Baurecht zu den tradierten Gegenständen und ist in Übungen, Schwerpunktbereichen und im Examen relevant. Um den Einstieg in das baurechtliche Denken möglichst einfach zu machen, gibt dieses Kapitel zunächst eine sehr kompakte Einführung in die Strukturen des öffentlichen Baurechts, auf der die folgenden Teile des Buches aufbauen. Richtigerweise werden in juristischen Texten die Normen, über die gesprochen wird, genannt. Damit ist gewährleistet, dass die Aussagen des Textes stets am Gesetz überprüft werden können. In diesem Kapitel werden die konkreten Normen gleichwohl nur dann genannt, wenn ihre Lektüre an der jeweiligen Stelle unerlässlich ist. Wo nur beispielhaft auf materielle Regelungen aus dem öffentlichen Baurecht hingewiesen wird, um deren konkrete Formulierung oder Struktur es an der jeweiligen Stelle nicht geht, wird auf die Nennung der Normen verzichtet, um die Lektüre zunächst zu erleichtern. Grundsätzlich aber gilt für die Lektüre, dass alle zitierten Normen stets auch zu lesen sind, gerade auch, um möglichst schnell in die Sprache und Technizität des Rechtsgebiets einzutauchen.

B. Baurecht als Teil der Rechtsordnung

6 Das öffentliche Baurecht steht als Teil des öffentlichen Rechts in vielfältigen Bezügen zum Verfassungsrecht und zu Materien des Verwaltungsrechts. Der Begriff des Baurechts umfasst allgemein gesprochen „**die Summe der Vorschriften über die Nutzung**

---

3 BVerwGE 174, 118 ff.; OVG Bln, GewArch 2003, 498 f.; HessVGH, NJOZ 2020, 700 ff.

§ 1 Die Bedeutung des öffentlichen Baurechts in Praxis und Studium

von Grundstücken".[4] Die Menge dieser Normen lässt sich nach verschiedenen Kriterien ordnen, die zusammen den Umriss des öffentlichen Baurechts erkennen lassen.

I. Baurecht als besonderes Verwaltungsrecht

Die Nutzung von Grundstücken wird nicht allein durch Normen des öffentlichen, sondern auch des privaten Rechts geregelt. Die Normen des privaten Baurechts betreffen die Grundstücksnutzung als Bestandteil des Eigentumsrechts, §§ 903 ff. BGB. Dabei geht es um Auswirkungen auf Eigentümer anderer Grundstücke, beispielsweise um die Frage nach einem zulässigen Überbau, § 912 BGB, oder das Problem der Duldung von einem Grundstück ausgehender Stoffe, §§ 906 ff. BGB. Es kommt daher nicht selten vor, dass in verwaltungsgerichtlichen Streitigkeiten Aspekte vorgetragen werden, die privatrechtlicher Natur sind und über die nicht von den Verwaltungsgerichten zu befinden ist.[5]

▶ **Beispiel:** Nachbarn klagen gegen die Errichtung eines Wohngebäudes auf dem unmittelbar angrenzenden Grundstück mit der Begründung, die geplante Entwässerung des Baugrundstücks führe zu Schäden an ihrem Grundstück. Deshalb wenden sie sich vor dem Verwaltungsgericht gegen die ihren Nachbarn erteilte Baugenehmigung. Hierbei handelt es sich aber um eine privatrechtliche Frage, weil die öffentlich-rechtlichen Vorschriften des Baurechts ausschließlich das Vorhandensein, nicht aber die adäquate Ausgestaltung der Entwässerung und insbesondere nicht den Schutz der Nachbarn vor einer ungenügenden Abwasserbeseitigung regeln.[6] ◀

II. Baurecht als Bauplanungs- und Bauordnungsrecht

Das öffentliche Baurecht als ein in einer Kodifikation (Gesetzbuch) systematisch geordnetes Rechtsgebiet gibt es nicht. Vielmehr besteht es aus verschiedenen Gesetzen, Verordnungen und sonstigen Bestimmungen.

Wichtig ist hierbei die Unterscheidung von bauplanungsrechtlichen und bauordnungsrechtlichen Bestimmungen. Sie wird aus zwei Gründen getroffen: Zunächst ist sie in der Verteilung der Gesetzgebungskompetenzen angelegt. Das Bauplanungsrecht ist Bundesrecht, während das Bauordnungsrecht der Landesgesetzgebung unterfällt. Dadurch bedingt verfolgen beide Gebiete auch unterschiedliche Zwecke: Das Bauplanungsrecht ist grundstücks- bzw. flächenbezogen, das Bauordnungsrecht hingegen anlagen- und damit vor allem gebäudebezogen.

1. Bauplanungsrecht als Bodenrecht

Ausgangspunkt der Unterscheidung zwischen Bauplanungs- und Bauordnungsrecht ist Art. 74 I Nr. 18 Var. 2 GG. Danach unterliegt das sogenannte Bodenrecht der konkurrierenden Gesetzgebung des Bundes. Nach allgemeiner Meinung hat der Bundesgesetzgeber von dieser Kompetenz umfassend Gebrauch gemacht, so dass die Materie

---

4 *Erbguth*, Öffentliches Baurecht, 5. Aufl. 2009, § 1 Rn. 1; *Battis*, in: ders./Krautzberger/Löhr (Hrsg.), BauGB, 15. Aufl. 2022, Einl. Rn. 1.
5 Zu beachten ist aber § 17 II GVG, wonach auch das Verwaltungsgericht privatrechtliche Aspekte prüfen muss. Dies gilt aber nur, wenn neben eigenständigen öffentlich-rechtlichen auch eigenständig privatrechtliche Institute Anwendung finden (z. B. wenn ein Bürger Ansprüche gegen die Behörde einmal auf Basis öffentlich-rechtlicher und einmal auf Grundlage von privatrechtlichen Instituten geltend macht).
6 OVG NRW, Urt. v. 9.6.2011 – 7 A 1494/09 –, juris.

des Bodenrechts für die Länder gesperrt ist.[7] Der Begriff des Bodenrechts ist dabei althergebracht und umfasst im Wesentlichen jenen Bereich, der heute mit dem Begriff des Bauplanungsrechts bezeichnet wird. Zum Bodenrecht gehören nach tradiertem Verständnis „nur solche Vorschriften, die den Grund und Boden unmittelbar zum Gegenstand rechtlicher Ordnung haben, also die rechtlichen Beziehungen des Menschen zum Grund und Boden regeln".[8] Deshalb spricht man vom Bauplanungsrecht als einer **grundstücksbezogenen** Rechtsmaterie. Für die Frage, was unter Bodenrecht im Einzelnen zu verstehen ist, muss berücksichtigt werden, dass Art. 74 I Nr. 18 Var. 2 GG ein sogenannter **normativer Kompetenztitel** ist, für dessen Auslegung bestimmend ist, was der Gesetzgeber diesem Titel in historischer Perspektive zuordnet: So sprach schon Art. 10 Nr. 4 WRV vom „Bodenrecht" und der „Bodenverteilung".[9] Insofern bietet für die Auslegung des Kompetenztitels auch der Bestand des einfachen Rechts einen Orientierungspunkt. Worum es dem Bauplanungsrecht im Kern geht, zeigt anschaulich **§ 9 BauGB**, der die zulässigen Inhalte des Bebauungsplans – dem zentralen Instrument des Bauplanungsrechts – abschließend festlegt. Ein Bebauungsplan hat hiernach die Aufgabe, die **Nutzung der Grundstücke** innerhalb eines Gebiets einer Gemeinde verbindlich zu regeln. Dabei geht es vor allem um die Art der zulässigen Nutzungen (Wohnen, Gewerbe, Industrie, Landwirtschaft, Verwaltung usf.) und ihr Maß (Grundfläche der Gebäude, Zahl und Höhe der Geschosse usf.). Vor dem Hintergrund des § 9 BauGB erschließt sich auch, woher der Begriffsbestandteil „Planung" im Begriff des Bauplanungsrechts stammt: Die verbindliche Regelung der Grundstücksnutzung soll nach dem Willen des Gesetzgebers im Wege der Planung erfolgen. Hierfür steht den Gemeinden als den zentralen Planungsakteuren (Kap. 2 Rn. 1) die Möglichkeit offen, die Grundstücksnutzung durch das Aufstellen sogenannter **Bauleitpläne**, §§ 1 ff. BauGB, zu regeln.

Kennzeichnend für das Bauplanungsrecht ist, dass die Vorgaben zur Grundstücksnutzung nicht isoliert ergehen, sondern in Bezug auf die bereits vorhandene tatsächliche Umgebung. Das zeigt vor allem § 1 III 1 BauGB, wonach Bauleitpläne aufzustellen sind, sobald und soweit es für die „städtebauliche Entwicklung und Ordnung" erforderlich ist (Kap. 2 Rn. 103 ff.). Jede planerische Vorgabe für eine Grundstücksnutzung ergeht daher im Bezug auf eine gedachte bauliche Ordnung im Sinne eines harmonischen Zusammenhangs aufeinander bezogener Nutzungsvarianten. Konkret geht es etwa darum, nicht einen emissionsstarken Industriebetrieb neben einem Seniorenheim zu betreiben oder ein zehngeschossiges Hochhaus in einem Gebiet mit zweigeschossigen Einfamilienhäusern zu errichten. Deswegen sind sehr unterschiedliche Nutzungstypen innerhalb einer Gemeinde zumeist auch bestimmten Gebieten, etwa Wohn-, Gewerbe-, Industrie- oder Dorfgebieten zugeordnet.

2. Bauordnungsrecht als Gefahrenabwehrrecht

Anders liegt die Situation im Bauordnungsrecht, das im Wesentlichen die nicht dem Bodenrecht unterfallenden baurechtlichen Materien umfasst, für die nach Art. 70 I GG die Länder die Gesetzgebungskompetenz haben und die maßgeblich in den jeweiligen **Landesbauordnungen** geregelt werden. Der Begriffsbestandteil „Ordnungsrecht" rührt daher, dass die baurechtliche Gefahrenabwehr traditionell einen Schwerpunkt

---

[7] *Battis*, in: Battis/Krautzberger/Löhr (Hrsg.), BauGB, 15. Aufl. 2022, Einl. Rn. 10.
[8] BVerfGE 3, 407 (424); vgl. *Muckel/Ogorek*, Öffentliches Baurecht, 4. Aufl. 2020, § 2 Rn. 1.
[9] Vgl. allgemein *Degenhart*, in: Sachs (Hrsg.), GG, 9. Aufl. 2021, Art. 70 Rn. 51 ff.

§ 1 Die Bedeutung des öffentlichen Baurechts in Praxis und Studium

der Länderregelungen bildete. Dabei liegt dem Bauordnungsrecht als Gefahrenabwehrrecht ein weites Gefahrenverständnis zugrunde, weswegen nicht nur die klassischen anlagenbegründeten Gefahren wie etwa Brände, sondern auch Gefährdungen des Straßenverkehrs durch unzureichende Parkplätze bauordnungsrechtlich relevant sind. Es trifft aber auch Vorgaben für die Verwendung bestimmter Bauteile oder Baustoffe und regelt Fragen der sonstigen Bauausführung. Das Bauordnungsrecht statuiert daher vor allem die rechtlichen Anforderungen an die **Beschaffenheit der baulichen Anlage**. Als **besonderes Ordnungsrecht** gehen die Landesbauordnungen den allgemeinen Polizei- und Ordnungsgesetzen vor; im Einzelfall kann es aber geboten sein, auf deren allgemeine Regelungen ergänzend zurückzugreifen.

▶ **Beispiel:** Im Bauordnungsrecht ist nicht geregelt, dass Ordnungsverfügungen – etwa eine Abrissanordnung oder eine Nutzungsuntersagung – bestimmten Formerfordernissen genügen müssen. Sie unterliegen aber den Vorgaben des allgemeinen Ordnungsrechts. So bestimmt etwa § 20 OBG NRW, dass alle Ordnungsverfügungen schriftlich zu ergehen haben. Auch für die Frage, wer Adressat einer Ordnungsverfügung sein kann, ist häufig ein Rückgriff auf die allgemeinen Regelungen nötig. Die Bauordnungen enthalten hier in der Regel nur Vorgaben für die Zeit während der Bauausführung, nicht aber für die Zeit danach. Auch hier kann auf die Störer-Regelungen des allgemeinen Gefahrenabwehrrechts zurückgegriffen werden, z. B. §§ 17 f. OBG NRW. ◀

In jüngerer Zeit wird der Regelungsgegenstand der Landesbauordnungen um Aspekte jenseits der Gefahrenabwehr erweitert. So werden etwa Fragen der äußeren Gestaltung von Anlagen, aber etwa auch sozialstaatliche Fragen der Barrierefreiheit von Anlagen zunehmend in den Blick genommen.

3. Die Abgrenzung von Bauplanungs- und Bauordnungsrecht

Die kompetenzielle Grenze zwischen Bauplanungs- und Bauordnungsrecht ist nicht immer scharf gezogen, weil auch Normen des Bauordnungsrechts planungsrechtlichen Charakter aufweisen und das Planungsrecht Einfluss auf die Beschaffenheit baulicher Anlagen nimmt.[10] Als maßgebliches Abgrenzungskriterium dient insoweit die **Zielrichtung** der in Rede stehenden Vorschrift: Hat sie maßgeblich die anlagenbezogene Gefahrenabwehr im Blick, ist sie dem Bauordnungsrecht zuzuordnen, verfolgt sie hingegen die grundstücksbezogene Nutzungsregulierung, liegt eine Norm des Bauplanungsrechts vor.[11] Insoweit kann ein Gegenstand auch bauplanungs- sowie bauordnungsrechtlichen Regelungen unterliegen, weil er von beiden Zweckrichtungen erfasst werden kann.[12]

▶ **Beispiel:** Nach Regelungen in den Landesbauordnungen[13] sind Werbeanlagen unter anderem in bestimmten Wohngebieten nur ausnahmsweise zulässig. Diese Regelung mutet zunächst bauplanungsrechtlich an, weil es auf den ersten Blick um den bodenrechtlichen Ausgleich der verschiedenen Nutzungen (Werbung als gewerblicher Zweck vs. Wohnnutzung) gehen könnte. Anderseits könnte das Ziel der Regelung die Gestaltung von Werbeanlagen sein. Dies wäre eher bauordnungsrechtlicher Natur. ◀

---

10 Dazu auch *Haaß*, NVwZ 2008, 252 ff. und *Jäde*, ZfBR 2009, 9 ff. sowie *ders.*, ZfBR 2010, 34 ff.
11 Vgl. dazu BVerwG, NVwZ 2008, 311 (311 ff.).
12 BVerwGE 40, 94 (96); E 91, 234 (240).
13 § 11 IV LBO BW; § 10 IV BauO Bln; § 10 IV BremLBO; § 13 II HBauO; § 10 IV LBauO M-V; § 50 IV NBauO; § 10 IV BauO NRW; § 52 IV LBauO RP; § 12 IV LBO Saar; § 10 IV SächsBO; § 10 V BauO LSA; § 10 IV LBO SH; § 10 IV ThürBO.

15 Neben diesem Abgrenzungsansatz hat sich ein Ansatz entwickelt, der eine normbezogene Zuordnung präferiert (instrumentaler Ansatz): Bauplanungsrecht ist danach jede Bestimmung, deren Gegenstand auch nach § 9 BauGB Inhalt eines Bebauungsplans sein kann.[14] Das BVerwG hat sich dem aber zu Recht nicht angeschlossen.[15] In aller Regel führen beide Ansätze aber ohnehin zu gleichen Ergebnissen.

▶ **Beispiele:** § 34 I 1 BauGB, wonach ein Bauvorhaben nur zulässig ist, wenn es sich unter anderem hinsichtlich der Art der baulichen Nutzung in die Eigenart der näheren Umgebung einfügt, ist bauplanungsrechtlicher Natur, weil sein Zweck gerade in der flächenbezogenen Nutzungskonfliktregelung liegt (finaler Ansatz) und er Gegenstand eines Bebauungsplans sein kann, vgl. § 9 I Nr. 1 BauGB (instrumentaler Ansatz). Brandschutzregelungen sind hingegen bauordnungsrechtlicher Natur, weil sie anlagenbezogene Gefahren (Ausbreitung von Bränden, aber auch Gefahren für Leib und Leben) in den Blick nehmen und nicht Gegenstand eines Bebauungsplans sein können. ◀

16 Es verbleiben aber auch Grenzfälle, in denen eine klare Abgrenzung kaum möglich ist. Hier wird sich nicht zuletzt wegen des normativen Charakters des Kompetenztitels „Bodenrecht" auch auf die Entscheidung des Gesetzgebers, einer Norm bauordnungsrechtlichen oder bauplanungsrechtlichen Charakter zu verleihen, gestützt.

▶ **Beispiel:** Das betrifft etwa die bereits benannten Ausschlüsse von Werbeanlagen in Wohngebieten. Die Zuordnung dieser Regelungen zum Ordnungsrecht wird in der Rechtsprechung im Wesentlichen damit begründet, dass es hier nicht um die (planungsrechtliche) Homogenisierung von Nutzungen, sondern maßgeblich um die Verhinderung einer Verunstaltung gehe, die auch historisch stets als bauordnungsrechtliche Aufgabe eingestuft wurde; der Anknüpfungspunkt sei also nicht die Nutzung des Grundstücks, sondern das Erscheinungsbild der baulichen (Werbe-)Anlage.[16] Das kann man indes auch anders betrachten. Zudem schließen diese Vorschriften nicht aus, dass Werbeanlagen **überdies** auch den bauplanungsrechtlichen Regelungen unterliegen. Insofern erscheint beides möglich, weil Werbeanlagen einmal aus nutzungsbezogener (bodenrechtlicher) Perspektive dem Bauplanungsrecht und einmal aus ästhetischer Blickrichtung dem Bauordnungsrecht unterfallen können.[17] ◀

---

14 BayVGH, ZfBR 2005, 560 (562); *Haaß*, NVwZ 2008, 252 (253 f.).
15 BVerwG, NVwZ 2008, 311 (312).
16 BVerwG, NVwZ 2008, 311 ff.; OVG NRW, BauR 2010, 1543 ff.
17 BVerwGE 40, 94 (96); E 91, 234 (240).

Bauplanungs- und Bauordnungsrecht

	Bauplanungsrecht	Bauordnungsrecht
Gegenstand	In welcher Art sollen/dürfen Grundstücke genutzt werden und inwiefern sind dieser Nutzung Grenzen gesetzt (Maß der Nutzung)?	Wie müssen bauliche Anlagen beschaffen sein?
Bezug	Grundstück in seiner Umgebung	bauliche Anlage
Ziel	abstrakt-generelle Regelung der Nutzung von Grundstücken unter Berücksichtigung bestimmter städtebaulicher Zielvorgaben	Gefahrenabwehr, Barrierefreiheit ...
Charakter der Vorschriften	offen, zielorientiert, mit Handlungsspielraum für die planenden Gemeinden	konkret, eingreifend, streng, konditional (wenn – dann)
Gesetzgebungskompetenz	Bund (Art 74 I Nr 18 Var 2 GG – Bodenrecht)	Länder (Art 70 I GG)
Normen	Raumordnungsgesetz des Bundes (ROG) und ggf. ergänzend Planungsgesetze der Länder, Baugesetzbuch (BauGB), Baunutzungsverordnung (BauNVO)	Bauordnungen der Länder, z. B. BauO NRW oder ThürBO

©npridik.de

III. Öffentliches Baurecht als Verwaltungsverfahrensrecht

Öffentliches Baurecht ist außerdem auch (Verwaltungs-)Verfahrensrecht. Das betrifft zunächst die Landesbauordnungen, die das Baugenehmigungsverfahren ausgestalten, indem sie bestimmte behördliche Zuständigkeiten festlegen, Antrags- und Genehmigungserfordernisse postulieren, verschiedene Genehmigungstypen ausformen, Mitwirkungs- und Beteiligungsrechte statuieren und Eingriffsinstrumente vorhalten.[18] Diese Regelungen sind Ausdruck der Gesetzgebungskompetenz der Länder für das Verwaltungsverfahren nach Art. 84 I 1, 83 GG.

Aber auch das Bauplanungsrecht regelt verfahrensrechtliche Fragen, weil es Vorgaben für das Verfahren der Bauleitplanung macht, die in der Prüfung bei der Rechtmäßigkeitskontrolle von Bauleitplänen relevant werden, §§ 2 ff. BauGB. Klausurtypisch ist die Verknüpfung von baurechtlichen und kommunalrechtlichen Verfahrensrechtsfragen, wenn etwa ein Ratsmitglied am Aufstellungs- bzw. Satzungsbeschluss über einen Bebauungsplan teilnimmt, das im Plangebiet Eigentümer von Grundstücken ist, die durch die sogenannte Überplanung erheblich an Wert gewinnen.[19]

---

18 *Böhm*, JA 2013, 481 (482 ff.); *Kersten*, in: Schoch (Hrsg.), Besonderes Verwaltungsrecht, 2018, Kap. 3 Rn. 402 ff., 442 ff.; *Stollmann/Beaucamp*, Öffentliches Baurecht, 13. Aufl. 2022, Vor § 18, §§ 18 f.; *Will*, Öffentliches Baurecht, 2. Aufl. 2022, § 5.
19 Examensklausurfall bei *Pernice-Warnke*, JuS-Beilage 2016, 50 ff.

§ 2 Akteure im Baurecht

A. Bürger: Bauherr und Nachbar 20
B. Gemeinde 21
  I. Planungshoheit 22
II. Recht auf Beteiligung 23
C. Baubehörde 24

▶ **Lernziele**
1. Sie können die für baurechtliche Fälle typischen Akteure nennen.
2. Sie können den verschiedenen Akteuren ihre jeweiligen baurechtlichen Rechtspositionen zuordnen und deren wesentlichen Gehalt erläutern. ◀

Baurechtliche Sachverhalte spielen sich typischerweise im Verhältnis zwischen Bürger, Baubehörde und Gemeinde ab. Für ein Verständnis des Rechtsgebiets Baurecht ist es deswegen hilfreich, die mit den jeweiligen Akteuren verbundenen Rechtspositionen zu kennen.

A. Bürger: Bauherr und Nachbar

Der Bürger begegnet in baurechtlichen Fällen in zwei Varianten: als Bauherr, der ein Bauvorhaben verwirklichen will, und als Nachbar, der von einem Bauvorhaben nachteilig betroffen ist und dessen Realisierung verhindern oder beschränken will. Beide können sich dabei auf die **Eigentumsfreiheit des Art. 14 I GG** berufen, die nicht nur ein Recht auf Realisierung eines Bauvorhabens gibt, sondern auch das Recht, unzulässige Beeinträchtigungen der eigenen Eigentumsposition durch Bauvorhaben Dritter abzuwenden. Das macht es nötig, die konkurrierenden Interessen miteinander in Ausgleich zu bringen. Dabei kommt den Normen des einfach-gesetzlichen Baurechts eine Schlüsselrolle zu, weil es sich bei Art. 14 I 1 GG um ein normgeprägtes Grundrecht handelt.[1] Der Gesetzgeber muss also für unterschiedliche Kontexte konkretisieren, was das Eigentumsgrundrecht umfasst bzw. wie weit es reicht und an welche Grenzen es stößt. Dazu zählt auch die Frage, ob und unter welchen Bedingungen eine bauliche Anlage auf einem Grundstück realisiert werden darf. Die dem Art. 14 I 1 GG zugerechnete sogenannte **Baufreiheit des Eigentümers** besteht also nur nach Maßgabe des einfachen Rechts, das Inhalts- und Schrankenbestimmungen des Eigentums beinhaltet, Art. 14 I 2 GG.[2] Eine Missachtung des einfachen Baurechts durch die Baubehörde, etwa weil sie einen Bauantrag rechtswidrig ablehnt und damit das einfache Recht verkennt, bedeutet daher regelmäßig zugleich eine Verletzung der Eigentumsfreiheit des Bauherrn aus Art. 14 I 1 GG. Daher muss die Behörde, wenn ein zur Genehmigung gestelltes Vorhaben den Vorgaben des einfachen Rechts entspricht, die begehrte Baugenehmigung auch erteilen. Aufgrund dessen sehen die Landesbauordnungen hier stets eine gebundene Entscheidung vor (Kap. 3 Rn. 60).

B. Gemeinde

Nach Maßgabe der **Selbstverwaltungsgarantie** des Art. 28 II 1 GG genießen die Gemeinden das Recht, „alle Angelegenheiten der örtlichen Gemeinschaft im Rahmen

---
1 *Michael/Morlok*, Grundrechte, 8. Aufl. 2023, Rn. 377 ff.
2 *Kersten*, in: Schoch (Hrsg.), Besonderes Verwaltungsrecht, 2018, Kap. 3 Rn. 13 ff.; *Will*, Öffentliches Baurecht, 2. Aufl. 2022, § 1 Rn. 6.

der Gesetze in eigener Verantwortung zu regeln". Angelegenheiten der örtlichen Gemeinschaft sind dabei jene, „die in der örtlichen Gemeinschaft wurzeln oder auf sie einen spezifischen Bezug haben, die also den Gemeindebürgern gerade als solchen gemein sind, indem sie das Zusammenleben und -wohnen der Menschen in der (politischen) Gemeinde betreffen".[3] Was zu diesen Angelegenheiten zu zählen ist, ist im Laufe der Zeit konkretisiert worden. Umfasst sind – bei abweichender Terminologie im Einzelnen – die Planungshoheit, die Rechtsetzungshoheit, die Organisationshoheit, die Finanzhoheit, das Recht zur Daseinsvorsorge für die Gemeindebewohner und die Personalhoheit.

I. Planungshoheit

Die Planungshoheit der Gemeinde als Bestandteil der kommunalen Selbstverwaltungsgarantie des Art. 28 II 1 GG[4] umfasst das Recht **zur selbständigen Bauleitplanung**, verstanden als die geordnete räumliche Entwicklung des Gemeindegebiets. Die Gemeinde hat das Recht, in ihrem Gebiet Bauleitpläne aufzustellen, die diese Entwicklung steuern, und deren Inhalt festzulegen. Dieses Recht ist allerdings nicht unbeschränkt gewährleistet, sondern steht unter dem Vorbehalt einfachgesetzlicher Ausgestaltung. Eine solche ergibt sich aus verfahrensbezogenen Vorgaben (Kap. 2 Rn. 79 ff.) und inhaltlich etwa aus der bereits angesprochenen Norm des § 9 BauGB, die den möglichen Inhalt eines Bebauungsplanes **abschließend** festlegt (Kap. 2 Rn. 97 ff.).[5]

22

II. Recht auf Beteiligung

Die Planungshoheit der Gemeinde umfasst zudem auch ein Recht auf Beteiligung in den Fällen, in denen die Planungshoheit durch ein Bauvorhaben berührt sein kann. Denn die Gemeinde entscheidet nach den Landesbauordnungen häufig nicht selbst über die Erteilung einer Baugenehmigung für ein konkretes Bauvorhaben, egal ob es sich um ein Einfamilienhaus, einen Supermarkt oder einen großen Industriebetrieb handelt. In bestimmten planungssensiblen Fällen darf daher die von der Gemeinde verschiedene Baubehörde, etwa der zuständige (Land-)Kreis, die Baugenehmigung nur erteilen, wenn die betroffene Gemeinde ihr Einvernehmen erteilt hat, § 36 BauGB (Kap. 3 Rn. 293 ff.). Sofern die Gemeinde selbst die zuständige Baubehörde ist, gelten Sonderregeln (Kap. 3 Rn. 296).

23

C. Baubehörde

Wie soeben gesehen, ist die zuständige Baubehörde von der durch ein Bauvorhaben betroffenen Gemeinde häufig verschieden. Daher kommt der Bauaufsichtsbehörde im Baugenehmigungsverfahren eine wichtige, historisch gewachsene **Koordinationsfunktion** zu. Zwar hat der Gesetzgeber mit dem öffentlichen Baurecht bereits eine detailreiche Ausgestaltung und Konkretisierung sowohl des Eigentumsgrundrechts aus Art. 14 I 1 GG als auch der kommunalen Planungshoheit aus Art. 28 II 1 GG geschaffen, um baurechtstypische Konfliktsituationen zu lösen. Doch kommen auch diese Normen nicht ohne erhebliche Wertungsspielräume aus. So weisen die wesentlichen Baurechtsnormen nicht nur zahlreiche unbestimmte Rechtsbegriffe auf, sondern verlangen auch

24

---

[3] BVerfGE 79, 127 (151 f.); *Schoch*, VerwArch 81 (1990), 18 ff.
[4] Zur Dogmatik des Art. 28 II 1 GG *Rennert*, JuS 2008, 29 ff.
[5] BVerwGE 92, 56 (62).

eine oft komplexe Einschätzung der tatsächlichen Verhältnisse und deren Bewertung. Diese Spielräume muss die Bauaufsichtsbehörde unter Berücksichtigung der verfassungs- und einfachrechtlichen Rechtspositionen von Bürgern und Gemeinde immer wieder erneut konkretisierend ausfüllen.

▶ **Beispiel:** B beantragt eine Baugenehmigung für den Neubau eines Wohnhauses mit drei Geschossen. Der einschlägige Bebauungsplan der Gemeinde setzt fest, dass bauliche Anlagen maximal zwei Geschosse aufweisen dürfen. Hiervon kann die Baugenehmigungsbehörde aber befreien, § 31 II BauGB, wenn das Abweichen vom Bebauungsplan nicht die Grundzüge der Planung der Gemeinde berührt. Ob dies der Fall ist, muss die Baugenehmigungsbehörde unter Beachtung von Art. 28 II 1 GG beurteilen. Denn eine Befreiung von den Vorgaben eines Bebauungsplans kann die Umgehung des planerischen Willens der Gemeinde bedeuten und damit ihre Planungshoheit verletzen. ◀

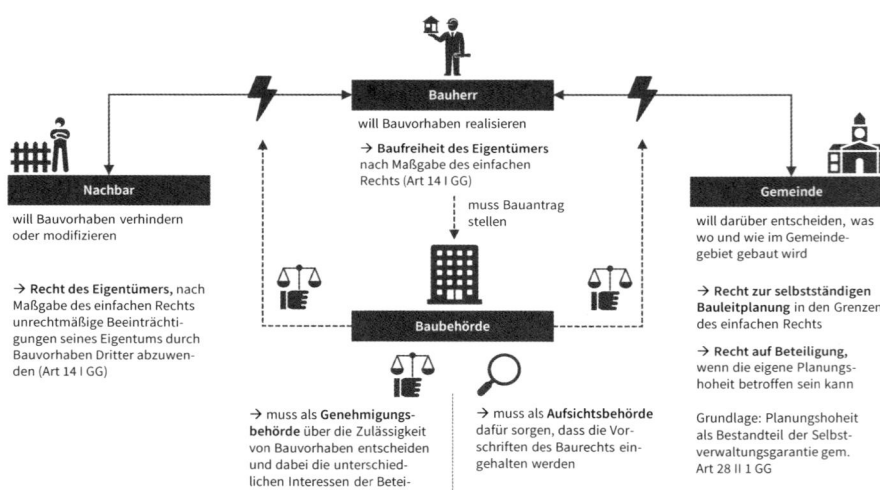

Die Akteure im Baurecht und ihre Interessen

§ 3 Handlungsformen des öffentlichen Baurechts

A. Formell-gesetzliche Regelungen 26
B. Exekutive Handlungsformen 27
  I. Exekutive Normsetzung 28
  II. Exekutive Einzelfallentscheidungen 32
  1. Verwaltungsakt 33
  2. Städtebauliche und sonstige öffentlich-rechtliche Verträge 36

▶ **Lernziele**

1. Sie können die typischen Handlungsformen des Staates im Bereich von Rechtsetzung und Verwaltung nennen und voneinander abgrenzen.
2. Sie können anhand der relevanten Normen die Bedeutung verschiedener Handlungsformen im öffentlichen Baurecht aufzeigen.
3. Sie können Beispiele für die Verschränkung von Rechtmäßigkeitsprüfungen verschiedener Handlungsformen im öffentlichen Baurecht bilden (dazu auch Kapitel 2–4). ◀

Es hat sich bereits gezeigt, dass das öffentliche Baurecht verschiedene Handlungsformen in Bezug nimmt, deren Ziel es ist, die bauliche Nutzung von Grundstücken auf den verschiedenen Stufen staatlicher Planungs- und Zulassungsverfahren angemessen zu ordnen. Dabei treten neben das Gesetz und den Verwaltungsakt vor allem die Verordnungs- und Satzungsgebung. Am Baurecht lassen sich dabei die Funktions- und Leistungsunterschiede der verschiedenen staatlichen Handlungsformen und ihre Verschränkung besonders anschaulich zeigen, die im weiteren Verlauf des Buches noch eingehend untersucht werden.

▶ **Beispiel:** Das Zusammentreffen der verschiedenen Handlungsformen kann in beinahe jedem Baurechtsfall beobachtet werden, etwa wenn die Behörde eine Abrissverfügung (Verwaltungsakt) erlässt mit der Begründung, die betroffene Anlage, für die keine Baugenehmigung (Verwaltungsakt) erteilt worden sei, verstoße gegen den geltenden Bebauungsplan (Satzung). Dieser setze nämlich nach Maßgabe von § 9 BauGB (formelles Gesetz) ein bestimmtes Baugebiet fest, in dem die betroffene Anlage nach der hier anwendbaren Baunutzungsverordnung (Rechtsverordnung) nicht zulässig sei, von der im Übrigen in unzulässiger Weise Emissionen ausgingen, die die Grenzwerte der hierfür zu beachtenden TA-Lärm (Verwaltungsvorschrift) überschritten. ◀

A. Formell-gesetzliche Regelungen

Die gesetzlichen Grundlagen des prüfungsrelevanten Teils des öffentlichen Baurechts liegen im Baugesetzbuch des Bundes und den Bauordnungen der Länder, neben die die Vorgaben der Landesverwaltungsverfahrensgesetze, des allgemeinen Ordnungsrechts und der Verwaltungsgerichtsordnung treten. Materiell-rechtlich können auch Normen des Wirtschaftsverwaltungsrechts oder des Umweltrechts in baurechtlichen Konstellationen Bedeutung entfalten. Dabei geht es typischerweise um das Konkurrenzverhältnis der jeweiligen Genehmigungen und die Frage, wie baurechtsfremde Anforderungen, etwa des Naturschutzes, in baurechtlichen Zulassungsverfahren verwirklicht werden können.[1] Die Nutzung des Gesetzes als Handlungsform folgt im Bauplanungsrecht

---

1 Zur Missachtung der baurechtlichen Vorschriften als Versagungsgrund der Gewerbe- bzw. Gaststättenerlaubnis siehe z. B. § 33i II Nr. 2 GewO und § 4 I 1 Nr. 2, 3 GastG. Keine Konzentrationswirkung zwischen Bau- und Gaststättenrecht, vgl. *Hummel*, JA 2022, 659 (660). Hingegen zur Konzentrationswirkung im

daraus, dass die Grundlinien des Bauwesens schon aus Gründen der grundrechtlichen Gleichbehandlung aller Grundeigentümer und der Ausgestaltungspflicht des Gesetzgebers für Art. 14 GG notwendig formell-gesetzlich zu regeln sind.

B. Exekutive Handlungsformen

27 Die Verwaltung entscheidet nicht nur über die Zulassung baulicher Anlagen im Einzelfall (Kap. 3 Rn. 1) und über Ordnungsverfügungen in Fällen rechtswidriger baulicher Anlagen (Kap. 4 Rn. 2), sondern wird im Baurecht auch als Normgeber tätig.

I. Exekutive Normsetzung

28 Exekutive Normsetzung wird vor allem dann eingesetzt, wenn die Legislative der Exekutive in einer Materie einen Wissensvorsprung zuschreibt und zugleich die zu regelnden Fragen nicht als so wesentlich angesehen werden, dass es einer formell-gesetzlichen Regelung bedürfte. Dann ermächtigt der parlamentarische Gesetzgeber die Verwaltung, entsprechende behördliche Normen zu erlassen. Solche Normen spielen im öffentlichen Baurecht vor allem bei besonders **technischen** oder **verfahrensbezogenen** Fragestellungen eine Rolle.

29 **Bundesrechtlich** ist hierbei zunächst auf die BauNVO nach § 9a BauGB und die sogenannte Planzeichenverordnung (PlanZV) nach § 2 V Nr. 4 BauGB hinzuweisen, die für Gemeinden verbindliche Vorgaben machen, welche Inhalte sie in welcher Weise in ihre Bauleitpläne aufnehmen können. Bauordnungsrechtlich konkretisieren die **Länder** vor allem technische Anforderungen an die Beschaffenheit von Gebäuden in eigenen Verordnungen, legen aber in den sogenannten **Bauprüfverordnungen** auch fest, welchen Inhalt ein Bauantrag genau aufzuweisen hat (Kap. 3 Rn. 34).

▶ **Beispiel:** Nach § 43 I BauO NRW müssen „Feuerungsanlagen" (z. B. Kamine in Wohnhäusern) betriebs- und brandsicher sein. Unter welchen Voraussetzungen dies der Fall ist, hat der Landesgesetzgeber aber nicht geregelt, weil es sich hierbei um eine hoch technische Frage handelt. Daher existiert die „Feuerungsverordnung NRW", die exakte Anforderungen an die Beschaffenheit dieser Anlagen stellt. ◀

30 Auch auf Ebene der Gemeinde findet im Baurecht Normsetzung statt. So wird der Bebauungsplan als Satzung beschlossen, § 10 I BauGB (Kap. 2 Rn. 37). Auch die Veränderungssperre, § 14 BauGB, mit der die Gemeinde vorübergehend die Realisierung von Bauvorhaben unterbinden kann, wird als Satzung beschlossen, § 16 I BauGB (Kap. 3 Rn. 291).[2]

31 In der Praxis kommt auch im Baurecht den **Verwaltungsvorschriften** Bedeutung zu. Verwaltungsvorschriften konkretisieren als behördliches Innenrecht unbestimmte Rechtsbegriffe und leiten die Ausübung von Ermessen an, um die Arbeit der Behörden zu erleichtern und um eine einheitliche Entscheidungspraxis zu gewährleisten.[3] Da das baurechtliche Verwaltungsverfahren in den Landesbauordnungen geregelt ist, handelt es sich bei den Verwaltungsvorschriften fast ausschließlich um solche der Landesministerien.

Umweltrecht siehe § 13 BImSchG. Dazu auch *Hilbert*, JuS 2014, 983 ff. Zum Verhältnis von Naturschutz- und Baurecht vgl. § 18 BNatSchG. Generell zum Verhältnis der Baugenehmigung zu anderen Genehmigungen siehe *Beaucamp*, JA 2005, 471 (478 f.).

2 *Krüper/Herbolsheimer*, ZJS 2016, 546 ff.
3 Allgemein zu Verwaltungsvorschriften *Maurer/Waldhoff*, Allgemeines Verwaltungsrecht, 20. Aufl. 2020, § 24.

II. Exekutive Einzelfallentscheidungen

Sofern es um die Zulassung eines konkreten Bauvorhabens oder die Anordnung baurechtlicher Maßnahmen gegenüber dem Bürger geht, kommt natürlich auch im Baurecht dem Verwaltungsakt als Handlungsform eine wichtige Funktion zu. Außerdem nutzen Gemeinden in baurechtlichen Zusammenhängen regelmäßig auch öffentlich-rechtliche Verträge.

1. Verwaltungsakt

Verwaltungsakte werden von den Bauaufsichtsbehörden vor allem in Gestalt präventiver und repressiver Verfügungen erlassen. **Präventive Verfügungen**, also Verfügungen, die bereits im Vorfeld der Realisierung eines Bauvorhabens ergehen, sind dabei die im baurechtlichen Zulassungsverfahren erteilten Genehmigungen. Dazu zählen die Baugenehmigung als Vollgenehmigung des Vorhabens, die Teilbaugenehmigung für einen bestimmten Teil des Bauvorhabens und der sogenannte Bauvorbescheid, mit dem einzelne (rechtliche) Aspekte des Vorhabens geklärt werden (Kap. 3 Rn. 3, 61 ff.).

Stellt die Baubehörde fest, dass ein Bauvorhaben ohne Genehmigung bereits realisiert worden ist, gegen die Genehmigung verstößt oder sonst baurechtlichen Vorschriften nicht entspricht, kann sie repressiv tätig werden. Die typischen **repressiven Verfügungen**, die von den Bauordnungen der Länder zum Teil ausdrücklich, zum Teil nur generalklauselartig geregelt sind,[4] sind der Baustopp, die Nutzungsuntersagung und die Abriss- oder Beseitigungsverfügung. Sie schwanken in der Intensität der Grundrechtsbeschränkung und knüpfen daher typischerweise an unterschiedliche Voraussetzungen an (Kap. 4 Rn. 2 ff.).

Eine Besonderheit der kommunalen Prägung des Baurechts ist es, dass die von der Gemeinde zumeist verschiedene untere Bauaufsichtsbehörde, wenn sie ohne Einvernehmen der Gemeinde gemäß § 36 BauGB eine Baugenehmigung erlässt, diese Genehmigung nicht nur gegenüber dem Bauherrn und den Nachbarn, sondern auch **gegenüber der Gemeinde** einen Verwaltungsakt darstellt, der von der Gemeinde unter Berufung auf Art. 28 II 1 GG und die Garantie gemeindlicher Planungshoheit angefochten werden kann (Kap. 3 Rn. 304, 396 ff.).

2. Städtebauliche und sonstige öffentlich-rechtliche Verträge

In der Baurechtspraxis ist es nicht selten, dass die Gemeinden nicht einseitig hoheitlich durch Verfügung handeln. § 11 BauGB sieht etwa ausdrücklich die Möglichkeit sogenannter städtebaulicher Verträge vor. Dabei geht es regelmäßig um größere und bedeutsame städtebauliche Projekte, etwa große Einkaufszentren oder die Entwicklung ganzer Stadtgebiete. Im besonderen Städtebaurecht sind außerdem spezifische städtebauliche Verträge geregelt, etwa in §§ 146 III 1, 177 IV 4 BauGB. Wiewohl städtebauliche Verträge zumeist öffentlich-rechtlicher Art sind, können sie auch privatrechtliche Regelungen enthalten oder gänzlich privatrechtlicher Natur sein.[5] Auch außerhalb

---

4 Für Beispiele generalklauselartiger Regelungen siehe § 47 I 2 LBO BW; Art. 54 II 2 Hs. 1 BayBO; § 61 II 2 HBO; § 58 II 2 BauO NRW. Für ausdrückliche Regelungen für den Baustopp siehe u. a. § 64 I 1 LBO BW; Art. 75 I 1 BayBO; § 81 S. 1 HBO; § 81 I BauO NRW. Für die Nutzungsuntersagung siehe u. a. § 65 I 2 LBO BW; Art. 76 S. 2 BayBO; § 82 I 1 HBO; § 82 I 1 BauO NRW. Für die Beseitigungsverfügung siehe u. a. § 65 I 1 LBO BW; Art. 76 S. 1 BayBO; § 82 I 1 HBO; § 82 I 1 BauO NRW.
5 *Reidt*, in: Battis/Krautzberger/Löhr (Hrsg.), BauGB, 15. Aufl. 2022, § 11 Rn. 9.

der durch § 11 BauGB geregelten Fälle können öffentlich-rechtliche Verträge als Handlungsform eingesetzt werden, der Katalog des § 11 BauGB ist also nicht abschließend. In der universitären Prüfungspraxis spielen sie indes keine wesentliche Rolle.

▶ **Beispiel:** In der Nachkriegszeit kam es gerade in den (Groß-)Städten zu einem erheblichen Parkplatzmangel. Wurden neue Gebäude genehmigt, kam schnell die Frage nach der Realisierung der erforderlichen Parkplätze auf. In einigen Städten wurden daher in den 1950er- und 1960er-Jahren kommunale Parkhäuser errichtet, die die Bauherren umliegender Neubauten für die Schaffung der erforderlichen Stellplätze nutzen durften, dafür aber eine gewisse Geldsumme – meistens zur Deckung der bei den Gemeinden anfallenden Kosten für den Bau und den Erhalt der Parkhäuser – zahlen mussten. Dies wurde in entsprechenden Verträgen festgelegt. ◀

§ 4 Öffentliches Baurecht im Studium

A. Fallkonstellationen 38
  I. Rechtsschutzbegehren des Bauherrn 39
    1. Leistungsbegehren des Bauherrn 39
    2. Anfechtungsbegehren des Bauherrn 40
  II. Rechtsschutzbegehren des Nachbarn 41
    1. Leistungsbegehren des Nachbarn 41
    2. Anfechtungsbegehren des Nachbarn 42
  III. Rechtsschutzbegehren der Gemeinde 43
  IV. Normenkontrollen 44
B. Falllösungsrelevante Eigenschaften des Baurechts 47
  I. Prägung durch Tatsachen 48
  II. Prägung durch Technizität 50
  III. Prägung durch Strenge 53
Wiederholungsfragen

▶ **Lernziele**

1. Sie können die typischen Fallkonstellationen des öffentlichen Baurechts benennen und voneinander abgrenzen.
2. Sie können drei wichtige falllösungsrelevante Eigenschaften des öffentlichen Baurechts nennen und an Beispielen erklären. ◀

Für das Jurastudium haben sich typische Fallkonstellationen herausgebildet, die in der überwiegenden Zahl baurechtlicher Prüfungen eine Rolle spielen. Ihre Kenntnis ist hilfreich, um ein Grundverständnis für die Strukturen des Rechtsgebiets zu erlangen. Hinzu treten außerdem typische Eigenschaften des öffentlichen Baurechts, die in vielen der im Studium gestellten Prüfungsaufgaben eine Rolle spielen, ohne dass dies jedoch ausdrücklich thematisiert würde.

A. Fallkonstellationen

Ausgehend von den verschiedenen Akteuren im öffentlichen Baurecht und ihren jeweiligen Rechtspositionen lassen sich folgende **Grundkonstellationen** unterscheiden, die hier aus der prüfungsprägenden Perspektive des Verwaltungsprozessrechts beschrieben werden. In den Ländern, in denen das Widerspruchsverfahren nach §§ 68 ff. VwGO in Bausachen durchgeführt wird,[1] stellen sich die gleichen Rechtsfragen zuvor in diesem Verfahren, an das sich gegebenenfalls ein Verwaltungsprozess anschließen kann.

I. Rechtsschutzbegehren des Bauherrn

1. Leistungsbegehren des Bauherrn

Leistungsbegehren des Bauherrn zielen darauf, seinen Anspruch auf eine Baugenehmigung gerichtlich durchzusetzen, die ihm durch die Bauaufsichtsbehörde versagt worden ist. Prozessual geschieht dies durch eine **Verpflichtungsklage** bzw. einen Verpflichtungswiderspruch (Kap. 3 Rn. 331). In Einzelfällen kann sich der Bauherr auch gegen eine in der Baugenehmigung enthaltene und ihn belastende Nebenbestimmung wehren, die unter Umständen mit der Verpflichtungsklage auf Erteilung einer neuen, nebenbe-

---

1 Nur Bayern, Art. 12 I, II BayAGVwGO, und Nordrhein-Westfalen, § 110 I 1, 2, III 2 Nr. 7 JustG NRW, sehen von einem Vorverfahren im Baurecht ab.

stimmungsfreien Baugenehmigung ‚angegriffen' werden muss (Kap. 3 Rn. 336).[2] Einstweiliger Rechtsschutz nach § 123 VwGO kommt in Leistungskonstellationen zwar auch in Betracht, wird aber wegen des Verbots der Vorwegnahme der Hauptsache nur selten erfolgreich sein (Kap. 3 Rn. 337 f.).

2. Anfechtungsbegehren des Bauherrn

40 Ergeht gegen den Bauherrn eine Bauordnungsverfügung, etwa eine Nutzungsuntersagung, so kann er diese mit der **Anfechtungsklage** bzw. dem Anfechtungswiderspruch angreifen. In der Sache geht es dabei um die Rechtmäßigkeit des Bauvorhabens an sich, von der die Rechtmäßigkeit der Verfügung abhängt, denn nur gegen rechtswidrige Bauvorhaben können rechtmäßige Ordnungsverfügungen erlassen werden (Kap. 4 Rn. 3 ff., 8).

II. Rechtsschutzbegehren des Nachbarn

1. Leistungsbegehren des Nachbarn

41 Der Nachbar kann auf Einschreiten der Behörde klagen, sofern ein aus seiner Perspektive rechtswidriges Bauvorhaben realisiert wird – sei es, weil dem Vorhaben die Genehmigung fehlt, weil es die Genehmigung missachtet, die erteilte Genehmigung unwirksam ist oder das Vorhaben ansonsten rechtswidrig ist. Auch hier handelt es sich um eine **Verpflichtungsklage** bzw. einen Verpflichtungswiderspruch (Kap. 4 Rn. 93 ff.). Ungeachtet der jeweils einschlägigen Rechtsschutzform geht es in solchen Dreieckskonstellationen zwischen Bauherrn, Bauaufsichtsbehörde und Nachbarn häufig darum, dass der Nachbar seine Antrags- oder Klagebefugnis dartun kann. Ergänzend kommt ein Antrag nach § 123 VwGO in Betracht.

2. Anfechtungsbegehren des Nachbarn

42 Nachbarn einer baulichen Anlage können die einem Bauherrn erteilte, noch nicht bestandskräftige Baugenehmigung im Wege der **Drittanfechtung** gerichtlich überprüfen lassen. Auch hier stellen sich regelmäßig komplexere Fragen der Widerspruchs-, Antrags- oder Klagebefugnis, weil der Nachbar die Verletzung eines subjektiv-öffentlichen Rechts geltend machen muss (Kap. 3 Rn. 339 ff.). Da er nicht Adressat des ihn belastenden Verwaltungsakts ist, kann er sich auf die sogenannte Adressatentheorie nicht berufen, sondern muss die Verletzung von nachbarschützenden Normen durch das Vorhaben geltend machen. Auch in dieser Konstellation spielen Verfahren des **einstweiligen Rechtsschutzes** nach §§ 80, 80a VwGO eine höchst prüfungsrelevante Rolle (Kap. 3 Rn. 392 ff.).

III. Rechtsschutzbegehren der Gemeinde

43 Sofern die von der betroffenen Gemeinde verschiedene untere Bauaufsichtsbehörde im Anwendungsbereich des § 36 BauGB eine Baugenehmigung erteilt, zu der die Gemeinde ihr Einvernehmen nicht erteilt hat, kann die Gemeinde diese Baugenehmigung anfechten und muss sich dazu auf eine Verletzung ihrer Planungshoheit berufen.[3] Aber auch gegen eine Baugenehmigung, die nicht im Anwendungsbereich des § 36 BauGB,

---

[2] Generell zu Nebenbestimmungen siehe *Guckelberger*, Allgemeines Verwaltungsrecht, 11. Aufl. 2023, § 18.
[3] *Krüper*, ZJS 2010, 582 ff.

sondern für ein Gebiet erteilt wurde, für das ein Bebauungsplan besteht und die die Gemeinde für rechtswidrig hält, kann sie sich mit Anfechtungsrechtsbehelfen – Widerspruch, einstweiligem Rechtsschutz und Klage – wehren (Kap. 3 Rn. 396 ff.).[4]

IV. Normenkontrollen

Sofern eine Grundrechtsverletzung durch Normen des Baurechts erfolgt, können sich Bauherr und Nachbarn dagegen gerichtlich wehren. Eher theoretischer Natur ist dabei der Rechtsschutz gegen formelle Gesetze, etwa Normen des BauGB. Deren Verfassungsmäßigkeit kann als Vorfrage im Rahmen eines verwaltungsgerichtlichen Rechtsschutzverfahrens thematisiert werden und müsste, zweifelt das Gericht an der Verfassungsmäßigkeit der Norm, zu einer Aussetzung des Verfahrens und zur Vorlage der Norm an das zuständige Verfassungsgericht führen, etwa nach Art. 100 GG. Von prüfungspraktischer Bedeutung ist diese Konstellation aber nicht.

44

Bebauungspläne und andere **bauplanungsrechtliche Satzungen** können nach § 47 I Nr. 1 VwGO auch unmittelbar im Wege einer verwaltungsgerichtlichen Normenkontrolle angegriffen werden (Kap. 2 Rn. 10, 171 ff.). Hat der Landesgesetzgeber die Öffnungsklausel des § 47 I Nr. 2 VwGO genutzt, können überdies andere Planungsentscheidungen mit Außenwirkung (z. B. der Raumordnungsplan) Gegenstand einer Normenkontrolle sein (Kap. 2 Rn. 188).

45

Wehrt sich ein Bürger gegen **baurechtliche Verfügungen,** so kann die Rechtmäßigkeit baurechtlicher Normen wie Bebauungspläne, Raumordnungspläne usf. auch inzident im Rahmen einer verwaltungsgerichtlichen Anfechtungs- und Verpflichtungsklage überprüft werden (Kap. 2 Rn. 180, 186, 189).

46

Rechtsschutzbegehren des Bauherrn und des Nachbarn

Bauherr	Baubehörde	Nachbar
	als Genehmigungsbehörde	
will die Baugenehmigung (ohne Nebenbestimmungen) → **Verpflichtungsklage,** § 42 I 2. Alt VwGO	→ hat die Baugenehmigung versagt oder sie mit belastenden Nebenbestimmungen versehen ←→ hat eine **Baugenehmigung erteilt**	will die Aufhebung der Baugenehmigung → einstweiliger Rechtsschutz, §§ 80, 80a VwGO, **Drittanfechtungsklage,** § 42 I 1. Alt VwGO
	als Aufsichtsbehörde	
will die Aufhebung der Verfügung → Widerspruch und **Anfechtungsklage,** § 42 I 1. Alt VwGO	→ hat einen **Baustopp** verhängt, die **Nutzung untersagt** oder den **Abriss** bzw. eine **Beseitigung verfügt** ←→ bleibt untätig	will Einschreiten gegen Bautätigkeit → einstweiliger Rechtsschutz, § 123 VwGO, Widerspruch, **Verpflichtungsklage,** § 42 I 2. Alt VwGO
	Gemeinde	
fühlt sich durch die Satzung in seinem Eigentumsgrundrecht verletzt → **verwaltungsgerichtliche Normenkontrollklage,** § 47 I Nr 1 VwGO	→ hat eine bauplanungsrechtliche **Satzung** erlassen (Bebauungsplan, Veränderungssperre)	fühlt sich durch die Satzung in seinem Eigentumsgrundrecht verletzt → **verwaltungsgerichtliche Normenkontrollklage,** § 47 I Nr 1 VwGO

©npridik.de

---

4 *Bönker,* in: Hoppe/ders./Grotefels (Hrsg.), Öffentliches Baurecht, 4. Aufl. 2010, § 18 Rn. 114 ff.; *Erbguth/Schubert,* Öffentliches Baurecht, 6. Aufl. 2014, § 15 Rn. 13; *Ortloff,* NVwZ 2006, 999 (1002).

B. Falllösungsrelevante Eigenschaften des Baurechts

47 In der Lösung baurechtlicher Fälle werden immer wieder bestimmte Eigenschaften des Baurechts relevant, die es nicht kategorial, aber doch graduell von anderen Materien des Verwaltungsrechts, vor allem vom allgemeinen Gefahrenabwehrrecht unterscheiden.

I. Prägung durch Tatsachen

48 Viele baurechtliche Verfügungen, etwa eine Baugenehmigung, besonders aber die Bauleitpläne, sind von den tatsächlichen örtlichen Begebenheiten geprägt. Jedes Grundstück und jede bauliche Anlage ist in eine besondere, oft einzigartige Umgebung eingebunden oder von Eigenschaften der Landschaft geprägt. Diese Umgebungsbedingungen haben wesentlichen Einfluss auf die rechtliche Zulässigkeit eines Bauvorhabens. Soll das Baurecht die ihm zugewiesenen Aufgaben – die Gewährleistung einer geordneten städtebaulichen Entwicklung, den Ausgleich konkurrierender Grundrechtsinteressen und Gefahrenabwehr – leisten, müssen diese tatsächlichen Umstände berücksichtigt und in der behördlichen oder gerichtlichen Entscheidung sorgfältig verarbeitet werden. Wie wichtig dies ist, lässt sich an verwaltungsgerichtlichen Entscheidungen im öffentlichen Baurecht ersehen, die oftmals über viele Seiten eine präzise Beschreibung der Umgebung der baulichen Anlage enthalten und diese Beschreibung dann in der Subsumtion eingehend verarbeiten. Es kommt auch nicht selten vor, dass verwaltungsgerichtliche Entscheidungen Kartenausschnitte in die Urteile einarbeiten, um so die Darstellung der tatsächlichen Situation zu vereinfachen und zu verklaren.[5]

49 Besonders deutlich wird diese **Tatsachenverwiesenheit** an § 34 I 1 BauGB und dem Tatbestandsmerkmal der „Eigenart der näheren Umgebung", das es erforderlich macht, diese nähere Umgebung zu bestimmen und über deren Eigenart in baurechtlicher Hinsicht Rechenschaft abzulegen. Dabei ist zu fragen (1) wie die Umgebung beschaffen ist und (2) was daraus rechtlich folgt. Für die Klausurlösung bedeutet das, dass eine Auseinandersetzung mit dem Sachverhalt und seinen Details über das ohnehin geläufige Maß gesteigert werden muss. In der Art und Weise, wie eine solche Auseinandersetzung gelingt, liegen häufig die bewertungsrelevanten Unterschiede zwischen Prüfungsleistungen im Baurecht.

II. Prägung durch Technizität

50 Es wurde bereits darauf hingewiesen, dass eine baurechtliche Vorhabenbeurteilung häufig auf technische Anforderungen abstellt oder dass technisches Verständnis für eine baurechtliche Beurteilung hilfreich ist. In der Praxis spielen Verwaltungsvorschriften bei der Anwendung und Konkretisierung technischer Anforderungen eine wichtige Rolle. Das zeigt sich insbesondere im Bauordnungsrecht: Sollen Gefahren durch bauliche Anlagen und Vorhaben vermieden werden, müssen diese Gefahren durch Rechtsnormen erfasst und geregelt werden, was sich in einer Fülle technischer Tatbestände niederschlägt. So ist die Bestimmung notwendiger Abstandsflächen zwischen Gebäuden von der Höhe der Gebäude abhängig, z. B. § 6 IV 1 BauO NRW. Damit verbunden ist die Frage, wie die rechtlich maßgebliche Höhe bestimmt wird, wie gemessen wird und welche Teile des Gebäudes bei der Höhenbestimmung berücksichtigt werden.

---

5 Vgl. VG Gelsenkirchen, Urt. v. 27.9.2021 – 6 K 2181/19 –, juris, Rn. 5; VG Münster, Urt. v. 6.1.2022 – 2 K 2764/19 –, juris, Rn. 2; Urt. v. 6.1.2022 – 2 K 2641/19 –, juris, Rn. 2.

Auch die Umsetzung der Vorschriften zum Wärme- und Schallschutz, z. B. § 15 BauO NRW, bedürfen einer technischen Konkretisierung, ebenso wie die brandschutztechnischen Anforderungen an Gebäude und Bauteile, z. B. §§ 29, 34 BauO NRW, bei denen etwa je nach Bauteil und dessen Beschaffenheit bestimmte Feuerwiderstandsklassen gelten.[6]

In der baurechtlichen Prüfung wird nicht verlangt, komplizierte technische Berechnungs- und Bewertungsverfahren vorzunehmen, die auch in der Praxis häufig Ingenieuren vorbehalten sind. Die Anwendung technischer Sachverhaltsangaben auf schlichte Berechnungsformeln des Bauordnungsrechts darf aber auch in der Prüfung verlangt werden.

▶ **Beispiel:** In einer Klausur wird die Höhe eines geplanten Gebäudes mit zehn Metern angegeben. Beträgt die Abstandsfläche nun 0,4 dieser Höhe (also 40 %), z. B. nach § 6 V BauO NRW, sollten Sie in der Lage sein, dies entsprechend zu berechnen (vier Meter). ◀

Das Baurecht ist aber auch noch in einem weiteren und wichtigeren Sinne technisch, weil es einen **eigenen Begriffsapparat** ausgeformt hat, dessen Kenntnis jedenfalls für die im Studium wesentlichen wenigen Normen des öffentlichen Baurechts erwartet wird. Wenn in § 34 I 1 BauGB von den „im Zusammenhang bebauten Ortsteilen" die Rede ist, so handelt es sich dabei um einen Rechtsbegriff, der durch Rechtsprechung und Rechtswissenschaft konkretisiert worden ist und mit hoher begrifflicher Sorgfalt behandelt werden muss. Auch der „landwirtschaftliche Betrieb" in § 35 I Nr. 1 BauGB – der in § 201 BauGB legaldefiniert ist – ist ein solcher technischer Begriff, dessen einzelne Voraussetzungen jeweils in der Subsumtion gewürdigt werden müssen. Gleiches gilt für die verschiedenen Nutzungstypen, die die BauNVO beschreibt, etwa im Begriff der Wohngebäude[7] oder der Vergnügungsstätte, § 6 II Nr. 1 u. 8 BauNVO, die ebenfalls durch Auslegung gewissenhaft konkretisiert und voneinander abgegrenzt werden müssen. Vor allem das Bauplanungsrecht verlangt hier eine präzise Begriffsarbeit. Die Entfaltung der technischen Begrifflichkeit korrespondiert dabei mit der starken Tatsachenprägung des Rechtsgebiets.

III. Prägung durch Strenge

Wie dargelegt, sind vor allem die bauplanungsrechtlichen Vorschriften das Ergebnis eines Ausgleichs widerstreitender Rechte und Interessen der Beteiligten, vor allem der Eigentumsrechte aus Art. 14 I 1 GG. Dieser Ausgleich ist durch den Gesetzgeber vorgenommen worden, der damit seiner Aufgabe zur Konkretisierung der Grundrechtsordnung nachgekommen ist und durch diese Konkretisierung versucht, eine Reihe von potenziellen baurechtlichen Konflikten vorbeugend und gleichheitsgemäß zu lösen. Aus diesem Grund kennt das Baurecht nur **wenige Spiel- und Freiräume** für Behörden und Gerichte.

---

6 Die Konkretisierung erfolgt aufgrund der Technischen Baubestimmungen iSv § 3 iVm § 88 BauO NRW, welche auf bestimmte DIN-Normen verweisen. Hinsichtlich des Brandverhaltens richtet sich die Baustoffklassifizierung nach DIN 4102–1, vgl. *Otto/Schulz*, in: Spannowsky/Saurenhaus (Hrsg.), BeckOK-BauordnungsR NRW, 13. Ed. Februar 2022, § 26 Rn. 9. Bezüglich des Schallschutzes sind die Vorgaben der DIN 4109 zu beachten, vgl. *Jaeger*, in: Spannowsky/Saurenhaus, BeckOK-BauordnungsR NRW, 13. Ed. September 2022, § 15 Rn. 18. Technische Anforderungen für Treppen ergeben sich aus der DIN 18065, vgl. *Hanne/Bökamp-Gerdemann*, in: Johlen u. a. (Hrsg.), BauO NRW, 14. Aufl. 2023, § 34 Rn. 3.
7 *Krüper*, DÖV 2016, 793 ff.

54 Die Strenge des Baurechts zeigt sich auf der Tatbestandsseite seiner Normen durch die soeben angesprochene hohe Technizität der Begriffe und die damit einhergehende Strenge in der Subsumtion. Zwar verwenden die Normen oft eine Fülle unbestimmter Rechtsbegriffe. Diese werden aber oft durch konkretisierende untergesetzliche Normen wie die BauNVO handhabbar gemacht und durch teils jahrzehntelange Rechtsprechung scharf umrissen.

55 Die eigentliche Strenge des Baurechts zeigt sich aber an der Rechtsfolgenseite seines Normprogramms. Weil vor allem im Planungsrecht die potenziellen Grundrechtskonflikte zwischen Bauherrn und Nachbarn durch den Gesetzgeber auf Tatbestandsseite der Normen beschrieben und antizipierend gelöst worden sind, haben Behörden und Gerichte auf der Rechtsfolgenseite selten große Spielräume oder Anlass zu einer verhältnismäßigen Korrektur der gefundenen Ergebnisse. Dies führt, wenn man aus der Gedankenwelt der Grundrechte kommt, deren spezifisches Gewicht vor allem auf der Rechtsfolgenseite durch den Grundsatz der Verhältnismäßigkeit bestimmt wird, häufig zu dem Impuls, überscharf erscheinende Ergebnisse einer baurechtlichen Prüfung unter Verhältnismäßigkeitsgesichtspunkten zu korrigieren. Dafür ist aber nur ausnahmsweise und vor allem dann Raum, wenn das Gesetz diesen selbst eröffnet, z. B. über § 15 BauNVO und das dort zum Ausdruck kommende Gebot der Rücksichtnahme, das freilich auch auf Tatbestands- und nicht auf Rechtsfolgenseite relevant wird.

56 Sichtbar wird die Strenge des Baurechts vor allem bei der Prüfung von bauordnungsrechtlichen Verfügungen, die gegen ein illegales Bauvorhaben ergehen. So kann eine Abrissverfügung, die einen schwerwiegenden Grundrechtseingriff darstellt, auch dann verhältnismäßig und rechtmäßig sein, wenn der Baurechtsverstoß, der mit ihr gerügt werden soll, verhältnismäßig klein erscheint.

▶ **Beispiel:** A baut in seinem Garten eine kleine Gartenhütte, die 10 Zentimeter zu nah an der Grundstücksgrenze steht und damit gegen das Abstandsflächenrecht verstößt. Eine von der Behörde angeordnete Beseitigung wäre, wiewohl der Verstoß gering erscheint, gleichwohl verhältnismäßig. Die Intensität des Verstoßes spielt hierbei nämlich grundsätzlich keine Rolle. Allerdings hat der betroffene Adressat die Möglichkeit, eine Ersatzmaßnahme anzubieten (hier etwa den Rückbau der Gartenhütte um 10 Zentimeter).[8] Auswirkungen auf die Verhältnismäßigkeit der Abrissverfügung hat dies aber nicht.[9] ◀

Wiederholungsfragen

1. Eine Freundin fragt Sie, was mit dem Begriff „öffentliches Baurecht" gemeint ist. Was antworten Sie? (Kap. 1 Rn. 1 ff.)
2. Die Vorschrift des § 10 IV BauO NRW formuliert: „In (…) Wohngebieten sind Werbeanlagen nur zulässig an der Stätte der Leistung". Allgemeine Werbetafeln (z. B. Plakatwerbung) sind also grundsätzlich verboten.
   a. Ist diese Vorschrift bauplanungsrechtlicher oder bauordnungsrechtlicher Natur? Warum? (Kap. 1 Rn. 9 ff.)
   b. Warum ist es für die Abgrenzung gegebenenfalls von Relevanz, dass sich die Vorschrift in der Landesbauordnung befindet? (Kap. 1 Rn. 12)

---

[8] Vgl. § 12 II ASOG Bln; § 20 OBG Bbg; § 4 II BremPolG; § 14 II SOG MV; § 5 II NPOG; § 21 OBG NRW; § 3 II POG RP; § 3 II SPolG; § 6 II SOG LSA; § 7 II OBG TH (Austauschmittel).
[9] Etwa OVG NRW, NVwZ-RR 2000, 205 ff.

§ 4 Öffentliches Baurecht im Studium

3. Warum sind brandschutzrechtliche Vorgaben nicht im BauGB geregelt? (Kap. 1 Rn. 12)
4. Warum ist das Baugenehmigungsverfahren in der Landesbauordnung geregelt? (Kap. 1 Rn. 17)
5. Inwiefern kommt bei der Vorschrift des § 15 I 2 BauNVO der vom Gesetzgeber vorgenommene Grundrechtsausgleich zum Ausdruck? Welche Grundrechtspositionen sind hier einschlägig? (Kap. 1 Rn. 3, 20)
6. Inwiefern zeigen sich an § 34 I 1 BauGB die Tatsachenprägung sowie die Technizität des Baurechts? (Kap. 1 Rn. 49, 52)

Kapitel 2: Bauleitplanung

§ 1 Zur Orientierung und Wiederholung

A. Begriff und Funktion der Bauleitplanung 1
B. Rechtmäßigkeit von Bauleitplänen 4
C. Sicherungsinstrumente 9
D. Rechtsschutz 10

A. Begriff und Funktion der Bauleitplanung

1 Der Begriff der Bauleitplanung bezeichnet das **Anleiten und Strukturieren der städtebaulichen Entwicklung** einer Gemeinde durch den Erlass von Bauleitplänen. Nach § 1 I BauGB ist es die Aufgabe der Bauleitplanung, die bauliche Nutzung von Grundstücken innerhalb eines Gemeindegebietes vorzubereiten und zu leiten. Durch Bauleitplanung wird bestimmt, wo gebaut werden darf, in welcher Intensität ein Grundstück bebaut werden und zu welchen Zwecken ein Grundstück genutzt werden darf, etwa zum Wohnen oder zu gewerblichen Zwecken. Der Erlass von Bauleitplänen wird durch das BauGB vorstrukturiert. Ihr konkreter Inhalt wird jedoch durch die Gemeinden im Rahmen ihrer Planungshoheit, aber in den vom BauGB gesteckten Grenzen selbst festgelegt (Kap. 1 Rn. 22).

2 Unterschieden werden **zwei Arten von Bauleitplänen**: der Flächennutzungsplan und der Bebauungsplan. Der Flächennutzungsplan dient der Vorbereitung und beinhaltet nur eine grobe Planung des gesamten Gemeindegebietes, während der Bebauungsplan diese Vorgaben für Teilgebiete der Gemeinde parzellenscharf konkretisiert. Nur der Bebauungsplan hat dabei Rechtswirkungen nach außen, weil er als Satzung beschlossen wird, § 10 I BauGB. Demgegenüber wirkt der Flächennutzungsplan fast ausnahmslos verwaltungsintern. Seine Vorgaben bezeichnet man als (konkretisierungsfähige) Darstellungen, die des Bebauungsplans als (verbindliche) Festsetzungen (Kap. 2 Rn. 31 ff., 37).

3 Für die Prüfung baurechtlicher Fälle sind die zulässigen Festsetzungen eines Bebauungsplans besonders wichtig, die § 9 BauGB bestimmt. Große praktische Bedeutung haben dabei Festsetzungen über **die Art und das Maß der baulichen Nutzung**, § 9 I Nr. 1 BauGB. Sie werden in der auf § 9a BauGB gestützten Baunutzungsverordnung (BauNVO) näher bestimmt. §§ 1–15 BauNVO bestimmen die Art der baulichen Nutzung, §§ 16–21a BauNVO das Maß der baulichen Nutzung. Die Art der baulichen Nutzung betrifft die zulässigen Nutzungszwecke einer baulichen Anlage (Wohnen, Gewerbe, Einzelhandel usw.), die in den §§ 2 ff. zu homogenen Baugebieten zusammengefasst werden. Das Maß der baulichen Nutzung betrifft dagegen die Frage, wie intensiv ein Grundstück durch Bebauung genutzt werden darf, also welche Höhe oder wie viele (Voll-)Geschosse eine Anlage haben darf oder wie groß der Anteil des Grundstücks ist, der bebaut werden darf, § 16 II BauNVO (Kap. 2 Rn. 43 ff., 48 ff.).

B. Rechtmäßigkeit von Bauleitplänen

Die Voraussetzungen der Rechtmäßigkeit von Flächennutzungsplan und Bebauungsplan ergeben sich aus dem Gesetz. Dabei gelten die meisten Voraussetzungen für beide Pläne gemeinsam, §§ 1–4c BauGB; nur wenige Voraussetzungen trifft das Gesetz nur für den Flächennutzungsplan, §§ 5–7 BauGB, bzw. den Bebauungsplan, §§ 8–10 BauGB. Das Verfahren zur Aufstellung eines Bauleitplans umfasst gesetzlich vorgegebene Schritte: Planaufstellungsbeschluss, § 2 I BauGB, Öffentlichkeitsbeteiligung, § 3 BauGB, Behördenbeteiligung, § 4 BauGB, Ermittlung und Gewichtung der relevanten Belange, § 2 III, IV BauGB, Beschluss des Plans und gegebenenfalls Genehmigung des Plans, § 6 BauGB bzw. § 10 II BauGB (Kap. 2 Rn. 78 ff.).

Der konkrete Inhalt von Darstellungen bzw. Festsetzungen ist das Ergebnis einer Abwägung der verschiedenen Interessen und Belange, etwa der ansässigen Bürger oder Unternehmen, sowie der Planungsvorstellung der Gemeinde. Den Kern dieses Abwägungsverfahrens bilden die Ermittlung und die Gewichtung der abwägungsrelevanten Belange, § 2 III BauGB. Zwischen ihnen muss die Gemeinde in den Bauleitplänen einen Ausgleich schaffen. Die damit verbundenen Abwägungsentscheidungen sind aufgrund der Planungsautonomie der Gemeinde aus Art. 28 II 1 GG nur eingeschränkt gerichtlich überprüfbar. Parallel zur Kontrolle von Ermessensentscheidungen gilt hier eine Abwägungsfehlerlehre, die zwischen Abwägungsausfall, Abwägungsdefizit, Abwägungsfehleinschätzung und Abwägungsdisproportionalität unterscheidet (Kap. 2 Rn. 65 ff.).

Welche Rechtsfolgen diese Fehler haben, regeln §§ 214, 215 BauGB. Aus Gründen des Planerhalts führt nicht jeder Fehler zur Nichtigkeit der Festsetzung bzw. Darstellung. Fehler im Abwägungsergebnis sind stets beachtlich, führen also zur Nichtigkeit. Fehler im Abwägungsvorgang sind allerdings nur nach Maßgabe des § 214 I Nr. 1 BauGB ausnahmsweise erheblich.

Im Rahmen der materiellen Rechtmäßigkeitsprüfung von Bauleitplänen ist vor allem das Erforderlichkeitskriterium zu beachten, § 1 III 1 BauGB, d. h. jede Planung und jeder Inhalt der Bauleitpläne muss städtebaulich erforderlich sein. Dabei handelt es sich um eine Missbrauchskontrolle, die unbrauchbare Konzepte zur städtebaulichen Ordnung und Entwicklung verhindern will. Weitere materielle Voraussetzungen sind die Anpassung an die Ziele der Raumordnung, § 1 IV BauGB, die Abstimmung mit den Nachbargemeinden, § 2 II BauGB, für Bebauungspläne die Entwicklung aus dem Flächennutzungsplan, § 8 II BauGB, eine (inhaltlich) rechtmäßige Abwägung der betroffenen Belange, § 1 VII BauGB, und zulässige Inhalte, § 5 II BauGB bzw. § 9 BauGB (Kap. 2 Rn. 97 ff.).

Nicht jede unwirksame Festsetzung bzw. Darstellung hat sogleich zur Folge, dass der gesamte Bauleitplan unwirksam ist. Im Sinne einer geltungserhaltenden Reduktion bleibt der fehlerfreie Teil des Plans wirksam, sofern er eine sinnvolle städtebauliche Ordnung zu begründen vermag und – aus Gründen der Gewaltenteilung – davon auszugehen ist, dass der Plangeber diesen Teil auch ohne die unwirksame(n) Festsetzung(en) bzw. Darstellung(en) erlassen hätte (Kap. 2 Rn. 141).

C. Sicherungsinstrumente

Die Bauleitplanung kann unter Umständen sehr lange dauern und in der Zwischenzeit durch Bauvorhaben, die ohne entsprechenden Bauleitplan zulässig wären, aber gerade dem aktuellen Planungskonzept der Gemeinde zuwiderlaufen, vereitelt werden. Daher gibt es zum Schutz der gemeindlichen Planungshoheit Sicherungsinstrumente. Sie sorgen für einen Ausgleich zwischen Planungsschutz und Baufreiheit des Bauherrn. Das wichtigste Instrument ist dabei die Veränderungssperre, § 14 I BauGB, die als Satzung die Realisierung von Bauvorhaben für die Dauer der Aufstellung eines Bebauungsplans verhindert. Voraussetzung ist ein hinreichend bestimmter Planaufstellungsbeschluss, ein zu sicherndes und hinreichend konkretes Planungskonzept sowie ein bereits zu Beginn der Aufstellung des Plans hinreichend konkreter Planungsbereich, § 14 I BauGB (Kap. 2 Rn. 143 ff.).

D. Rechtsschutz

10   Satzungen nach dem BauGB, also der Bebauungsplan und die Veränderungssperre, können unmittelbar im Wege einer Normenkontrolle, § 47 I Nr. 1 VwGO, überprüft werden. Flächennutzungspläne sind keine Rechtsnormen und können daher grundsätzlich nicht Gegenstand einer Normenkontrolle sein. Die Rechtsprechung lässt allerdings im Falle des § 35 III 2 BauGB, der Ausweisung sogenannter Konzentrationszonen für bestimmte bauliche Anlagen (meist Windparks), ausnahmsweise eine analoge Anwendung des § 47 I Nr. 1 VwGO zu, weil in dieser Konstellation dem Flächennutzungsplan praktisch Wirkungen eines Bebauungsplans zukommen. Pläne und Satzungen können auch inzident im Rahmen der Überprüfung anderer Maßnahmen, insbesondere der Baugenehmigung geprüft werden, sofern sie Voraussetzung für diese Maßnahmen sind (Kap. 2 Rn. 168 ff.).

§ 2 Das System der Bauleitplanung

A. Aufgaben und Eigenarten der Bauleitplanung 11
   I. Aufgabe der Bauleitplanung: städtebauliche Entwicklung und Ordnung 11
   II. Wirkung und Eigenarten der Bauleitplanung 16
B. Rahmen und Instrumente der Bauleitplanung 18
   I. Planung als gesamtstaatlicher Vorgang 19
      1. Fachplanung 20
      2. Gesamtplanung 21
   II. Flächennutzungsplan und Bebauungsplan 25
      1. Der Flächennutzungsplan 26
         a) Funktionen des Flächennutzungsplans 26
         b) Die Rechtsnatur des Flächennutzungsplans 30
         c) Inhalt des Flächennutzungsplans 34
      2. Der Bebauungsplan 37
         a) Funktionen 37
         b) Arten und Erlassverfahren von Bebauungsplänen 39
         c) Inhalte des Bebauungsplans und die Bedeutung der BauNVO 42
           aa) Art der baulichen Nutzung 43
           bb) Maß der baulichen Nutzung 48
           cc) Überbaubare Grundstücksfläche 53
         d) Beispiel: Ausschnitt aus einem Bebauungsplan 55
C. Abwägung als Kernelement der Bauleitplanung 58
   I. Abwägung als Rechtsfindungsprozess 59
   II. Abwägung als Ermittlungs-, Bewertungs- und Ausgleichsentscheidung 61
   III. Die Abwägungsfehlerlehre 65
      1. Das Problem des fehlenden Maßstabs 66
      2. Abwägungsfehler 68
      3. Abwägungsvorgang und Abwägungsergebnis 74

▶ **Lernziele**

1. Sie können Funktionen der Bauleitplanung, auch im Hinblick auf ihre verfassungsrechtliche Bedeutung, sowie Instrumente der Bauleitplanung und ihrer Sicherung nennen und unter Rückgriff auf die einschlägigen Normen des öffentlichen Baurechts einordnen und erklären.
2. Sie können Bauleitplanung zu anderen staatlichen Planungen ins Verhältnis setzen.
3. Sie können Funktionen, Wirkungen und Gegenstände von Flächennutzungsplänen und Bebauungsplänen unter Rückgriff auf die einschlägigen Normen nennen, erklären und voneinander abgrenzen.
4. Sie können die von § 30 BauGB vorgesehenen Arten von Bebauungsplänen anhand von konkreten Beispielen voneinander abgrenzen.
5. Sie können die prüfungstypischen Festsetzungen eines Bebauungsplans anhand der einschlägigen Normen nennen, in ihrer Bedeutung erläutern und das Zusammenwirken von BauGB und BauNVO erklären.
6. Sie können den Begriff der planerischen Abwägung erklären, seine Bedeutung erläutern und typische Abwägungsfehler nennen. ◀

§ 2 Kapitel 2: Bauleitplanung

A. Aufgaben und Eigenarten der Bauleitplanung

I. Aufgabe der Bauleitplanung: städtebauliche Entwicklung und Ordnung

11 Die Aufgabe der Bauleitplanung fasst § 1 I BauGB zusammen: Danach geht es in der Bauleitplanung darum, die bauliche und sonstige Nutzung der Grundstücke in der Gemeinde vorzubereiten und **zu leiten**. Die Bauleitplanung schafft insoweit Vorgaben für eine bauliche und sonstige Nutzung von Grundstücken, die sich im Sinne des Art. 14 II GG als Inhalt und Schranken des Eigentums, hier: an Grundstücken, einordnen lassen.[1] Darunter ist jedoch keine vollumfassende Nutzungsregelung zu verstehen. Die Bauleitplanung gibt etwa nicht vor, bis wie viel Uhr eine Gartenfeier stattfinden darf. Daher formuliert auch § 1 I BauGB, dass die Bauleitplanung die Grundstücksnutzung nur „nach Maßgabe dieses Gesetzbuches", also des BauGB, regulieren darf. Insoweit gibt das BauGB vor allem in § 1 III 1, der zugleich eine materielle Rechtmäßigkeitsanforderung für einen Bauleitplan darstellt (Kap. 2 Rn. 103 ff.), die zentralen **zwei Einschränkungen** für die bauleitplanerische Regelungsbefugnis vor. Danach darf nämlich ein Bauleitplan nur aufgestellt werden, sobald und soweit die **städtebauliche Entwicklung und Ordnung** dies erfordert.

12 Die **erste** Einschränkung ergibt sich durch das Merkmal „städtebaulich". Der Begriff des **Städtebaus** ist im BauGB zentral. Nach allgemeinem Verständnis umfassen städtebauliche Aspekte zunächst nur **bodenrechtliche** Fragestellungen. Dahinter steht der Gedanke, dass das BauGB im Wesentlichen auf Grundlage des Kompetenztitels des Art. 74 I Nr. 18 Var. 2 GG erlassen worden ist (Kap. 1 Rn. 10), weswegen die Bauleitplanung darauf beschränkt bleiben muss, nur bodenrechtliche Vorgaben aufzustellen. Das Merkmal „Stadt" bzw. „städtisch" hebt den kommunalen Bezug hervor, ist die Bauleitplanung doch gerade die Planung auf kommunaler Ebene. Mit dem Attribut „städtebaulich" sind also im Wesentlichen alle kommunalen Aspekte bodenrechtlicher Natur gemeint.[2] Von daher dürfen die Gemeinden im Wege der Bauleitplanung nur **grundstücksbezogene** Aspekte regeln, die nicht anderen Bereichen, z. B. des Denkmalschutzrechts, des Immissionsschutzrechts, des Bauordnungsrechts oder etwa des Gewerberechts, unterfallen.[3] Welche Aspekte bodenrechtlich sind bzw. sein können, ergibt sich nicht nur aus § 9, der den Inhalt des Bebauungsplans vorgibt, sondern vor allem auch aus **§ 1 V, VI BauGB**. Dort werden die für die Bauleitplanung wesentlichen bodenrechtlichen Belange abstrakt angeführt, etwa die Frage nach gesunden (d. h. ruhigen) Wohnverhältnissen, § 1 VI Nr. 1 BauGB, nach Emissionen von Nutzungen, § 1 VI Nr. 7 lit. e BauGB, oder wirtschaftlichen Auswirkungen von Nutzungen, § 1 VI Nr. 8 lit. a BauGB.

▶ **Beispiel:** Ein Bauleitplan darf etwa keine Vorgaben zu Fragen des Brandschutzes enthalten, weil dieser anlagen- und nicht grundstücksbezogen ist und daher dem Bauordnungsrecht und nicht dem BauGB unterfällt. Insoweit handelte es sich bei einer solchen Regelung nicht um die Leitung der Grundstücksnutzung „nach Maßgabe dieses Gesetzbuches", d. h. des BauGB, § 1 I BauGB. ◀

13 Allerdings ist die Frage, ob die Bauleitplanung eine städtebauliche oder eine anderweitige Regelung trifft, nicht immer ohne Weiteres zu beantworten. Häufig ist nicht aus der Vorschrift selbst heraus klar, ob sie aus Gründen bodenrechtlicher, also

---

1 BVerfG, NVwZ 1999, 979 ff.
2 Vgl. *Dirnberger*, in: Spannowsky/Uechtritz (Hrsg.), BeckOK-BauGB, 57. Ed. 2021, § 1 Rn. 37 f.
3 *Schrödter/Wahlhäuser*, in: Schrödter (Hrsg.), BauGB, 9. Aufl. 2019, § 1 Rn. 7 ff.

grundstücksbezogener, Überlegungen oder anderer – nicht dem Bauplanungsrecht unterfallender – Aspekte getroffen wurde. Das zeigt sich etwa bei der Abgrenzung zum Denkmalschutzrecht: Denn nach § 1 VI Nr. 5 Var. 2 BauGB können Fragen des Denkmalschutzes unter Umständen auch bodenrechtlicher Natur sein. Ob eine Vorschrift zur Erhaltung konkreter Anlagen aber eher städtebaulich oder denkmalschutzrechtlich motiviert ist, kann häufig nicht allein anhand der Regelung festgestellt werden.

Vor diesem Hintergrund formuliert § 1 III 1 BauGB die **zweite** einschränkende Vorgabe für die Bauleitplanung: Sie muss aus Anlass der (städtebaulichen) Entwicklung und Ordnung erfolgen. Die Bauleitplanung darf grundstücksbezogene Belange daher nur dann regeln, wenn die bezweckte Regelung der Umsetzung einer städtebaulichen Idee dienen soll. Dabei muss es der Gemeinde um ein konkretes zukünftiges Konzept gehen, wie die bauliche Struktur bzw. das Ortsbild unter Ausgleich der konfligierenden Interessen ausgestaltet sein soll.[4] Die Zuordnung einer bauleitplanerischen Entscheidung zum Bodenrecht wird daher wesentlich durch ihre **Motivation**, d. h. ihre Zweckrichtung, begründet.

14

Aus der Zusammenschau von § 1 I, III 1 BauGB ergibt sich daher insgesamt, dass die Bauleitplanung nur bodenrechtliche Vorgaben zum Zwecke eines ebenfalls bodenrechtlichen Entwicklungs- und Ordnungskonzepts machen darf.[5] Weist der konkrete Bauleitplan einen Regelungsinhalt außerhalb dieses Bereichs auf, entweder weil er bereits per se nicht grundstücksbezogene Vorgaben enthält oder zwar grundstücksbezogene Regelungen beinhaltet, diese aber nicht aus Gründen der städtebaulichen Entwicklung oder Ordnung erlassen wurden, fehlt es daher nicht nur an der erforderlichen Rechtsgrundlage (Kap. 2 Rn. 99, 101), sondern es liegt ebenfalls ein Verstoß gegen § 1 III 1 BauGB vor (Kap. 2 Rn. 105). Beide Mängel führen zur materiellen Rechtswidrigkeit der Regelung.

15

▶ **Beispiel:** Das BVerwG hatte zu entscheiden, ob ein Bauleitplan vorgeben darf, dass bestimmte Gebäude einer alten Siedlung unverändert bleiben müssen. Dagegen wurde vorgebracht, es handele sich nicht um Städtebaurecht, sondern um den Ländern überantwortetes Denkmalschutzrecht. Das Gericht stellte zunächst fest, dass Städtebaurecht und Denkmalschutzrecht unterschiedlichen Gesetzgebungskompetenzen unterliegen und daher ein Bauleitplan keine denkmalschutzrechtlichen Inhalte aufweisen darf. In dem konkreten Fall sah das BVerwG aber in der streitbefangenen Vorgabe des Bauleitplans keine denkmalschutz-, sondern eine städtebaurechtliche Regelung. Denn das Denkmalschutzrecht will eine Anlage aus Gründen ihrer kulturellen und geschichtlichen Bedeutung erhalten, während das Städtebaurecht den Erhalt von Gebäuden aus Gründen einer städtebaulichen Ordnung, d. h. wegen eines für erhaltenswert erachteten Ortsbildes und der verkörperten Baustruktur, bewahren will. Das BVerwG sah Letzteres als gegeben an, da es der Gemeinde um die „langfristige und umfassende Erhaltung des historisch wertvollen und stadtbildprägenden Charakters der alten Siedlungsbereiche" ging, also schwerpunktmäßig das Ortsbild maßgeblicher Motivationsfaktor war.[6] ◀

---

4 Genauer hierzu *Söfker*, in: Ernst/Zinkahn/Bielenberg/Krautzberger (Hrsg.), BauGB, 144. Lfg. 2021, § 1 Rn. 14 f.
5 Vgl. auch BVerwG, NJW 1975, 70 (70).
6 BVerwG, NVwZ 2001, 1044 ff.; weitere Beispiele bei *Dirnberger*, in: Spannowsky/Uechtritz (Hrsg.), BeckOK-BauGB, 57. Ed. 2021, § 1 Rn. 37.2 f.

II. Wirkung und Eigenarten der Bauleitplanung

16 Ist es das Ziel der Bauleitplanung gemäß § 1 I, III 1 BauGB, die Grundstücksnutzung vor dem Hintergrund einer städtebaulichen Entwicklung und Ordnung zu leiten, muss die Gemeinde nicht nur wissen, wie sich die konkrete Situation am Ort gestaltet, der Gegenstand der künftigen Regelung werden soll, sondern darauf aufbauend ein konkretes städtebauliches Konzept entwickeln, aus dem sich die konkreten Inhalte der Bauleitplanung ergeben. Es geht also bei der Bauleitplanung um die **„Erfassung gegenwärtiger Lagen, Prognose künftiger Entwicklungen und [den] Vorentwurf einer normativen Ordnung"**.[7] In diesem Dreischritt zeigt sich der baurechtstypische enge Zusammenhang zwischen tatsächlichen Bebauungs- und Nutzungsumständen einerseits und dem rechtlichen Anspruch, diese Wirklichkeit durch Normen des Baurechts zu gestalten.

▶ **Beispiel:** In der Gemeinde G befindet sich ein verlassenes Industrieareal, das G für neue Entwicklungen nutzen möchte. Hierfür betrachtet G zunächst den Bestand („Erfassung"): Wie viele Gebäude sind vorhanden? Wie viele von ihnen sind wie nutzbar?). Da G möglichst viele Arbeitsplätze mit der Arealerneuerung schaffen möchte, beschließt sie, aus dem Areal einen Campus für moderne Technologien zu machen, der ihrer Ansicht nach zukunftsweisend ist („Prognose"). Daraufhin bereitet sie einen Bauleitplan vor, der vorgeben soll, wie das Areal in welchen Gebäuden und an welchen konkreten Standorten genutzt werden soll („Entwurf"). ◀

17 Durch den Begriff des Leitens, wie ihn § 1 I BauGB verwendet, wird deutlich, dass nicht durch die Bauleitplanung unmittelbar über die Zulassung entschieden wird, sondern diese den **rechtlichen Rahmen** der Zulassungsentscheidung vorgibt. Dies wird anhand von § 30 I BauGB deutlich (Kap. 3 Rn. 80 ff.): Liegt ein Bebauungsplan mit einem bestimmten Inhalt vor, so richtet sich die Zulässigkeit eines konkreten Bauvorhabens allein nach dem Inhalt dieses Bebauungsplans. Es wird also ersichtlich, dass die Bauleitplanung der Gemeinde noch nicht die letzte Stufe bei der Zulassung von Bauvorhaben ist.[8] Ihr nachgelagert ist vor allem das Baugenehmigungsverfahren nach den Bauordnungen der Länder, innerhalb dessen die Vereinbarkeit eines konkreten Bauvorhabens mit der Bauleitplanung geprüft wird.

B. Rahmen und Instrumente der Bauleitplanung

18 Für das Verständnis der Bauleitplanung ist wesentlich, dass sie eingebunden ist in einen größeren Zusammenhang planerischen Handelns des Gesamtstaates. Zum anderen kommt dem Verständnis ihrer beiden wesentlichen Instrumente, nämlich dem Flächennutzungsplan, §§ 5 ff. BauGB, und dem Bebauungsplan, §§ 9 ff. BauGB, große Bedeutung zu.

I. Planung als gesamtstaatlicher Vorgang

19 Es gibt innerstaatlich zwei verschiedene Typen rechtlich angeleiteter Planung, nämlich die Fachplanung und die Gesamtplanung.

---

[7] *Schmidt-Aßmann*, FS Schlichter, 1995, S. 3 (4 f.); *ders.*, Das allgemeine Verwaltungsrecht als Ordnungsidee, 2. Aufl. 2006, S. 332. Vgl. auch *Kersten*, in: Schoch (Hrsg.), Besonderes Verwaltungsrecht, 2018, Kap. 3 Rn. 29.
[8] *Dirnberger*, in: Spannowsky/Uechtritz (Hrsg.), BeckOK-BauGB, 57. Ed. August 2021, § 1 Rn. 9.

§ 2 Das System der Bauleitplanung

1. Fachplanung

Die Fachplanung ist spezialgesetzlich geregelt und bezieht sich auf konkrete (Infrastruktur-)Projekte, etwa eine Eisenbahn- oder Fernstraßentrasse nach AEG bzw. FStrG, aber etwa auch auf Vorhaben wie Flughäfen nach Maßgabe des LuftVG. Für Projekte dieser Art wird in der Regel mit dem Planfeststellungsverfahren ein besonderes Verwaltungsverfahren nach §§ 73 ff. VwVfG durchgeführt, das vielfach spezialgesetzlich angeordnet bzw. modifiziert wird. Fachplanungsrecht ist im Pflichtfach des Jurastudiums praktisch nicht relevant und wird höchstens im Rahmen spezialisierter Schwerpunktbereiche thematisiert, die sich etwa dem Umwelt- und Planungsrecht widmen.

2. Gesamtplanung

Die staatliche Gesamtplanung bezieht sich demgegenüber nicht auf ein konkretes Vorhaben, sondern auf die Planung des Staatsgebiets. Sie hat die Ordnung der Raumnutzung zur Aufgabe. Kommunal geht es dabei etwa um Fragen der Gewerbeansiedlung in einer Gemeinde oder die Entscheidung darüber, ob in einem bestimmten Gemeindegebiet Ein- oder Mehrfamilienhäuser errichtet werden sollen oder ob – überörtlich – durch ein Waldgebiet eine Autobahn geführt werden soll. Deutlich wird daran bereits: Die Gesamtplanung findet auf verschiedenen Ebenen statt. Unterschieden werden die **Raumordnungsplanung** und die **Bauleitplanung.**

Die Raumordnung ist **überregional** orientiert und findet auf verschiedenen Ebenen statt, wobei von Ebene zu Ebene der Detaillierungsgrad der planerischen Vorgaben stets zunimmt: Auf der obersten, am wenigsten detailreichen Ebene, findet die **Bundesraumordnung** statt, deren Aufgabe die Überplanung des gesamten Bundesgebiets ist. Rechtliche Vorgaben hierfür finden sich im Raumordnungsgesetz (ROG), für das der Bund die konkurrierende Gesetzgebung hat, Art. 74 I Nr. 31 GG. Eine Ebene darunter findet die Landesplanung statt, in deren Rahmen die jeweiligen Länder ihr Ländergebiet überplanen. Auch hierfür ist auf das ROG zurückzugreifen, da der Begriff der Raumordnung im Sinne des Art. 74 I Nr. 31 GG auch die Landesplanung mitumfasst.[9] Allerdings steht den Ländern gemäß Art. 72 III Nr. 4 GG hierbei eine Abweichungsmöglichkeit zu, von der die Länder durch Erlass eigener Landesplanungsgesetze teils Gebrauch gemacht haben.[10] Im Zuge dessen sehen einige Länder unterhalb der Ebene der Landesplanung die sogenannte **Regionalplanung** vor, die dem Namen entsprechend die Überplanung einzelner Regionen zum Gegenstand hat. Beispiele sind die Regionen Nordschwarzwald in Baden-Württemberg, Main-Röhn in Bayern, das Ruhrgebiet in Nordrhein-Westfalen oder die Mecklenburgische Seenplatte, die jeweils von eigener Planung erfasst sind.

Aus der reichhaltigen Dogmatik des Raumordnungsrechts ist die Unterscheidung zwischen **Zielen** der Raumordnung, § 1 I Nr. 2 ROG, und **Grundsätzen** der Raumordnung, § 1 I Nr. 3 ROG, wichtig, die sich nach dem Grad ihrer Verbindlichkeit voneinander unterscheiden (Kap. 2 Rn. 109): Grundsätze sind allgemeine Aussagen, die als ‚lose' Leitlinien für die vorzunehmende Abwägung zu verstehen sind, während Ziele inhaltlich verbindliche Vorgaben für das Abwägungsergebnis darstellen.[11] Bei Zielen

---

9 BVerfGE 15, 1 (16).
10 Eine Übersicht über die länderspezifischen Regelungen bei *Dirnberger*, in: Spannowsky/Uechtritz (Hrsg.), BeckOK-BauGB, 57. Ed. August 2021, § 1 Rn. 61 ff.
11 *Runkel*, in: Ernst/Zinkahn/Bielenberg/Krautzberger, BauGB, 147. EL August 2022, § 1 Rn. 74. Eine Einführung ins Raumordnungs- und Landesplanungsrecht bei *Jarass/Schnittker/Milstein*, JuS 2011, 215 ff.

hat also eine **Letztentscheidung** schon stattgefunden, während Grundsätze lediglich den der Raumordnung nachfolgenden Planungsorganen bei deren Abwägungsentscheidung einen bestimmten Maßstab vorgeben wollen.[12]

▶ **Beispiele:** (1) Die Festsetzung „Die Siedlungsentwicklung muss flächensparend erfolgen, die Bodenversiegelung auf das notwendige Mindestmaß begrenzt werden" ist ein Grundsatz, weil hier keine abschließende Entscheidung, sondern vielmehr eine Leitlinie für spätere Abwägungsentscheidung vorgegeben wird. Die Festsetzung „Die für den Ausbau des Schienennetzes vorgesehenen Flächen sind freizuhalten" spiegelt hingegen ein Ziel der Raumordnung wider, weil sie bereits Ergebnis einer Abwägungsentscheidung ist und insoweit verbindlich vorgibt, was mit den betroffenen Flächen passieren muss. (2) aus dem Regionalplan des Regierungsbezirks Arnsberg, Teilabschnitt Bochum und Hagen (2001): Ziele der Raumordnung z. B.: „Zur Neuansiedlung, Verlagerung und Erweiterung von gewerblichen Betrieben ist ein ausreichendes, den Bedarf sicherndes Flächenangebot durch die Bauleitplanung vorzuhalten." „Die zeichnerisch dargestellten Bereiche für zweckgebundene gewerbliche und industrielle Nutzungen sind der unter diese Zweckbindung fallenden Nutzung gemäß nachfolgender Erläuterung vorbehalten." (Es folgt eine Karte, in der bestimmte Flächen in Bochum und Hagen entsprechend für industrielle Nutzungen gekennzeichnet sind). (...) Grundsätze der Raumordnung, z. B.: „Der ÖPNV muss die Erreichbarkeit der zentralen Orte als Arbeitsplatz-, Dienstleistungs- und Ausbildungsschwerpunkte, der Freizeit und Erholungsstätten sowie der sonstigen Schwerpunkte des Verkehrsaufkommens sicherstellen."; „Auf einen umweltverträglicheren Umgang mit dem Regenwasser ist bei raumbedeutsamen Planungen und Maßnahmen hinzuwirken." ◀

24 Unterhalb der Raumordnung liegt die **Bauleitplanung**, die rein kommunal erfolgt, also durch die Gemeinden übernommen wird und vor allem durch das BauGB geregelt ist. Raumplanung und Bauleitplanung stehen also im Verhältnis zunehmender Konkretisierung. Die übergeordneten Planungen wirken auf die kommunale Planung ein und beeinflussen diese. Besteht für ein Gebiet also bereits ein Regionalplan und/oder ein Landes(entwicklungs)plan, muss die kommunale Bauleitplanung diese Pläne beachten, § 1 IV BauGB. Die durch die Gemeinde vorgenommene Planung erreicht dabei einen so hohen **Konkretisierungsgrad**, dass an ihr die planungsrechtliche Zulässigkeit eines einzelnen Bauvorhabens beurteilt werden kann. Dies geschieht im Baugenehmigungsverfahren durch die zuständige Baubehörde. Die für Studium und Prüfung dabei maßgeblichen Normen sind vor allem die der §§ 29 ff. BauGB und die durch sie in Bezug genommene BauNVO nach § 9a BauGB (Kap. 3 Rn. 42 ff. 78 ff.).

▶ **Vertiefung:** In der Praxis wird dabei auch teilweise darüber gestritten, welche Fragen die Raumordnung und welche das Städtebaurecht, also die kommunale Bauleitplanung, regeln darf. So musste etwa das OVG NRW entscheiden, ob die Raumordnung vorgeben kann, an welchen Stellen innerhalb einer Gemeinde großflächiger Einzelhandel angesiedelt werden darf. Eine betroffene Kommune war der Ansicht, dass dies eine rein städtebauliche Frage sei und dies daher allein die Kommune regeln dürfe. Das Gericht entschied, dass großflächiger Einzelhandel dadurch, dass die Kunden eines solchen Betriebes nicht nur aus einer Kommune stammten und somit erhebliche Auswirkungen auf die Kaufkraft in anderen Gemeinden zu befürchten seien, gemeindeübergreifende Wirkungen habe und somit auch der Raumordnung zuzuordnen sei.[13] ◀

---

12 *Dirnberger*, in: Spannowsky/Uechtritz (Hrsg.), BeckOK-BauGB, 57. Ed. August 2021, § 1 Rn. 62.
13 OVG NRW, BauR 2019, 1085 ff.

§ 2 Das System der Bauleitplanung

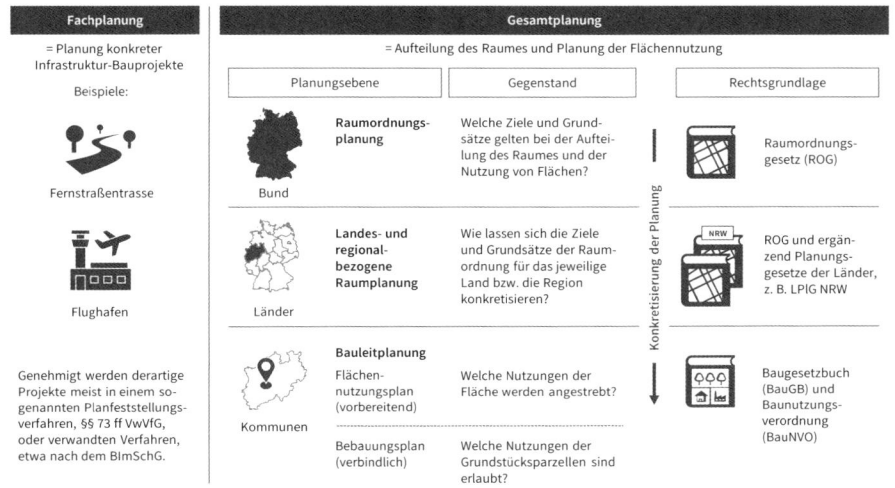

II. Flächennutzungsplan und Bebauungsplan

Die beiden wichtigen Instrumente der gemeindlichen Bauleitplanung sind die sogenannten **Bauleitpläne**, also der Flächennutzungsplan, §§ 5 ff. BauGB, und der Bebauungsplan, §§ 9 ff. BauGB. Beide sind Instrumente des allgemeinen Städtebaurechts. Daneben besteht das besondere Städtebaurecht, §§ 136 ff. BauGB, das besondere Problemlagen betrifft und der Gemeinde besondere Handlungsmöglichkeiten eröffnet, etwa zur gezielten Sanierung oder Erhaltung einzelner Stadtviertel, das aber nicht Gegenstand des Studiums ist.

1. Der Flächennutzungsplan

a) Funktionen des Flächennutzungsplans

Der Flächennutzungsplan ist das planerische Instrument der **ersten Stufe** der gemeindlichen Bauleitplanung. Er hat die Aufgabe, grundsätzlich die beabsichtigte städtebauliche Entwicklung für das gesamte Gemeindegebiet darzustellen, § 5 I BauGB. Anhand des möglichen Inhalts des Flächennutzungsplans, der sich aus § 5 II BauGB ausschnittsweise ergibt, wird deutlich, dass er eher eine **grobe** Vorgabe beinhalten soll. Von daher weisen Flächennutzungspläne häufig im Sinne eines Grobrasters bestimmte Nutzungszwecke für verschiedene Flächen auf (z. B. Siedlungsflächen, Flächen für die Landwirtschaft, Waldflächen, Gewerbeflächen usw.). Die verbindlichen Vorgaben überlässt der Flächennutzungsplan dem Bebauungsplan (Kap. 2 Rn. 37), der zweiten Stufe der Bauleitplanung.

Der Flächennutzungsplan erfüllt insoweit verschiedene Funktionen:[14] Er fungiert zunächst als **Scharnier** zwischen überörtlicher Planung und den Verhältnissen und der Planung vor Ort. Das ist insbesondere wichtig bei großen Infrastrukturvorhaben (so-

---

14 Siehe auch *Stüer*, Der Bebauungsplan, 6. Aufl. 2015, Rn. 112.

weit sie nicht der Fachplanung unterliegen), etwa Kraftwerken,[15] Müllverbrennungsanlagen[16] oder Wasserwerken,[17] die überörtliche Bedeutung und Auswirkungen haben.

28 Zudem hat der Flächennutzungsplan eine **Anregungs- und Explizierungsfunktion**. Das BauGB stellt der Gemeinde mit dem Flächennutzungsplan nämlich eine rechtliche Form bereit, in der sie sich über ihre eigene Planungsabsichten klar werden und diese auch zum Ausdruck bringen kann. Durch die gesetzliche Vorgabe der möglichen Darstellungen eines Flächennutzungsplans, die das BauGB in § 5 II BauGB trifft, wird sichergestellt, dass die Flächennutzungspläne verschiedener Gemeinden untereinander vergleichbar und aneinander anschlussfähig sind.

29 Inhaltlich übernimmt der Flächennutzungsplan eine **Strukturierungsfunktion** für die nachfolgenden Planungs- und Zulassungsentscheidungen der Gemeinde bzw. der zuständigen Bauordnungsbehörde. Rechtlich ist diese Funktion abgesichert durch das sogenannte **Entwicklungsgebot** des § 8 II 1 BauGB, nach dem der Bebauungsplan aus dem Flächennutzungsplan zu entwickeln ist (Kap. 2 Rn. 120 ff.).

b) Die Rechtsnatur des Flächennutzungsplans

30 Zu den klassischen Fragen rund um den Flächennutzungsplan zählt jene nach seiner Rechtsnatur und damit seiner Einordnung in die verwaltungsrechtliche **Handlungsformenlehre**.[18] Danach stehen der Verwaltung bestimmte Instrumente zur Verfügung, durch die sie handlungsfähig wird und die ihr Handeln zugleich begrenzen, weil der Einsatz der Handlungsformen jeweils von rechtsstaatlich begründeten Voraussetzungen abhängig gemacht wird. Da die Art und die Voraussetzungen von Rechtsschutz vor den Verwaltungsgerichten wesentlich über die jeweilige staatliche Handlungsform gesteuert werden, kommt der Frage nach der Rechtsnatur auch hohe prozessuale Bedeutung zu.

31 Da der Flächennutzungsplan keinen Einzelfallbezug hat, sondern sich auf das gesamte Gemeindegebiet bezieht und hierfür allgemeine Vorgaben enthält, ist er kein **Verwaltungsakt** im Sinne des Verwaltungsverfahrensrechts. Auch die Annahme einer **Allgemeinverfügung** liegt nicht nahe, die sich zwar an einen größeren Personenkreis wenden kann, aber dann über einen engen Sachbezug wieder dem Verwaltungsakt angenähert wird, um das Merkmal des Einzelfalls nicht übermäßig aufzuweiten.[19] In beiden Fällen wäre zudem die Außenwirkung des Flächennutzungsplans fraglich, hat er doch nur die Vorbereitung der konkreten Planung durch den Bebauungsplan zum Zweck. Der Flächennutzungsplan ist auch nicht **Rechtsverordnung**, weil durch Bundesgesetz nur die Bundesregierung, ein Bundesminister oder eine Landesregierung, nicht aber eine Gemeinde zur Verordnungsgebung ermächtigt werden kann.[20] Auch hier wäre im Übrigen die Außenwirkung fraglich, die der Rechtsverordnung als einem materiellen Gesetz zukäme. Es bliebe allein die Einordnung als **Satzung**. Für sie spricht der

---

15 Vgl. *Schrödter/Otto*, in: Schrödter (Hrsg.), BauGB, 9. Aufl. 2019, § 5 Rn. 49.
16 Vgl. *Schrödter/Otto*, in: Schrödter (Hrsg.), BauGB, 9. Aufl. 2019, § 5 Rn. 47; *Söfker*, in: Ernst/Zinkahn/Bielenberg/Krautzberger (Hrsg.), BauGB, 147. EL August 2022, § 5 Rn. 32, § 9 Rn. 117 (mit Hinweis auf die aus § 38 BauGB resultierenden Besonderheiten).
17 *Söfker*, in: Ernst/Zinkahn/Bielenberg/Krautzberger (Hrsg.), BauGB, 147. EL August 2022, § 5 Rn. 31.
18 Vertiefend *Hoffmann-Riem/Bäcker*, Rechtsformen, Handlungsformen, Folgenformen, in: Voßkuhle/Eifert/Möllers (Hrsg.), Grundlagen des Verwaltungsrechts, Bd. II, 3. Aufl. 2022, § 32. Siehe auch *Schmidt-Aßmann*, Das allgemeine Verwaltungsrecht als Ordnungsidee, 2. Aufl. 2006, S. 297 ff.
19 *Maurer/Waldhoff*, Allgemeines Verwaltungsrecht, 20. Aufl. 2020, § 9 Rn. 31.
20 *Remmert*, in: Dürig/Herzog/Scholz (Hrsg.), Grundgesetz, 99. EL September 2022, Art. 80 Rn. 80.

Anwendungsbereich des Bauplanungsrechts, dessen Ausgestaltung den Gemeinden als Teil ihrer Selbstverwaltungsbefugnis zukommt: Selbstverwaltung und Satzungserlass gehen typischerweise Hand in Hand.[21] Auch die Qualifikation des Bebauungsplans als Satzung in § 10 I BauGB spricht aufgrund der sachlichen Nähe und der Funktionsverwandtschaft für die Einordnung des Flächennutzungsplans als Satzung. Gegen die Annahme einer Satzung spricht indes wiederum § 10 I BauGB, der nur für den Bebauungsplan den Satzungscharakter anordnet, eine parallele Anordnung gibt es für den Flächennutzungsplan hingegen nicht. Entscheidend ist aber auch hier die Frage nach der Außenwirkung, die auch für Rechtsnormen wie Satzungen Grundvoraussetzung ist und mit der die Qualifikation des Flächennutzungsplans steht und fällt.

Grundsätzlich geht man davon aus, dass der Flächennutzungsplan anders als der Bebauungsplan keine Außenwirkung haben soll. Er ähnelt eher Verwaltungsvorschriften, die die Ausübung behördlichen Ermessens anleiten.[22] Gegen die Außenwirkung des Flächennutzungsplans spricht, dass das BauGB eine Reihe von Anhaltspunkten liefert, die ihn auf verwaltungsinterne Wirkung festlegen. So wird der Flächennutzungsplan anders als der Bebauungsplan **nicht öffentlich verkündet**, siehe § 6 V BauGB gegenüber § 12 BauGB beim Bebauungsplan, und genügt deswegen nicht den rechtsstaatlichen Publizitätsstandards an Normen. Vor allem aber soll ein Gegenschluss aus § 8 I BauGB die fehlende Außenwirkung begründen, nach dem nur der Bebauungsplan „rechtsverbindliche Festsetzungen für die städtebauliche Ordnung" enthält, gegenüber den **bloß unverbindlichen Darstellungen** des Flächennutzungsplans. Das hat viel für sich, zeichnet aber nicht das ganze Bild: Denn Rechtswirkungen werden an den Flächennutzungsplan zum Beispiel durch § 7 BauGB geknüpft sowie durch § 8 II 1 BauGB. Zwar nimmt weder die Praxis den Grundsatz des § 8 II 1 BauGB besonders ernst,[23] noch das Gesetz selbst, wie § 8 III 1 BauGB und die §§ 214 II, 215 BauGB zeigen, von einer prinzipiellen rechtlichen Unverbindlichkeit des Flächennutzungsplans kann aber nicht gesprochen werden.[24] Allerdings bestehen die Rechtswirkungen hier nicht im Außenverhältnis zum Bürger, sondern zu Trägern von Fachplanungen, § 7 BauGB, sowie im Sinne einer Selbstbindung der Gemeinde im Verhältnis zu dieser, § 8 II 1 BauGB.

32

Aus dieser Gemengelage wird daher der Schluss gezogen, der Flächennutzungsplan sei ein **Rechtsakt sui generis**. In der Regel ist das sui generis-Postulat auch ein juristisches Eingeständnis, dass es auf eine genaue Qualifikation eines Rechtsaktes rechtlich nicht ankommt. Für den Flächennutzungsplan war dies über lange Zeit zutreffend, wenn man einmal davon absieht, dass über § 35 III 1 Nr. 1 BauGB eine Außenwirksamkeit des Flächennutzungsplans immer schon gegeben war (Kap. 2 Rn. 185).[25] Dann haben allerdings einige Entscheidungen des Bundesverwaltungsgerichts Bewegung in

33

---

21 *Guckelberger*, Allgemeines Verwaltungsrecht, 11. Aufl. 2023, § 26 Rn. 1; *Maurer/Waldhoff*, Allgemeines Verwaltungsrecht, 20. Aufl. 2020, § 4 Rn. 24 ff.
22 *Jaeger*, in: Spannowsky/Uechtritz (Hrsg.), BeckOK-BauGB, 57. Ed. September 2021, § 5 Rn. 10.
23 *Petz*, in: Spannowsky/Uechtritz (Hrsg.), BeckOK-BauGB, 57. Ed. August 2021, § 8 Rn. 28 zu den schwachen Fehlerfolgen eines Verstoßes.
24 *Appel*, in: Koch/Hendler (Hrsg.), Baurecht, Raumordnungsrecht, Landesplanungsrecht, 6. Aufl. 2015, § 15 Rn. 3.
25 *Appel*, in: Koch/Hendler (Hrsg.), Baurecht, Raumordnungsrecht, Landesplanungsrecht, 6. Aufl. 2015, § 14 Rn. 4 verneint die Außenwirkung des Flächennutzungsplans über Abs. 3, weil nicht der Flächennutzungsplan selbst, sondern „gesetzlich angeordnete außenverbindliche Rechtserheblichkeit hinreichend konkreter Flächennutzungsplanungen" hier Wirkung entfalteten; ob dies tatsächlich etwas anderes ist als eine Außenwirkung des Flächennutzungsplans, ist allerdings zweifelhaft.

den Streit gebracht, weil sie vom Grundsatz, es gebe auch mangels Außenwirkung keinen Rechtsschutz gegen Flächennutzungspläne, Abschied genommen haben (Kap. 2 Rn. 185).[26]

c) Inhalt des Flächennutzungsplans

34 § 5 II–IV BauGB gibt der Gemeinde vor, welche Inhalte, das Gesetz spricht von „Darstellungen", sie ihrem Flächennutzungsplan geben kann. Die Vorgabe zulässiger Darstellungen ermöglicht insbesondere, dass die Flächennutzungspläne verschiedener (angrenzender) Gemeinden die gleiche planungsrechtliche Sprache sprechen, also untereinander rechtlich kompatibel sind. Hinzu kommt, dass auch die Darstellungen des Flächennutzungsplans bereits Vorwirkungen auf die Reichweite des Eigentumsgrundrechts aus Art. 14 I 1 GG für die im Plangebiet belegenen Grundstücke entfaltet, wenngleich auch erst die „Festsetzungen" des Bebauungsplans nach § 9 BauGB iVm §§ 2 ff. BauNVO rechtsverbindliche Regelungen über die Nutzung des Grundstücks treffen.

35 Die Scharnierfunktion des Flächennutzungsplans zwischen überörtlicher Planung und konkretem Bebauungsplan spiegelt sich auch im Katalog der zulässigen Darstellungen. So zielt § 5 II Nr. 1 BauGB bereits erkennbar auf die durch den Bebauungsplan zu konkretisierenden Vorgaben über Art und Maß der baulichen Nutzung, wohingegen etwa § 5 II Nr. 3, 4, 6 und 10 BauGB ausdrücklich oder der Sache nach Planungsgegenstände mit einer gewissen Bedeutung für allgemeine Belange bzw. mit Ausstrahlungswirkung über das Gebiet der Gemeinde hinaus regeln.

36 Anders als im Falle des Bebauungsplans, bei dessen Aufstellung die Gemeinde abschließend auf den Katalog der zulässigen Festsetzungen nach § 9 BauGB und die Normen der Baunutzungsverordnung festgelegt ist, ist der Katalog der Darstellungen nach § 5 II–IV BauGB nicht abschließend, wie der Wortlaut – „insbesondere" – erkennen lässt.[27]

2. Der Bebauungsplan

a) Funktionen

37 Der Bebauungsplan regelt die städtebauliche Ordnung und Entwicklung **durch rechtsverbindliche Festsetzungen**. Der Bebauungsplan ist eine **Rechtsnorm** in Gestalt einer **Satzung**, § 10 I BauGB.[28] Der Bebauungsplan ist entscheidend dafür, welche Anlagen zu welchem Nutzungszweck in welchem Ausmaß und an welcher Stelle errichtet werden dürfen. Dabei steht es der Gemeinde grundsätzlich frei, wie hoch die Regelungsdichte eines Bebauungsplans sein soll. § 9 BauGB gibt der Gemeinde nur vor, welchen Inhalt Bebauungspläne aufweisen können. Auch der Bebauungsplan muss aber behördlich vollzogen werden. In aller Regel wird im **Baugenehmigungsverfahren** überprüft, ob die Voraussetzungen eines (bestehenden und wirksamen) Bebauungsplans durch die ins Auge genommene bauliche Anlage erfüllt werden.

38 Ein Bebauungsplan besteht in der Regel aus **zwei Teilen**: aus den **zeichnerischen Festsetzungen** und den **textlichen Festsetzungen**. Die zeichnerische Ebene gibt unter anderem Aufschluss, wie weit das Plangebiet reicht. Weiterhin enthalten die zeichneri-

---

26 BVerwGE 117, 287 ff.; E 128, 382 ff.; E 146, 40 ff.
27 *Schrödter/Otto*, in: Schrödter (Hrsg.), BauGB, 9. Aufl. 2019, § 5 Rn. 25.
28 *Stock*, in: Ernst/Zinkahn/Bielenberg/Krautzberger (Hrsg.), BauGB, 147. EL August 2022, § 10 Rn. 28 m.w.N.

schen Festsetzungen oft auch Bestimmungen, die in den textlichen Festsetzungen nicht erscheinen und umgekehrt. Zeichnerische und textliche Festsetzungen ergänzen sich also. So wird häufig in den zeichnerischen Festsetzungen die jeweilige Maximalhöhe von baulichen Anlagen vorgegeben und in den textlichen Festsetzungen festgelegt, wie die Höhen bestimmt werden. Daneben tauchen in den zeichnerischen Festsetzungen z. T. aber auch noch einmal die textlichen Festsetzungen auf.

b) Arten und Erlassverfahren von Bebauungsplänen

Bereits das BauGB selbst unterscheidet verschiedene Arten von Bebauungsplänen und sieht verschiedene Verfahren zu ihrem Erlass vor. 39

Zunächst kann man Bebauungspläne nach ihrem **Inhalt** kategorisieren: Für die Frage, ob ein einzelnes Bauvorhaben in einem Gebiet mit einem wirksamen Bebauungsplan zulässig ist, spielt es eine Rolle, was die Gemeinde in dem Bebauungsplan vorgibt. **Qualifizierte Bebauungspläne** ermöglichen eine Entscheidung über die Zulassung eines Bauvorhabens **allein** auf Grundlage des Bebauungsplans selbst, § 30 I BauGB. Vorausgesetzt werden danach mindestens Festsetzungen über Art und Maß der baulichen Nutzung, die überbaubaren Grundstücksflächen und die örtlichen Verkehrsflächen gemäß § 9 I Nr. 1, 2 u. 11 BauGB (Kap. 3 Rn. 81). Bei einem **einfachen Bebauungsplan** fehlt mindestens eines der in § 30 I BauGB genannten Merkmale, § 30 III BauGB, andere Festsetzungen können aber hinzutreten. Welche Festsetzungen nach § 9 BauGB also ansonsten getroffen werden, spielt für die Qualifikation eines Bebauungsplans als einfacher keine Rolle. Da ein einfacher Bebauungsplan für die abschließende Zulassung eines Bauvorhabens nicht alle notwendigen Regelungen trifft, wird er insoweit durch die §§ 34, 35 BauGB ergänzt (Kap. 3 Rn. 82). Schließlich sieht das Gesetz den sogenannten **vorhabenbezogenen Bebauungsplan** vor, §§ 30 II, 12 BauGB, dessen Aufgabe die Realisierung eines einzelnen, in der Regel größeren Vorhabens ist, z. B. eines großen Einkaufszentrums oder eines Klinik- oder Hochschulcampus. Im Studium spielt er praktisch keine Rolle. 40

Das BauGB kennt außerdem verschiedene **Verfahren** zur Aufstellung eines Bebauungsplans: Neben dem regulären Bebauungsplanverfahren kann ein solcher Plan auch im **vereinfachten**, § 13 BauGB, oder im **beschleunigten Verfahren**, § 13a BauGB, erlassen werden. Ferner gibt es noch die Möglichkeit des **ergänzenden Verfahrens**, § 214 IV BauGB, wenn ein Bebauungsplan an einem Mangel leidet, der geheilt werden kann (Kap. 2 Rn. 139). 41

c) Inhalte des Bebauungsplans und die Bedeutung der BauNVO

Die zulässigen Festsetzungen eines Bebauungsplans regelt § 9 BauGB. Zur näheren Bestimmung dieser und der weiteren Festsetzungstypen des § 9 BauGB ist auf Grundlage von § 9a BauGB die BauNVO erlassen worden. Die BauNVO konkretisiert und definiert die Festsetzungen des § 9 BauGB und trifft in diesem Bereich **eigenständige Regelungen**. Die für das Verständnis des Baurechts zentralen Begriffe sind dabei der der **Art** der baulichen Nutzung, der des **Maßes** der baulichen Nutzung, der der **überbaubaren Grundstückfläche** sowie jener der **Bauweise**. Sie spielen nicht nur im Rahmen der BauNVO, sondern im Zusammenhang mit einer Reihe baurechtlicher Normen eine wichtige Rolle, etwa in § 34 I 1, II BauGB. 42

aa) Art der baulichen Nutzung

43 Mit dem Begriff der Art der baulichen Nutzung werden die **Nutzungszwecke** einer baulichen Anlage bestimmt.[29] Es geht also darum, wie bzw. wozu eine bauliche Anlage genutzt wird, etwa zu Wohn- oder Gewerbezwecken. In den §§ 1–15 BauNVO werden die verschiedenen Arten baulicher Nutzung ausgeformt und zu **Baugebieten, §§ 2–12 BauNVO** kombiniert. Zweck der unterschiedlichen Gebietstypen ist es, miteinander konfligierende Nutzungszwecke und daraus entstehende Nutzungskonflikte, die sogenannten **bodenrechtlichen Spannungen**, in rechtlich verbindlicher Weise zu vermeiden. Zulässig sind danach nur die im jeweiligen Baugebiet genannten Nutzungstypen. So dient das „reine Wohngebiet", § 3 BauNVO, allein dem Wohnen, § 3 I BauNVO. Hier sind nur wenige Nutzungen zulässig, die kein Wohnen bedeuten und die entweder kaum spürbare Auswirkungen auf die Umgebung haben oder politisch gewollt sind (z. B. Anlagen der Pflege oder der Kinderbetreuung). Andererseits nennt § 9 BauNVO, die Vorschrift über das Industriegebiet, Wohnnutzungen auch nicht als ausnahmsweise zulässige Nutzung und schließt sie damit aus.

44 Systematisch folgen die Gebietstypenfestsetzungen der §§ 2–12 BauNVO im Wesentlichen dem gleichen Aufbau. Im ersten Absatz wird der allgemeine Zweck des Baugebietes beschrieben, im zweiten Absatz die allgemein zulässigen Nutzungen und in Absatz 3 werden solche Nutzungen genannt, die nur ausnahmsweise zulässig sind. Nutzungen, die in den jeweiligen Baugebieten nicht genannt sind, sind daher unzulässig (Kap. 3 Rn. 91).

45 Der Bebauungsplan setzt in aller Regel ein Baugebiet nach der BauNVO fest, z. B. ein allgemeines Wohngebiet nach § 4 BauNVO. Durch eine solche Festsetzung wird die jeweilige Bestimmung der §§ 2–14 BauNVO zum **Bestandteil des Bebauungsplans**, § 1 III 2 BauNVO. Es ist also so, als hätte der Plangeber den Inhalt der Vorschrift der BauNVO selbst in den Bebauungsplan eingefügt. Insoweit gibt der Bebauungsplan über die Bezugnahme auf die §§ 2–14 BauNVO vor, welche Nutzungszwecke in einem Plangebiet zulässig sein sollen und welche nicht. Der Verweis des Bebauungsplans ist statisch, das heißt, es wird nur auf die BauNVO in der **zum Zeitpunkt des Bebauungsplan-Beschlusses** gültigen Fassung verwiesen.[30]

▶ **Beispiel:** (1) Ein Bebauungsplan setzt ein allgemeines Wohngebiet fest, § 4 BauNVO. Dadurch wird § 4 BauNVO Inhalt des Bebauungsplans, vgl. § 1 III 2 BauNVO. Daraus folgt, dass etwa ein Industriebetrieb im Plangebiet unzulässig wäre, weil er nicht unter die (ausnahmsweise) zulässigen Nutzungen des § 4 BauNVO fällt. (2) Ein 1975 beschlossener Bebauungsplan setzt ein reines Wohngebiet, § 3 BauNVO fest. Hier wird nach § 1 III 2 BauNVO aber nicht auf § 3 IV BauNVO verwiesen, wonach Pflegeheime als Wohnnutzung gelten, weil diese Vorschrift erst mit der BauNVO in der Fassung aus dem Jahre 1990 eingeführt worden ist. Vorher galten Pflegeheime in der Rechtsprechung häufig als Anlagen für gesundheitliche Zwecke. Wird nun das Pflegeheim erweitert, ist diese Erweiterung anhand des Bebauungsplans und hierbei anhand von § 3 BauNVO in der 1975 gültigen Fassung zu prüfen. Auf § 3 IV BauNVO darf nicht abgestellt werden, weil die Gemeinde bei der

---

[29] Ausführlich zur Art der baulichen Nutzung unter Berücksichtigung der BauNVO siehe *Söfker*, in: Ernst/Zinkahn/Bielenberg/Krautzberger (Hrsg.), BauGB, 147. EL August 2022, § 9 Rn. 20 ff.
[30] OVG NRW, Urt. v. 13.12.2011 – 7 A 880/16 –, juris.

Festsetzung diese Vorschrift nicht in ihren planerischen Willen aufgenommen haben kann. Will sie dies, muss sie den Bebauungsplan ändern.[31] ◄

Die BauNVO erlaubt der Gemeinde in gewissen Grenzen auch Abweichungen von den Vorgaben der §§ 2–14 BauNVO, die sich aus § 1 IV–X BauNVO ergeben. So darf eine Gemeinde etwa im Bebauungsplan ein allgemeines Wohngebiet festsetzen, aber die in § 4 III BauNVO für ausnahmsweise zulässig erklärten Nutzungen gleichwohl generell ausschließen, § 1 VI BauNVO. Auch darf die planende Gemeinde unter bestimmten Voraussetzungen ein festgesetztes Baugebiet gliedern, § 1 IV BauNVO, indem etwa ein Gewerbegebiet, § 8 BauNVO, in zwei Teile gegliedert wird: In einem Teilgebiet sind etwa Tankstellen zulässig, § 8 II Nr. 3 BauNVO, in dem anderen hingegen nicht, § 1 IV, IX BauNVO.

In der Praxis kommt es häufig zu einer Gliederung von Gewerbegebieten nach § 1 IV 1 Nr. 2 BauNVO, wenn etwa das Gewerbegebiet in der Nähe eines Wohngebietes angesiedelt wird. Dann wird das Gewerbegebiet so aufgeteilt, dass zum Schutz der Wohnruhe bestimmte Lärmgrenzwerte festgesetzt werden, die die Betriebe einhalten müssen, wobei für den Teil des Gewerbegebietes, der nahe der Wohnbebauung liegt, niedrigere Grenzwerte gelten als für den Teil des Gewerbegebietes außerhalb des Nahbereichs der Wohnbebauung. Das BVerwG hat eine solche Gliederung anhand von solchen sogenannten Lärmemissionskontingenten gemäß § 1 IV 1 Nr. 2 BauNVO grundsätzlich für zulässig erachtet.[32]

bb) Maß der baulichen Nutzung

Das Maß der baulichen Nutzung, § 9 I Nr. 1 Var. 2 BauGB, wird in den §§ 16 bis 21a BauNVO abschließend näher konkretisiert. Es gibt an, wie **intensiv** ein Grundstück genutzt werden darf. Unterschieden wird die Grundflächenzahl, § 16 II Nr. 1 BauNVO, die Geschossflächenzahl, § 16 II Nr. 2 BauNVO, die Anzahl der Vollgeschosse, § 16 II Nr. 3 BauNVO, und die Höhe der Anlage, § 16 II Nr. 4 BauNVO.

Die **Grundflächenzahl** „gibt an, wieviel Quadratmeter Grundfläche je Quadratmeter Grundstücksfläche […] zulässig sind", § 19 I BauNVO. Es geht also um das Verhältnis von überbauter Grundstücksfläche, § 19 II BauNVO, zu der gesamten Grundstücksfläche. Wie dabei die überbaute Grundstücksfläche festgestellt wird, ergibt sich aus § 19 III–IV BauNVO.

▶ **Beispiel:** Beträgt die Grundflächenzahl im Bebauungsplan 0,3, bedeutet das, dass ein Grundstück nur zu 30 % bebaut werden darf, also dass auf einem 1000 m² großen Grundstück max. 300 m² bebaut werden dürfen, wobei etwa Stellplätze für Pkw mitzurechnen sind, § 19 IV 1 Nr. 1 BauNVO. ◄

Die **Geschossflächenzahl** „gibt an, wieviel Quadratmeter Geschossfläche je Quadratmeter Grundstücksfläche […] zulässig sind", § 20 II BauNVO. Es geht also um das Verhältnis der Summe der Geschossflächen zur gesamten Grundstücksfläche.

▶ **Beispiel:** Ein Bebauungsplan setzt eine Geschossflächenzahl von 0,6 fest. Das bedeutet, dass die Fläche sämtlicher Vollgeschosse einer Anlage, die auf einem 1000 m² großen

---

[31] So aber insoweit wohl unzutreffend OVG NRW, Beschl. v. 30.3.2020 – 10 B 312/20 –, juris, Rn. 10, das auf § 3 IV BauNVO abstellt, obgleich der im Streitfall maßgebliche Bebauungsplan aus den 1970er-Jahren stammte.
[32] BVerwG, NVwZ 2018, 499 ff. = BVerwGE 161, 53 ff.

Grundstück steht, insgesamt nicht mehr als 600 m² betragen darf. Zulässig wäre daher beispielsweise ein Wohnhaus mit zwei Stockwerken, wobei jedes Stockwerk 300 m² groß wäre. ◄

51 Die Anzahl der zulässigen **Vollgeschosse** (Stockwerke), § 20 I BauNVO, ist ebenfalls eine Frage des Maßes der baulichen Nutzung. Was als ein Vollgeschoss gilt, wird gemäß § 20 I BauNVO durch das Landesrecht definiert, zum Beispiel in § 2 V BauO NRW.

52 Schließlich ist die **Höhe der Anlage**, § 18 BauNVO, für das Maß der baulichen Nutzung entscheidend: Welche Orientierungspunkte für die Bestimmung der Höhe der Anlage relevant sind, überlässt die BauNVO dem Bebauungsplan selbst, § 18 I BauNVO.

▶ Beispiel: Ein Bebauungsplan kann daher eine Maximalhöhe von 20 Metern angeben, wobei er bestimmt, dass für die Höhe allein der Abstand von Grundstücksfläche bis zur Firsthöhe maßgeblich ist. ◄

cc) Überbaubare Grundstücksfläche

53 Schließlich regelt § 23 BauNVO die **überbaubare Grundstücksfläche**. Dahinter steht die Frage, **wo** bzw. **bis wohin** auf einem Grundstück gebaut werden darf. Der Bebauungsplan kann Baulinien und damit den exakten Bauort, § 23 II BauNVO, vorgeben. An einer Baulinie muss gebaut werden. Daneben gibt es die Baugrenze, § 23 III BauNVO, die nur den äußeren Rand angibt, bis zu dem noch gebaut werden darf. Im Übrigen ist der jeweilige Bauherr innerhalb der Baugrenze frei darin, wo er seine bauliche Anlage errichtet. Schließlich kommen noch Vorgaben zur Bebauungstiefe in Betracht, § 23 IV BauNVO. Sie gibt in Metern an, bis zu welcher Tiefe ein Grundstück bebaut werden darf und entspricht damit dem Zweck einer Baugrenze, § 23 III BauNVO.

54 § 22 I BauGB erlaubt schließlich die Festsetzung einer offenen oder geschlossenen **Bauweise**. Gemeint ist damit, ob zwischen den Gebäuden verschiedener Grundstücke ein Abstand zu wahren ist (offene Bauweise) oder nicht (geschlossene Bauweise). Ist offene Bauweise angeordnet, richtet sich die Größe des notwendigen Abstands nach den Normen des Landesrechts über die sogenannten Abstandsflächen.[33]

d) Beispiel: Ausschnitt aus einem Bebauungsplan

55 Nachfolgender Ausschnitt aus dem zeichnerischen Teil eines Bebauungsplans (hier: Nr. 928 der Stadt Bochum) verdeutlicht, wie Bebauungspläne Vorgaben festsetzen.

---

[33] § 5 LBO BW; Art. 6 BayBO; § 6 BauO Bln; § 6 BbgBO; § 6 BremLBO; § 6 HBauO; § 6 HBO; § 6 LBauO M-V; § 5 NBauO; § 6 BauO NRW; § 8 LBauO RP; § 7 LBO Saar; § 6 SächsBO; § 6 BauO LSA; § 6 LBO SH; § 6 ThürBO.

§ 2 Das System der Bauleitplanung   § 2

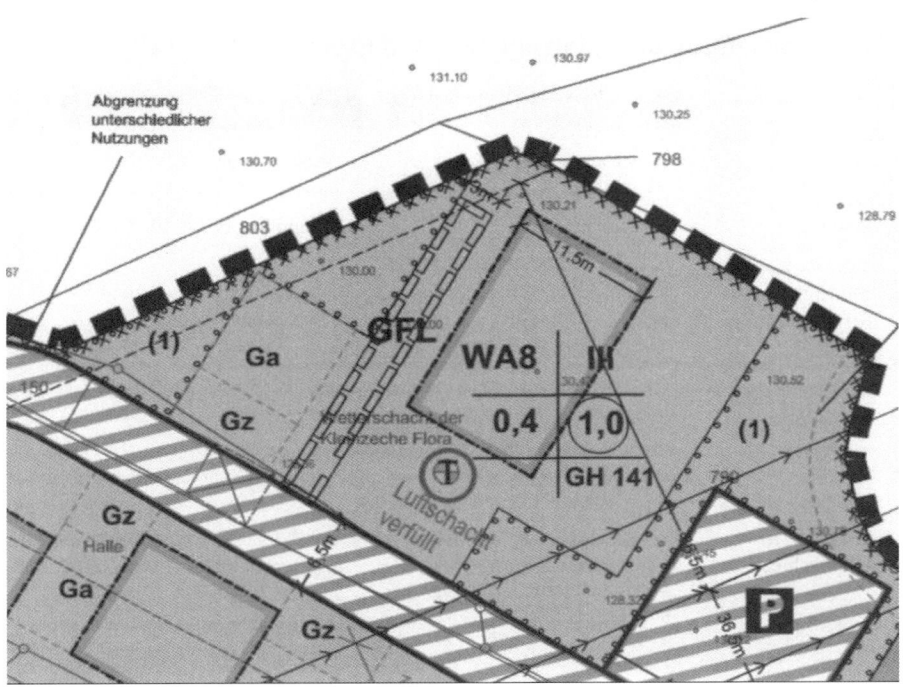

In jedem zeichnerischen Teil eines Bebauungsplans gibt eine Legende Aufschluss über die Symbole und Abkürzungen. Hier ausschnittsweise: Die dicke schwarz gestrichelte Linie zeichnet die Grenzen des Plangebiets ein. Besonders wichtig sind die Angaben in der Tabelle: Die Abkürzung „**WA8**" steht für die Art der baulichen Nutzung (Allgemeines Wohngebiet Nr. 8 = § 4 BauNVO). Die römische Ziffer „**III**" steht für die Anzahl der Vollgeschosse (maximal drei). Die Zahl „0,4" betrifft die Grundflächenzahl (40 % der Grundstücksfläche darf überbaut werden). Die mit einem Kreis versehene Zahl „1,0" meint hingegen die Geschossflächenzahl (Die Summe aller Geschossflächen darf 100 % der Grundfläche betragen). Schließlich regelt die Angabe „**GH 141**" die maximale Gebäudehöhe (141 Meter über Normalhöhennull). Zudem ist eine Baugrenze eingezeichnet. Die Angaben „**Ga**" sowie „**Gz**" bezeichnen die Flächen für Garagen (Ga) sowie Garagenzufahrten (Gz).

Daneben gibt es zu diesem Bebauungsplan auch einen **Textteil**, der einige im zeichnerischen Teil abgebildeten Festsetzungen verschriftlicht und darüber hinaus weitere Bestimmungen, die zeichnerisch nicht abbildbar sind, enthält. Etwa wird zur Art der baulichen Nutzung formuliert: „Ausnahmen gemäß § 4 III BauNVO sind nicht zulässig", § 1 VI BauGB (Kap. 3 Rn. 128).

Flächennutzungsplan und Bebauungsplan im Vergleich

	Flächennutzungsplan	Bebauungsplan
Inhalt	Darstellungen	Festsetzungen
Wirkung	vorbereitend, § 1 II BauGB	verbindlich, §§ 1 II, 10 I BauGB
Bezugsgröße	gesamtes Gemeindegebiet, § 5 I BauGB	beliebiger Ausschnitt aus dem Gemeindegebiet
Rechtsform	sui generis	Satzung, § 10 I BauGB
Außenwirkung	nur in seltenen Ausnahmefällen, z. B. § 35 III Nr 1 BauGB	ja
Rechtsschutz	nur in seltenen Ausnahmefällen unmittelbarer Rechtsschutz, § 47 I Nr 1 BauGB analog	Normenkontrolle, § 47 I Nr 1 BauGB

C. Abwägung als Kernelement der Bauleitplanung

58 Die in § 1 VII und § 2 III BauGB geregelte Abwägung ist das eigentliche Herzstück der Bauleitplanung. So wichtig sie praktisch ist, so sperrig ist ihre rechtliche Handhabung. Einen einheitlichen Umgang mit Fragen der Abwägung findet man in Wissenschaft und Praxis kaum, nicht zuletzt, weil viele Einzelfragen nicht gerichtlich geklärt sind. Der nachfolgende Abschnitt konzentriert sich daher auf das für die Prüfung und Ausbildung unbedingt Nötige und bildet die **Grundstrukturen** der städtebaulichen Abwägung ab. Dabei spielt ein Verständnis der baurechtlichen Abwägung in doppelter Hinsicht eine Rolle: einmal im Hinblick auf den Prozess der Planaufstellung (dazu sogleich) und zudem als Aspekt der materiellen Rechtmäßigkeit von Bauleitplänen (Kap. 2 Rn. 76 f.).

I. Abwägung als Rechtsfindungsprozess

59 Die Abwägung im öffentlichen Baurecht meint nicht (nur) die aus der verfassungs- und verwaltungsrechtlichen Verhältnismäßigkeitsprüfung ansonsten bekannte Abwägung im Rahmen der Angemessenheitsprüfung staatlichen Eingriffshandelns. Sie ist vielmehr ein **tatsächlich und rechtlich hochkomplexer Gestaltungsvorgang**. Abwägung bezeichnet den Prozess, den eine planende Gemeinde durchläuft, um zu einzelnen Festsetzungen bzw. Darstellungen im Bebauungs- oder Flächennutzungsplan zu gelangen. Nahezu jeder Regelungsgehalt eines Bauleitplans ist damit das Ergebnis eines vorherigen Abwägungsvorganges.

▶ **Beispiel:** Ein Bebauungsplan sieht für die Errichtung neuer Gewerbeanlagen auf bislang unbebauten Grundstücken begrenzte Flächen vor, indem er bestimmte Baugrenzen festlegt. Die Größe dieser sogenannten Baufenster ist das Ergebnis einer Abwägung zwischen der Förderung von Gewerbe sowie der Schaffung von Arbeitsplätzen einerseits, vgl. § 1 VI Nr. 8 lit. a und c BauGB, und der Erhaltung von Natur- und Grünflächen andererseits, vgl. etwa § 1 VI Nr. 7 lit. a oder Nr. 14 BauGB. ◀

Die Abwägung ist also Mittel zur Rechtserzeugung und das „Kernstück der [gemeindlichen] Planungshoheit".[34] An sie stellen sich daher auch weitaus mehr Anforderungen als an eine gewöhnliche Verhältnismäßigkeitsprüfung.

II. Abwägung als Ermittlungs-, Bewertungs- und Ausgleichsentscheidung

Ausgangspunkt der Abwägung ist der Entschluss der Gemeinde, einen Bauleitplan aufzustellen, um – in Erfüllung ihrer Pflicht aus § 1 III 1 BauGB – die städtebauliche Entwicklung und Ordnung zu fördern. Dabei verfolgt die Gemeinde stets ein planerisches Ziel, etwa die Schaffung eines neuen Gewerbegebiets, und konkretisiert ihre Vorstellung von der Planung. Jedes planerische Ziel ist aber geeignet, mit anderen Interessen, Zielen oder tatsächlichen Begebenheiten in Konflikt zu treten. So kann das geplante Gewerbegebiet etwa mit dem benachbarten Wohngebiet konfligieren, insbesondere wegen Geräuschemissionen. § 1 VI BauGB listet beispielhaft eine Fülle potenziell relevanter Belange auf.

Die planende Gemeinde ist gesetzlich gehalten, in ihrer Abwägungsentscheidung allen relevanten Aspekten gerecht zu werden. Daher müssen zunächst alle Belange, die von der konkreten Planung berührt werden, **ermittelt** werden. Zum Teil lassen sich solche Belange schlicht durch Inaugenscheinnahme oder durch einfache Messungen oder Untersuchungen ermitteln. Denkt man aber etwa an den Natur- oder Artenschutz, bedarf es spezialisierter Expertise. Die Ermittlung betroffener Belange erfolgt auch im Rahmen der Öffentlichkeitsbeteiligung bei der Planaufstellung (Kap. 2 Rn. 80 ff., 89 ff.). So könnten im genannten Beispiel des geplanten Gewerbegebiets Anwohner des benachbarten Wohngebiets einbringen, ihre Wohnruhe müsse besonders geschützt werden, oder Umweltverbände oder -behörden anführen, das betroffene Gebiet beheimate eine besonders geschützte Vogelart und dürfe daher nur unter engen Voraussetzungen bebaut werden. Die planende Gemeinde muss dann prüfen, welche der vorgetragenen Belange von der gemeindlichen Planung tatsächlich betroffen sind. Zu diesem Zweck erfolgt in diesem Schritt etwa die Erstellung von Fachgutachten, das Einholen von Fachmeinungen und die Vornahme spezifischer Untersuchungen. Im Falle des Gewerbegebietes würde etwa eine Lärmprognose zu der Frage in Auftrag gegeben, ob die vorhandene Wohnbebauung durch das geplante Gewerbegebiet tatsächlich Lärmbelästigung erfahren würde.

Anschließend kann die planende Gemeinde nicht nur feststellen, welche Belange tatsächlich betroffen sind, sondern auch inwieweit, also in welcher Intensität. Dies ist wichtig für die erforderliche **Bewertung**: Wird ein Belang nur marginal oder hochgradig durch die Planung beeinträchtigt? Daher werden entsprechende Gutachten nicht nur hinsichtlich der Frage, ob bestimmte Belange berührt werden, sondern auch im Hinblick auf die Intensität der Betroffenheit in Auftrag gegeben. So kann etwa das

---

[34] *Dirnberger*, in: Jäde/ders. (Hrsg.), BauGB/BauNVO, 10. Aufl. 2022, § 1 BauGB Rn. 73. Ferner *Erbguth*, UPR 2010, 281 ff.; „Herzstück" bei *Stüer*, UPR 2010, 288 ff.

eingeholte Lärmgutachten ergeben, dass die Wohnbebauung durch das Gewerbe in hohem Maße Lärmimmissionen ausgesetzt wird, der Artenschutz bei dem zu bebauenden Gebiet aber kaum eine Rolle spielt, weil die vorgetragene Vogelart in zahlreiche andere Gebiete umgesiedelt werden kann.

64 Diese Bewertung ist wichtig für die nunmehr anstehende **Abwägung im engeren Sinne**: Wie im Rahmen der Verhältnismäßigkeitsabwägung müssen nun die hinter der Planung stehenden Ziele mit den jeweils widerstreitenden Interessen in Ausgleich zueinander gebracht werden. Es geht um die Herstellung **praktischer Konkordanz**: Kann das Gewerbegebiet trotz erheblicher Lärmauswirkungen auf die vorhandene Wohnbebauung realisiert werden? Wenn ja, wie? Das Ergebnis dieses Ausgleichs ist der Inhalt etwa der Festsetzung im Bebauungsplan. So kann das Gewerbegebiet etwa ohne Einschränkungen festgesetzt werden, unter Ausschluss bestimmter – lärmintensiver – Nutzungsarten oder bei gleichzeitig festgesetzten Lärmschutzmaßnahmen wie einer Lärmschutzwand zur Wohnbebauung hin. Entsprechendes gilt für die verwandten Darstellungen bei einem Flächennutzungsplan.

III. Die Abwägungsfehlerlehre

65 Das BauGB bezieht sich auf diese drei Abwägungsschritte, ohne aber genauere Vorgaben zu machen: § 2 III BauGB stellt lediglich fest: „Bei der Aufstellung der Bauleitpläne sind die Belange, die für die Abwägung von Bedeutung sind (Abwägungsmaterial), zu ermitteln und zu bewerten." § 1 VII BauGB schreibt vor, dass „die öffentlichen und privaten Belange gegeneinander und untereinander gerecht abzuwägen" sind. Wann eine Abwägung rechtlich einwandfrei ist, sagt das Gesetz nicht, abgesehen davon, dass alle drei Abwägungsschritte stattfinden müssen.

1. Das Problem des fehlenden Maßstabs

66 Gleichwohl können während aller drei Schritte Fehler auftreten. Es stellt sich daher die Frage nach einer **rechtlichen Kontrolle** der Abwägung. Dabei gilt es zu bedenken, dass die Planung zum Kernbestand der kommunalen Selbstverwaltungsgarantie gehört (Kap. 1 Rn. 22). Ist aber die Abwägung wiederum Kern der Planung, ist sie es auch für die Gemeindeautonomie. Daher muss die gerichtliche Kontrolldichte bei planerischen Abwägungsentscheidungen eingeschränkt sein, will man die gemeindliche Selbstverwaltungsgarantie nicht rückwirkend auf der Ebene gerichtlicher Kontrolle wieder aushöhlen.

67 Um dem Problem der fehlenden gesetzlichen Kontrollvorgaben einerseits und der verfassungsrechtlich verbürgten Kontrolleinschränkung bei Abwägungen andererseits zu begegnen, hat sich eine **Abwägungsfehlerlehre**[35] entwickelt, mit der Fehler im Gesamtprozess der Abwägung erfasst und sanktioniert werden können. Sie ist angelehnt an die Ermessensfehlerlehre des Allgemeinen Verwaltungsrechts und zielt – wie diese auch – darauf, eine Abgrenzung zwischen behördlichen Entscheidungs- und gerichtlichen Kontrollbefugnissen zu leisten.

---

35 Dazu *Kersten*, JURA 2013, 478 ff.; *Martini/Finkenzeller*, JuS 2012, 126 ff.

2. Abwägungsfehler

Eine Abwägungsentscheidung ist danach dann fehlerhaft, wenn einer der folgenden vier Abwägungsfehler vorliegt:

Beim **Abwägungsausfall** findet keinerlei Abwägung der Gemeinde statt, etwa weil sie sich an ein bestimmtes Ergebnis gebunden fühlt und daher meint, ihr stünde kein Abwägungsspielraum zu.

▶ **Beispiel:** Die Gemeinde schließt mit einem privaten Investor einen Vertrag, der den Bau eines Krankenhauses beinhaltet. Die Gemeinde sieht sich daher nun gezwungen, im Rahmen der Bauleitplanung die Umsetzung des Vertrages zu gewährleisten und wägt daher nicht gegen die dem Krankenhaus entgegenstehenden Belange ab. ◀

Im Falle eines **Abwägungsdefizits** übersieht die Gemeinde abwägungsrelevante Belange und stellt sie in die Abwägung nicht ein. In der Praxis lässt sich dies häufig in den Planungsunterlagen sehen: Die Gemeinden erstellen regelmäßig Tabellen, in denen durch die Planung betroffene Belange aufgeführt werden und erklärt wird, wie diese Belange in der Abwägung berücksichtigt werden oder nicht. Werden Belange nicht gesehen oder nicht berücksichtigt, muss das Gericht prüfen, ob der übersehene Belang abwägungsrelevant im Sinne von § 2 III BauGB ist. Abwägungsrelevant sind zunächst nur **städtebauliche Belange**, die im Wesentlichen, wenn auch nicht abschließend, in § 1 V, VI BauGB genannt werden (Kap. 2 Rn. 12). So sind etwa hygienische oder gefahrenabwehrrechtliche Aspekte nicht in die Abwägung einzustellen.[36]

Dass ein Belang städtebaulicher Art ist, macht ihn aber noch nicht abwägungsrelevant. Dies wird er erst, wenn er wahrscheinlich durch die Planung berührt wird und schutzwürdig ist.[37] Letzteres ist dann der Fall, wenn der Belang durch die Planung nicht nur unerheblich, sondern qualifiziert betroffen ist, was eine Frage des Einzelfalls ist und letztlich auf einer eigenen Abwägung beruht.

▶ **Beispiel:** Nicht schutzwürdig ist das Interesse am Erhalt eines Schwarzbaus (Anlage ohne Genehmigung); auch fehlt die Schutzwürdigkeit, wenn der Betroffene vernünftigerweise erwarten durfte, dass „so etwas geschieht", z. B. wenn seit langem klar ist, dass eine entsprechende Planung erfolgen wird und sich nun ein Eigentümer darauf beruft, dass durch die Planung der Status quo des Grundwasservorkommens verändert wird. ◀

Eine **Abwägungsfehleinschätzung** liegt vor, wenn die Gewichtung eines Belangs fehlerhaft ist.[38] Grundsätzlich bestehen zunächst alle Belange gleichrangig nebeneinander, eine abstrakte Vorgewichtung gibt es nicht.[39] Ein Vorrang des einen Belangs gegenüber dem anderen Belang kann sich daher nur im Einzelfall, das heißt relativ ergeben. So gehen etwa Belange des Klima- oder Hochwasserschutzes nicht generell allen anderen Belangen vor, sondern nur im Einzelfall. Dies ist vor allem eine Frage der Intensität der Betroffenheit: Je intensiver ein Belang von der Planung berührt wird, desto gewichtiger ist er.[40] Weil auf dieser Prüfungsebene die Gefahr eines Eingriffs in die Planungshoheit der Gemeinde besonders groß ist, sind die Gerichte hier regelmäßig großzügig und

---

36 Vgl. OVG NRW, BauR 1984, 489 ff.
37 VGH BW, NJOZ 2007, 2647 ff.
38 BVerwGE 48, 56 ff.; *Stollmann/Beaucamp*, Öffentliches Baurecht, 13. Aufl. 2022, § 7 Rn. 45.
39 BVerwGE 92, 231 ff.
40 *Söfker*, in: Ernst/Zinkahn/Bielenberg/Krautzberger (Hrsg.), BauGB, 147. EL August 2022, § 1 Rn. 201, 203. Kritisch gegenüber allgemeinen Regeln der Gewichtung der Belange *Dirnberger*, in: Jäde/ders. (Hrsg.), BauGB/BauNVO, 10. Aufl. 2020, § 1 BauGB Rn. 99.

nehmen eine Abwägungsfehleinschätzung nur bei offensichtlichen Fehlgewichtungen an.

▶ **Beispiel:** Die Gemeinde plant ein neues Einzelhandelsgebiet. Ein Gutachten ermittelt, dass es dadurch in der näheren Wohnsiedlung zu einer Zunahme von verkehrsbedingtem Lärm in Höhe von 3 dB (A) kommen werde, was eine Verdoppelung des Lärmaufkommens darstellt. Die Gemeinde schätzt diesen Belang als sehr unbedeutend ein und sieht auch im Bebauungsplan keine Maßnahmen zum Lärmschutz vor, weil die Lärmsteigerung ihrer Ansicht nach keine spürbare Belastung für betroffene Anwohner darstellt. Hier verkennt sie offensichtlich, was eine Verdoppelung des Lärms für die Anwohner bedeutet.[41] ◀

73 Die **Abwägungsdisproportionalität** betrifft schließlich den Fall, dass die Gemeinde zwar alle relevanten Belange gesehen, berücksichtigt und richtig gewichtet hat, das Ergebnis, also der Inhalt der getroffenen Darstellung oder Festsetzung, diesem Gewicht aber nicht entspricht. Es fehlt also an einem gerechten Ausgleich der widerstreitenden Belange. Wann dies im Einzelnen der Fall ist, bedarf einer genaueren Untersuchung, die aber erst an geeigneter Stelle erfolgt (Kap. 2 Rn. 113 ff.).

3. Abwägungsvorgang und Abwägungsergebnis

74 Bei der Abwägungsfehlerlehre ist weiter zwingend zwischen Fehlern im Abwägungs**vorgang** und im Abwägungs**ergebnis** zu unterscheiden. Diese Differenzierung erfolgte bereits früh in der Rechtsprechung des Bundesverwaltungsgerichts.[42] Die Unterscheidung wird mittlerweile auch gesetzlich vorausgesetzt. Hauptgrund hierfür ist, dass das BauGB seit seiner Reform im Jahr 2004 in § 214 BauGB verschiedene Rechtsfolgen an Abwägungsfehler knüpft und hierbei danach unterscheidet, ob es sich um Verfahrensfehler im Sinne des Abwägungsvorgangs handelt oder ein Mangel im Abwägungsergebnis vorliegt.

75 Die Zuordnung eines Abwägungsfehlers zum Abwägungsvorgang oder zum Abwägungsergebnis richtet sich danach, ob der Mangel ‚**auf dem Weg**' zur Festsetzung/Darstellung erfolgt ist oder **in der Festsetzung/Darstellung** selbst liegt. Übertragen auf die oben dargestellten Abwägungsfehler ergibt sich, dass der Abwägungsausfall, das Abwägungsdefizit und die Abwägungsfehleinschätzung Fehler des Abwägungsvorganges sind, weil sie entstehen, bevor die endgültige Festsetzung/Darstellung getroffen wurde. Eine Abwägungsdisproportionalität hingegen bedeutet gerade, dass der Inhalt der Festsetzung/Darstellung selbst fehlerhaft ist und bildet insoweit den einzigen Mangel im Abwägungsergebnis.[43]

76 Die Unterscheidung zwischen Abwägungsvorgang und -ergebnis hat aber auch andere Folgen: Fehler im Abwägungsvorgang sind der **formellen Rechtmäßigkeit** zuzuordnen, Fehler im Abwägungsergebnis sind hingegen ein **materiell-rechtlicher** Mangel. Dies hat seinen Grund in § 214 I Nr. 1 BauGB. Er ordnet das Abwägungsdefizit und die Abwägungsfehleinschätzung „Verfahrens- und Formvorschriften" zu, also Fragen der formellen Rechtmäßigkeit. Hinzu kommt, dass das Abwägungsdefizit und die Abwä-

---

41 Weitere Beispiele: BVerfG, NVwZ 2003, 727 ff.; BVerwG, NVwZ 2002, 1114 ff.; BVerwGE 109, 246 ff.
42 Siehe insbesondere BVerwGE 45, 309 ff. Ferner BVerwGE 41, 67 ff.; E 45, 25 ff.; E 75, 214 (230 ff.). Zustimmende Literatur *Scholz*, VVDStRL 34, 145 (170); *Schröder*, DÖV 1975, 308 (309). Vgl. insgesamt auch *Kersten*, JURA 2013, 478 ff.; *ders.*, in: Schoch (Hrsg.), Besonderes Verwaltungsrecht, 2018, Kap. 3 Rn. 146 ff. Zur Differenzierung siehe auch *Hoppe*, in: ders./Bönker/Grotefels (Hrsg.), Öffentliches Baurecht, 4. Aufl. 2010, § 7 Rn. 127 ff.
43 Insgesamt dazu *Voßkuhle/Kaiser*, JuS 2014, 1074 (1076).

gungsfehleinschätzung einen Verstoß gegen § 2 III BauGB begründen, der gerade die Ermittlung und Gewichtung von Belangen zum Gegenstand hat, diese Norm aber vom Gesetzgeber als „Verfahrensgrundnorm" angesehen wird.[44] Für die Zuordnung des Abwägungsausfalles zur formellen Rechtmäßigkeit gibt es zwar an sich keine auf dem Gesetz beruhende Begründung; da im Falle seines Vorliegens ein Ermitteln bzw. Gewichten von Abwägungsbelangen aber ebenfalls nicht stattfindet, wird auch er der formellen Rechtmäßigkeit zugeordnet.

Im Einzelnen ist hier vieles streitig. So verbleiben manche (Ober-)Gerichte bei der früher stets angenommenen Zuordnung aller Abwägungsfehler zur materiellen Rechtmäßigkeit, auch wenn sie bei einem Mangel im Abwägungsvorgang trotzdem § 214 I Nr. 1 BauGB anwenden.[45] Dafür kann der Gedanke angeführt werden, dass der Abwägungsvorgang nicht gleichzusetzen ist mit dem Verfahren zur Aufstellung des Bauleitplans an sich („Verfahren" im formell-rechtlichen Sinne), sondern lediglich einen Vorgang der Entscheidungsfindung (Verfahren im materiellen Sinne) meint, etwa wie die korrekte Ermessensausübung, die gemeinhin der materiellen Rechtmäßigkeit zugeordnet wird. Praktische Relevanz hat dies, solange die zutreffenden Fehlerfolgenregelungen angewandt werden, aber keine. Auch das Bundesverwaltungsgericht betont nur,[46] dass eine **inhaltliche** Abänderung der Abwägungsfehlerlehre durch die Reform im Jahre 2004 und die Schaffung von § 2 III BauGB bzw. § 214 BauGB nicht geboten sei, und lässt die Zuordnung der Abwägungsfehler zur formellen oder materiellen Ebene offen.[47] In Prüfungen ist daher ein Streit nicht aufzumachen, sondern eine Ansicht stringent anzuwenden. Empfohlen wird dabei die (wohl herrschende) Differenzierung zwischen formeller und materieller Rechtmäßigkeit.

---

44 Vgl. *Martini/Finkenzeller*, JuS 2012, 126 (128).
45 Etwa OVG NRW, Urt. v. 26.3.2021 – 2 D 65/19.NE –, juris.
46 BVerwG, NVwZ 2008, 899 (901) = BVerwGE 131, 100 (106).
47 Dazu auch *Martini/Finkenzeller*, JuS 2012, 126 (128).

§ 2 Kapitel 2: Bauleitplanung

Prüfung eines Bauleitplans auf Abwägungsfehler

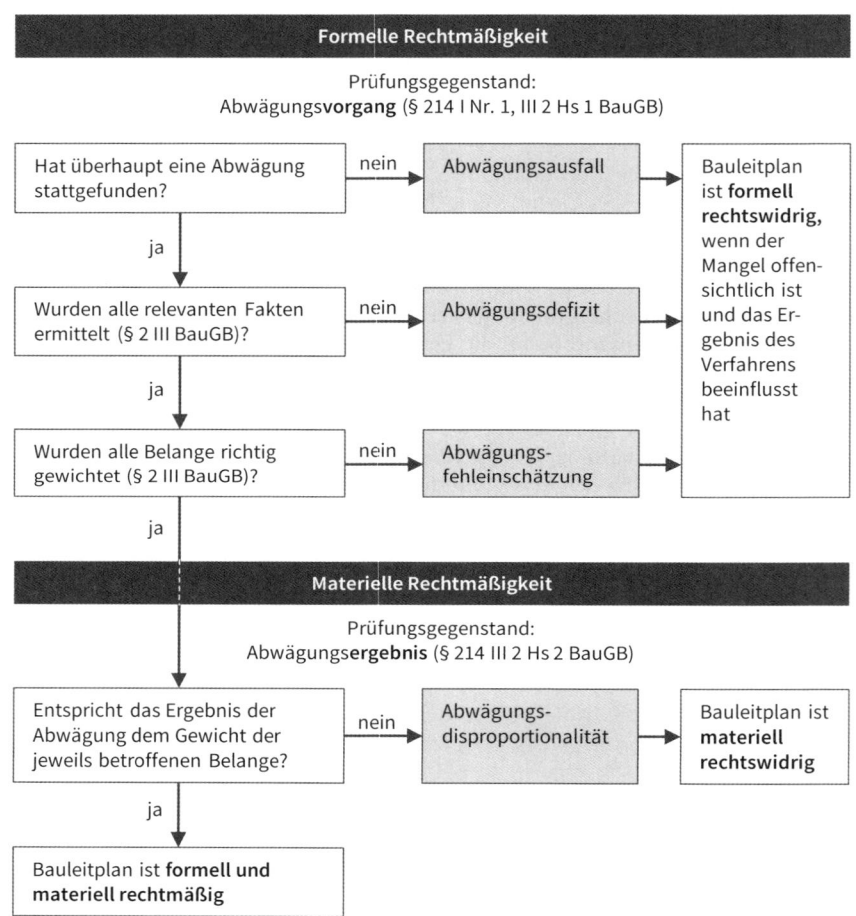

©npridik.de

§ 3 Rechtmäßigkeit von Bauleitplänen

A. Formelle Rechtmäßigkeit von Bauleitplänen 79
   I. Die Planerstellungsphase 79
      1. Zuständigkeit und Aufstellungsbeschluss 79
      2. Beteiligung von Öffentlichkeit und Behörden 80
        a) Frühe, erste Öffentlichkeitsbeteiligung 81
        b) Frühe, erste Behördenbeteiligung 84
      3. Ermittlung und Bewertung der abwägungsrelevanten Belange, § 2 III BauGB 86
   II. Planentwurfsphase 88
      1. Erstellung des Planentwurfs 88
      2. Erneute Beteiligung von Öffentlichkeit und Behörden 89
        a) Zweite Öffentlichkeitsbeteiligung 90
        b) Zweite Behördenbeteiligung 93
   III. Der Planbeschluss 94
      1. Bebauungsplan 95
      2. Flächennutzungsplan 96
B. Materielle Rechtmäßigkeit von Bauleitplänen 97
   I. Rechtsgrundlage und Bestimmtheit 99
      1. Flächennutzungsplan, § 5 BauGB 99
      2. Bebauungsplan, § 9 BauGB .. 101
   II. Erforderlichkeit der Planung, § 1 III 1 BauGB 103
      1. Verbot nicht erforderlicher Bauleitpläne 105
      2. Erforderlichkeit fehlender Bauleitpläne 106
      3. „Sobald" und „Soweit" 107
   III. Anpassung an die Raumordnungsziele, § 1 IV BauGB 108
   IV. Abstimmungsgebot, § 2 II 1 BauGB 110
   V. Abwägungsgebot, § 1 VII BauGB 113
   VI. Entwicklungsgebot für Bebauungspläne, § 8 II 1 BauGB 120
C. Fehler und Fehlerfolgen in der Bauleitplanung, §§ 214, 215 BauGB 124
   I. Die (unübersichtliche) Systematik der §§ 214, 215 BauGB 125
   II. Abwägungsmängel 131
      1. Wiederholung: Mängel im Abwägungsvorgang und im Abwägungsergebnis 132
      2. Beachtlichkeitsvoraussetzungen 133
      3. Abwägungsmängel „im Übrigen", § 214 III 2 BauGB 136
   III. Sonstige Mängel 138
   IV. Ergänzendes Verfahren 139
   V. Präklusion, § 215 BauGB 140
D. Gesamt- und Teilunwirksamkeit ... 141
E. Aufbau der Rechtmäßigkeitsprüfung in der Fallbearbeitung 142

▶ **Lernziele**

1. Sie können die formellen und materiellen Rechtmäßigkeitsvoraussetzungen von Bauleitplänen unter Rückgriff auf die einschlägigen Normen schematisieren und erklären.
2. Sie können die Anforderungen an die Erforderlichkeit der Bauleitplanung im Sinne des § 1 III 1 BauGB benennen, die einschlägigen Fallgruppen nennen und bauplanungsrechtlich einordnen.
3. Sie können die bauleitplanerische Bedeutung, die rechtliche Verankerung und die Ausprägungen des Abwägungsgebots unter Rückgriff auf die einschlägigen Normen nennen, erklären und im Hinblick auf die Abwägungsfehlerlehre zuordnen und bewerten.

4. Sie können die Systematik des § 214 BauGB erläutern, seine dogmatischen Brüche erklären und sich begründet für eine Zuordnung von Abwägungsfehlern zu den verschiedenen Varianten des § 214 BauGB entscheiden.
5. Sie können den Anwendungsbereich von § 215 BauGB erklären und die Norm in eine Prüfungsstruktur einordnen. ◄

78 Bauleitpläne müssen wie alle staatlichen Handlungen rechtmäßig sein. Das BauGB formuliert eine Reihe formeller und materieller Vorgaben für die Rechtmäßigkeit von Bauleitplänen. Die formellen Rechtmäßigkeitsvoraussetzungen werden für Flächennutzungsplan und Bebauungsplan einheitlich in §§ 1–4c BauGB geregelt. Die Aufstellung beider Plantypen ist dabei in zwei Schritte aufgeteilt: die **Planerstellungsphase** und die **Planentwurfsphase**, die typischerweise mit einem **Planbeschluss** abschließt. Die formellen Voraussetzungen von Planerstellungsphase (die Phase bis zum Vorliegen eines konkreten Planentwurfs) und die Planentwurfsphase (die Phase der Beratungen über einen konkreten Planentwurf) sind dabei durch das Gesetz parallel strukturiert. Sondervorschriften, die das BauGB für die Aufstellung von Bebauungsplänen nach §§ 13, 13a BauGB aufstellt, sind zwar praktisch wichtig, aber kaum prüfungsrelevant und werden hier zurückgestellt.

A. Formelle Rechtmäßigkeit von Bauleitplänen

I. Die Planerstellungsphase

1. Zuständigkeit und Aufstellungsbeschluss

79 Für die Aufstellung der Bauleitpläne sind die Gemeinden in eigener Verantwortung zuständig, §§ 1 III, 2 I 1 BauGB. Die Organkompetenz zum Erlass des Plans wird durch das jeweilige Kommunalrecht des Landes bestimmt und liegt häufig beim Gemeinderat.[1] Dieser soll einen **Beschluss über die Absicht** fassen, einen Bauleitplan aufzustellen. Dieser Aufstellungsbeschluss ist vom eigentlichen Planbeschluss, der das Verfahren abschließt, zu unterscheiden. Anders als § 2 I 2 BauGB durch die Bekanntmachungsregel nahelegt, ist der **Aufstellungsbeschluss keine Rechtmäßigkeitsvoraussetzung** für den Bauleitplan.[2] §§ 1 ff. BauGB verhalten sich hierzu nicht und erwähnen den Aufstellungsbeschluss – anders als etwa bei der Veränderungssperre, § 14 I BauGB (Kap. 2 Rn. 149 ff.) – nicht als Voraussetzung der Rechtmäßigkeit.[3] Denn § 2 I BauGB regelt nur, dass ein solcher ortsüblich bekannt zu machen ist, nicht aber, dass ein solcher für einen Bebauungsplan zwingend erforderlich ist.

---

1 §§ 24 I, 44 GemO BW; Art. 29, 37 BayGO; § 28 II Nr. 9 BbgKVerf; § 50 I 1 HGO; § 22 III Nr. 6, 7 KV M-V; § 58 II 1 Nr. 2 NKomVG; § 41 I 2 lit. g GO NRW; § 45 III Nr. 4 KVG LSA; § 28 II Nr. 4 SächsGemO; § 28 Nr. 4 GO SH; §§ 22 III 1, 29 ThürKO; Ausnahmen bestehen für die Stadtstaaten, vgl. dazu *Jarass/Kment*, BauGB, 3. Aufl. 2022, § 2 Rn. 4. In Rheinland-Pfalz liegt die Zuständigkeit für die Flächennutzungspläne bei den sogenannten Verbandsgemeinden, § 203 II BauGB iVm § 67 II 1 GemO RP. Die endgültige Entscheidung des Verbandsgemeinderates über die Aufstellung, Änderung, Ergänzung oder Aufhebung des Flächennutzungsplans bedarf jedoch der Zustimmung der Ortsgemeinden, § 67 II 2 GemO RP. Im Saarland liegt die Zuständigkeit gemäß § 73 II 2 Nr. 2 KSVG beim Ortsrat.
2 BVerwGE 79, 200 (204 ff.); *Jarass/Kment*, BauGB, 3. Aufl. 2022, § 2 Rn. 8; *Spieß*, in: Jäde/Dirnberger, BauGB/BauNVO, 10. Aufl. 2022, § 2 Rn. 2.
3 BVerwGE 79, 200 (204 f.).

2. Beteiligung von Öffentlichkeit und Behörden

In der Bauleitplanung spielt die Beteiligung der Öffentlichkeit eine wichtige Rolle. Die Aufstellung eines Bauleitplans ist aufwendig, zahlreiche verschiedene Aspekte müssen beachtet werden. Das beginnt etwa beim Artenschutz, geht über Fragen der Entwässerung und Bodenversiegelung zu Fragen der Lärmentstehung und endet bei der Verkehrsentwicklung. Hier hilft die Beteiligung der Öffentlichkeit beim **Auffinden und bei der Bewertung abwägungsrelevanter Aspekte**, § 4a I BauGB. Zugleich wird so bereits im Verfahren der **Schutz betroffener (Grund-)Rechtspositionen** gefördert. Adressaten der Öffentlichkeitsbeteiligung in der Bauleitplanung sind die Bürger, § 3 BauGB, und die zuständigen (Fach-)Behörden, § 4 BauGB.

a) Frühe, erste Öffentlichkeitsbeteiligung

Insbesondere die (erste) Öffentlichkeitsbeteiligung dient dem planerischen Erkenntnisgewinn. Daher ist die Öffentlichkeit „möglichst frühzeitig" von dem Planvorhaben zu unterrichten, § 3 I BauGB.[4] Andererseits kann auch nicht verlangt werden, dass die Gemeinde jede frühe Form der Planung offenlegen muss. Entscheidend ist, ab welchem Zeitpunkt eine Tatsachengrundlage vorhanden ist, die eine Auseinandersetzung der Öffentlichkeit mit dem Projekt möglich macht. Wie § 3 I BauGB formuliert, müssen die „allgemeinen Ziele und Zwecke der Planung, sich wesentlich unterscheidende Lösungen, die für die Neugestaltung oder Entwicklung eines Gebiets in Betracht kommen, und die voraussichtlichen Auswirkungen" hinreichend deutlich werden. In der Regel geschieht die Öffentlichkeitsbeteiligung kurz nach dem Planaufstellungsbeschluss.[5]

An den Begriff der Öffentlichkeit sind keine hohen Anforderungen zu stellen,[6] grundsätzlich kann jedermann zum Planvorhaben Stellung nehmen.[7] Insbesondere ist das Stellungnahmerecht nicht auf die Gemeindebürger begrenzt.[8]

Für die Art und Weise der Bereitstellung der notwendigen Informationen bei der frühen Öffentlichkeitsbeteiligung macht das Gesetz keine besonderen Vorgaben. So kann etwa über die Presse, eine öffentliche Informationsveranstaltung oder durch Veröffentlichung im Internet informiert werden.[9]

b) Frühe, erste Behördenbeteiligung

Die frühe, erste Behördenbeteiligung nach § 4 I BauGB verfolgt denselben Zweck wie die frühe, erste Öffentlichkeitsbeteiligung, vgl. § 4a I BauGB. Allerdings geht es hier um die Ermittlung fachbezogener Aspekte, zum Beispiel des Denkmalschutzes. Auch kann frühzeitig eruiert werden, ob bestimmte Flächen (noch) der Fachplanung unterstehen, etwa weil vorhandene Gleisanlagen weiterhin dem eisenbahnrechtlichen Fachplanungsrecht zugeordnet und der allgemeinen gemeindlichen Planung entzogen sind. Aus diesem Grund bezieht sich § 4 BauGB nur auf solche Behörden, die die Belange

---

4 Dazu insbesondere *Battis*, in: ders./Krautzberger/Löhr (Hrsg.), BauGB, 15. Aufl. 2022, § 3 Rn. 8.
5 *Battis*, in: ders./Krautzberger/Löhr (Hrsg.), BauGB, 15. Aufl. 2022, § 3 Rn. 8.
6 Leicht strenger aber die wohl h. A., etwa bei *Krautzberger*, in: Ernst/Zinkahn/Bielenberg/ders. (Hrsg.), BauGB, 147. EL August 2022, § 3 Rn. 13a.
7 So insbesondere *Schink*, in: Spannowsky/Uechtritz (Hrsg.), BeckOK-BauGB, 57. Ed. August 2021, § 3 Rn. 18 f.
8 Vgl. *Battis*, in: ders./Krautzberger/Löhr (Hrsg.), BauGB, 15. Aufl. 2022, § 3 Rn. 6.
9 Siehe dazu *Krautzberger*, in: Ernst/Zinkahn/Bielenberg/ders. (Hrsg.), BauGB, 147. EL August 2022, § 3 Rn. 18.

der Bodennutzung beeinflussen können.[10] Die Beteiligung selbst läuft vergleichbar mit § 3 I BauGB ab, § 4 I BauGB.

85 In der Praxis schreibt das für die Bauleitplanung zuständige Amt häufig alle anderen (unteren) Behörden (also Verkehrs-, Ordnungs-, Wasser-, Naturschutz- oder Immissionsschutzbehörde) an, teilt die beabsichtigte Planung mit und bittet um Stellungnahme innerhalb einer bestimmten Frist. Dann haben die jeweiligen Behörden die Möglichkeit, Einwendungen vorzutragen oder – falls die Planung für sie ohne Relevanz ist oder sie mit der Planungsabsicht insoweit einverstanden sind – zu schweigen bzw. ihr ‚Einverständnis' zu formulieren.

3. Ermittlung und Bewertung der abwägungsrelevanten Belange, § 2 III BauGB

86 Zu den notwendigen und als formelle (!) Rechtmäßigkeitsvoraussetzung angesehenen Schritten gehört in der Planerstellungsphase nach § 2 III BauGB die **Ermittlung und Bewertung** der abwägungsrelevanten Belange.

87 Wie bereits dargestellt (Kap. 2 Rn. 69 ff.), sind hier die Fehler im Abwägungsvorgang zu prüfen, also der Abwägungsausfall, das Abwägungsdefizit und die Abwägungsfehleinschätzung. Zu beachten ist, dass die Feststellung eines solchen (Verfahrens-)Fehlers nach § 214 I Nr. 1 bzw. III 2 BauGB unbeachtlich sein kann (Kap. 2 Rn. 124 ff.).

II. Planentwurfsphase

1. Erstellung des Planentwurfs

88 Nachdem die entscheidenden Belange und Einwendungen gesammelt, gesichtet und bewertet wurden, ist es die Aufgabe der Gemeinde, den Planentwurf zu erstellen. In ihm müssen der durch den Planaufstellungsbeschluss artikulierte Planungswille des Rates mit den betroffenen Belangen in ein Verhältnis gesetzt werden. Dabei können die notwendigen Entscheidungen bei der Erstellung eines Flächennutzungsplans notwendig unschärfer bleiben als bei der Erstellung eines Bebauungsplans.

▶ **Beispiel:** Der Rat möchte ein neues Wohngebiet planen. Hierzu stellt er sich u. a. die Frage, wie hoch die geplanten Wohngebäude sein sollen. Im Rahmen der Öffentlichkeitsbeteiligung wurde zurecht geltend gemacht, dass bei einer bestimmten Höhe die bestehenden Gebäude völlig erdrückt würden. Es muss nun eine (Maximal-)Höhe der neuen Gebäude festgelegt werden, die die Belange der Nachbarn hinreichend berücksichtigt. ◀

2. Erneute Beteiligung von Öffentlichkeit und Behörden

89 Liegt ein Planentwurf vor, muss eine zweite Beteiligung der Öffentlichkeit und der Behörden stattfinden. Bei dieser – jeweils im zweiten Absatz der §§ 3 und 4 BauGB geregelten – späteren Beteiligung spielen insbesondere die Funktion des Grundrechtsschutzes im Verfahren sowie Transparenzerwartungen eine Rolle.[11]

---

[10] Dazu auch *Muckel/Ogorek*, Öffentliches Baurecht, 4. Aufl. 2020, § 5 Rn. 71 f. m.w.N.; *Battis*, in: ders./Krautzberger/Löhr (Hrsg.), BauGB, 15. Aufl. 2022, § 4 Rn. 3.
[11] Vgl. auch Richtlinie 2003/35/EG; dazu auch *Battis*, in: ders./Krautzberger/Löhr (Hrsg.), BauGB, 15. Aufl. 2022, § 3 Rn. 13.

§ 3 Rechtmäßigkeit von Bauleitplänen

a) Zweite Öffentlichkeitsbeteiligung

Die erneute Öffentlichkeitsbeteiligung ist in § 3 II BauGB geregelt, der verlangt, dass die Planentwürfe sowie ihre Begründung öffentlich auszulegen sind. Die Gemeinde soll den Entwurf auslegen, den sie in der konkreten Fassung auch tatsächlich beschließen möchte.[12] Liegen relevante Stellungnahmen vor, insbesondere umweltbezogener Art, sind diese als Teil der Begründung ebenfalls auszulegen. Daraufhin kann die Öffentlichkeit erneut Einwendungen geltend machen und gegebenenfalls eine Planänderung erwirken. Es liegt auf der Hand, dass die Vorgaben des § 3 II BauGB auch einer gerichtlichen Auseinandersetzung vorbeugen können.

90

§ 3 II 2 BauGB verlangt die **Bekanntmachung** des Ortes und der Dauer der Auslegung. Die Bekanntmachung ist eine wichtige Rechtmäßigkeitsvoraussetzung, weil über sie die Möglichkeit und die Effektivität der Öffentlichkeitsbeteiligung gesteuert wird. Angegeben werden muss außerdem der exakte Geltungsbereich des Plans, der Hinweis auf die Möglichkeit, Einwendungen geltend zu machen, sowie der Hinweis auf die Folgen, falls keine Einwendungen geltend gemacht werden: Es besteht nämlich eine Präklusion. In einem späteren gerichtlichen Verfahren ist das Vorbringen von Einwendungen, die nicht im Verfahren der Öffentlichkeitsbeteiligung geltend gemacht wurden, ausgeschlossen, §§ 3 II 2, 4a VI BauGB.[13] Die Dauer der Auslegung beträgt regelmäßig einen Monat, mindestens aber 30 Tage, wovon nicht abgewichen werden darf.[14]

91

Entwirft die Gemeinde aufgrund der Einwendungen einen neuen Plan, muss dieser erneut ausgelegt werden, § 4a III BauGB. Dabei darf die Auslegungsfrist „angemessen" verkürzt werden. Entscheidend ist, dass der Zweck der Öffentlichkeitsbeteiligung erreicht werden kann.[15]

92

b) Zweite Behördenbeteiligung

Entsprechend der erneuten Öffentlichkeitsbeteiligung findet auch eine erneute Behördenbeteiligung statt, § 4 II BauGB. Auch hier wird die Möglichkeit eingeräumt, Stellungnahmen abzugeben, § 4 II 2 BauGB, sofern sie jeweils aufgabenbezogen sind, § 4 II 3 BauGB. Analog zu § 3 II 2 BauGB gibt es auch hier das Institut der Präklusion, § 4a VI BauGB.

93

III. Der Planbeschluss

Steht am Ende ein Planentwurf fest, der aus Sicht der Gemeinde rechtmäßig und zweckmäßig ist, beschließt der Rat den Plan. Hierbei ergeben sich Unterschiede zwischen dem Flächennutzungsplan und dem Bebauungsplan, weil das Gesetz jeweils andere Anforderungen stellt.

94

1. Bebauungsplan

Der Bebauungsplan wird als Satzung beschlossen, § 10 I BauGB, womit die kommunalrechtlichen Anforderungen an einen Satzungsbeschluss greifen. Klausurrelevant

95

---

12 Vgl. *Krautzberger*, in: Ernst/Zinkahn/Bielenberg/ders. (Hrsg.), BauGB, 147. EL August 2022, § 3 Rn. 35.
13 VGH BW, NVwZ-RR 2005, 157 ff.; *Stollmann/Beaucamp*, Öffentliches Baurecht, 13. Aufl. 2022, § 6 Rn. 23.
14 BVerwG, NVwZ 2003, 1391 f.
15 VGH BW, Urt. v. 28.11.2012 – 3 S 2313/10 –, juris = NVwZ-RR 2013, 459 ff.

sind hier etwa die Fälle der Befangenheit bei Beschlussfassung im Rat.[16] Eine Genehmigungspflicht für den Bebauungsplan sieht das BauGB grundsätzlich nicht vor. § 10 II BauGB macht davon nur dann eine Ausnahme, wenn der Bebauungsplan nicht aus einem Flächennutzungsplan entwickelt wurde, § 8 II 2, III 2, IV BauGB.[17]

2. Flächennutzungsplan

96 Über den Flächennutzungsplan entscheidet der Rat der Gemeinde mit einfachem Beschluss. § 6 I BauGB sieht zusätzlich eine Genehmigung der höheren Verwaltungsbehörde vor. Diese hat die Rechtmäßigkeit des Plans zu prüfen, § 6 II BauGB, nicht aber, ob der Plan zweckmäßig ist. Es erfolgt also eine reine **Rechtsaufsicht**.[18] Ist der Flächennutzungsplan rechtmäßig, hat die Behörde den Plan auch zu genehmigen. Nach § 6 IV 1, 4 BauGB hat die Behörde in der Regel innerhalb von drei Monaten zu entscheiden, andernfalls wird die Genehmigung fingiert. Die Genehmigung ist öffentlich bekanntzumachen, § 6 V BauGB.

Prüfungsschema: Formelle Rechtmäßigkeit von Bauleitplänen

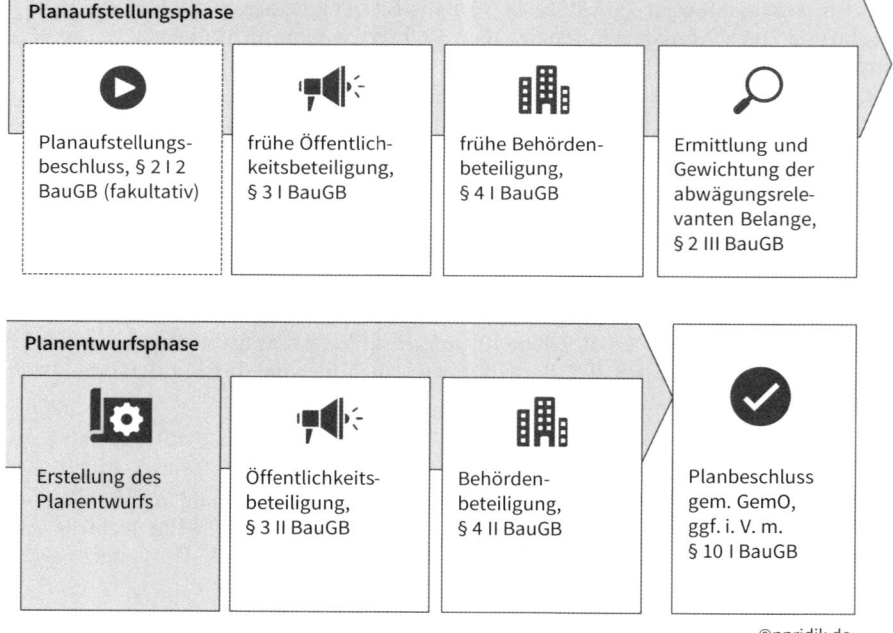

---

16 Normen aus den Ländern zur Befangenheit: § 32 I 1 iVm § 18 GemO BW; Art. 49 BayGO; § 31 II Nr. 4 iVm § 22 BbgKVerf; § 35 II iVm § 25 HGO; § 24 KV M-V; § 54 III iVm § 41 NKomVG; § 43 II Nr. 4 iVm § 31 GO NRW; § 30 I iVm § 22 GemO RP; § 30 I 4 iVm § 27 KSVG; § 35 I 1 iVm § 20 SächsGemO; § 43 I 1 iVm § 33 KVG LSA; § 32 III Var. 2 iVm § 22 GO SH; § 38 ThürKO. Vgl. dazu auch *Hager*, VBlBW 1994, 263 ff.; *Müller-Franken*, BayVBl 2001, 136 ff.
17 BVerwG, ZfBR 2008, 687 ff.
18 Tatsächlich handelt es sich um eine staatliche Sonderaufsicht, siehe *Stollmann/Beaucamp*, Öffentliches Baurecht, 13. Aufl. 2022, § 6 Rn. 38.

B. Materielle Rechtmäßigkeit von Bauleitplänen

Auch im Hinblick auf die materielle Rechtmäßigkeit von Bauleitplänen bestehen zwischen Flächennutzungsplan und Bebauungsplan viele Gemeinsamkeiten. Nur das Entwicklungsgebot, § 8 II BauGB, betrifft allein den Bebauungsplan (Kap. 2 Rn. 120 ff.).

Die Anforderungen an die inhaltliche Richtigkeit des Bauleitplans ergeben sich vorwiegend aus dem Gesetz, ergänzt um allgemeine rechtsstaatliche Grundsätze. Jede Festsetzung bzw. Darstellung muss auf einer Rechtsgrundlage beruhen und inhaltlich bestimmt sein (I.), gemäß § 1 III 1 BauGB erforderlich sein (II.), nach § 1 IV BauGB an die Ziele der Raumordnung angepasst sein (III.), dem Abstimmungsgebot des § 2 II 1 BauGB genügen (IV.) und abwägungsfehlerfrei (V.) sein. Bebauungspläne müssen zudem aus dem Flächennutzungsplan entwickelt worden sein, § 8 II BauGB (VI.).

I. Rechtsgrundlage und Bestimmtheit

1. Flächennutzungsplan, § 5 BauGB

Bauleitpläne bzw. ihre inhaltlichen Vorgaben dürfen nur von städtebaulicher Natur sein. Welche dies sind, gibt für einen Flächennutzungsplan § 5 II BauGB maßgeblich vor. Die Vorschrift ist dabei aber nicht abschließend. Gleichwohl werden hier die wichtigsten Aspekte genannt, etwa wo gebaut werden darf (Nr. 1) und wo welche Dienstleistungseinheit, etwa Schule oder Verwaltung, errichtet werden sollen (Nr. 2). Jede Darstellung muss auf einer tauglichen **Rechtsgrundlage** beruhen, die den konkreten Inhalt ermöglicht.

Damit der Flächennutzungsplan für einen späteren Bebauungsplan Wirkung entfalten kann, muss der Inhalt hinreichend **bestimmt** sein. Zwar ist der Flächennutzungsplan selbst keine Rechtsnorm, weil er keine Außenwirkung entfaltet (Kap. 2 Rn. 31 ff.); die Gemeinde selbst bindet er aber grundsätzlich, da der Bebauungsplan überwiegend aus den Vorgaben des Flächennutzungsplans entwickelt werden soll. Wann eine Vorgabe des Flächennutzungsplans bestimmt ist, kann nicht pauschal gesagt werden. Die Festlegung muss im Einzelfall so gefasst sein, dass ihr Inhalt aus sich selbst heraus eindeutig bestimmt werden kann.

2. Bebauungsplan, § 9 BauGB

Den zulässigen Inhalt eines Bebauungsplans legt § 9 BauGB fest, der nach allgemeiner Auffassung wegen seiner verbindlichen und damit Art. 14 I GG ausgestaltenden Wirkung **abschließend** ist. Es gibt daher kein Festsetzungserfindungsrecht der Gemeinde.[19]

▶ **Beispiel:** So darf die Gemeinde etwa nicht im Bebauungsplan denkmalschutzrechtliche Anforderungen festsetzen, da diese (mangels bauplanungsrechtlichen Charakters) nicht in § 9 BauGB genannt sind.[20] Die Frage nach dem Vorhandensein einer tauglichen Rechtsgrundlage stellt sich vor allem dann, wenn der Plangeber zwar ein Baugebiet nach den §§ 2 bis 9 BauNVO festsetzt, hierbei aber der Regelungsgehalt der Vorschrift abgeändert wird, indem z. B. bestimmte Nutzungen, die nach der jeweiligen Vorschrift zulässig wären, ausgeklammert werden. Für solche Modifikationen hält § 1 in seinen Absätzen 4 bis 10

---

19 BVerwGE 92, 56 (62); vgl. auch BVerwGE 114, 247 ff.; *Schrödter/Möller*, in: Schrödter (Hrsg.), BauGB, 9. Aufl. 2019, § 9 Rn. 12; *Mitschang/Reidt*, in: Battis/Krautzberger/Löhr (Hrsg.), BauGB, 15. Aufl. 2022, § 9 Rn. 2.
20 BVerwGE 114, 247 ff.

verschiedene Regelungsmöglichkeiten bereit, deren genauer Inhalt im Einzelnen streitig sein kann, die aber für Prüfungen kaum eine Rolle spielen. ◀

102 Die Festsetzungen des Bebauungsplans müssen, da er Rechtsnorm ist, hinreichend bestimmt sein. Durch die Orientierung an den Vorgaben des § 9 BauGB und der BauNVO kann dies im Regelfall aber einfach gewährleistet werden.

II. Erforderlichkeit der Planung, § 1 III 1 BauGB

103 Der Gemeinde steht grundsätzlich frei, wie sie ihre Planungshoheit wahrnimmt.[21] Diese Freiheit wird allerdings durch das in § 1 III 1 BauGB niedergelegte Erforderlichkeitsprinzip beschränkt: Danach sind Bauleitpläne aufzustellen, sobald und soweit es für die städtebauliche Entwicklung und Ordnung erforderlich ist.

104 Das Prinzip des § 1 III 1 BauGB beinhaltet zwei Dimensionen: Es gilt das **Verbot nicht erforderlicher** Bauleitpläne (Planungsverbot), aber auch das **Gebot erforderlicher** Bauleitpläne (Planungspflicht). Zu unterscheiden ist also, ob ein bestehender Bauleitplan erforderlich ist oder ob ein fehlender Bauleitplan erforderlich wäre.

1. Verbot nicht erforderlicher Bauleitpläne

105 Erforderlich im Sinne des Gesetzes bedeutet dabei ‚notwendig'.[22] Nach allgemeiner Auffassung muss „die Planung nach der gemeindlichen Konzeption für die städtebauliche Entwicklung und Ordnung vernünftigerweise geboten" sein.[23] Stets notwendig ist, dass die Gemeinde Planungsabsichten hegt. Ob zu deren Realisierung wiederum Bauleitpläne das geeignete Mittel sind, kann die Gemeinde in Wahrnehmung ihrer Planungshoheit grundsätzlich selbst entscheiden. Das Erforderlichkeitskriterium ist also eine bloße Missbrauchsschranke.[24] Zudem muss es sich um **städtebaulich relevante Planungsabsichten** handeln. Das Planungskonzept muss daher dem Ziel dienen, flächenbezogene Aspekte zu regeln. Auf dieser Grundlage haben sich bestimmte Fallgruppen herausgebildet, bei deren Vorliegen die Erforderlichkeit der Planung angenommen bzw. abgelehnt wird:[25]

- Die Gemeinde hat kein positives Planungskonzept, sondern die Planung dient nur dazu, bestimmte Vorhaben zu verhindern (sogenannte **Negativ- oder Verhinderungsplanung**). Es liegt allerdings nicht bereits eine Negativplanung vor, weil die Gemeinde ein konkretes Vorhaben verhindern will, sondern nur dann, wenn sie zugleich **gar kein positives Planungskonzept** hat. Das ist nur selten der Fall, weil häufig hinter einer Verhinderungsabsicht die positive Vorstellung von einer bestimmten städtebaulichen Ordnung steckt.

  ▶ **Beispiel:** Klassisch sind die Planungen zur Verhinderung eines **trading-down-Effekts** einer Gegend. Hier liegt in der Regel keine Verhinderungsplanung vor, weil dahinter das positive Planungskonzept der Erhaltung der Gegend, der dort vorhandenen Nutzungsvielfalt oder der Gewährleistung der Funktion des Gebietes steht.[26] Anders liegt es hingegen,

---

[21] BVerwGE 119, 25 (32).
[22] Vgl. nur BVerwG, NVwZ 1993, 1102 (1103) = BVerwGE 92, 8 (16); *Kment*, Öffentliches Baurecht, Bd. I, 8. Aufl. 2022, § 4 Rn. 7 ff.
[23] BVerwGE 56, 110 (118 f.); vgl. *Muckel/Ogorek*, Öffentliches Baurecht, 4. Aufl. 2020, § 5 Rn. 88.
[24] BVerwGE 146, 137 ff.; vgl. *Schrödter/Wahlhäuser*, in: Schrödter (Hrsg.), BauGB, 9. Aufl. 2019, § 1 Rn. 42.
[25] Vgl. dazu *Dirnberger*, in: Spannowsky/Uechtritz (Hrsg.), BeckOK-BauGB, 57. Ed. August 2021, § 1 Rn. 38 ff.; *Schrödter/Wahlhäuser*, in: Schrödter (Hrsg.), BauGB, 9. Aufl. 2019, § 1 Rn. 44 ff.
[26] Vgl. etwa VGH BW, NVwZ-RR 2006, 170 (171).

§ 3 Rechtmäßigkeit von Bauleitplänen

wenn die Gemeinde die Errichtung eines Stallgebäudes verhindern will, weil sie dies für unansehnlich hält und sonst aber keine Absichten hegt. Hier fehlt es an der Erforderlichkeit, weil es der Gemeinde letztlich gar nicht um das eigentliche Planungskonzept geht. Die Gemeinde will eigentlich gar kein Wohngebiet, sie will nur das Stallgebäude verhindern.[27] ◄

- Das Planungskonzept betrifft **nicht städtebauliche Belange**, sondern nur Interessen, die durch andere Instrumente geschützt sind.
▶ **Beispiele:** Die Gemeinde erlässt einen Bauleitplan, der eine bestimmte Fläche als Baufläche festsetzt, nur weil dadurch der Verkaufserlös für dieses Grundstück wächst.[28] (2) Die Gemeinde erlässt einen Bauleitplan, der bestimmte Flächen nicht als Industrie- und Gewerbegebiet, sondern als Wohngebiet festsetzt, um bestehende Industriebetriebe vor Konkurrenz zu schützen. Auch dies sind keine städtebaulichen Interessen.[29] ◄

- Der Bebauungsplan ist aus rechtlichen oder tatsächlichen Gründen **nicht realisierbar**.
▶ **Beispiel:** (1) Im Bauleitplan wird eine Fläche als Sportfläche festgesetzt. Jede sportliche Aktivität würde hier jedoch gegen die geltenden Emissionswerte der Sportanlagenlärmschutzverordnung verstoßen, so dass die Sportfläche nie für diesen Zweck rechtlich zulässig genutzt werden kann.[30] (2) Ein Bauleitplan setzt für einen Hang eine Bebauung fest. Wegen einer Überschwemmung droht dieser Hang jedoch abzurutschen, sodass eine Bebauung mangels festen Grundes nie möglich sein wird.[31] ◄

2. Erforderlichkeit fehlender Bauleitpläne

Kaum klausurrelevant, weil noch kein Plan vorhanden, ist die zweite Konstellation: Hat die Gemeinde keinen Bauleitplan erlassen, geht es aber darum, ob sie dies hätte tun müssen, erfolgt die Prüfung etwas abgewandelt, weil es kein Planungskonzept gibt, das überprüft werden könnte. Entscheidend ist dann, dass im Einzelfall Konflikte oder Probleme bestehen, die **ausschließlich** mittels Bauleitplan zu lösen sind, weil andere baurechtliche Verfahren, insbesondere das Baugenehmigungsverfahren, nicht geeignet sind, die auftretenden Probleme zu lösen.

▶ **Beispiel:** In der Stadt S soll in einem Gebiet ohne Bebauungsplan ein großes Einkaufszentrum errichtet werden. Die S möchte hierfür aber keinen Bebauungsplan aufstellen, sondern meint, die Nutzungskonflikte, die durch das Einkaufszentrum entstehen (können), könnten auch im Verfahren zur Erteilung der Baugenehmigung für das Einkaufszentrum geklärt werden. Dies verstößt aber gegen § 1 III 1 BauGB: Ein Einkaufszentrum löst so viele und solch erhebliche Nutzungskonflikte aus, dass diese nicht mehr hinreichend in einem einzelnen Genehmigungsverfahren geklärt werden können. Vielmehr bedarf es einer Bauleitplanung, die gerade die (Kaufkraft-)Auswirkungen des geplanten Einkaufszentrums auf die umliegenden Stadtteile bestimmt, bewertet und in Ausgleich mit dem Interesse an der Errichtung dieses Einkaufszentrums bringt.[32] ◄

---

27 OVG NRW, NVwZ-RR 1997, 602 ff.; *Dirnberger*, in: Spannowsky/Uechtritz (Hrsg.), BeckOK-BauGB, 57. Ed. August 2021, § 1 Rn. 38.3.
28 BVerwGE 34, 301 ff.; zur Verfolgung „städtebaufremder" Ziele siehe auch *Schrödter/Wahlhäuser*, in: Schrödter (Hrsg.), BauGB, 9. Aufl. 2019, § 1 Rn. 44.
29 BVerwG, BauR 2020, 1767 (1768).
30 BVerwGE 109, 246 ff.; *Dirnberger*, in: Spannowsky/Uechtritz (Hrsg.), BeckOK-BauGB, 57. Ed. August 2021, § 1 Rn. 40.
31 BVerwGE 116, 144 ff.; *Schrödter/Wahlhäuser*, in: Schrödter (Hrsg.), BauGB, 9. Aufl. 2019, § 1 Rn. 47.
32 BVerwGE 119, 25 ff.

3. „Sobald" und „Soweit"

107 Durch die Formulierungen „sobald" und „soweit" zeigt § 1 III 1 BauGB, dass die Erforderlichkeitsprüfung eine zeitliche, räumliche sowie inhaltliche Dimension aufweist: Die Frage der Erforderlichkeit bezieht sich auf den Zeitpunkt des Erlasses des Bauleitplans („sobald"). Im Übrigen kann sich die fehlende Erforderlichkeit auch auf nur einzelne Teilräume, aber auch – und das ist zentral – auf einzelne Festsetzungen und Darstellungen beziehen („soweit"). Daher erfolgt die Erforderlichkeitsprüfung grundsätzlich für jede Festsetzung bzw. Darstellung getrennt.

III. Anpassung an die Raumordnungsziele, § 1 IV BauGB

108 Bauleitpläne der Gemeinden bilden die niedrigste mehrerer Planungsstufen (Kap. 2 Rn. 24). Da die übergeordnete Planung stets auch die Flächen der jeweiligen Kommunen betreffen, kann sich ein Planungskonflikt ergeben, etwa wenn ein Regionalplan für bestimmte kommunale Flächen Grünflächen vorsieht, die betroffene Gemeinde aber einen Bauleitplan erlässt, der für dieselbe Fläche ein Gewerbegebiet vorsieht. Es muss also eine Konkordanz kommunaler und überörtlicher Planung hergestellt werden.[33] § 1 IV BauGB spricht daher davon, dass ein Bauleitplan an die **Ziele** der Raumordnung angepasst werden muss. Wichtig ist, dass sich diese Pflicht nur auf die Ziele, nicht aber die Grundsätze der Planung bezieht (Kap. 2 Rn. 23).

109 Die Bauleitpläne sind den Zielen der Raumordnung „anzupassen". Nach allgemeiner Ansicht versteht man darunter eine strikte Bindung,[34] die allerdings dadurch gelockert wird, dass auch die Ziele der Raumordnung in aller Regel noch konkretisierungsbedürftig sind. Das Bundesverwaltungsgericht formuliert, dass es bei der Anpassung um die „Konkretisierung rahmensetzender Zielvorgaben" gehe.[35] Auch die Ziele der Raumordnung geben also in der Regel nur einen Rahmen für die Kommunen vor, in dem sie sich planerisch entfalten können. Ob dabei die Gemeinden den vorgegebenen Rahmen überschritten haben, ist stets eine Frage des Einzelfalls und hängt vom Konkretisierungsgrad der Zielformulierung im Raumordnungsplan ab.

▸ **Beispiel:** Ein Regionalplan, der eine Fläche als Vorranggebiet für Windkraftenergie festsetzt, ist nicht hinreichend planerisch berücksichtigt, wenn der Bauleitplan lediglich 10 % der Fläche für Windenergie vorsieht. Vorrangigkeit ist dem Wortlaut nach in der Regel ab 50 % der ausgewiesenen Fläche anzunehmen.[36] ◂

IV. Abstimmungsgebot, § 2 II 1 BauGB

110 Die Planungshoheit der Gemeinde endet an der Gemeindegrenze, die Auswirkungen ihrer Bauleitplanung aber nicht notwendig. Daher hat sich die planende Gemeinde mit ihren Nachbargemeinden abzustimmen, sofern entsprechende Auswirkungen zu erwarten sind (sogenanntes **interkommunales Abstimmungsgebot**).

▸ **Beispiel:** Industriegebiete, die direkt an der Gemeindegrenze angesiedelt werden sollen, wenn sich direkt ein Wohngebiet der Nachbargemeinde anschließt;[37] sogenannte

---

[33] BVerwG, NVwZ 2007, 953 f.; *Muckel/Ogorek*, Öffentliches Baurecht, 4. Aufl. 2020, § 5 Rn. 104.
[34] BVerwG, NVwZ 2007, 953 f.; *Battis*, in: ders./Krautzberger/Löhr (Hrsg.), BauGB, 15. Aufl. 2022, § 1 Rn. 39 ff.
[35] BVerwG, NVwZ 2003, 742 ff. = BVerwGE 117, 351 ff.
[36] OVG NRW, ZfBR 2006, 51 f.; *Dirnberger*, in: Spannowsky/Uechtritz (Hrsg.), BeckOK-BauGB, 57. Ed. August 2021, § 1 Rn. 68.4.
[37] Vgl. *Schrödter/Wahlhäuser*, in: Schrödter (Hrsg.), BauGB, 9. Aufl. 2019, § 2 Rn. 59.

Factory-Outlet-Center, die erhebliche Kaufkraftauswirkungen auf die Nachbargemeinden haben.[38] ◀

Unter benachbarter Gemeinde ist nicht allein jede angrenzende Gemeinde, sondern jede Gemeinde zu verstehen, deren Interessen und Planung von der Planung der handelnden Gemeinde berührt werden.[39] Im Hinblick auf das Recht aus Art. 28 II 1 GG der Nachbargemeinde(n) kommt es insbesondere darauf an, ob die städtebauliche Entwicklung und Ordnung der Nachbargemeinde berührt sind.[40] Dabei reicht freilich nicht jede Auswirkung aus, um eine Abstimmungspflicht auszulösen, sondern es bedarf „unmittelbare[r] Auswirkungen gewichtiger Art".[41]

111

▶ **Beispiele:** Schlachthof, der Immissionen auf das Gebiet der Nachbargemeinde befürchten lässt.[42] (2) Planung eines Einzelhandelsbetriebes, der faktisch auch die Befriedigung des Bedarfs für Teile der Nachbargemeinde verfolgt.[43] (3) Es fehlt an hinreichend gewichtigen Auswirkungen, wenn ein geplanter Windpark an einen bestehenden Windpark der Nachbargemeinde anschließt.[44] ◀

Die geforderte Abstimmung verlangt, dass es nicht bloß förmlich zu einer Anhörung der Nachbargemeinde kommt, sondern dass auch inhaltlich eine Einigung der Gemeinden erfolgt.[45] Das bedeutet aber nicht, dass das Interesse der Nachbargemeinde vollumfänglich berücksichtigt werden müsste; vielmehr ist es Aufgabe der planenden Gemeinde, das Nachbarinteresse angemessen zu bewerten und zu gewichten und mit den eigenen Interessen abzuwägen.[46] Ein Verstoß gegen § 2 II 1 BauGB liegt daher nur dann vor, wenn das Ergebnis für die Nachbargemeinde **unzumutbar** ist.[47]

112

▶ **Beispiele:** (1) Ein Verstoß gegen § 2 II 1 BauGB liegt vor, wenn die Gemeinde ein Industriegebiet festsetzt, obgleich unmittelbar angrenzend ein Wohngebiet der Nachbargemeinde beginnt und die dortigen Bewohner wegen der Lärmemissionen erheblich beeinträchtigt werden. (2) Ein Verstoß gegen § 2 II 1 BauGB liegt vor bei der Planung eines Einkaufszentrums mit 70.000 m² Verkaufsfläche nahe der Grenze der Nachbargemeinde, die selbst in ihrer Innenstadt 62.000 m² Verkaufsfläche hat.[48] ◀

V. Abwägungsgebot, § 1 VII BauGB

Schließlich ist das Abwägungsgebot des § 1 VII BauGB zu beachten. Danach sind die öffentlichen und privaten Belange gegeneinander und untereinander gerecht abzuwägen. Diese Anforderung gilt wie die Erforderlichkeit für jede Festsetzung des Bebauungsplans bzw. Darstellung des Flächennutzungsplans. Auf der Ebene der materiellen Rechtmäßigkeit der Bauleitpläne geht es nach der herrschenden bauplanungsrechtli-

113

---

38 BVerwGE 117, 25 ff.
39 *Uechtritz*, in: Spannowsky/ders. (Hrsg.), BeckOK-BauGB, 57. Ed. September 2022, § 2 Rn. 24 f.
40 *Söfker*, in: Ernst/Zinkahn/Bielenberg/Krautzberger (Hrsg.), BauGB, 147. EL August 2022, § 2 Rn. 109.
41 BVerwGE 117, 25 (32); *Uechtritz*, in: Spannowsky/ders. (Hrsg.), BeckOK-BauGB, 57. Ed. September 2022, § 2 Rn. 28.
42 BVerwGE 84, 209 ff.
43 BayVGH, BeckRS 2013, 46135 = BayVBl. 2013, 406 ff.; *Uechtritz*, in: Spannowsky/ders. (Hrsg.), BeckOK-BauGB, 57. Ed. September 2022, § 2 Rn. 29.1.
44 NdsOVG, NVwZ-RR 2006, 246 ff.; *Söfker*, in: Ernst/Zinkahn/Bielenberg/Krautzberger (Hrsg.), 147. EL August 2022, § 2 Rn. 112.
45 Vgl. BVerwGE 84, 209 (216); *Schrödter/Wahlhäuser*, in: Schrödter (Hrsg.), BauGB, 9. Aufl. 2019, § 2 Rn. 59 ff.
46 *Uechtritz*, in: Spannowsky/ders. (Hrsg.), BeckOK-BauGB, 57. Ed. September 2022, § 2 Rn. 31 ff.
47 BayVGH, GewArch 1991, 314 ff.
48 BayVGH, GewArch 1991, 314 ff.; OVG NRW, BauR 2006, 67 ff. = NVwZ-RR 2006, 450 ff.; *Söfker*, in: Ernst/Zinkahn/Bielenberg/Krautzberger (Hrsg.), 147. EL August 2022, § 2 Rn. 112c.

chen Abwägungsdogmatik (nur noch) um die Frage, unter welchen Voraussetzungen von einer **Abwägungsdisproportionalität** eines Bauleitplans auszugehen ist (Kap. 2 Rn. 76 f.). Grundsätzlich versteht man darunter Fälle, in denen die relevanten Belange zwar korrekt ermittelt und gewichtet worden sind, das Ergebnis, also die letztliche Planungsentscheidung in Form einer Darstellung eines Flächennutzungsplans oder einer Festsetzung eines Bebauungsplans, aber der Bedeutung eines oder mehrerer Belange positiv oder negativ nicht entspricht.[49]

▶ **Beispiel:** Die Gemeinde plant ein neues Industriegebiet direkt neben ein Wohngebiet und schätzt dabei den Belang der Wohnruhe, § 1 VI Nr. 1 BauGB, als besonders hoch ein. Im Bauleitplan selbst jedoch werden keine entsprechenden Schutzmaßnahmen vorgesehen. Hier spiegelt das Abwägungsergebnis nicht das (objektive) Gewicht des Belangs der Wohnruhe hinreichend wider.[50] ◀

114 In der Figur der Abwägungsdisproportionalität spiegelt sich der **Verhältnismäßigkeitsgrundsatz**.[51] Der Zweck jeder Darstellung bzw. Festsetzung muss in angemessenem Verhältnis zu den durch die Festsetzung beeinträchtigten Interessen stehen. Planungszweck und entgegenstehende Belange müssen in Ausgleich gebracht werden.

▶ **Beispiel:** Die Stadt S plant ein neues Wohngebiet auf einer großen unbebauten Wiesenfläche. Im Rahmen der Öffentlichkeitsbeteiligung wies N, der Eigentümer eines Nachbargrundstückes, darauf hin, dass er an der Wiese Nutzungsrechte (Wegerecht) habe, weil er nur über die Wiese zu seinem Grundstück gelangen könne. Der Rat der S hat dies im Rahmen der Abwägung ausdrücklich als wichtigen Belang eingestuft. Gleichwohl sieht der Bebauungsplan nun ein Wohngebiet vor, ohne dass für den N Ausgleichsmaßnahmen getroffen worden sind. Hier könnte man an eine Abwägungsdisproportionalität denken: Zwar muss eine Festsetzung nicht jeden entgegenstehenden Belang berücksichtigen. Überwiegt der Zweck der Planung das entgegenstehende Interesse, kann sich die planende Gemeinde zu Recht darauf berufen, dass das entgegenstehende Interesse vollständig hinter der Planungsidee zurücktreten müsse. Hier ist dies aber nicht der Fall. Die bestehenden Nutzungsrechte sind wegen Art. 14 I 1 GG ein wichtiges Gut für N, weil sie die Nutzung und damit Brauchbarkeit seines eigenen Grundstücks sicherstellen, und von einer solchen Bedeutung, dass der Bebauungsplan diese nicht einfach übergehen darf. Die Festsetzung, dass die Wiesenfläche vollständig überbaut werden darf und damit die Nutzungsrechte des N ersatzlos wegfallen, ist ein mangelhaftes Abwägungsergebnis. ◀

115 Ob eine Festsetzung bzw. Darstellung das bestehende Gewichtungsverhältnis zwischen Planungskonzept und entgegenstehenden Belangen angemessen abbildet, ist im Einzelfall oft nur schwer festzustellen, vor allem unter den Bedingungen einer Prüfungssituation im Studium. Insbesondere darf über die Figur der Abwägungsdisproportionalität nicht die Planungshoheit der betroffenen Gemeinde einfach überspielt werden, weil zur Planungshoheit auch Abwägungsspielräume gehören. Daher darf das kontrollierende Gericht (oder der Klausurbearbeiter) nicht seine eigene Abwägung an die Stelle der gemeindlichen Abwägung stellen. Über die Figur der Abwägungsdisproportionalität ist

---

49 BVerwGE 34, 301 (309); 45, 309 (314 f., 326); 47, 144 (146); 56, 110 (122 f.); *Hoppe*, BauR 1970, 15 (17); *ders.*, DVBl. 2003, 697 (702); *ders.*, in: ders./Bönker/Grotefels (Hrsg.), Öffentliches Baurecht, 4. Aufl. 2010, § 7 Rn. 119 f.; *Stüer*, Der Bebauungsplan, 6. Aufl. 2022, Rn. 1267 f.
50 Beispiel nach *Stüer*, Handbuch Bau- und Fachplanungsrecht, 5. Aufl. 2015, Rn. 1692; Beispiel findet sich auch bei *Muckel/Ogorek*, Öffentliches Baurecht, 4. Aufl. 2020, § 5 Rn. 138.
51 Für das Abwägungsgebot generell *Söfker*, in: Ernst/Zinkahn/Bielenberg/Krautzberger (Hrsg.), BauGB, 147. EL August 2022, § 1 Rn. 201.

daher nur eine **Mindestkontrolle** zu erreichen, bei der nur völlig unverhältnismäßige Festsetzungen als rechtsfehlerhaft einzustufen sind.[52]

Das Bundesverwaltungsgericht hat mehrfach klargestellt, dass kein Fehler in Gestalt der Abwägungsdisproportionalität vorliegt, wenn sich die Gemeinde von mehreren gleichgewichtigen Belangen für einen Belang entscheidet,[53] weil darin das Wesentliche der planerischen Entscheidung liegt.[54] Das ist der Ausgangspunkt jeder Überlegung. Insoweit liegt eine Abwägungsdisproportionalität (erst) dann vor, wenn widerstreitende Belange unterschiedliche Gewichtung erfahren und der Ausgleich der Belange die unterschiedliche Gewichtung nicht adäquat abdeckt. Zur einfacheren Handhabung hat die Rechtsprechung hierfür bestimmte **Grundsätze** entwickelt, die eine planende Gemeinde im Rahmen der Abwägung berücksichtigen muss. Sind diese verletzt, wird in der Regel eine Abwägungsdisproportionalität angenommen. An diesen Grundsätzen sollten Sie sich in einer Prüfungssituation daher auch orientieren.

Zu diesen Grundsätzen zählt zuerst das sogenannte **Trennungsgebot**. Der Bauleitplan muss Nutzungen, die sich nicht miteinander vertragen, weitestgehend voneinander trennen (Rechtsgedanke des § 50 BImSchG).[55]

▶ **Beispiel:** Im Bauleitplan darf ein Industriegebiet nicht unmittelbar neben einem Wohngebiet festgesetzt werden, sofern nicht sichergestellt ist, dass die Wohnnutzung hinreichend geschützt ist. ◀

Einen weiteren Grundsatz beinhaltet das **Gebot der Konfliktbewältigung**. Durch die Bauleitpläne sollen Konflikte bewältigt und nicht neue generiert werden.[56] Der Bauleitplan muss den Konflikt zwar nicht endgültig lösen, sondern kann die Beendigung des Konflikts insbesondere auf die Ebene der später im Einzelfall erfolgenden Baugenehmigung verlagern. Dies ist aber nur dann möglich, wenn von vornherein klar ist, dass das Baugenehmigungsverfahren hierfür geeignet ist.[57] Ansonsten ist eine Festsetzung, die keine adäquate Konfliktbewältigung bewirkt, unverhältnismäßig, weil sie keinen Ausgleich vornimmt und damit auch das Gewicht sämtlicher dem Konfliktfall unterliegenden Belange nicht hinreichend würdigt. Wann eine solche unzureichende Konfliktbewältigung vorliegt, ist im Einzelfall schwer zu bestimmen und kommt daher in Prüfungen zu Recht nur sehr selten vor.

▶ **Beispiel:**[58] Die Gemeinde setzt in einem Wohngebiet auf einem bestimmten Grundstück ein Jugendzentrum fest. Die unmittelbar angrenzenden Nachbarn befürchten unzumutbare Lärmentwicklungen, zumal der Bebauungsplan keinerlei Festsetzungen zum Schutz ihrer Wohnruhe vorsieht. Allerdings verstößt dies auch nicht gegen das Gebot der Konfliktbewältigung. Zwar kann es durch das Jugendzentrum zu Lärmemissionen kommen, die die unmittelbare Anwohnerschaft unzumutbar beeinträchtigen. Diesen Konflikt muss die Gemeinde aber nicht zwingend im Bebauungsplan regeln. So kann dem Schutz der Wohnruhe etwa auch im späteren Verfahren über die Genehmigung des Jugendzentrums

---

52 St. Rspr. seit BVerwGE 34, 301 (309), s. o.; vgl. auch BVerwG, NVwZ 2015, 1537 (1538); *Rieger*, in: Schrödter (Hrsg.), BauGB, 9. Aufl. 2019, § 1 Rn. 619.
53 BVerwGE 34, 301 (309); 45, 309 (312 ff.).
54 *Battis*, in: ders./Krautzberger/Löhr (Hrsg.), BauGB, 15. Aufl. 2022, § 1 Rn. 94.
55 BVerwGE 45, 309 (327); 60, 30 (34); 128, 238 (240); *Kersten*, JURA 2013, 478 (488 f.).
56 BVerwGE 45, 309 ff.; *Stüer/Schrödter*, BayVBl. 2000, 257 ff.; *Muckel/Ogorek*, Öffentliches Baurecht, 4. Aufl. 2020, § 5 Rn. 140. Dazu und zum Folgenden *Kersten*, JURA 2013, 478 (487 f.).
57 *Dirnberger*, in: Spannowsky/Uechtritz (Hrsg.), BeckOK-BauGB, 57. Ed. August 2021, § 1 Rn. 182 ff.
58 Weitere Beispiele bei *Söfker*, in: Ernst/Zinkahn/Bielenberg/Krautzberger (Hrsg.), BauGB, 117. Lfg. 2015, § 1 Rn. 223.

etwa durch eine geeignete Anordnung bestimmter Räume hinreichend Rechnung getragen werden. Insoweit ist es nicht unverhältnismäßig (und damit rechtswidrig), die Konfliktlösung auf die nachgelagerte Ebene des Baugenehmigungsverfahrens zu verlagern.[59] ◄

119 Zu beachten ist, dass das Vorliegen einer Abwägungsdisproportionalität stets für die Rechtmäßigkeit eines Bauleitplans beachtlich ist, die Festsetzung bzw. Darstellung mithin in jedem Fall rechtswidrig ist und der Mangel insoweit auch nicht nach §§ 214, 215 BauGB unbeachtlich sein kann (Kap. 2 Rn. 132).

VI. Entwicklungsgebot für Bebauungspläne, § 8 II 1 BauGB

120 § 8 II 1 BauGB sichert die sogenannte Zweistufigkeit der Bauleitplanung, nach der die Gemeinde zunächst den gröberen Flächennutzungsplan und darauf aufbauend dann den detaillierteren Bebauungsplan beschließt, der aus dem Flächennutzungsplan entwickelt werden soll (Kap. 2 Rn. 2, 26 ff.). Da der Flächennutzungsplan nur der Vorbereitung der Planung dient, muss der Bebauungsplan den Inhalt eines Flächennutzungsplans nicht gänzlich übernehmen, sondern darf auch von ihm abweichen. Andererseits darf der Bebauungsplan die Vorgaben des Flächennutzungsplans auch nicht völlig übergehen. Zumindest die Grundkonzeption des Flächennutzungsplans muss beibehalten werden, andernfalls bräuchte man diesen zur Vorbereitung der Feinplanung nicht. § 8 II 1 BauGB bildet also einen Kompromiss zwischen Bindung und Unabhängigkeit des Bebauungsplans vom Flächennutzungsplan. Ob die Vorgaben des § 8 II 1 BauGB missachtet werden, kann daher, wie so häufig im Planungsrecht, nicht nach allgemeinen Regeln, sondern nur im Einzelfall festgestellt werden.

▶ **Beispiele:** Zulässig ist es, eine 30 Meter breite Baufläche auf 60 Meter Breite auszuweiten. Auch zulässig wäre es, für eine Fläche, die laut Flächennutzungsplan zu einem Mischgebiet gehört, einen Spielplatz vorzusehen. Nicht zulässig ist es aber, eine Fläche, für die der Flächennutzungsplan ein Sondergebiet „Camping" vorsieht, als Sportplatz auszuweisen. Will die Gemeinde von solchen Vorgaben abweichen, muss sie dafür zunächst den Flächennutzungsplan ändern. ◄

121 Nach § 8 II 2 BauGB ist ein Flächennutzungsplan ausnahmsweise unnötig, wenn die Planungskonzeption der Gemeinde einen solch geringen Umfang hat, dass eine systematische Entwicklung des Bebauungsplans aus dem Flächennutzungsplan unverhältnismäßig wäre. Dies ist beispielsweise in kleinen Dörfern der Fall, in denen etwa nur die Errichtung weniger neuer Wohnhäuser geplant ist.

122 Daneben besteht noch die Möglichkeit einer zeitlichen Modifikation der Zweistufigkeit der Planung: Nach § 8 III BauGB können Flächennutzungsplan und Bebauungsplan zeitgleich erlassen werden. Dies ist sinnvoll, wenn eine Gemeinde ihre Planungskonzeption grundlegend ändert und deswegen Flächennutzungsplan und Bebauungsplan neu aufstellen muss. Besondere Voraussetzungen gelten hierfür nicht, aber eine inhaltliche Abstimmung zwischen beiden Plänen muss weiterhin gegeben sein. § 8 III BauGB macht also nur eine Ausnahme vom zeitlichen, nicht aber vom inhaltlichen Zweistufenprinzip.

▶ **Beispiel:** Die Gemeinde möchte ein kleines Einkaufszentrum planen, für das auch nicht die Regionalplanung zuständig ist (Kap. 2 Rn. 22). Für den gewünschten Bereich besteht aber noch ein Flächennutzungsplan, der eine Grünfläche festsetzt. Daher beschließt sie den

---

59 NdsOVG, ZfBR 1986, 293 ff.

Bebauungsplan mit dem Einkaufszentrum in der gleichen Ratssitzung, in der der Flächennutzungsplan dahingehend geändert wird, dass eine Ansiedlung eines Einkaufszentrums möglich ist. ◄

Ein Mangel nach § 8 II BauGB kann nach §§ 214 I Nr. 2, 215 BauGB unbeachtlich sein (Kap. 2 Rn. 127).

123

Prüfungsschema: Materielle Rechtmäßigkeit von Bauleitplänen

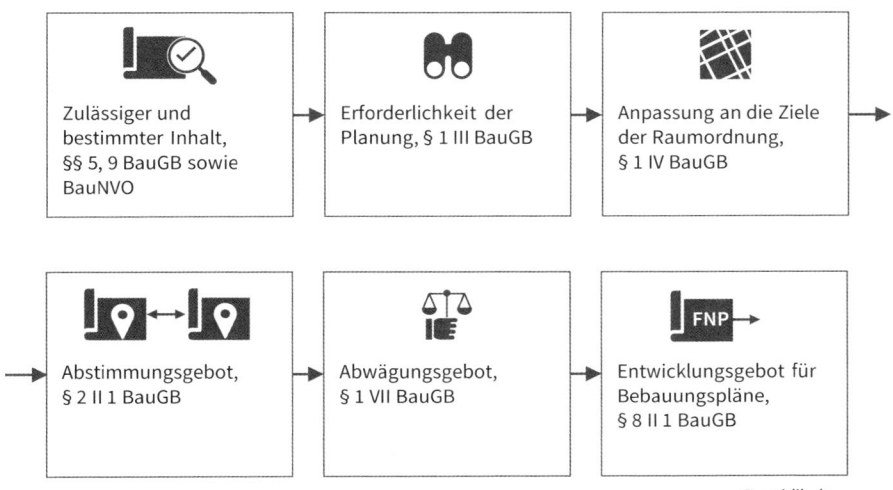

©npridik.de

C. Fehler und Fehlerfolgen in der Bauleitplanung, §§ 214, 215 BauGB

Bauleitpläne genießen nicht das Wirksamkeitsprivileg von Verwaltungsakten.[60] Daher führt grundsätzlich jeder formelle oder materielle Fehler zu ihrer **Unwirksamkeit**. Gleichwohl wird auch bei Bauleitplänen das Unwirksamkeitsdogma durchbrochen mit dem Ziel der Planerhaltung in Fällen, in denen dem Gesetzgeber die Unwirksamkeitsfolge unangemessen erscheint. Aus diesem Grund erklären §§ **214, 215 BauGB** bestimmte Fehler für **unbeachtlich** mit der Folge, dass der Bauleitplan trotz eines Mangels nicht unwirksam ist. Daneben vereinfacht § 214 IV BauGB das Verfahren der (Neu-)Aufstellung eines Bauleitplans im Falle eines beachtlichen Mangels. In diesen Fällen kann die Gemeinde den Bauleitplan dadurch erhalten, dass sie ein sogenanntes **ergänzendes Verfahren** betreibt, in dem der Mangel geheilt wird. Ihrer Gesamtintention nach werden die §§ 214, 215 BauGB daher auch als **Planerhaltungsvorschriften** bezeichnet.[61]

124

---

60 Die Unterscheidung Rechtmäßigkeit/Wirksamkeit ergibt sich aus §§ 44 ff. VwVfG und gilt insoweit nur für Verwaltungsakte, nicht für sonstige Handlungsformen wie Rechtsnormen, zu denen auch der Bebauungsplan als Satzung zählt (Kap. 2 Rn. 2, 37).
61 *Kukk*, in: Schrödter (Hrsg.), BauGB, 9. Aufl. 2017, § 214 Rn. 4; *Stollmann/Beaucamp*, Öffentliches Baurecht, 13. Aufl. 2022, § 8 Rn. 1 f.

I. Die (unübersichtliche) Systematik der §§ 214, 215 BauGB

125 Der Wortlaut vor allem von § 214 BauGB ist misslungen, weil er die Voraussetzungen für die (Un-)Beachtlichkeit von Mängeln in Bauleitplänen sprachlich uneinheitlich beschreibt. In Absatz 1 legt er fest, unter welchen Voraussetzungen Fehler beachtlich sind, in Absatz 2, wann sie unbeachtlich sind. In der Prüfung ist es hier daher besonders wichtig, sorgfältig anhand des Wortlautes der Vorschrift vorzugehen. In einem ersten Schritt ist zu prüfen, ob überhaupt ein Mangel des Bauleitplans vorliegt. Dabei geht es um die hier erörterten formellen und materiellen Voraussetzungen der Rechtmäßigkeit. Im Rahmen der im Studium üblichen Prüfungsaufgaben sind diese Punkte regelmäßig bereits geprüft, so dass sich im Falle des Vorliegens eines Mangels die Prüfung der §§ 214, 215 BauGB anschließt. Typisch wäre insoweit eine Fallfrage nach der Rechtmäßigkeit eines gegebenen Bauleitplans, die sodann in formeller und materieller Hinsicht zu prüfen wäre.

126 Den Einstieg in die Prüfung bildet dabei § **214 BauGB**. Dieser legt in seinen Absätzen 1 bis 3 fest, welche Mängel unter welchen Voraussetzungen beachtlich oder unbeachtlich sind:

127 **Absatz 1** betrifft nur **Verfahrens- und Formfehler** und auch nur solche, die in den nachfolgenden Nummern 1 bis 4 benannt werden. Durch die Formulierung „nur beachtlich, wenn" zeigt der Gesetzgeber, dass solche Fehler **grundsätzlich unbeachtlich** sind und beachtlich nur dann, wenn die Voraussetzungen des § 214 I BauGB vorliegen.

128 **Absatz 2** betrifft materiell-rechtliche Fehler im Zusammenhang mit dem **Entwicklungsgebot**, § 8 II BauGB, und bezieht sich daher nur auf Bebauungspläne. Anders als in Absatz 1 wird hier nun aus dem Blickwinkel der Unbeachtlichkeit formuliert: Die möglichen Verstöße sind an sich **beachtlich**. Nur in einem Fall, in dem die in Absatz 2 genannten Voraussetzungen vorliegen, werden die Fehler ausnahmsweise unbeachtlich. Die Formulierung „[…] ist **auch** unbeachtlich, wenn […]" ist missverständlich, weil sie einen Gleichlauf mit Absatz 1 herzustellen scheint. Doch ist die Regelungsrichtung eine andere: Während der erste Absatz vorgibt, wann (formelle) Fehler beachtlich sind, beschreibt Absatz 2 die Voraussetzungen, unter denen ein Fehler (im Kontext des Entwicklungsgebots) unbeachtlich ist. Das „auch" bezieht sich daher wohl darauf, dass sich in einem Umkehrschluss aus Absatz 1 auch ergibt, welche formellen Fehler unbeachtlich sind. Absatz 2 ist also zu lesen als: Verstöße gegen § 8 BauGB sind grundsätzlich beachtlich, es sei denn eine der in Nr. 1–4 genannten Ausnahmen liegt vor.

129 **Absatz 3** betrifft schließlich **Mängel im Abwägungsvorgang**. Hierbei besteht eine Konkurrenz zu Absatz 1 Nr. 1, die erhebliche Probleme aufweist (Kap. 2 Rn. 136 f.). Grundsätzlich aber hat Absatz 3 den gleichen Ansatz wie Absatz 1: Mängel sind **unbeachtlich**, sofern nicht die genannten Voraussetzungen vorliegen. Dabei decken sich die Beachtlichkeitsvoraussetzungen des Absatz 3 Satz 2 mit denen des Absatz 1 Nr. 1 (zum Umgang mit dieser Vorschrift in Prüfungen sogleich, Kap. 2 Rn. 142, 194 ff.).

130 Stellt man fest, dass ein formeller oder materieller Mangel unbeachtlich ist, ergeben sich keine weiteren Prüfungsschritte: Der Bauleitplan ist wirksam. Liegt allerdings ein beachtlicher Mangel vor, muss § **215 BauGB** im Blick behalten werden. Er enthält eine Präklusionsregelung, nach der bestimmte Mängel durch Zeitablauf unbeachtlich werden. Dabei korrespondiert § 215 BauGB mit den in § 214 I–III BauGB genannten Mängeln. Bestimmte Mängel müssen innerhalb eines Jahres gegenüber der planenden

Gemeinde geltend gemacht werden. So soll verhindert werden, dass Bauleitpläne auch lange nach ihrem Erlass noch für unwirksam erklärt werden können, wenn die Planung bereits lange realisiert wurde.

II. Abwägungsmängel[62]

Sowohl in § 214 I Nr. 1 BauGB als auch in § 214 III 2 BauGB regelt der Gesetzgeber die Unbeachtlichkeit von Abwägungsmängeln.

131

1. Wiederholung: Mängel im Abwägungsvorgang und im Abwägungsergebnis

Die Existenz des § 214 I 1 Nr. 1 bzw. III 2 BauGB ist der Grund dafür, dass zwischen Fehlern im Abwägungsvorgang und im Abwägungsergebnis differenziert wird (Kap. 2 Rn. 76). Abwägungsausfall, -defizit und -fehleinschätzung fallen als Verfahrensfehler unter § 214 BauGB und können unbeachtlich sein, die Abwägungsdisproportionalität als Mangel im Abwägungsergebnis ist hingegen stets beachtlich, weil nach den gesetzlichen Bestimmungen hierfür keine Unbeachtlichkeit vorgesehen ist.

132

2. Beachtlichkeitsvoraussetzungen

Sowohl nach § 214 I Nr. 1 BauGB als auch nach § 214 III 2 BauGB sind entsprechende Mängel nur dann beachtlich, wenn sie „in **wesentlichen Punkten** [...]" bestehen, „**offensichtlich**" sind und „auf das **Ergebnis des Verfahrens von Einfluss** gewesen" sind.

133

Wesentlich ist jeder Belang, der abwägungsrelevant ist.[63] Das bedeutet: Betrifft der Mangel einen Belang, der nach den allgemeinen Grundsätzen in die Abwägung eingestellt werden muss, so handelt es sich um einen wesentlichen Punkt. Offensichtlich sind all diejenigen Mängel, die nach außen hin erkennbar sind, d. h. ohne Weiteres aus den Planungsunterlagen und Akten heraus festzustellen sind.[64]

134

▶ **Beispiel:** Offensichtlich ist etwa ein Ermittlungsmangel, wenn sich bereits aus der Abwägungstabelle (siehe Kap. 2 Rn. 70) ergibt, dass ein Belang von vornherein nicht berücksichtigt wird. ◀

Der Mangel muss auch Einfluss auf das Abwägungsergebnis gehabt haben. Rechtsprechung und Literatur verlangen hier keine strenge Kausalität (die wohl nie nachgewiesen werden könnte), lassen aber andererseits die abstrakte Möglichkeit eines Einflusses auch nicht ausreichen. Es müssen vielmehr **konkrete** Anhaltspunkte in den Planunterlagen zu finden sein, die darauf schließen lassen, dass die Gemeinde ohne den Fehler tatsächlich **anders** entschieden hätte.[65] Fehlt es an Anhaltspunkten, ist also völlig unklar, wie die Gemeinde ohne den Mangel entschieden hätte, ist der Mangel rechtlich ohne Einfluss auf das Ergebnis des Verfahrens geblieben.[66]

135

▶ **Beispiel:** Gemeinde G setzt in einem Bebauungsplan ein Sondergebiet, § 11 II BauNVO, für eine medizinische Klinik fest. Sie begründet den Standort damit, dass kein Belang gegen den ins Auge gefassten Ort spreche. Einziger abwägungsrelevanter Belang sei die Beein-

---

62 Siehe hierzu unbedingt *Mager*, JA 2009, 398 ff.
63 BVerwGE 131, 100 (106); vgl. *Uechtritz*, in: Spannowsky/ders. (Hrsg.), BeckOK-BauGB, 57. Ed. September 2022, § 214 Rn. 24.
64 *Erbguth/Schubert*, Öffentliches Baurecht, 6. Aufl. 2015, § 15 Rn. 95.
65 BVerwGE 119, 45 (48 f.); E 64, 33 (39).
66 Anders z. T. *Uechtritz*, in: Spannowsky/ders. (Hrsg.), BeckOK-BauGB, 57. Ed. September 2022, § 214 Rn. 33, mit Verweis auf *Bell/Rehak*, UPR 2004, 296 (298).

trächtigung des nahegelegenen Naturschutzgebiets. Dieser müsse hier aber zurückstehen, da er durch den Krankenhausbau kaum berührt werde. Ist diese Einschätzung fehlerhaft, weil die Auswirkungen auf das Naturschutzgebiet nicht korrekt ermittelt wurden (Abwägungsdefizit), der Belang des Naturschutzgebietes zudem der einzige abwägungsrelevante Belang war, so ist der Fehler von Einfluss auf das Ergebnis gewesen. Da Grundlage der Festsetzung des Sondergebiets die Abwägung von zwei Belangen (Notwendigkeit eines Krankenhauses vs. Naturschutz) ist, hängt der Inhalt der Festsetzung auch von der Ermittlung und Bewertung des einen Belanges ab. Das Bundesverwaltungsgericht formuliert das so: „Hat sich der Planungsträger von einem unzutreffend angenommenen Belang leiten lassen und sind andere Belange, die das Abwägungsergebnis rechtfertigen könnten, weder im Bauleitplanverfahren angesprochen noch sonst ersichtlich, so ist die unzutreffende Erwägung auf das Abwägungsergebnis von Einfluß gewesen."[67] ◄

3. Abwägungsmängel „im Übrigen", § 214 III 2 BauGB

136 Probleme bestehen bei der Abgrenzung zwischen § 214 I Nr. 1 und § 214 III 2 BauGB. § 214 I Nr. 1 BauGB erfasst Verstöße gegen § 2 III BauGB, also Abwägungsausfall, Abwägungsdefizit, Abwägungsfehleinschätzung, § 214 III 2 BauGB regelt demgegenüber Mängel im Abwägungsvorgang „im Übrigen". Jedoch bestehen neben den anerkannten Fehlern im Abwägungsvorgang keine weiteren anerkannten vorgangsbezogenen Fehlerkategorien, die unter § 214 III 2 BauGB fallen würden.

137 Im Einzelnen ist hier daher vieles streitig.[68] Insbesondere wird vorgeschlagen, zumindest den Abwägungsausfall dem § 214 III 2 BauGB zuzuschlagen, da dieser nicht die Ermittlung oder Bewertung der Belange gemäß § 2 III BauGB betreffe, also streng genommen nicht unter § 214 I Nr. 1 BauGB fallen könne (Kap. 2 Rn. 76).[69] Überdies wird vertreten, dass § 214 III 2 BauGB die materielle Seite der Ermittlung und Gewichtung betreffe, während § 214 I Nr. 1 BauGB nur den Vorgang des Ermittelns und Bewertens an sich umschreibe.[70] Dann wären materielle Fehler, also etwa die falsche Gewichtung eines Belanges, nach § 214 III 2 BauGB zu beurteilen, das Fehlen des Vorgangs der Gewichtung als formeller Fehler hingegen nach § 214 I Nr. 1 BauGB. Die herrschende Literaturmeinung sieht in § 214 III 2 BauGB eine sogenannte Angstklausel des Gesetzgebers, also eine Norm ohne aktuell eigenen Anwendungsbereich, die allein für den Fall geschaffen wurde, dass zusätzliche neue Abwägungsfehler kreiert werden sollten, die bislang unbekannt sind.[71] Dafür spricht, dass bei Beachtung der aktuellen Abwägungsfehlerlehre bereits begrifflich keine Mängel im Abwägungsvorgang denkbar sind, die nicht unter § 214 I Nr. 1 BauGB fallen. Die vorgeschlagenen Differenzierungen sind zwar nachvollziehbar, erscheinen aber vor dem Hintergrund fehlender Notwendigkeit gekünstelt und allein dem Zweck zu dienen, § 214 III 2 BauGB einen Anwendungsbereich zu eröffnen. Praktische Auswirkungen hat all dies nicht, weil § 214 I Nr. 1 BauGB und § 214 III 2 BauGB die gleiche Rechtsfolge anordnen. In der Rechtsprechung werden beide Normen daher gerne auch – ohne weitere Auseinander-

---

67 BVerwG, NJW 1982, 591 (592) = BVerwGE 64, 33 (40).
68 Dazu v. a. *Martini/Finkenzeller*, JuS 2012, 126 (128 ff.).
69 *Stelkens*, UPR 2005, 81 (85); vgl. *Uechtritz*, in: Spannowsky/ders. (Hrsg.), BeckOK-BauGB, 57. Ed. September 2022, § 214 Rn. 118.1.
70 Vgl. *Erbguth/Schubert*, Öffentliches Baurecht, 6. Aufl. 2015, § 15 Rn. 83, 95.
71 *Erbguth*, DVBl. 2004, 802 (806); *ders.*, JZ 2006, 484 (490); *Pieper*, JURA 2006, 817 (820); *Battis*, in: ders./Krautzberger/Löhr (Hrsg.), BauGB, 15. Aufl. 2022, § 214 Rn. 20; *Kment*, Öffentliches Baurecht, Bd. I, 8. Aufl. 2022, § 11 Rn. 39.

§ 3 Rechtmäßigkeit von Bauleitplänen § 3

setzung – zusammen zitiert.[72] In Prüfungen empfiehlt es sich, der herrschenden Meinung unter Nennung der geschilderten Argumente zu folgen und kurz zu erwähnen, dass § 214 III 2 BauGB kein eigenständiger Regelungsgehalt zukommt.

III. Sonstige Mängel

138 Regelmäßig weniger prüfungsrelevant sind die übrigen formellen Fehler des § 214 I BauGB. Hier handelt es sich um Mängel im Rahmen der Öffentlichkeits- und Behördenbeteiligung, Nr. 2, um fehlerhafte Begründungen, Nr. 3, oder um das Fehlen eines gemeindlichen Beschlusses, Nr. 4. § 214 II BauGB betrifft materielle Fehler, namentlich Verstöße gegen § 8 II BauGB, der das Entwicklungsgebot regelt.

IV. Ergänzendes Verfahren

139 Für die Gemeinden ist wichtig, dass Mängel der Bauleitpläne im **ergänzenden Verfahren** nach § 214 IV BauGB **geheilt** werden können. Auch wenn der Wortlaut keine Begrenzungen enthält, ist man sich weitestgehend einig, dass nicht alle, sondern nur solche – auch materielle (!) – Mängel heilbar sind, die nicht das Wesen, also nicht die Identität des Plans betreffen, sondern nur punktuelle Änderungen und Ergänzungen mit sich bringen – sonst wäre es kein „ergänzendes" Verfahren mehr.[73]

▶ **Beispiele:** Heilbar sind daher mangelhafte Öffentlichkeitsbeteiligungen, Mängel in der Bekanntmachung oder aber kommunalrechtliche Verstöße bei der Beschlussfassung, nicht hingegen Abwägungsdisproportionalitäten, Verstöße gegen die Erforderlichkeit oder Änderungen der Gesamtkonzeption.[74] ◀

V. Präklusion, § 215 BauGB

140 Selbst wenn ein Mangel nach § 214 BauGB beachtlich ist, kann er aus zeitlichen Gründen nach § 215 BauGB unbeachtlich werden. Dies ist der Fall, wenn der Mangel nicht innerhalb eines Jahres nach Bekanntmachung des Flächennutzungsplans oder der Satzung schriftlich gegenüber der Gemeinde unter Darlegung des maßgeblichen Sachverhalts geltend gemacht worden ist. § 215 BauGB zielt dabei auf eine gegenüber allen (inter omnes) geltende Sperrwirkung. Durch die Regelung soll nicht nur die Gemeinde auf Fehler hingewiesen, sondern auch im Interesse der Rechtssicherheit verhindert werden, dass noch nach Jahren Bauleitpläne, die vielleicht schon für Jahrzehnte die städtebauliche Entwicklung steuerten, unwirksam werden. Daher kommt es auch für die Unbeachtlichkeit nach § 215 BauGB nicht darauf an, wer den Mangel geltend macht. Jedermann kann den Fehler fristgerecht rügen. § 215 BauGB greift dann nicht mehr ein und der Fehler bleibt beachtlich, sofern er nicht bereits nach § 214 BauGB unbeachtlich ist.[75]

---

72 Anschaulich BVerwG, NVwZ 2011, 438 (441 f.).
73 *Battis*, in: Battis/Krautzberger/Löhr (Hrsg.), BauGB, 15. Aufl. 2022, § 214 Rn. 24.
74 Weitere Beispiele bei *Sennekamp*, in: Brügelmann (Hrsg.), BauGB, 108. Lfg. 2018, § 214 Rn. 138 ff.
75 Insgesamt dazu BVerwG, ZfBR 2001, 418 (418); BVerwG, BauR 2020, 827 f. *Battis*, in: ders./Krautzberger/Löhr, BauGB, 15. Aufl. 2022 § 215 Rn. 7.

D. Gesamt- und Teilunwirksamkeit

141 Grundsätzlich gilt: Findet sich ein (beachtlicher) Fehler, egal ob auf formeller oder materieller Seite, ist der Bauleitplan rechtswidrig und damit unwirksam. Betreffen die ausgemachten Mängel den Bauleitplan insgesamt, gilt dies uneingeschränkt. So betrifft die fehlerhafte Öffentlichkeitsbeteiligung nicht nur Teile des Plans, sondern den Plan insgesamt. Gerade im Hinblick auf die Abwägung ist jedoch vorstellbar, dass sich der festgestellte Mangel, etwa ein Abwägungsdefizit oder eine Abwägungsdisproportionalität, nur auf eine einzelne Darstellung oder Festsetzung bezieht, die übrigen planerischen Entscheidungen hingegen rechtsfehlerfrei sind. In solchen Fällen ist anerkannt, dass der Fehler zwar meistens, aber nicht stets zur Unwirksamkeit des gesamten Plans führt. Unter zwei Voraussetzungen wird eine solche **geltungserhaltende Reduktion** bejaht: Das Planungskonzept bleibt auch ohne die fehlerhafte Darstellung oder Festsetzung erhalten, trägt also zu einer sinnvollen städtebaulichen Entwicklung und Ordnung bei. **Zusätzlich** muss vermutet werden können, dass die planende Gemeinde den Plan auch ohne die entsprechende Darstellung oder Festsetzung beschlossen hätte.[76] Im Hinblick auf letztere Vorgabe sind die Gerichte aus Gründen der Gewaltenteilung zurückhaltend und bejahen sie nur dann, wenn es hierfür positive Anhaltspunkte gibt.

▶ **Beispiele:** Eine Gesamtunwirksamkeit ist stets anzunehmen, wenn die fehlerhafte Festsetzung den zentralen Zweck der Planung wiedergibt, etwa bei einer Festsetzung eines Gewerbegebietes, wenn es der Gemeinde gerade um die Ermöglichung eines solchen Gebietes geht. Eine Teilunwirksamkeit kann angenommen werden, wenn die betroffene Festsetzung lediglich eine Randfrage betrifft und mit dem eigentlichen Planzweck nicht in (enger) Verbindung steht, etwa wenn die Gemeinde ein Gewerbegebiet plant und hier – der Vollständigkeit halber – eine unbebaubare Wiese als Grünfläche festsetzt, es aber auch aus Sicht der Gemeinde offensichtlich ist, dass dieses Grundstück nicht bebaut werden kann. ◀

E. Aufbau der Rechtmäßigkeitsprüfung in der Fallbearbeitung

142 Der Aufbau der Rechtmäßigkeitsprüfung eines Bauleitplans strukturiert sich wie folgt: Die allermeisten formellen Rechtmäßigkeitsvoraussetzungen gelten für den Bauleitplan insgesamt (z. B. die Frage der Beteiligung oder die Frage des ordnungsgemäßen Beschlusses), mit Ausnahme der formellen Anforderungen an das Abwägungsverfahren, weil hinter jeder Darstellung bzw. Festsetzung eine gesonderte Abwägung steht. Die materiellen Rechtmäßigkeitsvoraussetzungen gelten umgekehrt für jeden Regelungsinhalt eines Bauleitplans gesondert. Darüber hinaus müssen die Regelungen der Planerhaltung, §§ 214, 215 BauGB, eingebunden werden, wofür sich eine Erörterung unmittelbar im Anschluss an von § 214 BauGB betroffene Fehler anbietet. Es empfiehlt sich daher folgender Aufbau:

▶ **Prüfungsschema: Rechtmäßigkeit eines Bauleitplans**
1. **Formelle Rechtmäßigkeit des Bauleitplans**
   a) Planaufstellungsbeschluss, § 2 I BauGB
   b) Öffentlichkeitsbeteiligung, § 3 BauGB
      (1) Frühzeitige, § 3 I BauGB
      (2) Förmliche, § 3 II BauGB

---

[76] BVerwGE 133, 377 ff.; BVerwG, ZfBR 2015, 689 ff.

§ 3 Rechtmäßigkeit von Bauleitplänen §3

- c) Behördenbeteiligung, § 4 I BauGB
  - (1) Frühzeitige, § 4 I BauGB
  - (2) Förmliche, § 4 II BauGB
- d) Abwägungsvorgang, § 2 III, IV BauGB [getrennt nach den einzelnen Festsetzungen]
  - (1) Festsetzung 1
    - i. Abwägungsausfall
    - ii. Abwägungsdefizit
    - iii. Abwägungsfehleinschätzung
    - iv. gegebenenfalls: Beachtlichkeit **gemäß §§ 214, 215 BauGB**
  - (2) Festsetzung 2
    vgl. (1).
  - (3) ...
- e) Beschluss (und gegebenenfalls Genehmigung)
2. **Materielle Rechtmäßigkeit des Bauleitplans [getrennt nach den einzelnen Festsetzungen]**
  - a) Festsetzung 1
    - (1) Zulässiger Inhalt, § 5 II/§ 9 BauGB
    - (2) Bestimmtheit
    - (3) Erforderlichkeit, § 1 III 1 BauGB
    - (4) Anpassung an Raumplanung, § 1 IV BauGB
    - (5) Interkommunale Abstimmung, § 2 IV BauGB
    - (6) Abwägungsergebnis: Abwägungsdisproportionalität?, § 1 VII BauGB
    - (7) bei Bebauungsplänen: Entwicklung aus dem Flächennutzungsplan, § 8 II BauGB
  - b) Festsetzung 2
    vgl. a)
  - c) ...
3. Ergebnis ◄

§ 4 Die Sicherung der Bauleitplanung

A. Ausgangslage 143
B. Die Veränderungssperre,
   § 14 BauGB 145
   I. Funktion und Wirkung einer
      Veränderungssperre 145
   II. Rechtmäßigkeitsvoraussetzungen 147
      1. Formelle Voraussetzungen 147
      2. Materielle Voraussetzungen 148
         a) Rechtmäßiger Aufstellungsbeschluss über einen Bebauungsplan, § 14 I 1 BauGB 149
         b) Sicherung künftiger Planung, § 14 I BauGB 154
            aa) Planung 155
            bb) Funktionaler Bezug der Veränderungssperre 158
            cc) Planbereich 159
   III. Wirkungen der Veränderungssperre 161
      1. Sperrwirkung 161
      2. Ausnahmen 163
C. Zurückstellen von Baugesuchen und die Untersagung von Bauvorhaben, § 15 BauGB 165

▶ **Lernziele**

1. Sie können verschiedene Instrumente der Planungssicherung nennen, ihre Rechtsnatur und die bestehenden Rechtsschutzmöglichkeiten abgrenzen.
2. Sie können die formellen und materiellen Rechtmäßigkeitsvoraussetzungen einer Veränderungssperre unter Rückgriff auf die einschlägigen Normen nennen und problematisieren.
3. Sie können Fallkonstellationen, in denen die Veränderungssperre eine Rolle spielt, voneinander unterscheiden und die Frage nach der Rechtmäßigkeit der Veränderungssperre im Prüfungsablauf verorten. ◀

A. Ausgangslage

143 Es ist deutlich geworden, wie anspruchsvoll der Aufstellungsprozess insbesondere eines Bebauungsplans sein kann. Bis notwendige Gutachten erstellt, die relevanten Stellungnahmen, Hinweise und Anmerkungen bewertet und in das Planungskonzept eingearbeitet sind und die entscheidende Erörterung stattgefunden hat, vergehen daher nicht selten mehrere Jahre. Dies führt dazu, dass in der Zwischenzeit in dem Bereich, der überplant werden soll, weiterhin einzelne Bauvorhaben verwirklicht werden können, ohne dass dabei die künftige Planung berücksichtigt wird. Denn der Bebauungsplan gilt als Zulassungsmaßstab – mit der zu vernachlässigenden Ausnahme des § 33 BauGB – erst ab seinem Erlass. Vorher gelten die gesetzlichen Zulassungsmaßstäbe für ein Einzelvorhaben, von denen sich der künftige Bebauungsplan stark unterscheiden kann.

▶ **Beispiel:** Für einen Bereich besteht ein gültiger Bebauungsplan, der ein Gewerbegebiet, § 8 BauNVO, festsetzt. Allerdings hat sich die gewerbliche Situation in dem betroffenen Areal durch zunehmenden Wegzug von Gewerbebetrieben und nunmehr überwiegendem Leerstand grundlegend geändert, weswegen die Gemeinde auf dem bisherigen Gewerbeareal nunmehr ein Wohngebiet ausweisen will. Sie erarbeitet daher einen neuen Bebauungsplan, der ein allgemeines Wohngebiet, § 4 BauNVO, festsetzen soll. Problematisch ist, dass bislang Gewerbeansiedlungen in dem betroffenen Gebiet auf Grundlage des bisherigen Bebauungsplans zulässig wären. Erst wenn der neue Bebauungsplan erlassen wird, sind

§ 4 Die Sicherung der Bauleitplanung

nur noch Vorhaben nach § 4 BauNVO zulässig, wozu ein Gewerbebetrieb erkennbar nicht zählt. Sollte sich nun vor Erlass des neuen Bebauungsplans ein Gewerbebetrieb im betroffenen Gebiet ansiedeln wollen, könnte eine bislang zwingend zu erfolgende Zulassung (gebundene Entscheidung!) dauerhaft die Planungsabsichten der Gemeinde konterkarieren. ◂

Um das Unterlaufen der gemeindlichen Planungsabsichten durch die Zulassung von Bauvorhaben zu vermeiden, die mit künftiger Planung im Widerspruch stehen, sieht das BauGB **Instrumente der Planungssicherung** vor, nämlich die sogenannte Veränderungssperre, § 14 BauGB, sowie die Zurückstellung von Baugesuchen, § 15 BauGB, und das gemeindliche Vorkaufsrecht, § 24 BauGB.

B. Die Veränderungssperre, § 14 BauGB

I. Funktion und Wirkung einer Veränderungssperre

Die Veränderungssperre verhindert („sperrt") bestimmte bauliche Veränderungen im künftigen Plangebiet. Sie wird als Satzung beschlossen, wie § 16 I BauGB bestimmt, ist also eine Norm und keine Einzelfallmaßnahme, auch wenn von ihr möglicherweise nur ein einzelnes Bauvorhaben betroffen ist. Die Veränderungssperre verlagert die Steuerungswirkung eines künftigen Bebauungsplans auf einen Zeitpunkt vor seinem Inkrafttreten, indem sie festlegt, dass in einem bestimmten Bereich der Gemeinde für einen begrenzten Zeitraum bestimmte Bauvorhaben unzulässig sind, weil und wenn sie die aktuelle Planungskonzeption der Gemeinde für diesen Bereich beeinträchtigen können, nach geltendem Recht aber eigentlich zulässig wären, etwa nach §§ 34, 35 BauGB oder aufgrund eines noch bestehenden Bebauungsplans.

▸ **Beispiel:** Satzung über eine Veränderungssperre der Stadt Düsseldorf vom 21.3.2016:

„Der Rat der Landeshauptstadt Düsseldorf hat am 10.3.2016 aufgrund der §§ 14, 16 und 17 Baugesetzbuch (BauGB) [...] folgende Satzung über eine Veränderungssperre beschlossen:

§ 1: Für das in § 2 bezeichnete Gebiet hat der Ratsausschuss für Planung und Stadtentwicklung am 25.3.2015 und am 24.2.2016 [...] beschlossen, Bauleitpläne aufzustellen. Zur Sicherung der Planung wird für den künftigen Planbereich eine Veränderungssperre angeordnet.

§ 2: Die Veränderungssperre erfasst ein Gebiet beiderseits des Vogelsanger Weges zwischen dem Nördlichen Zubringer, der Opitzstraße, der Kleingartenanlage an der Stieglitzstraße und der Münsterstraße. Maßgebend ist der im Plan Nr. 06/015 dargestellte Geltungsbereich, der Bestandteil der vorliegenden Satzung ist.

§ 3: In dem von der Veränderungssperre betroffenen Gebiet dürfen Vorhaben, die die Errichtung, Änderung oder Nutzungsänderung von baulichen Anlagen zum Inhalt haben sowie Aufschüttungen und Abgrabungen größeren Umfangs und Ausschachtungen, Ablagerungen einschließlich Lagerstätten, § 29 BauGB, nicht durchgeführt oder bauliche Anlagen nicht beseitigt werden;

erhebliche oder wesentlich wertsteigernde Veränderungen von Grundstücken und baulichen Anlagen, deren Veränderungen nicht genehmigungs-, zustimmungs- oder anzeigepflichtig sind, nicht vorgenommen werden. [...]

[...]

§ 6: Die Veränderungssperre tritt mit der Bekanntmachung in Kraft. Sie tritt mit der Rechtsverbindlichkeit des Bebauungsplans, spätestens am 9.4.2019 außer Kraft." ◂

146 Zweck der Veränderungssperre ist es, die Verwirklichung der von der Selbstverwaltungsgarantie des Art. 28 II 1 GG umfassten Bauleitplanung der Gemeinde vor faktischen Veränderungen zu schützen. Sie dient also der Sicherung der Planungshoheit,[1] die nicht zu einer leeren Hülle verkommen soll, weil das Planungsverfahren lange dauert.[2] Umgekehrt stellt eine Veränderungssperre für den Bauherrn eine erhebliche Beeinträchtigung dar, weil er an der Verwirklichung seines Bauvorhabens gehindert ist. Eine Veränderungssperre ist damit zugleich ein **Eingriff in die Freiheit des Bauherrn aus Art. 14 I 1 GG**.[3] Die Veränderungssperre vermittelt also zwischen Planungshoheit der Gemeinde, Art. 28 II 1 GG, und Eigentumsfreiheit des Bauherrn, Art. 14 I 1 GG. Sie ist eine **an sich** verhältnismäßige Inhalts- und Schrankenbestimmung des Eigentums.[4] Das bedeutet allerdings nicht, dass eine Veränderungssperre stets oder mit jedem Inhalt zulässig wäre. § 14 BauGB, der die Voraussetzungen einer Veränderungssperre regelt, versucht insoweit, einen **Ausgleich** zwischen beiden betroffenen Rechtspositionen herzustellen.[5] Daher wird die Verwirklichung von Bauvorhaben trotz im Bauantragszeitpunkt anzunehmender bauplanungsrechtlicher Zulässigkeit nur unter **engen Voraussetzungen** suspendiert. Der Inhalt dieser Voraussetzungen ergibt sich dabei stets vor dem Hintergrund der Abwägung zwischen Planungshoheit und Eigentumsschutz.

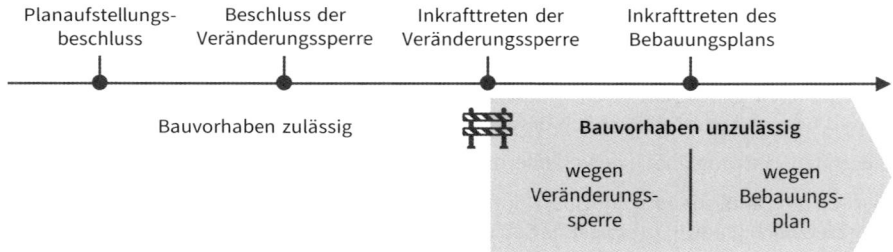

II. Rechtmäßigkeitsvoraussetzungen

1. Formelle Voraussetzungen

147 Für den Erlass einer Veränderungssperre **zuständig** ist die Gemeinde, deren Planungshoheit gesichert werden soll, §§ 14, 16 BauGB. Welches Organ der Gemeinde intern zuständig ist, regelt das jeweilige Kommunalrecht. Da gemäß § 16 I BauGB die Veränderungssperre als Satzung erlassen wird, ist das Organ zuständig, das allgemein für den Satzungsbeschluss zuständig ist oder das ausdrücklich für den Erlass von Veränderungssperren für zuständig erklärt wird. In der Regel ist hier der Rat der Gemeinde oder ein Ausschuss des Rats zuständig. **Verfahrens**vorgaben enthalten die §§ 14, 16

---

1 Dazu *Krüper/Herbolsheimer*, ZJS 2016, 546 (546 ff.); *Dreier*, in: ders. (Hrsg.), GG, Bd. 2, 3. Aufl. 2015, Art. 28 Rn. 76 ff.
2 *Hornmann*, in: BeckOK-BauGB, 57. Ed. Dezember 2022, § 14 Rn. 1 ff.
3 *Mitschang*, in: Battis/Krautzberger/Löhr, BauGB, 15. Aufl. 2022, § 14 Rn. 2.
4 BVerwG, NJW 1977, 400 ff. = BVerwGE 51, 121 ff.
5 *Stock*, in: Ernst/Zinkahn/Bielenberg/Krautzberger, 98. Lfg. 2011, § 14 Rn. 1 ff. Genauer *Krüper/Herbolsheimer*, ZJS 2016, 546 (549, 551); *Stock*, in: Ernst/Zinkahn/Bielenberg/Krautzberger (Hrsg.), BauGB, 147. EL August 2022, § 14 Rn. 43.

§ 4 Die Sicherung der Bauleitplanung

BauGB nicht. Aber auch hier gilt: Da die Veränderungssperre eine Satzung ist, gelten für sie die Vorgaben des Kommunalrechts für den Erlass von Satzungen.[6]

2. Materielle Voraussetzungen

§ 14 BauGB bestimmt ebenso die materiellen Rechtmäßigkeitsvoraussetzungen einer Veränderungssperre. Es empfiehlt sich, bei der Prüfung der Norm eng am Wortlaut zu arbeiten und dabei stets den Dualismus von Art. 28 II 1 GG und Art. 14 I 1 GG im Hinterkopf zu behalten.

148

a) Rechtmäßiger Aufstellungsbeschluss über einen Bebauungsplan, § 14 I 1 BauGB

Zweck der Veränderungssperre ist die Absicherung einer tatsächlichen Planung. Voraussetzung ist also, dass ein artikulierter Wille der Gemeinde zur Planung besteht. Das Gesetz verlangt daher, dass zumindest ein **Beschluss zur Aufstellung eines Bebauungsplans** vorliegt. Damit ist der Beschluss gemäß § 2 I BauGB gemeint.[7]

149

Wegen der ausdrücklichen Erwähnung des Planaufstellungsbeschlusses in § 14 I 1 BauGB geht man allgemein davon aus, dass Rechtmäßigkeitsvoraussetzung der Veränderungssperre auch die Rechtmäßigkeit des Planaufstellungsbeschlusses ist.[8] Damit eine kommunale Planung nicht willkürlich geschützt und die Eigentumsfreiheit des Bauherrn entsprechend beeinträchtigt wird, muss die Gemeinde auch aus Transparenzgründen in qualifizierter Form ihren Willen zur Planung bekunden.[9]

150

▶ **Beachte:** Anders ist dies beim Bebauungsplan. Dort ist der rechtmäßige Planaufstellungsbeschluss nicht Wirksamkeitsvoraussetzung. Grund ist, dass mit dem Planaufstellungsbeschluss beim Bebauungsplan (noch) nicht unmittelbar in die Rechte des Bauherrn eingegriffen wird. Die Veränderungssperre wird hingegen in aller Regel in zeitlicher Nähe zum Aufstellungsbeschluss erlassen und greift unmittelbar in die Rechte des Bauherrn ein. Für den Bebauungsplan gelten daher aus verfassungsrechtlichen Gründen geringere Wirksamkeitsvoraussetzungen hinsichtlich des Planaufstellungsbeschlusses.[10] ◀

Zu den **Rechtmäßigkeitsvoraussetzungen des Planaufstellungsbeschlusses** schweigt das BauGB weitgehend. In formeller Hinsicht verlangt es nur, dass der Beschluss ortsüblich bekannt gemacht worden ist, § 2 I 2 BauGB. Die weiteren Voraussetzungen ergeben sich aus Zweckmäßigkeitsüberlegungen. Da die Rechtmäßigkeitsvoraussetzungen für einen Planaufstellungsbeschluss allesamt nur im Zusammenhang mit der Veränderungssperre relevant werden, ergeben sich die folgenden Voraussetzungen gerade im Hinblick auf die Anforderungen an eine rechtmäßige Veränderungssperre:[11]

151

In formeller Hinsicht ist das Organ zuständig, das auch für die Planung zuständig ist. Denn nur dieses kann letztlich wirksam die Planungsabsicht bekunden. Die notwendige ortsübliche Bekanntmachung richtet sich nach dem jeweiligen Landesrecht.[12]

152

---

6 § 4 GemO BW; Art. 23 ff. BayGO; § 3 BbgKVerf; § 5 HGO; § 5 KV M-V; §§ 10 f. NKomVG; § 7 GO NRW; § 24 GemO RP; § 12 KSVG; § 4 SächsGemO; §§ 8 f. KVG LSA; § 4 GO SH; §§ 19 ff. ThürKO.
7 *Jäde*, ZfBR 2011, 115 ff.
8 BVerwGE 130, 113 (114); E 79, 200 (205).
9 *Krüper/Herbolsheimer*, ZJS 2016, 546 (549); *Stock*, in: Ernst/Zinkahn/Bielenberg/Krautzberger (Hrsg.), BauGB, 147. EL August 2022, § 14 Rn. 43.
10 *Krüper/Herbolsheimer*, ZJS 2016, 546 (549).
11 Ausführlich *Krüper/Herbolsheimer*, ZJS 2016, 546 (550).
12 Vgl. *Battis*, in: ders./Krautzberger/Löhr (Hrsg.), BauGB, 15. Aufl. 2022, § 2 Rn. 4.

153 In materieller Hinsicht wird einhellig zumindest die **Angabe des Planbereiches** gefordert. Dabei muss berücksichtigt werden, dass die Planung bei einem Planaufstellungsbeschluss erst am Anfang steht und nur der Wille zur Planung an sich bekundet wird. Daher muss die planende Gemeinde noch nicht den genauen Inhalt des Planungskonzepts darlegen. Der betroffene Bauherr muss aber andererseits zumindest erkennen können, dass er von der Planung und damit von der Veränderungssperre betroffen sein wird (**Transparenzfunktion**). Andernfalls hätte ein Planaufstellungsbeschluss als Rechtmäßigkeitsvoraussetzung der Veränderungssperre keinen Sinn. Daher ist im Sinne des **Ausgleichs** beider Rechtspositionen zumindest die räumliche Dimension der gewollten Planung im Planaufstellungsbeschluss anzugeben.

▶ **Vertiefung:** Der Planaufstellungsbeschluss und die Veränderungssperre werden ganz regelmäßig gleichzeitig, d. h. innerhalb derselben (Rats-)Sitzung beschlossen. Nach herrschender Meinung ist das auch zulässig, d. h. der Planaufstellungsbeschluss muss nicht vor Beschluss der Veränderungssperre öffentlich bekannt gemacht werden. Dafür spricht, dass § 14 I BauGB nur verlangt, dass im Zeitpunkt des Inkrafttretens der Veränderungssperre ein Planaufstellungsbeschluss gefasst ist, nicht aber im Zeitpunkt ihres Beschlusses. Zudem erfüllt der Planaufstellungsbeschluss seinen Zweck – Transparenz für den betroffenen Bauherrn – auch dann, wenn die Veränderungssperre beschlossen wird, bevor der Planaufstellungsbeschluss öffentlich bekannt gemacht wird. ◀

b) Sicherung künftiger Planung, § 14 I BauGB

154 Nach § 14 I BauGB wird eine Veränderungssperre „zur Sicherung der Planung für den künftigen Planungsbereich" erlassen. Auch hier sind die näheren Details der Tatbestandsmerkmale (Planung, Sicherungszweck und Planbereich) das Ergebnis der Abwägung zwischen Planungsautonomie und Eigentumsrecht.

aa) Planung

155 Damit die Veränderungssperre eine Planung überhaupt sichern kann, bedarf es eines Planungskonzepts. Insoweit ist man sich auch einig, dass – analog zur Erforderlichkeit gemäß § 1 III 1 BauGB – nur ein positives Planungskonzept ausreichend ist. Damit soll eine nach § 1 III 1 BauGB unzulässige Negativ- oder Verhinderungsplanung unterbunden werden.[13] Andernfalls könnte ein Konzept, das nicht wirksam in einem Bebauungsplan verwirklicht werden könnte, durch eine Veränderungssperre gesichert werden – für den Bauherrn ein unzumutbarer Eingriff in sein Recht aus Art. 14 I 1 GG.

156 Diese Anforderung wirft auch in der Praxis immer wieder die Frage auf, wie konkret das Planungskonzept sein muss. Da § 14 I BauGB Anforderungen an die Bestimmtheit des Konzepts nicht stellt, muss entsprechend dem rechtsstaatlichen Bestimmtheitsgebot[14] anhand einer **Abwägung im Einzelfall** zwischen Art. 28 II 1 GG und Art. 14 I 1 GG ermittelt werden, ob eine konkrete Planung hinreichend bestimmt ist.[15] Dabei ist zu berücksichtigen, dass eine Veränderungssperre regelmäßig zu Beginn der Planungsphase erlassen wird, so dass die Bestimmtheitsanforderungen nicht zu hoch sein

---

13 BVerwG, NVwZ 1990, 558 f.; *Stock*, in: Ernst/Zinkahn/Bielenberg/Krautzberger (Hrsg.), BauGB, 147. EL August 2022, § 14 Rn. 47.
14 Dazu insb. *Morlok/Michael*, Staatsorganisationsrecht, 5. Aufl. 2021, Rn. 359 ff.
15 BVerwGE 120, 138 (148); *Schenke*, WiVerw 1994, 253 (265).

dürfen, soll das Instrument der Veränderungssperre noch praxistauglich sein.[16] Damit der Bauherr aber erkennen kann, ob und inwieweit er durch die Veränderungssperre betroffen sein wird, muss das Planungskonzept zumindest die ihm zugrundeliegenden **Ziele** und **Vorstellungen** erkennen lassen.[17] Es muss also ein Mindestmaß an Inhalt aufweisen, um den Eingriff in Art. 14 I 1 GG rechtfertigen zu können.

▶ **Beispiel:**[18] Ausreichend ist insbesondere, die Art der geplanten baulichen Nutzung festzulegen. Dann kann der räumlich betroffene Bauherr zumindest ungefähr abschätzen, welche Bauvorhaben seinerseits zulässig sein werden und welche nicht. Unzureichend ist es, ein Konzept mit Alternativen anzugeben, da der Bauherr nicht abschätzen kann, welche Nutzungen zulässig sein werden.[19] ◀

Das (positive) Planungskonzept ergibt sich dabei nicht aus dem Planaufstellungsbeschluss, weil dieser ein solches nicht enthalten muss. Es kann sich jedoch aus allen anderen Unterlagen, Medien oder Umständen ergeben.[20] Zentral sind hier etwa die Dokumente über Sitzungen des Gemeinderates oder Äußerungen des Bürgermeisters oder von anderen Planungsverantwortlichen.

bb) Funktionaler Bezug der Veränderungssperre

Zweck der Veränderungssperre ist die Sicherung der kommunalen Planung. Der Erlass einer Veränderungssperre setzt daher ein Planungssicherungsbedürfnis voraus.[21] Nur dann wird der mit der Veränderungssperre verbundene Eingriff in Art. 14 I 1 GG grundsätzlich als gerechtfertigt angesehen, weil auch nur dann das Recht aus Art. 28 II 1 GG schützenswert sein kann.[22] Wann ein solches Sicherungsbedürfnis besteht, ergibt sich nicht aus dem Gesetz, sondern muss auch hier anhand einer Abwägung zwischen Art. 14 I 1 GG und Art. 28 II 1 GG im Einzelfall ermittelt werden. Dabei wird allgemein angenommen, dass die abstrakte Möglichkeit ausreicht, dass die Planung in Zukunft durch die Zulassung von Einzelvorhaben konterkariert werden könnte.[23] Es sind also keine hohen Anforderungen an das Sicherungsbedürfnis zu stellen, es reicht, dass die Möglichkeit der Beeinträchtigung der Planung nicht ganz fernliegend ist.[24]

▶ **Beispiel:** In der Regel werden Veränderungssperren erlassen, weil zumindest ein Bauherr – wenn auch nur formlos und vage – Bauabsichten bekundet hat, die dem gemeindlichen Planungskonzept zuwiderlaufen. Dies ist etwa der Fall, wenn ein Unternehmen darüber nachdenkt, sich in einem Gebiet anzusiedeln, in dem derzeit Gewerbebetriebe zulässig sind und für das die Gemeinde ein (allgemeines) Wohngebiet vorsieht. ◀

cc) Planbereich

Wie sich bereits aus den Anforderungen an den Planaufstellungsbeschluss, § 2 I BauGB, ergibt, muss sich die Veränderungssperre auf einen bestimmten Planbereich

---

16 BVerwGE 120, 138 (148).
17 *Stock*, in: Ernst/Zinkahn/Bielenberg/Krautzberger (Hrsg.), BauGB, 147. EL August 2022, § 14 Rn. 44; vgl. BVerwGE 120, 138 (148).
18 Vgl. dazu auch mit weiteren Beispielen *Krüper/Herbolsheimer*, ZJS 2016, 546 (551 f.).
19 BVerwGE 120, 138 (147 f.).
20 BVerwG, NVwZ 2010, 42 (43).
21 *Mitschang*, in: Battis/Krautzberger/Löhr (Hrsg.), BauGB, 15. Aufl. 2022, § 14 Rn. 9.
22 *Stock*, in: Ernst/Zinkahn/Bielenberg/Krautzberger (Hrsg.), BauGB, 147. EL August 2022, § 14 Rn. 62 ff.
23 *Stock*, in: Ernst/Zinkahn/Bielenberg/Krautzberger (Hrsg.), BauGB, 147. EL August 2022, § 14 Rn. 64.
24 *Stock*, in: Ernst/Zinkahn/Bielenberg/Krautzberger (Hrsg.), BauGB, 147. EL August 2022, § 14 Rn. 64.

beziehen. Die Veränderungssperre schützt die kommunale Planung also nur für einen räumlich umgrenzten Planbereich. Aus der Formulierung des § 14 I BauGB sowie vor dem Hintergrund des Sicherungszwecks der Veränderungssperre ergibt sich aber zugleich, dass der Anwendungsbereich der Veränderungssperre nicht über den künftigen Planbereich hinausgehen darf: „für den […] Planbereich". Für einen räumlichen Bereich, der von der Planung der Gemeinde gar nicht betroffen ist, kann also kein Bedürfnis zur Planungssicherung bestehen.[25]

160 Aus diesem Grund kann und je nach Fall muss die Veränderungssperre auch nur einen **Teil** des Planungsbereichs betreffen,[26] vor allem, wenn die Möglichkeit der Planungskonterkarierung durch ein Bauvorhaben nur in einem Teilbereich des Planungsgebietes besteht. Dann bestünde für den anderen Teilbereich, sollte sich die Veränderungssperre auch auf ihn erstrecken, kein Sicherungsbedürfnis, was eine Verletzung des Rechts der betroffenen Bauherrn aus Art. 14 I 1 GG begründen würde.[27]

▶ **Beispiel:** Die Gemeinde G möchte ein Gebiet, das aus einem derzeitig brach liegenden Gewerbegebiet und einem völlig unbebauten Gebiet besteht, in eine Natur- und Erholungslandschaft umwandeln. Allerdings hat bereits ein Unternehmen angekündigt, eine Niederlassung in dem Gewerbeteilgebiet in Erwägung zu ziehen. Daher erlässt G für diesen Teilbereich eine Veränderungssperre. Für den Bereich des unbebauten Gebietes erlässt G keine Veränderungssperre, weil ihre Planung dort nicht gefährdet ist, da eine dem Natur- und Erholungskonzept zuwiderlaufende Bebauung aufgrund der natürlichen Beschaffenheit des Geländes faktisch nicht möglich ist und auch nicht von irgendeinem Bauherrn erkennbar überlegt wird. ◀

III. Wirkungen der Veränderungssperre

1. Sperrwirkung

161 Die Wirkung einer Veränderungssperre besteht darin, dass alle bauplanungsrechtlich zulässigen Vorhaben, die im Gebiet der Veränderungssperre liegen und den Planungsabsichten der Gemeinde widersprechen, unzulässig sind. Sie entfaltet also **Sperrwirkung**, § 14 I Nr. 1 BauGB. Solche Bauvorhaben dürfen also nicht zugelassen werden, denn als Satzung gehört die Veränderungssperre zu den Vorschriften, die von der Bauaufsichtsbehörde bei der Vorhabenzulassung überprüft werden müssen. Daher wird die Rechtmäßigkeit der Veränderungssperre bei der Frage der Genehmigung eines Einzelvorhabens inzident im Rahmen des Widerspruches zu öffentlich-rechtlichen Vorschriften geprüft. Dabei scheitert das Bauvorhaben gegebenenfalls an der Veränderungssperre selbst, nicht aber an §§ 14, 16 BauGB, die nur die Rechtmäßigkeitsvoraussetzungen und die allgemeine Wirkung der Veränderungssperre regeln, nicht aber die Sperrwirkung im Einzelfall.

162 Die Sperrwirkung gilt allerdings nicht unbegrenzt. Der Plangeber soll sich nach Erlass der Veränderungssperre nicht zurücklehnen, sondern den Planungsprozess zügig vorantreiben. Daher legt § **17 I BauGB** fest, dass eine Veränderungssperre nur **zwei Jahre** Gültigkeit besitzt, wobei die Gemeinde die Sperrfrist um ein Jahr verlängern kann. Ist diese Zeit abgelaufen, kann die Gemeinde allerdings die Veränderungssperre auch

---

25 Vgl. *Mitschang*, in: Battis/Krautzberger/Löhr (Hrsg.), BauGB, 15. Aufl. 2022, § 14 Rn. 6.
26 VGH BW, NVwZ-RR 2003, 546 (546); *Stock*, in: Ernst/Zinkahn/Bielenberg/Krautzberger (Hrsg.), BauGB, 147. EL August 2022, § 14 Rn. 33, 68.
27 *Stock*, in: Ernst/Zinkahn/Bielenberg/Krautzberger (Hrsg.), BauGB, 147. EL August 2022, § 14 Rn. 62.

unter den Voraussetzungen des § 17 III BauGB **erneut beschließen**. Es handelt sich also um eine gänzlich neue Veränderungssperre, für die die gleichen zeitlichen Vorgaben des § 17 I BauGB (erneut) gelten.

2. Ausnahmen

Allerdings darf die Genehmigungsbehörde nach **§ 14 II BauGB** zugunsten einzelner Vorhaben im Einzelfall Ausnahmen von der Veränderungssperre zulassen, wenn öffentliche Belange dem nicht entgegenstehen. Auch diese Vorschrift ist Ausdruck des angestrebten verhältnismäßigen Ausgleichs zwischen Art. 28 II 1 GG und Art. 14 I 1 GG. Deshalb können öffentliche Belange, die die Zulassung einer Ausnahme verhindern können, **ausschließlich** im Sicherungsbedürfnis der Gemeinde liegen. Denn nur dieses Bedürfnis rechtfertigt einen Eingriff in Art. 14 I 1 GG. Fehlt dieses, kann wegen Art. 14 I 1 GG eine Ausnahme von der Veränderungssperre gemacht werden. Entscheidend ist damit auch hier eine Abwägung im Einzelfall, ob und inwieweit das Sicherungsbedürfnis das konkrete Einzelvorhaben zu sperren vermag. Anders als bei der materiellen Rechtmäßigkeit der Veränderungssperre kommt es hier nicht auf die abstrakte, sondern auf die konkrete Möglichkeit der Konterkarierung der ins Auge gefassten Planung an. Mit anderen Worten: Die abstrakte Möglichkeit rechtfertigt grundsätzlich den Erlass einer Veränderungssperre, die konkrete Möglichkeit rechtfertigt auch ihre Anwendung im Einzelfall. Fehlt aber die konkrete Möglichkeit der Planungskonterkarierung, wird eine Ausnahme von der Veränderungssperre gemacht. Zu beachten ist, dass die Entscheidung über die Ausnahme von der Veränderungssperre im Ermessen der zuständigen Genehmigungsbehörde liegt. Gerichtlich ist eine solche Entscheidung also nur eingeschränkt überprüfbar, § 114 S. 1 VwGO.[28] Der Bauherr hat aber einen Anspruch auf Ausnahmeerteilung, wenn das Ermessen der Behörde auf Null reduziert ist. Dies setzt voraus, dass jede andere Entscheidung rechtswidrig wäre.[29] Dies ist insbesondere der Fall, wenn der zu sichernde Bebauungsplan kurz vor dem Erlass steht und mittlerweile wegen seiner nunmehr erreichten Detailtiefe erkennbar wird, dass das konkrete Bauvorhaben gar nicht gegen den Bebauungsplan verstoßen wird.[30]

Eine weitere Ausnahme regelt **§ 14 III BauGB**. Danach sind Vorhaben dann nicht von der Sperrwirkung erfasst, wenn sie bereits vor Erlass der Veränderungssperre genehmigt oder angezeigt, aber noch nicht verwirklicht worden sind. Dann darf der Bauherr darauf vertrauen, dass sein Vorhaben auch weiterhin als zulässig zu qualifizieren ist. Das Bauvorhaben genießt wegen Art. 14 I 1 GG daher **Bestandsschutz**.[31] In diesen Fällen überwiegt Art. 14 I GG gegenüber der kommunalen Planungshoheit. Nach herrschender Ansicht ist § 14 III BauGB Ausdruck einer Vertrauensschutzregelung. Daher wird § 14 III BauGB auch auf all jene Fälle angewendet, in denen der Bauherr – aus welchen Gründen auch immer – Vertrauensschutz genießt, der gegenüber der kommunalen Planungshoheit schwerer wiegt, auch wenn keine Baugenehmigung vorher erteilt wurde, insbesondere bei genehmigungsfreien Vorhaben. Hier ist Argumentation im Einzelfall gefragt.

---

28 Dazu allgemein *Detterbeck*, Allgemeines Verwaltungsrecht, 20. Aufl. 2022, Rn. 324 ff.
29 BVerwG, NVwZ-RR 1993, 65 (65); allgemein dazu *Hufen*, Verwaltungsprozessrecht, 12. Aufl. 2021, § 25 Rn. 22. Siehe auch BVerwGE 11, 95 (97).
30 Ausführlich dazu *Krüper/Herbolsheimer*, ZJS 2016, 546 (555).
31 Ausführlich *Krüper/Herbolsheimer*, ZJS 2016, 546 (555 f.).

▶ **Beispiel:** Bauherr B möchte eine – genehmigungsfreie – Antenne auf seinem Haus installieren. Er erkundigt sich nach dem aktuellen Regelungs- und Planungsstand seiner Gemeinde G. Vier Wochen später erlässt der Rat der G eine Veränderungssperre, die das Montieren der Antenne verhindern würde. Da B sich aber vorher informiert hatte und insoweit noch keine Hinweise auf entsprechende Planungen seitens der G gefunden werden konnten, durfte er darauf vertrauen, dass seine Antenne realisierbar ist. Auch wenn § 14 III BauGB nicht unmittelbar einschlägig ist, weil B das Vorhaben nicht genehmigen oder anzeigen musste, ist dieser hier als Ausdruck zu gewährenden Vertrauensschutzes analog anwendbar. ◀

C. Zurückstellen von Baugesuchen und die Untersagung von Bauvorhaben, § 15 BauGB

165 Die Möglichkeit der Zurückstellung von einzelnen Baugesuchen ergänzt den Sicherungsprozess der Veränderungssperre und sichert die kommunale Planungshoheit vor allem in dem Zeitraum zwischen **Planaufstellungsbeschluss** und **Inkrafttreten der Veränderungssperre**.[32] Daneben kommt dieses Instrument auch zum Einsatz, wenn die Voraussetzungen einer Veränderungssperre vorliegen, eine solche aber nicht erlassen worden ist.

166 Voraussetzung für die Zurückstellung eines Baugesuches ist ein Antrag der Gemeinde, soweit diese nicht selbst Baubehörde ist.[33] Daneben müssen nach dem genauen Wortlaut des § 15 I 1 BauGB die Voraussetzungen der Veränderungssperre vorliegen und eine solche noch nicht erlassen worden sein. Es kommt also zu einer **inzidenten Prüfung** der Voraussetzungen des § 14 I BauGB. Das Einzelvorhaben muss konkret die Realisierung des gemeindlichen Planungskonzepts erschweren oder unmöglich machen, § 15 I 1 BauGB. Fehlt diese Voraussetzung, würde bei einer Veränderungssperre grundsätzlich eine Ausnahme zugelassen werden, § 14 II BauGB, eine Zurückstellung nach § 15 BauGB wäre danach also auch rechtswidrig.

167 Anders als die Veränderungssperre ist die Zurückstellung ein **Verwaltungsakt** gemäß § 35 S. 1 VwVfG.[34] Folge dieses Verwaltungsaktes ist aber nicht, wie bei einer Veränderungssperre, dass das Bauvorhaben **materiell unzulässig** wird. Es handelt sich vielmehr um eine **formelle Entscheidung**, durch die die Entscheidung über die (bauplanungsrechtliche) Zulässigkeit des Vorhabens **aufgeschoben** wird.[35] Das gilt nicht nur für genehmigungsbedürftige Vorhaben, sondern auch für genehmigungsfreie Vorhaben, die entsprechend (vorläufig) zu **untersagen** sind, § 15 I 2, 3 BauGB. Aus Gründen der Verhältnismäßigkeit ist eine Zurückstellung bzw. eine Untersagung nur zwölf Monate wirksam, § 15 I 1 BauGB, sofern nicht die spezielle Ausnahmemöglichkeit bei Flächennutzungsplänen nach § 15 III BauGB vorliegt.

▶ **Hinweis:** In der Praxis kommt es häufig zu einer Kombination aus § 14 und § 15 BauGB: Stellt der Bauherr einen Antrag auf Genehmigung eines Vorhabens, das die Gemeinde letztlich für unerwünscht erachtet, stellt sie den Bauantrag zunächst aufgrund eines zwischenzeitlich entwickelten Planungskonzepts gemäß § 15 BauGB zurück. Nach Ablauf der zulässi-

---
32 *Mitschang*, in: Battis/Krautzberger/Löhr (Hrsg.), BauGB, 15. Aufl. 2022, § 15 Rn. 1; dazu auch *Krüper/Herbolsheimer*, ZJS 2016, 546 (556).
33 NdsOVG, Beschl. v. 28. 3. 2017 – 1 ME 7.17 –, juris = BauR 2017, 1153 ff.
34 *Hornmann*, in: Spannowsky/Uechtritz (Hrsg.), BeckOK-BauGB, 57. Ed. Dezember 2022, § 15 Rn. 22; *Stock*, in: Ernst/Zinkahn/Bielenberg/Krautzberger (Hrsg.), BauGB, 147. EL August 2022, § 15 Rn. 101 f.
35 *Mitschang*, in: Battis/Krautzberger/Löhr (Hrsg.), BauGB, 15. Aufl. 2022, § 15 Rn. 1.

gen Höchstdauer der Zurückstellung erlässt sie eine Veränderungssperre und versucht in der Zwischenzeit einen Bebauungsplan aufzustellen, der dem Vorhaben entgegensteht. ◄

§ 5 Bauleitpläne und bauleitplanerische Sicherungsinstrumente im Prozess

A. Überprüfung der Rechtmäßigkeit eines Bebauungsplans 169
  I. Isolierte Überprüfung eines Bebauungsplans durch prinzipale Normenkontrolle, § 47 VwGO 170
    1. Zulässigkeit des Normenkontrollantrags nach § 47 I Nr. 1 BauGB 171
      a) Statthaftigkeit der Normenkontrolle 171
      b) Antragsbefugnis, § 47 II 1 VwGO 172
      c) Die übrigen Zulässigkeitsvoraussetzungen 177
    2. Begründetheit des Normenkontrollantrags nach § 47 I Nr. 1 VwGO 178
    3. Rechtswirkungen der Normenkontrollentscheidung 179
  II. Inzidentprüfung 180
B. Überprüfung der Rechtmäßigkeit eines Flächennutzungsplans 181
  I. Isolierte Überprüfung eines Flächennutzungsplans 182
    1. Regel: Kein Rechtsschutz gegen Flächennutzungspläne 183
    2. Ausnahme: Die Rechtsprechung zu Konzentrationszonen, § 35 III 3 BauGB 184
  II. Inzidente Überprüfung 186
  III. Rechtsschutz gegen übergeordnete Planung (Regional- und Raumplanung) 188
C. Sicherungsinstrumente der Bauleitplanung 190
  I. Veränderungssperre 191
  II. Zurückstellung von Baugesuchen 192

▶ **Lernziele**

1. Sie können am Beispiel des Bebauungsplans die Voraussetzungen von Zulässigkeit und Begründetheit eines Normenkontrollantrags nach § 47 I Nr. 1 VwGO erläutern und zu alternativen Formen gerichtlicher Kontrolle von Bauleitplänen abgrenzen.
2. Sie können unter Bezug auf die Rechtsprechung des Bundesverwaltungsgerichts und die einschlägigen Normen zur Frage nach den Rechtsschutzmöglichkeiten gegen Flächennutzungspläne begründet Stellung nehmen.
3. Sie können die Rechtsschutzmöglichkeiten gegen Maßnahmen der Planungssicherung nennen und knapp erläutern. ◀

Die verschiedenen vorgestellten bauplanungsrechtlichen Instrumente spielen auf unterschiedliche Weise im Verwaltungsprozess eine Rolle. Dabei muss nach dem jeweiligen Instrument differenziert werden.

A. Überprüfung der Rechtmäßigkeit eines Bebauungsplans

Am häufigsten geht es in den die Bauleitplanung betreffenden Prozessen um die Rechtmäßigkeit eines Bebauungsplans. Hierbei muss differenziert werden: Die Rechtmäßigkeit kann im Wege eines eigenständigen Verfahrens (I.) oder im Rahmen einer anderen Rechtsfrage (II.) Prozessgegenstand werden.

§ 5 Bauleitpläne und bauleitplanerische Sicherungsinstrumente im Prozess

I. Isolierte Überprüfung eines Bebauungsplans durch prinzipale Normenkontrolle, § 47 VwGO

Ist es das Ziel des Antragstellers, einen Bebauungsplan für unwirksam erklären zu lassen, steht ihm grundsätzlich das Verfahren der Normenkontrolle gemäß § 47 VwGO zur Verfügung.[1] In diesem Verfahren wird isoliert die Wirksamkeit des angegriffenen Bebauungsplans geprüft.

1. Zulässigkeit des Normenkontrollantrags nach § 47 I Nr. 1 BauGB[2]

a) Statthaftigkeit der Normenkontrolle

Die Statthaftigkeit eines verwaltungsgerichtlichen Normenkontrollantrags richtet sich nach § 47 I VwGO. Danach ist eine Überprüfung aller Satzungen möglich, die nach den Vorschriften des Baugesetzbuchs erlassen worden sind, § 47 I Nr. 1 BauGB. Gemäß § 10 I BauGB wird der Bebauungsplan als Satzung beschlossen und kann daher Gegenstand eines Normenkontrollverfahrens sein. Wichtig ist dabei, dass der Bebauungsplan bereits **erlassen** worden ist. Eine *vorbeugende* Normenkontrolle ist nach einhelliger Ansicht nicht möglich.[3]

b) Antragsbefugnis, § 47 II 1 VwGO

Nach § 47 II 1 VwGO muss der Antragsteller geltend machen, durch die gerügte Rechtsvorschrift, also den Bebauungsplan, oder deren Anwendung in seinen Rechten verletzt zu sein oder in absehbarer Zeit verletzt zu werden. Wie auch im Rahmen der Klagebefugnis, § 42 II 1 VwGO, reicht die Möglichkeit einer Rechtsverletzung aus.[4] Insofern muss der Antragsteller vortragen, dass durch den Bebauungsplan eine Rechtsnorm möglicherweise verletzt wird und diese Norm den Antragsteller als subjektiv-öffentliches Recht schützt.

Vergleichsweise einfach gestaltet sich dies bei sogenannten **unmittelbaren Betroffenen**, also **Eigentümern** von Grundstücken, die im beplanten Gebiet liegen und deren Nutzung durch eine oder mehrere Festsetzungen unmittelbar berührt werden. Denn insoweit handelt es sich bei den betroffenen Festsetzungen um Inhalts- und Schrankenbestimmungen im Sinne des Art. 14 I 1 GG, deren Rechtmäßigkeit der Betroffene überprüfen lassen können muss.[5]

Einschränkungen sind bei **Dritten** zu machen, die nicht unmittelbar vom Plan berührt werden. Eine wichtige Rolle spielt dabei, ob und inwieweit sich der Antragsteller auf **Abwägungsmängel** berufen kann,[6] weil die allermeisten der übrigen zu beachtenden Vorschriften keine subjektiven Rechtspositionen vermitteln. Dem Gebot der gerechten Abwägung nach § 1 VII BauGB wird aber eine drittschützende Wirkung zugeschrieben, jedenfalls dann, wenn **abwägungserhebliche Belange des Betroffenen** berührt sind.[7] Das heißt: Ein vom Bebauungsplan nur mittelbar betroffener Antragstel-

---

1 Allgemein zu Normenkontrollverfahren *Michael*, ZJS 2014, 621 ff. Siehe auch *Ehlers*, in: ders./Schoch (Hrsg.), Rechtsschutz im Öffentlichen Recht, 2021, § 32.
2 Dazu auch *Decker*, JA 2010, 653 ff.
3 *Wolff*, in: ders./Decker, VwGO/VwVfG, 4. Aufl. 2021, § 47 Rn. 16; *Wysk*, in: ders. (Hrsg.), VwGO, 3. Aufl. 2020, § 47 Rn. 18.
4 *Muckel/Ogorek*, Öffentliches Baurecht, 4. Aufl. 2020, § 5 Rn. 165.
5 BVerwG, NVwZ-RR 1998, 416 (417).
6 Vgl. dazu *Erbguth/Schubert*, Öffentliches Baurecht, 6. Aufl. 2015, § 15 Rn. 25 ff.
7 BVerwGE, 116, 144 ff.; BVerwG, ZfBR 2008, 681 (681).

ler kann eine bestimmte Festsetzung nicht stets und allgemein unter Verweis auf die Rechtswidrigkeit der hinter ihr stehenden Abwägung rügen, sondern nur dann, wenn die Abwägung private Belange gerade des Antragstellers betrifft, die auch objektiv abwägungserheblich sind. Kann sich der Antragsteller nicht auf eigene private Belange berufen oder sind diese von vornherein als nicht abwägungsrelevant anzusehen, ist seine Antragsbefugnis zu verneinen.[8]

▶ **Beispiel:** Der Antragsteller wendet sich gegen einen Bebauungsplan, der ein Gewerbegebiet festsetzt. Der Antragsteller ist Eigentümer eines Grundstücks außerhalb, aber in der Nähe des Plangebietes. Er beruft sich darauf, dass der durch die Gewerbebetriebe zu befürchtende Lärm für ihn unangemessen sei und rügt insoweit Abwägungsfehler. Allerdings existieren zwei unabhängige Lärmgutachten, die beide feststellen, dass die umgebende Wohnbebauung, zu der auch das Grundstück des Antragstellers gehört, Lärmbelastung nicht ausgesetzt sein werde. Hier fehlt es an der Antragsbefugnis, sofern der Lärmschutz der einzig mögliche missachtete Belang des Antragstellers ist. Insofern fehlt es an der möglichen Verletzung einer eigenen Rechtsposition. Dass die Abwägung gegebenenfalls im Übrigen fehlerhaft ist, spielt keine Rolle, weil sich der Antragsteller nur auf die Missachtung eigener Abwägungsbelange berufen kann. ◀

175 Das Gleiche gilt, wenn eine **juristische Person** den Normenkontrollantrag stellt. Hier müssen Rechtsnormen ermittelt werden, die die Position der jeweiligen juristischen Person zu schützen beabsichtigen. Zentral ist hier die Normenkontrolle seitens **Nachbargemeinden**. Hier kommt insbesondere eine Verletzung des interkommunalen Abstimmungsgebotes, § 2 II BauGB, in Betracht, das die Rechtsposition der jeweiligen Nachbargemeinde schützt.[9] Auch Behörden können antragsbefugt sein. Diese müssen aber gemäß § 47 II 1 Hs. 2 VwGO nicht eine Rechtsverletzung geltend machen, sondern können einen Antrag auf Normenkontrolle mit dem Ziel einer objektiven Rechtskontrolle stellen.

176 Eine Besonderheit im Vergleich zur Klagebefugnis des § 42 II VwGO ist, dass es für die Antragsbefugnis nach § 47 II 1 VwGO genügt, dass die Rechtsverletzung noch nicht stattgefunden hat, sondern in absehbarer Zeit erfolgen wird. Insofern ist eine hinreichend sichere Prognose erforderlich.[10]

c) Die übrigen Zulässigkeitsvoraussetzungen

177 Die weiteren Zulässigkeitsvoraussetzungen ergeben sich anhand des allgemeinen Schemas zur Zulässigkeit von Normenkontrollen.[11] Insbesondere ist die Frist des § 47 II VwGO zu wahren.

2. Begründetheit des Normenkontrollantrags nach § 47 I Nr. 1 VwGO

178 Das Besondere am Normenverfahren ist, dass es sich um ein **gemischt subjektiv-objektives Rechtskontrollverfahren** handelt. Das heißt: Ist die Normenkontrolle zulässig,

---

8 Vgl. etwa OVG NRW, Urt. v. 30.1.2018 – 2 D 102/14.NE –, juris.
9 Vgl. VGH BW, NVwZ 1987, 1088 f.
10 Dazu auch *Erbguth/Schubert*, Öffentliches Baurecht, 6. Aufl. 2015, § 15 Rn. 24. Vgl. auch *Gisberts*, in: Posser/Wolff (Hrsg.), BeckOK-VwGO, 64. Ed. Januar 2023, § 47 Rn. 36. Ferner zum zeitlichen Aspekt *Ziekow*, in: Sodan/ders. (Hrsg.), VwGO, 5. Aufl. 2018, § 47 Rn. 179 ff.
11 Allgemein dazu *Hufen*, Verwaltungsprozessrecht, 12. Aufl. 2021, § 19. Übersicht bei *Ehlers*, in: ders./Schoch (Hrsg.), Rechtsschutz im Öffentlichen Recht, 2021, § 32 Rn. 5 ff. Vgl. auch *Wysk*, in: ders. (Hrsg.), VwGO, 3. Aufl. 2020, § 47 Rn. 20 ff.

prüft das Gericht den Bebauungsplan **umfassend** und auf **jeden Fehler**. Anders als etwa bei der Anfechtungsklage, die nur begründet ist, wenn der Verwaltungsakt den Kläger in seinen Rechten verletzt, § 113 I 1 VwGO, ist die Normenkontrolle dann begründet, wenn der Bebauungsplan (irgend-)einen Rechtsfehler aufweist. Ob die verletzte Vorschrift auch tatsächlich den Antragsteller in seinen Rechten verletzt, spielt dann keine Rolle. Die Frage der Verletzung der eigenen Rechte spielt im Rahmen des § 47 VwGO daher nur bei der Antragsbefugnis, nicht aber in der Begründetheit eine Rolle.[12]

3. Rechtswirkungen der Normenkontrollentscheidung

Die Rechtswirkungen der gerichtlichen Normenkontrollentscheidung unterscheiden sich nach dem Urteilsausspruch: Ist die Normenkontrolle unbegründet, wird der Antrag also abgelehnt, ergeht die Entscheidung nur mit Wirkung **inter partes**, also für den Antragsteller und die Gemeinde. Andere mögliche Antragsteller können die angegriffene Satzung erneut dem Gericht zur Entscheidung vorlegen.[13] Ist die Normenkontrolle indes begründet, erklärt das Gericht die Satzung für unwirksam.[14] Diese Entscheidung ergeht **erga omnes**, also gegenüber jedermann, weil Rechtsnormen nur allgemein wirksam oder unwirksam sein können und eine Differenzierung nach Rechtsverhältnissen nicht erlauben.

179

II. Inzidentprüfung

Die Rechtmäßigkeit des Bebauungsplans muss nicht zwingend im Normenkontrollverfahren überprüft werden, sondern kann auch Teilfrage einer anderen Rechtsprüfung sein. Dann wird der Bebauungsplan vom Gericht inzident geprüft. Typisch für diese Konstellation ist der Fall, in dem ein Bauherr auf die Erteilung einer Baugenehmigung vor dem Verwaltungsgericht klagt, weil die Behörde die Genehmigungserteilung mit der Begründung ablehnt, das Vorhaben widerspreche dem Bebauungsplan. Dann prüft das Gericht bei hinreichenden Anhaltspunkten die Wirksamkeit des Bebauungsplans. Ist dieser unwirksam, gelten für die Zulässigkeit des Vorhabens andere Maßstäbe, etwa nach § 34 BauGB (Kap. 3 Rn. 161 ff.). Zwar erklärt das Gericht dann den Bebauungsplan nicht für unwirksam, weil dies nicht das Ziel des Klägers ist und insoweit keine Normenkontrolle nach § 47 VwGO stattfindet. Es wendet den Bebauungsplan aber nicht an.

180

B. Überprüfung der Rechtmäßigkeit eines Flächennutzungsplans

Will man sich als Bürger gegen einen Flächennutzungsplan wehren, so kommen auch hier grundsätzlich ein unmittelbarer prozessrechtlicher Angriff (1.) als auch eine inzidente Überprüfung (2.) in Betracht.

181

---

12 *Hufen*, Verwaltungsprozessrecht, 12. Aufl. 2021, § 30 Rn. 1.
13 BVerwGE 65, 131 (137); *Ehlers*, in: ders./Schoch (Hrsg.), Rechtsschutz im Öffentlichen Recht, 2021, § 32 Rn. 75; *Wysk*, in: ders. (Hrsg.), VwGO, 3 Aufl. 2020, § 47 Rn. 80; *Ziekow*, in: Sodan/ders. (Hrsg.), VwGO, 5. Aufl. 2018, § 47 Rn. 367.
14 Vgl. etwa OVG NRW, Urt. v. 29.9.2021 – 7 D 47/19.NE –, juris: Der Bebauungsplan der Gemeinde T. Nr. „I." in M. ist unwirksam.

I. Isolierte Überprüfung eines Flächennutzungsplans

182 Wie der Flächennutzungsplan verwaltungsprozessrechtlich einzuordnen ist, hängt – wie bei jeder anderen behördlichen Maßnahme auch – von dessen Rechtsnatur ab.

1. Regel: Kein Rechtsschutz gegen Flächennutzungspläne

183 Folgt man der herrschenden Auffassung, nach der es Flächennutzungsplänen an Außenwirkung fehlt (Kap. 2 Rn. 31 ff.), kann der Bürger, der durch solches Innenrecht der Verwaltung nicht in seinen Rechten verletzt sein kann, nicht unmittelbar gegen Flächennutzungspläne Rechtsschutz erlangen. Insbesondere kommt ein Normenkontrollantrag nach § 47 VwGO nicht in Betracht, da § 47 I Nr. und 2 VwGO von Satzungen oder anderen Rechtsvorschriften sprechen, also **Maßnahmen mit Außenwirkung**. Auch eine Feststellungsklage scheidet aus, weil der Flächennutzungsplan aufgrund seiner fehlenden Außenwirkung Außenrechtsverhältnisse nicht begründen kann.[15] Es verbleibt insoweit grundsätzlich bei der Inzidentprüfung des Flächennutzungsplans durch das Verwaltungsgericht, etwa wenn eine beantragte Baugenehmigung unter Hinweis auf § 35 III 1 Nr. 1 BauGB abgelehnt wird.

2. Ausnahme: Die Rechtsprechung zu Konzentrationszonen, § 35 III 3 BauGB

184 Von diesem Grundsatz hat das Bundesverwaltungsgericht vor einigen Jahren eine Ausnahme gemacht, die sich auf die Sonderkonstellation der planungsrechtlichen Zulassung zumeist von Windkraftanlagen (dazu jetzt aber § 249 BauGB), generell aber auch auf andere nach § 35 I BauGB privilegierte Vorhaben bezieht.[16] Aufgrund der starken Auswirkungen dieser Anlagen auf ihre Umgebung hat der Planungsrechtsgesetzgeber in § 35 III 3 BauGB die Möglichkeit vorgesehen, sogenannte Konzentrationsflächen („Ausweisung an anderer Stelle") zu schaffen, auf denen Windkraft- und andere exponierte Anlagen bevorzugt errichtet werden sollen. Wird im Flächennutzungsplan eine solche Konzentrationszone ausgewiesen, sollen diese Anlagen gerade nicht an anderen Stellen des Außenbereichs errichtet werden dürfen.

185 Das Bundesverwaltungsgericht hat geurteilt, dass mit § 35 III 3 BauGB eine Regelung vorliegt, mit der Gesetzgeber den Darstellungen des Flächennutzungsplans hinsichtlich des Standortes der Anlagen eine Wirkung zugesprochen habe, die unmittelbar auf die Vorhabenzulassung, also nach außen, durchschlage, der Plan daher in seiner Wirkung dem Bebauungsplan gleichkomme und deswegen auch über **§ 47 I Nr. 1 VwGO analog**[17] angegriffen werden könne. Zwar kann der Flächennutzungsplan seit jeher gewisse Außenwirkung im Außenbereich entfalten, weil ein Vorhaben dort grundsätzlich nicht zulässig ist, wenn es den Darstellungen eines Flächennutzungsplans widerspricht, § 35 III 1 Nr. 1 BauGB. Bei § 35 III 3 BauGB handelt es sich nach dem Bundesverwaltungsgericht aber um eine für ein konkretes Bauvorhaben positiv getroffene Standortzuweisung, der kraft Gesetzes Rechtsverbindlichkeit und damit Außenwirkung zukommt. Mit der Rechtsprechungsänderung des Bundesverwaltungs-

---

15 *Appel*, in: Koch/Hendler (Hrsg.), Baurecht, Raumordnungsrecht, Landesplanungsrecht, 6. Aufl. 2015, § 14 Rn. 15. Vgl. auch BVerwGE 77, 300 ff.
16 BVerwGE 164, 74 ff.; E 146, 40 ff.; E 128, 382 ff.
17 Auch wenn dem Flächennutzungsplan in der Konstellation des § 35 III 1 BauGB (ausnahmsweise) Außenwirkung zukommt, wird dieser dadurch nicht automatisch zur „Satzung" iSv § 47 I Nr. 1 VwGO, da der Gesetzgeber die Satzungsform gerade ausschließlich für den Bebauungsplan anordnet. Daher verbleibt wohl nur eine analoge Anwendung des § 47 I Nr. 1 VwGO.

gerichts sind die Gewissheiten bei der Abgrenzung zwischen Flächennutzungsplan und Bebauungsplan ins Wanken geraten, eine weitere Annäherung scheint insoweit auch nicht unwahrscheinlich.

II. Inzidente Überprüfung

Auch beim Flächennutzungsplan kommt eine inzidente gerichtliche Rechtmäßigkeitsprüfung in Betracht, und zwar dort, wo das BauGB ihm ausdrücklich rechtliche Wirkung auf andere baurechtliche Fragestellungen einräumt. Dabei gibt es zwei Hauptanwendungsfälle: So sind einzelne Bauvorhaben in einem Außenbereich gemäß § 35 BauGB nur dann zulässig, wenn ihnen nicht öffentliche Belange entgegenstehen oder widersprechen. Zu den öffentlichen Belangen zählt nach § 35 III 1 Nr. 1 BauGB auch der Flächennutzungsplan (Kap. 3 Rn. 277). Das bedeutet: Ein Bauvorhaben ist im Außenbereich in der Regel unzulässig, wenn es den Darstellungen eines Flächennutzungsplans widerspricht. Hierbei ist Voraussetzung, dass der Flächennutzungsplan rechtmäßig und damit wirksam ist.

186

Im Rahmen der Überprüfung eines **Bebauungsplans** etwa im Rahmen einer Normenkontrolle muss geprüft werden, ob der Bebauungsplan aus dem Flächennutzungsplan entwickelt wurde, § 8 II BauGB. Auch hier kann zu prüfen sein, ob der Flächennutzungsplan überhaupt rechtmäßig und damit wirksam ist. Aus einem unwirksamen Flächennutzungsplan kann sich kein rechtmäßiger Bebauungsplan entwickeln.[18]

187

III. Rechtsschutz gegen übergeordnete Planung (Regional- und Raumplanung)

In der Rechtsprechung[19] ist mittlerweile anerkannt, dass auch Pläne der übergeordneten Planung, d. h. der Regional- und Raumplanung, Gegenstand einer prinzipalen Normenkontrolle sein können, wenn der Landesgesetzgeber gemäß § 47 I Nr. 2 VwGO die Normenkontrolle generell für alle dem Landesgesetz untergeordneten Rechtsvorschriften eröffnet hat.[20] Zu diesen Rechtsvorschriften gehören nämlich dann auch Pläne der Regional- und Raumplanung, wenn sie rechtliche Außenwirkung haben. Nach der Rechtsprechung trifft dies nur auf die **Ziele** der Regional- und Raumordnung zu, § 4 I ROG (Kap. 2 Rn. 22 f.).[21]

188

▶ **Beachte:** In Bayern und Rheinland-Pfalz gilt die Öffnungsklausel nach § 47 I Nr. 2 BauGB nur beschränkt, auch wenn Einschränkungen für die übergeordnete Planung nicht greifen.[22] In Berlin und Hamburg ist die Möglichkeit der Überprüfung über § 47 I Nr. 2 VwGO nicht gegeben. Hier kommt nur eine **Feststellungsklage gemäß § 43 I VwGO** in Betracht.[23] Die übrigen Länder haben eine gänzliche Öffnung vollzogen, so dass dort alle Rechtsnormen, die unterhalb des Landesrechts stehen, vor dem OVG/VGH im Wege einer Normenkontrolle überprüft werden können. ◀

---

18 *Schrödter*, in: ders. (Hrsg.), BauGB, 9. Aufl. 2019, § 8 Rn. 19 f.
19 BVerwGE 119, 217 ff.; HessVGH, ZfBR 2018, 382 (382).
20 § 4 AGVwGO BW; Art. 4 S. 1 BayAGVwGO; § 4 I BbgVwGG; Art. 7 VwGOAG BR; § 15 HessAGVwGO; § 13 GerStrukG MV; § 75 NJG; § 109a JustG NRW; § 4 I AGVwGO RP; § 18 SaarAGVwGO; § 24 I SächsJG; § 10 AGVwGO LSA; § 67 LJG; § 4 ThürAGVwGO. In den Bundesländern Berlin und Hamburg wurde kein Gebrauch von der Ermächtigung des § 47 I Nr. 2 VwGO gemacht.
21 BVerwGE 119, 217 ff.; vgl. auch *Panzer*, in: Schoch/Schneider (Hrsg.), VwGO, 43. EL August 2022, § 47 Rn. 30.
22 Art. 4 S. 2 BayAGVwGO; § 4 I 2 AGVwGO RP.
23 *Michael*, ZJS 2014, 621 (622).

189 Im Übrigen ist aber analog zum Flächennutzungsplan eine **inzidente** Überprüfung der Regional- und Raumordnungspläne möglich, wenn sie Einfluss auf andere Aspekte haben. Dies ist insbesondere im Rahmen des **§ 1 IV BauGB** der Fall. Ein Bebauungsplan bzw. ein Flächennutzungsplan muss nur dann die Ziele der übergeordneten Pläne beachten, wenn diese rechtmäßig sind.

Rechtsschutz gegen Bauleitpläne

	Flächennutzungsplan	Bebauungsplan
Unmittelbarer Rechtsschutz?	nein Ausnahme: Ausweisung von Konzentrationszonen für bestimmte Anlagen, § 35 III 3 BauGB; Rechtsschutz analog § 47 I Nr 1 VwGO	ja: prinzipale Normenkontrolle nach § 47 I Nr 1 VwGO durch OVG/VGH
Inzidentkontrolle?	ja Beispiel: Das Verwaltungsgericht überprüft, ob die Baubehörde eine Baugenehmigung zu Recht unter Berufung auf § 35 III 1 Nr 1 BauGB abgelehnt hat	ja Beispiel: Das Verwaltungsgericht überprüft, ob die Baubehörde eine Baugenehmigung auf Grundlage eines Bebauungsplans hätte erteilen müssen oder nicht hätte erteilen dürfen

C. Sicherungsinstrumente der Bauleitplanung

190 Auch die Sicherungsinstrumente der Bauleitplanung können Gegenstand einer gerichtlichen Überprüfung sein.

I. Veränderungssperre

191 Die Veränderungssperre ist eine Satzung, § 16 I BauGB, und kann **isoliert** Gegenstand einer **Normenkontrolle** nach § 47 I Nr. 1 BauGB sein.[24] Eine isolierte Anfechtung einer Veränderungssperre ist allerdings selten. Denn in der Praxis geht es fast ausschließlich um die Erteilung einer baurechtlichen Genehmigung, die (allein) wegen Bestehens einer Veränderungssperre versagt wird. In diesen Fällen wird im Rahmen einer **Verpflichtungsklage** auf Erteilung der Genehmigung gemäß § 113 V 1 VwGO die Veränderungssperre **inzident** geprüft.[25] Da die Veränderungssperre eine Rechtsnorm ist, führt jeder Fehler zur Unwirksamkeit der Norm. Eine Unterscheidung zwischen Rechtmäßigkeit und Nichtigkeit wie beim Verwaltungsakt, §§ 43, 44 VwVfG, gibt es bei Normen generell nicht.

---

[24] Etwa OVG NRW, NVwZ 2017, 975 ff.; OVG Bbg, NVwZ-RR 2005, 386 ff.
[25] Etwa OVG NRW, NVwZ 1997, 598 ff.; VGH BW, NVwZ-RR 2003, 546 ff.

II. Zurückstellung von Baugesuchen

Die Zurückstellung von Baugesuchen nach § 15 I BauGB ist ein belastender **Verwaltungsakt**. Gleichwohl wird eine isolierte Anfechtung der Zurückstellung als unzulässig erachtet, weil es dem betroffenen Bauherrn im Kern um die Genehmigungserteilung geht. Insoweit wird einer isolierten Anfechtungsklage entweder die Statthaftigkeit oder das Rechtsschutzbedürfnis abgesprochen. Stattdessen muss der Betroffene **Verpflichtungsklage** auf Erteilung der Genehmigung insgesamt erheben, in deren Rahmen inzident die Rechtmäßigkeit der Zurückstellung geprüft wird.[26] Weil die Zurückstellung nach § 15 I BauGB ein Verwaltungsakt und keine Rechtsnorm ist, gehört sie auch nicht zu den in einem Genehmigungsverfahren zu prüfenden, einem Vorhaben entgegenstehenden öffentlich-rechtlichen Vorschriften. Vielmehr handelt es sich dabei um einen **Verfahrensakt**, durch den über die bauplanungsrechtliche Zulässigkeit des Bauvorhabens **für einen bestimmten Zeitraum nicht entschieden** werden darf (Kap. 3 Rn. 292).[27] Insoweit wird die Zurückstellung wie eine – wenn auch zunächst temporäre – Ablehnung des Bauantrags gewertet, die nur rechtmäßig ist, wenn die Zurückstellung rechtmäßig ist und der Anspruch auf Erteilung der Baugenehmigung besteht.

192

Rechtsschutz kann auch der **Gemeinde** zustehen, und zwar falls die zuständige Behörde ihren Antrag auf Zurückstellung gemäß § 15 BauGB verworfen hat. Geschah dies zu Unrecht, ist das Recht der Gemeinde aus Art. 28 II 1 GG verletzt. Aus § 15 I BauGB ergibt sich insoweit ein **Anspruch** auf Zurückstellung des Baugesuches. Insofern handelt es sich um eine gebundene Entscheidung. Daher kann die betroffene Gemeinde bei Ablehnung ihres Antrages **Verpflichtungsklage**, § 42 I Var. 2, § 113 V 1 VwGO, auf Erteilung des Zurückstellungsbescheids erheben.[28] Hierbei handelt es sich aber um eine äußerst seltene (Prüfungs-)Konstellation.

193

---

26 VGH BW, NVwZ-RR 2003, 333 ff.; vgl. dazu insgesamt auch *Stollmann/Beaucamp*, Öffentliches Baurecht, 13. Aufl. 2022, § 11 Rn. 14.
27 *Mitschang*, in: Battis/Krautzberger/Löhr (Hrsg.), BauGB, 15. Aufl. 2022, § 15 Rn. 1.
28 *Stock*, in: Ernst/Zinkahn/Bielenberg/Krautzberger (Hrsg.), BauGB, 147. EL August 2022, § 15 Rn. 105.

§ 6 Fallbeispiel

A. Sachverhalt 194
B. Lösungsvorschlag 195
   I. Zulässigkeit 196
     1. Verwaltungsrechtsweg, § 47 I VwGO 197
     2. Statthaftigkeit 198
     3. Antragsberechtigung 199
     4. Antragsbefugnis 200
     5. Antragsfrist 203
     6. Ergebnis 204
   II. Begründetheit 205
     1. Formelle Rechtmäßigkeit 206
       a) Organzuständigkeit 207
       b) Planaufstellungsbeschluss 208
       c) Öffentlichkeits-/Behördenbeteiligung 209
       d) Abwägungsvorgang, § 2 III BauGB 210
         aa) Festsetzung 1: Reines Wohngebiet 211
         bb) Festsetzung 2: Rad- und Wanderweg 217
       e) Beschluss 218
     2. Materielle Rechtmäßigkeit ... 219
       a) Festsetzung 1: Reines Wohngebiet 220
         aa) Rechtsgrundlage 221
         bb) Bestimmtheit 222
         cc) Erforderlichkeit, § 1 III 1 BauGB 223
         dd) Anpassung an die überörtliche Planung, § 1 IV BauGB 225
         ee) Interkommunale Abstimmung, § 2 IV BauGB 226
         ff) Abwägungsergebniskontrolle, § 1 VII BauGB 227
         gg) Entwicklungsgebot 228
         hh) Ergebnis 229
       b) Festsetzung 2: Wander- und Radweg 230
         aa) Taugliche Rechtsgrundlage 231
         bb)-ff) Bestimmtheit; Erforderlichkeit; überörtliche Planung; interkommunale Abstimmung; Entwicklungsgebot 232
         gg) Abwägungsergebniskontrolle, § 1 VII BauGB 233
       c) Übrige Festsetzungen 234
     3. Gesamtunwirksamkeit 235
     4. Ergebnis 236
Wiederholungsfragen

A. Sachverhalt

194 Um dringend benötigten Wohnraum zu schaffen, erlässt die (nordrhein-westfälische) Gemeinde G, nachdem sie zunächst einen entsprechenden Planaufstellungsbeschluss erlassen und die Öffentlichkeits- und Behördenbeteiligung ordnungsgemäß durchgeführt hat, den Bebauungsplan Nr. 12a, der die Realisierung eines neuen Wohnviertels vorsieht. Bislang bestand nur ein Flächennutzungsplan, der für das betroffene Gebiet eine „Siedlung" vorsah. Entsprechendes gilt für den das Gebiet erfassenden Regionalplan, der als Ziel für das einschlägige Gebiet eine Wohnsiedlung angibt. Unmittelbar neben dem geplanten Wohngebiet besteht bereits ein Gewerbegebiet mit zahlreichen produzierenden Gewerbebetrieben.

Im Rahmen der ersten Öffentlichkeitsbeteiligung wurde von den an das Plangebiet angrenzenden Gewerbebetrieben geltend gemacht, zwischen geplanter Wohn- und bereits vorhandener gewerblicher Nutzung könne es zukünftig zu Konflikten kommen. Die Gemeinde gewichtet wegen des akuten Wohnungsmangels in G das Interesse an der Wohnraumschaffung besonders hoch, das Interesse der Gewerbebetriebe sowie des Lärmschutzes für die später dort wohnenden Personen als besonders niedrig. Der Rat beschließt den Bebauungsplan, in dem unmittelbar neben dem bereits bestehenden

§ 6 Fallbeispiel

Gewerbegebiet ein reines Wohngebiet im Sinne von § 3 BauNVO festgesetzt wird. Darüber hinaus sieht der Bebauungsplan zum Schutz der Wohnruhe als Lärmschutzmaßnahmen eine begrünte Lärmschutzwand und besondere Anforderungen an den Schallschutz bei der Errichtung der Wohnhäuser vor. Die von der X-Fraktion im Rat der G vorgeschlagenen weiteren Lärmschutzmaßnahmen lehnt der Rat unter Verweis auf die geringe Bedeutung des Interesses an Lärmschutz ab. Tatsächlich reichen die vorgesehenen Maßnahmen aus, um die Wohnbevölkerung später vor Gewerbelärm zu schützen.

Weiterhin sieht der Bebauungsplan auf einem Teil des Plangebietes einen öffentlichen Wander- und Fahrradweg vor. Dieser Weg soll hauptsächlich über die im Eigentum des P liegenden Grundstücke geführt werden und schließt eine anderweitige Nutzung der Grundstücke aus. P hat bereits im Rahmen der Öffentlichkeitsbeteiligung moniert, dass er mit seinen Grundstücken andere Pläne habe. Die Gemeinde hat diesen Belang auch als besonders, das Allgemeininteresse an dem Wander- und Radweg aber als genauso gewichtig eingestuft, da die Gegend bereits jetzt schon häufig von Wanderern und Radfahrern zu Naherholungszwecken genutzt werde und es hier bereits zu Überlastungen der vorhandenen Wege gekommen sei (was zutrifft). Zwar gebe es auch die Möglichkeit, den Weg über im Eigentum der G liegende (öffentliche) ungenutzte Grundstücke zu führen. Der Rat der G findet die Wegführung über die Grundstücke des P aber aus optischen Gründen viel reizvoller.

P möchte sich gegen den Bebauungsplan wehren und stellt vor dem zuständigen OVG einen Monat nach der Bekanntmachung des Bebauungsplans einen Normenkontrollantrag. Er ist der Meinung, sowohl die Festsetzung über das Wohngebiet als auch über den Wander- und Fahrradweg seien rechtswidrig. Hat der Antrag Erfolg?

B. Lösungsvorschlag

Der Normenkontrollantrag des P gegen den Bebauungsplan Nr. 12a hat Erfolg, soweit er zulässig und begründet ist.

I. Zulässigkeit

Der Normenkontrollantrag ist zulässig, wenn seine Sachurteilsvoraussetzungen vorliegen.

1. Verwaltungsrechtsweg, § 47 I VwGO

Über den Normenkontrollantrag entscheidet das zuständige Oberverwaltungsgericht (Verwaltungsgerichtshof) im Rahmen seiner Gerichtsbarkeit, § 47 I VwGO. Daher müsste der Verwaltungsrechtsweg nach § 40 I VwGO eröffnet sein. Dies ist der Fall in allen öffentlich-rechtlichen Streitigkeiten nicht-verfassungsrechtlicher Art, für die das Landesrecht keine abdrängende Sonderzuweisung vorsieht. Vorliegend wird durch den P die Gültigkeit einer kommunalen Satzung (Bebauungsplan) in Frage gestellt. Die Entscheidung darüber richtet sich nach Normen des öffentlichen Rechts, namentlich der §§ 1 ff. BauGB, die nicht-verfassungsrechtlicher Art sind und für die es keine Sonderzuweisung zu einem anderen Gerichtszweig gibt. Der Verwaltungsrechtsweg ist also eröffnet.

2. Statthaftigkeit

198 Eine Normenkontrolle müsste der statthafte Rechtsbehelf sein. Nach § 47 I Nr. 1 VwGO ist dies der Fall, wenn der Antragsteller sich gegen eine Satzung wenden und deren Gültigkeit überprüfen lassen will, die nach den Vorschriften des Baugesetzbuchs erlassen worden ist. Bebauungspläne – wie hier der Bebauungsplan Nr. 12a – werden nach §§ 1 ff. BauGB und gemäß § 10 I BauGB als Satzung erlassen und gehören demnach zu den zulässigen Antragsgegenständen. Die Normenkontrolle ist damit statthaft.

3. Antragsberechtigung

199 P ist als natürliche Person antragsberechtigt, vgl. § 47 II 1 VwGO.

4. Antragsbefugnis

200 Die Antragsbefugnis setzt bei Anträgen durch natürliche oder juristische Person außer Behörden nach § 47 II 1 VwGO voraus, dass der Antragsteller geltend macht, durch die angegriffene Rechtsnorm – hier den Bebauungsplan Nr. 12a – in eigenen Rechten verletzt zu sein, wobei die Möglichkeit der Rechtsverletzung genügt. Erforderlich ist insoweit die Geltendmachung von Normen, die gerade die Individualinteressen des Antragstellers, hier des P, zu schützen beabsichtigen.

201 Dabei liegt eine Antragsbefugnis stets vor, wenn der Antragsteller Eigentümer eines Grundstücks ist, das von der Regelungswirkung wenigstens einer Festsetzung des maßgeblichen Bebauungsplans berührt wird. Denn dann liegt mit dieser Festsetzung eine Inhalts- und Schrankenbestimmung im Sinne des Art. 14 I 1 GG vor, deren Rechtmäßigkeit der Antragsteller überprüfen lassen können muss.

202 Fraglich ist daher zunächst, ob sich P auf die Rechtswidrigkeit der Festsetzung des Wohngebiets (Festsetzung 1) berufen kann. Hierbei ist zu beachten, dass das Grundstück des P durch die Festsetzung in keiner Weise berührt wird. Es ist noch nicht einmal ersichtlich, ob die Festsetzung Belange des P berührt. Insoweit scheidet eine Antragsbefugnis diesbezüglich aus. Allerdings ist P durch die Festsetzung des über sein Grundstück führenden Rad- und Wanderwegs (Festsetzung 2) unmittelbar betroffen, die eine anderweitige Nutzung des Grundstücks durch P ausschließt. Sollte sich diese Festsetzung als rechtswidrig erweisen, kommt eine Verletzung des P aus seinem Grundrecht aus Art. 14 I 1 GG in Betracht.

5. Antragsfrist

203 Normenkontrollanträge sind gemäß § 47 II VwGO nur binnen eines Jahres nach Bekanntmachung der betroffenen Vorschrift zulässig. P stellt hier den Antrag einen Monat nach Bekanntmachung des Bebauungsplans und damit fristgemäß.

6. Ergebnis

204 Der Normenkontrollantrag ist zulässig.

II. Begründetheit

205 Der Normenkontrollantrag müsste auch begründet sein. Ein Bebauungsplan ist eine Satzung, vgl. § 10 I BauGB, und damit eine Rechtsnorm, bei der grundsätzlich jede Rechtswidrigkeit zur Nichtigkeit führt. Zu prüfen ist daher, ob der Bebauungsplan

§ 6 Fallbeispiel

Nr. 12a rechtmäßig und damit wirksam ist. Zu beachten ist hierbei, dass das Normenkontrollverfahren ein objektives Rechtskontrollverfahren und nicht auf die Überprüfung von Rechtsverletzungen zulasten des konkreten Antragstellers begrenzt ist. Daher ist der Bebauungsplan Nr. 12a nichtig, wenn er den formellen wie materiellen gesetzlichen Anforderungen nicht genügt.[1]

1. Formelle Rechtmäßigkeit

Der Bebauungsplan ist formell rechtmäßig, wenn das zuständige Organ ihn erlassen hat und das Aufstellungsverfahren ordnungsgemäß durchgeführt worden ist.

a) Organzuständigkeit

Nach §§ 2 I, 10 I BauGB wird der Bebauungsplan als gemeindliche Satzung erlassen. Für die Organzuständigkeit ist daher auf die entsprechenden landesrechtlichen Vorschriften für den Erlass einer Satzung abzustellen. So ist in Nordrhein-Westfalen nach § 41 II lit. f GO NRW für den Erlass von Satzungen ausschließlich der Rat der betroffenen Gemeinde zuständig.[2] Hier hat der Rat der G und damit das zuständige Organ gehandelt.

b) Planaufstellungsbeschluss

Ausweislich des Sachverhalts ist ein Planaufstellungsbeschluss gefasst worden. Auf dessen Rechtmäßigkeit kommt es nicht an.

c) Öffentlichkeits-/Behördenbeteiligung

Sowohl die frühe als auch die förmliche Öffentlichkeits- bzw. Behördenbeteiligung haben in Übereinstimmung mit den §§ 3, 4 BauGB stattgefunden.

d) Abwägungsvorgang, § 2 III BauGB

Fraglich ist, ob der Abwägungsvorgang rechtmäßig stattgefunden hat. Dies ist für jede Festsetzung gesondert zu prüfen, weil der Inhalt einer jeden Festsetzung auf einer entsprechenden eigenständigen Abwägung beruht.

aa) Festsetzung 1: Reines Wohngebiet

Fraglich ist, ob der Abwägungsvorgang zur Festsetzung „reines Wohngebiet" fehlerfrei vonstattengegangen ist. Zum Schutz der kommunalen Planungshoheit, Art. 28 II 1 GG, ist der Abwägungsvorgang nur eingeschränkt und auf bestimmte Rechtsfehler zu überprüfen. Der Abwägungsvorgang ist als fehlerhaft anzusehen, wenn eine Abwägung nicht stattgefunden hat (Abwägungsausfall), ein wichtiger Belang nicht ermittelt worden ist (Abwägungs-/Ermittlungsdefizit) oder ein oder mehrere abwägungsrelevanten Belange falsch gewichtet worden sind (Abwägungs-/Gewichtungsfehleinschätzung).

Vorliegend hat eine Abwägung in Bezug auf die Wohngebietsfestsetzung stattgefunden. Da die G auch zwischen dem Interesse am Wohnungsbau, vgl. § 1 VI Nr. 2 BauGB,

---

[1] Zum Aufbau der Rechtmäßigkeitsprüfung siehe ausführlich Kap. 2 Rn. 142.
[2] §§ 24 I, 44 GemO BW; Art. 29, 37 BayGO; § 28 II Nr. 9 BbgKVerf; § 50 I 1 HGO; § 22 III Nr. 6 KV M-V; § 58 II 1 Nr. 2 NKomVG; § 45 III Nr. 4 KVG LSA; § 28 II Nr. 4 SächsGemO; § 28 Nr. 4 GO SH; §§ 22 III 1, 29 ThürKO.

bzw. dem Lärmschutz, der zu den allgemeinen Anforderungen an gesunde Wohnverhältnisse, § 1 VI Nr. 1 BauGB, zählt, und dem Interesse der Gewerbetreibenden an einem störungsfreien Betrieb, vgl. § 1 VI Nr. 8 lit. a BauGB, abgewogen hat, hat sie keinen abwägungsfähigen Belang unberücksichtigt gelassen.

213 Allerdings könnte es zu einer Abwägungsfehleinschätzung gekommen sein, weil die G in ihrem Abwägungsprozess bezüglich der Wohngebietsfestsetzung die Belange der Wirtschaft sowie des Lärmschutzes als besonders niedrig eingestuft und damit nicht hinreichend gewichtet haben könnte. Die planende Gemeinde muss abwägungsrelevanten Belangen das Gewicht zukommen lassen, das ihnen objektiv zusteht. Ob dies jeweils geschehen ist, bedarf der Beurteilung im Einzelfall. Grundsätzlich stehen nämlich alle betroffenen Belange gleichrangig zueinander. Eine unterschiedliche Gewichtung kann nur durch Umstände des Einzelfalls begründet werden.

214 Vorliegend ist eine Konfliktsituation zwischen Wohn- und gewerblicher Nutzung absehbar und offensichtlich, in der sich die Gewerbebetriebe aufgrund ihrer Lärmauswirkungen auf die später bestehende Wohnnutzung möglicherweise werden einschränken müssen, um die Lärmbelastung der Wohnbebauung zu reduzieren. Weiterhin werden die im betroffenen Wohngebiet später wohnenden Menschen mit hinreichender Wahrscheinlichkeit nicht unerheblich von Lärm betroffen sein, was zur Verschlechterung der Wohn- und Lebensqualität führen kann. Argumente, die für ein deutlich geringeres Gewicht der wirtschaftlichen bzw. gesundheitlichen Interessen streiten, sind nicht ersichtlich, zumal die Gewerbebetriebe bereits existieren und ihre Inhaber insoweit auch grundsätzlich darauf vertrauen dürfen, dass durch neuere Planung nicht ihre Nutzungsmöglichkeiten beschränkt werden. Damit hätte G den betroffenen Belangen wenigstens die gleiche Bedeutung beimessen müssen wie dem Interesse an der Wohnraumschaffung. Es liegt eine Abwägungsfehleinschätzung vor.

215 Fraglich ist aber, ob dieser Fehler beachtlich ist. Nach § 214 I Nr. 1 bzw. III 2 BauGB sind Fehler im Abwägungsvorgang nur dann beachtlich, wenn sie in wesentlichen Punkten offensichtlich auf das Ergebnis von Einfluss gewesen sind. Da der Fehler den abwägungsrelevanten Belang der wirtschaftlichen bzw. gesundheitlichen Interessen berührt, betrifft er wesentliche Punkte. Für die Annahme eines offensichtlichen Einflusses des Abwägungsfehlers auf das Ergebnis muss es konkrete – erkennbare, d. h. etwa dokumentierte – Anhaltspunkte geben, dass das Ergebnis der Abwägung bei anderer Gewichtung der Belange anders ausgefallen wäre. Ein Fehler im Abwägungsergebnis (Abwägungsdisproportionalität) muss allerdings gerade nicht vorliegen, das heißt, dass der Bebauungsplan aufgrund einer Abwägungsfehleinschätzung auch dann rechtswidrig sein kann, wenn das Abwägungsergebnis ohne die Fehleinschätzung ebenso ausgefallen wäre. Hier besteht ein konkreter Anhaltspunkt für eine Ergebnisbeeinflussung, weil der Rat über weitergehende Lärmschutzmaßnahmen entschieden hat und diese gerade unter Verweis auf die – fehlerhafte – Gewichtung der Belange abgelehnt hat. Es ist daher konkret wahrscheinlich, dass bei richtiger Gewichtung der Belange weitere Lärmschutzmaßnahmen vorgesehen worden wären, das Ergebnis der Abwägung also ein anderes gewesen wäre. Ob die Lärmschutzmaßnahmen tatsächlich erforderlich gewesen wären, ist eine Frage der Richtigkeit des Abwägungsergebnisses, also auf der Ebene der materiellen Rechtmäßigkeit zu thematisieren. Der Einfluss auf das Ergebnis ist schließlich offensichtlich, weil er sich aus den Ratsprotokollen und den übrigen Unterlagen zum Aufstellungsvorgang ergibt.

§ 6 Fallbeispiel

Der Mangel ist auch nicht gemäß § 215 I Nr. 1 BauGB unbeachtlich. Danach werden Mängel wie hier nach § 214 I Nr. 1 BauGB unbeachtlich, wenn sie nicht innerhalb eines Jahres seit Bekanntmachung schriftlich gegenüber der Gemeinde unter Darlegung des die Verletzung begründenden Sachverhalts geltend gemacht worden sind. Dies ist hier aber erfolgt, weil die Gewerbetreibenden schon bereits im Aufstellungsverfahren den Mangel gerügt haben. Dass nicht P selbst den Mangel gerügt hat, spielt wegen der objektiv-rechtlichen Kontrollfunktion des Normenkontrollantrags für seine Begründetheit keine Rolle. § 215 BauGB lässt die Rüge des Mangels durch eine beliebige Person genügen.

bb) Festsetzung 2: Rad- und Wanderweg

Verfahrensfehler bei der Abwägung sind in Bezug auf die Festsetzung des Rad- und Wanderwegs nicht ersichtlich. Es wurden die wesentlichen Belange gesehen und entsprechend gewichtet. Insbesondere das (private) Interesse des P an der freien Nutzung seiner Grundstücke, die durch die Realisierung des Weges eingeschränkt werden würde, hat der Rat der G zu Recht als besonders wichtig eingestuft.

e) Beschluss

Der Bebauungsplan wurde nach § 10 I BauGB als Satzung vom Rat der G beschlossen. Fehler bei der Beschlussfassung oder der Bekanntmachung des Beschlusses sind nicht ersichtlich.

2. Materielle Rechtmäßigkeit

Der Bebauungsplan ist materiell rechtmäßig, wenn er zulässige Festsetzungen trifft, hinreichend bestimmt, in seinem planerischen Anliegen erforderlich, mit überörtlichem Recht vereinbar und materiell abwägungsfehlerfrei ist. Auch hier bietet sich eine Aufgliederung nach den einzelnen Festsetzungen an.

a) Festsetzung 1: Reines Wohngebiet

Fraglich ist, ob die Festsetzung des reinen Wohngebietes diesen Anforderungen genügt.

aa) Rechtsgrundlage

Die Festsetzung eines reinen Wohngebiets betrifft die Art der baulichen Nutzung und ist nach § 9 I Nr. 1 Var. 1 BauGB zulässig.

bb) Bestimmtheit

Die hinreichende Bestimmtheit der Festsetzung ergibt sich bereits dadurch, dass die konkretisierenden Regelungen des § 3 BauNVO Inhalt der Festsetzungen werden, § 1 III 2 BauNVO.

cc) Erforderlichkeit, § 1 III 1 BauGB

Fraglich ist, ob die Festsetzung gemäß § 1 III 1 BauGB erforderlich ist. Dabei ist zu berücksichtigen, dass die Gemeinde bei der Wahl konkreter Festsetzungen weitgehend durch ihre Planungshoheit geschützt wird und das Normenkontrollgericht sich daher auf eine reine Missbrauchskontrolle beschränken muss. Daher ist eine Festsetzung bzw. eine Planung nur dann nicht erforderlich, wenn sie keinem städtebaulichen Konzept entspringt, also etwa eine reine Verhinderungsplanung darstellt oder aus rechtlichen oder tatsächlichen Gründen nicht umsetzbar ist.

224 Die Festsetzung ist vorliegend nicht Ausdruck einer Verhinderungsplanung, sondern dient der Realisierung einer positiven städtebaulichen Konzeption (Vermehrung des Wohnraumes). Ihre Umsetzung ist auch tatsächlich und rechtlich möglich. Die Festsetzung ist erforderlich.

dd) Anpassung an die überörtliche Planung, § 1 IV BauGB

225 Die Festsetzung eines (reinen) Wohngebiets stimmt mit dem Ziel des überörtlichen Regionalplans (Wohnsiedlung) überein.

ee) Interkommunale Abstimmung, § 2 IV BauGB

226 Anhaltspunkte für eine fehlende Abstimmung mit den Nachbargemeinden gibt es nicht.

ff) Abwägungsergebniskontrolle, § 1 VII BauGB

227 Fraglich ist, ob die Festsetzung eines (reinen) Wohngebiets im Ergebnis fehlerhaft ist. Zum Schutz der Planungshoheit der Gemeinde, Art. 28 II 1 GG, ist die gerichtliche Kontrolle nicht nur hinsichtlich des Abwägungsvorgangs, sondern auch in Bezug auf das Abwägungsergebnis nur eingeschränkt möglich. Die Annahme einer im Ergebnis fehlerhaften Abwägung setzt voraus, dass die Festsetzung einen oder mehrere der durch die Planung berührten Belange in unverhältnismäßiger Weise beeinträchtigt. Dies könnte hier anzunehmen sein, weil die Festsetzung keinen angemessenen Ausgleich zwischen dem Belang der Wohnraumschaffung und dem Interesse der Gewerbetreibenden an einer ungestörten Betriebsausübung treffen könnte. Grundsätzlich konfligieren Wohn- und Gewerbenutzung insbesondere hinsichtlich ihrer Lärmsensibilität. Allerdings ist zu berücksichtigen, dass der Bebauungsplan (hinreichende) Lärmschutzmaßnahmen vorsieht, wie etwa Lärmschutzwände. Auch sieht er zwingende Schallschutzvorgaben bei der Errichtung der Wohngebäude vor. Weitere als die festgesetzten Lärmschutzmaßnahmen waren laut Sachverhalt nicht erforderlich. Zwar wurde der Belang der wirtschaftlichen bzw. gesundheitlichen Interessen fehlerhaft gewichtet. Die Wohngebietsfestsetzung ist aber durch die zusätzlichen Lärmschutzvorgaben jedenfalls im Ergebnis nicht inhaltlich fehlerhaft, weil die entgegenstehenden Gewerbe- und Wohnbelange durch Schutzmaßnahmen hinreichend ausgeglichen werden.

gg) Entwicklungsgebot

228 Der Bebauungsplan ist aus dem die Darstellung „Siedlung" beinhaltenden zugehörigen Flächennutzungsplan entwickelt worden, § 8 II BauGB.

hh) Ergebnis

229 Die Festsetzung 1 ist (formell) rechtswidrig, weil sie in rechtlich beachtlicher Weise verfahrensfehlerhaft zustande gekommen ist.

§ 6 Fallbeispiel

b) Festsetzung 2: Wander- und Radweg

Zu prüfen ist nun, wie die Festsetzung 2 inhaltlich zu bewerten ist.

aa) Taugliche Rechtsgrundlage

Die Festsetzung eines (öffentlichen) Wander- und Radwegs dient der Bestimmung einer (öffentlichen) Verkehrsfläche und beruht damit auf § 9 I Nr. 11 BauGB.

bb)-ff) Bestimmtheit; Erforderlichkeit; überörtliche Planung; interkommunale Abstimmung; Entwicklungsgebot

Hinsichtlich dieser Voraussetzungen weist der Bebauungsplan keine Anhaltspunkte für Fehler auf.

gg) Abwägungsergebniskontrolle, § 1 VII BauGB

Eine Abwägungsdisproportionalität könnte hier deshalb vorliegen, weil der öffentliche Rad- und Wanderweg über die im Eigentum des P liegenden Grundstücke verläuft und diese für P daher nicht mehr zu nutzen sind. Da der Bebauungsplan Inhalts- und Schrankenbestimmungen für das Eigentumsrecht der betroffenen Bürger gemäß Art. 14 I 2 GG bereithält, muss er das Eigentumsgrundrecht besonders berücksichtigen.[3] Im Rahmen der Abwägung muss daher das private Interesse am Erhalt bestehender baulicher Nutzungsrechte mit dem öffentlichen Interesse an einer städtebaulichen Neuordnung des Plangebiets abgewogen werden.[4] Dies hat der Rat der G hier nicht ausreichend getan, weil er jedenfalls nicht hinreichend über Alternativen nachgedacht hat. Die Festsetzung ist nicht erforderlich, weil es für den Rad- und Wanderweg ein hinsichtlich des Eingriffs in die Rechte des P milderes Mittel gibt, nämlich die Trassenführung über öffentliche und ungenutzte Grundstücke.[5] Das Argument des Rates der G, das Grundstück des P sei optisch reizvoller, ist nicht so gewichtig, dass es den intensiven Eingriff in die (Bau-)Freiheit des P rechtfertigen könnte. Dabei muss vor allem berücksichtigt werden, dass die Planung der G im Falle ihrer Realisierung die anderweitige Nutzung der Grundstücke des P ausschließt.[6] Angesichts bestehender Alternativmöglichkeiten können die hinter der Planung stehenden Aspekte, auch das hohe Verkehrsaufkommen bereits bestehender Rad- und Wanderwege, die Schwere des für P zu erwartenden Eingriffs nicht ausgleichen. Es liegt damit eine Abwägungsdisproportionalität vor. Ein solcher Fehler ist nach den §§ 214, 215 BauGB stets beachtlich.

▶ **Vertiefung:** Auch wenn eine Bauleitplanung faktisch enteignende Wirkung haben kann, muss der Plangeber bei Erlass des Bauleitplans die Voraussetzungen für eine Enteignung, Art. 14 III GG, nicht prüfen. Denn die Bauleitplanung ist kein (Zwischen-)Schritt im Rahmen eines Enteignungsverfahrens, sondern legt lediglich die Inhalts- und Schrankenbestimmungen des Eigentumsrechts, Art. 14 I 2 GG, fest. Daher muss im Rahmen der bauleitplanerischen Abwägung lediglich berücksichtigt werden, welche tatsächliche Wirkung der Bauleitplan für die private Nutzung eines oder mehrerer Grundstücke haben kann, weil dies die Intensität der Betroffenheit und damit die Gewichtung des der Planung entgegenstehenden

---

[3] Ausführlich dazu BVerfG, NVwZ, 1999, 979 ff.
[4] Ausführlich dazu *Dirnberger*, in: Spannowsky/Uechtritz (Hrsg.), BeckOK-BauGB, 57. Ed. 2021, § 1 Rn. 156 ff.
[5] Vgl. BVerwG, NVwZ 2002, 1506 ff.
[6] Zur Relevanz dieses Aspekts *Battis*, in: ders./Krautzberger/Löhr (Hrsg.), BauGB, 15. Aufl. 2022, § 1 Rn. 124.

privaten Eigentumsbelangs beeinflusst. Kommt es auf Grundlage des Bauleitplans zu einem späteren Enteignungsverfahren, in dem erst die eigentlichen Enteignungsvoraussetzungen geprüft werden, steht dem Betroffenen im Übrigen möglicherweise ein Ersatzanspruch nach §§ 39 ff. BauGB zu.[7] ◄

c) Übrige Festsetzungen

234 Hinsichtlich der übrigen Festsetzungen des Bebauungsplans Nr. 12a ergeben sich keine Zweifel an ihrer materiellen Rechtmäßigkeit.

3. Gesamtunwirksamkeit

235 Fraglich ist, ob die festgestellten Rechtsverstöße, die allein die Festsetzungen 1 und 2 betreffen, die Gesamtunwirksamkeit des Bebauungsplans Nr. 12a zur Folge haben. Im Allgemeinen führt zwar jeder beachtliche Fehler eines Bebauungsplans zu dessen Gesamtunwirksamkeit. Etwas anderes gilt aber dann, wenn der Bebauungsplan auch ohne die betroffene Festsetzung zu einer sinnvollen städtebaulichen Ordnung beitragen kann und davon auszugehen ist, dass der Satzungsgeber den Bebauungsplan auch ohne die makelhaften Festsetzungen beschlossen hätte. Vorliegend ist zu beachten, dass das Hauptziel der Gemeinde die Etablierung eines Wohnviertels gewesen ist und infolgedessen die rechtswidrige Festsetzung 1 bereits die wesentliche Regelung des Bebauungsplans Nr. 12a war. Ohne diese Festsetzung ist daher weder eine städtebauliche Ordnung sinnvoll noch hätte die Gemeinde den Bebauungsplan so beschlossen. Auf die Festsetzung 2 kommt es insoweit nicht mehr an, der Bebauungsplan Nr. 12a ist in seiner Gesamtheit unwirksam.

4. Ergebnis

236 Der Bebauungsplan Nr. 12a der G ist rechtswidrig und damit unwirksam. Er leidet an einem beachtlichen Abwägungsverfahrensfehler und einem inhaltlichen Abwägungsfehler.

Wiederholungsfragen

1. Weshalb und inwiefern kann man den folgenden Satz anhand des Flächennutzungsplans gut erklären? Die Rechtsschutzform hängt davon ab, welcher Handlungsform die angegriffene Verwaltungsmaßnahme zugeordnet wird. (Kap. 2 Rn. 182 ff.)
2. Die Gemeinde G möchte einen Bebauungsplan erlassen, in dem die Öffnungszeiten der angesiedelten Supermärkte vorgeschrieben werden. Ist das zulässig? (Kap. 2 Rn. 42 ff.)
3. Ausgangsfall: Die Gemeinde G möchte einen Bebauungsplan erlassen, in dem ein Schweinemaststall für über 20.000 Schweine unmittelbar neben einem Wohngebiet vorgesehen ist. Ist es abwägungsfehlerhaft (und falls ja, welcher Abwägungsfehler liegt vor), wenn ...

---

[7] Dazu insgesamt BVerfG, NVwZ 1999, 979 (979 ff.); *Battis*, in: ders./Krautzberger/Löhr (Hrsg.), BauGB, 15. Aufl. 2022, § 1 Rn. 124.

a) G sich wegen eines vorher geschlossenen städtebaulichen Vertrages mit dem künftigen Stallbetreiber zu diesem Bebauungsplan verpflichtet sieht, (Kap. 2 Rn. 69)

b) G auf die Einwendungen der Anwohner, es seien unzumutbare Gerüche zu befürchten, antwortet, dies sei unzutreffend, obwohl ein Fachgutachten erhebliche Belästigungen der Anwohner annimmt, (Kap. 2 Rn. 70)

c) G auf die Einwendungen der Anwohner, es seien unzumutbare Gerüche zu befürchten, antwortet, dies sei zwar zutreffend, aber wenig beachtlich, (Kap. 2 Rn. 72)

d) G den Belang der Geruchsbelästigung als besonders hoch einstuft, aber letztendlich keinerlei Maßnahmen zum Schutz der Wohnbevölkerung vor unzumutbaren Gerüchen vorsieht (Kap. 2 Rn. 73, 113 ff.)?

4. F möchte in der Innenstadt von S eine Shisha-Bar eröffnen, in der vor allem Wasserpfeifen konsumiert werden. Auf den Antrag des F auf Erteilung der Baugenehmigung stellt die zuständige S diesen zunächst zurück und erlässt anschließend eine Veränderungssperre. Da sich in letzter Zeit viele Shisha-Bars in der Innenstadt angesiedelt haben, möchte S vermeiden, dass weitere solcher Bars eröffnen, um die Nutzungsvielfalt der Innenstadt zu erhalten, und will dazu einen Bebauungsplan erlassen, in dem Shisha-Bars als Nutzungsform ausgeschlossen werden.[8]

a) Wäre ein solcher Bebauungsplan erforderlich im Sinne von § 1 III 1 BauGB? (Kap. 2 Rn. 105)

b) Liegen die Voraussetzungen für den Erlass einer Veränderungssperre vor, wenn der Planbereich und der räumliche Geltungsbereich der Veränderungssperre identisch sind? (Kap. 2 Rn. 159 f.)

c) F besitzt für die Räumlichkeiten, in denen die Bar betrieben werden soll, zwar keine Baugenehmigung, aber eine gaststättenrechtliche Erlaubnis für den Betrieb eines Restaurants. Er meint nun, er genieße Bestandsschutz. Wo wird dieser Umstand rechtlich relevant und hat F Recht? (Kap. 2 Rn. 164)

d) Wie kann sich F prozessual gegen die Veränderungssperre wehren? (Kap. 2 Rn. 191)

---

8 Vgl. dazu insgesamt VG Gelsenkirchen, BeckRS 2020, 16944.

Kapitel 3: Die Zulassung von Bauvorhaben

§ 1 Zur Orientierung und Wiederholung

1 Dieses Kapitel behandelt das in Studium und Praxis wichtige Thema der **Zulassung von Bauvorhaben**. Mit dem Begriff der Zulassung ist das durch die Landesbauordnungen geregelte Verwaltungsverfahren bezeichnet, in dem die zuständige Baubehörde auf Grundlage des materiellen Bauplanungs- und Bauordnungsrechts und gegebenenfalls anderer Normen des öffentlichen Rechts über die Erteilung einer Genehmigung für ein **Bauvorhaben** entscheidet und damit eine präventive Rechtmäßigkeitskontrolle durchführt.

2 Eine Schlüsselfunktion kommt dabei dem **Begriff des Bauvorhabens** bzw. dem Begriff der baulichen Anlage zu. Mit dem Begriff des Bauvorhabens wird ein bestimmtes, auf eine bauliche Anlage bezogenes Projekt bezeichnet, oft die Errichtung, aber auch die bauliche Änderung oder Nutzungsänderung der Anlage. Sowohl die bauplanungsrechtliche als auch die bauordnungsrechtliche Zulassungsprüfung muss sich in diesem Sinne auf ein Bauvorhaben beziehen (Kap. 3 Rn. 14 ff., 43 ff.).

3 Dabei sind **Bauvorhaben grundsätzlich genehmigungsbedürftig**. Neben der Errichtung der baulichen Anlage sind dies regelmäßig auch die Änderung, die Nutzungsänderung und der Abriss der Anlage. Die Landesbauordnungen kennen dabei verschiedene Genehmigungstypen, die mit unterschiedlicher Reichweite zulassungsrelevante Aspekte regeln: die Baugenehmigung, die Teilbaugenehmigung und den Bauvorbescheid. Das Genehmigungsverfahren läuft nach den jeweiligen Landesverwaltungsverfahrensgesetzen ab, die durch punktuelle Regelungen der Landesbauordnungen ergänzt werden (Kap. 3 Rn. 31 ff.).

4 Die Genehmigung eines Bauvorhabens setzt voraus, dass es genehmigungsfähig ist, was immer dann der Fall ist, wenn es öffentlich-rechtlichen Vorschriften nicht widerspricht. Damit kommt grundsätzlich eine Fülle öffentlich-rechtlicher Normen in Betracht, im Studium geht es aber überwiegend um die **Vereinbarkeit des Vorhabens mit Bauplanungs- und Bauordnungsrecht**.

5 Kennzeichnend für die bauplanungsrechtliche Zulassungsprüfung ist die Zuordnung des Bauvorhabens zu einem bestimmten **Gebietstypus**. Es kommt daher auf die Lage des Vorhabengrundstücks an. Das Bauplanungsrecht unterscheidet grundsätzlich drei verschiedene Gebietstypen: das beplante Gebiet, für das ein Bebauungsplan im Sinne des § 30 BauGB besteht, den unbeplanten Innenbereich, § 34 BauGB, und den unbeplanten Außenbereich, § 35 BauGB. Typischerweise bildet die Prüfung eines beantragten Bauvorhabens am Maßstab dieser Gebietstypen einen Schwerpunkt baurechtlicher Fälle (Kap. 3 Rn. 91 ff.). Auch wenn ein Vorhaben im Zeitpunkt des Bauantrags grundsätzlich (planungsrechtlich) zulässig ist, kann die Gemeinde eine Genehmigung mit verschiedenen **Instrumenten der Planungssicherung** verhindern, vorrangig mit einer Veränderungssperre nach § 14 BauGB (Kap. 2 Rn. 145 ff.).

6 Die bauordnungsrechtliche Zulassungsprüfung eines Bauvorhabens hat in der Regel **Aspekte der Gefahrenabwehr** zum Gegenstand. Es geht dabei etwa um Fragen notwendiger Abstandsflächen zwischen baulichen Anlagen, die Errichtung von Stellplätzen oder die äußere Gestaltung von Bauvorhaben (Kap. 3 Rn. 309 ff.). Sonstiges öffent-

liches Recht spielt im Bereich des verwaltungsrechtlichen Pflichtfachs bei der Zulassungsprüfung in der Regel keine Rolle. In der Praxis sind aber häufig gewerbe- oder naturschutzrechtliche Fragen zu beantworten.

Baurechtliche Zulassungsverfahren sind **rechtsschutzträchtig**, von Seiten des Bauherrn, von Seiten Dritter oder von Seiten der durch eine Genehmigung betroffenen Gemeinde. Besondere Bedeutung kommt dem **Drittrechtsschutz baurechtlicher Vorschriften** zu, zum Beispiel im Rahmen einer Anfechtungsklage gegen eine Baugenehmigung. Hier entfaltet § 42 II VwGO weitreichende Wirkung, weil der Dritte geltend machen muss, durch eine erteilte Genehmigung in eigenen Rechten verletzt zu sein. Welche Normen des Bauordnungs- und Bauplanungsrechts Dritten eigene Rechte vermitteln, ist Gegenstand juristischer Auseinandersetzungen, die zu einer umfangreichen baurechtlichen Rechtsschutzdogmatik geführt haben, deren sichere Beherrschung im Studium vorausgesetzt wird (Kap. 3 Rn- 341).

§ 2 Das System der bauaufsichtlichen Zulassung

- A. Die bauaufsichtliche Zulassung und ihre gesetzlichen Grundlagen 8
- B. Der Gegenstand der bauaufsichtlichen Zulassung 10
  - I. Genehmigungspflicht von Bauvorhaben 12
    1. Der Begriff des Bauvorhabens als Torwächter der Bauzulassung 14
    2. Der bauordnungsrechtliche Anlagenbegriff 15
       - a) Der Begriff der baulichen Anlage 16
       - b) Sonstige Anlagen 21
    3. Von der baulichen Anlage zum Bauvorhaben: Errichtung, Änderung, Nutzungsänderung und Abriss 22
    4. Ausnahmen von der Genehmigungspflicht 26
       - a) Genehmigungsfreiheit 27
       - b) Genehmigungsfreistellung oder Anzeige-/Kenntnisgabeverfahren 29
  - II. Ablauf des Genehmigungsverfahrens 31
    1. Zuständigkeit der Behörde ... 32
    2. Ablauf des Verfahrens 34
       - a) Antrag 34
       - b) Anhörung 35
       - aa) Beteiligung der Angrenzer bzw. Nachbarn 36
       - bb) Allgemeine Anhörungspflicht 37
  - III. Inhaltliche Prüfung: Genehmigungsfähigkeit des Vorhabens 39
    1. Bestimmung des Prüfungsmaßstabs 40
    2. Zulassung nach Bauplanungsrecht, §§ 29 ff. BauGB 42
       - a) Der bauplanungsrechtliche Begriff des Bauvorhabens 43
         - aa) Bodenrechtliche Relevanz als Spezifikum des bauplanungsrechtlichen Vorhabenbegriffs 44
         - bb) Gemeinsamkeiten des bauplanungs- und bauordnungsrechtlichen Begriffs der baulichen Anlage 45
         - cc) Errichtung, Änderung, Nutzungsänderung als Vorhabenmodi 48
       - b) Das System der §§ 30 ff. BauGB 50
    3. Zulassung nach Bauordnungsrecht 51
    4. Sonstiges öffentliches Recht und Konkurrenzsituationen 52
       - a) Spezialgesetzliche Regelungen 54
       - b) Allgemeine Regelungen ... 55
    5. Sachbescheidungsinteresse 57
- C. Die positive Zulassungsentscheidung 59
  - I. Anspruch auf Zulassung 60
  - II. Formen der Zulassung 61
    1. Baugenehmigung 62
    2. Bauvorbescheid 70
    3. Teilbaugenehmigung 74
- Wiederholungsfragen

▶ **Lernziele**

1. Sie können die Elemente des bauaufsichtlichen Zulassungsverfahrens nennen und in den einschlägigen Rechtsgrundlagen verorten.
2. Sie können das Verhältnis der Begriffe „bauliche Anlage" und „Bauvorhaben" erläutern.
3. Sie können die Torwächterfunktion des Begriffs der baulichen Anlage bzw. des Bauvorhabens im Bauplanungs- und Bauordnungsrecht unter Bezug auf die einschlägigen Normen des Bundes- und jeweiligen Landesrechts erklären und Unterschiede des bau-

planungsrechtlichen und des bauordnungsrechtlichen Begriffs der baulichen Anlage erläutern
4. Sie können den Begriff der „bodenrechtlichen Spannungen" und seine Funktion erklären, im Bauplanungsrecht verorten und seine Handhabung in der Falllösung erklären.
5. Sie können die unterschiedlichen Formen baurechtlicher Zulassungen im Gesetz verorten und Gemeinsamkeiten und Unterschiede ihrer rechtlichen Wirkung erklären.
6. Sie können die nach der für Sie einschlägigen Landesbauordnung bestehenden unterschiedlichen Zulassungsverfahren nennen, im Gesetz verorten und ihre Gemeinsamkeiten und Unterschiede erklären.
7. Die Baugenehmigung umfasst ein Feststellungselement und Gestaltungselement: Sie können beide Begriffe erläutern und erklären, in welchem Verhältnis sie zum Konzept des Bestandsschutzes stehen.
8. Sie können unter Bezugnahme auf die einschlägige Landesbauordnung und das einschlägige Verwaltungsverfahrensgesetz erklären, ob und wie Nachbarn und Dritte vor dem Erlass der Baugenehmigung anzuhören sind. ◄

A. Die bauaufsichtliche Zulassung und ihre gesetzlichen Grundlagen

Die allermeisten Bauvorhaben müssen vorab zugelassen, also genehmigt werden. Der Begriff der bauaufsichtlichen Zulassung bezeichnet dabei das eigenständige Verwaltungsverfahren sowie die inhaltlichen Voraussetzungen für die Genehmigung eines Bauvorhabens.

Aus der Verteilung der Gesetzgebungskompetenzen für das öffentliche Baurecht (Kap. 1 Rn. 9 ff.) ergibt sich, dass für die Zulassung verschiedene Gesetze sowohl für das Verwaltungsverfahren als auch für die inhaltlichen Genehmigungsvoraussetzungen eine Rolle spielen: **Inhaltlich** regelt das **Bauplanungsrecht** die bodenrechtliche, also grundstücksbezogene Zulässigkeit eines konkreten Bauvorhabens. Einschlägig sind hier im Studium vor allem die §§ 29 ff. BauGB (Kap. 3 Rn. 42). Das **Bauordnungsrecht** formuliert hingegen in den Landesbauordnungen zunächst die materiellen Zulässigkeitsanforderungen für das Bauvorhaben aus Sicht der anlagenbezogenen Gefahrenabwehr, z. B. Abstandsflächengebote, Brandschutzanforderungen, aber etwa auch Anforderungen an die Barrierefreiheit von baulichen Anlagen. Dabei bleibt das Bauordnungsrecht aber nicht stehen: Da die **verfahrensrechtliche** Seite der Zulassung nicht unter den Begriff des Bodenrechts fällt, regeln die Landesbauordnungen zusätzlich auch das **Verwaltungsverfahren** und damit die Frage, welche Behörde in welcher Form und unter Wahrung welcher Verfahrensschritte über die Zulassung eines Bauvorhabens entscheidet.

B. Der Gegenstand der bauaufsichtlichen Zulassung

Diese Materien greifen bei der bauaufsichtlichen Zulassung ineinander. Die Landesbauordnungen legen fest, unter welchen Voraussetzungen das Zulassungsverfahren stattfindet (Kap. 3 Rn. 12 ff. und wie es abläuft (Kap. 3 Rn. 31 ff.). Zugleich legen sie fest, welche inhaltlichen Voraussetzungen für die Genehmigungserteilungen gelten und nehmen dabei sowohl die bundesrechtlichen Anforderungen wie auch die eigenen materiellen Vorgaben in Bezug (Kap. 3 Rn. 40 f.).

§ 2 Kapitel 3: Die Zulassung von Bauvorhaben

11 Grundlegend für das Verständnis sind die aufeinander bezogenen Begriffe der **baulichen oder sonstigen Anlagen** einerseits und der des **Bauvorhabens** andererseits. Während der Begriff der baulichen oder sonstigen Anlagen allgemein den Bezugspunkt für das Bauordnungsrecht bildet, bezeichnet der Begriff des Vorhabens stets eine konkrete Verwirklichungsabsicht bzw. Verwirklichungsform einer baulichen Anlage, etwa deren Errichtung oder Nutzungsänderung. Das bedeutet:

I. Genehmigungspflicht von Bauvorhaben

12 In verfahrensrechtlicher Sicht müssen die Landesbauordnungen zunächst regeln, wann ein konkretes Bauvorhaben überhaupt der Genehmigungspflicht unterliegt („ob"). Hierbei kommt dem Begriff der **Bauvorhabens** eine Schlüsselrolle zu. Nach der im Ergebnis ländereinheitlichen Gesetzeskonzeption unterliegen jedenfalls die Errichtung, Änderung sowie Nutzungsänderung (und je nach Land auch der Abbruch) von **baulichen oder sonstigen Anlage**n einem Genehmigungsvorbehalt.

13 Gegenstand der Bauzulassung ist das Bauvorhaben. Genehmigungspflichtig ist grundsätzlich ein bestimmter Umgang (Errichtung, Änderung, Nutzungsänderung) mit einer baulichen oder sonstigen Anlage, wie sich etwa an § 60 I BauO NRW zeigt: „Die Errichtung, Änderung, Nutzungsänderung und Beseitigung von Anlagen bedürfen der Baugenehmigung, soweit in den §§ 61 bis 63, 78 und 79 nichts anderes bestimmt ist".

1. Der Begriff des Bauvorhabens als Torwächter der Bauzulassung

14 Der Bauzulassung geht es also um den Umgang mit Anlagen. Allerdings gibt es im besonderen Verwaltungsrecht eine Reihe von Rechtsmaterien, die sich mit den Anforderungen an die **Zulassung von Anlagen** befassen. Vor allem das Umweltrecht kennt einen großen Bestand an Anlagenzulassungsnormen, etwa im Bundesimmissionsschutzgesetz, im Gentechnik- oder im Atomgesetz. Sie alle regeln die Zulassung **spezifischer** Anlagentypen, die sich durch besondere Risiken und Umweltauswirkungen auszeichnen und deswegen nicht durch ein allgemeines Anlagenzulassungsrecht angemessen erfasst werden können. Demgegenüber befasst sich das öffentliche Baurecht mit der Zulassung von Anlagen im Allgemeinen. Es geht also um die gesetzliche Steuerung von Eigenschaften und Auswirkungen, die baulichen Anlagen ungeachtet ihrer konkreten Zweckbestimmung zukommen. Dem Vorhabenbegriff kommt damit eine Art **Torwächterfunktion** zu. Erst wenn das in Rede stehende Vorhaben die in den Landesbauordnungen definierten Kriterien erfüllt und nicht von Sondermaterien etwa des Umweltrechts erfasst ist (beachte etwa § 13 BImSchG), handelt es sich um einen tauglichen Gegenstand der Bauzulassung. Daher ist bei der Konkretisierung und Anwendung der einschlägigen baurechtlichen Normen stets die dahinterstehende Frage im Blick zu halten: Handelt es sich um ein Vorhaben, das baurechtlich relevant ist und deswegen dem Baugenehmigungsverfahren unterliegen soll? Ausgangspunkt ist dabei stets der Begriff der baulichen Anlage.

2. Der bauordnungsrechtliche Anlagenbegriff

15 Die Landesbauordnungen unterscheiden zwischen baulichen und sonstigen Anlagen, wobei in Praxis wie Prüfung die bauliche Anlage den absoluten Schwerpunkt bildet.

§ 2 Das System der bauaufsichtlichen Zulassung

a) Der Begriff der baulichen Anlage

Der Begriff der baulichen Anlage ist in § 2 aller Landesbauordnungen legaldefiniert.[1] Danach ist eine bauliche Anlage jede aus **Bauprodukten** hergestellte Anlage, wobei das Tatbestandsmerkmal der Bauprodukte in der Regel selbst noch legaldefiniert ist.[2] Die Anlage muss außerdem **mit dem Erdboden verbunden** sein. Der Gesetzgeber sieht in der Verbundenheit einer Anlage mit dem Erdboden in der Regel die besondere baurechtliche Relevanz begründet, weil davon auszugehen ist, dass die Anlage dauerhaft an dem gegebenen Ort verbleibt und mithin Auswirkungen und Gefahren begründen kann, die rechtlich gesteuert werden sollen.

Ein Verbundensein einer Anlage mit dem Erdboden liegt vor allem vor, wenn ein Gebäude mit einem Kellergeschoss errichtet wird.[3] Weist eine Anlage keine unmittelbare Verbindung zum Erdboden, aber zu einer anderen Anlage auf, die wiederum unmittelbar mit dem Erdboden verbunden ist, ist eine entsprechende mittelbare Verbindung auch für die betroffene Anlage anzunehmen.

▶ **Beispiel:** So wird dies etwa bei Tafeln oder Antennen (als eigenständige Anlage) angenommen, die an Häusern befestigt sind, weil sie über die Häuser eine (mittelbare) Verbindung zum Erdboden aufweisen.[4] ◀

Dass es bei der Prüfung des Merkmals der Verbundenheit mit dem Erdboden um eine Wertung geht, hinter der die Torwächterfunktion des Begriffs des Bauvorhabens steht, zeigt sich besonders daran, dass die Landesbauordnungen das Merkmal für bestimmte Fälle **kraft Gesetzes** durch andere Tatbestandsmerkmale ersetzen: So reicht aus, dass die Anlage auch ohne unmittelbare Verbundenheit durch eigene Schwere auf dem Erdboden aufruht, auf ortsfesten Bahnen beweglich ist oder nach ihrem Verwendungszweck dazu bestimmt ist, überwiegend ortsfest benutzt zu werden.[5] In diesen Fällen geht der Gesetzgeber wegen vergleichbarer Dauerhaftigkeit der Anlage am Standort von einem baurechtlichen Regelungsbedürfnis aus. In der Praxis kommt es häufig auf das Merkmal des Ruhens der Anlage auf dem Boden aufgrund eigener Schwere an. Davon ist dann auszugehen, wenn die Anlage nicht ohne technische Hilfsmittel bewegt werden kann.[6]

Für die Annahme einer der weiteren gesetzlichen Alternativen kommt es jeweils auf die Umstände des Einzelfalls an. Daher können etwa auch Wohnwagen als bauliche Anlagen bewertet werden, wenn sie als Wochenendhausersatz fungieren und deswegen für eine gewisse Dauer an derselben Stelle stehen.[7] Auch ein Werbeanhänger ist als bauliche Anlage zu qualifizieren, der längerfristig an derselben Stelle platziert wird.[8]

---

1 § 2 I 1 LBO BW; Art. 2 I 1 BayBO; § 2 I 2 Hs. 1 BauO Bln; § 2 I 1 Hs. 1 BbgBO; § 2 I 1 Hs. 1 BremLBO; § 2 I 1 Hs. 1 HBauO; § 2 II 1 HBO; § 2 I 1 Hs. 1 LBauO M-V; § 2 I 1 NBauO; § 2 I 1 BauO NRW; § 2 I 1 LBauO RP; § 2 I 1 LBO Saar; § 2 I 2 BauO LSA; § 2 I 1 SächsBO; § 2 I 1 Hs. 1 LBO SH; § 2 I 1 ThürBO.
2 § 2 X LBO BW; § 2 XI BayBO; § 2 X BauO Bln; § 2 X BbgBO; § 2 XV BremLBO; § 2 X HBauO; § 2 XIII HBO; § 2 X LBauO M-V; § 2 XIV NBauO; § 2 XI BauO NRW; § 2 X LBauO RP; § 2 XIII LBO Saar; § 2 X SächsBO; § 2 X BauO LSA; § 2 XI LBO SH; § 2 X ThürBO.
3 *Johlen*, in: Gädtke/ders. u. a. (Hrsg.), BauO NRW, 14. Aufl. 2023, § 2 Rn. 37.
4 *Johlen*, in: Gädtke/ders. u. a. (Hrsg.), BauO NRW, 14. Aufl. 2023, § 2 Rn. 37, weitere Beispiele bei Rn. 44.
5 § 2 I 2 LBO BW; Art. 2 I 3 BayBO; § 2 I 2 Hs. 2 BauO Bln; § 2 I 1 Hs. 2 BbgBO; § 2 I 1 Hs. 2 BremLBO; § 2 I 1 Hs. 2 HBauO; § 2 II 2 HBO; § 2 I 1 Hs. 2 LBauO M-V; § 2 I 2 Nr. 13 NBauO; § 2 I 2 BauO NRW; § 2 I 2 LBauO RP; § 2 I 2 LBO Saar; § 2 I 2 SächsBO; § 2 I 3 BauO LSA; § 2 I 1 Hs. 2 LBO SH; § 2 I 2 ThürBO.
6 *Johlen*, in: Gädtke/ders. u. a. (Hrsg.), BauO NRW, 14. Aufl. 2023, § 2 Rn. 52 f.
7 BVerwG, DÖV 1971, 638 f.
8 OVG NRW, Beschl. v. 17.2.1998 – 11 A 5274/96 –, juris.

20 Darüber hinaus werden manche Vorhabenarten **kraft gesetzlicher Bestimmung zu baulichen Anlagen** erklärt,[9] weil sie nach Auffassung des Gesetzgebers abstrakt geeignet sind, Gefahren zu verursachen. Für sie gelten dieselben Anforderungen wie für alle sonstigen baulichen Anlagen.
▶ **Beispiel:** Gerüste (im Einzelfall fehlt es häufig an der Verbindung zum Erdboden bzw. am Ruhen durch eigene Schwere; auch Ortsfestigkeit kann häufig nicht bejaht werden, etwa wenn das Gerüst nur ein Tag aufgestellt wird); Campingplätze an sich (ohne Wohnwagen etc.; hier fehlt es häufig an der Baulichkeit oder an der Verbindung zum Erdboden). ◀

b) Sonstige Anlagen

21 Der Anwendungsbereich sowie die Genehmigungstatbestände der Landesbauordnungen betreffen nicht allein bauliche Anlagen, sondern auch sonstige Anlagen im Sinne des § 1 I 2 der Landesbauordnungen. Ein Beispiel dafür sind Werbeanlagen, die durch die Bauordnungen materiellen Anforderungen unterworfen werden.[10] Werbeanlagen sind aber gerade nicht immer bauliche Anlagen. Handelt es sich im konkreten Fall um eine sonstige Anlage, ist eine separate Prüfung des Merkmals der baulichen Anlage entbehrlich und kann durch den Verweis auf die jeweilige spezielle Regelung ersetzt werden.

3. Von der baulichen Anlage zum Bauvorhaben: Errichtung, Änderung, Nutzungsänderung und Abriss

22 Aus dem allgemeinen Begriff der baulichen Anlage wird ein konkretes Bauvorhaben, wenn sie das Objekt einer bestimmten Handlung werden soll.

23 Eine **Errichtung** liegt bei der erstmaligen baulichen Herstellung einer Anlage vor.[11] Eine **Änderung** der Anlage liegt vor, wenn die bauliche Substanz angetastet wird.[12] Reine Instandhaltungsmaßnahmen oder Renovierungs- und Sanierungsarbeiten fallen mangels bauordnungsrechtlicher Relevanz nicht darunter.[13] Einige Landesbauordnungen lassen auch den **Abriss**, also die vollständige Beseitigung einer Anlage, dem Genehmigungsregime unterfallen.[14] Wird nur ein Teil einer Anlage beseitigt, handelt es sich um eine Änderung.[15]

24 Daneben ist stets auch die **Nutzungsänderung** einer baulichen Anlage genehmigungspflichtig, zum Beispiel die Änderung von einer Wohn- in eine Gewerbenutzung. Der Grund für die grundsätzliche Genehmigungspflicht von Nutzungsänderungen liegt

---

9   § 2 I 3 LBO BW; Art. 2 I 3 BayBO; § 2 I 3 BauO Bln; § 2 I 2 BbgBO; § 2 I 2 BremLBO; § 2 I 2 HBauO; § 2 II 3 HBO; § 2 I 2 LBauO M-V; § 2 I 2 NBauO; § 2 I 3 BauO NRW; § 2 I 3 LBauO RP; § 2 I 3 LBO Saar; § 2 I 3 SächsBO; § 2 I 4 BauO LSA; § 2 I 2 LBO SH; § 2 I 3 ThürBO.
10 §§ 2 IX, 11 III Nr. 1 LBO BW; § 10 BauO Bln; § 10 BbgBO; § 10 BremLBO; § 13 HBauO; § 10 HBO; § 10 LBauO M-V; § 50 NBauO; § 10 BauO NRW; § 52 LBauO RP; § 12 LBO Saar; § 10 SächsBO; § 10 BauO LSA; § 10 SächsBO; § 10 LBO SH; § 10 ThürBO. In Bayern, Bremen, Mecklenburg-Vorpommern und Niedersachsen stellen Werbeanlagen nach Art. 2 I 2 BayBO, § 2 I 2 Nr. 9 BremLBO, § 2 I 2 Nr. 10 LBauO M-V und § 2 I 2 Nr. 10 NBauO bauliche Anlagen dar.
11 *Otto*, Öffentliches Baurecht II, 8. Aufl. 2023, § 7 Rn. 18.
12 *Otto*, Öffentliches Baurecht II, 8. Aufl. 2023, § 7 Rn. 19.
13 Dazu (deklaratorisch) Art. 57 VI BayBauO. Zur Abgrenzung von Instandhaltung und Änderung *Robl*, in: Spannowsky/Manssen (Hrsg.), BeckOK-BauordnungsR Bayern, 12. Ed. September 2019, Art. 55 Rn. 8.
14 § 49 iVm § 2 XIII LBO BW; § 59 I 1 BremLBO; § 59 I 1 HBauO; § 62 I 1 HBO; § 59 I iVm § 2 XIII NBauO; § 61 LBauO RP; § 52 SLBO Saar; § 52 SächsBO. In Berlin gilt die Genehmigungspflicht für den Abbruch nur bei Gebäuden mit Wohnraum, § 59 I BauO Bln.
15 *Kaiser*, in: Ehlers/Fehling/Pünder, Besonderes Verwaltungsrecht, Bd. 2, 4. Aufl. 2020, § 41 Rn. 32.

darin, dass mit dem Wechsel des Nutzungszwecks häufig eine **andere** baurechtliche **Bewertung** des Vorhabens verbunden sein kann, die eine (erneute) präventive Überprüfung notwendig erscheinen lässt. Es ist daher gleichgültig, ob eine Nutzung erstmalig aufgenommen wird oder durch einen Wechsel von einer andersartigen Nutzung entsteht, vorausgesetzt, dass sich alte und neue Nutzung qualitativ unterscheiden. Die neue Nutzung muss daher **möglicherweise anderen oder weitergehenden** rechtlichen Anforderungen unterliegen. Nur wenn diese Möglichkeit von vornherein ausgeschlossen ist, fehlt es an einer bauordnungsrechtlich relevanten Nutzungsänderung. Das wird zum einen angenommen bei **Intensitätsänderungen** der Nutzung: Die Nutzungsart an sich wird nicht geändert, sondern nur die Nutzungsdauer oder der Nutzungsumfang, ohne dass anderweitige oder weitergehende Anforderungen einzuhalten sind.[16] Zum anderen ist auch ein Wechsel zwischen **Varianten desselben Nutzungszwecks** gegebenenfalls nicht als Nutzungsänderung zu qualifizieren. Auch hier ist entscheidend, dass die neue Variante keinen anderen oder weitergehenden (bau-)rechtlichen Anforderungen unterliegt.

Stets ist bei der Prüfung etwaiger Nutzungsänderungen entscheidend, für welchen Nutzungszweck die betroffene Anlage bislang genehmigt worden ist, um anhand dessen alte und neue Nutzung vergleichend zu beurteilen.

▶ **Beispiel:** (1) Eine Autowaschanlage ändert ihre Betriebszeiten und ist nunmehr auch sonntags geöffnet. Hier wird zwar nur die Nutzungsintensität geändert (Dauer). Eine Nutzungsänderung liegt aber deshalb vor, weil die Waschanlage in Bezug auf das Sonn- und Feiertagsrecht einer anderweitigen Beurteilung bedarf und die Baubehörden dies zu prüfen haben.[17] (2) Eine Nutzungsänderung liegt vor, wenn der Nutzungscharakter bzw. -zweck deutlich verändert wird, etwa wenn die Räume einer Arztpraxis als Restaurant genutzt werden. Denn insoweit ergeben sich nicht nur Änderungen hinsichtlich der Auswirkungen auf die Umgebung (z. B. Öffnungszeiten, Häufigkeit des Besucherwechsels), sondern auch die Frage der **generellen** Zulässigkeit der Nutzungsart wird gestellt. Das Gleiche gilt, wenn eine als Brauereihof genehmigte Freifläche für ein Open-Air-Kino genutzt wird, weil sich die Nutzungsart Brauerei von der eines Kinos (baurechtlich) unterscheidet.[18] Aber auch der Wechsel von einer Wohnnutzung hin zu einer Nutzung als „Boardinghaus", bei dem die Wohngäste regelmäßig wechseln, ist genehmigungspflichtig, weil sich die vorübergehende Nutzung eines Boardinghauses von einem – auf Dauer ausgerichteten – Wohnen unterscheidet.[19] (3) Eine als Gaststätte genehmigte Anlage wird als Café betrieben. Hier hat sich zwar die betriebswirtschaftliche Ausrichtung geändert, die baurechtliche Zweckbestimmung ist aber gleichgeblieben. Eine Nutzungsänderung ist daher nicht zu bejahen. (4) Eine relevante Nutzungsänderung kann aber vorliegen, wenn ein Abstellraum in ein Badezimmer umgebaut werden soll. Denn anders als ein Abstellraum dient ein Badezimmer dem Aufenthalt von Menschen, was bauordnungsrechtlich betrachtet Auswirkungen auf die erforderliche Raumhöhe haben kann.[20] ◀

---

16 BVerwG, BauR 1999, 228 ff.
17 Zum Betrieb einer Waschanlage an Sonn- und Feiertagen OVG NRW, NVwZ-RR 2017, 821 ff.
18 VG Gelsenkirchen, Beschl. v. 28.3.2017 – 5 L 721/17 –, juris.
19 NdsOVG, BauR 2021, 1587 f.
20 § 34 LBO BW; Art. 45 BayBO; § 47 BauO Bln; § 47 BbgBO; § 47 BremLBO; § 44 HBauO; § 50 HBO; § 47 LBauO M-V; § 43 NBauO; § 46 BauO NRW; § 43 LBauO RP; § 45 LBO Saar; § 47 SächsBO; § 46 BauO LSA; § 47 LBO SH; § 47 ThürBO.

4. Ausnahmen von der Genehmigungspflicht

26 Nicht alle Bauvorhaben sind nach den Landesbauordnungen genehmigungspflichtig. Für bestimmte Vorhaben sehen diese dazu die Genehmigungsfreiheit (Kap. 3 Rn. 27 f.) oder das sogenannte Genehmigungsfreistellungs- oder in anderen Ländern das Kenntnisgabe- bzw. Anzeigeverfahren vor (Kap. 3 Rn. 29 f.).

a) Genehmigungsfreiheit

27 Die Landesbauordnungen sehen einen Katalog von (in der Regel kleineren) **konkret benannten** Vorhaben vor, die genehmigungsfrei sind.[21] Der Gesetzgeber ordnet diesen Vorhaben, die an sich baurechtlich relevant sind, nicht solch gravierende Auswirkungen oder Eigenschaften zu, als dass sie dem allgemeinen Zulassungsverfahren unterworfen werden müssten. Sie verursachen also keine im vorhinein zu prüfende baurechtliche Gefahr.

▶ **Beispiel:** So sind genehmigungsfrei etwa das Errichten von Schutzhütten für Wanderer,[22] Fahnenmasten[23] oder Brunnen[24]. ◀

28 Im Falle der Genehmigungsfreiheit darf der Bürger sein Vorhaben ohne Weiteres realisieren. Die zuständige Behörde erfährt von dem Vorhaben nicht. Aber auch ein genehmigungsfreies Vorhaben muss, wie die Landesbauordnungen klarstellen, **allen materiellen baurechtlichen Vorschriften entsprechen**:[25] genehmigungsfrei bedeutet nicht voraussetzungsfrei. Daher sind trotz Genehmigungsfreiheit Maßnahmen gegen das realisierte Vorhaben denkbar, wenn es baurechtswidrig sein sollte (Kap. 4 Rn. 31 ff.).

▶ **Vertiefung:** In der Praxis kann es für den Bauherrn wünschenswert sein, auch ein genehmigungsfreies Vorhaben genehmigen zu lassen. Die Baubehörde ist insoweit auch frei darin, eine entsprechende Baugenehmigung zu erteilen. Weigert sie sich aber, besteht für den Bauherrn kein Anspruch auf Erteilung, weil die Genehmigungspflicht (ungeschriebene) Voraussetzung für die Erteilung einer Baugenehmigung ist.[26] ◀

b) Genehmigungsfreistellung oder Anzeige-/Kenntnisgabeverfahren

29 Zwischen der Genehmigungspflicht und der Genehmigungsfreiheit existiert noch ein dritter Typus von Zulassungsverfahren. In einigen Ländern besteht nämlich das **An-**

---

21 § 50 LBO BW; Art. 57 BayBO; § 61 BauO Bln; § 61 BbgBO; § 61 BremLBO; § 60 HBauO; § 63 HBO; § 61 LBauO M-V; § 60 NBauO; § 62 BauO NRW; § 62 LBauO RP; § 61 LBO Saar; § 60 LBO LSA; § 61 SächsBO; § 61 LBO SH; § 60 ThürBO.
22 § 50 I iVm Anhang Nr. 1 lit. i) LBO BW; Art. 57 I Nr. 1 lit. f) BayBO; § 61 I Nr. 1 lit. f) BauO Bln; § 61 I Nr. 1 lit. m) BbgBO; § 61 I Nr. 1 lit. f) BremLBO; § 60 iVm Anlage 2 I 1.6 HBauO; § 63 iVm Anlage I 1.10 HBO; § 61 I Nr. 1 lit. f) LBauO M-V; § 60 I iVm Anhang 1.7 NBauO; § 62 I Nr. 1 lit. f) BauO NRW; § 61 I Nr. 1 lit. g) LBauO Saar; § 61 I Nr. 1 lit. f) SächsBO; § 60 I Nr. 1 lit. h) BauO LSA; § 61 I Nr. 1 lit. f) LBO SH; § 61 I Nr. 1 lit. f) ThürBO.
23 § 50 I iVm Anhang Nr. 5 lit. a) Spiegelstrich 6 LBO BW; Art. 57 I Nr. 5 lit. b) BayBO; § 61 I Nr. 5 lit. b) BauO Bln; § 61 I Nr. 5 lit. c) BbgBO; § 61 I Nr. 5 lit. b) BremLBO; § 60 iVm Anlage 2 I 4.2 HBauO; § 63 iVm Anlage I 5.3.4 HBO; § 61 I Nr. 5 lit. b) LBauO M-V; § 60 I iVm Anhang 4.3 NBauO; § 62 I Nr. 5 lit. c) BauO NRW; § 62 I Nr. 4 lit. c) LBauO RP; § 61 I Nr. 5 lit. b) LBO Saar; § 61 I Nr. 5 lit. c) SächsBO; § 60 I Nr. 5 lit. b) BauO LSA; § 61 I Nr. 5 lit. b) LBO SH; § 60 I Nr. 5 lit. b) ThürBO.
24 § 50 I iVm Anhang Nr. 11 lit. g) LBO BW; Art. 57 I Nr. 4 lit. a) BayBO; § 61 I Nr. 4 lit. a) BauO Bln; § 61 I Nr. 4 lit. a) BbgBO; § 61 I Nr. 4 lit. a) BremLBO; § 60 iVm Anlage 2 I 3.1 HBauO; § 63 iVm Anlage I 4.3 HBO; § 61 I Nr. 4 lit. a) LBauO M-V; § 60 I iVm Anhang 3.3 NBauO; § 62 I Nr. 4 lit. a), 15 lit. d) BauO NRW; § 62 I Nr. 3 lit. b) LBauO RP (Wasserversorgungsanlagen); § 61 I Nr. 4 lit. a) LBO Saar; § 61 I Nr. 4 lit. a) SächsBO; § 60 I Nr. 4 lit. a) BauO LSA; § 61 I Nr. 4 lit. a) LBO SH; § 60 I Nr. 4 lit. a) ThürBO.
25 § 60 II BauO NRW.
26 Vgl. VG Gelsenkirchen, Urt. v. 27.4.2020 – 5 K 2338/19 –, juris, Rn. 35.

zeige- oder Kenntnisgabeverfahren,[27] in anderen Ländern ist stattdessen das **Genehmigungsfreistellungsverfahren** vorgesehen.[28] Das Anzeige- oder Kenntnisgabeerfordernis verlangt lediglich, dass ein Vorhaben der Behörde angezeigt wird, ohne dass diese selbst in eine Zulassungsprüfung eintritt. Im Freistellungsverfahren hat die Behörde dagegen eine Prüfung vorzunehmen und über die Freistellung des Vorhabens vom Genehmigungserfordernis zu entscheiden.[29] Dabei müssen für die Freistellung einige Voraussetzungen erfüllt sein: So wird etwa in Nordrhein-Westfalen für das Freistellungsverfahren verlangt, dass ein Bebauungsplan vorliegt, mit dem das Vorhaben inhaltlich übereinstimmt.[30]

▶ **Klausurhinweis:** In Prüfungen ist in der Regel das vollständige Genehmigungsverfahren einschlägig. Gegebenenfalls muss problematisiert werden, ob nicht ausnahmsweise Genehmigungsfreiheit vorliegt. In den Ländern, in denen das Freistellungsverfahren vorgesehen ist, ist eine Prüfung innerhalb dieses Verfahrens denkbar. So kann sich in Nordrhein-Westfalen die Prüfung auf die Vereinbarkeit des Vorhabens mit dem Bebauungsplan im Rahmen des Freistellungsverfahrens beschränken. ◀

Wie bei der Genehmigungsfreiheit hat die bloße Kenntnisgabe- bzw. Anzeigepflicht oder die Freistellung keinen Einfluss darauf, dass das Vorhaben den baurechtlichen Vorschriften entsprechen muss. Insoweit sind auch hier Eingriffsmaßnahmen der Behörde denkbar. 30

II. Ablauf des Genehmigungsverfahrens

Das Genehmigungsverfahren ist ein Verwaltungsverfahren, an dessen Ende eine Verwaltungsentscheidung in Form eines Verwaltungsakts steht, durch den eine Genehmigung erteilt oder versagt wird. 31

1. Zuständigkeit der Behörde

Das Verfahren muss von der zuständigen Baubehörde durchgeführt werden. Welche dies ist, ergibt sich aus den Landesbauordnungen. Diese legen fest, welche Behörde **sachlich** für die Erteilung der Baugenehmigung und die weiteren Entscheidungen im Baugenehmigungsverfahren zuständig ist.[31] Diese Behörden heißen in der Regel Bauaufsichtsbehörde oder Baubehörde. Typischerweise sind kreisangehörige Gemeinden nicht selbst für die Erteilung der Baugenehmigung zuständig, sondern die jeweiligen Kreise. Ausnahmen bestehen regelmäßig für große kreisangehörige und kreisfreie Städte, die das Verfahren in eigener Zuständigkeit führen. 32

Zu beachten ist, dass hinsichtlich der **örtlichen** Zuständigkeit die Landesbauordnungen meist schweigen. Es ist daher auf die allgemeinen Regelungen abzustellen. Häufig wird in der Literatur hierbei auf § 3 I Nr. 1 der LVwVfG verwiesen. Zumindest in 33

---

27 § 51 LBO BW; § 62 BbgBO.
28 Art. 58 BayBO; § 62 BauO Bln; § 62 BremLBO; § 64 HBO; § 62 LBauO M-V; § M-V; § 62 NBauO; § 63 BauO NRW; § 67 LBauO RP; § 63 LBO Saar; § 62 SächsBO; § 61 BauO LSA; § 62 LBO SH; § 61 ThürBO.
29 *Muckel/Ogorek*, Öffentliches Baurecht, 4. Aufl. 2020, § 9 Rn. 75 f.
30 § 63 II 1 Nr. 1, 2 BauO NRW. Ebenfalls eine von weiteren Voraussetzungen in Art. 58 I Nr. 1, 2 BayBO; § 62 II Nr. 1 lit. a) BauO Bln; § 62 II Nr. 1, 2 BremLBO; § 64 I 1 Nr. 1, 2 HBO; § 62 II Nr. 1, 2 LBauO M-V; § 62 II Nr. 1 NBauO; § 67 I 1 Nr. 1 LBauO RP; § 63 II Nr. 1 LBO Saar; § 61 II 1 Nr. 1, 2 BauO LSA; § 62 II Nr. 1, 2 SächsBO; § 62 II Nr. 1, 2 LBO SH; § 61 II Nr. 1, 2 ThürBO.
31 § 48 LBO BW; Art. 53 BayBO; § 57 BauO Bln; § 57 BbgBO; § 57 BremLBO; § 58 HBauO; § 60 HBO; § 57 LBauO M-V; § 57 NBauO; § 57 BauO NRW; § 60 LBauO RP; § 59 LBO Saar; § 57 SächsBO; § 56 BauO LSA; § 57 LBO SH; § 57 ThürBO.

den Ländern, in denen das ordnungsrechtliche Trennungsprinzip[32] herrscht, es also getrennte Gesetze für die Polizei sowie für die Ordnungsbehörden gibt, ist dies aber nicht überzeugend. Die Baubehörden sind nämlich letztlich besondere Ordnungsbehörden.[33] Daher gilt für sie, sofern die Landesbauordnung nicht selbst eine Regelung vorsieht und einen Rückgriff nicht verhindert, das (allgemeine) Ordnungsbehördengesetz.[34] Unterschiede im Ergebnis ergeben sich dadurch aber in aller Regel nicht.

2. Ablauf des Verfahrens

a) Antrag

34 Der Ablauf des Genehmigungsverfahrens weist kaum Besonderheiten auf. Die Landesbauordnungen sehen vor, dass der betroffene Bauherr einen **Antrag** mit den **erforderlichen Unterlagen** stellt.[35] Was in der Praxis sehr kompliziert sein kann, spielt in Prüfungen in aller Regel keine Rolle.

▶ **Vertiefung:** Die Länder haben zur Regelung der Anforderungen an die erforderlichen Unterlagen (sog. Bauvorlagen) in der Regel diffizile **Rechtsverordnungen** erlassen.[36] Diese sehen nicht nur vor, welche Art von Unterlagen notwendig sind (z. B. Liegenschaftsplan, Bauzeichnungen, Ansichtspläne), sondern stellen auch zum Teil sehr spezifische Anforderungen an ihre Qualität (z. B. Maßstäbe der Pläne). Es kommt in der Praxis daher auch vor, dass eine Klage auf Erteilung einer Baugenehmigung (jedenfalls auch) abgewiesen wird, weil die Pläne in den Bauvorlagen einen falschen oder gar keinen Maßstab erkennen lassen.[37] ◀

b) Anhörung

35 Vorgaben für die Beteiligung bzw. Anhörung von Beteiligten ergeben sich aus dem Fachrecht oder aus den allgemeinen Vorschriften des jeweiligen LVwVfG.

aa) Beteiligung der Angrenzer bzw. Nachbarn

36 Häufig wird übersehen, dass die Landesbauordnungen **spezielle Vorschriften** zur Beteiligung bestimmter Personen vorsehen.[38] Diese Vorschriften gehen jenen des LVwVfG als speziellere vor. So sehen die Landesbauordnungen in der Regel eine Beteiligung nur des **angrenzenden Nachbars** vor, wenn **Abweichungen** von der Landesbauordnung durch die Behörde oder sonstige baurechtliche Sonder- und Einzelfallregelungen getroffen werden sollen. Angrenzer sind diejenigen Eigentümer oder Erbbauberechtigte, deren Grundstück unmittelbar an das betroffene Grundstück anschließt (Kap. 3 Rn. 356). Nachbarn sind diejenigen Eigentümer oder Erbbauberechtigte, deren Grund-

---

32 So in NRW (OBG – PolG), Bayern (LStVG – PAG), Brandenburg (OBG – PolG), Thüringen (OBG – PAG).
33 Z. B. § 57 I 1 BbgBO; § 58 I 1 BauO NRW.
34 §§ 11, 4 I OBG Bbg; §§ 12, 4 I OBG NRW; § 4 III Thür OBG. Mangels spezieller Regelung muss in Bayern trotz des ordnungsbehördlichen Trennungsprinzips auf § 3 I BayVwVfG zurückgegriffen werden.
35 § 53 LBO BW; Art. 64 BayBauO; § 68 BauO Bln; § 68 BbgBO; § 68 BremLBO; § 70 HBauO; § 69 HBO; § 68 LBauO M-V; § 67 NBauO; § 70 BauO NRW; § 63 LBauO RP; § 69 LBO Saar; § 68 SächsBO; § 67 BauO LSA; § 68 LBO SH; § 67 ThürBO.
36 Etwa die Verordnung über bautechnische Prüfungen (BauPrüfVO) in NRW.
37 Vgl. etwa VG Köln, Urt. v. 29.11.2021 – 8 K 10349/17 –, juris, Rn. 21.
38 § 55 LBO BW; Art. 66, 66a BayBO; § 70 BauO Bln; § 70 BbgBO; § 70 BremLBO; § 71 HBauO; § 71 HBO; § 70 LBauO M-V; § 68 NBauO; § 72 BauO NRW; § 68 LBauO RP; § 71 LBO Saar; § 69 BauO LSA; § 70 SächsBO; § § 70, 70a LBO SH; § 69 ThürBO.

§ 2 Das System der bauaufsichtlichen Zulassung

stück von den Abweichungen betroffen sein können (Kap. 3 Rn. 356 ff.). Einzelheiten regeln hier die Landesbauordnungen je verschieden.[39]

▶ **Beispiel:** A plant die Errichtung eines neuen Wohnhauses. Allerdings möchte er nicht die nach der Landesbauordnung notwendigen Abstandsflächen zu den angrenzenden Grundstücken einhalten und beantragt eine Abweichung. Will die Behörde die Abweichung bewilligen, muss sie in der Regel die Angrenzer bzw. Nachbarn hierzu vorher beteiligen, insbesondere anhören. ◀

bb) Allgemeine Anhörungspflicht

Da die besondere Beteiligung der Angrenzer oder Nachbarn nach den Landesbauordnungen nur notwendig ist, wenn Abweichungen zugelassen oder andere Ausnahmeregeln getroffen werden sollen, sind **im Übrigen** die **allgemeinen Anhörungsvoraussetzungen** nach dem Verwaltungsverfahrensrecht der Länder, in der Regel § 28 LVwVfG, zu beachten.

Problematisch ist der Fall, in dem die Behörde die beantragte Baugenehmigung **ablehnen** will.[40] § 28 I LVwVfG erfordert eine vorherige Anhörung nur, wenn es sich um einen Verwaltungsakt handelt, der in die Rechte des Betroffenen eingreift. Ob der Ablehnungsbescheid ein Verwaltungsakt ist, der in Rechte eingreift, ist umstritten.[41] Die herrschende Meinung lehnt dies mit der Begründung ab, ein Eingreifen in die Rechte des Beteiligten liege nur vor, wenn die aktuelle Rechtsposition des Betroffenen nachteilig verändert werde. Bei Ablehnung eines beantragten begünstigenden Verwaltungsakts, hier der Baugenehmigung, bleibe die Rechtsposition aber unverändert, weil nur die Erweiterung der Rechtsposition abgelehnt werde.[42] Die Gegenansicht sieht in der Ablehnung eines geltend gemachten Anspruchs ein Eingreifen in die Rechte des Beteiligten.[43] In der Praxis wird eine Anhörung meist durchgeführt.

▶ **Vertiefung:** In der Praxis kommt es zudem zu der Frage, inwieweit Dritte, insbesondere Nachbarn eines betroffenen Grundstücks, vor Erlass einer Baugenehmigung anzuhören sind. Immerhin ist die Baugenehmigung des Bauherrn möglicherweise für seine Nachbarn belastend, weil durch die genehmigte bauliche Nutzung des Vorhabengrundstücks grundsätzlich die Gefahr der Einschränkung der nachbarlichen Grundstücksnutzung besteht.[44] Beantworten lässt sich die Frage durch eine Arbeit eng am Gesetz: Nach § 28 I LVwVfG müssen nur Beteiligte eines Verwaltungsverfahrens angehört werden. Wer Beteiligter ist, richtet sich nach § 13 LVwVfG. Dritte fallen hierbei grundsätzlich nur unter § 13 I Nr. 4 LVwVfG, sie sind also nur dann Beteiligte, wenn sie nach § 13 II LVwVfG hinzugezogen worden sind. Nach § 13 II 1 LVwVfG kann die Behörde jemanden hinzuziehen, wenn seine

---

39 Z. B. § 55 I 1 LBO BW; § 72 I 1 BauO NRW. Teilweise unterlassen die Landesbauordnungen eine Beschränkung auf Angrenzer und ordnen die Beteiligung der Nachbarn an, vgl. Art. 66 BayBO, § 70 I 1 BauO Bln, § 70 I 1 BremLBO, § 71 I 1 HBO, § 70 I 1 LBauO M-V, § 68 I 1 NBauO, § 71 I 1 LBO Saar, § 69 I 1 BauO LSA, § 70 I 1 SächsBO, § 70 I 1 LBO SH, § 69 I 1 ThürBO. andere Landesbauordnungen definieren die hier als Angrenzer beschriebenen Personen als Nachbarn, vgl. § 70 I 1 BbgBO, § 68 I 1 LBauO RP. In Hamburg sind Nachbarn die Berechtigten angrenzender oder betroffener Grundstücke, § 71 I HBauO.
40 Zu der Problematik der Anhörung vor Ablehnung eines begünstigenden Verwaltungsakts allgemein.
41 Ein guter Überblick findet sich bei *Decker*, in: Wolff/ders., Studienkommentar VwGO/VwVfG, 4. Aufl. 2021, § 28 VwVfG Rn. 2.
42 BVerwGE 66, 184 (186).
43 OVG NRW, NVwZ 1983, 746 (746 f.); *Kallerhoff/Mayen*, in: Stelkens/Bonk/Sachs (Hrsg.), VwVfG, 10. Aufl. 2023, § 28 Rn. 31 ff. m.w.N.
44 Vgl. VG Ansbach, Urt. v. 27.7.2016 – AN 9 K 14.1599.

Interessen durch den Ausgang des Verfahrens berührt werden können (einfache Hinzuziehung). Die Behörde hat dabei also ein Ermessen („kann"). Ein Anspruch auf Hinzuziehung besteht daher nur dann, wenn das Ermessen der Behörde auf Null reduziert ist. Eine Pflicht zur Hinzuziehung sieht das Gesetz nur bei einem Antrag des Dritten vor, wenn zugleich der (für den Dritten belastende) Verwaltungsakt rechtsgestaltende Wirkungen haben kann, § 13 II 2 LVwVfG. Dies ist bei der Baugenehmigung strittig, aber wohl zu bejahen, weil sie das Eigentumsrecht des Dritten unmittelbar abzuändern (zu beschränken) vermag.[45] Zu beachten ist aber, dass eine fehlende Hinzuziehung bzw. Anhörung gemäß § 45 I Nr. 3 LVwVfG geheilt werden kann. Dies gilt wegen § 45 II LVwVfG sogar noch im laufenden Verwaltungsprozess. ◀

▶ **Beispiel:** A beantragt eine Baugenehmigung für die Errichtung eines Wohnhauses. B, der Eigentümer des angrenzenden Nachbargrundstücks, erfährt erst bei Baubeginn davon und ist erzürnt. Nach herrschender Meinung hätte B vor Erlass der Baugenehmigung angehört werden müssen, weil B zum Verfahren hätte hinzugezogen werden müssen, er also als Beteiligter zu werten ist. Er hat zwar keinen entsprechenden Antrag gestellt, so dass eine notwendige Hinzuziehung nach § 13 II 2 LVwVfG nicht einschlägig ist. Wegen des Grundrechtsschutzes u. a. aus Art. 14 I GG des B ist aber das Ermessen der Behörde im Rahmen des § 13 II 1 LVwVfG reduziert, wenn im Übrigen die Voraussetzungen des § 13 II 2 LVwVfG vorliegen. Die Baugenehmigung muss für B also rechtsgestaltend wirken. Nach überzeugender Ansicht ist dies der Fall, weil sie durch die Erlaubnis zur Errichtung eines Wohnhauses, das möglicherweise die Position des B beeinträchtigt, unmittelbar auf das Recht, sein Eigentum frei zu nutzen, einwirkt. Allerdings kann die Anhörung gemäß § 45 I Nr. 3, II LVwVfG auch im Prozess noch geheilt werden. ◀

III. Inhaltliche Prüfung: Genehmigungsfähigkeit des Vorhabens

39 Die Landesbauordnungen regeln nicht nur, unter welchen Voraussetzungen eine Bauzulassung erforderlich ist und wie diese verfahrensmäßig abläuft, sondern auch unter welchen Voraussetzungen sie positiv, d. h. mit Erlass einer entsprechenden Genehmigung endet: Die Zulassung eines (genehmigungspflichtigen) Vorhabens setzt nach allen Landesbauordnungen voraus, dass ihm **öffentlich-rechtliche Vorschriften** nicht entgegenstehen, es also **genehmigungsfähig** ist.[46] Daraus wird ersichtlich, dass die zuständige Baubehörde bei der Prüfung der bauaufsichtlichen Zulassung **nicht nur das öffentliche Baurecht**, sondern gegebenenfalls auch **andere öffentlich-rechtliche Vorschriften** zu prüfen hat.

1. Bestimmung des Prüfungsmaßstabs

40 Die Zulassung der allermeisten Bauvorhaben unterliegt allerdings nur einem eingeschränkten Prüfungsmaßstab, weil die Zulassung meist im **vereinfachten Genehmi-**

---

45 Bejahend OVG M-V, NordÖR 2005, 424 ff.; ausführlich hierzu auch *Hauth*, LKV 1995, 387 (387 f.); teilweise wird angenommen, dass bei fehlendem Antrag des Nachbarn, aber bestehender Betroffenheit, das Ermessen der Behörde, § 13 II 1 LVwVfG bei der Entscheidung über die Zuziehung des Nachbarn auf Null reduziert ist, siehe etwa *Ramsauer*, in: Kopp/ders. (Hrsg.), VwVfG, 23. Aufl. 2022, § 13 Rn. 39.
46 § 58 I 1 LBO BW; Art. 68 I 1 BayBO; § 71 I 1 BauO Bln; § 72 I 1 BbgBO; § 72 I 1 BremLBO; § 72 I 1 HBauO; § 74 I 1 HBO; § 72 I LBauO M-V; § 70 I 1 NBauO; § 74 I BauO NRW; § 70 I 1 LBauO RP; § 73 I 1 LBO Saar; § 72 I SächsBO; § 71 I 1 BauO LSA; § 72 I 1 LBO SH; § 71 I 1 ThürBO.

gungsverfahren erfolgt, in dem der Prüfungsumfang der Behörde reduziert ist.[47] Ein vollständiges und umfassendes Genehmigungsverfahren findet in der Regel nur noch bei sehr großen Bauvorhaben statt.

▶ **Vertiefung:** Verwunderlich ist und in der Praxis auf Unverständnis stößt, dass im vereinfachten Genehmigungsverfahren der Brandschutz in vielen Landesbauordnungen nicht mehr Prüfungsgegenstand ist. In Teilen der Rechtsprechung ist aber anerkannt, dass die Behörde die Erteilung einer Baugenehmigung dann auf die Verletzung von Vorschriften, die außerhalb des Prüfprogramms liegen, stützen darf oder zur Abwendung von Gefahren für hochwertige Rechtsgüter wie Leben und Gesundheit sogar stützen muss, wenn die Verletzung offensichtlich ist, die Behörde also bei Erteilung der Baugenehmigung sehenden Auges in die Rechtswidrigkeit läuft.[48] ◀

Daher muss in der Praxis wie in der Prüfung kontrolliert werden, ob die im Einzelfall geprüften Normen zum Prüfungsumfang des vereinfachten Genehmigungsverfahrens gehören. Für Ausbildung und Prüfung hat das vereinfachte Verfahren allerdings wenig Bedeutung, da jedenfalls alle ausbildungsrelevanten Vorschriften des öffentlichen Baurechts auch im vereinfachten Genehmigungsverfahren zu prüfen sind.

2. Zulassung nach Bauplanungsrecht, §§ 29 ff. BauGB

Stets gehören die **bauplanungsrechtlichen Zulässigkeitsregelungen** in den §§ 29 ff. BauGB zum Prüfungsmaßstab.

a) Der bauplanungsrechtliche Begriff des Bauvorhabens

Allerdings gelten die §§ 29 ff. BauGB nicht für alle Anlagen, für die die bauordnungsrechtliche Genehmigungspflicht gilt. Insoweit beschreibt § 29 I BauGB selbst den Anwendungsbereich der bauplanungsrechtlichen Zulässigkeitsprüfung und geht hierbei von einem **eigenständigen Begriff des Bauvorhabens** aus, der zwar nicht legaldefiniert ist, aber durch Rechtsprechung und Literatur konkretisiert worden ist. Auch formuliert § 29 I BauGB insoweit parallel zu den Genehmigungstatbeständen der Landesbauordnungen, dass es sich um die Änderung, Errichtung oder Nutzungsänderung von baulichen Anlagen oder sonstigen, konkret bezeichneten Vorhaben wie etwa Aufschüttungen handeln muss. Die Eigenständigkeit dieses Bauvorhabenbegriffs zeigt sich aber an der Definition der **baulichen Anlage**, die sich nur **teilweise** mit dem Begriff der baulichen Anlage nach den Landesbauordnungen deckt. Insoweit dient der Bauvorhabenbegriff analog zur Frage der Genehmigungspflicht als **Torwächter** für die Erforderlichkeit bauplanungsrechtlicher Prüfung. Liegt kein bauplanungsrechtliches Vorhaben nach § 29 I BauGB vor, bedarf es keiner bauplanungsrechtlichen Zulässigkeitsprüfung, weil das Vorhaben keine Eigenschaften aufweist, die es bauplanungsrechtlich relevant sein lassen.

---

47 § 52 LBO BW; Art. 59 BayBO; § 63 BauO Bln; § 63 BbgBO; § 63 BremLBO; § 61 HBauO; § 65 HBO; § 63 LBauO M-V; § 63 NBauO; § 64 BauO NRW; § 66 LBauO RP; § 64 LBO Saar; § 62 BauO LSA; § 63 SächsBO; § 63 LBO SH; § 62 ThürBO.
48 OVG NRW, DVBl. 2009, 461 ff.; OVG Sachsen, DÖV 1998, 928 ff.; anders wohl HmbOVG, NVwZ-RR 2011, 591 ff.

aa) Bodenrechtliche Relevanz als Spezifikum des bauplanungsrechtlichen Vorhabenbegriffs

44 Ein Vorhaben im Sinne des § 29 I BauGB muss danach **bodenrechtlich relevant** sein,[49] also im bauplanungsrechtlichen Sinne regelungsbedürftig sein. Häufig wird gleichsinnig auch von der bauplanungsrechtlichen oder städtebaulichen Relevanz gesprochen. Bodenrechtliche Relevanz eines Vorhabens soll dann vorliegen, wenn es städtebauliche Belange berührt, also eine Abwägung zwischen dem Interesse am Vorhaben und den entgegenstehenden städtebaulichen Interessen notwendig wird. Das ist typischerweise dann der Fall, wenn die dem Vorhaben zugrunde liegende Anlage „geeignet ist, das Bedürfnis nach einer ihre Zulässigkeit regelnden verbindlichen Bauleitplanung hervorzurufen."[50] Hierin liegt der wesentliche Unterschied zum materiellen Bauordnungsrecht, das auf die Anlage selbst abstellt, wohingegen das Bauplanungsrecht auf die Wirkung des Vorhabens im Zusammenhang mit anderen Anlagen und Nutzungen schaut. Praktisch handhabbar wird das Kriterium durch die Bezugnahme auf **§ 1 V, VI BauGB** (Kap. 2 Rn. 12). Ein Vorhaben berührt städtebauliche Belange, hat also bodenrechtliche Relevanz, wenn einer oder mehrere der in § 1 V, VI BauGB genannten Belange durch das Vorhaben betroffen sein können,[51] was in Studienprüfungen in aller Regel der Fall sein wird. Dabei sind die im Einzelfall berührten Interessen möglichst konkret zu benennen.

▶ **Beispiel:** Bei der Errichtung einer Diskothek ist wegen der zu erwartenden Lärmemissionen etwa auf § 1 VI Nr. 7 lit. e BauGB (Emissionen) abzustellen. Soll die Diskothek in der Nähe eines Wohngebiets errichtet werden, kann auch auf § 1 VI Nr. 1 BauGB (Wohnbedürfnisse) abgestellt werden. Wichtig ist, dass nur solche Interessen aufgeführt werden, die von dem Vorhaben beeinträchtigt werden, nicht solche, die von dem Vorhaben gefördert werden. Es geht um die Identifizierung von bodenrechtlichen Spannungen. ◀

bb) Gemeinsamkeiten des bauplanungs- und bauordnungsrechtlichen Begriffs der baulichen Anlage

45 Bauplanungs- und bauordnungsrechtlicher Begriff der baulichen Anlage stimmen im Übrigen weitgehend überein. So verweist das Adjektiv „baulich" hier wie dort darauf, dass die Anlage aus Bauprodukten hergestellt ist.[52] Die Anforderungen sind dabei gering: Es genügt, wenn irgendein Material verwendet wird.

▶ **Beispiel:** So ist etwa auch ein Schotterplatz „bebaut", weil der verwendete Splitt ein Bauprodukt ist.[53] ◀

46 Weil das Bauplanungsrecht ein Vorhaben flächenbezogen bewertet (Kap. 3 Rn. 43 f.), verlangt die Rechtsprechung, dass die Anlage „in einer auf Dauer gedachten Weise künstlich mit dem Erdboden verbunden" ist.[54] Auch hier besteht also eine Gemeinsamkeit mit dem Bauordnungsrecht, das grundsätzlich auch auf die Verbundenheit mit dem Erdboden abstellt (Kap. 3 Rn. 16 f.). Rechtlich kommt es dabei auf die **beabsichtigte** Dauer an, denn die bauplanungsrechtliche Zulässigkeitsprüfung erfolgt

---

49 BVerwG, NVwZ 1994, 1010 ff.
50 BVerwGE 44, 59 (61).
51 *Krautzberger*, in: Ernst/Zinkahn/Bielenberg/ders. (Hrsg.), BauGB, 147. EL August 2022, § 29 Rn. 24.
52 Vgl. BVerwGE 91, 234 (235 f.).
53 So BVerwG, NVwZ 1994, 293 (293).
54 BVerwG, NJW 1977, 2090 (2091), Hervorhebung nicht im Original; dazu auch *Rieger*, in: Schrödter (Hrsg.), BauGB, 9. Aufl. 2019, § 29 Rn. 6.

vor der Umsetzung des Vorhabens.[55] Das Merkmal der Dauer korreliert dabei mit dem Merkmal der bodenrechtlichen Relevanz (Kap. 3 Rn. 44): Eine gewisse Dauer ist verlangt, weil nur dann überhaupt eine beachtliche bodenrechtliche Relevanz von dem geplanten Vorhaben ausgeht. Im Einzelfall kann dabei auch eine eher kurze Dauer ausreichend sein, wenn die bodenrechtlichen Auswirkungen massiv sind. Daher ist es auch hinreichend, dass eine Anlage zwar nicht über einen längeren Zeitraum, aber in regelmäßigen Abständen immer wieder errichtet wird. Denn auch dann ist eine beachtliche bodenrechtliche Relevanz zu bejahen.

▶ **Beispiel:** Hinreichende Dauerhaftigkeit wurde in folgenden Fällen bejaht: Ein Wohnwagen, der dauerhaft an derselben Stelle abgestellt ist;[56] Verkaufswagen, der ständig oder wiederkehrend auf demselben Grundstück abgestellt wird;[57] eine aufblasbare Tragluftschwimmhalle, die zwar stets nur kurz, aber ständig wiederholend errichtet wird;[58] ein jährlich für die Dauer der Adventszeit errichteter Christbaumverkaufsstand;[59] ein Festzelt, das jedes Jahr für mehrere Wochen an derselben Stelle errichtet wird.[60] ◀

Unerheblich ist, ob die Verbundenheit mit dem Erdboden unmittelbar oder mittelbar, d. h. über eine andere Anlage oder über ein Verbindungsstück, besteht.[61] Auch Anlagen, die mittelbar mit dem Erdboden verbunden sind, wie etwa eine Werbetafel an der Hauswand,[62] können planungsrechtlich relevant sein.

▶ **Beispiel:** Ein Wohnboot, wenn es an einem Steg festgebunden ist und dieser wiederum unmittelbar mit dem Erdboden verbunden ist.[63] ◀

cc) Errichtung, Änderung, Nutzungsänderung als Vorhabenmodi

Der Vorhabenbegriff des § 29 I BauGB umfasst ebenso wie der Vorhabenbegriff der Landesbauordnungen bestimmte Tätigkeiten im Zusammenhang mit baulichen Anlagen. Er erfasst jede Errichtung, Änderung und Nutzungsänderung einer baulichen Anlage. Nicht erfasst ist – anders als bei einigen Landesbauordnungen (Kap. 3 Rn. 23) – der Abbruch von baulichen Anlagen. Die Begriffe der Errichtung und der Änderung einer baulichen Anlage erschließen sich unmittelbar und entsprechen den Begriffen aus dem Bauordnungsrecht (Kap. 3 Rn. 23 f.).

Eine planungsrechtlich erhebliche **Nutzungsänderung** liegt analog zum Bauordnungsrecht vor, wenn die neue Nutzung im Vergleich zur bisherigen Nutzung möglicherweise anderen Anforderungen unterliegt. Dann ist im Sinne der Torwächterfunktion das bauplanungsrechtliche Prüfprogramm zu eröffnen. Da §§ 29 ff. BauGB allerdings nur bauplanungsrechtliche Fragestellungen verfolgt, kommt es für eine bauplanungsrechtliche Nutzungsänderung ausschließlich darauf an, ob die neue Nutzung möglicherweise anderen **bauplanungsrechtlichen Anforderungen** unterliegt.[64] Eine Nutzungsänderung nach Bauplanungsrecht setzt daher voraus, dass die neue Nutzung andere städtebauli-

---

55 BVerwGE 44, 59 (62).
56 BVerwG, DÖV 1971, 638 ff.
57 NdsOVG, DÖV 1964, 390 ff.
58 BVerwG, NJW 1977, 2090 ff.
59 VG Neustadt (Weinstr), Urt. v. 25.2.2010 – 4 K 1096/09.NW –, juris.
60 VG Gelsenkirchen, Beschl. v. 10.9.2021 – 5 L 995/21 –, juris.
61 *Rieger*, in: Schrödter (Hrsg.), BauGB, 9. Aufl. 2019, § 29 Rn. 7.
62 BVerwG, NVwZ 1995, 899 ff.
63 BVerwGE 44, 59 (62 ff.).
64 *Kment*, Öffentliches Baurecht I, 8. Aufl. 2022, § 19 Rn. 17.

che Belange im Sinne des § 1 VI BauGB berührt oder die neue Nutzung zwar dieselben Belange berührt wie die vorherige Nutzung, dies aber auf andere Weise oder in anderer Intensität geschieht.

▶ **Beispiel:** Aus einem Arthouse-Kino wird ein Tanzlokal.[65] Hier ist eine erneute bauplanungsrechtliche Überprüfung deshalb notwendig, weil das Tanzlokal anders als das Kino ein anderes Publikum anspricht und somit mit anderen Auswirkungen zu rechnen ist, insbesondere was Lautstärkeentwicklung, § 1 VI Nr. 7 lit. e BauGB, angeht; auch dadurch, dass bei Tanzlokalen häufiger als bei Kinos alkoholisierte Gäste und damit etwa auch Auseinandersetzungen zwischen den Gästen zu erwarten sind, sind neue Auswirkungen auf die Umgebung, z. B. Wohngegend, § 1 VI Nr. 1 BauGB, nicht ausgeschlossen. (2) Ein Wochenendhaus wird in einen Dauerwohnsitz umgewandelt.[66] (3) Eine Nutzungsänderung liegt auch vor, wenn an einer Tankstelle nunmehr zusätzlich Kfz-Reparaturen durchgeführt werden.[67] ◀

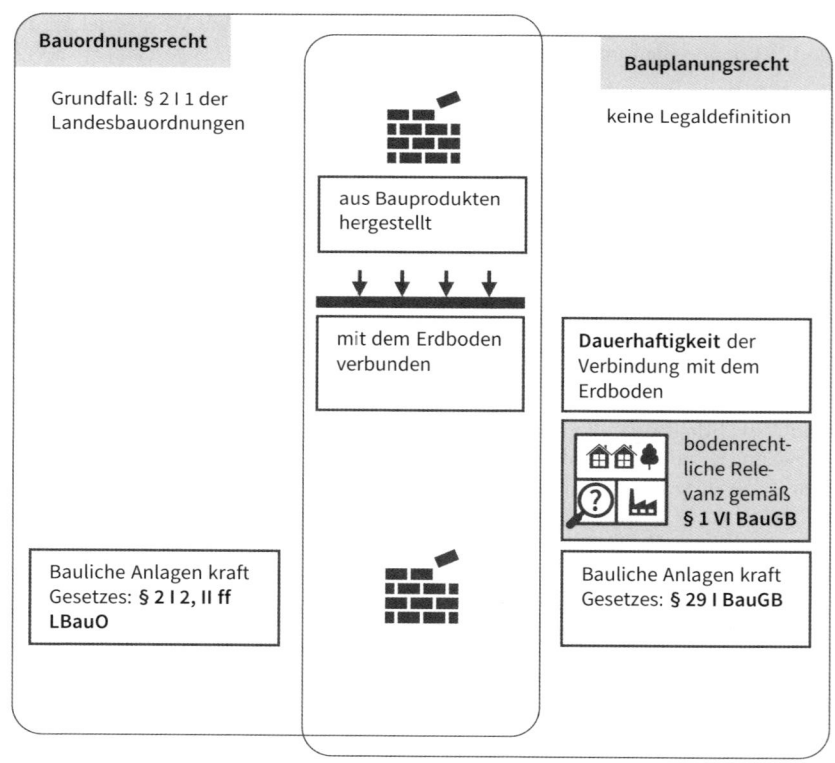

---

[65] Vgl. *Kment*, Öffentliches Baurecht I, 8. Aufl. 2022, § 19 Rn. 18.
[66] OVG NRW, BauR 2007, 1009 ff.
[67] NdsOVG, Beschl. v. 27.10.1978 – I B 78/78 –, juris.

b) Das System der §§ 30 ff. BauGB

Die §§ 30 ff. BauGB regeln die Zulässigkeit eines Bauvorhabens aus bauplanungsrechtlicher Hinsicht, stellen dabei aber nicht für jedes Vorhaben dieselben Zulassungsvoraussetzungen auf. Die Zulässigkeit eines Bauvorhabens hängt vielmehr von der spezifisch rechtlichen Qualität des Gebiets, also vom **Gebietstypus** ab, in dem das Vorhaben verwirklicht werden soll. Unterschieden werden beplante Gebiete, §§ 30, 31 BauGB, der unbeplante Innenbereich, § 34 BauGB, und der unbeplante Außenbereich, § 35 BauGB. Hinter dieser Unterscheidung liegt die Frage, wer materiell Einfluss auf die Zulassung des Vorhabens hat: In beplanten Gebieten ist es die Gemeinde, die einen Bebauungsplan erlassen hat, der die materielle Richtschnur für die Vorhabenzulassung bildet. Im unbeplanten Innen- und Außenbereich hat demgegenüber der Gesetzgeber die materielle Zulassungsentscheidung getroffen, wobei er in § 34 BauGB die tatsächlich vorhandene Bebauung als Maßstab heranzieht. Die Zuordnung des jeweiligen Vorhabengrundstücks zu einem der Gebietstypen ist entscheidend für die bauplanungsrechtliche Zulässigkeitsprüfung eines Vorhabens. Ihr ist in Studienprüfungen daher regelmäßig besondere Aufmerksamkeit zu widmen. In den nachfolgenden Kapiteln werden daher die Gebietstypen ausführlich dargestellt (Kap. 3. Rn. 99 ff.).

50

3. Zulassung nach Bauordnungsrecht

Neben der bauplanungsrechtlichen Zulässigkeit müssen in der bauaufsichtlichen Zulassung die Vorschriften des Bauordnungsrechts geprüft werden, die **inhaltliche** Anforderungen an die bauliche oder sonstige Anlage stellen. Allerdings ist hier besonderes Augenmerk auf den **Prüfungsmaßstab** im vereinfachten Genehmigungsverfahren zu legen, da die Landesbauordnungen die Prüfung nur konkret benannter bauordnungsrechtlicher Bestimmungen erfordert. Dazu gehören insbesondere die Regelungen zu den Abstandsflächen oder den Stellplätzen (Kap. 3 Rn. 311 ff.).

51

4. Sonstiges öffentliches Recht und Konkurrenzsituationen

Da die Landesbauordnungen keine ausdrücklichen Einschränkungen des Prüfumfangs vorsehen, muss die zuständige Behörde **grundsätzlich alle öffentlich-rechtlichen Vorschriften** prüfen, die Anforderungen an das Bauvorhaben stellen. Dazu können beispielsweise auch Normen des Immissionsschutz- oder Naturschutzrechts, des allgemeinen Gewerbe- oder des Gaststättenrechts zählen. Allerdings gilt es auch hier auf das vereinfachte Genehmigungsverfahren zu achten (Kap. 3 Rn. 40 f.): Hierbei sind im Wege der bauaufsichtlichen Zulassung häufig nur solche öffentlich-rechtlichen Vorschriften zu prüfen, die **nicht** anderen Genehmigungsverfahren unterliegen.[68]

52

▶ **Beispiel:** So muss in solchen Ländern im Rahmen der bauaufsichtlichen Zulassung die Vorschriften des Sonn- und Feiertagsrechts auch im vereinfachten Genehmigungsverfahren geprüft werden, da hier keine gesonderte Genehmigung gesetzlich vorgesehen ist. ◀

In dem Fall, in dem das Gesetz eine anderweitige Genehmigung vorsieht, so etwa im Immissionsschutzrecht, Gewerberecht oder Gaststättenrecht, stellt sich weiter die Frage nach dem **Konkurrenzverhältnis** von Baugenehmigung und dieser sonstiger öf-

53

---

[68] § 52 II LBO BW; Art. 59 BayBO; § 63 BauO Bln; § 63 III BbgBO; § 63 BremLBO; § 61 II HBauO; § 65 I HBO; § 63 LBauO M-V; § 63 NBauO; § 64 I BauO NRW; § 66 IV LBauO RP; § 64 II LBO Saar; § 63 SächsBO; § 62 BauO LSA; § 63 I LBO SH; § 62 I ThürBO.

fentlich-rechtlicher Genehmigung. Hierbei handelt es sich um ein **Klassikerproblem** des öffentlichen Baurechts.

a) Spezialgesetzliche Regelungen

54 Zum Teil wird in den Regelungen der Spezialgenehmigungen auch das Verhältnis zu einer gegebenenfalls erforderlichen Baugenehmigung bestimmt. Ein wichtiges Beispiel ist hier **§ 13** BImSchG. Die Vorschrift legt fest, dass in dem Falle, in dem sowohl eine Genehmigung nach dem BImSchG als auch nach anderen Gesetzen notwendig ist, die nach Immissionsschutzrecht erforderliche Genehmigung die Baugenehmigung umfasst. Ein eigenes Baugenehmigungsverfahren ist dann nicht statthaft, es findet eine Verfahrenskonzentration statt. Die in diesem Verfahren erteilte Genehmigung entfaltet **Konzentrationswirkung**. Insoweit sieht der Gesetzgeber in den immissionsschutzrechtlich genehmigungsbedürftigen Anlagen solche mit speziellen Auswirkungen und Gefahrenpotenzialen, die das allgemeine Bauzulassungsrecht überschreiten und daher genehmigungsrechtlich ausschließlich dem speziellen Genehmigungsregime unterstellt werden (Kap. 1 Rn. 26).

b) Allgemeine Regelungen

55 Existieren solche spezialgesetzlichen Vorschriften nicht, wie es häufig der Fall ist, richtet sich die Auflösung der Genehmigungskonkurrenz nach dem jeweiligen allgemeinen Bauordnungsrecht. Die Länder regeln dies allerdings uneinheitlich: In einigen Ländern[69] erfolgt eine **Verfahrenskonzentration** zugunsten der Baugenehmigung. Danach umfasst die Baugenehmigung alle materiellen Aspekte eines Vorhabens, so dass nur das Baugenehmigungsverfahren durchzuführen ist. Aus diesem Grund gilt hier auch keine Einschränkung des Prüfungsmaßstabs im vereinfachten Genehmigungsverfahren auf nur die sonstigen öffentlich-rechtlichen Vorschriften, die keine eigene Genehmigung für das Vorhaben verlangen, da die Baubehörden diese ohnehin zu prüfen haben.[70] In diesen Fällen muss die zuständige Baubehörde tatsächlich alle öffentlich-rechtlichen Vorschriften selbst prüfen.[71] In der Praxis läuft dies allerdings so ab, dass die Baubehörde um **Stellungnahme** der zuständigen Fachbehörden bittet, etwa der Gaststättenbehörde, und deren rechtliche Einschätzung übernimmt. In anderen Ländern[72] erfolgt eine **Separation**: Die zuständige Baubehörde prüft dann ausschließlich die Einhaltung der baurechtlichen Vorschriften. Alle anderen Vorschriften werden von den jeweils zuständigen Fachbehörden geprüft. Die Genehmigungen stehen also nebeneinander.

56 In **Nordrhein-Westfalen** fehlt es an einer entsprechenden eindeutigen Regelung. War die Lösung lange Zeit umstritten, hat sich mittlerweile die sog. **Schlusspunkttheorie** durchgesetzt. Die Baugenehmigung bildet demnach den Schlusspunkt des gesamten (also nicht nur baurechtlichen) Zulassungsverfahrens und darf erst erteilt werden, wenn alle anderen erforderlichen Genehmigungen vorliegen. Eine vorzeitige Erteilung der Baugenehmigung führt zu ihrer Rechtswidrigkeit.[73] Von einem solchen „Koopera-

---

[69] § 72 I 2 BbgBO; §§ 62 I, 72 II HBauO.
[70] § 63 III Nr. 2 BbgBO; § 62 I 1 Nr. 3 HBauO.
[71] *Erbguth/Schubert*, Öffentliches Baurecht, 6. Aufl. 2009, § 3 Rn. 92, § 13 Rn. 5.
[72] § 58 I 1, 2 LBO BW; Art. 68 I 1 BayBO (Beachte Art. 56 BayBO); § 71 I 1 BauO Bln; § 72 I 1 BremLBO; § 74 I HBO; § 72 I LBauO M-V; § 73 I 1 LBO Saar; § 72 I SächsBO; § 71 I 1 BauO LSA;; § 72 I 1 LBO SH; § 71 I 1 ThürBO.
[73] OVG NRW, DÖV 2004, 302 (303 f.); *Dietlein/Hellermann*, Öffentliches Recht NRW, 9. Aufl. 2022, § 4 Rn. 271.

§ 2 Das System der bauaufsichtlichen Zulassung §2

tionsmodell" ging auch der Landesgesetzgeber bei der Gesetzesnovelle 2018 aus.[74] Von daher muss die Baubehörde die Erteilung der Baugenehmigung ablehnen, wenn eine andere erforderliche Erlaubnis noch nicht erteilt worden oder noch nicht bestandskräftig ist.[75]

▶ **Vertiefung:** Lange Zeit führten der 10. Und der 7. Senat des OVG NRW über die Frage des Konkurrenzverhältnisses von Baugenehmigung und anderen Genehmigungen einen beinahe schon legendären Streit.[76] Während der 10. Senat seit jeher die Schlusspunkttheorie vertrat,[77] plädierte der 7. Senat für das Separationsmodell. Dieser Auffassung ist durch die Neuregelung des Genehmigungsrechts in der BauO NRW 2018 die Grundlage entzogen worden, weil eine dem alten § 72 I 1 Nr. 2 BauO NRW entsprechende Regelung, nach der die Baubehörde prüfen musste, ob eine Zustimmung, ein Einvernehmen, ein Benehmen oder die Erteilung einer weiteren Genehmigung oder Erlaubnis einer anderen Behörde für die Zulassung des Vorhabens notwendig war, nicht mehr existiert. Diese Vorschrift war eine wesentliche Stütze für die Argumentation des 7. Senats. ◀

5. Sachbescheidungsinteresse[78]

Vor allem das Zusammenspiel verschiedener öffentlich-rechtlicher Vorschriften, insbesondere das Erfordernis unterschiedlicher öffentlich-rechtlicher Genehmigungen für ein Vorhaben, bedingt, dass die Erteilung einer bauaufsichtlichen Zulassung, selbst wenn ihre Voraussetzungen an sich vorliegen, sinnlos ist, wenn die Realisierung des Vorhabens an anderen Hindernissen, die nicht Gegenstand des Zulassungsverfahrens sind, scheitert. Häufigster Fall ist, dass die begehrte Genehmigung zwar erteilt werden müsste, die Realisierung des zur Genehmigung gestellten Vorhabens aber erkennbar an der Erteilung einer anderweitig erforderlichen Genehmigung (z. B. gaststättenrechtliche Erlaubnis) scheitert. Entsprechendes gilt im vereinfachten Genehmigungsverfahren (Kap. 3 Rn. 40 f.), wenn die hierbei zu prüfenden Vorschriften zwar eingehalten werden, außerhalb des Prüfprogramms stehende Normen aber dem Vorhaben entgegenstehen. In diesen Fällen fehlt es an dem allgemein geforderten **Sachbescheidungsinteresse** des Antragstellers.[79] Begonnen als ungeschriebenes Tatbestandsmerkmal für die Erteilung einer bauaufsichtlichen Zulassung hat das Sachbescheidungsinteresse zwischenzeitlich seinen Weg in einige Landesbauordnungen gefunden, wenn dort etwa formuliert wird: „die Bauaufsichtsbehörde darf den Bauantrag auch ablehnen, wenn das Bauvorhaben gegen sonstige öffentlich-rechtliche Vorschriften verstößt".[80] In den übrigen Ländern bleibt es bei einer ungeschriebenen Voraussetzung für die Genehmigungserteilung.

57

Hinter der Figur des Sachbescheidungsinteresses steht der gleiche Gedanke wie hinter der Voraussetzung eines Rechtsschutzbedürfnisses in gerichtlichen Verfahren: Die Erteilung einer bauaufsichtlichen Zulassung ist dann nicht erforderlich, ein entsprechender Antrag mithin treuwidrig, wenn die begehrte Genehmigung **nutzlos** wäre.[81]

58

---

74 LT-Drs. 17/2166, S. 192.
75 Vgl. VG Köln, Beschl. v. 18.4.2019 – 2 L 557/19 –, juris.
76 Insgesamt dazu und zur Praxisrelevanz des Streits *Hüwelmeier*, in: Spannowsky/Saurenhaus (Hrsg.), BeckOK-BauordnungsR NRW, 13. Ed. Dezember 2022, § 74 Rn. 50 ff.
77 OVG NRW, ZfBR 2004, 384 ff.; BauR 2010, 600 ff.
78 Allgemein dazu *Hesselbarth*, NVwZ 2016, 1532 ff.
79 BVerwG, NJW 1981, 2426 ff.
80 Art. 68 I 1 Hs. 2 BayBO; § 74 I 1 Hs. 2 HBauO.
81 Etwa OVG NRW, Urt. v. 16.11.1989 – 7 A 503/88 – und Beschl. v. 3.9.1999 – 10 A 3691/97.

Dadurch soll freilich nicht der Prüfungsmaßstab der Behörde ins Uferlose erweitert werden. Daher fehlt das Sachbescheidungsinteresse dann, wenn es **offensichtlich** ist, dass die Realisierung des Vorhabens an anderen Vorschriften scheitern wird.

▶ **Beispiel:** A möchte mitten im Naturschutzgebiet ein Wohnhaus errichten. Hierfür bedarf es einer Baugenehmigung, aber auch einer Befreiung vom Landschaftsplan, der dem Vorhaben entgegensteht. Wird Letztere nicht erteilt, fehlt für die Baugenehmigung das Sachbescheidungsinteresse, wenn dies offensichtlich ist, etwa weil die Erteilung der Befreiung bereits bestandskräftig abgelehnt worden ist. Denn selbst wenn die Baugenehmigung erteilt würde, könnte A das Vorhaben aus naturschutzrechtlichen Gründen gar nicht realisieren.[82] (2) Das Sachbescheidungsinteresse fehlt daher auch, wenn der Bauherr nicht der Eigentümer des Grundstücks ist und Letzterer kategorisch die beantragte Nutzung ausschließt.[83] Denn zwar muss nach den bauordnungsrechtlichen Regelungen derjenige, der die Baugenehmigung beantragt, nicht zugleich Eigentümer des Grundstücks sein, weil eine Baugenehmigung unbeschadet privater Rechte Dritter ergeht. Ist es aber völlig ausgeschlossen, dass die zur Genehmigung gestellte Nutzung wegen des Willens des Eigentümers realisiert werden kann, wäre eine Baugenehmigung ebenfalls nutzlos. Daher versuchen Gemeinden eine Ansiedlung besonders großflächiger Supermärkte nicht nur im Wege der Bauleitplanung, sondern auch dadurch zu verhindern, dass sie die betroffenen Grundstücke erwerben und als Eigentümer anschließend mit beachtlicher Bestimmtheit die Ansiedlung des Supermarkts für diese Grundstücke ausschließen. ◀

C. Die positive Zulassungsentscheidung

59 Ist ein Bauvorhaben genehmigungspflichtig und auch genehmigungsfähig, stehen ihm also keine von der Behörde zu berücksichtigenden öffentlich-rechtlichen Vorschriften entgegen, wird die begehrte Genehmigung erteilt.

I. Anspruch auf Zulassung

60 Mit dem Genehmigungserfordernis wird dem Entstehen baurechtswidriger Zustände und etwaiger gebäudebezogener Gefahren vorgebeugt. Zugleich wird durch die präventive Kontrolle der Bauherr davor geschützt, das Vorhaben zur Herstellung baurechtmäßiger Zustände später anpassen oder gar beseitigen zu müssen. Es geht also um eine präventive Rechtmäßigkeitskontrolle durch die Verwaltung. Die Landesbauordnungen statuieren mit dem Genehmigungserfordernis ein sogenanntes **präventives Verbot mit Erlaubnisvorbehalt**.[84] Eine Handlung bzw. hier die Rechtmäßigkeit eines Vorhabens bedarf der positiven Rechtmäßigkeitsfeststellung in einer vorab eingeholten Genehmigung, durch die das Vorhaben förmlich legalisiert wird. Weil die Rechtsordnung schon aus Gründen des Eigentumsschutzes aus Art. 14 I 1 GG die Realisierung von Bauvorhaben grundsätzlich als wünschenswert ansieht, besteht ein **Anspruch auf Erlaubniserteilung**, wenn die gesetzlichen Voraussetzungen vorliegen. Baurechtliche Genehmigungen sind daher stets **gebundene Entscheidungen**, keine Ermessensentscheidungen.[85]

---

82 OVG NRW, DVBl. 2010, 264 ff.; vgl. auch OVG NRW, Beschl. v. 7.11.2019 – 10 A 3859/18 –, juris, Rn. 4.
83 BVerwGE 61, 128 (131); BVerwG, NJW 1973, 1518 (1518).
84 Dazu *Maurer/Waldhoff*, Allgemeines Verwaltungsrecht, 20. Aufl. 2020, § 9 Rn. 52; *Gusy*, JA 1981, 80 ff. Siehe auch *Will*, Öffentliches Baurecht, 2. Aufl. 2022, Rn. 627.
85 Vgl. *Guckelberger*, Allgemeines Verwaltungsrecht, 11. Aufl. 2023, § 12 Rn. 39.

§ 2 Das System der bauaufsichtlichen Zulassung § 2

▶ **Vertiefung:** Neben das Regelungsmodell des präventiven Verbots mit Erlaubnisvorbehalt tritt im Verwaltungsrecht außerdem noch die Erlaubnis mit Verbotsvorbehalt: Eine Handlung oder ein Verhalten ist grundsätzlich rechtlich zulässig, kann aber im Einzelfall verboten werden.[86] Die Durchführung einer Versammlung ist etwa nicht von einer Genehmigung abhängig, also erlaubnisfrei, kann aber verboten werden, vgl. etwa §§ 5, 15 VersG. Daneben besteht das seltene (repressive) Verbot mit Befreiungsvorbehalt:[87] Ebenso wie das präventive Verbot ist hier ein Verhalten bzw. eine Handlung ohne Zulassung von vornherein verboten. Im Unterschied zum Verbot mit Erlaubnisvorbehalt begründet die Erfüllung der gesetzlichen Voraussetzungen aber keinen Anspruch auf Erteilung der Erlaubnis, weil die Rechtsordnung das Verhalten für grundsätzlich unerwünscht hält und nur im Ausnahmefall zulassen will. Die Entscheidung über die Erlaubniserteilung steht daher im Ermessen der zuständigen Behörde. Das typische Beispiel sind hier Genehmigungen aus dem Atom- oder Gentechnikrecht. Aber auch das Baurecht kennt die Befreiung (sog. Dispens): Nach § 31 II BauGB kann die Behörde ein Vorhaben von bestimmten Anforderungen befreien und das Vorhaben damit zulassen, auch wenn es gegen die gesetzlichen Vorschriften verstößt und daher von der Rechtsordnung grundsätzlich missbilligt wird (Kap. 3 Rn. 131 ff.). ◀

II. Formen der Zulassung

Die Landesbauordnungen sehen verschiedene Formen der bauaufsichtlichen Zulassung vor. 61

1. Baugenehmigung

Die Baugenehmigung ist die Genehmigungsgrundform, von der alle anderen Genehmigungsformen ableitbar sind. Sie umfasst die **vollständige** Zulässigkeitsbescheinigung für ein **gesamtes** Vorhaben. Sie wird erlassen, wenn alle rechtlich relevanten Aspekte eines Vorhabens geprüft worden sind.[88] 62

Die Voraussetzungen für die Erteilung einer Baugenehmigung ergeben sich aus den vorherigen Ausführungen und sind dreierlei: Zunächst muss das Vorhaben, das zur Genehmigung ansteht, überhaupt **genehmigungspflichtig** sein (Kap. 3 Rn. 12 ff.). Ferner muss das Vorhaben rechtlich zulässig, also **genehmigungsfähig** sein (Kap. 3 Rn. 39 ff.). Schließlich muss der Antragsteller ein **Sachbescheidungsinteresse** haben (Kap. 3 Rn. 57 f.). 63

Die Baugenehmigung enthält zwei Elemente,[89] ein **Feststellungselement** und ein **Gestaltungselement**. Sie stellt fest, dass das Vorhaben in der genehmigten Form nicht gegen die im Verfahren zu prüfenden Rechtsvorschriften (Kap. 3 Rn. 39 ff.) verstößt und somit zulässig ist (Unbedenklichkeitsbescheinigung).[90] Gleichzeitig erlaubt die Baugenehmigung die Realisierung des Bauvorhabens. Die reine Unbedenklichkeitsfeststellung allein nützte dem Bauherrn nur wenig, wenn er mit der Realisierung des Vorhabens nicht beginnen dürfte.[91] Insofern ist die Baugenehmigung **rechtsgestaltend**, weil sie 64

---

[86] *Maurer/Waldhoff*, Allgemeines Verwaltungsrecht, 20. Aufl. 2020, § 9 Rn. 55.
[87] Dazu *Maurer/Waldhoff*, Allgemeines Verwaltungsrecht, 20. Aufl. 2020, § 9 Rn. 56; *Gromitsaris*, DÖV 1997, 401 ff.
[88] *Dietlein/Hellermann*, Öffentliches Recht NRW, 7. Aufl. 2019, § 4 Rn. 263; *Otto*, Öffentliches Baurecht II, 8. Aufl. 2023, § 8 Rn. 13 f.
[89] BVerwGE 48, 242 (245); *Stollmann/Beaucamp*, Öffentliches Baurecht, 13. Aufl. 2022, § 18 Rn. 29 ff.
[90] *Otto*, Öffentliches Baurecht II, 8. Aufl. 2023, § 8 Rn. 4 f.
[91] *Otto*, Öffentliches Baurecht II, 8. Aufl. 2023, § 8 Rn. 6.

dem Bürger das Recht zur Vorhabenrealisierung erteilt,[92] allerdings nur im genehmigten Umfang.

65 Eine bauliche Anlage, die auf einer wirksamen Baugenehmigung beruht, ist in ihrem **Bestand geschützt**, weil sie durch die Genehmigung legalisiert wird und zwar auch dann, wenn die Genehmigung selbst rechtswidrig (aber wirksam) ist. Die Verwaltung kann also grundsätzlich nicht gegen das bereits realisierte Vorhaben vorgehen und etwa seinen Abriss anordnen oder seine Nutzung untersagen, soweit und solange die Baugenehmigung wirksam ist, § 43 II VwVfG. Insofern genießt das Vorhaben **formellen Bestandsschutz** gegenüber repressiven Bauordnungsmaßnahmen (Kap. 4 Rn. 26). Allerdings ist zu beachten, dass dieser Bestandsschutz nur dieselbe Reichweite aufweist wie das Prüfprogramm der Baubehörde, da sich auch die Unbedenklichkeitsbescheinigung nur auf jene Vorschriften beziehen kann, die auch tatsächlich geprüft worden sind. Im vereinfachten Genehmigungsverfahren gilt daher der Bestandsschutz nur im Umfang des gesetzlich eingeschränkten Prüfungsmaßstabs. Für Verstöße des Bauvorhabens gegen außerhalb dieses Prüfprogramms stehende Vorschriften entfaltet die Baugenehmigung insoweit keinen Bestandsschutz, die Baubehörde kann hier daher trotz Baugenehmigung repressiv vorgehen (Kap. 4 Rn. 32).

▶ Beispiel: A beantragt die Baugenehmigung für die Errichtung eines Wohngebäudes, die im vereinfachten Genehmigungsverfahren auch erteilt wird. Sowohl bei Planung als auch bei Realisierung des Bauvorhabens achtet A in keiner Weise auf die Brandschutzbestimmungen. Nach einiger Zeit bemerkt dies die Baubehörde und untersagt A daher die Nutzung des Gebäudes. Hiergegen kann A sich nicht auf die Baugenehmigung berufen, da die brandschutzrechtlichen Bestimmungen nicht im vereinfachten Genehmigungsverfahren zu prüfen gewesen sind, der Bestandsschutz der Baugenehmigung sich daher hierauf auch nicht erstreckt. ◀

66 Will die Behörde gegen das bestandsgeschützte Vorhaben vorgehen, weil sie es entgegen der Genehmigung für rechtswidrig hält, muss sie die Baugenehmigung daher zuvor nach §§ 48, 49 LVwVfG aufheben. Allerdings statuieren die Aufhebungsnormen zum Teil anspruchsvolle Voraussetzungen, die nicht in allen Fällen einfach zu erfüllen sind. Insbesondere sind Vertrauensschutzbelange der Bürger zu beachten.[93]

67 In der Praxis werden Baugenehmigungen nur selten ohne Weiteres, also wie beantragt erteilt. In aller Regel enthalten sie **Nebenbestimmungen**, die den eigentlichen Regelungsgehalt des Verwaltungsakts (gegenüber dem gestellten Antrag) modifizieren oder ergänzen.[94]

▶ Beispiel: Die Behörde erteilt zwar die Baugenehmigung für die Errichtung eines Gewerbebetriebs, verlangt aber ergänzend, dass das Dach mit Solaranlagen versehen wird und ein Kfz-Stellplatz errichtet wird. Die Hauptbestimmung (Genehmigung) wird um einzelne Aspekte (Solaranlagen/Stellplatz) ergänzt. ◀

68 Wann und unter welchen Voraussetzungen Nebenbestimmungen zulässig sind, ist Gegenstand des Allgemeinen Verwaltungsrechts. Nebenbestimmungen sind insbesondere zulässig, wenn sie spezialgesetzlich vorgesehen sind. Da die Landesbauordnungen regelmäßig keine eigenständigen Regelungen zum Erlass von Nebenbestimmungen

---

[92] *Stollmann/Beaucamp*, Öffentliches Baurecht, 13. Aufl. 2022, § 18 Rn. 30.
[93] Allgemein dazu im Rahmen von §§ 48, 49 VwVfG: *Guckelberger*, Allgemeines Verwaltungsrecht, 11. Aufl. 2023, § 16.
[94] *Tiedemann*, in: Bader/Ronellenfitsch (Hrsg.), BeckOK-VwVfG, 58. Ed. Januar 2023, § 36 Rn. 1.

§ 2 Das System der bauaufsichtlichen Zulassung

vorsehen, sind diese nach Maßgabe des Verwaltungsverfahrensrechts der Länder, zumeist § 36 I LVwVfG, nur dann zulässig, „wenn sie sicherstellen soll(en), dass die gesetzlichen Voraussetzungen des Verwaltungsaktes erfüllt werden". Nebenbestimmungen können also erlassen werden, wenn durch die Nebenbestimmung ein möglicher Rechtsverstoß vermieden wird.[95]

▶ **Beispiel:** Die Genehmigung zur Errichtung eines Mehrfamilienhauses wird mit der Auflage erteilt, die nach der Landesbauordnung erforderliche (bislang aber nicht vorgesehene) Zahl an Stellplätzen vorzusehen. ◀

Die Landesbauordnungen räumen dem Bauherrn grundsätzlich nur eine bestimmte Zeit ein (häufig drei Jahre), innerhalb derer mit der Realisierung des Bauvorhabens begonnen werden muss.[96] Läuft diese Frist ab, ohne dass mit der Realisierung **begonnen** worden ist oder ist die Realisierung für einen längeren Zeitraum unterbrochen worden, **erlischt** die Baugenehmigung (und damit auch ihr Bestandsschutz) automatisch.[97]

2. Bauvorbescheid

Nicht selten ist die Genehmigungsfähigkeit eines Bauvorhabens jedenfalls in Teilen, d. h. bezüglich bestimmter materieller (Bau-)Vorschriften fraglich. In einem solchen Fall ein vollständiges Genehmigungsverfahren zu durchlaufen, ist für Bauherren und Verwaltung unökonomisch. Daher sehen die Landesbauordnungen den Erlass von sogenannten Bauvorbescheiden vor.[98] Diese klären **einzelne Zulassungsfragen** im Voraus, ohne dass zugleich das gesamte Prüfprogramm einer Vollgenehmigung durchlaufen wird. Ist das Vorhaben hinsichtlich der geprüften Rechtsfrage zulässig, muss der Antrag positiv beschieden, der Bauvorbescheid also erlassen werden.

▶ **Beispiel:** Ein Bauunternehmer will ein großes Büro- und Einzelhandelsgebäude errichten, ist sich aber unsicher, ob diese Nutzungen sowie die Höhe des geplanten Gebäudes auf dem vorgesehenen Grundstück zulässig sind. Dies kann im Wege einer Bauvoranfrage an die zuständige Baubehörde geklärt werden, indem etwa die Erteilung des Bauvorbescheids im Hinblick auf die Frage „Ist das Bauvorhaben bauplanungsrechtlich zulässig?" beantragt wird. Bauvorbescheide, die wie hier allein die planungsrechtliche Zulässigkeit eines Vorhabens zum Gegenstand haben, nennt man auch Bebauungsgenehmigung.[99] ◀

Das Vorliegen eines Bauvorbescheids befreit nicht von der Pflicht zur Beantragung einer Baugenehmigung. Allerdings darf die zuständige Behörde im Rahmen des späteren Baugenehmigungsverfahrens die Fragen, die bereits vorher in einem Bauvorbescheid beschieden worden sind, nicht erneut prüfen. Sie ist an das Ergebnis des Bauvorbescheids gebunden.[100] Allerdings ist auch diese Bindungswirkung gesetzlich

---

95 *Otto*, Öffentliches Baurecht II, 8. Aufl. 2023, § 8 Rn. 95.
96 § 73 I 1 BbgBO (grundsätzlich 6 Jahre); Art. 69 I BayBO; § 74 I 1 LBauO RP (grundsätzlich 4 Jahre); § 62 I LBO BW; § 73 I BremLBO; § 73 I HBauO; § 74 VII 1 HBO; § 73 I LBauO M-V; § 71 I NBauO; § 75 I BauO NRW; § 74 I 1 LBO Saar; § 73 I SächsBO; § 72 I BauO LSA; § 73 I Nr. 1 LBO SH; § 72 I ThürBO (grundsätzlich 3 Jahre); § 73 I 1 Nr. 1 BauO Bln (grundsätzlich 2 Jahre).
97 *Stollmann/Beaucamp*, Öffentliches Baurecht, 13. Aufl. 2022, § 18 Rn. 54.
98 § 57 LBO BW; Art. 71 BayBO; § 75 BauO Bln; § 75 BbgBO; § 75 BremLBO; § 63 HBauO; § 76 HBO; § 75 LBauO M-V; § 73 NBauO; § 77 BauO NRW; § 72 LBauO RP; § 76 LBO Saar; § 75 SächsBO; § 74 BauO LSA; § 75 LBO SH; § 74 ThürBO.
99 *Muckel/Ogorek*, Öffentliches Baurecht, 4. Aufl. 2020, § 9 Rn. 81.
100 *Muckel/Ogorek*, Öffentliches Baurecht, 4. Aufl. 2020, § 9 Rn. 83.

begrenzt, in der Regel auf drei Jahre.[101] Der Vorbescheid verliert dann durch Zeitablauf, vgl. § 43 II LVwVfG, seine Wirkung.

72 Da der Bauvorbescheid eine Unbedenklichkeitsfeststellung für bestimmte Aspekte des Bauvorhabens trifft, an die die Behörde gebunden ist, trifft er eine **Regelung** im Sinne der § 35 S. 1 LVwVfG,[102] ist also selbst Verwaltungsakt, auch wenn es ihm, anders als der Baugenehmigung, an einem verfügenden Teil fehlt, weil er gerade nicht zur Realisierung des Bauvorhabens befugt. Er ist in diesem Sinne ein Ausschnitt aus der (späteren) Baugenehmigung.[103] In Prüfungsarbeiten sollte auf diesen Punkt kurz eingegangen werden, zumeist im Rahmen der Statthaftigkeit eines auf oder gegen den Bauvorbescheid gerichteten Verpflichtungs- oder Anfechtungsrechtsbehelfs (Kap. 3 Rn. 332 ff.).

73 Der Bauvorbescheid unterliegt denselben **Voraussetzungen wie eine Baugenehmigung**. Er darf also nur erteilt werden, wenn für die zur Klärung angefragten Punkte auch eine Baugenehmigung erteilt werden müsste. Insoweit ergeht ein Bauvorbescheid nur bei genehmigungspflichtigen Vorhaben, die beschränkt auf die im konkreten Fall relevante Zulassungsfrage (bau-)rechtlich zulässig sind, und nur, sofern ein Sachbescheidungsinteresse besteht (Kap. 3 Rn. 63). Ein häufiger Fall fehlenden Sachbescheidungsinteresses beim Bauvorbescheid ist jener, in dem die im Rahmen des Antrags auf Erteilung des Bauvorbescheids gestellte Frage positiv beantwortet werden muss, die Behörde aber bereits sicher absehen kann, dass das Bauvorhaben an einem anderen Aspekt scheitert, der aber nicht Gegenstand des Bauvorbescheids ist. In diesem Fall muss die Behörde die Erteilung des Bauvorbescheids mangels Sachbescheidungsinteresses dennoch ablehnen.

▶ **Beispiel:** Der Bauherr B möchte eine Diskothek eröffnen. Da er hinsichtlich der wahrenden Abstandsflächen unsicher ist, beantragt er einen Bauvorbescheid, in dem die Frage nach der bauordnungsrechtlichen Zulässigkeit zu beantworten ist. Die Behörde prüft und stellt fest, dass die notwendigen Abstandsflächen eingehalten werden; allerdings fällt der Behörde auf, dass die Diskothek an dem geplanten Ort bauplanungsrechtlich unzulässig ist und eine Baugenehmigung nicht erteilt werden kann. Insoweit fehlt es dem B am Bescheidungsinteresse für den Bauvorbescheid. Der Antrag des B muss daher abgelehnt werden. ◀

3. Teilbaugenehmigung

74 Bauvorhaben bestehen häufig nicht nur aus einer einzigen baulichen Anlage, sondern aus mehreren abgrenzbaren selbstständigen Anlagen, zum Beispiel der Campus einer Universität oder Liegenschaften eines großen Industriebetriebs. Hier ist es sinnvoll, einzelne Teile eines Bauvorhabens unabhängig voneinander genehmigen zu lassen.

---

101 § 73 I 1 BbgBO (6 Jahre, beachte aber § 75 III BbgBO); § 72 S. 2 LBauO RP (4 Jahre mit Verlängerungsmöglichkeit); § 57 I 2 LBO BW, Art. 71 S. 2 BayBO, § 75 S. 2 BremLBO, § 76 I 2 HBO, § 75 S. 2 LBauO M-V, § 73 II 1 NBauO, § 77 I 2 BauO NRW, § 76 S. 2 LBO Saar, § 75 S. 2 SächsBO, § 74 S. 2 BauO LSA, § 75 S. 2 LBO SH, § 74 S. 2 ThürBO (3 Jahre mit Verlängerungsmöglichkeit); § 75 I 2 BauO Bln, § 73 II HBauO (2 Jahre mit Verlängerungsmöglichkeit).
102 BVerwGE 48, 242 ff.
103 *Grotenfels*, in: Hoppe/Bönker/Grotenfels (Hrsg.), Öffentliches Baurecht, 4. Aufl. 2010, § 16 Rn. 67.

Die Landesbauordnungen ermöglichen dies mit der Teilbaugenehmigung,[104] die den Planungs- und Realisierungsvorgang für das Vorhaben beschleunigt.[105]

Anders als die Baugenehmigung betrifft die Teilbaugenehmigung also nur **einzelne Teile** eines Bauvorhabens, die abtrennbar sind und daher selbstständig realisiert werden können. Der rechtliche Prüfungsumfang einer Teilbaugenehmigung entspricht dabei dem Prüfungsumfang einer Baugenehmigung in Bezug auf den konkret zur Genehmigung vorgelegten Teil.[106]

Eine Teilbaugenehmigung kann nur dann erteilt werden, wenn für den betroffenen Teil des Gesamtbauvorhabens die Voraussetzungen für die Erteilung einer Baugenehmigung vorliegen (Genehmigungspflicht, Genehmigungsfähigkeit, Sachbescheidungsinteresse). Ein wichtiger Fall des fehlenden Sachbescheidungsinteresses für eine Teilbaugenehmigung ist jener, in dem die zuständige Baubehörde von vornherein erkennt, dass zwar der zur Genehmigung gestellte Teil, nicht aber das gesamte Vorhaben genehmigungsfähig ist.[107]

Baurechtliche Genehmigungstypen

	Baugenehmigung	Bauvorbescheid	Teilbaugenehmigung
Gegenstand	vollständige Zulässigkeitsprüfung für das gesamte Vorhaben	Vorabprüfung einzelner Zulassungsfragen	vollständige Zulässigkeitsprüfung für einen Teil des Vorhabens
Rechtscharakter	Verwaltungsakt	Verwaltungsakt	Verwaltungsakt
Bestandteile	**Feststellung,** dass das Vorhaben in der genehmigten Form zulässig ist (Unbedenklichkeitsbescheinigung) **Erteilung des Rechts,** das gesamte Vorhaben zu realisieren	**Feststellung,** dass das Vorhaben in einem oder mehreren speziellen Punkten zulässig ist (Unbedenklichkeitsbescheinigung in Bezug auf die fraglichen Punkte)	**Feststellung,** dass ein Teil des Vorhabens in der genehmigten Form zulässig ist (Unbedenklichkeitsbescheinigung) **Erteilung des Rechts,** einen bestimmten Teil des Vorhabens zu realisieren
Rechtliche Wirkung	• Bauherr darf bauen • Die gebaute Anlage ist im Bestand geschützt	Baubehörde ist an den Bauvorbescheid gebunden	• Bauherr darf einen bestimmten Teil des Gesamtvorhabens bauen • Der gebaute Anlagenteil ist im Bestand geschützt

---

104 § 61 LBO BW; Art. 70 BayBO; § 74 BauO Bln; § 74 BbgBO; § 74 BremLBO; § 72 V HBauO; § 77 HBO; § 74 LBauO M-V; § 70 III NBauO; § 76 BauO NRW; § 73 LBauO RP; § 75 LBO Saar; § 73 BauO LSA; § 74 SächsBO; § 74 LBO SH; § 73 ThürBO.
105 *Erbguth/Schubert,* Öffentliches Baurecht, 6. Aufl. 2015, § 13 Rn. 44. Vgl. auch *Will,* Öffentliches Baurecht, 2. Aufl. 2022, Rn. 738.
106 *Will,* Öffentliches Baurecht, 2. Aufl. 2022, Rn. 788; *Muckel/Ogorek,* Öffentliches Baurecht, 4. Aufl. 2020, § 9 Rn. 85.
107 *Erbguth/Schubert,* Öffentliches Baurecht, 6. Aufl. 2015, § 13 Rn. 44.

Wiederholungsfragen

1. Welche Funktion hat der bauordnungsrechtliche Begriff der baulichen Anlage? Wie wird er definiert?
2. In welchem Verhältnis stehen der Begriff des Bauvorhabens und der Begriff der baulichen Anlage?
3. F möchte in einer bislang als Wohnung genutzten Räumlichkeit ein Café betreiben.
   a) Warum bedarf er hierfür einer Baugenehmigung? Was wäre, wenn bereits ein Café in den Räumlichkeiten genehmigt wäre, F aber nun die Öffnungszeiten erheblich ausweiten möchte? (Kap. 3 Rn. 24 f.)
   b) Was hat die Frage nach der Genehmigungspflicht mit dem Begriff der baulichen Anlage zu tun? (Kap. 3 Rn. 12 ff.)
   c) Die Behörde prüft die Genehmigungserteilung im vereinfachten Verfahren. Hierbei sieht sie, dass das Café des F gegen brandschutzrechtliche Vorschriften verstößt. Diese sind aber nicht Gegenstand des vereinfachten Genehmigungsverfahrens. Muss sie nun die Baugenehmigung erteilen? (Kap. 3 Rn. 57 f.)
   d) Unterstellen Sie die Baugenehmigungs- sowie die Gaststättenerlaubnispflicht des Vorhabens: Muss B nach dem für Sie maßgeblichen Landesrecht zusätzlich die Genehmigung nach dem GastG einholen? Oder prüft die zuständige Baubehörde auch das GastG bzw. prüft die für Gaststättenrecht zuständige Behörde auch die Einhaltung der baurechtlichen Vorgaben?
   e) Der Eigentümer des Grundstücks, auf dem F sein Café betreiben will, erklärt gegenüber der Baubehörde, dass er die Räumlichkeiten selbst für ein Massagestudio nutzen will und hierfür auch schon eine Baugenehmigung beantragt hat. Welche Auswirkungen hat dies auf den Anspruch des F auf Baugenehmigung?
4. Warum ist die Erteilung der Baugenehmigung eine gebundene Entscheidung? Welche verwaltungsrechtsdogmatische Konstruktion steht dahinter?
5. A erhält einen Bauvorbescheid.
   a) Handelt es sich um einen Verwaltungsakt? (Kap. 3 Rn. 72)
   b) Warum darf er sein Vorhaben noch nicht realisieren? (Kap. 3 Rn. 70 ff.)
   b) Zehn Jahre später beantragt er die Baugenehmigung. Ist die Behörde bei ihrer Prüfung an den Vorbescheid gebunden? (Kap. 3 Rn. 71)
6. Die G-GmbH möchte in einem Industriegebiet ein Krankenhaus errichten. Ihr Geschäftsführer beantragt einen Bauvorbescheid, durch den die Frage geklärt werden soll, ob bei der vorgesehenen Planung die gesetzlich erforderlichen Abstandsflächen eingehalten würden. Die Behörde bejaht dies, sieht aber, dass das Vorhaben aus planungsrechtlichen Gründen unzulässig wäre. Muss die Behörde den Bauvorbescheid dennoch erteilen?
7. Was ist der Unterschied zwischen Genehmigungspflichtigkeit und Genehmigungsfähigkeit einer baulichen Anlage?
8. Der Bauherr B möchte ein Wohnhaus errichten und erhält dafür eine Baugenehmigung. Nach Abschluss der Arbeiten erhält er von der zuständigen Behörde eine Abrissverfügung, in der auf die Rechtswidrigkeit der Baugenehmigung hingewiesen wird. Muss B sein Wohnhaus abreißen?

§ 3 Materielle Vorhabenzulassung im beplanten Gebiet, § 30 BauGB

A. Eröffnung des bauplanungsrechtlichen Prüfprogramms 78
B. Zulässigkeit von Bauvorhaben nach § 30 BauGB 79
   I. Beplanter Bereich, §§ 30 f. BauGB 80
   II. Systematik des § 30 BauGB 81
   III. Die Zulässigkeit eines Bauvorhabens im Bereich eines qualifizierten Bebauungsplans, § 30 I BauGB 84
     1. Wirksamer Bebauungsplan mit genannten Mindestfestsetzungen (Anwendungsbereich) 85
     2. Übereinstimmung des Bauvorhabens mit dem Bebauungsplan und Sicherung der Erschließung (Tatbestand) 89
      a) Übereinstimmung mit den Festsetzungen des Bebauungsplans, insb. die Prüfung der §§ 2 ff. BauNVO 90
       aa) Ausgangspunkt: alltagssprachliche Bedeutung 94
       bb) Abgrenzung der Begriffe anhand bauplanungsrechtsadäquater Kriterien 95
       cc) Typisierende Betrachtungsweise der BauNVO 99
       dd) Gebietsverträglichkeit als (ungeschriebenes) Tatbestandsmerkmal 100
       ee) Die wichtigsten Nutzungsbegriffe im Überblick 108
        (1) Wohnen 108
        (2) Gewerbe 112
        (3) Vergnügungsstätten 113
       ff) Besondere Regelungen für Nutzungstypen 114
       gg) Einzelfallbewertung: konkrete Gebietsverträglichkeit, § 15 BauNVO 116
        (1) Widerspruch zur konkreten Eigenart des betroffenen Baugebiets 117
        (2) Unzumutbare Störungen, § 15 I 2 BauNVO 120
      b) Sicherung der Erschließung 123
   IV. Die Zulässigkeit eines Bauvorhabens im Bereich eines einfachen Bebauungsplans, § 30 III BauGB 124
   V. Ausnahmen und Befreiungen, § 31 BauGB 126
     1. Anwendungsbereich 127
     2. Ausnahme, § 31 I BauGB 128
     3. Befreiung, § 31 II BauGB 131
C. Fallbeispiel 144
   I. Sachverhalt 144
   II. Lösungsvorschlag 145
     1. Genehmigungspflicht 146
     2. Genehmigungsfähigkeit 147
      a) Prüfungsmaßstab 148
      b) Bauplanungsrecht, §§ 29 ff. BauGB 149
       aa) Anwendbarkeit, § 29 I BauGB 150
       bb) Zulässigkeit nach § 30 I BauGB 151
        (1) Maßgeblichkeit des Bebauungsplans 152
        (2) Wirksamkeit des Bebauungsplans 153
        (3) Vereinbarkeit des Vorhabens mit dem Bebauungsplan 154
   III. Ergebnis 160
Wiederholungsfragen

▶ **Lernziele**

1. Sie können die verschiedenen für die Vorhabenzulassung maßgeblichen bauplanungsrechtlichen Gebietstypen unter Bezugnahme auf die einschlägigen Normen nennen sowie im Hinblick auf ihre unterschiedliche Regelungsdichte, Regelungstechnik und

ihre unterschiedlichen Regelungsziele unterscheiden. Dazu können Sie jeweils Beispiele bilden.
2. Sie können den Unterschied zwischen einfachem und qualifiziertem Bebauungsplan unter Bezugnahme auf die einschlägige Norm und anhand von Beispielen erklären.
3. Sie können die Regelungsgegenstände der Mindestfestsetzungen nach § 30 I BauGB benennen, diese unter Bezugnahme auf die einschlägigen Normen voneinander unterscheiden und ihre (Verortung in der) Prüfungssystematik erklären.
4. Sie können den Unterschied zwischen Ausnahmen und Befreiungen von den Festsetzungen eines Bebauungsplans unter Bezugnahme auf die einschlägigen Normen erläutern und den jeweiligen Prüfungsaufbau erklären. ◄

77 Die Baubehörde muss im Rahmen des Zulassungsverfahrens prüfen, ob das Vorhaben mit „öffentlich-rechtlichen Vorschriften" übereinstimmt. Nur dann darf sie das Vorhaben genehmigen. Dabei muss die Baubehörde in aller Regel die jeweils einschlägigen bauplanungsrechtlichen Vorschriften prüfen.

A. Eröffnung des bauplanungsrechtlichen Prüfprogramms

78 Das bauplanungsrechtliche Prüfprogramm für die Zulassung von Bauvorhaben ist dann eröffnet, wenn die Voraussetzungen des § 29 I BauGB vorliegen, also ein Vorhaben im bauplanungsrechtlichen Sinne vorliegt. Hier kann auf die voranstehenden Überlegungen verwiesen werden (Kap. 3 Rn. 43 ff.).

B. Zulässigkeit von Bauvorhaben nach § 30 BauGB

79 Für den Maßstab der bauplanungsrechtlichen Zulässigkeitsprüfung eines Vorhabens ist entscheidend, wie das Gebiet, in dem das Vorhabengrundstück gelegen ist, hinsichtlich seines Typus zu bewerten ist (Kap. 3 Rn. 5). Im Folgenden wird der Gebietstypus des **beplanten Bereichs**, § 30 BauGB, näher dargestellt.

I. Beplanter Bereich, §§ 30 f. BauGB

80 Flächennutzungsplan und Bebauungsplan haben eine Leitfunktion für die städtebauliche Entwicklung und Ordnung. Besondere Bedeutung kommt aufgrund seiner regelmäßig hohen Detailschärfe und der abschließenden Regelung der von ihm erfassten Fragen dem Bebauungsplan zu. §§ 30, 31 BauGB verlangen entsprechend, dass sich die bauplanungsrechtliche Zulassung von Bauvorhaben vorrangig nach dem für ein Vorhaben geltenden Bebauungsplan richtet. Darin kommt der hohe Stellenwert der gemeindlichen Planungshoheit zum Ausdruck (Kap. 3 Rn. 22): Über den Bebauungsplan kann die betroffene Gemeinde gerade die Zulässigkeit einzelner Vorhaben nach eigenen Maßstäben steuern.[1]

II. Systematik des § 30 BauGB

81 § 30 BauGB normiert drei **Arten** von Bebauungsplänen:[2] § 30 I BauGB regelt den Fall eines **qualifizierten Bebauungsplans**. Qualifiziert ist ein Bebauungsplan, wenn er – wie § 30 I BauGB verlangt – bestimmte Mindestfestsetzungen trifft, nämlich über

---
1 BVerwG, ZfBR 1990, 43 (44).
2 Überblick auch bei *Stüer*, Der Bebauungsplan, 6. Aufl. 2022, Rn. 1784 ff.

die Art der baulichen Nutzung, das Maß der baulichen Nutzung, die überbaubaren Grundstücksflächen sowie die örtlichen Verkehrsflächen.[3] Bei einem solchen qualifizierten Bebauungsplan ist eine abschließende Bestimmung der bauplanungsrechtlichen Zulässigkeit des Vorhabens allein anhand des Bebauungsplans möglich, unabhängig davon, wie viele Festsetzungen er neben den Mindestfestsetzungen enthält. Deswegen verlangt § 30 I BauGB, dass das Vorhaben den Festsetzungen des Bebauungsplans nicht widerspricht.

In den Fällen, in denen zumindest **eine** der in § 30 I BauGB genannten Mindestfestsetzungen fehlt (unabhängig davon, wie viele weitere Festsetzungen vorhanden sind), ist eine abschließende bauplanungsrechtliche Beurteilung anhand des Bebauungsplans nach den Vorstellungen des Gesetzgebers nicht möglich. Daher ordnet § 30 III BauGB in den Fällen solcher **einfachen Bebauungspläne** an, dass die gesetzlichen Vorgaben für unbeplante Gebiete, §§ 34, 35 BauGB (Kap. 3 Rn. 161 ff., 221 ff.), **neben** den Bebauungsplan treten.[4] In diesen Fällen ist für die bauplanungsrechtliche Beurteilung zunächst der Bebauungsplan heranzuziehen. Für den Bereich der fehlenden Mindestfestsetzungen (und nur für diese!) tritt dann der gesetzliche Maßstab des § 34 BauGB bzw. § 35 BauGB hinzu, die den Bebauungsplan insofern ergänzen.[5]

▶ **Beispiel:** Ein Bebauungsplan setzt die örtlichen Verkehrsflächen, die überbaubare Grundstücksfläche und das Maß der baulichen Nutzung fest. Dabei handelt es sich um einen einfachen Bebauungsplan, weil es an der Mindestfestsetzung der Art der baulichen Nutzung fehlt, § 30 I BauGB. Soll nun die bauplanungsrechtliche Zulässigkeit eines Bauvorhabens geprüft werden, ist zunächst der Bebauungsplan heranzuziehen. Allein (!) für die Frage, ob das Bauvorhaben aber hinsichtlich der Art der baulichen Nutzung zulässig ist, ist auf § 34 BauGB oder § 35 BauGB abzustellen. ◀

Schließlich kennt § 30 BauGB in Absatz 2 auch noch den sog. **vorhabenbezogenen Bebauungsplan**, für dessen Geltungsbereich das Gleiche gilt wie bei einem qualifizierten Bebauungsplan. Der vorhabenbezogene Bebauungsplan im Sinne des § 12 BauGB ist aber kaum ausbildungsrelevant.

III. Die Zulässigkeit eines Bauvorhabens im Bereich eines qualifizierten Bebauungsplans, § 30 I BauGB

Bei der Anwendung des § 30 I BauGB muss zwischen den Anwendungsvoraussetzungen und den Tatbestandsvoraussetzungen und der sich daraus ergebenden Rechtsfolge unterschieden werden.

1. Wirksamer Bebauungsplan mit genannten Mindestfestsetzungen (Anwendungsbereich)

Zunächst muss das Grundstück des Bauvorhabens im Geltungsbereich eines Bebauungsplans liegen. Dieser Bebauungsplan muss wirksam sein.[6] Anders als ein Verwaltungsakt, für den das VwVfG die Unterscheidung zwischen Rechtswidrigkeit und Wirksamkeit anordnet, ist ein Bebauungsplan eine Rechtsnorm, für die diese Unter-

---
3 *Stollmann/Beaucamp*, Öffentliches Baurecht, 13. Aufl. 2022, § 14 Rn. 4.
4 *Muckel/Ogorek*, Öffentliches Baurecht, 4. Aufl. 2020, § 7 Rn. 50 f.
5 *Söfker*, in: Ernst/Zinkahn/Bielenberg/Krautzberger (Hrsg.), BauGB, 147. EL August 2022, § 30 Rn. 34 ff.
6 *Söfker*, in: Ernst/Zinkahn/Bielenberg/Krautzberger (Hrsg.), BauGB, 147. EL August 2022, § 30 Rn. 10; *Muckel/Ogorek*, Öffentliches Baurecht, 4. Aufl. 2020, § 7 Rn. 33.

scheidung nicht gilt. Ein rechtswidriger Bebauungsplan ist deswegen nichtig. In Prüfungen kann es hier zu einer Inzidentprüfung kommen.

▶ **Vertiefung:** Die Baubehörde selbst hat zwar ein Prüfungsrecht für den Bebauungsplan, aber keine Verwerfungskompetenz. Zum Schutz der kommunalen Planungshoheit ist die Verwerfung von baurechtlichen Satzungen den Oberverwaltungsgerichten vorbehalten, § 47 I Nr. 1 VwGO. Die Behörde muss, hält sie den Bebauungsplan für rechtswidrig, also das zuständige Oberverwaltungsgericht anrufen.[7] Allerdings kann ein Verwaltungsgericht einen Bebauungsplan unangewendet lassen, wenn es der Ansicht ist, der Plan sei unwirksam. Hier muss das Gericht den Bebauungsplan nicht erst dem Oberverwaltungsgericht vorlegen.[8] ◀

86 Ein Bebauungsplan kann nicht nur mangels Rechtmäßigkeit, sondern auch aufgrund **tatsächlicher** Umstände unwirksam sein. Er verliert seine Wirksamkeit auch dann, wenn er zu dem Gebiet, dessen städtebauliche Entwicklung und Ordnung er leiten soll (Kap. 2 Rn. 37), in tatsächlicher Hinsicht nicht (mehr) passt. Man spricht von der **Funktionslosigkeit** oder auch Derogation des Plans.[9] Die Anforderungen für die Annahme einer solchen Derogation sind aber sehr hoch: Besteht die, wenn auch entfernt liegende, Möglichkeit, dass die im Bebauungsplan vorgesehene Ordnung realisierbar ist, kann nicht von einer Derogation ausgegangen werden. Funktionslos wird der Bebauungsplan daher auch erst dann, wenn die Abweichung der tatsächlichen Verhältnisse vom Planungsziel des Bebauungsplans offensichtlich und massiv ist.[10] Funktionslosigkeit ist eher ein Merkmal alter Bebauungspläne, deren Existenz bisweilen sogar in Vergessenheit gerät.

▶ **Beispiel:** Ein Bebauungsplan setzt ein Gebiet für Wochenendhäuser nach § 10 BauNVO fest. Jahre später ist aber festzustellen, dass über 70 % der vorhandenen (Wohn-)Häuser nicht dem Urlaubsvergnügen, sondern dem dauerhaften Wohnen dienen. Sind keine Anhaltspunkte dafür ersichtlich, dass die Dauerwohnhäuser noch in Wochenendhäuser umgewandelt werden, ist die Abweichung der tatsächlichen Verhältnisse von den Vorstellungen des Plangebers so massiv und auch offenkundig, dass der Bebauungsplan keine Regelungswirkung mehr besitzt.[11] ◀

87 Der Bebauungsplan muss nach § 30 I BauGB bestimmte Mindestvoraussetzungen erfüllen. Er muss Festsetzungen über die Art der baulichen Nutzung, das Maß der baulichen Nutzung, die überbaubare Grundstücksflächen und die örtlichen Verkehrsflächen enthalten. Der Bebauungsplan kann auch weitergehende Festsetzungen enthalten. Sobald aber eine der genannten Mindestfestsetzungen fehlt, ist § 30 I BauGB nicht anwendbar. Ob ein Bebauungsplan tatsächlich diese Mindestfestsetzungen beinhaltet, ist vor allem **mithilfe der BauNVO** zu beantworten (Kap. 3 Rn. 90 ff.). In §§ 2 ff. BauNVO, §§ 16 ff. BauNVO und § 23 BauNVO werden die entsprechenden festsetzungsbezogenen Begriffe definiert und konkretisiert. Untergliedert sich ein Fest-

---

7   OVG NRW, UPR 2006, 199 f.; BayVGH, BayVBl. 1982, 654 ff.; *Decker*, BauR 2000, 1825 (1827); *Baumeister/Ruthig*, JZ 1999, 117 (120 ff.).
8   BVerwGE 111, 276 (278); *Guckelberger*, Allgemeines Verwaltungsrecht, 11. Aufl. 2023, § 28 Rn. 6. Beachten Sie jedoch, dass dies nur für Rechtsnormen gilt, welche nicht dem Anwendungsbereich des Art. 100 I GG unterfallen. Die Verwerfungskompetenz für formelle Gesetze liegt ausschließlich bei den Verfassungsgerichten, vgl. *Giesberts*, in: Posser/Wolff (Hrsg.), BeckOK-VwGO, 64. Ed. Januar 2023, § 47 Rn. 8.
9   BVerwGE 26, 282 ff.; 54, 5 ff.; *Tophoven*, in: Spannowsky/Uechtritz (Hrsg.), BeckOK-BauGB, 57. Ed. Dezember 2022, § 30 Rn. 5; *Scheidler*, UPR 2017, 201 ff.
10 BVerwG, NVwZ 2004, 1244 ff.
11 VG Würzburg, Urt. v. 10.11.2009 – W 4 K 09.20 –, juris; ebenso VG Würzburg, Urt. v. 28.5.2019 – W 4 K 17.366 –, juris.

§ 3 Materielle Vorhabenzulassung im beplanten Gebiet, § 30 BauGB

setzungsbegriff dabei in mehrere Unterbegriffe (z. B. das Maß der baulichen Nutzung umfasst gemäß § 16 II BauNVO Fragen der Höhe von Anlagen, der Anzahl der Vollgeschosse, der Geschossfläche usw.), muss der Bebauungsplan nicht alle diese Unterfestsetzungen beinhalten, es genügt die Regelung eines der dem Festsetzungsbegriff zugeordneten Unterfalls.

▶ **Beispiel:** Ein Bebauungsplan ist qualifiziert im Sinne von § 30 I BauGB, wenn er etwa ein allgemeines Wohngebiet (= Art der baulichen Nutzung, vgl. §§ 2 ff. BauNVO), eine Maximalhöhe der Anlagen von 15 Metern (= Maß der baulichen Nutzung, vgl. § 16 II Nr. 4 BauNVO), eine Baugrenze für jedes Grundstück (= überbaubare Grundstücksfläche, vgl. § 23 III BauNVO) und Straßen und Parkplätze festsetzt. ◀

Lediglich der Begriff der örtlichen Verkehrsflächen ist nicht von der BauNVO bestimmt. Darunter sind sämtliche Angaben zu verstehen, die eine verkehrliche Nutzung von kommunalen Flächen festlegen, unabhängig davon, ob es sich um den fließenden oder ruhenden Verkehr handelt, zum Beispiel also Straßen, Straßenbahnlinien, Wasserstraßen, Gehwege, Fahrradwege, Parkplätze,[12] aber auch Grünstreifen.[13]

2. Übereinstimmung des Bauvorhabens mit dem Bebauungsplan und Sicherung der Erschließung (Tatbestand)

Im Geltungsbereich eines qualifizierten Bebauungsplans sind allein die Festsetzungen des Bebauungsplans selbst Maßstab für die bauplanungsrechtliche Zulassung eines Vorhabens. Außerdem muss nach § 30 I BauGB die Erschließung des Vorhabens gesichert sein.

a) Übereinstimmung mit den Festsetzungen des Bebauungsplans, insb. die Prüfung der §§ 2 ff. BauNVO

Es sind daher in einem ersten Schritt sämtliche Festsetzungen des Bebauungsplans zu erfassen, auch solche, die nicht Teil der Mindestfestsetzungen sind. Sodann ist zu prüfen, ob das konkrete Bauvorhaben mit diesen Festsetzungen übereinstimmt.

Zentral ist hier regelmäßig die Frage, ob das Bauvorhaben hinsichtlich der vorgesehenen **Art der baulichen Nutzung** zulässig ist. Hierzu sind in §§ 2 ff. BauNVO Gebietstypen ausgeprägt worden, die untereinander verträgliche Nutzungen zu Baugebieten zusammenordnen. Setzt der Bebauungsplan ein solches Gebiet fest, wird die entsprechende Vorschrift der BauNVO **Bestandteil des Bebauungsplans**, § 1 III 2 BauNVO. Das Bauvorhaben muss daher nach Maßgabe der einschlägigen Vorschrift der BauNVO zulässig sein. Das ist immer dann der Fall, wenn die Nutzung, die mit dem konkreten Bauvorhaben bezweckt wird, unter einen Nutzungsbegriff fällt, der nach der einschlägigen Vorschrift der §§ 2 ff. BauNVO allgemein oder in Verbindung mit § 31 I BauGB (Kap. 3 Rn. 128 ff.) ausnahmsweise zulässig ist. Dabei sind die §§ 2 ff. BauNVO aus Gründen des Eigentumsschutzes aus Art. 14 I 1 GG abschließend. Das bedeutet, dass nur solche Nutzungen zugelassen werden können, die auch in den §§ 2 ff. BauNVO ausdrücklich genannt werden.[14]

---

12 Dazu *Spannowsky*, in: ders./Uechtritz (Hrsg.), BeckOK-BauGB, 57. Ed. Mai 2022, § 9 Rn. 40 ff.
13 Sofern es sich nicht um Grünflächen im Sinne von § 9 I Nr. 15 BauGB (z. B. Parks) handelt, vgl. NdsOVG, NVwZ-RR 1993, 345 ff.
14 BVerwGE 94, 151 ff.; *Spannowsky*, in: ders./Hornmann/Kämper (Hrsg.), BeckOK-BauNVO, 31. Ed. Januar 2023, § 1 Rn. 69.

§ 3 Kapitel 3: Die Zulassung von Bauvorhaben

92 Die BauNVO statuiert in §§ 2 ff. in Absatz 1 den allgemeinen Zweck eines jeden Gebietstyps, in Absatz 2 regelmäßig zulässige und in Absatz 3 ausnahmsweise zulässige Nutzungsarten. Um zu prüfen, ob eine konkrete Nutzungsart zulässig ist, muss sie eine der in Absatz 2 oder Absatz 3 der einschlägigen BauNVO-Vorschrift aufgeführten Nutzungsarten zuzuordnen sein. Damit müssen drei Fragen beantwortet werden:
- Welches Baugebiet im Sinne von §§ 2 ff. BauNVO liegt vor?
- Auf welche Art der baulichen Nutzung zielt das konkrete Bauvorhaben?
- Entspricht der Nutzungszweck des konkreten Bauvorhabens einer zulässigen Nutzung des jeweiligen BauNVO-Gebietstypus?

93 In der Beantwortung der dritten Frage liegt regelmäßig der entscheidende Schritt. Denn um herauszufinden, ob die Nutzungsart des konkreten Bauvorhabens einer der in der jeweils einschlägigen Norm der §§ 2 ff. BauNVO genannten Nutzungen zugeordnet werden kann, muss klar sein, welchen Inhalt die Nutzungsbegriffe der BauNVO aufweisen. Sie sind grundsätzlich **allgemein** und **offen** gehalten (z. B. „Wohnen", Anlagen für „kulturelle Zwecke", „Gewerbebetrieb" oder „Vergnügungsstätte") und müssen daher immer wieder konkretisiert werden.[15] In Ausbildung und Prüfung werden meist keine Detailkenntnisse zu den einzelnen Nutzungsbegriffen verlangt, wohl aber die Fähigkeit, diese sachgemäß auszulegen. Sachgemäß ist eine Auslegung, die einerseits nach den Regeln der juristischen Methodenlehre vorgeht und die andererseits die spezifische planungsrechtliche Funktion dieser Begriffe, ihr Verhältnis zueinander und das der einzelnen Gebietstypen zueinander im Blick behält. Folgendes Vorgehen bietet sich dabei an.

aa) Ausgangspunkt: alltagssprachliche Bedeutung

94 Die Nutzungsbegriffe der BauNVO beschreiben mit wenigen Ausnahmen Nutzungen des täglichen Lebens – Wohnen, Gewerbe, Industrie, kirchliche Zwecke, sportliche Zwecke usf. Von daher sollte man sich diesen Begriffen zunächst alltagssprachlich annähern. So liegt auf der Hand, dass ein Schlachthaus nicht unter den Nutzungsbegriff des „Wohnens", sondern unter den Begriff des „Gewerbebetriebs" fällt oder ein Friedhof keine Anlage für „sportliche", sondern vielmehr eine solche für „religiöse" oder „kulturelle" Zwecke darstellt. In solchen eindeutigen Fällen ist schon eine alltagssprachliche Auslegung der Nutzungsbegriffe hinreichend.

▶ **Beispiel:** Eine Tennishalle ist eine Anlage für sportliche Zwecke. Nach der alltagssprachlichen Bedeutung sind darunter zunächst sämtliche Anlagen und Einrichtungen zu verstehen, die der Ausübung von Sportarten dienen; die Rechtsprechung ergänzt noch: unabhängig davon, ob es sich um Einzel- oder Gruppensport handelt.[16] Sportstätten wie Fußballfelder, Laufbahnen, aber auch Tennishallen sind insofern Beispiele für „Anlagen für sportliche Zwecke".[17] ◀

---

15 *Krüper*, DÖV 2016, 693 ff.
16 *Stock*, in: Ernst/Zinkahn/Bielenberg/Krautzberger (Hrsg.), BauGB, 134. Lfg. August 2019, § 4 BauNVO Rn. 103 ff.
17 BVerwG, NVwZ 1992, 884 ff.; siehe etwa *Stock*, in: König/Roeser/ders. (Hrsg.), BauNVO, 4. Aufl. 2019, § 4 Rn. 60.

bb) Abgrenzung der Begriffe anhand bauplanungsrechtsadäquater Kriterien

Nicht selten ist jedoch eine eindeutige Zuordnung einer konkreten Nutzung zu einem Nutzungsbegriff der BauNVO nicht möglich. Das zeigt bereits das Beispiel eines Kinos: Fällt es unter den Begriff des „Gewerbebetriebs", weil der Betreiber die Erträge als Einkommensquelle nutzt, ist es eine „Vergnügungsstätte", weil Filme der Unterhaltung und damit dem Vergnügen dienen oder ist es eine „Anlage für kulturelle Zwecke", weil Filme kulturell bedeutsame Erzeugnisse sind? Die alltagssprachliche orientierte Auslegung hilft hier nicht weiter, weil eine Reihe von Nutzungsarten Merkmale verschiedener Nutzungstypen erfüllen.

95

Literatur und Rechtsprechung neigen dazu, diese Nutzungsbegriffe hier einzelfallbezogen zu konkretisieren. So wird etwa im Fall des Kinos teilweise danach differenziert, ob es schwerpunktmäßig massentaugliche „Blockbuster" zeigt oder eher im Sinne eines Programmkinos künstlerisch wertvolle Filme anbietet. Im ersten Fall soll es sich um ein Gewerbe, im zweiten um eine Anlage für kulturelle Zwecke handeln.[18] Das überzeugt nicht: Zum einen stellt sich die Frage, warum „Blockbustern" per se kein kultureller Wert beizumessen ist, zumal auch sie unter die Kunstfreiheit des Art. 5 III GG fallen. Zum anderen ist die Abgrenzung kaum praktikabel: Wann ist ein Film künstlerisch wertvoll? Wer entscheidet darüber? Letztlich – und das ist entscheidend – stellt sich vor dem Hintergrund der Rechtsbindung der Rechtsprechung die Frage: Woraus ergibt sich diese Differenzierung rechtlich?

96

Die BauNVO ist, als Rechtsverordnung auf Grundlage des § 9a BauGB und zu dessen Konkretisierung erlassen, ausschließlich auf die Regelung städtebaulicher Fragen beschränkt, weil nur dafür der Bund die Kompetenz hat (Kap. 1 Rn. 10). Das Bauplanungsrecht hat dabei – wie § 1 VII BauGB zeigt – die Aufgabe, bodenrechtliche Spannungen aufzulösen bzw. zu verhindern (Kap. 1 Rn. 10 f.). Hierzu leistet die BauNVO einen Beitrag, indem sie Gebietstypen vorgibt, die untereinander grundsätzlich verträgliche Nutzungen zusammenfassen und dadurch bodenrechtliche Spannungen vermeiden. Nutzungstypen unterscheidet die BauNVO dann genauer, wenn mit ihnen unterschiedliche bodenrechtliche Konsequenzen verbunden sind. Daher führt die BauNVO etwa Landwirtschaftsbetriebe und Vergnügungsstätten gesondert auf, auch wenn sie sich unter den Begriff des Gewerbebetriebs subsumieren lassen.

97

Die Nutzungsbegriffe sind daher sowohl dem Zweck als auch dem Geltungsbereich der BauNVO entsprechend, also **bauplanungsrechtsadäquat**, auszulegen.[19] Welchem Nutzungsbegriff eine konkrete Nutzung zuzuordnen ist, hängt also im Zweifelsfall davon ab, ob die städtebaulichen Auswirkungen mit den Auswirkungen derjenigen Anlagen identisch oder zumindest hinreichend vergleichbar sind, die unter den Nutzungsbegriff (unproblematisch) zu fassen sind.

98

▶ **Beispiel:** Für die Zulassung eines Kinobetriebs bedeutet das, dass die Differenzierung zwischen Gewerbe/kulturelle Anlage nicht anhand der Unterscheidung Massenfilm/Kunstfilm vorzunehmen ist, weil dieses Kriterium keine bodenrechtlichen Bezüge aufweist. Vielmehr ist danach zu fragen, ob die bodenrechtlich relevanten Auswirkungen des Kinos eher denjenigen eines Gewerbes oder vielmehr denjenigen einer kulturellen Anlage entsprechen. Dabei spricht zunächst vieles für eine Zuordnung zur kulturellen Anlage: Gewerbe zeichnen

---

18 Vgl. HessVGH, NVwZ-RR 2009, 143 ff.; *Hornmann*, in: Spannowsky/ders./Kämper (Hrsg.), BeckOK-BauNVO, 19. Ed. September 2019, § 4 Rn. 84.1; Falllösung bei *Reinhardt/Schwertner*, JuS 2002, 893 ff.
19 Ausführlich *Krüper*, DÖV 2016, 793 ff.; *Herbolsheimer*, NVwZ 2017, 685 ff.

sich generell durch im Vergleich zu anderen Anlagen intensivere Auswirkungen auf die Umgebung aus, etwa weil eine hohe Kundenfrequenz zu verzeichnen ist (d. h. Lärm, Verschmutzungen usf.) oder weil lärm- bzw. geruchsintensive Mittel (z. B. Maschinen, Stoffe und Substanzen) eingesetzt werden.[20] Das zeigt sich daran, dass Gewerbebetriebe grundsätzlich nicht in Gebieten zulässig sind, die von Ruhe bzw. Wohnen geprägt sind. Für Kinos ist zwar ein bestimmter Kundenandrang zentral. Allerdings hat dieser in der Regel keine einem Gewerbebetrieb vergleichbare Auswirkungen auf die Umgebung, weil die Besucher das Kino meist sofort betreten und anschließend unverzüglich verlassen, die Belästigung der Umgebung also relativ gering ist. Etwas anderes kann sich dann ergeben, wenn es sich um ein sehr großes Kino handelt, bei dem mehrere hundert Kunden gleichzeitig zu erwarten sind. (2) Vergleichbares gilt für die Einordnung einer „Lasertag-Halle": Das OVG Rheinland-Pfalz sieht hierin zwar keine Anlage für sportliche Zwecke, sondern eine Vergnügungsstätte, da es für einen sportlichen Zweck vor allem an dem Regelhandbuch fehle und der Unterhaltungswert gerade auch im Zuge der Errichtung einer „Fantasiekulisse" im Vordergrund stehe.[21] Dagegen spricht aber, dass die genannten Abgrenzungskriterien (Regelwerk/Fantasiekulisse) keinen hinreichenden bauplanungsrechtlichen Bezug aufweisen und eine „Lasertaghalle" im Vergleich zu anderen sportlichen Einrichtungen (z. B. Tennishalle oder Paintballhalle[22]) keine nennenswerten abweichenden bodenrechtliche Auswirkungen verursacht.[23] ◀

cc) Typisierende Betrachtungsweise der BauNVO

99 Insbesondere in Problemfällen muss also die konkrete Nutzungsart hinsichtlich ihrer Auswirkungen und Eigenschaften bewertet werden. Dabei stellt sich die Frage: Kommt es auf die Eigenschaften des konkreten Vorhabens (*dieses* Kino) an oder ist eine typisierende Betrachtung geboten, so dass auf die Auswirkungen einer typischen Ausprägung der in Rede stehenden Nutzungsart abzustellen wäre (*ein* Kino)? Die BauNVO verlangt grundsätzlich eine **typisierende** Betrachtung der geplanten Nutzungen.[24] Dies zeigt sich daran, dass in §§ 2 ff. BauNVO die Nutzungsarten typisiert formuliert werden, z. B. § 4 I BauNVO: „... dient *dem* Wohnen". Darüber hinaus zeigt sich die typisierende Betrachtungsweise der BauNVO an § 15 I BauNVO (Kap. 3 Rn. 116 ff.). Danach können Nutzungen, die an sich zulässig sind, im (konkreten) **Einzelfall** wegen besonderer Eigenschaften unzulässig sein. Diese Vorschrift wäre funktionslos, wenn bereits bei der Zulassungsprüfung nach §§ 2 ff. BauNVO die Nutzungseigenschaften des konkreten Vorhabens zugrunde gelegt würden. Es muss also nicht etwa im Einzelfall geprüft werden, wie viel Lärm der konkrete Gewerbebetrieb verursacht, sondern es sind die Lärmauswirkungen zugrunde zu legen, die ein Gewerbebetrieb dieser Ausrichtung und Größe **im Allgemeinen** hervorruft. Besonderheiten des Einzelfalls spielen daher an dieser Stelle der Prüfung grundsätzlich keine Rolle.

---

20 Vgl. *Söfker*, in: Ernst/Zinkahn/Bielenberg/Krautzberger (Hrsg.), BauGB, 134. Lfg. August 2019, § 8 BauNVO Rn. 8 f.
21 OVG RhPf, NVwZ-RR 2017, 278 ff.
22 BayVGH, DVBl. 2013, 525 ff.
23 *Herbolsheimer*, NVwZ 2017, 685 (686 ff.).
24 BVerwGE 47, 126 ff.; BVerwG, NVwZ 2008, 786 f.; gute Erläuterung bei *Fickert/Fieseler*, BauNVO, 13. Aufl. 2019, Vorb. §§ 2–9, 12–14 Rn. 8 ff.; *Spannowsky*, in: ders./Hornmann/Kämper (Hrsg.), BeckOK-BauNVO, 19. Ed. September 2019, § 1 Rn. 110 ff.

dd) Gebietsverträglichkeit als (ungeschriebenes) Tatbestandsmerkmal

Bei einigen Nutzungsbegriffen verlangt die BauNVO ausdrücklich, dass diese „nicht (wesentlich) störend" sind, z. B. §§ 4 II Nr. 2, III Nr. 2, 6a I 1 BauNVO. Daran wird erneut der Zweck der BauNVO deutlich, zur Vermeidung bodenrechtlicher Spannungen nur miteinander harmonisierende Nutzungen in einem Gebiet zuzulassen.

Rechtsprechung[25] und Teile der Literatur[26] verlangen über den Wortlaut der BauNVO hinaus für **alle Nutzungen**, dass sie im jeweiligen Gebiet „nicht störend" sind, und führen damit ein Korrektivinstrument in die Auslegung der Nutzungsbegriffe ein. Dieser **Gebietsverträglichkeitsvorbehalt** ist als Gegengewicht zur Offenheit und typisierenden Betrachtungsweise der Nutzungsbegriffe zu verstehen, die eine Vielzahl untereinander verschiedener Nutzungen einem gemeinsamen Begriff unterwerfen und so die Gefahr bodenrechtlicher Spannungen mit sich bringen. Die Gebietsverträglichkeit soll insoweit sicherstellen, dass durch die Zulassung einer Nutzung über weite Nutzungsbegriffe nicht der Zweck eines Gebiets konterkariert wird.[27] Eine gebietsunverträgliche Nutzung ist demnach eine **gebietszweckwidrige** Nutzung.

Dabei hat die Rechtsprechung dem Begriff der Gebietsverträglichkeit zwei Bedeutungsrichtungen gegeben: Zunächst kann die Gebietszweckwidrigkeit im Sinne des **Nichtstörens** verstanden werden. Eine Nutzung ist danach zum einen gebietsunverträglich, wenn sie Auswirkungen entfaltet, die mit dem im jeweiligen Absatz 1 der §§ 2 ff. BauNVO formulierten Gebietszweck nicht konform geht.[28] Es geht hier also vor allem um die **Immissionsverträglichkeit**, betrachtet werden vor allem die immissionsschutzrechtlichen Auswirkungen auf die Umgebung.[29]

▶ **Beispiel: (1)** Ein Dialysezentrum mit 33 Behandlungsplätzen und 17 Stellplätzen ist in einem allgemeinen Wohngebiet unzulässig. Zwar ist es als Anlage für gesundheitliche Zwecke nach § 4 II Nr. 3 allgemein zulässig. Es erweist sich aber als gebietsunverträglich, da es bei typisierender Betrachtung angesichts seiner Größe Auswirkungen, vornehmlich durch den zu erwartenden An- und Abfahrtsverkehr, entfaltet, die mit der von einem allgemeinen Wohngebiet bezweckten Wohnruhe nicht mehr zu vereinbaren ist.[30] (2) Hingegen ist ein Feuerwehrgerätehaus, eine Anlage für Verwaltungen, § 4 III Nr. 3 BauNVO, in einem allgemeinen Wohngebiet nicht störend, also gebietsverträglich. Auch wenn es zu gewissen Unruhen kommt (etwa nächtliche Einsätze), handelt es sich bei einer solchen Einrichtung doch gerade um eine Anlage, die zur Erfüllung ihres gesetzlich gegebenen Zwecks (schnelle Brandbekämpfung) in der Nähe der Wohnbebauung errichtet werden muss und insoweit gerade dem bodenrechtlichen Belang der gesunden Wohnverhältnisse, § 1 VI Nr. 1 BauGB, dient. Diese gesetzgeberische Intention kann nicht über das Merkmal der Gebietsverträglichkeit umgangen werden.[31] (3) Gebietsunverträglich ist ein Zwischenlager für radioaktive Abfälle im Gewerbegebiet. Zwar sind Lagernutzungen in einem Gewerbegebiet nach § 8 II Nr. 1 Var. 2, 3 BauNVO allgemein zulässig. Ein Lager für radioaktive Abfälle überschreitet aber bei typisierender Betrachtung wegen des Gefahrenpotenzials der radioaktiven Abfälle den im Gewerbegebiet zulässigen Störgrad der nicht erheblichen Belästigung. Die radioak-

---

25 BVerwGE 116, 155 ff.
26 Siehe insbesondere *Muckel/Ogorek*, Öffentliches Baurecht, 4. Aufl. 2020, § 7 Rn. 41 f.
27 BVerwG, NVwZ 2008, 786 (787).
28 Grundlegend BVerwGE 116, 155 ff.
29 BVerwG, NVwZ 2008, 786 (787) m.w.N. aus der Rechtsprechung.
30 BVerwG, NVwZ 2008, 786 ff.
31 BVerwG, NVwZ 2022, 1383 (1384).

tiven Abfälle unterliegen speziellen Vorschriften des Atom- und Strahlenschutzrechts, mit denen den Gefahren durch ionisierende Strahlung begegnet werden soll. Das Gefahrenpotenzial der radioaktiven Abfälle hat auch Bedeutung für die Standortentscheidung.[32] ◄

103 Zum anderen kann Gebietsunverträglichkeit angenommen werden, wenn die Nutzung zwar für die Umgebung keine zweckwidrige Störung begründet, aber auf **andere Weise** gebietszweckwidrig ist.[33] Das ist vor allem der Fall, wenn die Anforderungen, die die betroffene Nutzung an ihre Umgebung stellt, nicht mit dem übereinstimmen, was eine gebietszweckkonforme Nutzung benötigt, wenn also etwa eine besonders emissionsarme Nutzungsart in einem sehr emissions- und immissionsstarken Gebiet angesiedelt werden soll. Damit soll verhindert werden, dass sich der Gebietscharakter, also die **Gebietsprägung** entgegen der gesetzgeberischen Intention verändert (Kap. 3 Rn. 100 ff.).

▶ **Beispiel: (1)** Ein Standardfall für eine gebietsunverträgliche, weil zweckwidrige, Nutzung ist das Bestattungsunternehmen nebst Andachtshalle in einem Gewerbegebiet.[34] Ein solches Unternehmen fällt zwar unter den Begriff des Gewerbes bzw. unter den Begriff der Anlage für kulturelle Zwecke, die beide nach § 8 II Nr. 1 bzw. III Nr. 2 Var. 2 BauNVO zulässig sind. Der Zweck des § 8 BauNVO, die Unterbringung von nicht erheblich belästigenden Gewerbebetrieben in einem geschlossenen Gebiet, ist aber mit einem Bestattungsunternehmen und erst recht mit einer Andachtshalle, die – auch zum Schutz der Würde und des Persönlichkeitsrechts des Verstorbenen – einen bestimmten Grad an Ruhe und Pietät aufweisen muss, nicht zu vereinbaren. Ein Gewerbegebiet ist von entsprechenden Geräuschemissionen, An- und Abfahrten von Lastwagen, Kunden, Arbeitnehmern usw. geprägt. Der Anspruch auf Ruhe und Pietät eines Bestattungsunternehmens bzw. einer Andachtshalle steht dem entgegen. Damit ist das Bestattungsunternehmen gebietsunverträglich. (2) Bordellbetriebe sind in Industriegebieten grundsätzlich unzulässig, weil sie den Grad an Unruhe, wie er in Industriegebieten insbesondere durch Lärm sowie An- und Abfahrtsverkehr herrscht, nicht erreichen, sogar gegenüber diesem störempfindlich sein können und daher mit dem Zweck des Industriegebiets, gerade einen solchen Unruhestandard zu ermöglichen, nicht vereinbar sind.[35] (3) Entsprechendes soll für Obdachlosenunterkünfte in Gewerbegebieten gelten: Sie stellen als „wohnähnliche" Nutzungsform solche Anforderungen an Ruhe und Störungsfreiheit, dass sie mit dem Zweck eines Gewerbegebiets, gerade lärmintensivere und störanfälligere Betriebe ansiedeln zu lassen, nicht konform gehen.[36] ◄

104 Die Prüfung der Gebietsverträglichkeit erfolgt ebenfalls **typisierend**.[37]

▶ **Beispiel:** Bei einer Kfz-Werkstatt im allgemeinen Wohngebiet ist daher anzunehmen, dass sie typischerweise durch starke Lärm- und Geruchsemissionen infolge der Anfahrt der Kunden und der Werkstattarbeiten auffällt. Ob die konkrete Kfz-Werkstatt kaum Kunden zu erwarten hat oder aufgrund baulicher Besonderheiten kaum Lärmemissionen verursacht, spielt keine Rolle.[38] ◄

---

32 BVerwG, Urt. v. 25.1.22 – 4 C 2.20 –, juris.
33 BVerwG, NVwZ 2006, 457 ff.
34 BVerwG, NVwZ 2006, 457 ff.; vgl. dazu VGH BW, BauR 2010, 256 ff.; VGH BW, Urt. v. 20.7.2011 – 3 S 465/11; *Muckel/Ogorek*, Öffentliches Baurecht, 4. Aufl. 2020, § 7 Rn. 42.
35 BayVGH, NVwZ 2016, 706 ff.
36 VG München, Beschl. v. 28.11.2019 – M 11 SN 19.2878 –, juris.
37 BVerwGE 116, 155 (158 ff.); BVerwG, NVwZ 2008, 786 (787 f.).
38 Ausführlich dazu *Söfker*, in: Ernst/Zinkahn/Bielenberg/Krautzberger (Hrsg.), BauGB, 134. Lfg. August 2019, § 6 BauNVO Rn. 30 ff.

§ 3 Materielle Vorhabenzulassung im beplanten Gebiet, § 30 BauGB

Allerdings nimmt die Rechtsprechung **Ausnahmen von der Typisierung** an, und zwar vor allem dort, wo eine typisierende Betrachtung vor allem der Immissionsverträglichkeit unzulänglich ist. Das gilt vor allem im Hinblick auf die Gebietsverträglichkeit von **Gewerbebetrieben** in Wohngebieten. Ausgangspunkt ist die Überlegung, dass gerade Gewerbebetriebe eine erhebliche Variationsbreite an Betriebsformen aufweisen können, die eine typisierende Betrachtung als unbefriedigend erscheinen lassen. So kann etwa eine Kfz-Werkstatt im Einzelfall, anders als üblich, derart ausgestaltet sein, dass sie nebenberuflich, d. h. nur ein bis zwei Stunden am Tag, betrieben wird und letztlich nur kleine, wenig lärmintensive Arbeiten durchgeführt werden. Hier könnte eine typisierende Betrachtungsweise, bei der hinsichtlich Kfz-Werkstätten üblicherweise von lauten, regelmäßigen und nicht unerheblichen Auswirkungen auf die Umgebung auszugehen ist, zu ungewollten Ergebnissen führen. Zwar wird dies in den Wohngebieten, in denen der Schutz der Wohnruhe besonders gewichtet ist, in aller Regel nicht der Fall sein, weil selbst eine kleine Kfz-Werkstatt weiterhin als gebietsunverträglich anzusehen ist (denkbar ist es aber auch hier).[39] Gerade aber im **Mischgebiet**, in dem Wohnen und Gewerbe gleichermaßen koexistieren sollen, vgl. § 6 I BauNVO, gegebenenfalls aber auch im **urbanen Gebiet**, § 6a BauNVO, in dem das Wohnen einen schon deutlich geringeren Schutz als in § 3 und § 4 BauNVO genießt, kann eine Ausnahme von der Typisierung relevant werden. Insoweit werden anerkanntermaßen **zwei Einschränkungen der Typisierung** bei Gewerbebetrieben angenommen:

Bei Betrieben mit einer erheblichen Nutzungsvariantenbreite – wie im genannten Beispiel bei einer Kfz-Werkstatt – ist es anerkannt, dass es ausnahmsweise nicht auf die typische, sondern individuelle **Betriebsstruktur** ankommt. (Größe, Art der Arbeiten, Betriebszeiten, Anzahl der Betriebsmitarbeiter usw.). Maßgeblich ist, ob sich die störenden Auswirkungen, die die konkrete Anlage bei funktionsgerechter Nutzung erwarten lässt, innerhalb des Rahmens halten, der durch die Gebietseigenart vorgegeben ist.[40]

▶ **Beispiel:** Bei einer Kfz-Werkstatt kann im Mischgebiet eine Gebietsunverträglichkeit nicht ohne Weiteres (also bei typisierender Betrachtung) angenommen werden, da Kfz-Werkstätten eine hohe Nutzungsvarianz aufweisen können. Hier kommt es auf das konkrete Nutzungskonzept an: Eine kleine, nur wenige lärmintensive Werkstatt wäre daher im Mischgebiet wohl zulässig.[41] (2) Eine Tischlerei soll hingegen keinem Betriebstypus angehören, dessen Störungen durch eine typisierende Betrachtung nicht abgedeckt werden könnte.[42] (3) Ein Wohnungsbordell, das die Rechtsprechung als Gewerbebetrieb klassifiziert,[43] soll hingegen einer typisierenden Betrachtung nicht zugänglich sein, weil sie nicht das ganze Spektrum möglicher Störungen abzudecken vermag, so dass es hier wieder auf die konkrete Betriebsausgestaltung ankommt (Größe, Angebot, Anzahl der Kunden usf.).[44] Ein Wohnungsbordell mit nur einem Zimmer und einem Kunden je Stunde bei einer Betriebszeit bis 22 Uhr wäre daher wohl noch mischgebietskonform. (4) Ein Kupplungshersteller

---
39 Entsprechende Diskussionen werden auch im allgemeinen oder gar reinen Wohngebiet geführt, doch führen sie hier wegen des besonderen Schutzes der Wohnruhe in aller Regel nicht dazu, dass ein Gewerbegebiet entgegen seiner typisierenden Einordnung als zulässig erachtet wird (vgl. dazu *Stock*, in: Ernst/Zinkahn/Bielenberg/Krautzberger [Hrsg.], BauGB, 146. Lfg. 2022, § 4 BauNVO Rn. 73).
40 BVerwGE 174, 118 ff.; 64, 342 (346 f.); BVerwG, ZfBR 2018, 685 (685 ff.).
41 Vgl. auch OVG NRW, NVwZ-RR 2015, 485 ff.; *Roeser*, in: König/ders./Stock (Hrsg.), BauNVO, 5. Aufl. 2022, § 6 Rn. 14.
42 Vgl. BVerwG, ZfBR 2018, 685 (685 ff.).
43 BVerwG, ZfBR 2014, 574 (574).
44 BVerwGE 174, 118 ff.

ist Bestandteil eines Betriebstypus (metallverarbeitender Betrieb), der unzählige Variationsmöglichkeiten unter sich vereint und daher einer eingeschränkten typisierenden Betrachtung unterliegen muss: Bei einem Werk mit knapp 100 Angestellten, Betriebszeiten von 6 bis 21:30 Uhr, mehreren Lkw-Transporten und einem sehr großen Werksgelände ist die Gebietsunverträglichkeit im Mischgebiet zu bejahen.[45] ◄

107 Zum anderen gibt es Gewerbebetriebe, die zwar bei typisierender Betrachtungsweise mischgebietsunverträglich sind, im konkreten, aber offensichtlich nicht vorliegenden Einzelfall wegen einer – etwa wegen technologischer Fortschritte bestehenden – Atypik, eine unzumutbare Störung der Wohnruhe sicher ausschließen.[46]

ee) Die wichtigsten Nutzungsbegriffe im Überblick

(1) Wohnen

108 In Prüfungsarbeiten geht es häufig um den Begriff des Wohnens, insbesondere in §§ 3–6 BauNVO.[47] Die Wohnung ist als der zentrale Ort der (privaten) Lebensgestaltung zu verstehen.[48] Sie dient dem persönlichen Rückzug und der Erholung und das Wohnen als Nutzungsform hat selbst nur geringe Auswirkungen auf die Umgebung.[49] So klar dies zunächst scheint, so zeigen sich doch Grenz- und Problemfälle, die Rechtsprechung und Literatur beschäftigt haben: Studentenwohnheime, Sterbehospize, Ferienhäuser, Asylbewerber- oder Flüchtlingsunterkünfte oder Strafvollzugsanstalten.

109 Die Rechtsprechung erkennt die starke Variationsbreite von Wohn- und wohnähnlichen Nutzungen an und hat für den Begriff des Wohnens **drei Merkmale** entwickelt:[50] Es muss sich um eine **auf Dauer** angelegte Häuslichkeit handeln, die von der **Eigengestaltung** und der **Freiwilligkeit** der Lebensführung geprägt ist. Nicht alle Wertungen und Abgrenzungen, die die Praxis dabei unternimmt, sind gleichermaßen plausibel:

▶ **Beispiel:** (1) Daher fallen Ferienhäuser mangels hinreichender Dauer[51] nicht unter den Wohnbegriff, zumal der Gesetzgeber in § 11 II BauNVO sie als eigenständige Nutzungskategorie anerkennt. (2) Asylbewerber- und Flüchtlingsheime fallen nicht unter den Wohnbegriff aufgrund der fehlenden Eigengestaltung bzw. Freiwilligkeit des Aufenthalts.[52] (3) Entsprechendes gilt für Justizvollzugsanstalten.[53] (4) Studentenwohnheime[54] sowie (Studenten-)Wohngemeinschaften[55] erfüllen hingegen grundsätzlich die Anforderungen an den

---

45 VG Gelsenkirchen, Urt, v. 30.6.2022 – 5 K 3882/18 –, juris, Rn. 75 ff.
46 *Ziegler*, in: Brügelmann (Hrsg.), BauGB, 77. Lfg. 2011, § 6 BauNVO Rn. 44; VG Gelsenkirchen, Urt. v. 30.6.2022 – 5 K 3882/18 –, juris, Rn. 69.
47 Siehe etwa HmbOVG, NVwZ-RR 2013, 352 (353); OVG NRW, NVwZ-RR 2008, 20; BauR 1996, 237; *Stock*, in: König/Roeser/ders. (Hrsg.), BauNVO, 4. Aufl. 2019, § 3 Rn. 16 ff.
48 *Decker*, in: Jäde/Dirnberger (Hrsg.), BauGB/BauNVO, 9. Aufl. 2018, § 3 BauNVO Rn. 3.
49 *Stock*, in: König/Roeser/ders. (Hrsg.), BauNVO, 4. Aufl. 2019, § 3 Rn. 10.
50 BVerwG, NVwZ 1996, 893; OVG NRW, BauR 1996, 237.
51 BVerwGE 147, 138 ff.; OVG Bln-Bbg, NVwZ-RR 2016, 650 ff.; vgl. *Stock*, in: Ernst/Zinkahn/Bielenberg/Krautzberger (Hrsg.), BauGB, 134. Lfg. August 2019, § 3 BauNVO Rn. 41 m.w.N.
52 BVerwGE 108, 190 ff.; HessVGH, NVwZ 2016, 1101 ff.; VGH BW, NVwZ 1991, 1008; *Stock*, in: Ernst/Zinkahn/Bielenberg/Krautzberger (Hrsg.), BauGB, 134. Lfg. August 2019, § 3 BauNVO Rn. 52 m.w.N.
53 SächsOVG, BauR 2012, 1078; *Stock*, in: Ernst/Zinkahn/Bielenberg/Krautzberger (Hrsg.), BauGB, 134. Lfg. August 2019, § 3 BauNVO Rn. 56; *Hornmann*, in: Spannowsky/ders./Kämper (Hrsg.), BeckOK-BauNVO, 19. Ed. September 2019, § 3 Rn. 114 f.
54 *Fickert/Fieseler*, BauNVO, 13. Aufl. 2019, § 3 Rn. 13; *Hornmann*, in: Spannowsky/ders./Kämper (Hrsg.), BeckOK-BauNVO, 19. Ed. September 2019, § 3 Rn. 96 ff.; VGH BW, ZfBR 1992, 39 ff.; OVG NRW, NVwZ 1991, 1003 ff.
55 Vgl. dazu OVG RhPf, Beschl. v. 8.12.2016 – 8 A 10680/16 –, juris.

§ 3 Materielle Vorhabenzulassung im beplanten Gebiet, § 30 BauGB

Wohnbegriff. (5) Bei Alten- bzw. Pflegeheimen wird eine Wohnnutzung in der Regel dann bejaht, wenn die selbstbestimmte Lebensführung noch vorherrscht, also etwa bei klassischen Altenheimen[56]. Überwiegt hingegen der Pflegecharakter, soll mangels eigenständiger Lebensführung kein Wohnen, sondern vielmehr eine Anlage für soziale Einrichtung vorliegen.[57] Zu beachten ist, dass seit 1990 § 3 IV BauNVO Pflegeheime auch unter den Wohnbegriff fallen lässt. Die Rechtsprechung verlangt hierfür nur ein Mindestmaß an eigener Lebensführung (andernfalls rechtfertigt sich eine Gleichstellung von Pflege- und Wohnnutzung nicht), wobei die Schwelle hier niedrig angesetzt wird.[58] Die genannte Abgrenzung gilt also wegen der statischen Verweisung in § 1 III 2 BauNVO nur für Bebauungspläne, die noch auf ältere Fassungen der BauNVO verweisen. ◄

Die Beispiele zeigen, dass sich die Rechtsprechung bei Gemeinschaftsunterkünften mit einer eindeutigen Zuordnung schwertut. Auffallend ist daher zunächst, dass in vielen Bereichen, wie etwa bei den Pflegeheimen, die **typisierende** Betrachtung aufgebrochen wird und das **konkrete Nutzungskonzept** herangezogen wird.[59] Zudem verlieren einzelne Kriterien zum Teil an Bedeutung, wenn etwa das Merkmal der Dauer auch auf nur vorübergehende Wohnnutzung Anwendung findet und insoweit „flexibel anzuwenden ist".[60] Zudem werden teilweise **Hilfskriterien** herangezogen, um die drei Hauptkriterien zu vervollständigen, etwa das Vorhandensein einer Kochmöglichkeit oder aber von privaten Rückzugsmöglichkeiten als Indizien für die eigenständige (private) Lebensführung.[61]

110

Die insgesamt diffuse Rechtsprechung zum Nutzungstyp des Wohnens kann nicht restlos überzeugen.[62] Häufig werden nicht-bauplanungsrechtsrelevante Kriterien herangezogen, z. B. die Eigenständigkeit der Wohnnutzung,[63] statt danach zu fragen, ob die bauplanungsrechtlich relevanten Auswirkungen und Anforderungen dem eines typischen Wohngebäudes gleichkommen. Häufig werden die entwickelten Kriterien auch nicht konsistent, sondern je nach Wohnnutzungsform unterschiedlich angewendet. Für Prüfungen hat dies allerdings den Vorteil, dass – ausgehend von den genannten drei Kernbegriffen – vieles vertreten werden kann.

111

(2) Gewerbe

Der Begriff des Gewerbes ist zwar im Gewerbe- und Steuerrecht definiert; er muss in der BauNVO allerdings bauplanungsrechtlich verstanden werden.[64] Das zeigt sich schon daran, dass die BauNVO einige Gewerbebetriebe gesondert als Nutzungsarten ausweist, weil sie wegen ihrer bodenrechtlichen Auswirkungen besonders sind, etwa Tankstellen, Vergnügungsstätten oder Gartenbaubetriebe. Nach dem alltagssprachlichen Verständnis muss es sich bei einem Gewerbe um eine auf Dauer angelegte und

112

---

56 Vgl. dazu *Stock*, in: Ernst/Zinkahn/Bielenberg/Krautzberger (Hrsg.), BauGB, 145. Lfg. 2022, § 3 BauNVO Rn. 48.
57 Dazu *Stock*, in: Ernst/Zinkahn/Bielenberg/Krautzberger (Hrsg.), BauGB, 145. Lfg. 2022, § 3 BauNVO Rn. 48.
58 Ausführlich OVG NRW, Urt. v. 23.11.2016 – 7 A 775/15 –, juris, Rn. 43 ff.
59 BVerwG, BauR 1996, 676 ff.
60 BVerwG, NVwZ 1996, 893 (894); NdsOVG, NVwZ-RR 2016, 25 (27).
61 Zu Letzterem HessVGH, BauR 2022, 50 (51).
62 Ausführlich *Krüper*, DÖV 2016, 793 ff.
63 *Decker*, in: Jäde/Dirnberger (Hrsg.), BauGB/BauNVO, 9. Aufl. 2018, § 3 BauNVO Rn. 7; *Krüper*, DÖV 2016, 793 ff.; *Stock*, in: König/Roeser/ders. (Hrsg.), BauNVO, 4. Aufl. 2019, § 3 Rn. 20.
64 *Stock*, in: König/Roeser/ders. (Hrsg.), BauNVO, 4. Aufl. 2019, § 8 Rn. 16.

Gewinnerzielung gerichtete Tätigkeit handeln.[65] Zudem darf sie nicht freiberuflich sein, weil freie Berufe in der BauNVO in § 13 gesondert geregelt werden.

(3) Vergnügungsstätten

113 Vergnügungsstätten sind grundsätzlich ebenfalls Gewerbebetriebe, allerdings solche, die dem Vergnügen dienen.[66] Die BauNVO weist Vergnügungsstätten gesondert aus, weil sie typischerweise mit besonders intensiven und speziellen Auswirkungen auf die Umgebung einhergehen und daher anders als gewöhnliche Gewerbebetriebe einzuordnen sind.[67] Dies wird insbesondere daran deutlich, dass die Vergnügungsstätten nur in solchen Gebieten zulässig sind, die keine besonderen Anforderungen an Ruhe, Erholung und Schutz der Bevölkerung stellen, etwa nach §§ 4a III Nr. 3, 5 III, 8 III Nr. 3 BauNVO. Daher verstehen Literatur und Rechtsprechung unter Vergnügungsstätten „gewerbliche Einrichtungen, die der Freizeitgestaltung, der Zerstreuung, dem geselligen Beisammensein oder der Bedienung der Spielleidenschaft und der erotisch/sexuellen Interessen des Menschen dienen".[68] Darunter fallen insbesondere Diskotheken, Tanzbars und Spielhallen sowie Einrichtungen für sexuelle Dienstleistungen usw.[69] Probleme ergeben sich bei Gewerben, die zwar dem Vergnügen dienen, deren konkrete Nutzungsform nach Art und Umfang aber nicht notwendigerweise typischen Vergnügungsstätten entspricht. Dies kann der Fall sein bei Wohnungsbordellen[70], Bars, Peep-Shows[71] oder Wettbüros[72]. Die Rechtsprechung übersieht gerade hier häufig die Notwendigkeit einer spezifisch bauplanungsrechtsadäquaten Begriffsbestimmung: So hat das OVG Koblenz eine Lasertag-Halle als Vergnügungsstätte und nicht als Anlage für sportliche Zwecke eingeordnet, weil es bei Lasertag kein hinreichendes Regelwerk gebe und es bei Lasertag primär um das Erlebnis in einer Fantasiewelt gehe.[73] Dies ist eine verfassungsrechtlich bedenkliche Begriffsbildung, denn eine Lasertag-Halle hat kaum andere städtebauliche Auswirkungen als eine klassische Sporthalle, etwa eines Tennisvereins (Kap. 3 Rn. 98).

ff) Besondere Regelungen für Nutzungstypen

114 Nicht übersehen werden sollten einzelne besondere Regelungen der BauNVO zu bestimmten Nutzungen oder bestimmten Anlagen. So ist auf **§ 13 BauNVO** zu achten, der für Vorhaben, die freiberuflichen Tätigkeiten dienen, abweichende Zulässigkeitsvoraussetzungen schafft. Unter freien Berufen versteht man Tätigkeiten, wie sie etwa in § 18 I EstG aufgezählt sind, beispielsweise die Tätigkeit als Rechtsanwalt, Zahnarzt oder Steuerberater.[74] Diese Berufe haben gemein, dass ihre Ausübung kaum Auswir-

---

[65] BVerwG, NVwZ 1993, 775.
[66] *Roeser*, in: König/ders./Stock (Hrsg.), BauNVO, 4. Aufl. 2019, § 7 Rn. 16.
[67] *Stock*, in: Ernst/Zinkahn/Bielenberg/Krautzberger (Hrsg.), BauGB, 134. Lfg. August 2019, § 4a BauNVO Rn. 69.
[68] Vgl. BVerwG, NVwZ 1991, 266; *Roeser*, in: König/ders./Stock (Hrsg.), BauNVO, 4. Aufl. 2019, § 7 Rn. 16; *Fickert/Fieseler*, BauNVO, 13. Aufl. 2019, § 4a Rn. 22.
[69] Weitere Beispiele bei *Stock*, in: Ernst/Zinkahn/Bielenberg/Krautzberger (Hrsg.), BauGB, 134. Lfg. August 2019, § 4a BauNVO Rn. 69f.
[70] *Fickert/Fieseler*, BauNVO, 13. Aufl. 2019, § 8 Rn. 5.3; *Stock*, in: Ernst/Zinkahn/Bielenberg/Krautzberger (Hrsg.), BauGB, 134. Lfg. August 2019, § 4a BauNVO Rn. 60, 70.
[71] BVerwGE 64, 280 ff.
[72] *Fickert/Fieseler*, BauNVO, 13. Aufl. 2019, § 4a Rn. 23.69.
[73] OVG RhPf, NVwZ-RR 2017, 278 ff.; ebenso – wenn auch nur in einem Satz – OVG NRW, Beschl. v. 21.3.2017 – 7 B 221/17; kritisch dazu insgesamt *Herbolsheimer*, NVwZ 2017, 685 ff.
[74] *Hornmann*, in: Spannowsky/ders./Kämper (Hrsg.), BeckOK-BauNVO, 19. Ed. September 2019, § 13 Rn. 16 ff.

§ 3 Materielle Vorhabenzulassung im beplanten Gebiet, § 30 BauGB

kungen auf die Umgebung hat. § 13 BauNVO differenziert hier zwischen der Ausübung des freien Berufs in „Räumen", die in den vom Wohnen geprägten Gebieten zugelassen werden kann, und in „Gebäuden", die in den ‚lebhafteren' Gebieten vorgesehen ist.

§ 14 BauNVO regelt die Zulässigkeit von Nebenanlagen, also Anlagen, die nicht als eigenständige Anlage oder Bestandteil anderer Anlagen gelten, sondern primär entweder räumlich wie funktional der Hauptanlage und damit dem Grundstück zugeordnet werden müssen (grundstücksbezogene Nebenanlage) oder dem Zweck des Baugebiets an sich dienen (baugebietsbezogene Nebenanlage).[75] Relevant ist insbesondere Absatz 1, nach dem solche Anlagen dem Zweck des Baugebiets nicht widersprechen dürfen. Tun sie dies doch, sind sie unzulässig.

▶ **Beispiel:** Grundstücksbezogene Nebenanlagen sind etwa Abstellschuppen, Bootslagerplätze, Grillplatz im Garten, eine Schwimmhalle zum Wohnhaus;[76] Beispiele für baugebietsbezogene Nebenanlagen sind Spiel- und Skaterplätze, Altglascontainer oder Schaukästen.[77] Ein in der Praxis häufig auftretendes Problem sind **Terrassenüberdachungen**: Denn diese können entweder als **Erweiterung des Wohnhauses**, aber auch als (dem Wohngebäude dienende) **Nebenanlage** einzustufen sein. Dies hat Auswirkungen insbesondere auf die überbaubare Grundstücksfläche: Häufig dürfen in Bebauungsplänen Nebenanlagen anders als Hauptanlagen auch außerhalb von Baugrenzen errichtet werden. Ob eine Terrassenüberdachung als Nebenanlage zu werten ist, hängt nach der Rechtsprechung von baulichen wie funktionalen Aspekten ab: Je mehr die Terrassenüberdachung mit dem Wohngebäude verbunden ist und damit die Wohnnutzung erweitert, desto eher ist sie Bestandteil des Wohngebäudes. Daher sind Wintergärten keine Nebenanlagen mehr, kleinere, am Wohnhaus nicht befestigte und auch nur für den vorübergehenden Aufenthalt gedachte Terrassenüberdachungen, hingegen schon.[78] ◀

gg) Einzelfallbewertung: konkrete Gebietsverträglichkeit, § 15 BauNVO

Selbst wenn ein Vorhaben nach den §§ 2–14 BauNVO zulässig ist, führt dies nicht automatisch zu einer Zulassung. Es ist naheliegend, dass der Verordnungsgeber über die §§ 2–14 BauNVO kein System geschaffen hat, das jeden Einzelfall adäquat regeln könnte. Vor diesem Hintergrund stellt er § 15 BauNVO als **einzelfallbezogenes Korrektiv** bereit. Dass hier eine Abwendung weg von der typisierenden und hin zur Einzelfallbetrachtung vorgenommen wird, zeigt der Wortlaut deutlich: „Die in den §§ 2 bis 14 aufgeführten baulichen und sonstigen Anlagen sind im Einzelfall unzulässig…". Das bedeutet: Selbst wenn ein Vorhaben nach den §§ 2 bis 14 BauNVO zulässig wäre, kann es im Einzelfall unzulässig sein. § 15 I BauNVO enthält zwei Regelungen: In Satz 1 der einzelfallbezogene Widerspruch des Vorhabens zum Baugebiet, in Satz 2 seine unzumutbaren Auswirkungen für das Baugebiet oder die (weitere) Umgebung.

(1) Widerspruch zur konkreten Eigenart des betroffenen Baugebiets

§ 15 I 1 BauNVO hat nur wenig Praxis- und Klausurrelevanz, weil die dort aufgeführten Aspekte meist schon von der typisierenden Betrachtung, namentlich der (typisie-

---

75 BVerwGE 67, 23 (26); *Stock*, in: König/Roeser/ders. (Hrsg.), BauNVO, 4. Aufl. 2019, § 14 Rn. 11 m.w.N.
76 Vgl. *Stock*, in: König/Roeser/ders. (Hrsg.), BauNVO, 4. Aufl. 2019, § 14 Rn. 24 ff.
77 *Henkel*, in: Spannowsky/Hornmann/Kämper (Hrsg.), BeckOK-BauNVO, 19. Ed. 15.09.2019, § 14 Rn. 28, 28.1.
78 Vgl. insgesamt dazu BVerwG, NVwZ 2018, 1231 ff.; VG Gelsenkirchen, Urt. v. 1.9.2020 – 6 K 3106/18.

renden) Gebietsverträglichkeit des Vorhabens aufgefangen werden.[79] Wichtig ist hier nur, dass mit „Baugebiet" nicht nur die abstrakt in §§ 2 bis 14 BauNVO gemeinten Baugebiete gemeint sind, sondern die konkreten, d. h. sich im Einzelfall darstellenden Baugebiete. Die Eigenart des betroffenen Baugebiets ergibt sich daher nicht nur aus der Festsetzung z. B. als allgemeines Wohngebiet, sondern auch aus zusätzlichen, das Gebiet prägenden Merkmalen, wie etwa Festsetzungen über das Maß der baulichen Nutzung.[80] So kann die konkrete Eigenart eines reinen Wohngebiets durch entsprechend im Bebauungsplan festgesetzte zweigeschossige Einfamilienhäuser bestimmt werden.[81]

118 Das Vorhaben muss dieser Eigenart im Einzelfall entweder nach Anzahl, Lage, Umfang oder Zweckbestimmung widersprechen. Es gilt hier, das Vorhaben im Hinblick auf diese Kriterien mit der konkreten Eigenart des Baugebiets abzugleichen. Die Hürden für die Annahme eines Widerspruchs sind aber sehr hoch: Es muss sich um einen offensichtlichen, d. h. sich aufdrängenden Missgriff handeln, ein reines Abweichen des Vorhabens von der Umgebung genügt nicht.[82] Widersprechen bedeutet also mehr als bloßes Nichtentsprechen.[83] Ziel ist es insoweit, eine schrittweise Modifikation der Eigenart des konkreten Baugebiets zu vermeiden.[84]

119 Auffallend ist, dass nach § 15 I 1 BauNVO eine konkrete Gebietsunverträglichkeit vorliegt, wenn das Vorhaben der (konkreten) Eigenart des Baugebiets hinsichtlich seines **Umfangs** widerspricht. Dies verwundert, findet sich § 15 BauNVO doch im Abschnitt „Art der baulichen Nutzung" und handelt es sich bei dem Kriterium des Umfangs doch gerade um kein nutzungszweckbezogenes Kriterium, sondern um ein solches des Maßes der baulichen Nutzung. § 15 I 1 BauNVO meint daher hier den sehr seltenen Fall des Umschlagens von **Quantität in Qualität**: Ein Vorhaben ist unzulässig, wenn seine Dimensionen derart aus dem Rahmen fallen, dass eine in dem Baugebiet in seiner konkreten Ausgestaltung unzumutbare Qualität im Hinblick auf die Art der baulichen Nutzung erreicht wird.[85]

▶ **Beispiel:** Standardfall in der Rechtsprechung ist die Konstellation, in der ein Mehrfamilienhaus in einem (Wohn-)Gebiet aus Einfamilienhäusern errichtet werden soll. Ein Umschlagen von Quantität in Qualität wird hier kaum bejaht: So liegt ein Widerspruch zur Eigenart des Baugebiets etwa nicht vor bei einem Mehrfamilienhaus mit fünf[86] oder acht[87] Wohneinheiten in einem Gebiet voller Einfamilienhäusern. Anders mag es aussehen bei einem Mehrfamilienhaus mit 30 oder mehr Wohneinheiten. ◀

(2) Unzumutbare Störungen, § 15 I 2 BauNVO

120 Die wichtigere Variante der konkreten Gebietsunverträglichkeit bilden die unzumutbaren Störungen im Sinne des § 15 I 2 BauNVO, die von dem Vorhaben ausgehen und die Umgebung belasten oder die das Vorhaben belasten. Wichtig ist hierbei, dass mit „Umgebung" nicht nur die Betroffenen innerhalb desselben Baugebiets, sondern alle

---

79 *Henkel*, in: Spannowsky/Hornmann/Kämper (Hrsg.), BeckOK-BauNVO, 37. Ed. 15.04.2024, § 15 Rn. 16.
80 BVerwG NVwZ 1991, 1078 f.
81 Zu der konkreten Eigenart eines Baugebiets als „Villengebiet" VG Gelsenkirchen, Urt. v. 12.12.2019 – 5 K 1222/18 –, juris.
82 BVerwG, NVwZ 1985, 653 f.
83 *Söfker*, in: Ernst/Zinkahn/Bielenberg/Krautzberger (Hrsg.), BauGB, 122. Lfg. 2016, § 15 BauNVO Rn. 13.
84 *Söfker*, in: Ernst/Zinkahn/Bielenberg/Krautzberger (Hrsg.), BauGB, 122. Lfg. 2016, § 15 BauNVO Rn. 13.
85 BVerwG, NVwZ 1995, 899 f.; OVG NRW, NVwZ-RR 2005, 601 f.
86 NdsOVG, NVwZ-RR 2014, 756 f.
87 VG Gelsenkirchen, Urt. v. 12.12.2019 – 5 K 1222/18 –, juris.

§ 3 Materielle Vorhabenzulassung im beplanten Gebiet, § 30 BauGB

gemeint sind, die von dem Bauvorhaben berührt werden.[88] Wie weit der Radius zu ziehen ist, kann nicht allgemein bestimmt werden. Es kommt stets auf das tatsächliche Betroffensein von dem Vorhaben an.[89] Mit „Auswirkungen" sind alle wahrnehmbaren, für die Umgebung negativen Eigenschaften von Anlagen gemeint. Meist geht es dabei um umweltrechtlich relevante Emissionen wie Lärm und Geruch.

Wann diese unzumutbar sind, ist eine Frage des Einzelfalls. In der Praxis kommen hier als Auslegungshilfe häufig entsprechende Regelwerke ins Spiel. So enthält etwa die Technische Anleitung Lärm (TA Lärm) Immissionsrichtwerte, bei deren Überschreitung regelmäßig eine Unzumutbarkeit bejaht wird.[90] In der Klausur kommt es hingegen vornehmlich auf eine gute Argumentation an: Wie in anderen Bereichen auch, liegt eine Unzumutbarkeit nämlich dann vor, wenn eine **Abwägung** der widerstreitenden Interessen des Bauherrn sowie des Betroffenen in der Umgebung ergibt, dass die Interessen des Bauherrn unterliegen müssen.[91] Neben den entscheidenden Kriterien wie Dauer, Ausmaß, Häufigkeit und Zeitpunkt der vom Vorhaben ausgehenden Beeinträchtigung dürfen aber andere Aspekte nicht vernachlässigt werden, wie etwa die Sozialadäquanz einer Nutzung (etwa Kinderlärm bei Kindertagesstätten).[92] Entscheidend ist insoweit eine Gesamtschau der den Einzelfall ausmachenden Umstände. Hier sind eine genaue Sachverhaltsanalyse und eine strukturierte Argumentation gefragt! 121

▶ **Beispiel:** Eine Kirche kann nach § 15 I 2 BauNVO unzulässig sein, wenn das Glockenläuten für den direkt angrenzenden Nachbarn unzumutbar ist, weil es die Richtwerte der TA Lärm überschreitet;[93] eine Kindertagesstätte kann trotz ihrer Sozialadäquanz unzulässig sein, wenn sie in einer solch engen Sackgasse errichtet wird, dass der von ihr verursachte Kfz-Verkehr zu massiven Problemen für die anderen Anwohner führt;[94] zulässig ist aber eine Feuersirene, welche ihren gesetzlichen Zweck erfüllt, als Lärm empfundene Geräusche zu erzeugen, wobei unvorhersehbarer Alarm nur selten ausgelöst wird und der monatliche Probealarm zu festgesetzten und allgemein bekannten Tageszeiten stattfindet.[95] ◀

§ 15 I 2 BauNVO drückt nach allgemeiner Auffassung das **Gebot der Rücksichtnahme** aus. Dieses wird im Rahmen des Drittschutzes relevant und fragt, ab wann eine Nutzung für einen bestimmten Nachbarn unzumutbar ist (Kap. 3 Rn. 347 ff., 362 f.). 122

b) Sicherung der Erschließung

Das einzig unmittelbar gesetzlich festgelegte Kriterium für Vorhaben, die nach § 30 I BauGB zugelassen werden sollen, ist die Erschließungssicherung. Darunter sind die Mindestvoraussetzungen für die Benutzbarkeit einer Anlage zu verstehen, z. B. der Wasseranschluss, die Stromversorgung oder die Müllbeseitigung.[96] Ein Blick in § 127 BauGB hilft bei der Konkretisierung möglicher Erschließungsgegenstände. Gesichert ist 123

---

88 *Henkel*, in: Spannowsky/Hornmann/Kämper (Hrsg.), BeckOK-BauNVO, 37 Ed. 15.04.2024, § 15 Rn. 22.
89 *Henkel*, in: Spannowsky/Hornmann/Kämper (Hrsg.), BeckOK-BauNVO, 37. Ed. 15.04.2024, § 15 Rn. 22.
90 Vgl. *Roeser*, in: König/ders./Stock (Hrsg.), BauNVO, 5. Aufl. 2022, § 15 Rn. 39 f.
91 BVerwG, NVwZ 1983, 609 f.; NVwZ 1992, 884 f.
92 Zu den Abwägungskriterien: *Pützenbacher*, in: Bönker/Bischopink (Hrsg.), BauNVO, 2. Aufl. 2018, § 15 Rn. 101 ff.
93 BVerwG, Beschl. v. 19.2.2013 – 7B38/12 –, juris.
94 VG München, Urt. v. 7.12.2009 – M 8 K 09.4469 –, juris.
95 BVerwG, Urt. v. 29.4.1988 – 7 C 33/87 –, juris; vgl. auch *Pützenbacher*, in: Bönker/Bischopink (Hrsg.), BauNVO, 2. Aufl. 2018, § 15 Rn. 115.
96 *Mitschang*, in: Battis/Krautzberger/Löhr (Hrsg.), BauGB, 15. Aufl. 2022, § 30 Rn. 18 ff.; *Gloria*, NVwZ 1991, 720 (722).

die Erschließung, wenn hinreichend absehbar ist, dass die für die Benutzung notwendigen Erschließungsaspekte zum Zeitpunkt des Nutzungsbeginns, nicht aber schon des Errichtungsbeginns vorliegen.[97]

▶ **Beispiel:** Bei einer Gaststätte ohne Wasseranschluss ist die Erschließung nicht gesichert, weil ohne Wassernutzung eine solche nicht zu betreiben ist. Beachten Sie aber auch die konkreten Umstände: So kann es z. B. für einen Schuppen zum Abstellen von Fahrrädern ausreichen, wenn zum Schuppen nur ein kleiner, unebener und enger Trampelpfad führt. ◀

IV. Die Zulässigkeit eines Bauvorhabens im Bereich eines einfachen Bebauungsplans, § 30 III BauGB

124 Ein einfacher Bebauungsplan im Sinne des § 30 III BauGB liegt vor, wenn ein ansonsten wirksamer Bebauungsplan **nicht alle Mindestfestsetzungen** des § 30 I BauGB beinhaltet. Dabei ist irrelevant, wie viele Festsetzungen der Bebauungsplan insgesamt aufweist. Sobald nur eine der in § 30 I BauGB genannten Festsetzungen fehlt, greift nicht mehr § 30 I BauGB, sondern § 30 III BauGB.

▶ **Beispiel:** Ein Bebauungsplan weist über 65 Festsetzungen auf, etwa zur Art der baulichen Nutzung, zu den Grünflächen, zu den Freizeitflächen usw. Allerdings regelt er nicht die überbaubare Grundstücksfläche. Allein aus diesem Grunde ist nicht mehr § 30 I, sondern § 30 III BauGB anwendbar. ◀

125 Im Fall des § 30 III BauGB geht der Gesetzgeber davon aus, dass eine abschließende (Letzt-)Beurteilung der bauplanungsrechtlichen Zulässigkeit eines Vorhabens allein anhand des Bebauungsplans nicht möglich ist. Der Bebauungsplan gilt daher nur insoweit als Maßstab für die Zulassung eines Vorhabens, als er Festsetzungen enthält. „Im Übrigen", d. h. auf dem Gebiet der **fehlenden Mindestfestsetzungen**, greifen **ergänzend** § 34 BauGB oder § 35 BauGB ein, also die gesetzlichen Zulassungsmaßstäbe für bauliche Anlagen in unbeplanten Gebieten (Kap. 3 Rn. 161 ff., 221 ff.).

▶ **Beispiel:** Ein Bebauungsplan enthält die Festsetzungen im Sinne von § 30 I BauGB mit Ausnahme der Art der baulichen Nutzung. Dann muss geprüft werden, ob das Vorhaben mit den Festsetzungen übereinstimmt. Nur für die Frage der Zulässigkeit des Bauvorhabens **hinsichtlich der Art der baulichen Nutzung** ist auf § 34 BauGB oder § 35 BauGB einzugehen.[98] ◀

V. Ausnahmen und Befreiungen, § 31 BauGB

126 Auch wenn die Prüfung ergibt, dass ein Vorhaben nach dem Bebauungsplan bauplanungsrechtlich unzulässig ist, kann gleichwohl eine Zulassung erfolgen, sofern eine Ausnahme oder eine Befreiung in Betracht kommt, § 31 BauGB. Über beide Fälle entscheidet die zuständige Baubehörde.

1. Anwendungsbereich

127 Ausnahmen und Befreiungen nach § 31 BauGB sind nur dann möglich, wenn das Vorhaben nach dem Bebauungsplan unzulässig ist. Das zeigt der Wortlaut, der eine

---

[97] BVerwG, NVwZ 2010, 1561 (1565); NVwZ-RR 2002, 770 (772); *Tophoven*, in: Spannowsky/Uechtritz (Hrsg.), BeckOK-BauGB, 57. Ed. Dezember 2022, § 30 Rn. 39 ff.
[98] Vgl. *Rieger*, in: Schrödter (Hrsg.), BauGB, 9. Aufl. 2019, § 30 Rn. 31.

Ausnahme bzw. Befreiung nur „von den Festsetzungen des Bebauungsplans" zulässt.[99] Im Falle des § 30 III BauGB, in dem das Vorhaben zwar mit den Festsetzungen des Bebauungsplans übereinstimmt, aber gegen § 34 bzw. § 35 BauGB verstößt, greift § 31 BauGB also nicht.[100]

▶ **Hinweis:** § 31 BauGB kann allerdings über § 34 II 2 BauGB ausnahmsweise auch im unbeplanten Innenbereich zur Anwendung kommen (nicht aber im Falle des § 35 BauGB). ◀

2. Ausnahme, § 31 I BauGB

Die Zulassung einer Ausnahme nach § 31 I 1 BauGB kommt nur in Betracht, wenn sie im Bebauungsplan selbst vorgesehen ist.[101] Mit Ausnahmen sind damit insbesondere, aber nicht ausschließlich, die im jeweiligen **Absatz 3 der §§ 2 ff. BauNVO** genannten Nutzungen gemeint, die über § 1 III 2 BauGB Bestandteil des Bebauungsplans werden. Soweit ansonsten Ausnahmen zugelassen werden sollen, müssen diese ausdrücklich und hinreichend bestimmt sein.[102]

▶ **Beispiel:** Eine Ausnahme wie „Es gilt die Grundflächenzahl von 0,3. Davon können Ausnahmen zugelassen werden" ist wegen fehlender Bestimmtheit unbeachtlich. Vielmehr müssen der exakte Umfang und die Art der Ausnahme dargelegt werden, z. B.: „Es können Abweichungen von der Grundflächenzahl bis zu einer Höhe von 0,5 zugelassen werden". ◀

Die Baubehörden können gemäß § 31 I BauGB Ausnahmen zulassen, es besteht also kein Anspruch auf Erteilung einer Ausnahme, sondern die Entscheidung liegt im **Ermessen** der Behörde.[103] Die Ausübung des Ermessens muss rechtmäßig, insbesondere verhältnismäßig erfolgen: Hier streiten öffentliche Interessen meist gegen die Zulassung der Ausnahme, die privaten Interessen für die Zulassung der Ausnahme. Die Ermessensentscheidung darf dabei nur Interessen städtebaulicher Art berücksichtigen.[104] Im Rahmen von §§ 2 ff. BauNVO ist dabei besonders der Aspekt der Gebietsverträglichkeit heranzuziehen.[105]

▶ **Beispiel:** In einem allgemeinen Wohngebiet dürfte die Gewährung einer Ausnahme für eine Tankstelle ermessensfehlerfrei abgelehnt werden können, auch wenn Tankstellen dort ausnahmsweise zulässig sind, § 4 III Nr. 5 BauNVO, wenn in dem betroffenen Gebiet bereits zwei Tankstellen existieren. Denn andernfalls drohte eine erhebliche Änderung des Gebietscharakters, die vom Plangeber nicht gewollt sein kann. (2) In einem Gewerbegebiet soll ein Seniorenheim errichtet werden. Dieses ist aber nach § 8 II BauNVO nicht zulässig. Nach § 8 III Nr. 2 BauNVO kann aber eine Ausnahme zugelassen werden. Die Baubehörde dürfte das Seniorenheim gleichwohl regelmäßig nicht zulassen, weil es aufgrund seiner

---

99 BVerwGE 19, 164 (170 f.).
100 *Söfker*, in: Ernst/Zinkahn/Bielenberg/Krautzberger (Hrsg.), BauGB, 147. EL August 2022, § 31 Rn. 19.
101 *Erbguth*, Öffentliches Baurecht, 5. Aufl. 2009, § 8 Rn. 20. *Spieß*, in: Jäde/Dirnberger (Hrsg.), BauGB/BauNVO, 10 Aufl. 2022, § 31 BauGB Rn. 8; *Kment*, Öffentliches Baurecht I, 8. Aufl. 2022, § 21 Rn. 4; *Erbguth/Schubert*, Öffentliches Baurecht, 6. Aufl. 2015, § 8 Rn. 20.
102 *Stollmann/Beaucamp*, Öffentliches Baurecht, 13. Aufl. 2022, § 14 Rn. 37; *Stüer/Rude*, DVBl. 2000, 390 (391).
103 *Reidt*, in: Battis/Krautzberger/Löhr (Hrsg.), BauGB, 15. Aufl. 2022, § 31 Rn. 19.
104 BVerwGE 116, 155 ff.; *Siegmund*, in: Spannowsky/Uechtritz (Hrsg.), BeckOK-BauGB, 57. Ed. Dezember 2022, § 31 Rn. 25.
105 BVerwGE 116, 155 ff.; NVwZ 2002, 1384 f.; *Muckel/Ogorek*, Öffentliches Baurecht, 4. Aufl. 2020, § 7 Rn. 57.

Anforderungen an Ruhe und Lebensqualität mit dem Zweck und Eigenart eines Gewerbegebiets nicht konform geht.[106] ◄

130 Sprechen im Einzelfall keine durchgreifenden öffentlichen Interessen gegen das Vorhaben, dürfte das Ermessen regelmäßig wegen Art. 14 I 1 GG in Richtung Erteilung der Ausnahme auszuüben sein.

3. Befreiung, § 31 II BauGB

131 Regelmäßig schwieriger zu beurteilen ist die Frage, ob im Einzelfall eine Befreiung von den Festsetzungen eines Bebauungsplans in Betracht kommt. Anders als die Ausnahme beruht die Befreiung gemäß § 31 II BauGB ausschließlich auf einer Entscheidung der Bauaufsichtsbehörde. Im Bebauungsplan selbst ist sie nicht vorgesehen. Daher handelt es sich bei der Befreiung auch gegenüber der Gemeinde um einen Verwaltungsakt, der das planerische Konzept der Gemeinde in Gestalt des Bebauungsplans durchbricht (Kap. 3 Rn. 134).[107]

132 Die Berechtigung der Befreiung ergibt sich aus einer Zusammenschau von bauplanungsrechtlicher Regelungstechnik und den Funktionen des Bauplanungsrechts: Der Bebauungsplan als Rechtsnorm trifft abstrakt-generelle Regelungen, insbesondere durch die Inkorporation der §§ 2 ff. BauNVO über § 1 III 2 BauNVO. Durch sie nimmt der Bebauungsplan die auf einer typisierenden Betrachtung beruhenden unbestimmten Rechtsbegriffe der §§ 2 ff. BauNVO in sich auf. Funktion des Bauplanungsrechts ist es zugleich, bodenrechtliche Spannungen zu verhindern. Der Leitgedanke des § 31 II BauGB ist daher, ein Vorhaben zuzulassen, auch wenn es nach den allgemeinen Regelungen des Bebauungsplans zwar unzulässig ist, im Einzelfall aber keine bodenrechtlichen Spannungen verursacht. Zweck des § 31 II BauGB ist damit die Herstellung von Einzelfallgerechtigkeit.

133 Um die Entstehung bodenrechtlicher Spannungen zu verhindern, stellt § 31 II BauGB verschiedene Voraussetzungen für die Erteilung einer Befreiung auf:

134 Zunächst dürfen durch das Vorhaben die **Grundzüge der gemeindlichen Planung** nicht berührt sein. Plant die Gemeinde etwa, ein Gebiet von Gewerbebetrieben freizuhalten, wäre der Eingriff in die Planungshoheit aus Art. 28 II GG zu massiv, würde dennoch im Einzelfall ein Gewerbebetrieb zugelassen werden. Ob die Grundzüge durch eine Befreiung tatsächlich berührt werden, ergibt eine **Abwägung** zwischen dem Planungsziel und den Eigenschaften des konkreten Vorhabens: „Je tiefer die Befreiung in das Interessengeflecht der Planung eingreift, desto eher liegt der Schluss nahe, dass eine Änderung der Planungskonzeption gegeben ist, der nur im Wege einer Planänderung nachgekommen werden darf".[108]

135 Weiterhin müssen **öffentliche Belange** mit der Befreiung vereinbar sein. Auch hier dürfen nur planungsrechtlich relevante öffentliche Belange berücksichtigt werden, deren spezifisches Gewicht im Rahmen einer Abwägungsentscheidung bewertet wird.

---

106 BVerwG, NVwZ 2002, 1384 f.; vgl. *Söfker*, in: Ernst/Zinkahn/Bielenberg/Krautzberger (Hrsg.), BauGB, 134. Lfg. August 2019, § 31 Rn. 28 mit weiteren Beispielen.
107 *Reidt*, in: Battis/Krautzberger/Löhr (Hrsg.), BauGB, 15. Aufl. 2022, § 31 Rn. 23 (Befreiung als sog. „planexternes Institut").
108 *Reidt*, in: Battis/Krautzberger/Löhr (Hrsg.), BauGB, 15. Aufl. 2022, § 31 Rn. 29; *Söfker*, in: Ernst/Zinkahn/Bielenberg/Krautzberger (Hrsg.), BauGB, 147. EL August 2022, § 31 Rn. 36a, dort auch weitere Beispiele.

Schließlich dürfen **nachbarliche Interessen** durch die Erteilung der Befreiung nicht unangemessen beeinträchtigt werden. Auch hier bedarf es einer Abwägung mit planungsrechtlich relevanten Belangen, hier allerdings privater Natur. Diese Belange müssen tatsächlich betroffen sein. Die bloße Möglichkeit der Betroffenheit reicht nicht aus.

Schließlich kommt noch ein weiteres Tatbestandsmerkmal hinzu, wobei § 31 II BauGB hier verschiedene Varianten alternativ anbietet:

Die Befreiung kann durch **Gründe des Allgemeinwohls** geboten sein. Diese müssen nicht solche bodenrechtlicher Natur sein, sondern umfassen sämtliche Interessen der Allgemeinheit.[109] Die Gründe müssen die Befreiung erfordern, also die Befreiung vernünftigerweise geboten erscheinen lassen.[110] Städtebaulich vertretbar ist die Befreiung, wenn das Vorhaben ohne Abwägungsfehler problemlos in dem Bebauungsplan zulässig wäre.[111]

▶ **Beispiel:** Geplant ist eine Obdachlosenunterkunft, die an sich nach dem Bebauungsplan unzulässig wäre. Hier kann eine Befreiung gerade vor dem Hintergrund des sozialen Zwecks der geplanten Unterkunft geboten sein. ◀

Die Befreiung kommt ebenfalls in Betracht, wenn es nur um **geringfügige, städtebaulich vertretbare Abweichungen** vom Bebauungsplan geht.

▶ **Beispiel:** Die Baugrenze wird um einen Meter überschritten, ohne dass der Verstoß das Planungskonzept beeinträchtigen würde.[112] ◀

Eine **nicht beabsichtigte** Härte durch den Vollzug des Bebauungsplans liegt dann vor, wenn die Gemeinde diesen Härtefall nicht gesehen und nicht bewusst in Kauf genommen hat. Hat die Gemeinde die Härte nur übersehen, ist sie nicht unbeabsichtigt; die Gemeinde muss die Entstehung eines solchen Härtefalls ausgeschlossen haben.[113]

▶ **Beispiel:** Der Bebauungsplan führt zu einer Unbebaubarkeit des Grundstücks, was die Gemeinde nicht so gesehen hat. Hier wäre der Eingriff in Art. 14 I GG im Vergleich zum Schutz der kommunalen Planungshoheit, Art. 28 II GG, zu massiv.[114] ◀

Strittig ist, ob über die Voraussetzungen des § 31 II BauGB hinaus zusätzlich das – ungeschriebene – Merkmal der **Atypik** hinzutreten muss, d. h. ob das Bauvorhaben im Einzelfall auf einem besonders atypischen Sachverhalt beruhen muss.[115] Dagegen spricht nicht nur, dass der Gesetzgeber dies ausdrücklich nicht (mehr) verlangt, sondern auch, dass die restriktive Gestaltung des § 31 II BauGB ein weiteres einschränkendes Merkmal nicht notwendig macht.[116] Es bleibt daher bei den geschriebenen Voraussetzungen des § 31 II BauGB.

Auch die Befreiung gemäß § 31 II BauGB steht im **Ermessen** der Baubehörde. Im Unterschied zu § 31 I BauGB darf die Baubehörde nach Auffassung des Bundesverwaltungsgerichts auch andere als bodenrechtliche Erwägungen bei ihrer Entscheidung berücksichtigen. Als Begründung wird angegeben, dass § 31 II BauGB – im Gegensatz

---

109 BVerwGE 138, 166 ff.
110 BVerwGE 138, 166 ff.
111 BVerwGE 108, 190 ff.
112 NdsOVG, NJW 1980, 1408 f.
113 *Rieger*, in: Schrödter (Hrsg.), BauGB, 9. Aufl. 2019, § 31 Rn. 34.
114 *Reidt*, in: Battis/Krautzberger/Löhr (Hrsg.), BauGB, 15. Aufl. 2022, § 31 Rn. 41.
115 So früher BVerwGE 40, 268 ff.; heute noch so *Rieger*, in: Schrödter (Hrsg.), BauGB, 9. Aufl. 2019, § 31 Rn. 26 f.
116 Dazu VGH BW, NVwZ 2004, 357 ff.; *Muckel/Ogorek*, Öffentliches Baurecht, 4. Aufl. 2020, § 7 Rn. 76.

zu § 31 I BauGB – selbst auf eine Abwägung mit Gründen des Allgemeinwohls abstellt. Wenn andere als bodenrechtliche Belange aber schon auf der Tatbestandsseite der Norm relevant werden könnten, so müsse dies auch auf Rechtsfolgenseite gelten.[117] Allerdings wird in der Rechtsprechung betont, dass beim Vorliegen der Tatbestandsvoraussetzungen des § 31 II BauGB für eine Ermessensentscheidung vor dem Hintergrund des Art. 14 I 1 GG wenig Spielraum bestehe. Für die Ablehnung der Befreiung bedarf es daher besonders gewichtiger entgegenstehender öffentlicher Interessen.[118]

▶ **Beispiel:** Ein Vorhaben erfüllt zwar die Voraussetzungen für eine Befreiung, die betroffene Gemeinde plant aber die Änderung des Bebauungsplans und das Vorhaben steht dieser Planung entgegen. Dies ist ein gewichtiges öffentliches Interesse, das die Versagung der Befreiung rechtfertigen kann.[119] ◀

143 Aus den Ausführungen ergibt sich nachfolgendes Prüfungsschema.

▶ **Prüfungsschema: Zulässigkeit eines Bauvorhabens nach § 30 BauGB**
I. Anwendbarkeit der §§ 30 ff. BauGB, § 29 I BauGB
II. Zulässigkeit des Bauvorhabens nach § 30 BauGB
  1. Zulässigkeit nach § 30 I BauGB
    a) Anwendungsbereich: qualifizierter Bebauungsplan
      aa) Wirksamer Bebauungsplan
      bb) Mindestfestsetzungen
        (1) Art der baulichen Nutzung, §§ 2 ff. BauNVO
        (2) Maß der baulichen Nutzung, § 16 BauNVO
        (3) Überbaubare Grundstücksfläche, § 23 BauNVO
        (4) Örtliche Verkehrsfläche
    b) Tatbestandsvoraussetzungen
      aa) Übereinstimmung mit den Festsetzungen des Bebauungsplans **insb. Vereinbarkeit mit §§ 2 ff. BauNVO**
        (1) Nutzung nach Absatz 2 der §§ 2 ff. BauNVO allgemein zulässig
        (2) *falls (1) (-):* Ausnahme gemäß Absatz 3 der §§ 2 ff. BauNVO iVm § 31 I BauGB
        (3) *falls (1) und (2) (-):* Anspruch auf Befreiung, § 31 II BauGB?
      bb) Gesicherte Erschließung
  2. *Wenn 1. (-):* Zulässigkeit nach § 30 III BauGB
    a) Anwendungsbereich: einfacher Bebauungsplan
      aa) Wirksamer Bebauungsplan
      bb) Mindestens eine Mindestfestsetzung iSv § 30 I BauGB fehlt
    b) Tatbestandsvoraussetzungen

---

[117] BVerwGE 56, 71 ff.; vgl. dazu Reidt, in: Battis/Krautzberger/Löhr(Hrsg.), BauGB, 15. Aufl. 2022, § 31 Rn. 44; *Söfker*, in: Ernst/Zinkahn/Bielenberg/Krautzberger (Hrsg.), BauGB, 147. EL August 2022, § 31 Rn. 61.
[118] BVerwGE 117, 50 ff.
[119] BVerwGE 117, 50 ff.

　　　　aa) Übereinstimmung mit allen Festsetzungen des Bebauungsplans
　　　　bb) Ergänzend § 34 oder § 35 BauGB für die fehlenden Mindestfestsetzungen.
　　　　cc) Gesicherte Erschließung
III. Ergebnis ◀

C. Fallbeispiel

I. Sachverhalt

Die nordrhein-westfälische Gemeinde G erlässt den Bebauungsplan Nr. 1255/2 „Goldwiese", dessen Zweck die Schaffung eines „ruhigen Wohnviertels mit kleinen Einfamilienhäusern" sein soll. Er enthält folgende Festsetzungen: Neben der Festlegung der örtlichen Verkehrsflächen wird ein reines Wohngebiet festgesetzt, wobei für die einzelnen Grundstücke Baugrenzen vorgesehen sind. Die baulichen Anlagen dürfen im Übrigen nicht mehr als zwei Geschosse aufweisen.

Die X-GmbH vermittelt ausländische Monteure an deutsche Firmen und sorgt auch für die mehrere Monate dauernde Tätigkeit in Deutschland für ihre Unterkunft. Sie möchte in dem Wohngebiet „Goldwiese" nun eine entgeltliche Unterkunft für ihre Monteure errichten. Die Unterkunft soll zwei Küchen, ein großes Esszimmer, zwei Wohnzimmer und im Übrigen zahlreiche Schlafzimmer mit Nasszelle sowie Sitzgelegenheiten und einige Fitnessgeräte im Vorgarten der Anlage vorsehen, wobei die insgesamt 40 Monteure sich stets zu zweit ein Zimmer teilen. Im Übrigen sorgen die Monteure zwar für sich selbst, allerdings soll die Unterbringung durch ein von der X-GmbH beauftragtes Unternehmen gereinigt werden. Auch andere Serviceleistungen, wie etwa ein Wäscheservice, werden von dem externen Unternehmen angeboten.

Den Antrag auf Erteilung der Baugenehmigung lehnt G u. a. mit der Begründung ab, das Vorhaben diene zwar der Unterbringung der Monteure, sei in seiner Beschaffenheit aber nicht als Wohnnutzung zu qualifizieren, an die das Bauplanungsrecht höhere Anforderungen stelle. Die Unterbringung trage, trotz des mehrmonatigen Aufenthalts, eher das Gepräge einer Jugendherberge als einer wirklich autonomen und der Herstellung individueller Rückzugsräume dienenden Häuslichkeit. Hat die G recht?

II. Lösungsvorschlag

G lehnt die Erteilung der Baugenehmigung für die X-GmbH zu Recht ab, wenn die Voraussetzungen für deren Erteilung nicht vorliegen. Eine Baugenehmigung ist nach § 74 I BauO NRW zu erteilen, wenn das Vorhaben genehmigungsbedürftig ist und ihm keine öffentlich-rechtlichen Vorschriften entgegenstehen.

1. Genehmigungspflicht

Auch wenn dieses Merkmal nicht ausdrücklich in § 74 I BauO NRW erwähnt ist, ergibt sich aus dem systematischen Kontext der Vorschrift, dass eine Baugenehmigung nur zu erteilen ist, wenn es ihrer bedarf, das Vorhaben also genehmigungspflichtig ist. Dies ist nach § 60 I BauO NRW vorbehaltlich der dort aufgeführten Ausnahmen jedenfalls bei der Errichtung von Anlagen der Fall. Die X-GmbH möchte eine Anlage zur Unterbringung ausländischer Monteure errichten. Fraglich ist, ob es sich dabei um eine bauliche Anlage nach § 2 I 1 BauO NRW handelt, also eine aus Bauprodukten hergestellte und mit dem Erdboden fest verbundene Anlage. Die geplante Anlage soll aus Bauprodukten hergestellt werden. Ob sie mit dem Erdboden verbunden, also etwa unterkellert ist, bedarf keiner Entscheidung, weil nach § 2 I 2 BauO NRW hierfür jedenfalls das Ruhen der Anlage auf dem Erdboden aus eigener Schwere genügt, was hier anzunehmen ist. Die X-GmbH plant damit die Errichtung einer baulichen Anlage, genauer eines Gebäudes, § 2 II BauO NRW. Ausnahmen von der Genehmigungspflicht, §§ 61–63, 78, 79 BauO NRW, sind überdies nicht erkennbar.

2. Genehmigungsfähigkeit

147 Fraglich aber ist, ob das Vorhaben genehmigungsfähig ist, was der Fall ist, soweit ihm keine öffentlich-rechtlichen Vorschriften entgegenstehen.

a) Prüfungsmaßstab

148 Fraglich ist, ob im vorliegenden Fall die Einhaltung aller öffentlich-rechtlichen Vorschriften zu prüfen ist. Es könnte sich hier nämlich um einen Fall des vereinfachten Genehmigungsverfahrens handeln, bei dem nur bestimmte, in § 64 I BauO NRW genannte Vorschriften zu prüfen sind. Nach § 64 I BauO NRW ist eine Baugenehmigung im vereinfachten Genehmigungsverfahren zu erteilen, wenn es sich bei dem Vorhaben nicht um die Errichtung eines großen Sonderbaus handelt. Solche großen Sonderbauten werden in § 50 II BauO NRW genannt, das Vorhaben der X-GmbH zählt indes nicht dazu. Von daher ist die geplante Anlage im vereinfachten Genehmigungsverfahren zu genehmigen, womit eine Beschränkung des Prüfungsmaßstabs auf die in § 64 I BauO NRW genannten Vorschriften einhergeht.

b) Bauplanungsrecht, §§ 29 ff. BauGB

149 Das Vorhaben könnte gegen Bauplanungsrecht, insbesondere §§ 29 ff. BauGB verstoßen. Diese Vorschriften sind nach § 64 I Nr. 1 lit. a BauO NRW auch im vereinfachten Genehmigungsverfahren zu prüfen.

aa) Anwendbarkeit, § 29 I BauGB

150 Die bauplanungsrechtlichen Anforderungen der §§ 30 ff. BauGB gelten nur für bauliche Anlagen, § 29 I BauGB. Der Begriff ist aufgrund der unterschiedlichen Zweckrichtung mit dem bauordnungsrechtlichen Anlagenbegriff nur teilkongruent. Nach Bauplanungsrecht liegt eine bauliche Anlage vor bei einer auf Dauer angelegten, aus Bauprodukten hergestellten Anlage, die bodenrechtlich beachtlich ist. Die ersten beiden Voraussetzungen liegen offensichtlich vor. Fraglich ist, ob die geplante Anlage bodenrechtlich relevant ist. Das ist der Fall, wenn die Anlage möglicherweise städtebauliche bzw. bodenrechtliche, insbesondere die in § 1 V, VI BauGB genannten Belange, berührt. Die Anlage soll als Wohnheim in einem reinen Wohngebiet der zeitweisen Unterbringung von 40 Monteuren dienen, die auch regelmäßig wechseln. Insofern ist es nicht ausgeschlossen, dass die Unterbringung die allgemeinen Anforderungen an gesunde Wohnverhältnisse („Wohnruhe") beeinflussen könnte, § 1 VI Nr. 1 BauGB. Es handelt sich bei dem geplanten Vorhaben also um eine bauliche Anlage iSv § 29 I BauGB.

§ 3 Materielle Vorhabenzulassung im beplanten Gebiet, § 30 BauGB

bb) Zulässigkeit nach § 30 I BauGB

Das Vorhaben könnte nach § 30 I in Verbindung mit dem Bebauungsplan Nr. 1255/2 „Goldwiese" unzulässig sein.

(1) Maßgeblichkeit des Bebauungsplans

Der bauplanungsrechtliche Prüfungsmaßstab ergibt sich abschließend aus dem Bebauungsplan Nr. 1255/2, wenn es sich bei diesem um einen sogenannten qualifizierten Bebauungsplan gemäß § 30 I BauGB handelt. Das setzt voraus, dass der Bebauungsplan zumindest Festsetzungen zu Art und Maß der baulichen Nutzung, die überbaubare Grundstücksfläche sowie die örtlichen Verkehrsflächen enthält. Der Bebauungsplan Nr. 1255/2 „Goldwiese" beinhaltet Festsetzungen zu den örtlichen Verkehrsflächen. Ebenso beinhaltet er Festsetzungen zur Art der baulichen Nutzung, da er ein reines Wohngebiet festsetzt, § 3 BauNVO, sowie zum Maß der baulichen Nutzung, da er eine Zahl von zwei Vollgeschossen festsetzt, § 16 II Nr. 3 BauNVO. Er enthält außerdem Festsetzungen zur überbaubaren Grundstücksfläche, weil er Baugrenzen vorsieht, § 23 II BauNVO. Es liegt damit ein qualifizierter Bebauungsplan vor.

(2) Wirksamkeit des Bebauungsplans

Der Bebauungsplan ist weder aus rechtlichen noch tatsächlichen Gründen unwirksam.

(3) Vereinbarkeit des Vorhabens mit dem Bebauungsplan

Fraglich ist, ob das Vorhaben mit den Festsetzungen des Bebauungsplans vereinbar ist. Es könnte ein Verstoß hinsichtlich der Art der baulichen Nutzung vorliegen, wenn die Monteursunterkunft in einem reinen Wohngebiet nicht realisiert werden darf. Dies setzt voraus, dass die Unterkunft nach § 3 BauNVO, dessen Regelungen Bestandteil des Bebauungsplans geworden sind, § 1 III 2 BauNVO, zu den allgemein oder jedenfalls ausnahmsweise zulässigen Nutzungen zählt.

Die Unterbringung könnte **als Wohnnutzung** nach § 3 II Nr. 1 BauNVO allgemein zulässig sein. Darunter versteht man jede auf Dauer und auf Freiwilligkeit angelegte Häuslichkeit, die einen privaten Rückzugsort ermöglicht. Vorliegend sollen die Monteure über mehrere Monate in der Anlage leben, weshalb die erforderliche Dauerhaftigkeit des Aufenthalts anzunehmen ist. Auch leben sie dort freiwillig. Allerdings ist das Merkmal der „Häuslichkeit" der Nutzungsart fraglich, weil wichtige Aufgaben des alltäglichen Haushalts durch Dritte übernommen werden (z. B. Reinigung, Wäschedienst). Im Übrigen gibt es für die Monteure keinen echten privaten Rückzugsbereich, da sie insbesondere auch die Schlafzimmer zu zweit nutzen. Anhaltspunkte für eine in der Rechtsprechung teilweise gemachten Ausnahme, etwa dass sich nur solche Personen ein Zimmer teilen, die eng miteinander vertraut sind, sind nicht ersichtlich. Folglich handelt es sich bei der Anlage nicht um ein Vorhaben, das der Wohnnutzung dient.

In Ermangelung anderer, nach § 3 II BauNVO allgemein zulässiger Nutzungen, ist fraglich, ob der Bebauungsplan eine **Ausnahme** nach § 31 I BauGB vorsieht. Eine solche könnte hier nach § 3 III Nr. 1 BauNVO einschlägig sein, wonach ausnahmsweise kleine Betriebe des Beherbergungsgewerbes zugelassen werden können. Ein Beherbergungsbetrieb liegt vor, wenn Räume ständig wechselnden Gästen zum vorübergehenden Aufenthalt zur Verfügung gestellt werden, ohne dass diese dort ihren häuslichen

Wirkungskreis unabhängig gestalten können.[120] Dafür, dass es sich vorliegend um einen Beherbergungsbetrieb handelt, spricht nicht nur der regelmäßige Wechsel der Bewohner, sondern gerade auch die fehlende hinreichende Häuslichkeit (s. o.).

157 Fraglich ist allerdings, ob es sich um einen „kleinen" Beherbergungsbetrieb handelt. Bei diesem Tatbestandsmerkmal handelt es sich um den positivierten Ausdruck des Kriteriums der Gebietsverträglichkeit, weil der Verordnungsgeber insoweit nur bei kleinen Beherbergungsbetrieben annimmt, dass sie mit dem Zweck des § 3 BauNVO, dem Schutz der Wohnruhe, vereinbar sind. Vor diesem Hintergrund ist ein Beherbergungsbetrieb klein, wenn er sich nach seiner Lage, Größe sowie Auswirkungen auf die Umgebung bei typisierender Betrachtung in das reine Wohngebiet einordnet. Hiergegen spricht vorliegend bereits die Anzahl der Bettenplätze. Zwar gibt es für die Frage der Gebietsverträglichkeit von Beherbergungsbetrieben in reinen Wohngebieten keine starre Bettengrenze, die Anzahl der Betten ist aber wesentlicher Anknüpfungspunkt für die Beurteilung der Größe eines Beherbergungsbetriebs. Unter Berücksichtigung, dass ein reines Wohngebiet einer besonders störungsfreien Wohnnutzung dient, ist der Maßstab hier eher streng zu bestimmen. Danach kann bei typisierender Betrachtung nicht mehr davon ausgegangen werden, dass eine Unterbringung für 40 stetig wechselnde Personen noch mit der allgemeinen Wohnruhe verträglich ist. Zwar könnte die Anlage trotz ihrer Größe wenig spürbare Auswirkungen entfalten, wenn sie etwa an einer stark befahrenen Straße läge oder ihre Bewohner mehrere Jahre dort verbrächten. Entsprechendes ist hier aber nicht ersichtlich. Die Planung der Gemeinde zielt gerade auf ein ruhiges Wohnviertel; die Bewohner der Unterkunft bleiben aber nur für wenige Monate und haben nach der Beschaffenheit der Anlage auch praktisch kaum Gelegenheit des privaten Rückzugs in eigene Räumlichkeiten, was wesentlich einer allgemeinen Wohnruhe zuträglich ist. Dies führt typischerweise zur hochfrequenten Nutzung von Gemeinschaftsräumen oder der Außenanlagen entsprechender Wohnanlagen, was der allgemeinen Wohnruhe ebenfalls nicht zuträglich ist. Eine Zulassung der Anlage nach § 3 III Nr. 1 BauNVO kommt also nicht in Betracht.

▶ **Hinweis:** Die Ausführungen zum Merkmal „klein" dürften in Prüfungen so nicht zu erwarten sein. Allerdings sollte adäquat mit dem Tatbestandsmerkmal umgegangen werden können und insbesondere mit der Gebietsverträglichkeit argumentiert werden. ◀

158 Fraglich aber ist, ob die X-GmbH einen **Anspruch auf Befreiung** gemäß § 31 II BauGB hätte. Danach kann die zuständige Baubehörde im Einzelfall von den Festsetzungen des Bebauungsplans, hier also von der Festsetzung eines reinen Wohngebiets, befreien, wenn die Grundzüge der Planung nicht berührt werden, die Befreiung mit den Nachbarrechten verträglich ist und wenn eine der in § 31 II Nr. 1 bis 3 BauGB zusätzlich genannten Voraussetzungen gegeben ist.

159 Die Zulassung des Vorhabens könnte aber bereits die Grundzüge der Planung konterkarieren. Die Grundzüge der Planung werden regelmäßig dann berührt, wenn eine Abwägung ergibt, dass das Interesse der Gemeinde an der Einhaltung der Planungsziele das private Interesse an der Realisierung des Vorhabens überwiegt. Vorliegend ist es gerade das Ziel der G, ein ruhiges Wohnviertel zu schaffen. Damit ist die Ansiedlung mit der Wohnruhe verträglicher Nutzungen ein wesentlicher Grundzug der Planung. Es sind auch keinerlei Aspekte ersichtlich, die den Vorrang des Realisierungsinteresses der X-GmbH rechtfertigen könnten. Eine Befreiung würde die im Bebauungsplan zum

---

120 BVerwGE 90, 140 (143).

§ 3 Materielle Vorhabenzulassung im beplanten Gebiet, § 30 BauGB

Ausdruck kommende Planungsabsicht der Gemeinde unterlaufen. Ein Anspruch auf Befreiung scheidet damit mangels Vorliegen ihrer Erlassvoraussetzungen aus.

III. Ergebnis

Das Vorhaben der X-GmbH ist nicht genehmigungsfähig, da es gegen Bauplanungsrecht verstößt.

160

Wiederholungsfragen

1. Es existiert ein Bebauungsplan mit folgenden Festsetzungen:
   a) Industriegebiet
   b) Höhe der Anlagen
   c) Straßen
   d) Grünflächen
   Handelt es sich um einen qualifizierten Bebauungsplan? (Kap. 3 Rn. 81)
2. Ein Bebauungsplan setzt Zweigeschossigkeit fest. Nach 40 Jahren sind allerdings nur fünfgeschossige Gebäude vorhanden. A möchte ein viergeschossiges Gebäude errichten. Steht der Bebauungsplan dem entgegen? (Kap. 3 Rn. 86)
3. A möchte eine Tischlerei in einem allgemeinen Wohngebiet errichten. Wegen seiner konkreten Betriebsstruktur (nur zwei Stunden am Tag, kein Lieferverkehr, zwei Kunden in der Woche) meint er, die Tischlerei sei gebietsverträglich. Zu Recht? (Kap. 3 Rn. 106)
4. Wie sind folgende Nutzungen bauplanungsrechtlich einzuordnen?
   a) Lasertag-Halle (Kap. 3 Rn. 98)
   b) Justizvollzugsanstalt (Kap. 3 Rn. 109)
   c) Kino (Kap. 3 Rn. 95)

§ 4 Materielle Vorhabenzulassung im unbeplanten Innenbereich, § 34 BauGB[1]

A. Der Zweck des § 34 BauGB: Ersatzregime für einen Bebauungsplan 162
B. Anwendbarkeit des § 34 BauGB ... 163
   I. Ortsteil 164
   II. Bebauungszusammenhang 167
   III. Innenbereich kraft Satzung, § 34 IV–VI BauGB 173
C. Die Zulässigkeit eines Bauvorhabens nach § 34 BauGB 174
   I. Art der baulichen Nutzung 176
   II. Die Kriterien des § 34 I 1 BauGB 184
     1. Das Merkmal des „Einfügens" 184
     2. Weitere Zulässigkeitsvoraussetzungen 187
D. Fallbeispiel 189
   I. Sachverhalt 189
   II. Lösungsvorschlag 190
     1. Anwendbarkeit 191
     2. Zulässigkeit des Vorhabens .. 192
       a) Zulässigkeit gemäß § 30 BauGB 193
       b) Vereinbarkeit mit dem Bebauungsplan 194
       c) Zulässigkeit im Übrigen .. 196
        aa) Anwendbarkeit des § 34 BauGB 197
         (1) Bebauungszusammenhang 198
         (2) Ortsteil 202
        bb) Zulässigkeit des Vorhabens hinsichtlich der Art der baulichen Nutzung, § 34 II BauGB 203
         (1) Gebiet nach § 34 II BauGB iVm §§ 2 ff. BauNVO 204
         (2) Zulässigkeit des Vorhabens nach § 6 BauNVO 211
         (3) Zulässigkeit des Vorhabens im Übrigen: § 34 I, III BauGB 219
   III. Ergebnis 220
Wiederholungsfragen

▶ **Lernziele**

1. Sie können den Anwendungsbereich des § 34 BauGB im Verhältnis zu §§ 30, 35 BauGB bestimmen.
2. Sie können die städtebauliche Funktion des § 34 BauGB erklären und dabei Bezug nehmen auf die Rechtspositionen der beteiligten Akteure.
3. Sie können die maßgeblichen Tatbestandsmerkmale des § 34 I, II BauGB sicher definieren, voneinander abgrenzen, ihre Funktion erklären, die für ihre Prüfung maßgeblichen Grundsätze nennen und diese an Beispielen verdeutlichen.
4. Sie können die falltypischen Problemkonstellationen nennen, in denen die Zugehörigkeit eines Grundstücks zu einem im Zusammenhang bebauten Ortsteil in Frage steht und die maßgeblichen Kriterien zur Lösung dieser Fälle benennen.
5. Sie können an Beispielen benennen, welche Nutzungen für die Feststellung der Eigenart der näheren Umgebung in § 34 II BauGB maßgeblich sind und warum dies so ist.
6. Sie können die Systematik der §§ 34 I, II, IV – VI BauGB erklären und daraus ein Prüfungsschema für die bauaufsichtliche Zulassung eines Bauvorhabens im unbeplanten Innenbereich ableiten.

---

[1] Siehe dazu auch ausführlich *Krüper/Herbolsheimer*, JURA 2017, 286 ff., 532 ff.

§ 4 Materielle Vorhabenzulassung im unbeplanten Innenbereich, § 34 BauGB

7. Sie können das Zusammenspiel von § 34 BauGB mit den Vorschriften der Baunutzungsverordnung nach Absätzen des § 34 BauGB differenziert erläutern und die Konsequenzen für die Falllösung erörtern. ◄

Das BauGB geht davon aus, dass Gemeinden immer dann, wenn es notwendig ist, Bauleitpläne aufstellen, sei es als Flächennutzungsplan, sei es als Bebauungsplan, § 1 III BauGB. Die Bauleitpläne leiten die städtebauliche Entwicklung der Gemeinde an und bilden den Rahmen, in dem sich der Grundrechtsschutz von Bauherrn aus Art. 14 I GG entfaltet, aber auch beschränkt wird. Liegt ein wirksamer Bebauungsplan vor, richtet sich die Vorhabenzulassung daher im Wesentlichen nach den vom Plan vorgegebenen rechtlichen Maßstäben. Fehlt es aber hieran, etwa weil kein Bebauungsplan vorhanden, dieser unwirksam oder aber als einfacher Bebauungsplan, § 30 III BauGB, für die Frage nach der Zulässigkeit eines Vorhabens mangels genügender Festsetzungen nicht hinreichend aussagekräftig ist, stellt sich die Frage, wie die Zulassungsprüfung eines Bauvorhabens erfolgt. Hier ist zunächst § 34 BauGB zu prüfen.

A. Der Zweck des § 34 BauGB: Ersatzregime für einen Bebauungsplan

Als Bestandteil der bauplanungsrechtlichen Vorschriften der §§ 29 ff. BauGB fungiert § 34 BauGB als Instrument zur **Gewährleistung einer homogenen städtebaulichen Entwicklung**.[2] Auch § 34 BauGB zielt also darauf, bodenrechtliche Spannungen, d. h. Konflikte, die durch unterschiedliche Inanspruchnahmen des Bodens entstehen,[3] zu vermeiden.[4] Deutlich wird dies insbesondere daran, dass ein Vorhaben nach § 34 I 1 BauGB nur zulässig ist, wenn es sich in die Eigenart der näheren Umgebung „einfügt". Anders als § 30 BauGB kann § 34 BauGB dabei aber nicht auf einen durch einen Bebauungsplan vorgegebenen (rechtlichen) Maßstab abstellen. Vielmehr versucht der Gesetzgeber mittels § 34 BauGB soweit wie möglich einen Zulassungsmaßstab zu konstruieren, der bebauungsplanähnlich ist und der durch die Betrachtung und Bewertung der **tatsächlichen Verhältnisse** vor Ort geprägt ist. Neu hinzukommende Vorhaben verursachen der Idee des § 34 BauGB folgend nur dann keine bodenrechtlichen Spannungen, wenn sie sich an dem Nutzungs- und Bebauungsrahmen orientieren, der durch die vorhandenen Nutzungen gespannt ist. Daher rühren die oft umfangreichen Ortsbeschreibungen in baurechtlichen Fällen: Während der Bebauungsplan verbindlich vorgibt, dass ein bestimmtes Gebiet als Wohn-, Gewerbe- oder Industriegebiet zu behandeln ist, zwingt § 34 den Rechtsanwender dazu, den vorhandenen Bestand an Bebauung zu erheben und zu bewerten, um auf dieser Grundlage eine Zulassungsentscheidung zu treffen. § 34 BauGB fungiert damit als **Ersatzregime** für einen Bebauungsplan.[5] Diese Funktion zeigt sich insbesondere bei § 34 II BauGB, der unter bestimmten Voraussetzungen die eigentlich auf einen Bebauungsplan zugeschnittene BauNVO anwenden lässt (Kap. 3 Rn. 176).

---

2 Zu diesem allgemeinen Zweck des Bauplanungsrechts im Allgemeinen und der §§ 29 ff. BauGB im Besonderen vgl. *Krautzberger*, in: Ernst/Zinkahn/Bielenberg/ders. (Hrsg.), BauGB, 147. EL August 2022, § 29 Rn. 24.
3 BVerwGE 44, 59 (61 ff.).
4 *Söfker*, in: Ernst/Zinkahn/Bielenberg/Krautzberger (Hrsg.), BauGB, 147. EL August 2022, § 34 Rn. 7 f.
5 *Krüper/Herbolsheimer*, JURA 2017, 286 (287); *Söfker*, in: Ernst/Zinkahn/Bielenberg/Krautzberger (Hrsg.), BauGB, 147. EL August 2022, § 34 Rn. 7 f.

B. Anwendbarkeit des § 34 BauGB

163 § 34 I BauGB setzt voraus, dass das Vorhaben, um dessen Zulassung es geht, sich innerhalb eines „im Zusammenhang bebauten Ortsteils" befindet. In Ausbildung und Praxis ist gleichermaßen wichtig, dieses Tatbestandsmerkmal präzise zu konkretisieren und sorgsam mit den im konkreten Fall vorhandenen Informationen zu unterfüttern. Dabei ist zwischen den Begriffen des Bebauungszusammenhangs und des Ortsteils zu unterscheiden, weil beide unterschiedliche planungsrechtliche Anforderungen positivieren, ohne aber völlig trennscharf zu sein.

I. Ortsteil

164 Ein Ortsteil ist ein Ausschnitt aus einem größeren Gesamtgebiet und muss als solcher eine hinreichende **Anzahl** an Bauten aufweisen, unter denen eine räumliche **Verbindung** besteht. Daher nehmen Rechtsprechung und Literatur das Vorliegen eines Ortsteils an, wenn die vorhandene Bebauung nach der Anzahl der Bauten **von gewissem Gewicht** und dadurch Ausdruck einer **organischen (besser: funktionalen) Siedlungsstruktur** ist.[6] Fehlt es an einem dieser Merkmale, liegt eine sogenannte **Splittersiedlung** vor, auf die § 34 BauGB keine Anwendung findet (Kap. 3 Rn. 255).[7]

165 Die Praxis geht dabei nicht von einer feststehenden Zahl von Bauten aus, die erforderlich sind, um einen Ortsteil zu begründen.[8] Es soll vielmehr auf die Umstände des Einzelfalls ankommen, insbesondere auf die Art der Umgebung. In ländlichen Gebieten reichen daher weniger Bauten aus als in Großstädten. Daher soll in manchen Umgebungen eine Anzahl von 20[9] oder gar 50[10] Wochenendhäusern nicht ausreichen, in anderen hingegen können fünf Wohn- und fünf Landwirtschaftsgebäude für die Annahme eines Ortsteils hinreichen.[11]

▶ **Beispiel:** In einem vergleichsweise dicht besiedelten Raum wie dem Ruhrgebiet ist die notwendige Anzahl an Gebäuden regelmäßig bei ca. 30 anzusetzen.[12] ◀

166 Darüber hinaus müssen die Bauten zueinander in einem qualifizierten Beziehungsverhältnis stehen, vor allem in einem organischen Sinne zusammenhängen.[13] Denn nur wenn die Bebauung jedenfalls im Ansatz einer Entwicklungssystematik gefolgt ist, ist es möglich, der Idee des § 34 BauGB folgend ihr einen Zulässigkeitsmaßstab für das neu hinzukommende Vorhaben zu entnehmen. Dabei geht es nicht darum, ob die Nutzungen der vorhandenen Bebauung zusammenpassen, sondern ob das Arrangement der vorhandenen Bauten Ausdruck eines gewissen Systems ist.[14] Indizien für das Bestehen eines Ortsteils sind insbesondere homogenitätsschaffende Elemente wie Bushaltestellen, Bahnhöfe oder das Gebiet betreffende Einrichtungen wie Schulen, Spiel-

---

6 BVerwGE 31, 22 (26 f.); *Muckel/Ogorek*, Öffentliches Baurecht, 4. Aufl. 2020, § 7 Rn. 89; *Rieger*, in: Schrödter (Hrsg.), BauGB, 9. Aufl. 2019, § 34 Rn. 23.
7 *Söfker*, in: Ernst/Zinkahn/Bielenberg/Krautzberger (Hrsg.), BauGB, 147. EL August 2022, § 34 Rn. 15b.
8 *Krüper/Herbolsheimer*, JURA 2017, 286 (288).
9 OVG Brem, BauR 1984, 495 f.
10 OVG Brem, Urt. v. 24.10.1978 – I BA 28/75 –, juris.
11 VGH BW, BauR 1984, 496 ff.
12 Vgl. OVG NRW, Beschl. v. 30.6.2003 – 10 A 1502/00 –, juris; VG Gelsenkirchen, Gerichtsbescheid v. 8.6.2020 – 6 K 3517/19 –, juris, Rn. 23.
13 BVerwG, ZfBR 2015, 394; *Krüper/Herbolsheimer*, JURA 2017, 286 (288 f.).
14 BVerwG, NJW 1976, 1855 f.; vgl. auch *Söfker*, in: Ernst/Zinkahn/Bielenberg/Krautzberger (Hrsg.), BauGB, 147. EL August 2022, § 34 Rn. 15, 15c.

und Sportplätze.¹⁵ Nichtorganische Siedlungen, also **Splittersiedlungen**, zeichnen sich gerade dadurch aus, dass ihre Bebauung wie ein Zufallsprodukt zusammenhangslos beieinander steht.¹⁶

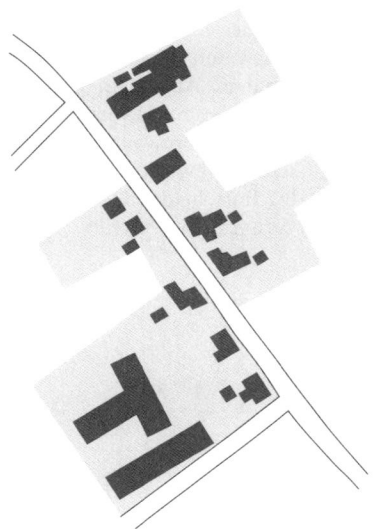

Beispiel für eine Splittersiedlung

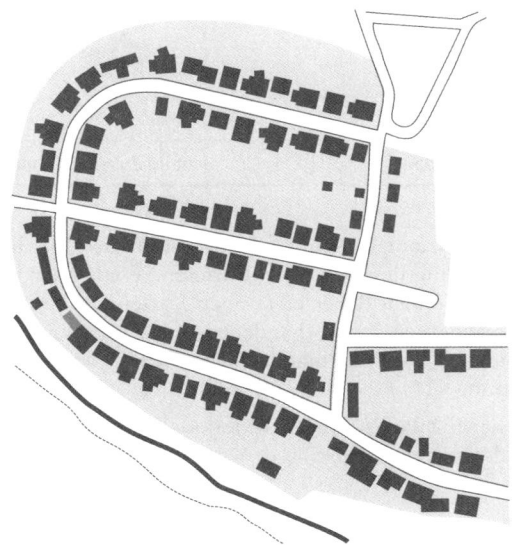

Beispiel für eine organische Siedlungsstruktur

---

15 Vgl. BVerwGE 152, 275 (278 ff.).
16 *Spannowsky*, in: ders./Uechtritz (Hrsg.), BeckOK-BauGB, 57. Ed. Mai 2022, § 34 Rn. 27 f.

II. Bebauungszusammenhang

167 Der Ortsteil muss zudem nach § 34 I 1 BauGB auch „im Zusammenhang bebaut" sein und – wichtig! – das Vorhabengrundstück muss Teil dieses Bebauungszusammenhangs sein. Begrifflich ist hier offenkundig eine starke Nähe zum Merkmal der organischen Siedlungsstruktur als Wesensmerkmal des Ortsteils gegeben. Hier geht es allerdings nicht mehr um die Anzahl an Gebäuden und deren funktionale Struktur, sondern um das **Bild eines baulichen Zusammenhangs**. Allgemein wird daher von einem Bebauungszusammenhang ausgegangen, wenn die vorhandene Bebauung den **Eindruck der Geschlossenheit und Zusammengehörigkeit** vermittelt.[17] Sämtliche vorhandene Bauten sind dabei zu betrachten und danach zu bewerten, ob sie gemeinsam den Eindruck baulicher Geschlossenheit vermitteln. Entscheidend bei der Beurteilung ist die allgemeine **Verkehrsanschauung** von der Situation vor Ort.[18]

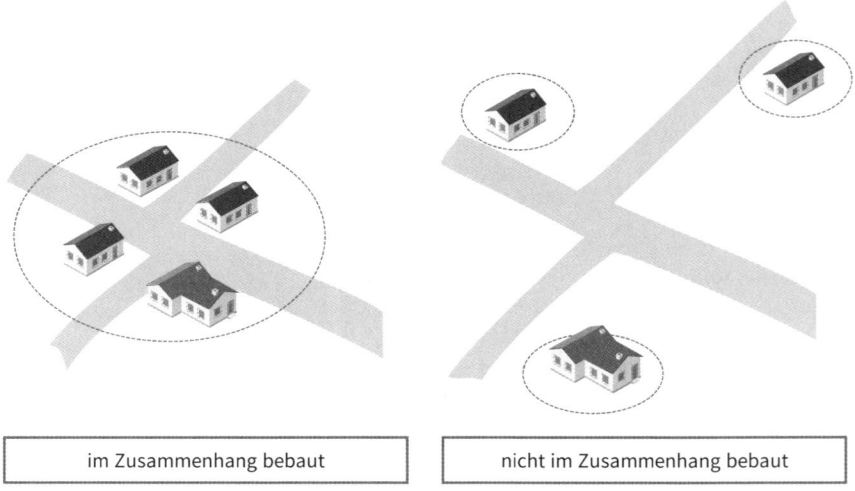

| im Zusammenhang bebaut | nicht im Zusammenhang bebaut |

168 Die Beurteilung eines Bebauungszusammenhangs ist in der Praxis häufig nur über Ortstermine, die Betrachtung des jeweiligen Kartenmaterials oder über Onlinedienste möglich. In der Prüfung können daher etwa auch Kartenausschnitte abgedruckt werden. Zu fragen ist, ob zwischen den vorhandenen Anlagen ein räumlicher Zusammenhang besteht oder diese so weit auseinander liegen, dass von einem Zusammenhang nicht die Rede sein kann.

169 Die Rechtsprechung hat für die Prüfung des Merkmals des Bebauungszusammenhangs eine Reihe von Grundsätzen entwickelt, in denen sich immer wiederkehrende Problemfälle abbilden:[19]

---

[17] BVerwGE 31, 20 (21); BVerwG, NVwZ 1999, 763 (764 f.); *Rieger*, in: Schrödter (Hrsg.), BauGB, 9. Aufl. 2019, § 34 Rn. 11.
[18] *Mitschang/Reidt*, in: Battis/Krautzberger/Löhr (Hrsg.), BauGB, 15. Aufl. 2022, § 34 Rn. 13.
[19] Ausführlich auch – mit entsprechenden Grafiken und Skizzen – bei *Krüper/Herbolsheimer*, JURA 2017, 286 (289 ff.); *Mitschang/Reidt*, in: Battis/Krautzberger/Löhr (Hrsg.), BauGB, 15. Aufl. 2022, § 34 Rn. 4 ff.; vgl. auch *Muckel/Ogorek*, Öffentliches Baurecht, 4. Aufl. 2020, § 7 Rn. 93 ff.

§ 4 Materielle Vorhabenzulassung im unbeplanten Innenbereich, § 34 BauGB § 4

- Das betroffene Grundstück muss Teil des Bebauungszusammenhangs sein: Entscheidend ist, dass das Grundstück, auf dem das Bauvorhaben realisiert werden soll, zum Bebauungszusammenhang gehört. Der Bebauungszusammenhang endet daher grundsätzlich mit der letzten Bebauung.[20]

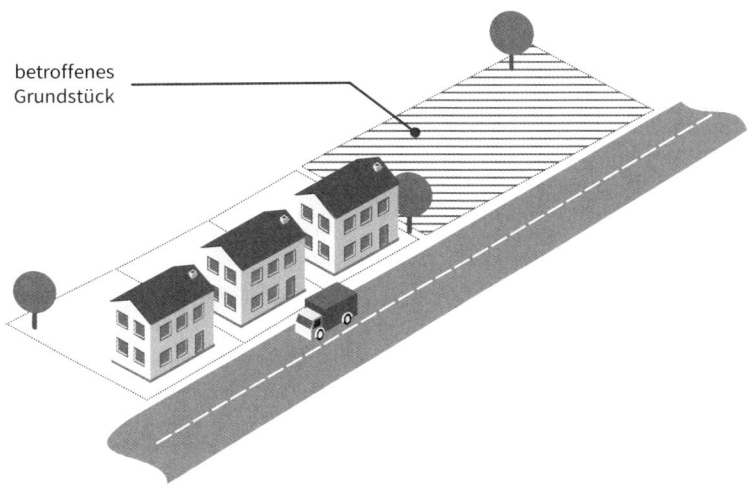

▶ **Beispiel 1:** Das betroffene Grundstück liegt hier nicht mehr in einem Bebauungszusammenhang, weil dieser bereits an dem vorherigen Gebäude endet. Die Bebauung des betroffenen Grundstücks würde also den Bebauungszusammenhang erweitern. ◀

Der Maßstab für die Beurteilung ist aber auch hier die Verkehrsanschauung. Daher kann der Bebauungszusammenhang auch über die letzte Bebauung hinausgehen, wenn etwa eine Straße, ein Hang, ein Fluss oder Ähnliches das freistehende Grundstück (das nach der vorstehenden Regel eigentlich nicht mehr zum Bebauungszusammenhang zählt) und die zum Bebauungszusammenhang gehörende Anlagen ‚einschließt'. Denn dadurch kann der Eindruck der Zusammengehörigkeit entstehen.[21]

170

---

20 *Muckel/Ogorek*, Öffentliches Baurecht, 4. Aufl. 2020, § 7 Rn. 94.
21 BVerwG, NVwZ-RR 1999, 105 f.

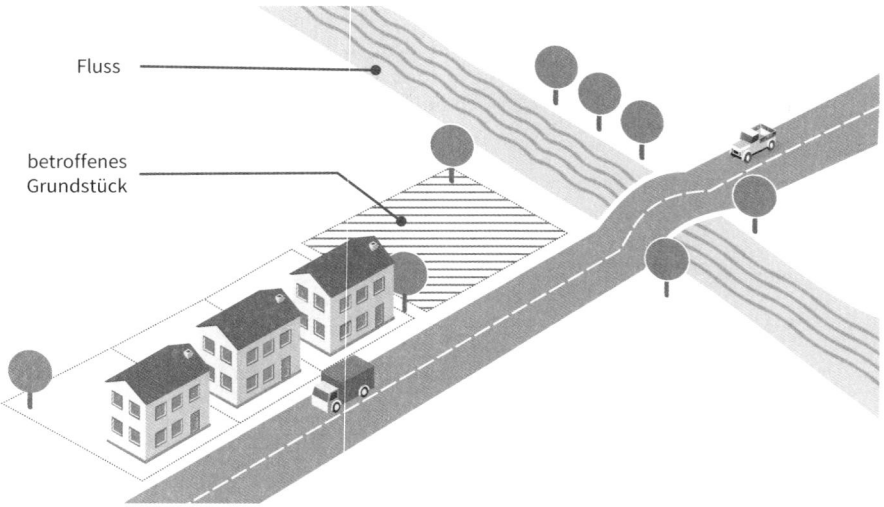

▶ **Beispiel 2:** Zwar gehört das betroffene Grundstück an sich nicht mehr zum Bebauungszusammenhang, da dieser an der letzten Bebauung, also an der letzten baulichen Anlage, endet. Durch den an das betroffene Grundstück angrenzenden Fluss erscheint dieses aber als zu der vorangehenden Bebauung zugehörig, als würden das betroffene Grundstück und die vorhandenen baulichen Anlagen durch den Fluss ‚eingeschlossen'. Nach der Verkehrsauffassung ist das betroffene Grundstück Bestandteil des vorhandenen Bebauungszusammenhangs. ◀

- **Nur maßstabsbildende Bebauung ist relevant.** Aussagen über eine geordnete städtebauliche Entwicklung können nur auf solchen vorhandenen Bauten basieren, die tatsächlich Einfluss auf diese Entwicklung haben. Für § 34 BauGB sind daher völlig **unauffällige Bauten**, die faktisch kaum wahrnehmbar sind, für die Beurteilung des Bebauungszusammenhangs ohne Relevanz. Ihre Flächen gelten als **unbebaut**, z. B. bei Bushaltestellen, Abstellflächen für Altglascontainer oder Sportplätzen. Darüber hinaus verlangt die Rechtsprechung für eine maßstabsbildende Bebauung, dass sie grundsätzlich dem **Aufenthalt von Menschen zu dienen bestimmt** sein muss.[22] Dem ist aber nicht zuzustimmen: Es kommt allein auf die bauliche Entwicklung an, die von dem Nutzungszweck unabhängig ist; auch große Geräteschuppen etwa haben Einfluss auf die Bebauung.[23]

▶ **Beispiele:** Parkplätze gelten wegen ihrer fehlenden maßstabbildenden Wirkung als unbebaut. Etwas anderes gilt nach der Rechtsprechung[24] allerdings dann, wenn sie typischer Bestandteil einer Gebäudenutzung sind, zu deren Erscheinungsbild regelmäßig Parkplätze gehören. Denn dann entfalten sie zwar weiterhin keine maßstabbildende Wirkung, zählen aber nach der Verkehrsanschauung als Teil des Gebäudes, das maßstabbildende Wirkung entfaltet. (2) Beinahe legendär ist die Meinungsverschiedenheit zwischen OVG NRW und BVerwG im Hinblick auf Gewächshäuser: Während das Obergericht der Ansicht war, es handele sich um bebaute Flächen, weil sie bereits wegen ihrer Ausmaße und massiven

---

22 BVerwGE 152, 275 (279); *Muckel/Ogorek*, Öffentliches Baurecht, 4. Aufl. 2020, § 7 Rn. 93.
23 BVerwG, NJW 1984, 1576 f.; vgl. zur Kritik *Krüper/Herbolsheimer*, JURA 2017, 286 (290).
24 BVerwG, BauR 1984, 81 ff.; BayVGH, BeckRS 2019, 13734 Rn. 17.

Bauweise hinreichend städtebauliche Wirkung entfalteten, vertrat das Bundesgericht die Ansicht, es handele sich bei den Gewächshausgrundstücken um unbebaute Flächen, weil die Gewächshäuser nicht dem Aufenthalt von Menschen zu dienen bestimmt seien und daher kein prägendes Gewicht hätten. Prägend könne nämlich nur eine solche Anlage sein, die für eine angemessene Fortentwicklung der Bebauung maßstabsbildend sein kann, was auf Nebenanlagen wie Gewächshäuser nicht zutreffe.[25] ◀

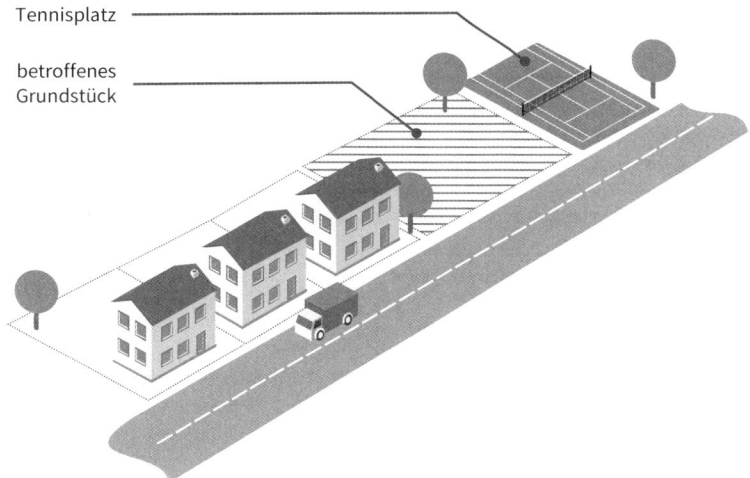

Tennisplatz

betroffenes Grundstück

▶ **Beispiel 3:** Da der Tennisplatz als unbebaut gilt, liegt das betroffene Grundstück hinter der letzten Bebauung und nimmt nicht am Bebauungszusammenhang teil. ◀

- **Baulücken sind grundsätzlich unschädlich:** Ein wichtiger Grundsatz ist, dass die Zusammengehörigkeit einer Bebauung nicht dadurch unterbrochen wird, dass (kleinere) **Lücken** zwischen ihr bestehen. Auch mit Lücken kann Bebauung als zusammengehörig erscheinen. Eine Lücke ist nicht mehr unbeachtlich, sondern **unterbricht** den Bebauungszusammenhang, wenn sie so groß ist, dass auf sie folgende Bebauung mit vor der Lücke bestehende Bebauung nicht mehr zusammengehörig erscheint.

Dieser Grundsatz hat zwei Folgen: Zum einen kann das Vorhabengrundstück selbst eine Baulücke darstellen. Ist diese Lücke, die das betroffene Grundstück bildet, nicht zu groß, so etwa in Beispiel 2, unterbricht sie nicht den Bebauungszusammenhang, sondern nimmt auch selbst an ihm teil. Weist dieses Grundstück aber eine solche Größe auf, dass es den Bebauungszusammenhang selbst unterbricht, handelt es sich nicht mehr um eine Baulücke, sondern um eine **Freifläche**. Diese Freifläche gehört dann nicht zu § 34 BauGB, sondern muss regelmäßig über § 35 BauGB beurteilt werden (sog. **Außenbereichsinsel** bzw. **Außenbereich im Innenbereich**).[26] Ab welcher Größe dies der Fall ist, entscheiden die Umstände des Einzelfalls (Verkehrsanschauung!).

171

---

25 BVerwGE 152, 275 ff. vs. OVG NRW, BauR 2016, 1748 ff.
26 BVerwGE 41, 227 (233 ff.); 62, 250 (251); OVG NRW, BauR 2019, 1290 (1291) m.w.N. Vgl. auch *Mitschang/Reidt*, in: Battis/Krautzberger/Löhr (Hrsg.), BauGB, 15. Aufl. 2022, § 34 Rn. 9.

Häufig wird eine Freifläche bei dichter Bebauung ab einer Länge von 90 Metern, anderenfalls ab einer Länge von 150 Metern als (sehr) vager Richtwert angenommen.[27]

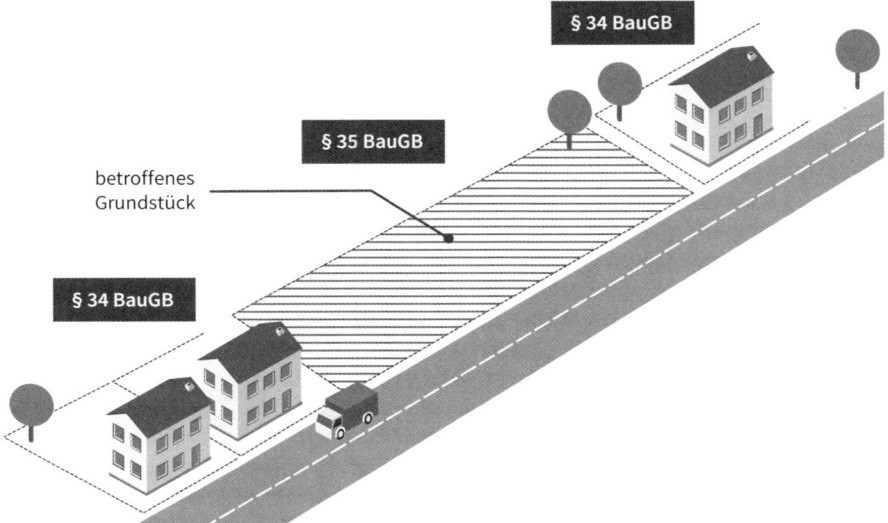

▶ **Beispiel 4:** Zwar ist das betroffene Grundstück von baulichen Anlagen umgeben, gleichwohl aber nicht Bestandteil eines Bebauungszusammenhangs. Denn es ist von solchem Ausmaß, dass es auch in Anbetracht der eher dicht bebauten Umgebung keine bloße Baulücke, sondern eine Freifläche darstellt, auf die die Umgebung keinen Einfluss zu üben imstande ist. ◀

172 Zum anderen können Anlagen in der Nähe den Bebauungszusammenhang für das betroffene, d. h. zu bebauende, Grundstück vermitteln, auch wenn zwischen betroffenem Grundstück und diesen Anlagen Lücken, etwa in Form von unbebauten Grundstücken oder Straßen, Flüsse und Wiesen, vorhanden sind, sofern sie keine unterbrechende Wirkung aufzeigen.[28]

---

[27] Vgl. *Krüper/Herbolsheimer*, JURA 2017, 286 (291).
[28] *Mitschang/Reidt*, in: Battis/Krautzberger/Löhr (Hrsg.), BauGB, 13. Aufl. 2016, § 34 Rn. 9.

§ 4 Materielle Vorhabenzulassung im unbeplanten Innenbereich, § 34 BauGB

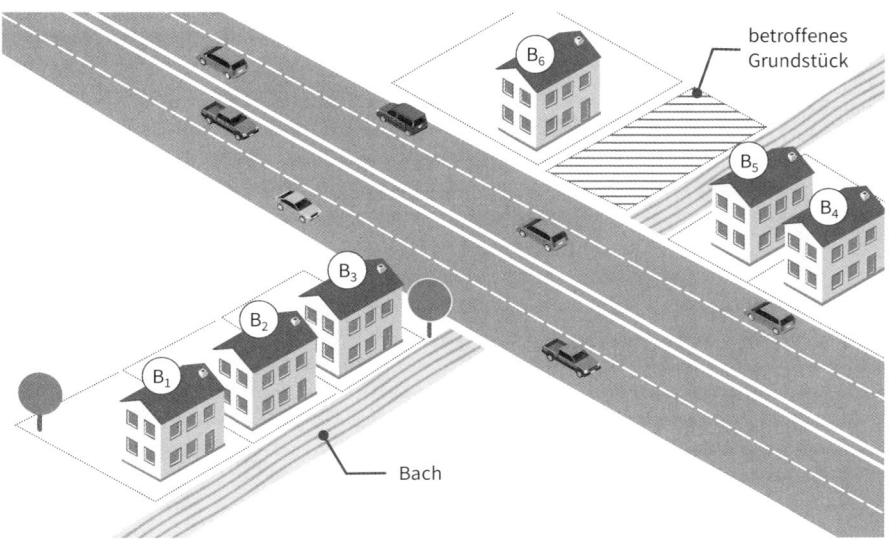

▶ **Beispiel 5:** Das betroffene Grundstück ist nicht Bestandteil eines Bebauungszusammenhangs. Denn über die Anlagen B_{4-6} kann kein Bebauungszusammenhang vermittelt werden, weil die unbebaute Lücke (einschließlich des betroffenen Grundstücks) als Freifläche erscheint; B_6 erscheint nicht als zu B_4 und B_5 zugehörig. Gleiches gilt aber auch bezüglich der Anlagen B_{1-3}. Die dazwischen liegende Straße weist eine solche Breite auf, dass die Gebäude B_{1-3} keinen städtebaulichen Einfluss auf das betroffene Grundstück haben und für dieses daher auch nicht als Maßstab fungieren können. ◀

- **Nur die tatsächliche Bebauung ist relevant.** Bereits der Wortlaut des § 34 I 1 BauGB („bebaut") zeigt, dass es um die tatsächliche Bebauung geht. Rechtliche Bewertungen – etwa wie die Zulässigkeit vorhandener Anlagen – sind irrelevant, weshalb auch Schwarzbauten, also Anlagen ohne (wirksame) Baugenehmigung zu berücksichtigen sind.[29] Aber auch hier kann sich aus der Verkehrsanschauung etwas anderes ergeben: Ist klar, dass ein Schwarzbau in naher Zukunft abgerissen wird, weil die Behörde beispielsweise die Abrissverfügung bereits erlassen hat, ist davon auszugehen, dass das Grundstück bald unbebaut sein wird. Als solches ist es dann auch bereits vorher zu behandeln.[30] Das Gleiche gilt umgekehrt, wenn klar ist, dass ein bislang unbebautes Grundstück bald bebaut sein wird (etwa weil die Baugenehmigung schon erteilt wurde).[31]

---

[29] *Mitschang/Reidt*, in: Battis/Krautzberger/Löhr (Hrsg.), BauGB, 15. Aufl. 2022, § 34 Rn. 6.
[30] BVerwGE 31, 20 (22).
[31] Vgl. *Söfker*, in: Ernst/Zinkahn/Bielenberg/Krautzberger (Hrsg.), BauGB, 147. EL August 2022, § 34 Rn. 20.

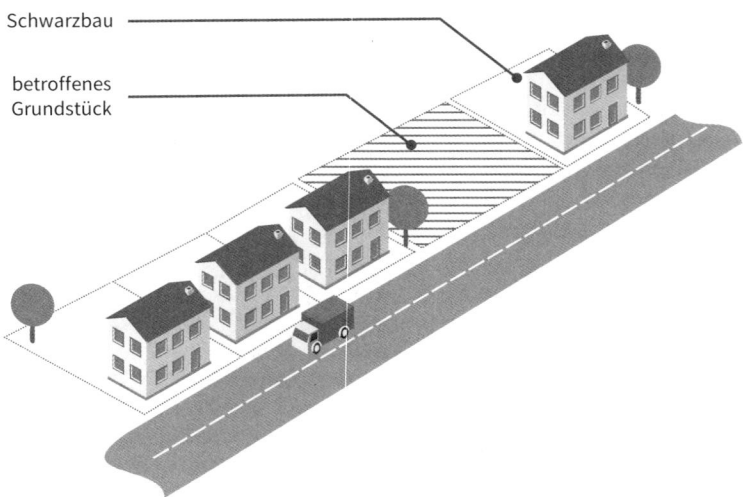

▶ **Beispiel 6:** Das betroffene Grundstück ist Bestandteil eines Bebauungszusammenhangs, da es von Bebauung umgeben ist, die insgesamt den Eindruck der Geschlossenheit erweckt, und keine solche Größe aufweist, dass es als Freifläche zu qualifizieren wäre. Dass auf dem Nachbargrundstück ein Schwarzbau steht, ist irrelevant, sofern keine hinreichend gesicherten Anhaltspunkte dafür vorliegen, dass der Schwarzbau bald abgerissen wird. Dann wäre das Nachbargrundstück als unbebaut zu bewerten, der Bebauungszusammenhang würde dann an der letzten Bebauung, also an der Vorderbebauung enden, das betroffene Grundstück nicht an ihm partizipieren. ◀

III. Innenbereich kraft Satzung, § 34 IV–VI BauGB

173 Es zeigt sich, dass die Frage, ob ein im Zusammenhang bebauter Ortsteil oder ein Bebauungszusammenhang im Sinne des § 34 I 1 BauGB vorliegt, oft nicht ohne Weiteres zu beantworten ist. Daher gibt der Gesetzgeber in § 34 IV-VI BauGB den Gemeinden die Möglichkeit, einen Innenbereich kraft Satzung zu bestimmen. Solche Innenbereichssatzungen kommen aber sowohl in der Praxis wie in der Ausbildung kaum vor.[32] Sie verursachen, sieht man einmal von prüfungstypischen kommunalrechtlichen Problemen beim Satzungsbeschluss ab, indes auch keine besonderen Probleme, weil der Satzungsbeschluss selbst nichts über die Zulässigkeit des Bauvorhabens aussagt. Im Übrigen hat auch nicht jede dieser Satzungen konstitutiven Charakter, gibt also einen Innenbereich nicht zwingend vor, sondern nur die in § 34 IV 1 Nr. 2 und 3 genannten Satzungen, während die in Nr. 1 bezeichnete (sog. Klarstellungs-)Satzung lediglich rein deklaratorische Wirkung hat, also bei ihr gleichwohl die Voraussetzungen des § 34 I 1 BauGB zu prüfen sind.[33]

---

32 Siehe dazu *Krüper/Herbolsheimer*, JURA 2017, 286 (292 f.).
33 Dazu *Krüper/Herbolsheimer*, JURA 2017, 285 (292 f.).

§ 4 Materielle Vorhabenzulassung im unbeplanten Innenbereich, § 34 BauGB

C. Die Zulässigkeit eines Bauvorhabens nach § 34 BauGB

Ist § 34 BauGB anwendbar, stellt sich die Frage, ob das Bauvorhaben nach dieser Vorschrift zulässig ist. Die Kriterien der Zulassung ergeben sich sämtlich aus § 34 I-IIIa BauGB, zum Teil im Zusammenspiel mit den Vorschriften der BauNVO.

174

Nach § 34 I 1 BauGB muss sich jedes Vorhaben in die „Eigenart der näheren Umgebung" **einfügen**, § 34 I 1 BauGB. Ein Bauvorhaben fügt sich ein, wenn es sich innerhalb des durch die vorhandene Bebauung vorgegebenen Rahmens hält, also von ihm nicht wesentlich abweicht.[34] Dabei bestimmt das Gesetz in § 34 I 1 BauGB, dass sich das Vorhaben im Hinblick auf mehrere Kriterien einfügen muss, nämlich die Art der baulichen Nutzung, das Maß der baulichen Nutzung, die Bauweise und die überbaubare Grundstücksfläche. Hier zeigt sich die besondere sachliche Verwandtschaft des § 34 I 1 BauGB mit § 30 I BauGB, der für einen qualifizierten Bebauungsplan vergleichbare Anforderungen stellt. Der Unterschied ist: Bei § 30 I BauGB ergibt sich der Maßstab für das „Einfügen" aus den Festsetzungen des Bebauungsplans, während er sich bei § 34 BauGB aus der vorhandenen Bebauung vor Ort ableitet. In Ausbildung und Praxis ist – wie es das Gesetz auch erfordert – **für jedes Kriterium das Einfügen des Vorhabens getrennt zu prüfen**.

175

I. Art der baulichen Nutzung

Die Art der baulichen Nutzung, §§ 2 ff. BauNVO, bezieht sich auf den Zweck, zu dem ein Vorhaben bzw. ein Grundstück genutzt wird (Kap. 2 Rn. 43). Der Nutzungszweck des Bauvorhabens muss den Zwecken der bereits vorhandenen Nutzungen entsprechen, andernfalls fügt sich das Vorhaben nicht ein.

176

▶ **Beispiel:** In einen im Zusammenhang bebauten Ortsteil, der sich aus Gebäuden zur Wohnnutzung sowie zwei ‚Tante-Emma-Läden' und einer Gaststätte zusammensetzt, fügt sich ein großer metallverarbeitender Handwerks- oder Industriebetrieb nicht ein. Weitere Wohnnutzungen oder gegebenenfalls auch ein Hotel können sich aber durchaus einfügen. ◀

Zu beachten ist, dass für das Einfügen hinsichtlich der Art der baulichen Nutzung (und nur diesbezüglich!) mit **§ 34 II BauGB** eine Regelung existiert, die, sofern sie anwendbar ist, **lex specialis** zu § 34 I 1 BauGB ist.[35] Hier zeigt sich erneut die Ersatzregime-Funktion des § 34 BauGB: Gemäß § 34 II BauGB richtet sich die Zulässigkeit eines Bauvorhabens hinsichtlich der Art der baulichen Nutzung nämlich nach der BauNVO, wenn die Eigenart der näheren Umgebung **tatsächlich** einem der in §§ 2 ff. BauNVO genannten Gebiete entspricht. Liegt ein solches **faktisches Baugebiet** nach §§ 2 ff. BauNVO vor, fingiert § 34 II BauGB das Vorliegen eines Bebauungsplans, der ein entsprechendes Baugebiet festsetzt.

177

Um das Bestehen eines faktischen Baugebiets annehmen zu können, müssen grundsätzlich **alle** vorhandenen Anlagen hinsichtlich ihres Zwecks **einem Baugebiet** zugeordnet werden können.[36]

178

Weil § 34 II BauGB ausschließlich auf die tatsächliche Situation abstellt, sind manche in der BauNVO vorgesehenen Baugebiete und damit deren Vorschriften im Rahmen

179

---

[34] *Spannowsky*, in: ders./Uechtritz (Hrsg.), BeckOK-BauGB, 57. Ed. Mai 2022, § 34 Rn. 35 ff.
[35] Vgl. *Krüper/Herbolsheimer*, JURA 2017, 532 (534).
[36] *Söfker*, in: Ernst/Zinkahn/Bielenberg/Krautzberger (Hrsg.), BauGB, 147. EL August 2022, § 34 Rn. 79.

von § 34 II BauGB nicht anwendbar. Das gilt vor allem für **§ 4a** und **§ 6a BauNVO**. Diese Gebiete können nämlich nur aufgrund einer planerischen Entscheidung entstehen, nicht aufgrund tatsächlicher Prozesse.[37] Für **§ 6a BauNVO** wird die Nichtanwendbarkeit im Rahmen des § 34 II BauGB sogar gesetzlich festgelegt, § 245c III BauGB.

180 Bei der Prüfung, ob die Eigenart der näheren Umgebung einem der in der BauNVO genannten Gebiete entspricht, sind verschiedene Aspekte zu beachten:

- Zur näheren Umgebung gehören alle Nutzungen, die auf das betroffene Vorhabengrundstück von (planungsrechtlichem) Einfluss sein können oder die umgekehrt vom Vorhabengrundstück geprägt sind.[38] Es kommt also darauf an, ob zwischen den Anlagen in der Umgebung und dem Vorhabengrundstück hinreichende Wechselbeziehungen bestehen oder nicht. Hierfür wird auch in der Rechtsprechung aus Verlegenheit auf ganz verschiedene **Hilfskriterien** abgestellt, die aber niemals absolut gelten. Dazu zählt das Bestehen von Sichtbeziehungen, die Betroffenheit von zugehörigem An- und Abfahrtsverkehr oder die Annahme trennender Wirkung von Anlagen oder Begebenheiten wie Straßen, Flüssen, Dämmen usf. Hier sind ähnliche Überlegungen relevant, wie bei der Prüfung des Bebauungszusammenhangs.[39]
- Es spielt zunächst keine Rolle, ob das Vorhaben in dem Baugebiet nur ausnahmsweise zulässig wäre, es also in dem jeweiligen dritten Absatz der §§ 2 ff. BauNVO genannt ist.[40]
- § 34 II BauGB spricht von der „Eigenart" der näheren Umgebung. Eine Eigenart ergibt sich aus den **wesentlichen** Eigenschaften der Umgebung im Hinblick auf die Art der baulichen Nutzung.[41] Das bedeutet: Nur solche Anlagen bzw. ihre Nutzungszwecke sind relevant, die auf die Eigenart **Einfluss** haben. Unauffällige Anlagen und atypische Anlagen, beispielsweise Parkplätze oder Bushaltestellen, bzw. **Fremdkörper**, also Anlagen, die wegen ihrer deutlichen Andersartigkeit etwa hinsichtlich ihrer Größe oder ihres Nutzungszwecks als Unikat gelten und insofern herausstechen, sind bei der Beurteilung auszublenden. Denn diese Anlagen sind ‚gebietswidrig' und haben daher keinen prägenden Einfluss auf die Eigenart der Umgebung.[42] Dahinter steht die Überlegung, dass über § 34 II BauGB eine städtebauliche Entwicklung hin zu den Gebietstypen der BauNVO gefördert und nicht durch einzelne fremdkörperartige Vorhaben erschwert werden soll.

▶ **Beispiel:** Befindet sich inmitten von Wohnhäusern eine einzige Zimmerei, handelt es sich bei dieser um einen Fremdkörper, weil sie sich hinsichtlich ihres Nutzungszwecks als Unikat erweist.[43] Fremdkörper ist auch das einzige fünfgeschossige Wohnhaus inmitten von eingeschossigen Gebäuden.[44] ◀

181 Darüber hinaus müssen **Zweckbestimmung des Baugebiets** im Sinne der Absätze 1 der §§ 2 ff. BauNVO und der Charakter des tatsächlichen Gebiets einander entsprechen:

---

37 *Rieger*, in: Schrödter (Hrsg.), BauGB, 9. Aufl. 2019, § 34 Rn. 81; *Schink*, NVwZ 2017, 1641 ff.
38 Etwa BVerwGE 157, 1 ff.
39 Ein Überblick über einige Aspekte finden sich bei VG Gelsenkirchen, Urt. v. 30.6.2022 – 5 K 3882/18 –, juris, Rn. 26 ff.
40 *Mitschang/Reidt*, in: Battis/Krautzberger/Löhr (Hrsg.), BauGB, 15. Aufl. 2022, § 34 Rn. 63.
41 BVerwGE 84, 322 ff.
42 *Gänslmeyer/Hauth*, in: Rixner/Biedermann/Charlier (Hrsg.), Praxiskommentar BauGB/BauNVO, 4. Aufl. 2022, § 34 Rn. 49.
43 BVerwGE 84, 322 ff.
44 *Kuschnerus/Bischopink/Arnold*, Das zulässige Bauvorhaben, 7. Aufl. 2016, Rn. 317.

§ 4 Materielle Vorhabenzulassung im unbeplanten Innenbereich, § 34 BauGB

Liegen zwei Wohn- und 20 Geschäftsgebäude vor, wäre zwar ein faktisches Mischgebiet im Sinne von § 6 BauNVO denkbar, weil beide Nutzungsarten unter § 6 BauNVO subsumierbar sind; allerdings entspräche das Wesen des Gebiets nicht dem Zweck des § 6 BauNVO, weil eine echte Mischung bei einem Verhältnis von zwei zu 20 gerade fehlt.[45] Auch bei einem Gebiet, das nur aus Wohnhäusern besteht, ist zwar an sich ein allgemeines Wohngebiet im Sinne des § 4 BauNVO denkbar; da dieses aber neben dem Wohnen auch zahlreiche andere Nutzungen zulässt, anders als im reinen Wohngebiet, § 3 BauNVO, in dem andere Nutzungen klar die Ausnahme bilden, entspricht der Zweck des Gebiets dem eines Wohngebiets nach § 3 BauNVO.

Ist § 34 II BauGB anwendbar, richtet sich die Zulässigkeit des zu prüfenden Bauvorhabens hinsichtlich der Art der baulichen Nutzung nach §§ 2 ff. BauNVO. Hier erfolgt also eine Zulassungsprüfung wie beim Vorliegen eines Bebauungsplans (Kap. 3 Rn. 90 ff.). Daher finden auch gemäß § 34 II Hs. 2 BauGB die Vorschriften über Ausnahmen und Befreiungen, § 31 BauGB, ebenfalls Anwendung (Kap. 3 Rn. 126 ff.). 182

Ist die Eigenart der näheren Umgebung **keinem Baugebiet** der BauNVO zuzuordnen, etwa weil nicht alle vorhandenen Anlagen einem Baugebiet zugeordnet werden können oder aber alle Anlagen in mehreren Gebieten zulässig sind und auch dem jeweiligen Gebietszweck entsprechen, ist § 34 II BauGB nicht anwendbar.[46] Man spricht dann von einer **Gemengelage** mit der Folge, dass auch für das Einfügen des Vorhabens nach Art der baulichen Nutzung nur der Maßstab des § 34 I 1 BauGB gilt und ein Maßstab anhand der vorhandenen Bebauung gebildet werden muss. Es gelten dann dieselben Grundsätze wie beim Einfügen des Vorhabens hinsichtlich der weiteren Kriterien (Kap. 3 Rn. 184 ff.). 183

II. Die Kriterien des § 34 I 1 BauGB

1. Das Merkmal des „Einfügens"

Für die Kriterien des Maßes der baulichen Nutzung, der Bauweise und der überbaubaren Grundstücksfläche gibt es eine Vorschrift wie § 34 II BauGB nicht. Hier muss das Merkmal des Einfügens ausschließlich im Rahmen des § 34 I 1 BauGB geprüft werden. Das Gleiche gilt für das Kriterium der Art der baulichen Nutzung, falls § 34 II BauGB nicht anwendbar ist, weil die vorhandene Bebauung keinem der in §§ 2 ff. BauNVO genannten Gebiete entspricht. 184

Ein Vorhaben fügt sich ein, wenn es den von der Eigenart der näheren Umgebung vorgegebenen Rahmen einhält. Die Prüfung des § 34 I 1 BauGB vollzieht sich dabei zweckmäßigerweise in mehreren Schritten: 185

- **Feststellung der Eigenart der näheren Umgebung:** Zunächst ist die Eigenart der näheren Umgebung festzustellen, d. h. die **wesentlichen Merkmale** der Umgebung sind zu bestimmen.[47] Zur Umgebung gehören wie bei § 34 II BauGB alle Anlagen, die vom Bauvorhaben rechtlich oder tatsächlich berührt werden.[48] Auch hier ist darauf zu achten, dass nicht prägende Anlagen unbeachtlich sind.

---

[45] Allgemein dazu *Roeser*, in: König/ders./Stock (Hrsg.), BauNVO, 5. Aufl. 2022, § 6 Rn. 4; *Hornmann*, in: Spannowsky/ders./Kämper (Hrsg.), BeckOK-BauNVO, 32. Ed. Januar 2023, § 6 Rn. 2. Aus der Rspr. BayVGH, BeckRS 2020, 9533.
[46] *Söfker*, in: Ernst/Zinkahn/Bielenberg/Krautzberger (Hrsg.), BauGB, 147. EL August 2022, § 34 Rn. 79, 79b.
[47] Ausführlich dazu *Krüper/Herbolsheimer*, JURA 2017, 532 (540).
[48] *Muckel/Ogorek*, Öffentliches Baurecht, 4. Aufl. 2020, § 7 Rn. 111.

▶ **Beispiel:** In der näheren Umgebung eines Bauvorhabens finden sich zahlreiche Anlagen, die mindestens zehn und höchstens 15 Meter hoch sind. Die Eigenart der näheren Umgebung im Hinblick auf die Bebauungshöhe als Aspekt des Maßes der baulichen Nutzung wäre demnach hier eine Höhe von zehn bis 15 Metern. ◀

186 Die Eigenart der näheren Umgebung ist **für jedes Merkmal** gesondert zu bestimmen, weil sich die Reichweite der Prägung je nach Kriterium unterscheiden kann.[49] So ist der Radius der näheren Umgebung im Hinblick auf die Art der baulichen Nutzung häufig viel größer als jener der überbaubaren Grundstücksfläche, weil bei diesem Kriterium die prägende Kraft der vorhandenen Bebauung mit weiterer Entfernung vom Vorhabengrundstück schneller abnimmt als bei der Nutzungsart.

▪ **Abgleich von Vorhaben und Eigenart der näheren Umgebung:** Sodann ist zu prüfen, ob sich das konkrete Bauvorhaben in die nähere Umgebung einfügt, ob es also den zuvor festgestellten Rahmen einhält. Es geht dabei um eine **Bewertung des Einzelfalls**.[50] Dabei gilt, dass das Bauvorhaben mit den vorhandenen Anlagen **nicht identisch** sein muss, so dass Abweichungen von der Eigenart der näheren Umgebung zulässig sind, sofern sie **nicht wesentlich** sind und die Eigenart der näheren Umgebung nicht verändern.[51] Je weniger die Abweichung geeignet ist, bodenrechtliche Spannungen auszulösen, desto größer darf sie ausfallen.[52] Echte Störungen und Belästigungen dürfen nicht eintreten.[53] Umgekehrt fügt sich das Vorhaben nicht ein, wenn es zwar der Eigenart der näheren Umgebung entspricht, aber bodenrechtliche Spannungen verursacht werden. Das Einfügen ist in der Regel unproblematisch zu bejahen, wenn für das Vorhaben in der näheren Umgebung ein **Vorbild** vorhanden ist, also eine Anlage, von der sich das Vorhaben nicht (wesentlich) unterscheidet. Daher kann ein Einfügen des Vorhabens in diesen Fällen nur dann verneint werden, wenn das Vorhaben gleichwohl unzumutbare bodenrechtliche Spannungen verursacht.

▶ **Beispiel:** (1) Es soll ein zehn Meter hohes Wohngebäude errichtet werden. Direkt neben dem Vorhabengrundstück steht bereits ein elf Meter hohes Wohngebäude, das nicht als Fremdkörper zu werten ist. Hinsichtlich der Höhe fügt sich das Vorhaben ein, § 16 II BauNVO. Das Nachbargebäude hat insoweit Vorbildwirkung. Wenn das geplante Wohngebäude hinsichtlich des Maßes der baulichen Nutzung keine bodenrechtlichen Spannungen verursacht, fügt es sich insoweit in die Eigenart der näheren Umgebung ein. (2) In Beispiel 1 würde sich ein 25 Meter hohes Gebäude ebenso wenig einfügen wie ein drei Meter hohes Gebäude. (3) In Beispiel 1 würde sich ein zehn Meter hohes Gebäude zwar in die nähere Umgebung einfügen; hätte es aber auf dem konkreten Grundstück eine enorm erdrückende Wirkung gegenüber der Nachbarbebauung, fügte es sich nicht ein.[54] (4) Die nähere Umgebung erweist sich hinsichtlich der Art der baulichen Nutzung als Gemengelage, so dass § 34 II BauGB keine Anwendung findet. Soll nun ein kleiner Escaperoom realisiert werden, planungsrechtlich wohl eine Vergnügungsstätte[55], sind aber in der näheren Umgebung kei-

---

49 BVerwG, ZfBR 2011, 147 ff.
50 Vgl. BVerwGE 52, 122 ff.; *Krüper/Herbolsheimer*, JURA 2017, 532 (541).
51 *Stollmann/Beaucamp*, Öffentliches Baurecht, 13. Aufl. 2022, § 16 Rn. 40; *Rieger*, in: Schrödter (Hrsg.), BauGB, 9. Aufl. 2019, § 34 Rn. 40 ff.
52 *Söfker*, in: Ernst/Zinkahn/Bielenberg/Krautzberger (Hrsg.), BauGB, 134. Lfg. August 2019, § 34 Rn. 30.
53 BVerwGE 55, 369 (386 f.).
54 Siehe dazu auch die Beispiele bei *Krüper/Herbolsheimer*, JURA 2017, 532 (541).
55 Dazu die Falllösung bei *Blanc*, ZJS 2024, 145 ff.

§ 4 Materielle Vorhabenzulassung im unbeplanten Innenbereich, § 34 BauGB

ne Vergnügungsstätten vorhanden, fehlt es zwar an einem Vorbild. Dies ist aber irrelevant, wenn keine bodenrechtlichen Spannungen zu erwarten sind. ◄

- **Abweichen vom Einfügen, § 34 IIIa BauGB:** Fügt sich ein Vorhaben nicht in die Eigenart der näheren Umgebung ein, ist § 34 IIIa BauGB zu beachten. Unter den dort genannten Voraussetzungen können Abweichungen zulässig sein. Die Vorschrift privilegiert aus rechtspolitischen Gründen[56] Vorhaben, die der Nutzung von Wohnraum dienen – für die Großstädte mit chronischem Wohnraummangel von nicht zu unterschätzendem Wert. Weiterhin ist hier § 246 VIII BauGB relevant, der § 34 IIIa BauGB auf Vorhaben zugunsten der Unterkunft von Flüchtlingen ausweitet.[57]

2. Weitere Zulässigkeitsvoraussetzungen

§ 34 I 1 BauGB verlangt für die Zulassung eines Vorhabens weiter eine gesicherte Erschließung. Im Vergleich zu § 30 BauGB, der ebenfalls die Erschließungssicherung voraussetzt, stellt § 34 BauGB aber niedrigere Anforderungen. Es genügt, wenn die Erschließung des Bauvorhabens den Erschließungsstandard der näheren Umgebung aufweist.[58]

Daneben verlangen § 34 I 2 Hs. 1 BauGB, dass die Anforderungen an gesunde Wohn- und Arbeitsverhältnisse gewahrt sind, § 34 I 2 Hs. 2 BauGB, dass das Ortsbild gewahrt bleibt, und § 34 III BauGB, dass von dem Bauvorhaben keine schädlichen Auswirkungen auf zentrale Versorgungsbereiche ausgehen. Diese Voraussetzungen haben im Studium nahezu nie Bedeutung.[59]

▶ **Hinweis:** In der Praxis hat der § 34 III BauGB große Bedeutung, wenn es um die Ansiedlung von großen Einzelhandelsbetrieben geht. Denn diese Ansiedlung darf nicht zur Kaufkraftabwanderung aus anderen Gebieten und damit – das befürchten die Kommunen – zu deren „Verelendung" führen.[60] ◄

---

56 *Krüper/Herbolsheimer*, JURA 2017, 532 (542).
57 *Mitschang/Reidt*, in: Battis/Krautzberger/Löhr (Hrsg.), BauGB, 15. Aufl. 2022, § 246 Rn. 12 ff.
58 *Rieger*, in: Schrödter (Hrsg.), BauGB, 9. Aufl. 2019, § 34 Rn. 72 m.w.N.
59 Konkret zu diesen Voraussetzungen *Krüper/Herbolsheimer*, JURA 2017, 532 (542 f.).
60 Dazu etwa BVerwGE 129, 307 ff.

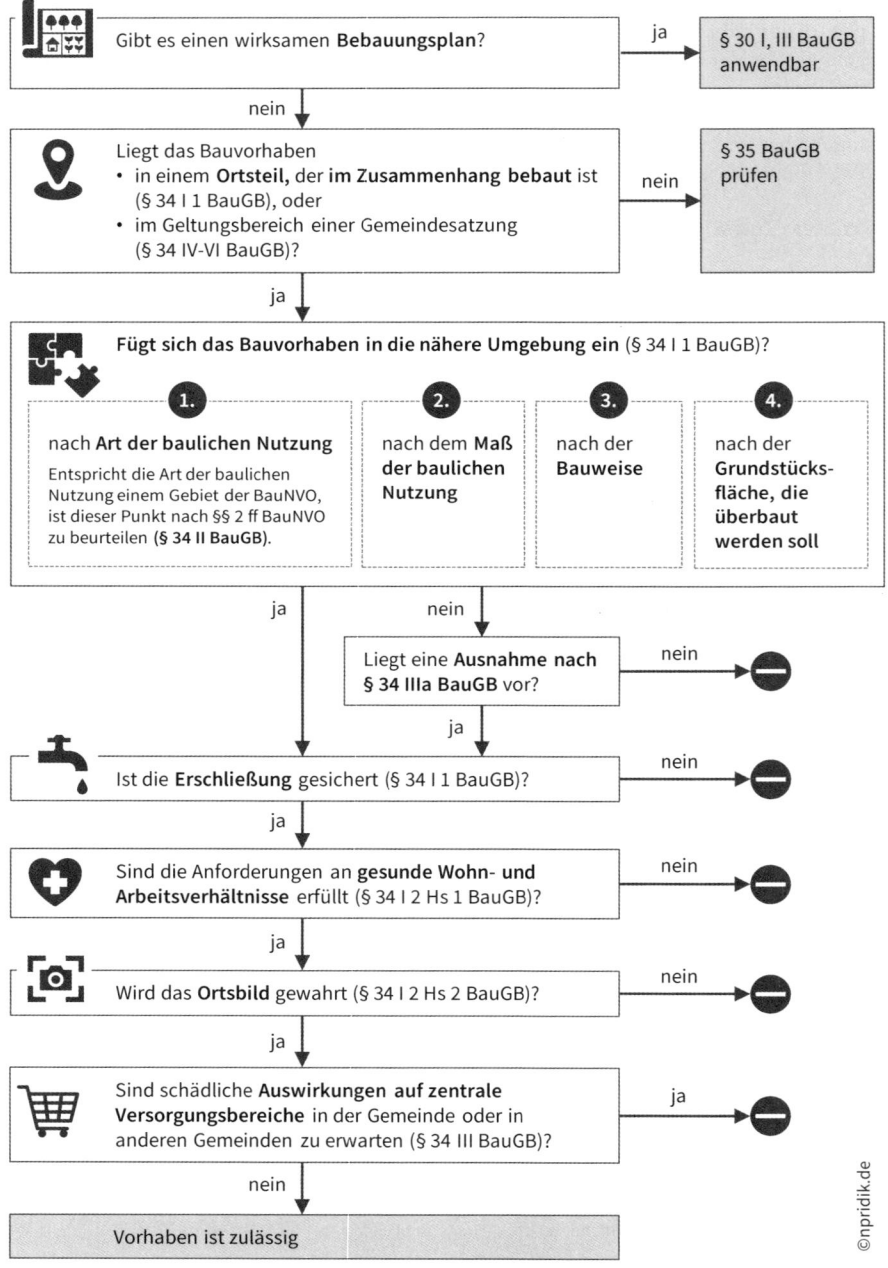

D. Fallbeispiel[61]

I. Sachverhalt

Die C-GmbH ist Betreiberin der Gaststättenkette „Jukebox" und möchte in der nordrhein-westfälischen Stadt S eine Filiale eröffnen. Das Konzept der C-GmbH sieht vor, dass den Gästen tagsüber Speisen und Getränke angeboten werden. Mehrfach pro Woche sollen in den Räumen ab 21 Uhr Musik- und Tanzveranstaltungen mit jungen, unbekannten Livebands veranstaltet werden, bei denen (auch alkoholische) Getränke angeboten werden sollen. Dabei ist der ca. 100 m² große Gastraum tagsüber für 45, abends für maximal 50 Gäste ausgelegt. Die Abendveranstaltungen sollen in der Regel bis ca. 24 Uhr dauern, die Gäste stammen überwiegend aus der Nachbarschaft.

Für die Errichtung der neuen Filiale erwirbt die C-GmbH das Eigentum an einem 40 Meter langen, unbebauten Grundstück an der H-Straße in G. Die geplante Filiale soll in einem Abstand von 1,5 Metern zur westlichen Grundstücksgrenze errichtet werden. Das Grundstück grenzt im Süden direkt an eine von Westen nach Osten verlaufende, zwölf Meter breite Straße (H-Straße) und in östlicher Richtung direkt an einen vier Meter hohen Eisenbahndamm an. Westlich des Grundstücks schließt sich – entlang der H-Straße – eine Kfz-Werkstatt an. Bei der Kfz-Werkstatt handelt es sich um einen „Ein-Mann-Betrieb", der nur kleinere Reparaturen und Ausbesserungen (z. B. Reifen- und Ölwechsel, kleinere Lackierungen, Elektronikwartungen) vornimmt; aufwendige Karosserie- und Lackarbeiten oder vergleichbare Tätigkeiten werden nicht durchgeführt. Eine wirksame Baugenehmigung besteht für die Werkstatt nicht, was dem Kreis K jedoch unbekannt ist. Westlich an das Grundstück der Kfz-Werkstatt schließt sich ein Grundstück mit einem Wohnhaus an. Weiter finden sich in westlicher Richtung entlang der H-Straße eine Tennishalle und eine Tankstelle. Südlich der H-Straße befinden sich weitere Wohnhäuser (W2-W7).

Für das Gebiet besteht ein wirksamer Bebauungsplan, der nur die örtlichen Verkehrsflächen und bestimmte Baugrenzen festsetzt. Der Bebauungsplan bestimmt überdies lediglich, dass die Anlagen in dem betroffenen Gebiet einen Grenzabstand von zwei Metern einzuhalten haben.

Ist das Vorhaben bauplanungsrechtlich zulässig?

---

61 Es handelt sich hierbei um eine abgewandelte Originalklausur aus der nordrhein-westfälischen ersten Staatsprüfung.

§ 4 Kapitel 3: Die Zulassung von Bauvorhaben

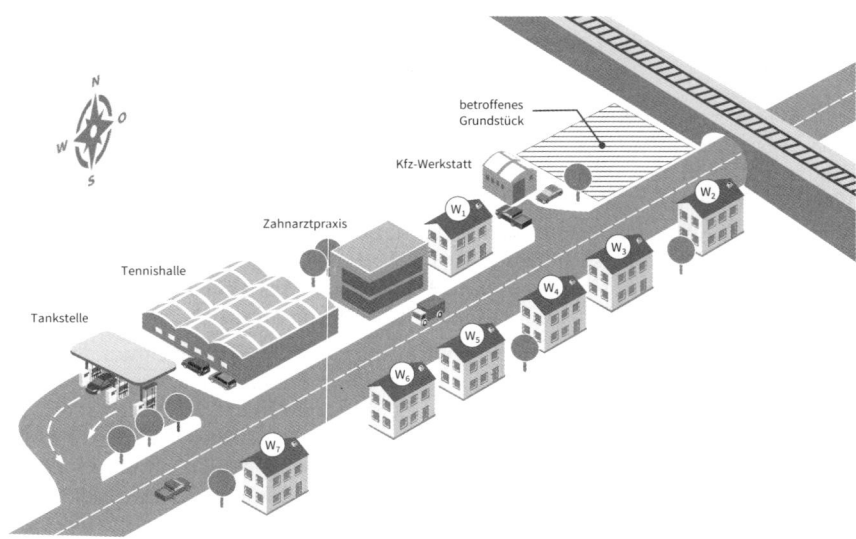

II. Lösungsvorschlag

190 Das Vorhaben ist bauplanungsrechtlich zulässig, wenn es den Vorgaben der §§ 30 ff. BauGB entspricht.

1. Anwendbarkeit

191 Nach § 29 I BauGB finden die §§ 30 ff. BauGB dann Anwendung, wenn es sich bei dem Vorhaben um die Errichtung einer baulichen Anlage handelt. Eine bauliche Anlage iSv § 29 I BauGB ist mit dem entsprechenden Begriff der Landesbauordnungen nur zum Teil kongruent. Eine bauliche Anlage iSv § 29 I BauGB liegt vor bei jeder aus Bauprodukten hergestellten und auf Dauer mit dem Erdboden verbundene Anlage, die bodenrechtliche Relevanz entfaltet. Die „Jukebox" ist eine auf Dauer angelegte, mit dem Erdboden verbundene Anlage. In dem hier betroffenen Gebiet ist die Anlage zudem geeignet, die Interessen der Umgebung nach § 1 VI Nr. 1 (allgemeine Anforderungen an gesunde Wohnverhältnisse), Nr. 7 lit. e (Vermeidung von Emissionen) BauGB zu beeinträchtigen. Folglich hat sie auch bodenrechtliche Relevanz.

2. Zulässigkeit des Vorhabens

192 Die Zulässigkeitsvoraussetzungen des Vorhabens richten sich im Einzelfall nach der planungsrechtlichen Art des betroffenen Gebiets.

a) Zulässigkeit gemäß § 30 BauGB

193 Vorliegend soll die Gaststätte in einer Gegend errichtet werden, in der ein wirksamer Bebauungsplan existiert. Fraglich ist, ob sich daher die bauplanungsrechtliche Zulässigkeit der „Jukebox" allein nach den Festsetzungen des Bebauungsplans richtet. Dies setzt voraus, dass es sich bei dem Bebauungsplan um einen qualifizierten Bebauungs-

§ 4 Materielle Vorhabenzulassung im unbeplanten Innenbereich, § 34 BauGB

plan, § 30 I BauGB handelt. Dies setzt voraus, dass er mindestens Festsetzungen zu den örtlichen Verkehrsflächen, der Art und dem Maß der baulichen Nutzung und der überbaubaren Grundstücksfläche enthält. Der Bebauungsplan sieht neben örtlichen Verkehrsflächen Baugrenzen, also Festsetzungen über die überbaubare Grundstücksfläche, § 23 III BauNVO, vor. Festsetzungen über die Art, aber auch über das Maß der baulichen Nutzung fehlen indes. Es liegt daher kein qualifizierter, sondern gemäß § 30 III BauGB nur ein einfacher Bebauungsplan vor. Nach § 30 III BauGB hängt die bauplanungsrechtliche Zulässigkeit des Vorhabens daher von der Übereinstimmung des Vorhabens mit den Festsetzungen des Bebauungsplans und im Übrigen von der Übereinstimmung mit den Vorgaben des § 34 oder des § 35 BauGB ab.

b) Vereinbarkeit mit dem Bebauungsplan

Fraglich ist, ob das Vorhaben mit den Vorgaben des Bebauungsplans vereinbar ist. Ein Widerspruch zu den Bestimmungen des Bebauungsplans hinsichtlich der Baugrenzen und der örtlichen Verkehrsflächen ist nicht festzustellen. Allerdings könnte das Vorhaben nicht hinreichend Abstand zur Grundstücksgrenze einhalten und daher planwidrig sein. Eine Bestimmung der Abstandsflächen durch den Bebauungsplan gehört nicht zu den Mindestfestsetzungen des § 30 I BauGB. Dies ändert jedoch nichts daran, dass ein zulässiges Bauvorhaben Festsetzungen über die Abstandsflächen entsprechen muss. 194

Dies setzt voraus, dass der Bebauungsplan selbst wirksam ist, insbesondere dass eine entsprechende Festsetzung zulässig ist. Dagegen könnte hier sprechen, dass sich die Abstandsflächen grundsätzlich nicht nach Bauplanungsrecht, sondern als Aspekt baulicher Gefahrenabwehr nach Bauordnungsrecht richten. Allerdings erlaubt § 9 I Nr. 2a BauGB ausdrücklich ein vom Bauordnungsrecht abweichendes Maß der Tiefe der Abstandsflächen aus städtebaulichen Gründen. Zudem ergibt sich aus § 6 I 3 BauO NRW, dass die Notwendigkeit bzw. die Maße der Abstandsfläche bauplanungsrechtlich vorgegeben sein können. Folglich ist es dem Bebauungsplan unbenommen, entsprechende Abstandsflächen vorzugeben. Infolgedessen ist die Festsetzung hinsichtlich der Abstandsflächen zu berücksichtigen. Da der Bebauungsplan einen Grenzabstand von zwei Metern vorschreibt, die geplante Anlage der C-GmbH indes nur einen Abstand von 1,5 Metern einhält, liegt ein Verstoß gegen den Bebauungsplan vor. 195

c) Zulässigkeit im Übrigen

Zu prüfen ist, ob das Vorhaben im Übrigen zulässig ist. Das Merkmal „im Übrigen" bezieht sich dabei allerdings nur auf die fehlenden Mindestfestsetzungen, hier also auf die Art und das Maß der baulichen Nutzung. Bezüglich dieser Kriterien ist die Zulässigkeit des Vorhabens nach § 34 BauGB oder § 35 BauGB zu prüfen. Fraglich ist, welche dieser Normen hier anzuwenden ist. Die Abgrenzung richtet sich wegen der Subsidiarität des § 35 BauGB danach, ob die Voraussetzungen des § 34 BauGB vorliegen. 196

aa) Anwendbarkeit des § 34 BauGB

Mangels einer entsprechenden Satzung iSv § 34 IV BauGB ist für die Anwendung des § 34 BauGB maßgeblich, ob das betroffene Grundstück zu einem im Zusammenhang bebauten Ortsteil gehört, § 34 I 1 BauGB. 197

(1) Bebauungszusammenhang

198 Ein Bebauungszusammenhang liegt vor, wenn die tatsächlich vorhandene Bebauung nach der Verkehrsauffassung den Eindruck der Geschlossenheit und Zusammengehörigkeit vermittelt. Dabei muss das betroffene (unbebaute) Grundstück Bestandteil des Bebauungszusammenhangs sein und darf diesen nicht etwa erweitern.

199 Gegen die Annahme eines Bebauungszusammenhangs könnte hier sprechen, dass das betroffene Grundstück das letzte in der H-Straße (Nordseite) ist, der Bebauungszusammenhang also bereits bei der Kfz-Werkstatt endet. Allerdings könnte dies insoweit unschädlich sein, sofern man den Bebauungszusammenhang über das direkt gegenüberliegende Wohnhaus begründen könnte. Dies ist jedoch nur dann der Fall, wenn die dazwischenliegende H-Straße keine trennende Wirkung entfaltet. Nur wenn trotz trennender Begebenheiten wie Straßen, Flüssen, Hügeln und Ähnlichem nach den äußerlich wahrnehmbaren Verhältnissen von der Geschlossenheit der Bebauung auszugehen ist, kann der Bebauungszusammenhang bejaht werden. Ob eine solche trennende Wirkung vorliegt, kann an dieser Stelle noch offenbleiben, da das letzte (unbebaute) Grundstück jedenfalls dann noch zum Bebauungszusammenhang gehört, wenn topographische oder andere Begebenheiten dieses als zu der anschließenden Bebauung zugehörig erscheinen lassen. Dies ist hier angesichts des Eisenbahndammes zu bejahen. Durch die ‚Querschnittswirkung' dieses Dammes erscheint das betroffene, noch unbebaute Grundstück zusammen mit den anderen bebauten Grundstücken als zusammengehörige Gruppe. Insoweit bildet der Damm die Grenze des Bebauungszusammenhangs. Damit zählt das betroffene Grundstück grundsätzlich zum Bebauungszusammenhang.

200 Durch das unbebaute Grundstück ist auch nicht etwa eine Baulücke solchen Ausmaßes gegeben, dass die an sie anschließende Bebauung nicht als Fortsetzung der vorhandenen Bebauung angesehen werden kann. Hier ist das Grundstück selbst 40 Meter lang, die Umgebung ist – zumindest entlang der H-Straße – eher dicht bebaut. Auch anhand der Karte zeigt sich, dass das Grundstück nicht solche Ausmaße aufweist, dass die übrige Bebauung, von ihm abgetrennt und unabhängig erscheint.

201 Dies könnte allerdings anders zu beurteilen sein, wenn nicht nur das unbebaute Grundstück, sondern auch das sich anschließende Grundstück mit der Kfz-Werkstatt als unbebaut gelten müsste; dann könnte die Freifläche insgesamt solche Ausmaße aufweisen, dass hier von einem Außenbereichsgrundstück auszugehen wäre. Der Bebauungszusammenhang richtet sich nicht nach Grundstücksgrenzen, sondern nach tatsächlichen Bebauungsgrenzen. Das Grundstück mit der Kfz-Werkstatt könnte als unbebaut gelten, weil für die Werkstatt keine Baugenehmigung besteht und sie einen sogenannten Schwarzbau darstellt. Dagegen spricht aber, dass § 34 I 1 BauGB von „bebaut" spricht und insoweit nur auf die tatsächliche Situation ohne Bewertung der rechtlichen Situation verweist. Anders als bei § 34 IV BauGB handelt es sich bei den Voraussetzungen des § 34 I BauGB allein um tatsächliche Kriterien. Weiterhin ist die Verkehrsanschauung für die Beurteilung maßgeblich, die sich grundsätzlich nicht auf rechtliche Kriterien wie das Vorhandensein einer Baugenehmigung, sondern nur auf die tatsächliche Situation bezieht. Eine Ausnahme von der Begrenzung auf rein tatsächliche Kriterien kann aus Sicht der Verkehrsanschauung nur dann gemacht werden, wenn die zuständige Behörde bereits signalisiert hat, den Schwarzbau nicht zu dulden und ihn in nächster Zeit entfernen zu lassen. Dies ist hier indes nicht ersichtlich.

§ 4 Materielle Vorhabenzulassung im unbeplanten Innenbereich, § 34 BauGB § 4

Mithin ist ein Bebauungszusammenhang gegeben, an dem das betroffene Grundstück auch teilnimmt.

(2) Ortsteil

Darüber hinaus müsste es sich bei der Umgebung um einen Ortsteil handeln. Ein Ortsteil liegt vor bei einer tatsächlichen Bebauung, die nach der Verkehrsanschauung von gewissem Gewicht und Ausdruck einer organischen Siedlungsstruktur, also keine Splittersiedlung ist. Unabhängig von der weiteren Umgebung finden sich entlang der H-Straße zahlreiche Anlagen. Die Bauten weisen in ihrer Gesamtheit ein hinreichendes Gewicht auf, um von ihnen als von einem Ortsteil zu sprechen. Sie sind auch nicht Ausdruck eines bloß zufälligen Ansiedlungsgeschehens, sondern in hinreichendem Maße Ausdruck einer Siedlungsstruktur, die durch die Ansiedlung an der H-Straße und die Begrenzung durch den Eisenbahnwall auch Ausdruck einer organischen Entwicklung ist. Die Zulässigkeit des Vorhabens richtet sich daher nach § 34 BauGB.

bb) Zulässigkeit des Vorhabens hinsichtlich der Art der baulichen Nutzung, § 34 II BauGB

Fraglich ist, ob das Vorhaben hinsichtlich der Art seiner baulichen Nutzung nach § 34 BauGB zulässig ist. Dabei ist § 34 II BauGB als lex specialis zu § 34 I 1 BauGB vorrangig zu prüfen. Danach richtet sich die Zulässigkeit des Vorhabens hinsichtlich der Art der baulichen Nutzung nach den §§ 2 ff. BauNVO, sofern die Eigenart der näheren Umgebung einem der in §§ 2 ff. BauNVO dargestellten Gebiete entspricht.

(1) Gebiet nach § 34 II BauGB iVm §§ 2 ff. BauNVO

Fraglich ist, ob die Eigenart der näheren Umgebung hier einem der in §§ 2 ff. BauNVO statuierten Gebiete entspricht. Zur näheren Umgebung gehört die tatsächliche Bebauung, die sich auf das Vorhaben auswirken kann und die den bodenrechtlichen Charakter des zur Bebauung vorgesehenen Grundstücks prägt. Daher gehören zumindest die Gebäude auf der Nordseite der H-Straße zur näheren Umgebung. Die Anlagen auf der Südseite der H-Straße fallen nicht in die nähere Umgebung, wenn man eine trennende Wirkung der H-Straße bejaht. Für die trennende Wirkung spricht, dass die 12 Meter breite Straße eine gewisse optische Trennung begründet. Es handelt sich aber nicht um eine solch intensive Trennung, dass die Südseite keinen baulichen Bezug mehr zur Nordseite hätte.

Zur Eigenart der näheren Umgebung tragen diejenigen Bauten und deren Nutzung bei, die die Umgebung prägen, hier im Hinblick auf die Art der baulichen Nutzung. Vorliegend finden sich in der Umgebung Wohnhäuser, eine Tankstelle, eine Tennishalle und eine Kfz-Werkstatt.

Bei der Zuordnung zu einem der in §§ 2 ff. BauNVO genannten Gebiete kommen hier sowohl ein allgemeines Wohngebiet, § 4 BauNVO, als auch ein Mischgebiet, § 6 BauNVO, in Betracht. Die Zuordnung eines faktischen Gebiets zu einem der in §§ 2 ff. BauNVO genannten Gebiete muss eindeutig sein; in dem Fall, dass ein Gebiet zwei Gebieten der BauNVO zugeordnet werden kann, ist § 34 II BauGB nicht anwendbar.

Die Wohnhäuser sind sowohl in einem Wohngebiet, § 4 II Nr. 1 BauNVO, als auch in einem Mischgebiet, § 6 II Nr. 1 BauNVO, zulässig. Auch die Tankstelle ist in beiden Gebieten zulässig, § 4 III Nr. 5, § 6 II Nr. 7 BauNVO. Dass sie im allgemeinen Wohngebiet nur ausnahmsweise zulässig ist, ist nicht maßgeblich, da es keine ‚Zulässigkeit zweiter Klasse' gibt. Schließlich ist auch die Tennishalle in beiden Gebieten zulässig, § 4 II Nr. 3, § 6 II Nr. 5 BauNVO.

208 Problematisch ist die Zuordnung der Kfz-Werkstatt, die als Gewerbebetrieb grundsätzlich sowohl im allgemeinen Wohngebiet, § 4 III Nr. 2 BauNVO, als auch im Mischgebiet, § 6 II Nr. 4 BauNVO, zulässig ist. Allerdings sind Gewerbebetriebe nach § 4 III Nr. 2 BauNVO im allgemeinen Wohngebiet nur zulässig, wenn sie nicht störend sind. Bei typisierender Betrachtung ist davon auszugehen, dass eine Kfz-Werkstatt nicht nur entsprechenden Kundenverkehr hervorruft, sondern auch selbst Lärm- und Geruchsauswirkungen auf die Umgebung hat, die mit dem der Wohnruhe gewidmeten allgemeinen Wohngebiet nicht in Einklang zu bringen sind. Die Kfz-Werkstatt ist daher im allgemeinen Wohngebiet wegen Gebietsunverträglichkeit unzulässig. Daran ändert sich auch nichts, wenn man ausnahmsweise unter Ausnahme von dem Grundsatz der typisierenden Betrachtungsweise die konkrete Betriebsstruktur der Kfz-Werkstatt in den Blick nehmen würde. Auch eine kleine und nur eingeschränkt betriebene Werkstatt hat Auswirkungen, die mit der in § 4 BauNVO besonders geschützten Wohnruhe nicht in Einklang zu bringen sind.

209 In Betracht kommt daher nur noch ein Mischgebiet iSv § 6 BauNVO. Die Kfz-Werkstatt müsste aber auch hier zulässig sein. Auch wenn § 6 II Nr. 4 BauNVO nicht ausdrücklich verlangt, dass der Gewerbebetrieb „nicht störend" sein muss, handelt es sich nach allgemeiner Meinung bei der Gebietsverträglichkeit um ein Tatbestandsmerkmal, dass alle Nutzungen in allen Baugebieten erfüllen müssen, weil nur so bodenrechtliche Spannungen zwischen den verschiedenen Nutzungsarten angesichts der typisierenden Betrachtung und der offenen Begriffe der BauNVO gewährleistet wird. Fraglich ist daher, ob eine Kfz-Werkstatt typischerweise mit dem Zweck eines Mischgebiets vereinbar ist. Das Mischgebiet dient sowohl dem Gewerbe als auch dem Wohnen, § 6 I BauNVO. Wichtig ist daher ein angemessener Ausgleich beider Nutzungsarten, weswegen Gewerbebetriebe insbesondere auf Störungen der Wohnruhe zu überprüfen sind. Ob hierbei eine Kfz-Werkstatt zulässig ist, ist zumindest zweifelhaft; lässt man die konkreten Umstände des Einzelfalls außer Acht, so ist zu konstatieren, dass in Kfz-Werkstätten in der Regel lärm- und zuweilen auch geruchsintensive Tätigkeiten durchgeführt werden. Insbesondere Karosserie-, Flex- oder Schweißarbeiten stören die Wohnruhe. Von daher ist bei einer Kfz-Werkstatt bei typisierender Betrachtung von einem störenden Gewerbebetrieb auszugehen.

210 Zu beachten ist aber, dass die Gewährleistung der Wohnruhe im Rahmen von § 6 BauNVO, anders als in den Wohngebieten nach §§ 3, 4 BauNVO, nicht Primärzweck ist, sondern gleichrangig neben dem Gewerbezweck steht. Daraus lässt sich ableiten, dass die Wohnruhe in Mischgebieten weniger stark geschützt ist als in reinen oder allgemeinen Wohngebieten, der zulässige Störungsgrad von Gewerbebetrieben daher höher sein darf. Allerdings gibt es gerade bei bestimmten gewerblichen Nutzungen eine solche Bandbreite an unterschiedlichen Tätigkeiten und Einwirkungsmöglichkeiten auf die Umgebung, dass eine typisierende Betrachtungsweise vor allem im Mischgebiet keine hinreichende Aussage über den noch vertretbaren Störgrad zu treffen vermag und daher nur unzureichend möglich ist. Insoweit ist eine Einzelfallbetrachtung geboten, „wenn der konkrete Betrieb nach Art und/oder Betriebsweise von dem Erscheinungsbild seines Betriebstypus abweicht, von daher die sonst üblichen Störungen von vornherein nicht befürchten lässt und damit seine sonst nicht gegebene Gebietsver-

trächtlichkeit dauerhaft und zuverlässig sichergestellt ist".[62] Daher verbietet sich eine typisierende Betrachtungsweise im Mischgebiet, wenn der betreffende Betrieb zu einer Branche gehört, bei der die üblichen Betriebsformen hinsichtlich des Störungsgrades eine von nicht wesentlich störend bis störend oder gar erheblich belästigend reichende Bandbreite aufweisen. Vorliegend ist zu beachten, dass es sich zwar um eine Kfz-Werkstatt handelt, diese aber besonders atypisch ist: Zum einen handelt es sich nur um einen Ein-Mann-Betrieb, zum anderen werden nur kleinere Reparaturen und keinerlei Karosseriearbeiten durchgeführt. Folglich sind sowohl das Arbeitsausmaß als auch die Arbeitsauswirkungen niedrig. Dadurch, dass nur kleinere Reparaturen wie Reifen- und Ölwechsel, kleinere Lackierungen oder Elektronikwartungen und keine aufwendigen Reparaturen durchgeführt werden, handelt es sich bei der Tätigkeit der Kfz-Werkstatt nur um auswirkungsschwache Dienstleistungen. Von einem hohen Störungsgrad kann daher bei dieser konkreten Kfz-Werkstatt nicht ausgegangen werden. Es handelt sich damit um einen nach § 6 II Nr. 4 BauNVO im Mischgebiet zulässigen Gewerbebetrieb. Insgesamt ist daher von einem faktischen Mischgebiet iSv § 6 BauNVO auszugehen, da die vorhandenen Wohn- und Gewerbenutzungen auch ein hinreichendes Mischungsverhältnis begründen und dem Typus des Mischgebiets noch entsprechen.

(2) Zulässigkeit des Vorhabens nach § 6 BauNVO

Die geplante Filiale der „Jukebox" müsste nach § 6 BauNVO zulässig sein. Dies hängt davon ab, ob sie unter einen der in § 6 BauNVO genannten Nutzungsbegriffe zu fassen ist. In Betracht kommen sowohl die Nutzung als Schank- und Speisewirtschaft, § 6 II Nr. 3 Var. 2 BauNVO, als Gewerbebetrieb, § 6 II Nr. 4 BauNVO, als kulturelle Einrichtung, § 6 II Nr. 5 Var. 3 BauNVO und als Vergnügungsstätte, § 6 II Nr. 8, III BauNVO. Da sich letztere Nutzung mit allen zuvor genannten Nutzungsarten überschneiden kann, ist die Abgrenzung sinnvollerweise aus Sicht dieser Nutzungsart durchzuführen.

Unter einer Vergnügungsstätte versteht man eine besondere Art von Gewerbebetrieb, die durch die kommerzielle Unterhaltung der Besucher geprägt ist und die dabei in unterschiedlicher Ausprägung den Sexual-, Spiel- oder Geselligkeitstrieb des Menschen anspricht. Aus Wortlaut und Systematik der BauNVO ergibt sich, dass die Vergnügungsstätte zum einen als eigenständiger Nutzungsbegriff behandelt und zum anderen nur in bestimmten Baugebieten als zulässig angesehen wird. Dabei fällt auf, dass die Vergnügungsstätten nur in Gebieten errichtet werden dürfen, die aus Anlagen höheren Störungsgrades bestehen (insb. das Gewerbegebiet gemäß § 8 BauNVO), außerdem nur unter der Voraussetzung zulässig sind, nicht kerngebietstypisch zu sein, also keine zentrale Versorgungsfunktion zu erfüllen und damit keine besonders intensiven Auswirkungen zu entfalten, §§ 4a III Nr. 2, 5 III, 6 II Nr. 8 BauNVO, und zudem, dass die Zulässigkeitsvoraussetzungen von Vergnügungsstätten nach der BauNVO insgesamt streng sind.

Störende Auswirkungen könnten vorliegend zumindest mit Blick auf die abends veranstalteten Musik- und Tanzveranstaltungen zu bejahen sein. Hier geht es um Unterhaltung der Gäste, die bei geselligem Beisammensein dazu animiert werden, sich länger in der „Jukebox" aufzuhalten. Weiterhin handelt es sich bei dem Betrieb der „Jukebox" auch um eine kommerzielle Nutzungsform. Fraglich ist, ob dies ausreicht, um die

---

62 Vgl. BVerwG, ZfBR 2018, 685 ff. (Tischlerei im Mischgebiet).

Anlage als Vergnügungsstätte einzuordnen. Dabei ist zunächst zu beachten, welche Kriterien allgemein bei der Abgrenzung verschiedener Nutzungsarten eine Rolle spielen. Zweck der §§ 2 ff. BauNVO ist die Gewährleistung homogener (Bau-)Gebiete, in denen die vorhandenen Grundstücksnutzungen vergleichbar sind, d. h. sich auch hinsichtlich des Störungsgrades entsprechen. Entscheidend sind daher bei Nutzungstypenabgrenzungen insbesondere die Betrachtung und der Vergleich des jeweiligen Störungspotenzials.

214 Aufgrund ihres Benutzerkreises und der Nutzungszeit gehen Vergnügungsstätten im Sinne der BauNVO regelmäßig mit erheblichen Lärmbelästigungen einher, sei es durch die Veranstaltung oder deren Besucher selbst sowie durch den Zu- und Abgangsverkehr. Dies ist bei der „Jukebox" – wenn auch nur abends – der Fall. Bei Musikveranstaltungen kommt es typischerweise zu Lärmemissionen. Durch den Ausschank von (alkoholischen) Getränken sowie die notwendige An- und Abreise kann es auch durch die Besucher der Veranstaltung zu erhöhten Lärmemissionen kommen. Dem Vorhaben sind daher für Vergnügungsstätten typische Auswirkungen zuzuschreiben. Dass diese nur abends erfolgen, ändert daran nichts. Da zum einen die Nachtruhe besonders zu schützen ist und daher entsprechende Auswirkungen als intensiver zu beurteilen sind, und da es zum anderen nicht ausnahmsweise, sondern mehrfach pro Woche zu entsprechenden Auswirkungen kommt, ist die „Jukebox" nicht als normaler Gewerbebetrieb einzuordnen.

215 Fraglich ist weiter, ob das geplante Tagesgeschäft, bei dem allein Speisen und Getränke angeboten werden, die Einordnung als Vergnügungsstätte ändert. Insoweit ist die Vergnügungsstätte von Schank- und Speisewirtschaft abzugrenzen. Auch hier gelten die soeben dargelegten Abgrenzungsgrundsätze. Folglich werden Anlagen nicht bereits deshalb zu Schankwirtschaften, weil sie auch Getränke anbieten. Vielmehr muss im Rahmen einer Gesamtbetrachtung insbesondere hinsichtlich des Störungspotenzials geprüft werden, ob die Anlage den Charakter einer Vergnügungsstätte aufweist oder aber ihren Nutzungsschwerpunkt in der Schankwirtschaft hat. Vorliegend ist zu beachten, dass zwar tagsüber keine entsprechenden, dem reinen Vergnügen dienende Veranstaltungen abgehalten werden, dies aber regelmäßig abends der Fall ist. Daraus folgt, dass für Vergnügungsstätten typische Begleiterscheinungen jeden Tag zur Abend- und Nachtzeit zu erwarten sind. Damit gehen von der „Jukebox" insgesamt Auswirkungen aus, die denen einer reinen Schank- und Speisewirtschaft nicht (mehr) entsprechen. Die Einordnung als Schank- und Speisewirtschaft würde das Störungspotenzial der „Jukebox" nicht angemessen abbilden und damit dem Zweck der BauNVO nicht gerecht werden.

216 Entsprechendes gilt auch im Hinblick auf eine denkbare Einordnung der „Jukebox" als Anlage für kulturelle Zwecke. Zwar finden dort Musikveranstaltungen statt. Kulturelle Einrichtungen weisen aber regelmäßig einen geringen Störungsgrad auf, weil sie der Vermittlung von Kunst, Kultur und Wissen dienen. Dies ist dadurch erkennbar, dass kulturelle Anlagen nahezu in allen Gebieten, auch in den störungssensiblen Wohngebieten, zulässig sind. Im Vordergrund des Betriebs der „Jukebox" steht allerdings der reine Geselligkeits- und Amüsierbetrieb, durch den Auswirkungen auf die Umgebung zu erwarten sind, die es nicht rechtfertigen, von einer Anlage für kulturelle Zwecke auszugehen.

217 Insgesamt ist daher die „Jukebox" als Vergnügungsstätte einzuordnen. Diese ist nach § 6 II Nr. 8 BauNVO nur dann zulässig, soweit es sich um eine Vergnügungsstätte

iSv § 4a III Nr. 2 BauNVO handelt, die also nicht wegen ihrer Zweckbestimmung oder ihres Umfangs nur in Kerngebieten allgemein zulässig ist. Das Kerngebiet beherbergt nach § 7 I BauNVO insbesondere „zentrale Einrichtungen der Wirtschaft, der Verwaltung und der Kultur". Das Adjektiv „zentral" deutet dabei auf die Funktion der Einrichtungen hin, die zusammengenommen ein vielfältiges Angebot von Gütern und Dienstleistungen für sämtliche Bewohner eines größeren Einzugsbereichs anbieten. Nicht kerngebietstypische Vergnügungsstätten sind dagegen solche, die nur der Entspannung und Freizeitbetätigung in einem begrenzten Stadtteil dienen. Hintergrund der Bildung der kernbereichstypischen Vergnügungsstätte als eigenständiger Planbegriff ist, dass solche Anlagen ein hohes Maß an Störungspotenzial aufweisen, weswegen sie auch nur im Zentrum eines Gemeindegebiets, dem Kerngebiet, verwirklicht werden sollen.

Bei der „Jukebox" ist zu beachten, dass sie ihre Kunden mit Liveauftritten unbekannter Musikgruppen anwirbt. Es sind auch nur Gäste aus der näheren Umgebung (d. h. dem Baugebiet) zu erwarten. Darüber hinaus ist der Gastraum nur 100 Quadratmeter groß und für eine Gruppengröße von lediglich 50 Gästen ausgerichtet. Es ist daher bei der „Jukebox" von einer für den Kernbereich untypischen Anlage ohne zentrale Dienstleistungsfunktion auszugehen, die im Mischgebiet (noch) zulässig ist. Die „Jukebox" ist daher nach § 34 II BauGB iVm § 6 II Nr. 8 BauNVO hinsichtlich der Art der baulichen Nutzung zulässig.

(3) Zulässigkeit des Vorhabens im Übrigen: § 34 I, III BauGB

Das Vorhaben könnte aber aus sonstigen Gründen unzulässig sein. Es gelten hier die Voraussetzungen des § 34 I, III BauGB. Anhaltspunkte dafür, dass sich das Vorhaben hinsichtlich des Maßes der baulichen Nutzung – denn nur dieses Kriterium ist weiter zu prüfen – in die Eigenart der näheren Umgebung nicht einfügt, fehlen. Auch ist davon auszugehen, dass die Anforderungen an gesunde Wohn- und Arbeitsverhältnisse gewahrt sind, das Ortsbild nicht beeinträchtigt wird und keine schädlichen Auswirkungen auf zentrale Versorgungsbereiche der Gemeinde oder in anderen Gemeinden zu erwarten sind, § 34 III BauGB. Die Erschließung ist unproblematisch gesichert.

III. Ergebnis

Das Bauvorhaben ist bauplanungsrechtlich zulässig.

Wiederholungsfragen

1. Wie lässt sich der Begriff des „im Zusammenhang bebauten Ortsteils" im Sinne des § 34 I 1 BauGB bestimmen und erklären? Was bedeutet es, dass das Vorhabengrundstück Teil des Bebauungszusammenhangs sein muss? Geben Sie Beispiele.
2. Wann fügt sich ein Vorhaben im Sinne des § 34 I 1 BauGB in einen im Zusammenhang bebauten Ortsteil ein? Welche Vorhaben sind dabei zu berücksichtigen? (Kap. 3 Rn. 175 ff.)
3. An welcher Stelle und weshalb ist es für § 34 BauGB entscheidend, dass eine vorhandene Anlage grundsätzlich dem Aufenthalt von Menschen zu dienen bestimmt ist? (Kap. 3 Rn. 167 ff.)
4. Inwiefern kommt in § 34 BauGB die Funktion als „Ersatzregime" für einen Bebauungsplan zum Ausdruck? (Kap. 3 Rn. 162)

5. Inwiefern ist § 34 II BauGB „lex specialis" gegenüber § 34 I BauGB? (Kap. 3 Rn. 203)
6. Warum ist es in § 34 I 1 BauGB entscheidend, dass ein „Vorbild" vorhanden ist? Was ist hiermit gemeint? (Kap. 3 Rn. 186)
7. Kann jedes Gebiet der §§ 2 ff. BauNVO ein faktisches Baugebiet im Sinne des § 34 II BauGB sein? (Kap. 3 Rn. 179)
8. Wie bestimmt sich die „nähere Umgebung" im Sinne des § 34 II BauGB? (Kap. 3 Rn. 185 ff.)

§ 5 Materielle Vorhabenzulassung im unbeplanten Außenbereich, § 35 BauGB[1]

A. Zweck des § 35 BauGB 222
B. Der Anwendungsbereich des § 35 BauGB 223
C. Systematik des § 35 BauGB 224
   I. Vorstrukturierung der Abwägung durch das Gesetz 224
   II. Die Abgrenzung von privilegiertem und sonstigem Vorhaben 229
     1. Vorhaben, die einem land- oder forstwirtschaftlichen Betrieb dienen, § 35 I Nr. 1 BauGB 231
       a) Betrieb 232
       b) Land- und Forstwirtschaft 235
       c) Dienen 239
     2. Vorhaben, die nur im Außenbereich ausgeführt werden sollen, § 35 I Nr. 4 BauGB 243
       a) Außenbereichsaffinität 244
       b) Außenbereichsnotwendigkeit 248
   III. Die Abwägung zwischen öffentlichem Schonungs- und privatem Bauverwirklichungsinteresse 252
     1. Die Identifizierung der öffentlichen Belange 253
       a) § 35 III 1 Nr. 3 BauGB: schädliche Umwelteinwirkungen 254
       b) Entstehung, Verfestigung oder Weiterentwicklung einer Splittersiedlung, § 35 III 1 Nr. 7 BauGB 255
     2. Abwägung 256
     3. Ausnahme: Begünstigte Vorhaben, § 35 IV BauGB 257
     4. Sonstige Zulässigkeitsvoraussetzungen 261
D. Fallbeispiel 262
   I. Sachverhalt 262
   II. Lösungsvorschlag 263
     1. Anwendbarkeit 264
     2. Zulässigkeit nach § 30 I BauGB 265
     3. Zulässigkeit nach § 34 BauGB 266
     4. Zulässigkeit nach § 35 BauGB 267
       a) Privilegiertes Vorhaben ... 268
         aa) Landwirtschaftlichem Betrieb dienend, § 35 I Nr. 1 Var. 1 BauGB 269
         bb) Besondere Anforderungen des Vorhabens an die Umgebung, § 35 I Nr. 4 BauGB 272
         cc) Zwischenergebnis 275
       b) Beeinträchtigung öffentlicher Belange, § 35 II BauGB 276
         aa) § 35 III 1 Nr. 1 BauGB 277
         bb) § 35 III 1 Nr. 5 BauGB 278
         cc) § 35 III 1 Nr. 7 BauGB 279
         dd) Zwischenergebnis 282
       c) Begünstigung, § 35 IV BauGB 283
       d) Erschließung 286
     5. Ergebnis 288
Wiederholungsfragen

▶ **Lernziele**

1. Sie können den Anwendungsbereich des § 35 BauGB im Verhältnis zu §§ 30, 34 BauGB bestimmen.
2. Sie können die Systematik des § 35 BauGB ausgehend von seinem Regelungszweck erklären und dabei insbesondere die Funktionen der einzelnen Absätze der Norm unterscheiden.
3. Sie können den Unterschied zwischen privilegierten und sonstigen Vorhaben im Hinblick auf die sich daraus ergebenden Konsequenzen für die Fallprüfung erklären.

---

[1] Ausführlich *Herbolsheimer/Krüper*, JURA 2020, 22 ff.

4. Sie können die Tatbestandsvoraussetzungen einer Vorhabenprivilegierung nach § 35 I Nr. 1 und 4 BauGB präzise unterscheiden und die einzelnen Tatbestandsmerkmale genau definieren.
5. Sie können die in § 35 III 1 Nr. 3 und 7 BauGB genannten öffentlichen Belange sicher konkretisieren, kennen Problemfälle und können Beispiele dazu bilden.
6. Sie können das Zusammenspiel der Absätze 3 und 4 des § 35 BauGB erklären und anhand von Beispielen verdeutlichen. ◂

221 Neben den beplanten Bereich, §§ 30, 31 BauGB, und den unbeplanten, aber bebauten Innenbereich, § 34 BauGB, tritt schließlich der dritte planungsrechtliche Gebietstypus: der unbeplante Außenbereich, § 35 BauGB. Der Begriff des Außenbereichs ruft unwillkürlich die Vorstellung weiter und unberührter Landschaft hervor, die typischerweise auch als Außenbereich zu qualifizieren sein wird. Wichtig aber ist zu sehen: Ein Baugebiet nach § 35 BauGB muss **nicht notwendigerweise** eine besonders weite Fläche einnehmen, noch muss es gänzlich unbebaut sein, da Bauvorhaben im Außenbereich unter, wenn auch engen Voraussetzungen verwirklicht werden dürfen.

A. Zweck des § 35 BauGB

222 Dem Außenbereich zugehörige Gebiete, darauf deutet der Begriff hin, liegen im Prinzip **außerhalb** des organisierten menschlichen und gesellschaftlichen Lebens, sie haben keine oder nur eine schwach ausgeprägte Infrastruktur und sind keine Kristallisationspunkte menschlicher Besiedlung oder Tätigkeit.[2] Diesen Gebietstypus will § 35 BauGB schützen, einerseits um Bodenressourcen für spätere bauliche Nutzung freizuhalten, andererseits, um **Rückzugs- und Erholungsräume** für Mensch und Natur bereitzuhalten. Daher sollen Außenbereichsflächen grundsätzlich **unbebaut bleiben**.[3] § 35 BauGB ist damit grundsätzlich in einer Art Wächterfunktion für unberührte bzw. unbebaute Flächen. Nur in Ausnahmefällen sieht § 35 BauGB die Bebauung im Außenbereich vor. Über diese Sperrwirkung will § 35 BauGB garantieren, dass die Aufgabe der städtebaulichen Entwicklung und Ordnung durch die Gemeinde tatsächlich wahrgenommen wird und sie sich dieser, will sie eine Bebauung erwirken, im Wege eines Bauleitplanverfahrens annehmen muss.[4]

B. Der Anwendungsbereich des § 35 BauGB

223 Der Normtext des § 35 BauGB lässt positive Anwendungsvoraussetzungen nicht erkennen. Die Vorschrift spricht lediglich vom Außenbereich. Im Wege einer systematischen Interpretation versteht man unter dem Begriff des Außenbereichs daher **all diejenigen Flächen und Gebiete, die nicht den §§ 30, 34 BauGB unterfallen**.[5] § 35 BauGB fungiert insoweit als bauplanungsrechtlicher **Auffangtatbestand**. Wie weit der durch § 35 BauGB vermittelte Schutz reicht, entscheidet die Gemeinde: Sie kann jederzeit durch Erlass eines Bebauungsplans aus einem Außenbereich einen beplanten Bereich

---

2 *Muckel/Ogorek*, Öffentliches Baurecht, 4. Aufl. 2020, § 7 Rn. 136.
3 BVerwG, DVBl. 1985, 395 ff.; BVerwGE 27, 137 ff. Zum sog. Gebot der größtmöglichen Schonung des Außenbereichs als Leitgedanke des § 35 BauGB siehe st. Rspr. seit BVerwG, NVwZ-RR 1992, 401 f., BVerwGE 106, 228 (236); 117, 287 (303 f.); 144, 341 (348 f.). Zuletzt BVerwGE 163, 313 (318 f.) sowie BVerwG, NVwZ 2019, 802 (803).
4 *Söfker*, in: Ernst/Zinkahn/Bielenberg/Krautzberger (Hrsg.), BauGB, 147. EL August 2022, § 35 Rn. 13.
5 BVerwGE 41, 227 ff; *Stollmann/Beaucamp*, Öffentliches Baurecht, 13. Aufl. 2022, § 17 Rn. 1.

§ 5 Materielle Vorhabenzulassung im unbeplanten Außenbereich, § 35 BauGB

machen mit der Folge, dass Bebauungen nach Maßgabe des Bebauungsplans zulässig werden und die Schutzwirkung des § 35 BauGB aufgehoben ist. Auch der Erlass einer Innenbereichssatzung nach § 34 IV Nr. 2 BauGB ist stets möglich.

C. Systematik des § 35 BauGB

I. Vorstrukturierung der Abwägung durch das Gesetz

§ 35 BauGB hat, anders als §§ 30, 34 BauGB, nach dem Vorgenannten keine Ermöglichungsfunktion gegenüber neuen Bauvorhaben, sondern soll Bebauung gerade **grundsätzlich verhindern**. Dies wird dadurch erreicht, dass § 35 BauGB als zentrales Zulässigkeitskriterium für Bauvorhaben im Außenbereich eine **Abwägung** vorsieht: Auf der einen Seite soll der Außenbereich im Interesse der Allgemeinheit geschont werden, auf der anderen Seite aber können legitime Interessen für eine Realisierung von Bauvorhaben im Außenbereich sprechen. Insbesondere gibt es Nutzungen, die wegen ihrer Eigenschaften für unbebaute Bereiche prädestiniert sind, etwa Landwirtschaftsbetriebe.

224

Der Gesetzgeber hat diesen Zwiespalt erkannt und daher die notwendige bauplanungsrechtliche Abwägung vorstrukturiert: § 35 BauGB unterscheidet daher zwischen **privilegierten**, § 35 I BauGB, und **sonstigen** Vorhaben, § 35 II BauGB. Bei privilegierten Vorhaben überwiegt grundsätzlich das individuelle Bauverwirklichungsinteresse; sie sind damit im Außenbereich **grundsätzlich zulässig**. Sonstige Bauvorhaben hingegen sind **grundsätzlich unzulässig**, weil sich gegen sie in der Regel öffentliche Belange durchsetzen.

225

Erkennbar wird die Vorstrukturierung der Abwägung bei genauer Lektüre des Wortlauts des § 35 I, II BauGB. Während § 35 I BauGB für die dort genannten privilegierten Vorhaben verlangt, dass ihnen öffentliche Belange **nicht entgegenstehen**, dürfen „sonstige Vorhaben" nach Absatz 2 öffentliche Belange **nicht beeinträchtigen**. Ein Entgegenstehen verlangt den öffentlichen Belangen für ihre Durchsetzung aber mehr ab als nur ein Beeinträchtigen. Es bedarf insoweit eines erheblich erhöhten Argumentations- und Begründungsaufwandes, um die gesetzliche Vorstrukturierung der Abwägung zu überwinden. § 35 III BauGB umfasst eine Liste der typischen öffentlichen Belange, die durch Außenbereichsvorhaben betroffen sein können und bei der Abwägungsentscheidung nach Absatz 1 bzw. Absatz 2 herangezogen werden können. In Ausbildungsfällen geht es in aller Regel um einen oder mehrere solcher ausdrücklich in Absatz 3 genannten Belange.

226

Vom System der Absätze 2 und 3 macht § 35 IV BauGB Ausnahmen. Danach können einer Reihe im Einzelnen benannten sonstigen Vorhaben im Sinne des § 35 II BauGB **bestimmte** öffentliche Belange des § 35 III 1 BauGB nicht entgegengehalten werden, wenn eine (!) der Voraussetzungen der § 35 IV Nr. 1 bis 6 BauGB vorliegt. In diesen Konstellationen bedarf es einer Abwägung zwischen dem individuellen Bauverwirklichungsinteresse und den in Absatz 4 genannten öffentlichen Belangen nicht; das jeweilige Vorhaben ist nach Maßgabe der gesetzlichen Voraussetzungen zulässig. Die Vorschrift zielt dabei auf **Bestandsschutz** als einem Unterfall von rechtsstaatlichem Vertrauensschutz. Vorhaben, die zu einem Zeitpunkt in der Vergangenheit zulässig im Außenbereich errichtet und genutzt worden sind, sollen nach Wegfall des Nutzungszwecks von den Eigentümern anderweitig genutzt werden können. § 35 IV

227

BauGB konkretisiert insoweit abschließend den aus Art. 14 I 1 GG folgenden Eigentumsschutz.[6]

228 Neben die Abwägung treten weitere Zulassungsvoraussetzungen. So erfordern sowohl § 35 I BauGB als auch § 35 II BauGB, dass die Erschließung ausreichend gesichert ist. Darüber hinaus postulieren die – wenig klausurrelevanten – § 35 V, VI BauGB noch weitere Voraussetzungen.

II. Die Abgrenzung von privilegiertem und sonstigem Vorhaben

229 Ob ein Vorhaben nach § 35 BauGB zulässig ist, beantwortet sich durch die Prüfung, ob es als privilegiertes oder als sonstiges Vorhaben einzuordnen ist. Privilegiert sind nur solche Vorhaben, die unter den in § 35 I BauGB genannten **abschließenden**[7] Katalog von Vorhaben fallen. Alle übrigen Vorhaben fallen unter § 35 II BauGB.

230 Kennzeichnend für die privilegierten Vorhaben des Katalogs in § 35 I BauGB ist, dass sie im Innenbereich, sei er beplant oder unbeplant, keinen Platz finden: entweder weil sie zu **auswirkungsintensiv** auf die Umgebung sind oder weil sie gerade die **Außenbereichslage** benötigen. Ausbildungsrelevant, weil in besonderer Weise auslegungsrelevant, sind vor allem die Nr. 1 und 4.

1. Vorhaben, die einem land- oder forstwirtschaftlichen Betrieb dienen, § 35 I Nr. 1 BauGB

231 Weniger wegen einer zwingenden Außenbereichsaffinität als mehr aus Gründen politisch gewollter Begünstigung existiert die Privilegierung des § 35 I Nr. 1 BauGB für Bauvorhaben, die einem land- oder forstwirtschaftlichen Betrieb dienen. Ein Vorhaben ist nach § 35 I Nr. 1 BauGB dann privilegiert, wenn es einem Betrieb, der der Land- oder Forstwirtschaft zuzuordnen ist, dient.

▶ **Beispiel:** Da sein jahrzehntealter Bauernhof nicht mehr genug abwirft, möchte B sein Unternehmen um ein Ferienhaus ergänzen, um potenziellen Gästen einen Urlaub auf dem Bauernhof zu ermöglichen. Dazu soll ein neues Gebäude mit zwei Ferienwohnungen errichtet werden, um Urlaubern ‚Ferien auf dem Bauernhof' anbieten zu können. Sein Bauernhof besteht aus drei Ställen mit Kühen und Hühnern. Das Tierfutter lässt B zwar liefern, er hätte aber genügend Fläche, das Futter selbst anzubauen. B verkauft seit zwanzig Jahren hauptberuflich Milch und Eier von seinen Tieren, um sich so seinen Lebensunterhalt zu finanzieren. Es kommt also für eine Privilegierung der Ferienwohnungen nach § 35 I Nr. 1 BauGB darauf an, dass die Ferienwohnungen dem Bauernhof, vorausgesetzt, es handelt sich um einen landwirtschaftlichen Betrieb, dienen. ◀

a) Betrieb

232 Ausweislich des Wortlauts muss das Vorhaben selbst kein landwirtschaftlicher Betrieb sein. Ausreichend ist, dass das Vorhaben einem solchen Betrieb dienen soll. Baurechtlich versteht man unter einem Betrieb eine Unternehmung, die auf Dauer und mit Gewinnerzielungsabsicht betrieben wird und eine gewisse organisatorische Verfestigung erreicht hat. Nicht entscheidend ist, ob tatsächlich Gewinn erwirtschaftet wird.[8]

---

6 BVerwG, NVwZ 1998, 842 ff.
7 So der Sache nach *Söfker*, in: Spannowsky/Uechtritz, BeckOK-BauGB, 58. Ed. August 2021, § 35 Rn. 1 ff.
8 Dazu auch BVerwG, NVwZ 2013, 155 ff.

Im **Beispielsfall** gilt: Da B bereits seit zwanzig Jahren tätig ist, steht die Dauerhaftigkeit außer Zweifel. Auch versucht er über den Verkauf von Milch und Eiern, hinreichenden Gewinn zu erzielen, um seinen Lebensunterhalt zu finanzieren. Ob er tatsächlich Gewinn erwirtschaftet, ist dabei ohne Relevanz. Der Bauernhof ist also Betrieb im Sinne des § 35 I Nr. 1 BauGB.

Gegen die Annahme eines Betriebs kann sprechen, dass die genutzten Flächen nicht im Eigentum eines Vorhabenträgers stehen und daher gegebenenfalls jederzeit mit einem Verlust der Nutzungsrechte gerechnet werden muss.[9] An einem Betrieb fehlt es auch, wenn die Landwirtschaft aus Liebhaberei oder Hobby betrieben wird.[10] Kein Indiz gegen die Annahme der Betriebseigenschaft ist dagegen die Organisation in Form der Nebenerwerbstätigkeit.[11]

b) Land- und Forstwirtschaft

Der Betrieb muss der Landwirtschaft oder der Forstwirtschaft zuzuordnen sein. Es geht hier ebenfalls nicht um das konkrete Bauvorhaben selbst, sondern um die bereits bestehende (betriebliche) Anlage. In **§ 201 BauGB** werden zentrale Bereiche der Landwirtschaft genannt, allerdings nicht abschließend. Gemeinsames Merkmal ist – mit Ausnahme der Imkerei und der Binnenfischerei – die **unmittelbare Bodennutzung**. Tierhaltung zählt daher nur dann zur Landwirtschaft, wenn das Tierfutter überwiegend auf der landwirtschaftlich genutzten Fläche angebaut werden **kann**.[12]

Daher liegt im **Beispielsfall** Landwirtschaft im Sinne von § 201 BauGB vor, weil B das Tierfutter selbst anbauen könnte. Dass er es nicht tut, spielt keine Rolle.

Der Strukturwandel in der Landwirtschaft hat häufig zur Folge, dass Landwirte von der Bodenertragsnutzung allein nicht mehr leben können und daher ihren landwirtschaftlichen Betrieb ergänzen oder modifizieren. Um diese veränderte Lebenswirklichkeit aufzufangen, wird allgemein angenommen, dass an sich **landwirtschaftsfremde Anlagen** zumindest auch dann zur Landwirtschaft zählen, wenn sie als **bodenrechtliche Nebensache** anzusehen sind, es sich also um solche Anlagen handelt, die zwar an sich nicht der Landwirtschaft zuzurechnen sind, im konkreten Fall aber ihr – insbesondere aus wirtschaftlichen Gründen – funktional zugeordnet werden.[13] Erfasst sind dabei insbesondere solche Anlagen, die der wirtschaftlichen Verwertung oder Vermarktung landwirtschaftlicher Produkte dienen, etwa Verkaufsstellen („Hofladen")[14], Landschaftsgärtnerei[15] oder Ferienwohnungen mit Anbindung an den Betrieb im Sinne von ‚Ferien auf dem Bauernhof'.[16] Entscheidend ist die **funktionale Nähe zur Land-**

---

9 Dazu *Söfker*, in: Ernst/Zinkahn/Bielenberg/Krautzberger (Hrsg.), BauGB, 147. EL August 2022, § 35 Rn. 30b ff.
10 *Söfker*, in: Ernst/Zinkahn/Bielenberg/Krautzberger (Hrsg.), BauGB, 147. EL August 2022, § 35 Rn. 29c, 41 f.
11 *Mitschang/Reidt*, in: Battis/Krautzberger/Löhr (Hrsg.), BauGB, 15. Aufl. 2022, § 35 Rn. 13, 17. Um zu vermeiden, dass einem Bauherrn unter dem Deckmantel einer landwirtschaftlichen Nebenerwerbsstelle die Errichtung von Anlagen im Außenbereich ermöglicht wird, sind an die Betriebseigenschaft entsprechend strenge Anforderungen zu stellen, vgl. BVerwGE 122, 308 (311 f.).
12 *Battis*, in: ders./Krautzberger/Löhr, BauGB, 15. Aufl. 2022, § 201 Rn. 4; *Söfker*, in: Spannowsky/Uechtritz (Hrsg.), BeckOK-BauGB, 57. Ed. August 2021, § 201 Rn. 4.
13 *Söfker*, in: Ernst/Zinkahn/Bielenberg/Krautzberger (Hrsg.), BauGB, 147. EL August 2022, § 35 Rn. 28.
14 *Söfker*, in: Ernst/Zinkahn/Bielenberg/Krautzberger (Hrsg.), BauGB, 147. EL August 2022, § 35 Rn. 28a.
15 *Söfker*, in: Ernst/Zinkahn/Bielenberg/Krautzberger (Hrsg.), BauGB, 147. EL August 2022, § 35 Rn. 28b.
16 Weitere Beispiele bei *Muckel/Ogorek*, Öffentliches Baurecht, 4. Aufl. 2020, § 7 Rn. 142 ff.

wirtschaft.[17] Es reicht also insgesamt aus, wenn das Bauvorhaben einer landwirtschaftlichen Nebensache dient.

238 Der Begriff der Forstwirtschaft ist gesetzlich nicht definiert; allgemein anerkannt ist aber, dass es sich um die Waldbehandlung zwecks Holzgewinnung handeln muss.[18]

Im **Beispielsfall** kommt es (noch) nicht darauf an, ob die Ferienwohnungen eine bodenrechtliche Nebensache zur Landwirtschaft darstellen, weil sie das Bauvorhaben selbst sind, das nach § 35 I Nr. 1 BauGB gerade einem landwirtschaftlichen Betrieb dienen muss. An dieser Stelle kommt es also nur darauf an, ob der Bauernhof des B, dem die Ferienwohnungen dienen, zur Landwirtschaft zählt, was unstreitig der Fall ist. Ob die Ferienwohnungen landwirtschaftlich einzuordnen sind, spielt erst bei der Frage, ob sie auch dem landwirtschaftlichen Betrieb, dem Bauernhof, dienen, eine Rolle (Kap. 3 Rn. 242).

c) Dienen

239 Der Begriff des Dienens beinhaltet zwei Voraussetzungen: Das Bauvorhaben muss objektiv einen **funktionalen Zusammenhang** zum jeweiligen konkreten Land- oder Forstwirtschaftsbetrieb aufweisen.[19] Daher kommt es darauf an, ob das **konkrete Bauvorhaben** – wie die Gesamtanlage – der Land- bzw. Forstwirtschaft zugeordnet werden kann. Hier gilt dasselbe wie bei der Bestimmung des Begriffs der Landwirtschaft: Zählt das Bauvorhaben als eine „bodenrechtlichen Nebensache" der Landwirtschaft, reicht dies für den erforderlichen funktionalen Zusammenhang aus, selbst wenn das Vorhaben selbst nur einer solchen Nebensache dient.

240 Darüber hinaus bedarf es – zweitens – eines **räumlichen Zusammenhangs**. Meist ist dies mit der Frage nach dem funktionalen Zusammenhang verwoben. Ein räumlich isoliertes Vorhaben weist in der Regel keine funktionale Verbindung zum Land- oder Forstwirtschaftsbetrieb auf.

241 Bei der Subsumtion unter den Begriff des Dienens reicht es nicht aus, dass das Vorhaben dem landwirtschaftlichen Betrieb bloß hilfreich ist. Die Rechtsprechung prüft vielmehr, „ob ein **vernünftiger Landwirt** unter Berücksichtigung des **Gebotes größtmöglicher Schonung des Außenbereichs** dieses Vorhaben mit etwa gleichem Verwendungszweck und mit etwa gleicher Gestaltung und Ausstattung für einen entsprechenden Betrieb errichten würde und das Vorhaben durch die Zuordnung zu dem konkreten Betrieb auch äußerlich erkennbar geprägt wird".[20] Es findet also eine planungsrechtlich gebotene Objektivierung des Tatbestandsmerkmals statt.

242 Im **Beispielsfall** fördert die Ferienwohnungsanlage wirtschaftlich das Überleben des Bauernhofs und damit den landwirtschaftlichen Betrieb. Fraglich ist aber, ob ein funktionaler Zusammenhang gegeben ist. Denn der Betrieb einer Ferienwohnung ist selbst keine Landwirtschaft im Sinne des § 201 BauGB. Allerdings können auch landwirtschaftsfremde Anlagen zur Landwirtschaft zählen, wenn sie eine „bodenrechtliche Nebensache" sind und im konkreten Fall funktional der Landwirtschaft zuzuordnen

---

17 Vgl. *Spieß*, in: Jäde/Dirnberger (Hrsg.), BauGB/ BauNVO, § 35 BauGB Rn. 16, 27 ff.; *Muckel/Ogorek*, Öffentliches Baurecht, 4. Aufl. 2020, § 7 Rn. 141.
18 Vgl. *Stollmann/Beaucamp*, Öffentliches Baurecht, 13. Aufl. 2022, § 17 Rn. 14.
19 *Kment*, Öffentliches Baurecht I, 8. Aufl. 2022, § 24 Rn. 14 f.
20 BVerwGE 41, 138 (141) (Herv. Nur hier); vgl. auch *Mitschang/Reidt*, in: Battis/Krautzberger/Löhr (Hrsg.), BauGB, 15. Aufl. 2022, § 35 Rn. 19 m.w.N.

sind. Dies ist hier zu bejahen. Die Ferienwohnungen sollen den Betrieb des Bauernhofs garantieren und überlebensfähig machen, sind daher funktional auf diesen landwirtschaftlichen Betrieb ausgerichtet. Sie berühren auch nicht den Charakter des Bauernhofs als Landwirtschaft, sondern sind lediglich eine Randerscheinung. Letztlich zeigt sich dies auch an der räumlichen Verbundenheit der Wohnungen mit den Anlagen auf dem Grundstück des Bauernhofs. Folglich würde auch ein vernünftiger Landwirt, wollte er Ferienwohnungen errichten, das Vorhaben mit zumindest ähnlichen Merkmalen ausführen. Damit dient das Gebäude mit den Ferienwohnungen einem landwirtschaftlichen Betrieb und ist nach § 35 I Nr. 1 BauGB privilegiert.

2. Vorhaben, die nur im Außenbereich ausgeführt werden sollen, § 35 I Nr. 4 BauGB

§ 35 I Nr. 4 BauGB enthält einen **Auffangtatbestand** für privilegierte Vorhaben, durch den auch die Funktion des § 35 BauGB deutlich wird. Obwohl § 35 BauGB eine Bebauung des Außenbereichs nach Möglichkeit verhindern will, erkennt er an, dass es Vorhaben gibt, die ausschließlich im Außenbereich ausgeführt werden sollen. Die Vorschrift enthält **zwei** Tatbestandsmerkmale, nämlich die Außenbereichsaffinität und die Außenbereichsnotwendigkeit.

a) Außenbereichsaffinität

§ 35 I Nr. 4 BauGB betrifft Vorhaben, die wegen ihrer besonderen Anforderungen an die Umgebung, nachteiliger Wirkung auf die Umgebung **oder** wegen ihrer besonderen Zweckbestimmung in den Außenbereich gehören. Zunächst muss es also einen „nachvollziehbaren Grund" geben, das Vorhaben im Außenbereich anzusiedeln. Das bezeichnet man als Außenbereichsaffinität.

In der Prüfung geht es darum, tatsächlich eine Affinität des Vorhabens zum Außenbereich zu begründen bzw. auszuschließen. Ein Bauvorhaben kann **besondere Anforderungen an die Umgebung** stellen, so dass es gerade in bebauten Gebieten keinen Platz hat. Das bedeutet, dass das Bauvorhaben von bestimmten Voraussetzungen abhängt, die typischerweise nur im Außenbereich und nicht in bebauten Gebieten vorliegen. Standardbeispiel ist hier die Wander- und Skihütte, die nur in Außenbereichen sinnvoll, in der Innenstadt aber sinnlos ist.

Auch kann das Vorhaben **nachteilige Wirkung** auf die Umgebung entfalten und daher im Außenbereich anzusiedeln sein. Das gilt zum Beispiel für Schlachthöfe, Tierhaltungsanlagen oder Schießstände.[21]

Schließlich kann das Bauvorhaben einen **außenbereichsspezifischen Zweck** haben. Hier kommt es rechtlich und tatsächlich häufig zu Überschneidungen mit Vorhaben, die besondere Anforderungen an die Umgebung stellen. Das Vorhaben muss einen natur- oder erholungsbezogenen Zweck haben, etwa wie bei Jagdhütten, Sternwarten, Bienenhäusern oder Viehunterständen.

b) Außenbereichsnotwendigkeit

Würde man allerdings die bloße Außenbereichsaffinität für eine Privilegierung ausreichen lassen, so wären viele Bauvorhaben privilegiert und die Gefahr bestünde, dass

---

[21] *Kment*, Öffentliches Baurecht I, 8. Aufl. 2022, § 24 Rn. 26; weitere Beispiele bei *Söfker*, in: Ernst/Zinkahn/Bielenberg/Krautzberger (Hrsg.), BauGB, 147. EL August 2022, § 35 Rn. 57.

der Zweck des § 35 BauGB konterkariert würde. Denn gerade das Merkmal des außenbereichsspezifischen Zwecks hängt allein von der subjektiven Zweckbestimmung ab, die der Bauherr dem Vorhaben verleiht. Dann würde es für § 35 I Nr. 4 BauGB genügen, etwa ein Ausflugslokal ‚im Grünen' betreiben zu wollen, da dieses nur im Außenbereich möglich ist.[22]

249 Daher sieht die Norm die **objektive Erforderlichkeit** der Ansiedlung im Außenbereich vor. Dies kommt im Tatbestandsmerkmal „sollen" zum Ausdruck: Es kommt darauf an, dass das Bauvorhaben aufgrund seiner Außenbereichsaffinität gerade im Außenbereich ausgeführt werden soll. Einhellig ‚soll' ein Bauvorhaben erst dann im Außenbereich ausgeführt werden, wenn es für das Bauvorhaben **keine anderen Realisierungsmöglichkeiten** außer im Außenbereich gibt.[23] Anders als bei der Außenbereichsaffinität kommt es hier auf eine **rechtliche**, d. h. wertende Betrachtung an.[24]

250 Das Merkmal der Außenbereichsnotwendigkeit hat also **zwei Seiten**: Ein Bauvorhaben ist auf den Außenbereich angewiesen, wenn es im konkreten Fall keine Realisierungsmöglichkeiten in den übrigen bauplanungsrechtlichen Gebietstypen hat. Dabei entscheidend ist, dass das Bauvorhaben **in der konkreten Gemeinde** weder in einem beplanten, § 30 BauGB, noch im unbeplanten Innenbereich, § 34 BauGB, realisiert werden könnte.

▶ **Beispiel:** Ein Sprengstofflager könnte auch in einem Industriegebiet errichtet werden, § 9 II Nr. 1 BauNVO. Gibt es in der konkret betroffenen Gemeinde einen Bebauungsplan, der ein Industriegebiet festsetzt oder gibt es einen unbeplanten Innenbereich, der faktisch einem Industriegebiet entspricht, § 34 II BauGB, ist die Außenbereichsnotwendigkeit des Vorhabens zu verneinen. ◀

251 Darüber hinaus muss es sich um ein Bauvorhaben handeln, das **billigenswerter** Weise im Außenbereich realisiert wird und das im Einzelfall mit dem Zweck des Außenbereichsschutzes noch in Einklang gebracht werden kann. Es darf sich also nicht um ein dem Außenbereich **wesensfremdes** Bauvorhaben handeln.

▶ **Beispiel:** (1) A möchte eine ‚naturnahe' Kindertagesstätte im Außenbereich errichten. Zwar könnte hier wegen der besonderen Zweckbestimmung die Außenbereichsaffinität bejaht werden. Unabhängig davon aber, ob im konkreten Gemeindegebiet eine Ausführung in Gebieten nach §§ 30, 34 BauGB möglich wäre, scheitert die Privilegierung der Kindertagesstätte nach § 35 I Nr. 4 BauGB jedenfalls daran, dass es sich um eine dem Außenbereich wesensfremde Nutzung handelt, die also nicht billigerweise im Außenbereich realisiert werden soll.[25] (2) An der Außenbereichsnotwendigkeit fehlt es wegen des Widerspruchs zum Zweck des Außenbereichs auch bei Vorhaben, die sich nicht an die Allgemeinheit richten, sondern nur privaten Interessen dienen, etwa Golfplätze, Naturhotels oder Campingplätze.[26] Eine Privilegierung solcher Partikularinteressen fördernder Vorhaben wäre nach der Rechtsprechung auch mit dem **Gleichheitssatz nach Art. 3 I GG** nicht zu vereinbaren.[27] (3) Eine Privilegierung kommt aber etwa in Betracht bei Gastronomieangeboten für Wanderer und Skifahrer: Hierbei handelt es sich um Versorgungseinrichtungen, die gerade auf die Verpflegung aller Nutzer des Außenbereichs gerichtet sind. Diese dürfen allerdings

---

22 Vgl. zu diesem Fall VG Gelsenkirchen, Urt. v. 20.9.2022 – 6 K 5438/19 –, juris.
23 *Krüper/Herbolsheimer*, JURA 2020, 22 (27 ff.).
24 *Söfker*, in: Ernst/Zinkahn/Bielenberg/Krautzberger (Hrsg.), BauGB, 134. Lfg. August 2019, § 35 Rn. 55a.
25 OVG NRW, BauR 2021, 941 ff.
26 *Söfker*, in: Ernst/Zinkahn/Bielenberg/Krautzberger (Hrsg.), BauGB, 134. Lfg. August 2019, § 35 Rn. 57.
27 *Söfker*, in: Ernst/Zinkahn/Bielenberg/Krautzberger (Hrsg.), BauGB, 134. Lfg. August 2019, § 35 Rn. 55b.

den Bedarf nicht selbst verursachen, also die besondere Erholungseignung des Standorts nicht ausnutzen, sondern nur an Stellen errichtet werden, die tatsächlich im Sinne der Erholungsfunktion des Außenbereichs per se frequentiert werden, etwa in bereits etablierten Ski- oder Wandergebieten.[28] ◄

III. Die Abwägung zwischen öffentlichem Schonungs- und privatem Bauverwirklichungsinteresse

§ 35 BauGB strukturiert nach dem Vorgenannten die Abwägungsentscheidung bei der Zulassung von Außenbereichsvorhaben gesetzlich vor. Gleichwohl muss eine Abwägung im Einzelfall stattfinden, da es sich bei § 35 I, II BauGB jeweils nur um **Regelvermutungen** handelt. Auch ein privilegiertes Vorhaben kann in **besonderen Situationen** unzulässig sein und umgekehrt ein sonstiges Vorhaben ausnahmsweise zulässig. Im Rahmen der Abwägung ist zu erörtern, ob ein entsprechender Ausnahmefall vorliegt. In Prüfungsarbeiten ist dies ganz regelmäßig nicht der Fall, was die Abwägung aber nicht entbehrlich macht.[29]

252

1. Die Identifizierung der öffentlichen Belange

Das Gesetz verlangt eine Abwägung des Bauverwirklichungsinteresses mit „öffentlichen Belangen". Dazu müssen diese Belange ausgehend von § 35 III 1 BauGB zunächst identifiziert werden. Besonders hinzuweisen ist auf die Nr. 3 und 7.

253

a) § 35 III 1 Nr. 3 BauGB: schädliche Umwelteinwirkungen

Der Begriff der schädlichen Umwelteinwirkungen in § 35 III 1 Nr. 3 BauGB deckt sich mit dem des § 3 I, II BImSchG.[30] Darunter sind alle Immissionen zu verstehen, die nach Art, Ausmaß oder Dauer geeignet sind, Gefahren, erhebliche Nachteile oder erhebliche Belästigungen für die Allgemeinheit oder die Nachbarschaft herbeizuführen. Immissionen sind dabei nach § 3 II BImSchG auf Menschen, Tiere und Pflanzen, den Boden, das Wasser, die Atmosphäre sowie Kultur- und sonstige Sachgüter einwirkende Luftverunreinigungen, Geräusche, Erschütterungen, Licht, Wärme, Strahlen und ähnliche Umwelteinwirkungen. Meist geht es im Bereich des § 35 III 1 Nr. 3 BauGB um **Geräusche**, z. B. bei Wolfsgeheul in einem Wolfsgehege,[31] und **Gerüche**, z. B. einer Hühnermast.[32] Schädliche Umwelteinwirkungen sind dabei nur solche Immissionen, die tatsächlich **unzumutbar** sind. Wichtig ist, dass § 35 III 1 Nr. 3 BauGB nicht nur die Umwelteinwirkungen betrifft, die von dem Bauvorhaben ausgehen, sondern auch die, **die das Bauvorhaben beeinträchtigen**.

254

▶ **Beispiel:** So kann die Genehmigung eines Wohnhauses abgelehnt werden, weil in direkter Nachbarschaft bereits ein baurechtlich zugelassener Geflügelmasthof steht, der solche Gerüche entwickelt, die für die Bewohner des Wohnhauses nicht zu ertragen wären.[33] ◄

---

28 BVerwG, NVwZ 2000, 678 (678 f.); vgl. auch VG Gelsenkirchen, Urt. v. 20.9.2022 – 6 K 5438/19 –, juris.
29 *Krüper/Herbolsheimer*, JURA 2020, 22 (27 ff.).
30 BVerwGE 52, 122 (126 f.).
31 OVG NRW, UPR 2007, 68 f.
32 NdsOVG, NVwZ-RR 2003, 342 f.
33 Vgl. BayVGH, BauR 2002, 754 ff.

b) Entstehung, Verfestigung oder Weiterentwicklung einer Splittersiedlung, § 35 III 1 Nr. 7 BauGB

255 Die Definition des Begriffs der Splittersiedlung ergibt sich aus der Umkehrung des Begriffes **Ortsteil** im Sinne von § 34 I 1 BauGB (Kap. 3 Rn. 164 ff.). Es handelt sich also um eine Ansammlung von Bauten, die kein hinreichendes Gewicht aufweist und/oder nicht Ausdruck einer organischen Siedlungsstruktur ist.[34] Eine Splittersiedlung stört den Außenbereich deshalb, weil sie zu einer Zersiedlung führen kann und ungeeignet ist, eine künftige geordnete städtebauliche Entwicklung zu gewährleisten.[35] Geht es um eine Erstzulassung, besteht also das Bauvorhaben in einer Errichtung einer baulichen Anlage an einem Ort, an dem sonst keinerlei Bebauung existiert, kann nicht ohne Weiteres die Entstehung einer Splittersiedlung bejaht werden. Vielmehr ist erforderlich, dass hinreichende Anhaltspunkte dafür bestehen, dass es zu **Nachahmungen** kommt, also bei Zulassung dieses Bauvorhabens weitere Bauvorhaben folgen könnten.[36] Im Übrigen betrifft § 35 III 1 Nr. 7 BauGB auch die Erweiterung, d. h. die räumliche Ausdehnung einer bereits bestehenden Splittersiedlung[37], und die Verfestigung, also die Vergrößerung des bestehenden Baubestandes einer Splittersiedlung, ohne dabei die räumliche Ausdehnung zu verändern (z. B. Errichtung drei neuer Stockwerke auf einem bereits bestehenden Gebäude).[38]

▶ **Vertiefung:** Probleme können entstehen, wenn es in einer vorhandenen Splittersiedlung nur zu einer **Nutzungsänderung** oder zu einem **Abriss mit Neuerrichtung** bei gleicher räumlicher Ausdehnung kommt. Denn dann ist die Erweiterung oder Ausdehnung der Splittersiedlung nicht zu befürchten. Die Rechtsprechung sieht aber auch hier § 35 III 1 Nr. 7 BauGB als berührt an: Vor dem Hintergrund des Zwecks des § 35 BauGB – Freihaltung von Bebauung – muss das Vorhaben so betrachtet werden, als würde es erstmalig realisiert werden, als wäre also der Außenbereich an dieser Stelle trotz der früheren Nutzung unberührt.[39] Der Ersatzbau wird daher wie ein (erstmaliger) Neubau, die Nutzungsänderung wie eine erstmalige Aufnahme einer Nutzung behandelt.[40] ◀

2. Abwägung

256 Sind die durch das Bauvorhaben berührten öffentlichen Belange identifiziert, müssen diese mit dem privaten Bauverwirklichungsinteresse abgewogen werden. Hierbei ist zu empfehlen, jeden einschlägigen öffentlichen Belang einzeln mit dem privaten Interesse abzuwägen und zu prüfen, ob von der gesetzlichen Vermutung zugunsten privilegierter und zulasten sonstiger Vorhaben **ausnahmsweise** abgewichen werden soll. Anlass zur Abweichung von der gesetzlich vorgewichteten Abwägungsentscheidung besteht dabei nur im absoluten Ausnahmefall und in Prüfungsaufgaben so gut wie nie. Wenn in

---

[34] BVerwGE 27, 137 (139) („unorganischen Streubebauung"); *Stollmann/Beaucamp*, Öffentliches Baurecht, 13. Aufl. 2022, § 17 Rn. 55.
[35] BVerwG, NVwZ 2012, 1631 (1633 f.); *Erbguth/Schubert*, Öffentliches Baurecht, 6. Aufl. 2015, § 8 Rn. 88; *Jeromin*, in: Kröninger/Aschke/ders. (Hrsg.), BauGB, 4. Aufl. 2018, § 35 Rn. 36.
[36] *Mitschang/Reidt*, in: Battis/Krautzberger/Löhr (Hrsg.), BauGB, 15. Aufl. 2022, § 35 Rn. 94; *Stollmann/Beaucamp*, Öffentliches Baurecht, 13. Aufl. 2022, § 17 Rn. 56.
[37] *Kment*, Öffentliches Baurecht I, 8. Aufl. 2022, § 24 Rn. 56.
[38] BVerwGE 54, 73 (76 f.); *Erbguth/Schubert*, Öffentliches Baurecht, 6. Aufl. 2009, § 8 Rn. 88. Siehe auch BVerwG, NVwZ 2012, 1631 (1633 f.) (Verfestigung einer Splittersiedlung bei zeitweilig, periodisch wiederkehrender Nutzungsänderung einer privilegierten Anlage).
[39] BVerwG, NVwZ 2004, 982 (983); BVerwG, DÖV 1980, 765 (766).
[40] Dazu *Söfker*, in: Ernst/Zinkahn/Bielenberg/Krautzberger (Hrsg.), BauGB, 136. Lfg. 2019, § 35 Rn. 108.

der Praxis ein solcher Ausnahmefall angenommen wird, hat dies meist mit höchst untypischen tatsächlichen oder rechtlichen Sachlagen zu tun.

3. Ausnahme: Begünstigte Vorhaben, § 35 IV BauGB

Nach § 35 IV BauGB dürfen **bestimmte** öffentliche Belange unter **gewissen Voraussetzungen** bestimmten sonstigen Bauvorhaben nicht entgegengehalten werden (**aktiver Bestandsschutz**).[41]

▶ **Vertiefung:** Bestandsschutzargumente spielen im öffentlichen Baurecht in zwei Varianten eine Rolle, nämlich in Form des sogenannten **aktiven** und **passiven Bestandsschutzes**. Die Frage danach, ob aktiver Bestandsschutz für ein Bauvorhaben besteht, betrifft das Recht, an einem bestehenden Bau Veränderungen vorzunehmen, für die – eben aus aktivem Bestandsschutz – ein Anspruch auf Genehmigung besteht (Anspruchsfall). Eine Zeit lang hat die Rechtsprechung das Bestehen aktiven Bestandsschutzes im Baurecht bejaht und auf Grundlage des Art. 14 I 1 GG die Pflicht zur Erteilung der Baugenehmigung angenommen. Dies wird heutzutage zu Recht nicht mehr vertreten. Nach Art. 14 I 2 GG besteht die Baufreiheit des Bauherrn nur innerhalb des einfachgesetzlichen Rahmens. Solange daher das einfache Recht keinen Anspruch auf Änderung oder Erweiterung eines Bauvorhabens vorsieht, besteht daher kein aktiver Bestandsschutz. Das wichtigste Beispiel für die gesetzliche Regelung des aktiven Bestandsschutzes ist § 35 IV BauGB für bestimmte Vorhaben im Außenbereich. Passiver Bestandsschutz dagegen betrifft die Fälle, in denen das bestehende Bauvorhaben in seinem aktuellen Bestand geschützt bleibt, auf den der Bauherr vertraut hat (Eingriffsfall). Bestehender passiver Bestandsschutz sperrt also die repressive Bauordnungsverfügung gegenüber einem Bauvorhaben und wird daher auch (nur) dort relevant (Kap. 4 Rn. 54). ◀

Der Bestandsschutz zugunsten des privaten Bauherrn ist das Ergebnis einer abstrakten, d. h. vom Gesetzgeber vorgenommenen, Abwägung zwischen dem Zweck des § 35 BauGB und dem privaten Bauverwirklichungsinteresse. In den Fällen des § 35 IV BauGB sieht der Gesetzgeber also das individuelle Verwirklichungsinteresse in Bezug auf bestimmte öffentliche Belange generell als vorrangig an. Gemein ist den begünstigten Vorhaben, dass sie entweder nur eine bestehende Anlage in vergleichbarer Weise ersetzen oder nur eine nicht wesentliche Veränderung bestehender Anlagen darstellen.

§ 35 IV BauGB ist nach dem Wortlaut nur anwendbar auf ein sonstiges **Vorhaben** im Sinne des § 35 II BauGB, dem gegenüber zumindest **einer der genannten öffentlichen Belange** des § 35 III BauGB überwiegt, das darüber hinaus aber keine anderen öffentlichen Belange beeinträchtigt. Diese letzte Voraussetzung begründet, warum die notwendige Abwägung bereits vor der Prüfung des § 35 IV BauGB durchgeführt werden muss: Denn erst dann lässt sich sicher sagen, ob ein öffentlicher Belang durch das Bauvorhaben beeinträchtigt wird oder nicht, das Bauvorhaben also wirklich **außenbereichsverträglich ist**.

▶ **Beispiel:**[42] Ein im Außenbereich an einem naturbelassenen See liegendes, genehmigtes Wohnhaus wird aufgrund eines Brandes vollständig zerstört und soll sogleich neu errichtet werden, wobei für das Grundstück der einschlägige Flächennutzungsplan mittlerweile nur Waldflächen vorsieht. Da das Vorhaben nicht privilegiert ist, dürfen öffentliche Belange nicht beeinträchtigt werden, § 35 II BauGB. Die Abwägung ergibt dabei, dass der öffentliche

---

41 *Söfker*, in: Ernst/Zinkahn/Bielenberg/Krautzberger (Hrsg.), BauGB, 147. EL August 2022, § 35 Rn. 131.
42 Vgl. BVerwG, NVwZ-RR 1994, 372 f.

Belang des § 35 III 1 Nr. 1 BauGB, aber auch des § 35 III 1 Nr. 5 Var. 1 BauGB mangels eine Ausnahme begründender Umstände höher wiegen. Eine Begünstigung kommt daher auch nicht in Betracht: Denn die Begünstigung ermöglicht nur das Ausklammern ausschließlich der in § 35 IV BauGB genannten öffentlichen Belange. Dazu zählt zwar der öffentliche Belang des widersprechenden Flächennutzungsplans, § 35 III 1 Nr. 1 BauGB, nicht aber der des Natur- und Landschaftsschutzes, § 35 III 1 Nr. 5 BauGB. Das Vorhaben scheitert daher am Merkmal der erforderlichen Außengebietsverträglichkeit im Übrigen. Etwas anderes würde nur gelten, wenn eine vorherige Abwägung ergeben hätte, dass das Realisierungsinteresse des Bauherrn gegenüber dem Belang des Natur- und Landschaftsschutzes überwiegt, dieser Belang also durch das Vorhaben nicht beeinträchtigt wird. ◄

260 Die Bestandschutzregelung des § 35 IV BauGB ist daran geknüpft, dass **einer** der in § 35 IV 1 Nr. 1 bis 6 BauGB genannten Fälle vorliegt. Die jeweils innerhalb der einzelnen Nummern genannten Voraussetzungen, meist mit Buchstaben angegeben, **müssen kumulativ vorliegen**. In Prüfungen kommt es in aller Regel nicht auf Einzelfallwissen, sondern auf eine Arbeit am und mit dem Gesetz unter umfassender Ausschöpfung der Sachverhaltsangaben an.

▶ **Vertiefung:** Häufig anzutreffen ist die dritte Gruppe des § 35 IV BauGB, die die (bauliche) Erweiterung von Anlagen betrifft, § 35 IV Nr. 5, 6 BauGB. Hier geht es um zulässig, d. h. entweder auf Grundlage einer wirksamen Baugenehmigung oder wenigstens materiell legal errichtete Anlagen, die angemessen erweitert werden. Die **Angemessenheit** bezieht sich dabei nicht auf die bestehende Anlage, sondern auf den Außenbereich. Angemessen ist eine Erweiterung also dann, wenn sie den Zweck des § 35 BauGB nicht übermäßig beeinträchtigt.[43] Dabei sieht das Gesetz zwei Anknüpfungspunkte für die Angemessenheit vor: Einmal muss die Erweiterung baulich, also hinsichtlich ihres Umfangs, angemessen sein. Hier wird in der Regel eine Erweiterung um 50 % als äußerste Grenze angesehen, zumeist aber wird die Grenze niedriger angesetzt.[44] Weiterhin muss die Erweiterung funktional angemessen sein. Dabei betrifft § 35 IV Nr. 5 BauGB die Wohnbedürfnisse und § 35 IV Nr. 6 BauGB die betrieblichen Bedürfnisse. Die Erweiterung muss also auf den Zweck der bestehenden Anlage bezogen und ihr dienlich sein. Nur dann wäre die Belastung des Außenbereichs (noch) zumutbar. ◄

▶ **Beispiel:** Die Erweiterung eines Sägewerks von 300 m² um eine 60 m² große Scheune zum Abstellen von Arbeitsmaterial ist sowohl baulich, als auch funktional angemessen, zumal die Scheune ausschließlich auf die Unterstützung des Betriebs ausgerichtet ist und so einen starken funktionalen Zusammenhang zu ihm aufweist. ◄

4. Sonstige Zulässigkeitsvoraussetzungen

261 Im Übrigen verlangen § 35 I, II BauGB jeweils, dass eine ausreichende Erschließung gesichert ist. Wann eine Erschließung ausreichend ist, hängt vom Einzelfall ab, konkret davon, wie viel an Erschließung bei der zu erwartenden Nutzung einzufordern ist. So bedarf es etwa einer breiteren bzw. festeren Straßenanbindung, wenn aufgrund des Vorhabens regelmäßig viel Verkehr zu erwarten ist.[45] Überdies ergeben sich weitere Voraussetzungen aus § 35 V BauGB, die in Prüfungen jedoch kaum relevant werden.

---

[43] *Söfker*, in: Ernst/Zinkahn/Bielenberg/Krautzberger (Hrsg.), BauGB, 152. EL Oktober 2023, § 35 Rn. 159.
[44] *Söfker*, in: Ernst/Zinkahn/Bielenberg/Krautzberger (Hrsg.), BauGB, 152 EL Oktober 2023, § 35 Rn. 162c nennt Beispiele aus der Rechtsprechung, die eher von 25–30 % ausgehen.
[45] Vgl. *Söfker*, in: Spannowsky/Uechtritz (Hrsg.), BeckOK-BauGB, 57. Ed. August 2021, § 35 Rn. 54 f.; *ders.*, in: Ernst/Zinkahn/Bielenberg/Krautzberger (Hrsg.), BauGB, 147. EL August 2022, § 35 Rn. 69 f.

§ 5 Materielle Vorhabenzulassung im unbeplanten Außenbereich, § 35 BauGB § 5

Zudem hat nach § 35 VI BauGB die Gemeinde die Möglichkeit, mittels Satzung weitergehende Zulässigkeitsvoraussetzungen aufzustellen.

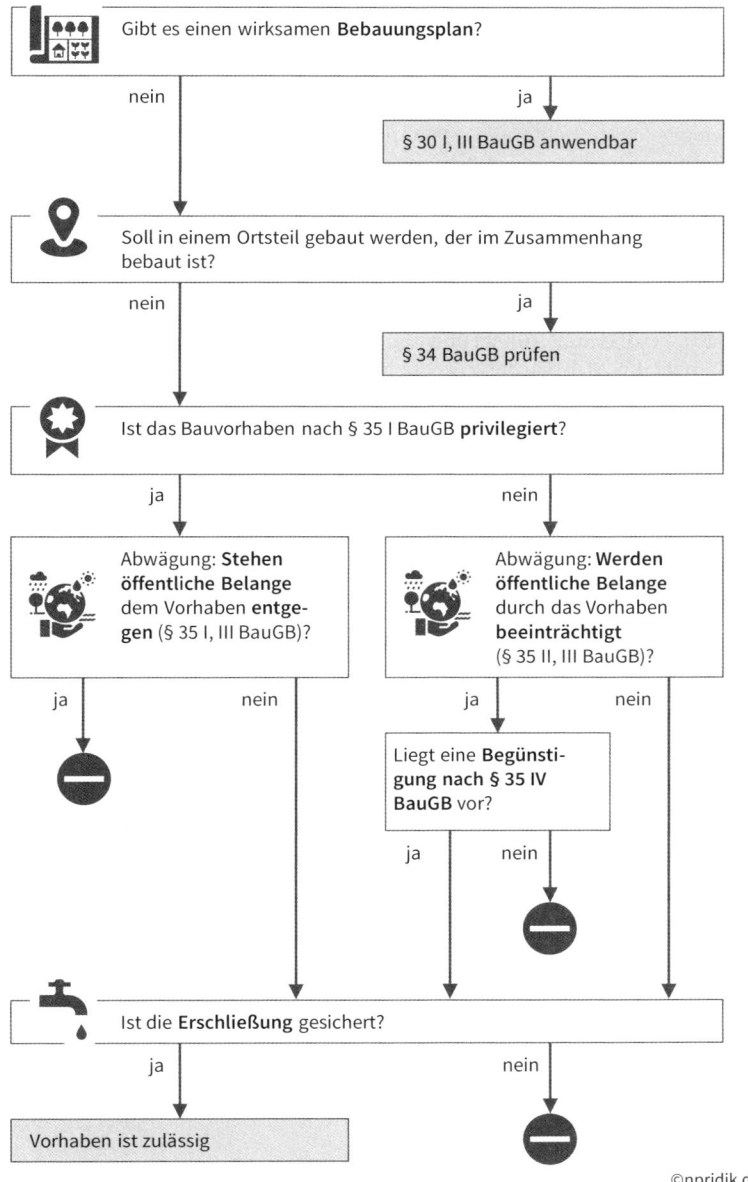

©npridik.de

D. Fallbeispiel

I. Sachverhalt

262 Die Tierliebhaberin T ist Eigentümerin eines Grundstücks, das in der nordrhein-westfälischen kreisfreien Stadt S belegen ist. Auf dem Grundstück steht auf einer Wiese eine Scheune, in der T ihr Segelflugzeug unterstellt und für die eine wirksame und rechtmäßige Baugenehmigung besteht. In der Umgebung finden sich kaum bauliche Anlagen. Neben einem Klärwerk, zahlreichen Windrädern und einer Biomasseanlage zur Stromerzeugung finden sich sonst nur Waldflächen, Seen und Wiesen. Es besteht ein Flächennutzungsplan, der für das betroffene Gebiet Wald-, Wasser- und Grünflächen und wichtige Versorgungseinrichtungen (insb. für Abwasser und Stromerzeugung) festsetzt. Bei einem heftigen Unwetter wird die Scheune samt Flugzeug vollständig zerstört.

Traurig über ihren Verlust beschließt T, an der Stelle der Scheune einen Pferdestall zu errichten. Der Stall soll dabei hinsichtlich Größe und Aussehen exakt der alten Scheune entsprechen. Dort sollen zehn Pferde untergebracht werden, die insbesondere der Freizeitgestaltung, d. h. für Ausritte in die Natur, genutzt werden sollen, da sich in der näheren Umgebung hervorragende Reitwege finden. Die ruhige Lage des Grundstücks soll dabei den besonderen Ruhebedürfnissen der Pferde dienen. Dabei ist die Anlage auf täglich ungefähr 20 Besucher ausgerichtet. Um den Tieren ein möglichst angenehmes Leben zu bieten und da T über keine weiteren Flächen verfügt, um das Tierfutter selbst anzubauen, will sie das gesamte Pferdefutter bei einem Händler hochwertiger Tierfutterwaren bestellen. T, die Mitglied im Verein „Pferdefreunde e. V." ist, möchte dabei ihren Vereinskollegen die Pferde jederzeit kostenlos zum Ausreiten überlassen. Zu dem geplanten Pferdestall gibt es nur einen Schotterweg. Der Stall soll an das örtliche Strom- und Abwassersystem angeschlossen werden.

Ist der Pferdestall bauplanungsrechtlich zulässig? Unterstellen Sie, dass eine Umweltverträglichkeitsprüfung nicht erforderlich ist.

II. Lösungsvorschlag

263 Der Pferdestall ist bauplanungsrechtlich zulässig, wenn er den Vorgaben der §§ 30 ff. BauGB entspricht.

1. Anwendbarkeit

264 Nach § 29 I BauGB finden die §§ 30 ff. BauGB u. a. dann Anwendung, wenn es sich bei dem Vorhaben um die Errichtung einer baulichen Anlage handelt. Eine bauliche Anlage iSv § 29 I BauGB liegt vor bei jeder aus Bauprodukten hergestellten und auf Dauer mit dem Erdboden verbundene Anlage, die bodenrechtliche Relevanz entfaltet. Der Pferdestall soll aus Holz, einem Bauprodukt, hergestellt werden. Er müsste auch bodenrechtliche Relevanz haben. Die bodenrechtliche Relevanz ist gegeben, wenn zumindest ein Belang des § 1 VI BauGB berührt wird. In diesem Fall sind bodenrechtliche Spannungen zu erwarten, deren Lösung und Bewältigung Zweck des Bauplanungsrechts ist. Der Pferdestall ist schon allein wegen der anreisenden Reiter zumindest in der Lage, den Belang der Vermeidung von (Lärm-) Emissionen zu betreffen, § 1 VI Nr. 7 lit. e Var. 1 BauGB. Seine bodenrechtliche Relevanz ist daher zu bejahen.

2. Zulässigkeit nach § 30 I BauGB

Mangels Bebauungsplans richtet sich die Zulässigkeit des Pferdestalls nach den §§ 34, 35 BauGB.

3. Zulässigkeit nach § 34 BauGB

Fraglich ist, ob sich die Zulässigkeit des Pferdestalls nach § 34 BauGB richtet, was das Vorliegen eines im Zusammenhang bebauten Ortsteils voraussetzt, an dem der Stall teilnimmt, § 34 I 1 BauGB. Angesichts der nahezu nicht vorhandenen Bebauung des betroffenen Gebiets scheidet dies aber offenkundig aus.

4. Zulässigkeit nach § 35 BauGB

Mangels Anwendbarkeit der §§ 30, 34 BauGB richtet sich die planungsrechtliche Zulässigkeit des Pferdestalls nach § 35 BauGB. Ob der Pferdestall danach zulässig ist, hängt nach der Systematik des § 35 BauGB davon ab, ob es sich um ein privilegiertes Vorhaben, § 35 I BauGB, oder ein sonstiges Vorhaben, § 35 II BauGB, handelt.

a) Privilegiertes Vorhaben

Fraglich ist, ob der Pferdestall ein privilegiertes Vorhaben iSv § 35 I BauGB ist. Dies ist der Fall, wenn es unter einer der in § 35 I BauGB abschließend aufgeführten Bauvorhaben subsumierbar ist.

aa) Landwirtschaftlichem Betrieb dienend, § 35 I Nr. 1 Var. 1 BauGB

In Betracht kommt vorliegend ein dem landwirtschaftlichen Betrieb dienendes Vorhaben, § 35 I Nr. 1 Var. 1 BauGB.

Problematisch erscheint zunächst, ob der Pferdestall überhaupt der Landwirtschaft zugeordnet werden kann. Nach § 201 BauGB handelt es sich bei Landwirtschaft um „insbesondere Ackerbau, die Wiesen- und Weidewirtschaft einschließlich Tierhaltung, soweit das Futter überwiegend auf den zum landwirtschaftlichen Betrieb gehörenden, landwirtschaftlich genutzten Flächen erzeugt werden kann, die gartenbauliche Erzeugung, der Erwerbsobstbau, der Weinbau, die berufsmäßige Imkerei und die berufsmäßige Binnenfischerei". Vorliegend könnte es sich um Tierhaltung im Sinne von § 201 BauGB handeln. Dies setzt aber voraus, dass das Futter der Tiere auf landwirtschaftlich genutzten Flächen erzeugt werden kann, also ein Fall der Bodenertragsnutzung vorliegt. Hierfür reicht es aus, wenn genügend landwirtschaftlich nutzbare Flächen zur überwiegenden Futtererzeugung vorhanden sind – unabhängig davon, ob das erzeugte Futter tatsächlich verfüttert wird („kann"). Hier besitzt T allerdings bereits keine weiteren Flächen, die sie für die Futtererzeugung nutzen könnte. Es fehlt also an der Möglichkeit der Bodenertragsnutzung.

Es handelt sich darüber hinaus auch nicht um einen landwirtschaftlichen Betrieb, der auf Dauer und mit Gewinnerzielungsabsicht angelegt ist und eine gewisse organisatorische Verfestigung erreicht hat, da T den Pferdestall rein aus Freizeitgründen betreiben will und die Pferde den Besuchern kostenlos zur Verfügung stellt. Eine Privilegierung nach § 35 I Nr. 1 Var. 1 BauGB scheidet daher aus.

bb) Besondere Anforderungen des Vorhabens an die Umgebung, § 35 I Nr. 4 BauGB

272 In Betracht kommt aber eine Zulassung des Vorhabens nach dem Auffangtatbestand des § 35 I Nr. 4 BauGB. Danach handelt es sich um ein privilegiertes Vorhaben, wenn es „wegen seiner besonderen Anforderungen an die Umgebung, wegen seiner nachteiligen Wirkung auf die Umgebung oder wegen seiner besonderen Zweckbestimmung nur im Außenbereich ausgeführt werden soll". Für Anlagen zur Tierhaltung enthält § 35 I Nr. 4 BauGB zwar eine Ausnahme. Diese verlangt aber die Notwendigkeit einer Umweltverträglichkeitsprüfung, die hier gerade nicht erforderlich ist.

273 Zunächst müsste das Vorhaben eine Außenbereichsaffinität haben, also besondere Anforderungen an die Umgebung stellen, nachteilige Wirkung auf die Umgebung haben oder eine besondere Zweckbestimmung für den Außenbereich aufweisen. Hier sollen die Pferde zum Ausreiten in der Natur benutzt werden. Pferde sind scheue Tiere, die viel Ruhe benötigen. Hinzu kommt, dass Tierställe intensive Gerüche verbreiten und Abfälle und Unrat wie Mist, Staub und Abwässer verursachen. Ihre Unterbringung ist daher dem Grunde nach in einer unbebauten von Natur geprägten Umgebung angemessen. Der Pferdestall hat also eine bestimmte Zweckrichtung und eine besondere nachteilige Umgebungswirkung, so dass die Zuordnung zum Außenbereich naheliegt.

274 Fraglich ist aber, ob die Anlage im Sinne der Nr. 4 auch im Außenbereich angesiedelt werden soll. Hier genügt es gerade nicht, dass der Stall sinnvollerweise eher dem Außenbereich zugeordnet werden soll. Vielmehr muss diese Zuordnung bei wertender Betrachtung aus objektiven Gründen erforderlich sein. Dies ist nur der Fall, wenn eine anderweitige Realisierung des Bauvorhabens außerhalb des Außenbereichs, mithin in beplanten oder unbeplanten Innenbereichen der Stadt S nicht möglich ist und im Übrigen das Bauvorhaben billigerweise im Außenbereich realisiert werden kann, es sich also in Anbetracht des Zwecks des Außenbereichs nicht um ein wesensfremdes Bauvorhaben handelt. Ob in S ein beplanter oder unbeplanter Innenbereich existiert, in dem der Pferdestall der T zulässig realisiert werden könnte, ist unklar. Fraglich ist daher, ob der Pferdestall mit dem Wesen des Außenbereichs konform geht, eine Realisierung daher im Außenbereich gerechtfertigt erscheint. Der Außenbereich ist neben seiner land- und forstwirtschaftlichen Funktion u. a. dem allgemeinen Bedürfnis nach der Erholung in der freien Natur vorbehalten. Der Außenbereich soll daher für die Allgemeinheit grundsätzlich vor dem Eindringen wesensfremder Nutzung bewahrt bleiben. Der Pferdestall dient zwar auch der Erholung und der Freizeit, indem Pferde für Ausritte vorgehalten werden, die vom Stall aus beginnen. Der Stall dient aber nicht der allgemeinen Erholung, da er nur für Vereinskollegen der T zugänglich ist. Eine Privilegierung scheidet demnach aus, weil sich eine solche Bevorzugung vor dem Gleichheitssatz des Art. 3 I GG nicht rechtfertigen ließe. Eine solche Anlage dient damit der Befriedigung spezieller Freizeitwünsche einer bestimmten Gruppe. Der Pferdestall ist damit nicht privilegiert iSv § 35 I Nr. 4 BauGB.

cc) Zwischenergebnis

275 Eine anderweitige Privilegierung scheidet aus, so dass der Pferdestall nicht privilegiert und damit ein sonstiges Vorhaben iSv § 35 II BauGB ist.

§ 5 Materielle Vorhabenzulassung im unbeplanten Außenbereich, § 35 BauGB § 5

b) Beeinträchtigung öffentlicher Belange, § 35 II BauGB

Ein Vorhaben iSv § 35 II BauGB ist nur zulässig, wenn öffentliche Belange nicht beeinträchtigt werden. Es bedarf also einer Abwägung zwischen dem Interesse der T an der Realisierung ihres Vorhabens und möglichen durch das Vorhaben berührten öffentlichen Belangen, wobei das Gesetz die Abwägung vorstrukturiert und durch die zu Absatz 1 abweichende Formulierung deutlich macht, dass bei sonstigen Vorhaben im Sinne von Absatz 2 grundsätzlich den berührten öffentlichen Belangen der Vorzug zu gewähren ist.

aa) § 35 III 1 Nr. 1 BauGB

In Betracht kommt zunächst eine Beeinträchtigung des öffentlichen Belangs nach § 35 III 1 Nr. 1 BauGB. Dann müsste das Vorhaben den Darstellungen des Flächennutzungsplans, § 5 II BauGB, widersprechen. Hier sieht der Flächennutzungsplan für das betroffene Gebiet Naturflächen (Wald-, Wasser- und Grünflächen) und wichtige Versorgungseinrichtungen (insb. Für Abwasser und Stromerzeugung) vor. Anhaltspunkte für eine Unwirksamkeit des Flächennutzungsplans sind nicht ersichtlich. Der Pferdestall stellt weder eine Naturfläche noch eine für die Gemeinde wichtige Versorgungseinrichtung dar. Der Pferdestall widerspricht damit den Darstellungen des Flächennutzungsplans. Folglich ist hier der öffentliche Belang nach § 35 III 1 Nr. 1 BauGB beeinträchtigt.

bb) § 35 III 1 Nr. 5 BauGB

Der Pferdestall könnte überdies die Belange des Naturschutzes und der Landschaftspflege bzw. der natürlichen Eigenart der Landschaft und ihres Erholungswerts sowie des Orts- und Landschaftsbildes berühren, § 35 III 1 Nr. 5 BauGB. Dies setzt voraus, dass der Pferdestall erheblichen (negativen) Einfluss auf diese Aspekte hat. Das ist zwar an sich vorstellbar, gerade weil man sich ausmalen kann, dass ein hölzerner Pferdestall auf einer freien Wiese insbesondere naturschutzrechtlich, aber auch im Hinblick auf das Landschaftsbild problematisch sein kann. Es fehlen hierfür aber konkrete Anhaltspunkte im Sachverhalt. Auf rein abstrakte Überlegungen lässt sich die Berührung der genannten Belange aber nicht stützen.

cc) § 35 III 1 Nr. 7 BauGB

Überdies könnte das Vorhaben den öffentlichen Belang nach § 35 III 1 Nr. 7 BauGB beeinträchtigen. Danach ist ein Vorhaben unzulässig, wenn es die Entstehung, Verfestigung oder Erweiterung einer Splittersiedlung befürchten lässt. Eine Splittersiedlung ist das Gegenteil eines Ortsteils iSv § 34 I 1 BauGB und stellt eine unorganisch gewachsene Streubebauung dar. Eine Entstehung ist grundsätzlich zu befürchten, wenn es sich um eine (Neu-)Errichtung einer Anlage in einer bislang unbebauten Umgebung handelt; eine Verfestigung meint die Intensivierung bereits in Anspruch genommenen Außenbereichsraumes und die Erweiterung meint die räumliche Ausdehnung der Außenbereichsbebauung.

Vorliegend könnte eine Erweiterung der Splittersiedlung zu befürchten sein. Für eine Erweiterung muss das Vorhaben den bereits genutzten Raum des Außenbereichs wachsen lassen. Dagegen spricht, dass der Pferdestall an der gleichen Stelle und in gleicher Größe errichtet werden soll, wie die frühere Scheune. Allerdings ist vor dem Hintergrund des Zwecks des § 35 BauGB eine Neuerrichtung wie eine erstmalige Errichtung zu behandeln. Anderenfalls würde jede im Außenbereich vorhandene Bebauung verstetigt werden, weil sie jeder Zeit ohne Weiteres ersetzt werden könnte. Von daher muss die Errichtung des Pferdestalls unabhängig von der früher bestehenden Scheune betrachtet werden.[46]

281 Eine Erweiterung einer Splittersiedlung durch die Errichtung ist also zu befürchten.

dd) Zwischenergebnis

282 Das Vorhaben beeinträchtigt öffentliche Belange und ist demnach nach § 35 II BauGB unzulässig.

c) Begünstigung, § 35 IV BauGB

283 Der Pferdestall könnte vorliegend aber ein begünstigtes Vorhaben iSv § 35 IV BauGB sein. Danach darf sonstigen Vorhaben iSv § 35 II BauGB nicht entgegengehalten werden, dass sie Darstellungen des Flächennutzungsplans widersprechen oder aber die Erweiterung einer Splittersiedlung befürchten lassen, soweit sie im Übrigen außenbereichsverträglich im Sinne des Absatzes 3 sind. Hier handelt es sich um ein sonstiges Vorhaben, das dem Flächennutzungsplan widerspricht und die Erweiterung einer Splittersiedlung befürchten lässt. Andere öffentliche Belange sind hingegen nicht beeinträchtigt, so dass das Vorhaben auch im Übrigen außenbereichsverträglich ist.

284 Fraglich aber ist, ob der Pferdestall ein begünstigtes Vorhaben iSv § 35 IV 1 BauGB ist. Dies könnte nach Nr. 3 der Fall sein. Danach ist die alsbaldige Neuerrichtung eines zulässig errichteten, durch Brand, Naturereignisse oder andere außergewöhnliche Ereignisse zerstörten, gleichartigen Gebäudes an gleicher Stelle zulässig. Hier wird der Pferdestall an derselben Stelle errichtet, an dem die Scheune stand. Diese wurde durch einen Sturm und daher durch ein Naturereignis zerstört. Die ursprüngliche Scheune war auch zulässig errichtet worden, da sie im Zuge der Baugenehmigung jedenfalls bestandsgeschützt war.

285 Weiterhin ist zu prüfen, ob der Pferdestall hier ein der Scheune gleichartiges Gebäude ist. Entscheidend ist dabei, dass Größe, Nutzung und Funktion des Vorhabens gleichartig sind.[47] Der neue Stall ist äußerlich identisch mit der Scheune. Er wird allerdings anders genutzt. Grundsätzlich sind Nutzungsänderungen vom Wortlaut der Norm erfasst, wie auch § 35 IV 3 BauGB zeigt. Sie dürfen nur nicht ein solches Gewicht besitzen, dass die zerstörte und die neue Anlage nicht mehr vergleichbar sind, um die Bestandsschutzwirkung, auf die § 35 IV BauGB zielt, nicht zu konterkarieren. Vorliegend wandelt sich der Flugzeugunterstand zu einem Pferdestall. Dies ist eine völlig andere Art der baulichen Nutzung. Gemeinsamkeiten zwischen beiden bestehen nicht. Die neue Anlage ist hinsichtlich ihrer Nutzung nicht mehr gleichwertig bzw. vergleichbar. Der Pferdestall ist daher kein begünstigtes Vorhaben iSv § 35 IV 1 Nr. 3 BauGB. Das Vorhaben ist unzulässig.

---

46 Vgl. BVerwGE 120, 130 (133 ff.).
47 BVerwGE 58, 124 ff.; BVerwG, BauR 1980, 553 ff.; BVerwGE 61, 290 ff.

d) Erschließung

Zudem ist fraglich, ob im vorliegenden Fall die Erschließung gesichert ist. Gemeint sind die wegemäßige Erschließung, die Strom- und Wasserversorgung sowie die Abwasserbeseitigung. Dies setzt im Allgemeinen die für das jeweilige Vorhaben notwendigen Erschließungsmaßnahmen voraus und ist bei den unterschiedlichen Arten der Vorhaben, z. B. bei Wohnzwecken dienenden Vorhaben einerseits und gewerblichen Zwecken dienenden Vorhaben andererseits, unterschiedlich zu beurteilen. Zusätzlich sind spezifische Belange des Außenbereichs auch hier zu beachten, d. h. es kann – auch im Blick auf den Außenbereichsschutz – nicht unbedingt ein Standard verlangt werden, der sonst etwa in beplanten Gebieten vorausgesetzt wird. Des Weiteren ist zu sehen, dass für sonstige Vorhaben iSv § 35 II BauGB strengere Voraussetzungen gelten als für privilegierte Vorhaben, da bei Letzteren die Erschließung lediglich „ausreichend" gesichert sein muss, § 35 I BauGB.

Im vorliegenden Fall ist der Stall sowohl an das Abwasser-, als auch das Stromnetz angeschlossen. Problematisch ist daher allein die wegemäßige Erschließung. Es besteht nur ein Schotterweg, auf dem die Pkw zum Stall gelangen können. Bei der Anlage handelt es sich um einen Pferdestall, der das Ausreiten als Freizeitvergnügen ermöglichen soll. Städtebauliche Gesichtspunkte sind vorliegend nicht stark ausgeprägt. Dies spricht dafür, einen Schotterweg als wegemäßige Erschließung ausreichen zu lassen. Dagegen spricht zwar, dass der Pferdestall ein sonstiges Vorhaben iSv § 35 II BauGB ist. Allerdings ist auch hier zu sehen, dass der Pferdestall nicht derart frequentiert ist, dass es eines Weges von höherer Qualität und Sicherung bedürfte. Angesichts der naturbelassenen Gegend und des geringen städtebaulichen Niveaus sowie angesichts des Zwecks des Pferdestalls ist ein Schotterweg als Erschließung ausreichend.

5. Ergebnis

Der Pferdestall ist bauplanungsrechtlich nicht zulässig.

Wiederholungsfragen

1. Inwiefern kommt in § 35 BauGB dessen Ziel der Verhinderung von Bauvorhaben und der Freihaltung von Freiflächen zum Ausdruck? (Kap. 3 Rn. 224 ff.)
2. A züchtet Rinder. Auf welches Merkmal kommt es an, um seine Rinderzucht als Landwirtschaft im baurechtlichen Sinne zu werten? (Kap. 3 Rn. 235)
3. Was ist der Unterschied zwischen Außenbereichsaffinität und Außenbereichsnotwendigkeit? Warum fehlt einem Golfplatz regelmäßig die Außenbereichsnotwendigkeit? (Kap. 3 Rn. 244 ff., 248 ff., 251)
4. Inwiefern kommt in § 35 IV BauGB der aktive Bestandsschutz zum Ausdruck? (Kap. 3 Rn. 258 ff.)
5. A möchte im Außenbereich eine Jugendherberge errichten, die aber nach den Darstellungen des Flächennutzungsplans unzulässig ist und im Übrigen das Landschaftsbild verunstaltet. Warum kann A sich deshalb auf keinen Fall auf den aktiven Bestandsschutz in § 35 IV BauGB berufen? (Kap. 3 Rn. 260)

§ 6 Der Einfluss von Planungssicherungsinstrumenten auf die Vorhabenzulassung

A. Veränderungssperre,
§ 14 BauGB 291
B. Zurückstellung von Baugesuchen,
§ 15 BauGB 292
C. Einvernehmen der Gemeinde,
§ 36 BauGB 293
   I. Funktion des § 36 BauGB 294
   II. Voraussetzungen für die Erteilung des gemeindlichen Einvernehmens 295
      1. Anwendbarkeit des § 36 BauGB 295
      2. Formelle Anforderungen 297
      3. Rechtsfolgen 299
      4. Das Ersetzen des Einvernehmens durch die Behörde, § 36 II 3 BauGB 302
         a) Formelle Voraussetzungen 303
         b) Materielle Voraussetzungen 305
Wiederholungsfragen

▶ **Lernziele**

1. Sie können die wesentlichen Planungssicherungsinstrumente des BauGB unter Bezugnahme auf die einschlägigen Normen benennen, sie voneinander im Hinblick auf ihre Rechtsnatur und ihre Rechtswirkungen unterscheiden und ihre Rolle im Prüfungsaufbau einer Vorhabenzulassung erklären.
2. Sie können unter Bezugnahme auf das Gesetz Voraussetzungen und Rechtsfolgen des gemeindlichen Einvernehmens nach § 36 BauGB erläutern.
3. Sie können Voraussetzungen und Rechtsfolgen der Ersetzung des gemeindlichen Einvernehmens nach § 36 II 3 BauGB nennen und die damit verbundenen Rechtsschutzkonstellationen unterscheiden. ◀

289 Bereits im Rahmen des Kapitels zur Bauleitplanung wurde auf wichtige Sicherungsinstrumente der Gemeinde hingewiesen, die die häufig langwierige Bauleitplanung vor dem Wegfall ihrer tatsächlichen Voraussetzungen bewahren sollen (Kap. 4 § 4): Der Planungsprozess soll nicht deswegen scheitern, weil sich die tatsächliche Lage durch die zwischenzeitliche Zulassung von Einzelvorhaben verändert hat und das Planungskonzept daher nicht mehr verwirklicht werden kann. Weil die Plansicherungsinstrumente gerade die Zulassung von Einzelvorhaben verhindern, sind diese auch in der Prüfung der Zulässigkeit von Einzelvorhaben zu berücksichtigen.

290 Darüber hinaus steht der Gemeinde im Genehmigungsverfahren ein weiteres Schutzrecht zu: das Recht zur Erteilung bzw. Versagung des gemeindlichen Einvernehmens. Dieses steht hier, nach einigen knappen Hinweisen auf die Veränderungssperre und die Zurückstellung von Baugesuchen, im Mittelpunkt.

A. Veränderungssperre, § 14 BauGB

291 Eine Veränderungssperre ist eine **Satzung**, § 16 I BauGB, die die Zulassung von Einzelvorhaben sperrt, wenn das Vorhaben eine laufende Bauleitplanung sachlich gefährden kann, § 14 I BauGB.[1] Sie ist also als Rechtsnorm Bestandteil der „öffentlich-rechtlichen Vorschriften", die im Baugenehmigungsverfahren von der zuständigen Behörde

---

[1] Siehe dazu ausführlich *Krüper/Herbolsheimer*, ZJS 2016, 546 ff.

zu prüfen sind. Voraussetzung dafür, dass die Veränderungssperre Teil der Rechtsordnung ist und Sperrwirkung entfaltet, ist aber ihre **Wirksamkeit**. Es kommt hier also nicht selten zu einer Inzidentprüfung der Rechtmäßigkeit der Veränderungssperre, die sich nach §§ 14, 16 BauGB richtet (Kap. 2 Rn. 145 ff.).

B. Zurückstellung von Baugesuchen, § 15 BauGB

Auch die Zurückstellung von Bauanträgen ist eine Handlungsoption der Baubehörde im Rahmen des Baugenehmigungsverfahrens. Bei der Zurückstellung handelt es sich um einen **Verwaltungsakt**, der die Zulassung eines Einzelvorhabens für eine bestimmte Zeit aufschiebt, um in dieser Zeit den Planungsprozess abschließen zu können. §§ 14, 15 BauGB formulieren die Rechtmäßigkeitsvoraussetzungen der Zurückstellung, die gegebenenfalls zu prüfen sind (Kap. 2 Rn. 165 ff.).

292

C. Einvernehmen der Gemeinde, § 36 BauGB

Neben der Veränderungssperre und der Zurückstellung von Baugesuchen zählt auch das sogenannte gemeindliche Einvernehmen nach § 36 BauGB zu den Planungssicherungsinstrumenten, die im Prozess der Vorhabenzulassung relevant werden können.[2]

293

I. Funktion des § 36 BauGB

§ 36 BauGB stellt mit dem gemeindlichen Einvernehmen einen Mechanismus bereit, mit dem das Auseinanderfallen von genehmigender Baubehörde und der von einem konkreten Vorhaben betroffenen Gemeinde kompensiert wird.[3] Will die Baubehörde ein Bauvorhaben auf einem Grundstück zulassen, das nicht überplant ist, §§ 34, 35 BauGB, oder will sie das Vorhaben auf Grundlage von §§ 31 I oder II, 33 BauGB zulassen, droht eine Beeinträchtigung der **gemeindlichen Planungshoheit**, weil die Gemeinde in diesen Konstellationen entweder keinen planerischen Willen oder einen abweichenden planerischen Willen geäußert hat. Zulassungen nach §§ 31, 33 – 35 BauGB eröffnen durch die unbestimmten Rechtsbegriffe und Wertungsmöglichkeiten der tatsächlichen baulichen Situation vor Ort der Baubehörde große eigene Gestaltungsspielräume, die ihr grundsätzlich nicht zustehen, weil Art. 28 II 1 GG den Gemeinden die Planungshoheit zuweist. Um diesen Konflikt abzumildern, sieht § 36 BauGB vor, dass die Gemeinde in den jeweiligen Konstellationen ihr Einvernehmen zu einer Zulassung eines Bauvorhabens erteilen muss.

294

II. Voraussetzungen für die Erteilung des gemeindlichen Einvernehmens

1. Anwendbarkeit des § 36 BauGB

Nach § 36 I 1 BauGB hat die zuständige Bauaufsichtsbehörde im Einvernehmen mit der Gemeinde „über die Zulässigkeit von Vorhaben nach den §§ 31, 33 bis 35" zu entscheiden. Sofern also ein qualifizierter (wirksamer) Bebauungsplan im Sinne des § 30 I BauGB besteht, entfällt das Einvernehmenserfordernis. Besteht ein einfacher Bebauungsplan nach § 30 III BauGB, ist das gemeindliche Einvernehmen im Hinblick auf

295

---

2 Dazu ausführlich *Krüper*, ZJS 2010, 582 ff.; *Schoch*, NVwZ 2012, 777 ff.; *Budroweit*, NVwZ 2005, 1013 ff.
3 BVerwGE 22, 342 (346 f.); 28, 268 (270); *Kment*, Öffentliches Baurecht I, 8. Aufl. 2022, § 25 Rn. 2; *Hofmeister*, in: Spannowsky/Uechtritz (Hrsg.), BeckOK-BauGB, 57. Ed. Dezember 2022, § 36 Rn. 1; *Krüper*, ZJS 2010, 582 (583).

diejenigen Zulassungsaspekte erforderlich, die nach §§ 34, 35 BauGB zu entscheiden sind.

296 Aus dem Zweck des § 36 BauGB ergibt sich nach herrschender Ansicht eine Einschränkung seiner Anwendbarkeit: Ist die Gemeinde mit der zuständigen Genehmigungsbehörde **identisch**, bedarf es keines besonderen Schutzes der Gemeinde.[4] Ihrer Planungshoheit wird tatsächlich dadurch Genüge getan, dass sie als Bauaufsichtsbehörde die Zulassungsentscheidung selbst treffen kann. Dagegen wird häufig argumentiert, dass in der Regel innerhalb der Gemeinde unterschiedliche Ämter zuständig seien. Auch wenn die Gemeinde zugleich Genehmigungsbehörde ist, besteht also intern ein System der Arbeitsteilung. Die Planung vollziehen der Gemeinderat und das Stadtplanungsamt, während die Baubehörde dem (Ober-)Bürgermeister zuzuordnen ist.[5] Dieser Einwand überzeugt aber deshalb nicht, weil gerade der Umstand der rechtlichen Identität von planender und bewilligender Gemeinde dazu führt, dass der (Ober-)Bürgermeister die interne Abstimmung zwischen Plangeber (Rat) und Bauamt vorgeben und steuern kann. Daher ist ein hinreichender Einfluss des Plangebers bereits deshalb anzunehmen, da er und die Genehmigungsbehörde derselben Körperschaft (Gemeinde) angehören. Insofern ist § 36 BauGB also stets dann einschlägig, wenn das Vorhaben in einem planfreien Raum verwirklicht werden soll und die betroffene Gemeinde nicht die zuständige Baubehörde ist.[6]

2. Formelle Anforderungen

297 § 36 BauGB kann nicht entnommen werden, wer innerhalb der Gemeinde für die Erteilung des Einvernehmens **zuständig** ist. In Frage steht also die Organkompetenz.[7] Dabei muss auf die jeweiligen Regelungen in den Gemeindeordnungen zurückgegriffen werden. Insofern kann die Zuständigkeit entweder beim Rat oder beim (Ober-)Bürgermeister liegen. Dabei ist zu sehen, dass alle Gemeindeordnungen vorsehen, dass die **Geschäfte der laufenden Verwaltung** als Aufgaben des (Ober-)Bürgermeisters gelten, sofern der Rat nicht ausdrücklich etwas anderes beschließt.[8] Damit sind Vorgänge gemeint, die regelmäßig anfallen und keine besonderen rechtlichen Schwierigkeiten bereiten. Ob auch die Erteilung des Einvernehmens darunterfällt, erscheint fraglich.[9] Dagegen spricht, dass der (Ober-)Bürgermeister zwar Leiter der Verwaltung ist; die betroffene Verwaltung ist aber dem Grunde nach nie mit baurechtlichen Fragen befasst, weil sie ja gerade nicht die Baubehörde sein kann – sonst wäre § 36 BauGB nicht anwendbar. Für die Verwaltung ist damit die Frage des Einvernehmens kein alltägliches Geschäft. Planungsaufgaben sind zudem Aufgaben des Rates. Insoweit muss er auch das Einvernehmen erteilen. Damit sprechen die besseren Argumente für die Ratszuständigkeit bei Erteilung des Einvernehmens.[10]

---

4 BVerwGE 45, 207 (212 ff.); 121, 339 (342 ff.); *Kment*, Öffentliches Baurecht I, 8. Aufl. 2022, § 25 Rn. 10.
5 VGH BW, VBlBW 2004, 56 (57); *Schoch*, NVwZ 2012, 777 (779 f.).
6 Zusammenfassend auch *Krüper*, ZJS 2010, 582 (583 f.).
7 *Hofmeister*, in: Spannowsky/Uechtritz (Hrsg.), BeckOK-BauGB, 57. Ed. Dezember 2022, § 36 Rn. 13.
8 § 44 II 1 GemO BW; Art. 37 Bay GO; §§ 53 I 1, 54 I Nr. 5 BbgKVerf; § 70 II HGO; § 38 III 2 KV M-V; § 85 I 1 Nr. 7 NkomVG; § 41 III GO NRW; § 47 I 2 Nr. 3 GemO RP; § 59 III 1 KSVG; § 53 II 1 SächsGemO; §§ 60 III 1, 66 I 3 KVG LSA; §§ 55 I 2, 65 I 2 GO SH; § 29 II Nr. 1 ThürKO. In Berlin nehmen „alle anderen Aufgaben der Verwaltung" die Bezirksverwaltungen wahr, vgl. § 3 II AZG Bln. In Hamburg führt die Bezirksamtsleitung die Geschäfte der laufenden Verwaltung, vgl. § 35 II 2 BezVG HH. Für Bremen vgl. Art. 101 I Nr. 6, 7 BremVerf.
9 Grundsätzlich für möglich haltend OVG NRW, DVBl. 1970, 550 (551 f.).
10 VGH BW, NuR 2004, 732 (733 f.); *Dolderer*, NVwZ 1998, 567 (570).

Im Hinblick auf das **Verfahren** ist die Frist nach § 36 II 2 BauGB zu beachten: Die Gemeinde muss ihr Einvernehmen innerhalb von zwei Monaten ab Einreichung der Bauunterlagen erteilen.

3. Rechtsfolgen

Die Gemeinde hat im Verfahren des § 36 BauGB zwei Möglichkeiten: Sie kann ihr Einvernehmen erteilen und damit ausdrücken, dass sie gegen das Bauvorhaben planungsrechtlich nichts einzuwenden hat. Allerdings ist die Baubehörde an die positive Erteilung des Einvernehmens **nicht gebunden**. Ist die Behörde der Ansicht, dass die Baugenehmigung nicht zu erteilen ist, dann muss sie den Bauantrag ablehnen.[11] Insoweit kommt es auch nicht auf die Rechtmäßigkeit der Erteilung des Einvernehmens an. Die Versagung der Baugenehmigung ist nicht deshalb rechtswidrig, weil die Gemeinde ihr Einvernehmen erteilt hat.

Die zweite Möglichkeit ist, dass die Gemeinde ihr Einvernehmen nicht positiv erteilt. Dabei kann es zu der Konstellation kommen, dass die Gemeinde **gänzlich untätig** bleibt. Dann gilt ihr Einvernehmen nach zwei Monaten als erteilt, § 36 II 2 BauGB.

Etwas anderes gilt, wenn die Gemeinde ihr Einvernehmen **verweigert**. Allerdings darf sie dies gemäß § 36 II 1 BauGB nur aus Gründen, die sich aus §§ 31, 33 – 35 BauGB ergeben. Sie muss also städtebauliche Gründe anführen und darf nicht etwa aus Gründen einer zukünftig beabsichtigten Planung ihr Einvernehmen verweigern. Erklärt die Gemeinde ausdrücklich die Verweigerung des Einvernehmens, ist die Genehmigungsbehörde daran gebunden, d. h. sie darf die Baugenehmigung nicht erteilen,[12] um die Planungshoheit der Gemeinde zu schützen. Die zuständige Behörde hat dann nur die Möglichkeit, das Einvernehmen zu **ersetzen**, will sie die Baugenehmigung erteilen.

4. Das Ersetzen des Einvernehmens durch die Behörde, § 36 II 3 BauGB

Eine sogenannte **Ersetzung** des gemeindlichen Einvernehmens kommt dann in Betracht, wenn die zuständige Baubehörde die Baugenehmigung erteilen will, obgleich die Gemeinde ihr Einvernehmen verweigert hat. Diese Möglichkeit hängt allerdings von der Wahrung formeller wie materieller Voraussetzungen ab.

a) Formelle Voraussetzungen

Nach § 36 II 3 BauGB ist für die Ersetzung des Einvernehmens die nach Landesrecht zuständige Behörde zuständig. Es obliegt also dem Landesgesetzgeber, die Zuständigkeiten zu klären.[13]

Hinsichtlich der sonstigen formellen Anforderungen ist zu beachten, dass die Ersetzung gegenüber der Gemeinde einen Verwaltungsakt darstellt.[14] Die Selbstverwaltungsgarantie des Art. 28 II GG stellt die Gemeinde außerhalb des staatlichen Ver-

---

11 BVerwG, NVwZ-RR 1992, 529 ff.; BVerwG, Beschl. v. 25.8.2014 – 4 B 20.14 –, juris; *Söfker*, in: Ernst/Zinkahn/Bielenberg/Krautzberger (Hrsg.), BauGB, 147. EL August 2022, § 36 Rn. 27.
12 BVerwG, NVwZ 1986, 556 f.; *Hofmeister*, in: Spannowsky/Uechtritz (Hrsg.), BeckOK-BauGB, 56. Ed. Dezember 2022, § 36 Rn. 19; *Söfker*, in: Ernst/Zinkahn/Bielenberg/Krautzberger (Hrsg.), BauGB, 147. EL August 2022, § 36 Rn. 26. Vgl. auch *Horn*, NVwZ 2002, 406 (412 f.).
13 § 54 IV LBO BW; Art. 67 BayBO; § 71 I 1 BbgBO; § 4 AG-BauGB M-V iVm § 71 LBauO M-V; § 2 NDVO BauGB; § 73 I 1 BauO NRW; § 71 LbauO RP; § 72 LBO Saar; § 71 SächsBO; § 70 BauO LSA; § 71 LBO SH; § 70 ThürBO.
14 *Muckel/Ogorek*, Öffentliches Baurecht, 4. Aufl. 2020, § 7 Rn. 225.

waltungsaufbaus und gewährt ihr hier eine wehrfähige Rechtsposition. Im Falle des gemeindlichen Einvernehmens wird gerade durch die Ersetzung die Planungshoheit der Gemeinde beeinträchtigt, weil die Einvernehmensverweigerung Ausfluss der Planungshoheit der Gemeinde ist. Folglich hat die Ersetzung Außenwirkung und hat als Verwaltungsakt die verfahrensrechtlichen Vorgaben zu beachten. Insbesondere bedarf es einer vorherigen **Anhörung der Gemeinde,** § 28 I LVwVfG.

b) Materielle Voraussetzungen

305 Die Ersetzung des Einvernehmens ist nur dann recht**mäßig,** wenn die Verweigerung des Einvernehmens durch die Gemeinde recht**swidrig** war, § 36 II 3 BauGB. Die Verweigerung ist aber nur rechtswidrig, wenn sie nicht aus Gründen erfolgt, die sich aus §§ 31, 33–35 BauGB ergeben. Das bedeutet: Das Bauvorhaben muss nach §§ 31, 33 – 35 BauGB entgegen der Ansicht der Gemeinde zulässig sein, damit eine Ersetzung in Betracht kommt.

306 Im Rahmen der Ersetzung prüft die Behörde daher, ob die Gemeinde die §§ 31, 33–35 BauGB zutreffend angewendet hat. Dabei ist die Behörde wegen Art. 28 II 1 GG an die Entscheidung der Gemeinde gebunden, **soweit** §§ 31, 33 – 35 BauGB Ermessen einräumen.[15] Das Ermessen wird durch die Gemeinde als Ausdruck ihrer Planungshoheit ausgeübt. Daher stellte es einen unangemessenen Eingriff in die Planungshoheit dar, wenn die Behörde das Einvernehmen der Gemeinde ersetzen dürfte, nur weil Tatsachen unterschiedlich beurteilt werden. Die Behörde kann bei der Prüfung der Versagung des Einvernehmens keine eigene Zweckmäßigkeitsprüfung vornehmen.[16]

▶ **Beispiel:** Die Gemeinde verweigert ihr Einvernehmen, weil sie der Ansicht ist, dass ein Bürokomplex nicht von der Höhenfestsetzung im Bebauungsplan befreit werden dürfe, § 31 II BauGB, da gerade Bürogebäude das Ortsbild erheblich beeinflussten. Die Behörde sieht das anders. Sie darf das Einvernehmen aber nicht ersetzen, wenn die Entscheidung der Gemeinde über § 31 II BauGB insoweit rechtmäßig ist, wie die Tatbestandsvoraussetzungen vorliegen und Ermessensfehler nicht ersichtlich sind. Auch wenn die Behörde in der Sache anderer Ansicht ist, darf dies nicht dazu führen, die von Art. 28 II GG geschützte Entscheidung der Gemeinde zu überwinden. ◀

307 Ein baurechtliches Standardproblem betrifft die Frage, ob die Behörde **ein Ermessen über die Ersetzung** des Einvernehmens hat.[17] Der Wortlaut des § 36 II 3 BauGB spricht von „kann", was auf ein Ermessen hindeutet. Infolgedessen räumt die herrschende Ansicht der Behörde Ermessen ein.[18] Die Gegenauffassung führt an, dass eine solche Auslegung des § 36 II 3 BauGB mit Art. 14 I 1 GG in Widerspruch stehe.[19] Der Bauherr habe aus Art. 14 I 1 GG grundsätzlich einen Anspruch auf Erteilung der Baugenehmigung, sofern die gesetzlichen Voraussetzungen erfüllt seien. Damit sei ein behördliches Ersetzungsermessen nicht vereinbar. Zwar gebe es – etwa in § 31 II BauGB – auch andere baurechtliche Ermessensvorschriften. Diese regelten aber stets den Fall,

---

15 *Krüper,* ZJS 2010, 582 (586).
16 Vgl. *Söfker,* in: Ernst/Zinkahn/Bielenberg/Krautzberger (Hrsg.), BauGB, 147. EL August 2022, § 36 Rn. 41.
17 Ausführlich dazu VGH BW, NVwZ-RR 2012, 58 (59); *Krüper,* ZJS 2010, 582 (586 f.); *Muckel/Ogorek,* Öffentliches Baurecht, 4. Aufl. 2020, § 7 Rn. 224.
18 NdsOVG, NVwZ-RR 2009, 866 ff.; *Reidt,* in: Battis/Krautzberger/Löhr (Hrsg.), BauGB, 15. Aufl. 2022, § 36 Rn. 15a.
19 BGH, NVwZ 2011, 249 ff.; 2013, 167 f.; *Söfker,* in: Ernst/Zinkahn/Bielenberg/Krautzberger (Hrsg.), BauGB, 147. EL August 2022, § 36 Rn. 41.

dass die allgemeinen gesetzlichen Tatbestandsvoraussetzungen gerade nicht vorliegen – der Bauherr also keinen Anspruch auf die Genehmigung hat. Das Ermessen greife hier also grundsätzlich zugunsten des Bauherrn. Bei der Ersetzung des Einvernehmens sei dies aber gerade nicht der Fall: Sie komme nur in Betracht, wenn die Gemeinde ihr Einvernehmen rechtswidrig versagt habe, also die Tatbestandsvoraussetzungen der Baugenehmigung vorlägen. Das Ermessen könnte daher zu Lasten des Bauherrn ausgeübt werden. Das Wort „kann" wird dieser Ansicht zufolge nicht als Ermessensbefugnis, sondern vielmehr als generelle Befugniserteilung angesehen: Die Betonung liegt darauf, dass **die Behörde** die Ersetzung vornehmen kann (im Sinne eines Dürfens).[20]

Die besseren Argumente sprechen dafür, der Behörde bei der Ersetzungsentscheidung kein Ermessen einzuräumen. Aber auch, wenn man ein Ermessen der Behörde annehmen wollte, wird die Betroffenheit des Art. 14 I 1 GG durch eine rechtswidrige Versagung der Baugenehmigung in aller Regel zu einer Ermessensreduzierung auf Null führen. Daher wird für § 36 II 3 BauGB auch häufig ein Fall des **intendierten Ermessens** angenommen.[21] 308

Wiederholungsfragen

1. Inwiefern stellt § 36 BauGB ein Planungssicherungsinstrument dar? Warum ist die Norm nur anwendbar, wenn Gemeinde und zuständige Baubehörde nicht identisch sind? (Kap. 3 Rn. 301, 303)
2. Wer ist innerhalb der Gemeinde für die Erteilung oder Versagung des Einvernehmens zuständig und warum? (Kap. 3 Rn. 304)

---

20 *Dippel*, NVwZ 2011, 769 (773 f.); *Muckel/Ogorek*, Öffentliches Baurecht, 4. Aufl. 2020, § 7 Rn. 224.
21 *Schoch*, NVwZ 2012, 777 (782 f.).

3. Die von der Baubehörde verschiedene Gemeinde möchte ihr Einvernehmen zur Erteilung einer Baugenehmigung zur Errichtung eines Supermarkts im unbeplanten Innenbereich nicht erteilen, weil sie der Meinung ist,
   a) es gäbe schon zu viele Supermärkte derselben Kette in der Umgebung,
   b) der geplante Supermarkt füge sich nicht in die nähere Umgebung ein, da es an einem Vorbild mangele.

   Kann die Baubehörde das gemeindliche Einvernehmen in den beiden Fällen ersetzen? Steht ihr hierbei Ermessen zu? (Kap. 3 Rn. 301, 307)

§ 7 Materielle Vorhabenzulassung nach Bauordnungsrecht

A. Funktion des Bauordnungsrechts 310
B. Ausgewählte materielle Anforderungen des Bauordnungsrechts 311
   I. Abstandsflächen 311
     1. Notwendigkeit von Abstandsflächen 312
     2. Lage der Abstandsflächen 316
     3. Tiefe der Abstandsflächen 317

   II. Stellplätze und Garagen 318
   III. Verunstaltungsverbot und Werbeanlagen 320
     1. Allgemeines Verunstaltungsverbot 320
     2. Sonderregelungen für Werbeanlagen 324
Wiederholungsfragen

▶ **Lernziele**
1. Sie können die Funktion des Bauordnungsrechts in Abgrenzung zum Bauplanungsrecht unter beispielhafter Bezugnahme auf Normen der jeweils einschlägigen Landesbauordnung erörtern.
2. Sie können die interne Regelungslogik der Normen zu den Abstandsflächen, den Stellplätzen und den Werbe- und Verunstaltungsverboten anhand des Gesetzes erklären, durch Beispiele verdeutlichen und in Rechtsschutzkonstellationen einordnen. ◀

Das Bauordnungsrecht der Landesbauordnungen umfasst nicht nur das Baugenehmigungsverfahren, sondern beinhaltet auch materielle Anforderungen an das jeweilige Bauvorhaben aus Gesichtspunkten, die nicht dem Bodenrecht unterfallen (Kap. 1 Rn. 12). Das Bauordnungsrecht nimmt daher das Bauvorhaben vor allem unter **gefahrenabwehr-** und allgemeinen **ordnungsrechtlichen** Aspekten in den Blick.

A. Funktion des Bauordnungsrechts

Das Bauordnungsrecht wurde früher als **Baupolizeirecht** bezeichnet. Es zielt primär auf die Abwehr von Gefahren durch bauliche Anlagen im weiteren Sinne. Neben Anforderungen an den Brandschutz werden etwa auch Abstandsregeln zu anderen Gebäuden definiert oder die Einrichtung von Parkplätzen zur Sicherung des fließenden und ruhenden Verkehrs vorgeschrieben. Nicht entscheidend ist hingegen – wie beim Bauplanungsrecht –, wie und in welcher Intensität ein Grundstück genutzt wird und ob diese Nutzung zu Spannungen mit der Umgebung führt. Neben gefahrenabwehrrechtlichen Zwecken zielt das Bauordnungsrecht aber zunehmend auch auf gestalterische Vorgaben sowie die Gewährleistung sozialer Standards, insbesondere hinsichtlich der Barrierefreiheit oder der Errichtung öffentlicher Anlagen, etwa Spielplätzen. Aus der Fülle der teils hochtechnischen Normen des Bauordnungsrechts ist regelmäßig nur ein kleiner Ausschnitt ausbildungsrelevant. Auch für diesen Ausschnitt wird eine vertiefte Kenntnis von Literatur und Rechtsprechung zumeist nicht erwartet. Im Prüfungsfall geht es daher in der Regel nur um das Auffinden der einschlägigen Normen und um deren sorgfältige Prüfung. Wegen des diffusen Regelungsbildes in den verschiedenen Ländern kann an dieser Stelle nur ein (allgemeiner) Überblick über die – insoweit weitestgehend einheitlichen – wesentlichen Grundsätze der jeweiligen Regelungen geben.

B. Ausgewählte materielle Anforderungen des Bauordnungsrechts

I. Abstandsflächen

311 Alle Landesbauordnungen sehen vor, dass bauliche Anlagen Mindestabstände zur Grundstücksgrenze und damit zu anderen Grundstücken einhalten müssen. Man spricht von **Abstandsflächen**.[1] Abstandsflächen dienen einerseits der Belichtung, der Belüftung sowie dem Brandschutz, andererseits sollen Abstandsflächen für einen allgemeinen **Sozialabstand** sorgen und so die Auswirkungen einer Anlage zu Lasten der Nachbarschaft abfedern. Abstandsflächen schützen damit sowohl die Nutzer einer Anlage als auch die Nachbarschaft.[2] Die Vorschriften zum Abstandsrecht sind zumeist sehr umfangreich, weil sie auch die Bestimmungen zur **Berechnung** der im Einzelfall zu wahrenden Abstandsflächen enthalten.

1. Notwendigkeit von Abstandsflächen

312 Die Landesbauordnungen sehen zunächst vor, dass alle **Gebäude** dem Abstandsgebot unterliegen.[3] Der Begriff des Gebäudes ist in den Landesbauordnungen legaldefiniert.[4] Nur ausnahmsweise gelten Besonderheiten, soweit **planungsrechtliche** Vorschriften, insbesondere ein Bebauungsplan, von solchen Abstandspflichten befreien (Kap. 3 Rn. 195).[5] Hier gilt also ein **Vorrang des Bauplanungsrechts**: Hat eine bauplanungsrechtliche Vorgabe Auswirkungen auf die Frage des Grenzabstands, geht diese dem allgemeinen bauordnungsrechtlichen Abstandsflächengebot vor.

313 Die Landesbauordnungen erstrecken das Abstandsflächengebot aber nicht nur auf Gebäude, sondern auch auf **sonstige (bauliche) Anlagen** mit bestimmten Eigenschaften.[6] In der Regel wird hier zunächst auf die Höhe und die Betretbarkeit der Anlagen abgestellt: So entfaltet etwa eine 1,50 Meter hohe Terrasse, die nicht als Bestandteil des Wohngebäudes zu werten ist und dem Aufenthalt von Menschen dient, solche Auswirkungen, etwa Geräusche und Einsichtsmöglichkeiten, so dass ein Sozialabstand zur Nachbarschaft erforderlich ist.

314 Eher prüfungsrelevant ist die zweite Gruppe von abstandsflächenpflichtigen Vorhaben, die sich neben einer bestimmten Höhe durch ihre **gebäudegleiche Wirkung** auszeichnen. Der Begriff der Gebäudegleichheit ist nicht architektonisch, sondern bezogen auf den Zweck der Abstandsflächen zu sehen: Die Beurteilung, ob die Wirkungen einer Anlage mit denen eines Gebäudes vergleichbar sind, hat daher unter Berücksichtigung der mit einem Gebäude typischerweise verbundenen Gefahren und Beeinträchtigungen zu erfolgen, vor denen Abstandsflächen die Nutzer der benachbarten Grundstücke

---

1 §§ 5 ff. LBO BW; Art. 6 BayBO; §§ 6 f. BauO Bln; § 6 BbgBO; § 6 BremLBO; § 6 HBauO; § 6 HBO; § 6 LBauO M-V; §§ 5 f. NBauO; § 6 BauO NRW; §§ 8 f. LBauO RP; §§ 7 f. LBO Saar; § 6 SächsBO; § 6 BauO LSA; § 6 LBO SH; § 6 ThürBO.
2 Otto, Öffentliches Baurecht II, 8. Aufl. 2023, § 3 Rn. 11 f.; OVG NRW, BauR 2007, 1021 ff.
3 So § 5 I 1 LBO BW; Art. 6 I 1 BayBO; § 6 I 1 BauO Bln; § 6 I 1 BbgBO; § 6 I 1 BremLBO; § 6 I 1 HBauO; § 6 I 1 HBO; § 6 I 1 LBauO M-V; § 5 I 1 NBauO; § 6 I 1 BauO NRW; § 8 I 1 LBauO RP; § 7 I 1 LBO Saar; § 6 I 1 SächsBO; § 6 I 1 BauO LSA; § 6 I 1 LBO SH; § 6 I 1 ThürBO.
4 Siehe § 2 III der HBO. Im Übrigen Art. Bzw. § 2 II der LBO BW, BayBO, BauO Bln, BbgBO, BremLBO, HBauO, LBauO M-V, BauO NRW, LBauO RP, LBO Saar, SächsBO, BauO LSA, LBO SH und ThürBO.
5 § 6 I 3 BauO NRW.
6 In Baden-Württemberg ist dies die Regel, vgl. § 5 I 1 LBO BW. Ausnahmecharakter hingegen in allen anderen Ländern, vgl. Art. 6 I 2 BayBO; § 6 I 2 BauO Bln; § 6 I 2 BbgBO; § 6 I 2 BremLBO; § 6 I 2 HBauO; § 6 VIII HBO; § 6 I 2 LBauO M-V; § 5 I 2 NBauO; § 6 I 2 BauO NRW; § 8 VIII LBauO RP; § 7 VII LBO Saar; § 6 I 2 SächsBO; § 6 I 2 BauO LSA; § 6 I 2 LBO SH; § 6 I 2 ThürBO.

schützen können und sollen: Es geht also um Belichtung, Belüftung, Brandschutz oder (un)genügenden Sozialabstand.[7] Zu den relevanten Auswirkungen zählen insoweit etwa Geräusche, Licht oder auch Gerüche. Die Beurteilung erfolgt aus der Sicht derjenigen Grundstücke bzw. Anlagen, die von fehlenden Abstandsflächen betroffen wären, in der Regel also das Nachbargrundstück.[8]

▶ **Beispiel:** Gebäudegleiche Wirkung haben (Plakat-)Werbeanlagen, die wegen ihrer optischen Auswirkungen das Erfordernis eines Sozialabstands begründen;[9] Entsprechendes gilt für 40 Meter hohe Stahlgittermasten für den Mobilfunk;[10] eine ca. 4,80 Meter hohe Lärmschutzwand hat nicht nur aus optischen, sondern auch aus Belichtungsgründen gebäudegleiche Wirkung.[11] ◀

Einige Anlagen bzw. Gebäude sind allerdings von der Abstandspflicht befreit. Dies betrifft in der Regel Nebenanlagen wie Garagen oder Stützmauern.[12] Insgesamt empfiehlt sich daher für die Prüfung der Abstandsflächenpflicht folgendes Vorgehen:

- Prüfung, ob bauplanungsrechtliche Vorgaben das bauordnungsrechtliche Abstandsflächenrecht verdrängen.
- *Falls nein*: Prüfung, ob es sich bei dem Vorhaben um ein Gebäude oder eine sonst abstandsflächenpflichtige Anlage handelt.
- *Falls ja*: Prüfung, ob die Landesbauordnungen eine Ausnahme von der Abstandsflächenpflicht vorsehen.

2. Lage der Abstandsflächen

Die Abstandsflächen müssen grundsätzlich **auf dem Grundstück** des Vorhabens selbst liegen[13] Es geht also um den Abstand zwischen der Anlage bzw. ihrer Außenwand und **jeder** Grundstücksgrenze.[14] Ausnahmsweise können sich die Abstandsflächen auch (teilweise) auf das Nachbargrundstück erstrecken, wenn rechtlich (und tatsächlich) gewährleistet wird, dass diese freigehalten werden.[15] Dies ist insbesondere in Form einer **Baulast** möglich. Darunter versteht man die öffentlich-rechtliche Verpflichtung des Nachbarn, die Abstandsflächen auf sein Grundstück zu übernehmen und diesen Bereich nicht selbst zu bebauen.[16] Eine Baulast wird in einem extra hierfür eingerichteten Baulastverzeichnis eingetragen.

---

7 OVG NRW, DVBl. 2016, 1549 ff.; ZfBR 2012, 483 ff.; VG Gelsenkirchen, Urt. v. 6.5.2021 – 5 K 5497/19 –, juris.
8 OVG NRW, Beschl. V. 5.8.2008 – 7 A 2854/07 –, juris.
9 OVG NRW, DVBl. 2016, 1549 ff.
10 OVG NRW, NVwZ-RR 1999, 714 ff.
11 OVG NRW, Beschl. V. 2.2.1999 – 10 B 2558/98 –, juris.
12 §§ 5 VI, 6 I LBO BW; Art. 6 I, VII BayBO; § 6 VI-VIII BauO Bln; § 6 VI-VIII BbgBO; § 6 VI-VIII BremLBO; § 6 VI, VII HBauO; § 6 VI, IX, X HBO; § 6 VI-VIII LBO M-V; § 5 III, IV, VIII NBauO; § 6 VI-VIII BauO NRW; § 8 IX-XI LBauO RP; §§ 7 VI, 8 II LBO Saar; § 6 VI-VIII SächsBO; § 6 VI-IX BauO LSA; § 6 VI-VIII LBO SH; § 6 VI-VIII ThürBO.
13 § 5 II 1 LBO BW; Art. 6 II 1 BayBO; § 6 II 1 BauO Bln; § 6 II 1 BbgBO; § 6 II 1 BremLBO; § 6 II 1 HBauO; § 6 II 1 HBO; § 6 II 1 LBauO M-V; § 5 I 1 NBauO; § 6 II 1 BauO NRW; § 8 II 1 LBauO RP; § 7 II 1 LBO Saar; § 6 II 1 SächsBO; § 6 II 1 BauO LSA; § 6 II 1 LBO SH; § 6 II 1 ThürBO.
14 *Otto*, Öffentliches Baurecht II, 8. Aufl. 2023, § 3 Rn. 18.
15 § 7 LBO BW; Art. 6 II 3 BayBO; § 6 II 3 BauO Bln; § 6 II 3 BbgBO; § 6 II 3 BremLBO; § 6 II 4 HBauO; § 6 II 2 Nr. 2 HBO; § 6 II 3 LBauO M-V; § 6 II NBauO; § 6 II 3 BauO NRW; § 9 I LBauO RP; § 8 V LBO Saar; § 6 II 3 SächsBO; § 6 II 3 BauO LSA; § 6 II 3 LBO SH; § 6 II 3 ThürBO.
16 Ausführlich zu Abstandsflächen *Otto*, Öffentliches Baurecht II, 8. Aufl. 2023, § 3 Rn. 10 ff.

3. Tiefe der Abstandsflächen

317 Die Tiefe der Abstandsfläche hängt von der **Höhe** der Anlage ab.[17] Die Tiefe der Abstandsflächen wird in Dezimalzahlen angegeben: So beträgt die Abstandsflächentiefe regelmäßig zunächst 0,4 H, also 40 % der Anlagenhöhe.[18] Allerdings gelten in bestimmten Gebieten abweichende Tiefen, etwa in Kern- oder Gewerbegebieten, in denen die Schutzzwecke des Abstandsgebots eine geringere Rolle spielen. Wichtig ist, dass es sich hier um die bauplanungsrechtlichen Gebietsbegriffe der §§ 2 ff. BauNVO handelt. Dabei spielt es keine Rolle, ob ein Gebietstyp in einem Bebauungsplan festgesetzt wird, oder ob es sich um ein faktisches Gebiet im Sinne von § 34 II BauGB handelt.[19]

II. Stellplätze und Garagen

318 Die Landesbauordnungen enthalten durchweg Vorschriften über die Einrichtung von Stellplätzen und Garagen für Bauvorhaben.[20] Geschützt werden sollen die **Leichtigkeit und Sicherheit des Straßenverkehrs**, weil das Vorhalten hinreichender Parkplätze wildem Parken vorbeugt. Die Stellplatzpflicht besteht nicht nur bei der erstmaligen Errichtung von Bauvorhaben, sondern auch bei Änderungen und Nutzungsänderungen.[21]

319 Konkret geht es regelmäßig darum, ob eine Stellplatzpflicht besteht und wie viele Stellplätze eingerichtet werden müssen. Dies hängt regelmäßig von den Umständen des Einzelfalls ab. Eine sorgfältige Auswertung des Sachverhalts und eine sorgfältige Subsumtion unter die einschlägigen Normen der Landesbauordnungen ist hier meist hinreichend. Zu beachten ist, dass die Details der Stellplatzpflicht zum Teil nicht mehr in den Landesbauordnungen selbst geregelt sind, sondern über eine Satzungsermächtigung („örtliche Bauvorschriften", vgl. etwa § 89 I Nr. 4 BauO NRW) an die Gemeinden in deren Rechtsetzungsbefugnis übergegangen sind.

III. Verunstaltungsverbot und Werbeanlagen

1. Allgemeines Verunstaltungsverbot

320 Das Bauordnungsrecht dient auch ästhetischen Belangen. Ein wichtiges Beispiel hierfür sind die sogenannten Verunstaltungsverbote. Eine Verunstaltung liegt nach der Rechtsprechung dann vor, wenn das ästhetische Empfinden eines objektivierten Durchschnittsbetrachters, der sich künstlerischen Ausgestaltungen gegenüber offen zeigt, nicht nur beeinträchtigt, sondern (erheblich) verletzt ist.[22] Dabei handelt es sich erkennbar nur um einen annähernden Maßstab, durch den rein subjektive Wertungen

---

17 § 5 IV 1 LBO BW; Art. 6 IV 1 BayBO; § 6 IV 1 BauO Bln; § 6 IV 1 BbgBO; § 6 IV 1 BremLBO; § 6 IV 1 HBauO; § 6 IV 1 HBO; § 6 IV 1 LBauO M-V; § 5 I 4 NBauO; § 6 IV 1 BauO NRW; § 8 IV 1 LBauO RP; § 7 IV 1 LBO Saar; § 6 IV 1 SächsBO; § 6 IV 1 BauO LSA; § 6 IV 1 LBO SH; § 6 IV 1 ThürBO.

18 § 5 VII 1 Nr. 1 LBO BW; § 6 V 1 BauO Bln; § 6 V 1 BbgBO; § 6 V 1 BremLBO; § 6 V 1 HBauO; § 6 V 1 Nr. 1 HBO; § 6 V 1 LBauO M-V; § 6 V 1 BauO NRW; § 8 VI 1 LBauO RP; § 7 V 1 LBO Saar; § 6 V 1 SächsBO; § 6 V 1 BauO LSA; § 6 V 1 LBO SH; § 6 V 1 ThürBO. Abweichende grundsätzliche Abstandsflächentiefe in Art. 6 Va 1 BayBO (1 H) und § 5 II 1 NBauO (0,5 H).

19 Vgl. OVG NRW, NVwZ-RR 2003, 263 f.

20 § 37 LBO BW; Art. 47 BayBO; § 49 BauO Bln; § 49 BbgBO; § 49 iVm § 86 I Nr. 4 BremLBO; §§ 48 f. HBauO; § 52 HBO; § 49 iVm § 86 I Nr. 4 LBauO M-V; §§ 46 f. NBauO; § 48 BauO NRW; § 47 LBauO RP; § 47 LBO Saar; § 49 SächsBO; § 48 BauO LSA; § 49 LBO SH; § 49 ThürBO.

21 § 37 III LBO BW; Art. 47 I 2 BayBO; § 49 I 3 BauO Bln; § 49 I 1 BbgBO; § 49 iVm § 86 I Nr. 4 BremLBO; § 48 I 3 HBauO; § 52 I 1 HBO; § 49 iVm § 86 I Nr. 4 LBauO M-V; § 47 I 2 NBauO; § 48 I 1 BauO NRW; § 47 II LBauO RP; § 47 I 3 LBO Saar; § 49 I 2 SächsBO; § 48 I 2 BauO LSA; § 49 I 1 LBO SH; § 49 I 2 ThürBO.

22 BVerwGE 2, 172 (176 ff.); *Erbguth/Schubert*, Öffentliches Baurecht, 6. Aufl. 2015, § 12 Rn. 22.

§ 7 Materielle Vorhabenzulassung nach Bauordnungsrecht

ausgeschlossen werden sollen, eine Festschreibung des ästhetischen *status quo* vermieden und eine Erheblichkeitsschwelle statuiert werden soll. Zu bedenken ist, dass Gestaltungsfragen den Kernbereich der Eigentumsgarantie des Art. 14 I 1 GG berühren und Einschränkungen dieses Bereichs nur unter qualifizierten (verhältnismäßigen) Voraussetzungen zu rechtfertigen sind. Insbesondere ausgeschlossen ist damit ein jeweils im Einzelfall ansetzendes Gestaltungsprogramm der zuständigen Baubehörde.

321 Dabei differenzieren die Landesbauordnungen[23] nach **bauwerksbezogener** und **umgebungsbezogener** Verunstaltung. Bauwerksbezogen bedeutet, dass die Anlage **aus sich heraus**, d. h. isoliert betrachtet, verunstaltend wirkt, also dass Form, Maßstab, Werkstoff, Farbe oder das Verhältnis der Baumassen und Bauteile das ästhetische Durchschnittsempfinden verletzen. Das umgebungsbezogene Verunstaltungsverbot betrachtet die bauliche Anlage **im Verhältnis zur Umgebung**. Eine Anlage ist also umgebungsbezogen verunstaltend, wenn sie an sich nicht, aber im Vergleich zu den übrigen baulichen Anlagen eine Verunstaltung bedeutet.

▶ **Beispiel:** Ein rosafarbenes Gebäude mit goldfarben gestrichenem Dach könnte als bauwerksbezogene Verunstaltung gewertet werden. Ein Sichtbetonhaus in einem Gebiet von Fachwerkhäusern könnte als umgebungsbezogene Verunstaltung gewertet werden. In Freiburg hat die zuständige Behörde einen Grundstückseigentümer etwa aufgefordert, seine „schlumpfblau" gefärbten Stellplätze in einer Umgebung von Jugendstilhäusern wegen umgebungsbezogener Verunstaltung umzugestalten. ◀

322 Zum Teil werden die Anforderungen an die Handhabung der Veranstaltungsverbote noch deutlich strenger bestimmt. So wird etwa gefordert, dass die Verunstaltung sicherheitsrechtlichen Bezug aufweisen müsse.[24] Demnach wären etwa ein Fassadenanstrich mit einem Hakenkreuz oder eine blendende Außenfarbe verunstaltend. Dagegen spricht, dass das Bauordnungsrecht nicht nur gefahrenabwehrbezogene Ziele verfolgen kann, sondern sich sämtlichen Fragestellungen widmen kann, die nicht dem Bundesrecht kompetenziell zugeordnet werden. Insofern ist es grundsätzlich unbedenklich, wenn über das Verunstaltungsverbot auch ästhetische Aspekte adressiert werden, sofern die angewandten Kriterien keine bodenrechtlichen Bezüge haben.[25] Richtig ist aber auch, dass der enge Bezug zu Art. 14 I 1 GG, den die Verunstaltungsverbote aufweisen, zu ihrer restriktiven Handhabung führen muss.

323 Die Landesbauordnungen eröffnen den Gemeinden überdies die Möglichkeit, sogenannte **Gestaltungssatzungen** zu erlassen, um die äußere Gestaltung von Bauvorhaben zu regeln.[26] So werden zur Sicherung des Erscheinungsbildes historischer Altstadtkerne regelmäßig genaue Gestaltungsvorgaben gemacht.

▶ **Beispiel:** § 6 III einer Gestaltungssatzung der Stadt Münster/Westf.: „Alle gliedernden Architekturteile wie Säulen, Pfeiler, Bogen, Gewände, Gesimse sind aus einem gelbgrauen, natürlichen Werkstein herzustellen. Für die übrigen Fassadenflächen ist gelbgrauer Werkstein oder gelbgrauer Kalkputz, in den Bereichen (...) auch rotes Ziegelsichtmauerwerk

---

23 § 11 LBO BW; Art. 8 BayBO; § 9 BauO Bln; § 9 BbgBO; § 9 BremLBO; § 12 HBauO; § 9 HBO; § 9 LBauO M-V; § 10 NBauO; § 9 BauO NRW; § 5 LBauO RP; § 4 LBO Saar; § 9 SächsBO; § 9 BauO LSA; § 9 LBO SH; § 9 ThürBO.
24 *Muckel/Ogorek*, Öffentliches Baurecht, 4. Aufl. 2020, § 9 Rn. 91.
25 Vgl. BVerwG, DÖV 1998, 77 f.
26 § 74 I 1 Nr 1 LBO BW; Art. 81 I Nr. 1 BayBO; § 86 I Nr. 1 BauO Bln; § 87 I 1 Nr. 1 BbgBO; § 86 I Nr. 1 BremLBO; § 81 I Nr. 1 HBauO; § 91 I 1 Nr. 1 HBO; § 86 I Nr. 1 LBauO M-V; § 84 III NBauO; § 89 I Nr. 1 BauO NRW; § 88 I 1 Nr. 1 LBauO RP; § 85 I Nr. 1 LBO Saar; § 89 I Nr. 1 SächsBO; § 85 I Nr. 1, S. 2 BauO LSA; § 86 I Nr. 1 LBO SH; § 88 I Nr. 1 ThürBO.

zugelassen. Werkstein, der gemasert ist oder erfahrungsgemäß eine schwarze Färbung annimmt, ist nicht zu verwenden (...)". § 6 IV: „Die Wand- und Deckenflächen innerhalb der Bogengänge sind mit einem weißgrauen Glattputz zu versehen. Verkleidungen mit Holz oder anderen Materialien sowie in den Bogengang oder zwischen die Bögen hineinragende Anlagen und Einrichtungen sind unzulässig". ◂

2. Sonderregelungen für Werbeanlagen

324 Die Landesbauordnungen enthalten überdies auch Vorgaben für Werbeanlagen.[27] Werbeanlagen müssen nach Bauordnungsrecht **nicht notwendigerweise bauliche Anlagen** sein. Jede Anlage, ob baulich oder nicht, die ortsfest ist und der Ankündigung, der Anpreisung oder dem Hinweis auf Gewerbe oder Ähnliches dient, ist eine Werbeanlage und muss die bauordnungsrechtlichen Vorgaben erfüllen. Werbeanlagen unterfallen daher in jedem Fall unter den Begriff der „sonstigen Anlagen".[28]

325 Primärer Ansatzpunkt für die bauordnungsrechtliche Regulierung von Werbeanlagen ist der **Schutz vor Verunstaltung**. Daher verlangen die Bauordnungen, dass Werbeanlagen weder das Straßen- und Orts- noch das Landschaftsbild verunstalten.

326 Verunstaltend kann auch die Konzentration einer Fülle von Werbeanlagen sein. Aus diesem Grund sehen die Landesbauordnungen zusätzlich das Verbot der **störenden Häufung** von Werbeanlagen vor.[29] Eine Häufung meint dem Wortlaut nach ein räumlich dichtes Nebeneinander von Werbeanlagen. Ob diese Häufung tatsächlich störend ist, hängt von der konkreten Umgebung ab. Hier gelten letztlich die Maßstäbe der allgemeinen Verunstaltungsregeln.[30]

327 Überdies enthalten die Landesbauordnungen Regelungen, wonach Werbeanlagen in bestimmten Baugebieten nur eingeschränkt zulässig sind, etwa weil in Wohngebieten nur Werbeanlagen „an der Stätte der Leistung" errichtet werden dürfen.[31] Gemeint ist damit, dass in diesen Gebieten etwa nur Firmenschilder an dem Gebäude, in dem der Betrieb ansässig ist, angebracht werden dürfen. Welches Baugebiet einschlägig ist, richtet sich dabei nach den bauplanungsrechtlichen Kategorien. Insoweit muten diese Vorschriften auch bauplanungsrechtlich an, geht es doch auf den ersten Blick um die Frage der Homogenität der Nutzungsstruktur. Gleichwohl ist ihr bauordnungsrechtli-

---

27 § 11 III Nr. 1 LBO BW; Art. 8 S. 1, 2 BayBO (kraft Art. 2 I 2 BayBO); § 10 BauO Bln; § 10 BbgBO; § 10 BremLBO; § 13 HBauO; § 10 HBO; § 10 LBauO M-V als spezielle und § 9 LBauO M-V (kraft § 2 I 2 Nr. 10 LBauO M-V) als generelle Anforderung an Werbeanlagen; § 50 NBauO als spezielle und § 10 NBauO (kraft § 2 I 2 Nr. 10 NBauO) als generelle Anforderung an Werbeanlagen; § 10 BauO NRW; § 52 LBauO RP; § 12 LBO Saar; § 10 SächsBO; § 10 BauO LSA; § 10 LBO SH; § 10 ThürBO. Daraus folgt: Teilweise gelten die an bauliche Anlagen gestellten Anforderungen für Werbeanlagen kraft Legaldefinition (so in Bayern, Mecklenburg-Vorpommern und Niedersachsen), im Übrigen (und zusätzlich in Mecklenburg-Vorpommern und Niedersachsen) stellen die LBO spezielle Anforderungen an Werbeanlagen, unabhängig davon, ob diese eine bauliche Anlage darstellen.
28 § 1 I 2 LBO BW; Art. 1 I 2 BayBO; § 1 I 2 BauO Bln; § 1 I 2 BbgBO; § 1 I 2 BremLBO; § 1 I 2 HBauO; § 1 I 1 HBO; § 1 I 2 BauO NRW; § 1 I 2 LBauO RP; § 1 I 1 LBO Saar; § 1 I 2 SächsBO; § 1 I 2 BauO LSA; § 1 I 2 LBO SH; § 1 I 2 ThürBO.
29 Art. 8 S. 3 BayBO; § 10 II 3 BauO Bln; § 10 II 3 BbgBO; § 10 II 3 BremLBO; § 13 III 1 Nr. 2 HBauO; § 10 II 1 LBauO M-V; § 50 II NBauO; § 10 II 5 BauO NRW; § 52 II 2 LBauO RP; § 12 II 2 LBO Saar; § 10 II 3 SächsBO; § 10 II 3 BauO LSA; § 10 II 3 LBO SH; § 10 II 3 ThürBO.
30 Vgl. dazu *Johlen*, in: Gädtke/ders. U. a. (Hrsg.), BauO NRW, 14. Aufl. 2023, § 10 Rn. 136 f.
31 So in § 11 IV LBO BW; § 10 IV 1 BauO Bln; § 10 IV Nr. 1 BremLBO; § 13 II 1 HBauO; § 10 IV 1 LBauO M-V; § 50 IV Nr. 1 NBauO; § 10 IV 1 BauO NRW; § 52 IV 1 LBauO RP; § 12 IV 1 LBO Saar; § 10 IV 1 SächsBO; § 10 V 1 BauO LSA; § 10 IV 1 LBO SH; § 10 IV 1 ThürBO.

cher Charakter in der Rechtsprechung anerkannt, weil auch diesbezüglich der Zweck der Verunstaltungsschutz und damit kein Bodenrecht sein soll (Kap. 1 Rn. 14).

Schließlich sehen einige Landesbauordnungen auch verkehrsbezogene Regelungen in Bezug auf Werbeanlagen vor. Werbeanlagen werden regelmäßig an Orten aufgestellt, an denen sie leicht und von vielen einsehbar sind. Das sind häufig Straßen, Kreuzungen, Plätze usf. Hier dürfen die Werbeanlagen nicht eine solche Aufmerksamkeit auf sich ziehen, dass die Straßenverkehrsteilnehmer so abgelenkt sind, dass Unfälle provoziert werden.[32]

328

Wiederholungsfragen

1. Warum dürfen die Landesbauordnungen nicht nur etwa brandschutzrechtliche Vorgaben, sondern auch Bestimmungen über die Barrierefreiheit oder den Verunstaltungsschutz enthalten? (Kap. 3 Rn. 327)
2. Warum ist eine Werbeplakattafel abstandsflächenpflichtig? (Kap. 3 Rn. 314)
3. A errichtet ein Wohnhaus in einer Gegend, in der sämtliche Gebäude einen weißen oder grauen Fassadenanstrich haben. Er entscheidet sich aber für einen giftgrünen Anstrich. Kann dies verunstaltend sein? (Kap. 3 Rn. 321 f.)
4. Was ist eine Gestaltungssatzung? (Kap. 3 Rn. 323)

---

32 *Johlen*, in: Gädtke/ders. u. a. (Hrsg.), BauO NRW, 14. Aufl. 2023, § 10 Rn. 138 ff.

§ 8 Rechtsschutz bei der Vorhabenzulassung

A. Rechtsschutz des Bauherrn: Leistungsbegehren 330
   I. Hauptsacheverfahren 331
      1. Verpflichtungsklage, § 42 I Var. 2 VwGO 331
         a) Zulässigkeit 331
         b) Begründetheit 333
      2. Anfechtung von Nebenbestimmungen zu einer beantragten Genehmigung, § 42 I Var. 1 VwGO 336
   II. Einstweilige Anordnung, § 123 VwGO 337
B. Rechtsschutz Dritter: Abwehrbegehren 339
   I. Anfechtung einer Vorhabenzulassung 340
      1. Ausgangspunkt des prozessualen Drittschutzes 341
      2. Der Drittschutz im öffentlichen Baurecht 344
         a) Stufe 1: drittschützende Normen im Baurecht 345
         aa) Generell drittschützende Normen 346
         bb) Partiell drittschützende Normen: das Gebot der Rücksichtnahme 347
         b) Stufe 2: der Nachbar als Teil des geschützten Personenkreises 356
         aa) Personelle Dimension 357
         bb) Räumliche Dimension 359
      3. Drittschützende Wirkung der wichtigsten baurechtlichen Vorschriften 361
         a) Bauplanungsrecht 361
         aa) § 30 BauGB 362
           (1) Festsetzungen über die Art der baulichen Nutzung 363
           (2) Festsetzungen über das Maß der baulichen Nutzung 364
           (3) Sonstige Festsetzungen ... 367
         bb) § 31 BauGB 369
         cc) § 34 BauGB 373
         dd) § 35 BauGB 376
         b) Bauordnungsrecht 377
         c) Verfahrensrecht 378
         d) Verfassungsrecht 381
      4. Einzelne prozessuale Aspekte 382
         a) Klagefrist 383
         b) Begründetheit 384
         aa) Aufhebungsanspruch 385
         bb) Verwirkung 386
           (1) Verwirkung aus Gründen des Vertrauensschutzes ... 387
           (2) Verwirkung wegen des eigenen gleichwertigen Verstoßes 390
   II. Verpflichtung auf behördliches Einschreiten 391
   III. Besonderheiten im einstweilgen Rechtsschutz 392
   IV. Der Rechtsschutz der Gemeinde 396
C. Fallbeispiel 399
   I. Sachverhalt 399
   II. Lösungshinweise 400
      1. Eröffnung des Verwaltungsrechtswegs 401
      2. Zulässigkeit 402
         a) Statthafte Antragsart 403
         b) Antragsbefugnis 407
         c) Rechtsschutzbedürfnis 409
         d) Ergebnis 412
      3. Begründetheit 413
         a) Verwirkung 415
         b) Rechtswidrigkeit der Baugenehmigung 416
         aa) Genehmigungspflicht 418
         bb) Genehmigungsfähigkeit ... 419
           (1) Prüfungsmaßstab 420
           (2) Bauplanungsrecht, §§ 29 ff. BauGB 422
           (a) § 29 I BauGB 423
           (b) Zulässigkeit nach § 34 BauGB 424
           (aa) Art der baulichen Nutzung 426
           (bb) Maß der baulichen Nutzung 429

cc) Bauordnungsrecht 431	IV. Ergebnis 439
c) Zwischenergebnis 432	Wiederholungsfragen
III. Verletzung in eigenen Rechten ... 433	

▶ **Lernziele**

1. Sie können die typischen zulassungsbezogenen Rechtsschutzkonstellationen nennen, den einschlägigen Rechtsbehelfen zuordnen und mit den jeweils relevanten materiellen Rechtspositionen der Beteiligten verknüpfen sowie typische Problemstellungen dieser Konstellationen nennen.
2. Sie können erläutern, inwiefern sich der baurechtliche Rechtsschutz bei genehmigungsfreien Vorhaben und Vorhaben, die nicht im vollen Genehmigungsverfahren genehmigt werden, vom regulären Rechtsschutz im Hinblick auf Rechtsbehelf und Prüfungsmaßstab unterscheidet.
3. Eine zentrale Rolle im baurechtlichen Rechtsschutz spielen Rechtsbehelfe Dritter, zumeist der Nachbarn. Sie können das Kernproblem solcher Rechtsschutzkonstellationen benennen, seine Stellung im Prüfungsaufbau verorten und unterschiedliche Möglichkeiten des Prüfungsaufbaus einander gegenüberstellen sowie die Grundprinzipien des baurechtlichen Drittschutzes skizzieren. Dabei beziehen Sie in Ihre Ausführungen stets die einschlägigen Normen des Bau- und des Prozessrechts mit ein.
4. Sie können die Bedeutung des Gebots der Rücksichtnahme für den Rechtsschutz in Bausachen erklären, seine Verortung im Gesetz anhand verschiedener Beispiele verdeutlichen und erläutern, unter welchen Voraussetzungen in der Prüfung von einer Verletzung des Gebots der Rücksichtnahme auszugehen ist. ◀

Baurechtliche Zulassungsverfahren sind sehr rechtsschutzträchtig. Für einen ersten Überblick ist zu unterscheiden, **wer** das Rechtsschutzverfahren in Gang setzt, also die Klage erhebt, im einstweiligen Rechtsschutz den Antrag stellt oder, sofern dies stattfindet, den Widerspruch einlegt. Dies kann sein der **Bauherr**, der eine Genehmigung erstreiten will, der **Nachbar** des Bauherrn, der sich durch das Vorhaben gestört fühlt und gegen dessen Genehmigung vorgeht, oder die **Gemeinde** als Beteiligte des Genehmigungsverfahrens nach § 36 BauGB.

A. Rechtsschutz des Bauherrn: Leistungsbegehren

Der Bauherr ist derjenige, der ein Vorhaben realisieren möchte und daher die **Erteilung** entsprechender baurechtlicher Genehmigungen durch die zuständige Behörde und damit eine behördliche Leistung anstrebt. Unterschieden werden kann das Vorgehen im Hauptsacheverfahren (Klageverfahren) und im Verfahren des einstweiligen Rechtsschutzes (Antragsverfahren).

I. Hauptsacheverfahren

1. Verpflichtungsklage, § 42 I Var. 2 VwGO

a) Zulässigkeit

Ist der Bauherr der Kläger und begehrt er eine baurechtliche Zulassung, kommt eine **Verpflichtungsklage**[1] gemäß § 42 I Var. 2 VwGO in Betracht, in den allermeisten Fäl-

---
1 Allgemein zur Verpflichtungsklage *Herbolsheimer*, JuS 2023, 217 ff.

len in Form der Versagungsgegenklage, sofern die Behörde die Erteilung der Zulassung bereits durch Bescheid abgelehnt hat. Ansonsten geht es um eine Untätigkeitsklage, mit der die Behörde zur Entscheidung über den Bauantrag gezwungen werden soll. Baugenehmigung und Teilbaugenehmigung sind dabei unzweifelhaft Verwaltungsakte im Sinne von § 35 S. 1 LVwVfG. Zu problematisieren ist indes regelmäßig die Verwaltungsaktqualität des **Bauvorbescheids** (Kap. 3 Rn. 72).

▶ **Vertiefung:** Um einen Sonderfall handelt es sich, wenn der Bauherr die begehrte Genehmigung nur deshalb nicht erhält, weil die Gemeinde ihr **Einvernehmen nach § 36 BauGB** nicht erteilt hat. Nach § 44a VwGO sind Rechtsbehelfe gegen einzelne Verfahrenshandlungen ausgeschlossen. Die Erteilung des gemeindlichen Einvernehmens ist eine solche Verfahrenshandlung, weil es sich dabei nicht um eine abschließende Sachentscheidung handelt, sondern nur um einen Zwischenschritt auf dem Weg zur bauaufsichtlichen Zulassung. Der Bauherr muss daher in diesen Fällen auf Erteilung der baurechtlichen Genehmigung **insgesamt** klagen.[2]

Umstritten ist, welche Klageart statthaft ist, wenn der Bauantrag gemäß § 15 BauGB **zurückgestellt** worden ist. Einerseits handelt es sich bei der Zurückstellung um einen belastenden Verwaltungsakt, der insoweit auch anfechtbar ist.[3] Teilweise wird allerdings der Anfechtungsklage das Rechtsschutzbedürfnis versagt, weil bei Aufhebung des Zurückstellungsbescheids dem eigentlichen klägerischen Begehren – Erteilung der Genehmigung – nicht hinreichend Rechnung getragen werde und der Bauherr insoweit auf eine Versagungsgegenklage verwiesen sei.[4] Hiergegen wird zu Recht angeführt, bei der Aufhebung des Zurückstellungsbescheids sei für den Bauherrn eine wichtige Hürde genommen, weil die Behörde automatisch verpflichtet werde, zunächst weiter den Bauantrag zu prüfen. Dass dies kein rechtlich schützenswertes Interesse begründen soll, überzeugt nicht.[5] Daher hat der Bauherr bei Zurückstellung sowohl die Möglichkeit, nur den Zurückstellungsbescheid anzufechten, als auch die Option, Verpflichtungsklage auf Erteilung der beantragten Genehmigung zu erheben. ◀

332 Die Zulässigkeitsprüfung weist dabei keine baurechtlichen Besonderheiten auf. Im Rahmen der Klagebefugnis muss darauf geachtet werden, dass es um den möglicherweise bestehenden Anspruch auf Erteilung des begehrten Verwaltungsakts geht; Anspruchsgrundlage ist dabei stets die für die Erteilung der baurechtlichen Genehmigung geltende Rechtsgrundlage der jeweiligen Landesbauordnung.

b) Begründetheit

333 Nach § 113 V 1 VwGO ist die Verpflichtungsklage begründet, soweit die Ablehnung (Versagungsgegenklage) oder das Unterlassen (Untätigkeitsklage) des beantragten Verwaltungsakts rechtswidrig ist und der Kläger dadurch in seinen Rechten verletzt ist. Dabei wird aber in aller Regel nicht die Ablehnung auf ihre Rechtmäßigkeit geprüft, sondern im Wege des sog. **Anspruchsaufbaus** nur der Frage nachgegangen, ob der Kläger einen Anspruch auf die beantragte Baugenehmigung hat.

▶ **Hinweis:** Beachten Sie hier die Wortwahl: Sie prüfen einen Anspruch, also dürfen Sie nun nicht mehr von einer Ermächtigungsgrundlage sprechen, weil es nicht um die Ermäch-

---

2 *Hofmeister*, in: Spannowsky/Uechtritz (Hrsg.), BeckOK-BauGB, 57. Ed. Dezember 2022, § 36 Rn. 43.
3 BVerwGE 39, 154 ff.
4 VGH BW, NVwZ-RR 2003, 333 ff.
5 Dazu auch *Rieger*, in: Schrödter (Hrsg.), BauGB, 9. Aufl. 2019, § 15 Rn. 29.

tigung zum behördlichen Eingriffshandeln, sondern um die Realisierung eines Anspruchs des Bürgers geht. Daher ist entweder von einer Anspruchsgrundlage oder – allgemeiner und etwas weniger zivilrechtlich – von einer Rechtsgrundlage die Rede. ◂

Formelle Voraussetzung des Anspruchs ist, dass der Bauherr einen vollständigen Bauantrag gestellt und die erforderlichen Antragsunterlagen eingereicht hat.[6] 334

Die behördliche Entscheidung über die Zulassungserteilung ist eine **gebundene Entscheidung**. Daher besteht ein Anspruch grundsätzlich immer dann, wenn die Tatbestandsvoraussetzungen der Rechtsgrundlage vorliegen. Es muss daher ein Sachbescheidungsinteresse vorliegen, für das betroffene Bauvorhaben eine Genehmigungspflicht bestehen und das Bauvorhaben darf öffentlich-rechtlichen Vorschriften nicht widersprechen. Dabei sind, je nach Fallkonstellation, gegebenenfalls der verminderte Prüfungsumfang der Baubehörde im vereinfachten Genehmigungsverfahren sowie die Konkurrenz zu anderen fachrechtlichen Genehmigungen zu beachten. 335

▸ **Prüfungsschema: Begründetheit der Verpflichtungsklage des Bauherrn**

I. Rechtsgrundlage des Anspruchs
   – *die jeweilige Rechtsgrundlage der BauO für Baugenehmigung/Teilbaugenehmigung/Vorbescheid*
II. Formelle Voraussetzungen
   1. Ordnungsgemäßer Antrag
      Anforderungen von gesetzlicher Regelung in der Landesbauordnung abhängig.
   2. an die zuständige Behörde
      Zuständigkeitsregelungen finden sich in der Landesbauordnung bzw. im LVwVfG
III. Materielle Voraussetzungen
   1. Sachbescheidungsinteresse
   2. Genehmigungspflicht
   3. Genehmigungsfähigkeit (Vereinbarkeit mit öffentlich-rechtlichen Vorschriften); beachte: ggf. eingeschränkte Prüfung im vereinfachten Genehmigungsverfahren und Konkurrenz zu anderen fachrechtlichen Genehmigungen ◂

2. Anfechtung von Nebenbestimmungen zu einer beantragten Genehmigung, § 42 I Var. 1 VwGO

Ist dem Bauherrn zwar die begehrte Baugenehmigung erteilt, aber mit Nebenbestimmungen versehen worden, gegen die er vorgehen möchte, gelten die allgemeinen Regeln zur Anfechtung von Nebenbestimmungen.[7] Ist die isolierte Aufhebung einer Nebenbestimmung nicht offenkundig unmöglich, etwa weil die Nebenbestimmung zu eng mit dem Verwaltungsakt vernetzt ist, kann der Bauherr diese unabhängig von ihrer Rechtsnatur isoliert anfechten, die Statthaftigkeit der Anfechtungsklage ist zu bejahen.[8] Die Anfechtungsklage gegen die Nebenbestimmung ist begründet, wenn die Nebenbestimmung rechtswidrig ist und der Rest-Verwaltungsakt auch ohne diese Nebenbestimmung noch sinnvoller-, insbesondere aber rechtmäßigerweise bestehen 336

---

6 § 53 LBO BW; Art. 64 BayBO; § 68 BauO Bln; § 68 BbgBO; § 68 BremLBO; § 70 HBauO; § 69 HBO; § 68 LBauO M-V; § 67 NBauO; § 70 BauO NRW; § 63 LBauO RP; § 69 LBO Saar; § 68 SächsBO; § 67 BauO LSA; § 68 LBO SH; § 67 ThürBO.
7 Dazu *Hufen/Bickenbach*, JuS 2004, 867 ff., 966 ff.
8 BVerwGE 112, 221 ff.

kann (sog. Materielle Teilbarkeit). Etwas anderes gilt bei **modifizierenden Auflagen**. Hierbei handelt es sich nicht um echte Nebenbestimmungen, sondern letztlich um die Genehmigung eines **anderen Vorhabens**, etwa der Genehmigung eines zwei- statt des beantragten viergeschossigen Hauses. Ob eine modifizierende Auflage vorliegt, hängt weitgehend vom Einzelfall, namentlich davon ab, ob die Behörde letztlich ein *aliud* genehmigt hat, das sich **wesentlich** von dem beantragten Vorhaben unterscheidet. In diesem Fall muss der Bauherr Verpflichtungsklage auf Erteilung der begehrten Baugenehmigung erheben.[9]

II. Einstweilige Anordnung, § 123 VwGO

337 Dauert dem Bauherrn das klageweise Erstreiten des begehrten Verwaltungsakts zu lange, kommt auch ein Verfahren des einstweiligen Rechtsschutzes in Betracht. Da in der Hauptsache eine Verpflichtungsklage statthaft ist, auf die hier §§ 80, 80a VwGO auch nicht ausnahmsweise Anwendung finden, ist im Eilrechtsschutz ein Antrag nach § 123 I VwGO statthaft.[10]

338 Das Verfahren nach § 123 I VwGO ermöglicht dem Gericht, im Wege von einstweiligen Verfügungen (Rechts-)Zustände zu sichern bzw. vorläufige Regelungen zu treffen, wenn ein Abwarten der Hauptsacheentscheidung für den Kläger unzumutbar wäre. Voraussetzung dafür ist, dass der Betroffene einen **Anspruch** auf diese Verfügung hat und einen **Grund** für die vorläufige Anordnung hat. Ein Anordnungsgrund liegt immer dann vor, wenn **Eilbedürftigkeit** besteht, also die Hauptsache nicht abgewartet werden kann. Um die **Funktionen von einstweiligem Rechtsschutz und Hauptsacheverfahren** zu trennen, darf die gerichtliche Verfügung aber grundsätzlich die **Hauptsache nicht vorwegnehmen**.[11] Mit anderen Worten: Im Verfahren nach § 123 I VwGO darf nichts erstritten werden, was zu erreichen das Ziel des Hauptsacheverfahrens ist. Daher kann auch über § 123 I VwGO grundsätzlich **keine Baugenehmigung** oder eine andere entsprechende Genehmigung erstritten werden.[12] Ausnahmen vom Verbot der Vorwegnahme der Hauptsache werden allgemein dann gemacht, wenn unzumutbare Zustände einzutreten drohen und die Hauptsache **hinreichende Erfolgsaussicht** hat.[13] Im baurechtlichen Kontext ist der Eintritt unzumutbarer Umstände im Regelfall eher unwahrscheinlich, insbesondere weil es in der Sache nur um eine Erweiterung der Rechtsposition des Bauherrn geht, deren Unterlassen zwar rechtswidrig sein kann, aber nur selten unzumutbar ist.

B. Rechtsschutz Dritter: Abwehrbegehren

339 Nicht nur der Bauherr kann ein verwaltungsgerichtliche Streitverfahren in Gang setzen, sondern auch ein Dritter. Als **Dritte** bezeichnet man diejenigen, die nicht Adressat einer behördlichen Verfügung oder eines behördlichen Verhaltens sind.[14] Die fehlende Adressatenstellung ist aber nicht zu verwechseln mit fehlender (rechtlicher) Betroffen-

---

9 Etwa BVerwGE 85, 24 (26).
10 Ausführlich hierzu *Maaß*, NVwZ 2004, 572 ff.; *Puttler*, in: Sodan/Ziekow (Hrsg.), VwGO, 5. Aufl. 2018, § 123 Rn. 28 ff.
11 Zur Vorwegnahme der Hauptsache *Detterbeck*, Allgemeines Verwaltungsrecht, 20. Aufl. 2022, Rn. 1535; *Puttler*, in: Sodan/Ziekow (Hrsg.), VwGO, 5. Aufl. 2018, § 123 Rn. 102 ff.
12 Vgl. dazu *Kuhla*, in: Posser/Wolff (Hrsg.), BeckOK-VwGO, 64. Ed. Juli 2022, § 123 Rn. 88 ff.
13 OVG Bln-Bbg, NJW 2018, 2217 (2218) m.w.N.; *Schenke*, in: Kopp/ders. (Hrsg.), VwGO, 28. Aufl. 2022, § 123 Rn. 14.
14 Vgl. *Wahl/Schütz*, in: Schoch/Schneider (Hrsg.), VwGO, 42 EL August 2022, § 42 Abs. 2 Rn. 50.

§ 8 Rechtsschutz bei der Vorhabenzulassung

heit. Bauvorhaben haben sowohl rechtliche wie tatsächliche Auswirkungen auf Dritte, insbesondere die (angrenzenden) Nachbarn. Ihre Rechtsposition ist im Verwaltungsprozess wehrfähig. Man spricht insoweit allgemein vom Drittschutz.

I. Anfechtung einer Vorhabenzulassung

Beim Drittschutz geht es – bezogen auf die Vorhabenzulassung – primär um das Vorgehen **gegen** baurechtliche Zulassungen, die zugunsten des Bauherrn erteilt worden sind, im Regelfall also um die **Anfechtung der Baugenehmigung** oder eines Vorbescheids, entweder im gerichtlichen Hauptsacheverfahren, im einstweiligen Rechtsschutz oder im Verfahren des Anfechtungswiderspruchs. Der **Drittschutz** im Baurecht ist ein in Studium und Praxis wichtiges Thema, bei dem gute Kenntnisse verlangt werden.

1. Ausgangspunkt des prozessualen Drittschutzes

Drittschutzfragen sind vor dem Verwaltungsgericht nicht nur im Baurecht, sondern im besonderen Verwaltungsrecht insgesamt von großer Bedeutung. Will ein Dritter einen ihn belastenden Verwaltungsakt beseitigen, muss er **Anfechtungsklage**, § 42 I Var. 1 VwGO, erheben bzw. einen Widerspruch einlegen, §§ 68 ff. VwGO Dies setzt bei der Klage- bzw. Widerspruchsbefugnis voraus, dass der Betroffene geltend machen kann, durch den angefochtenen Verwaltungsakt in **eigenen Rechten** verletzt zu sein, § 42 II Var. 1 VwGO, wobei die Möglichkeit der Rechtsverletzung ausreicht.[15] Dadurch sollen Popularklagen ausgeschlossen werden.[16] Entsprechendes gilt auf Seite der Begründetheit: Nach § 113 I 1 VwGO muss der Dritte durch den rechtswidrigen Verwaltungsakt in **eigenen** Rechten verletzt sein. Die objektiv-rechtliche Rechtswidrigkeit des Verwaltungsakts reicht also nicht aus.

Zur Begründung der Klage- und Widerspruchsbefugnis im Baurecht kann dabei nicht auf Art. 14 I 1 GG zurückgegriffen werden, der als **normgeprägtes Grundrecht** in der Regel keine unmittelbaren Ansprüche begründet, sondern nach Konkretisierung durch einfaches Recht verlangt. Eine unmittelbare Berufung des Klägers auf Art. 14 GG hat das Bundesverwaltungsgericht in seiner Rechtsprechung daher mittlerweile praktisch völlig zurückgedrängt.[17] Wie weit der Eigentumsschutz im Einzelfall reicht, ist daher eine Entscheidung des Gesetzgebers. Dabei ist anerkannt, dass die Vorschriften des öffentlichen Baurechts zulässige Konkretisierungen des Schutzbereichs des Art. 14 I 1 GG, also Inhalts- und Schrankenbestimmungen im Sinne des Art. 14 I 2 GG sind.[18] Hält sich das anzugreifende Bauvorhaben innerhalb der Vorschriften des öffentlichen Baurechts, ist grundrechtlich gesprochen der Schutzbereich der Eigentumsfreiheit des Dritten gar nicht erst eröffnet.

Betrachtet man das einfache Recht, besteht ein eigenes Recht des Dritten nach der sogenannten **Schutznormlehre/-theorie**[19] dann, wenn eine Vorschrift (hier: des öffentlichen Baurechts) nicht nur den Interessen der Allgemeinheit, sondern auch **Individualinteressen** zu dienen bestimmt ist **und** der betroffene Dritte zum geschützten

---

15 *Schenke*, in: Kopp/Schenke, (Hrsg.), VwGO, 28. Aufl. 2022, § 42 Rn. 66.; Sodan, in: ders./Ziekow, VwGO, 5. Aufl. 2018, § 42 Rn. 379 ff.
16 BVerwGE 17, 87 (91).
17 *Schubert*, in: Erbguth/Mann/Schubert, Besonderes Verwaltungsrecht, § 32 Rn. 1378.
18 *Battis*, in: Battis/Krautzberger/Löhr, BauGB, Rn. 7.
19 Siehe nur *Schmidt-Kötters*, in: Posser/Wolff (Hrsg.), BeckOK-VwGO, 64. Ed. Oktober 2019, § 42 Rn. 151 ff.

Personenkreis gehört.[20] In der Prüfung empfiehlt sich folgendes Vorgehen: In einem ersten Schritt ist eine möglicherweise verletzte Rechtsvorschrift aufzufinden, deren womöglich individueller Schutzzweck und dessen Reichweite sodann durch Auslegung zu ermitteln sind. In einem zweiten Schritt ist – sofern eine an sich drittschützende Vorschrift berührt ist – zu prüfen, ob der Dritte Teil des von der Norm geschützten Personenkreises ist.

2. Der Drittschutz im öffentlichen Baurecht

344 Im öffentlichen Baurecht hat sich auf Grundlage der Schutznormlehre mittlerweile eine eigenständige und vergleichsweise filigrane Dogmatik entwickelt, die in Prüfungen beherrscht werden muss. Hier wird also regelmäßig (Lern-)Wissen vorausgesetzt, das über die bloße Kenntnis der allgemeinen Schutznormlehre hinausgeht.

a) Stufe 1: drittschützende Normen im Baurecht

345 Die Besonderheit baurechtlicher Drittschutzkonstellationen liegt nicht zuletzt darin, dass eine Reihe der drittschützenden Normen den Schutz von Individualinteressen nicht ohne Weiteres erkennen lassen. Das gilt insbesondere für das Bauplanungsrecht, das mit der geordneten städtebaulichen Entwicklung vorrangig ein Ziel verfolgt, das im Allgemein-, nicht aber im Individualinteresse liegt. Gleichwohl ist Drittschutz auch durch Normen des Bauplanungsrechts möglich, vor allem dann, wenn es um die Abwehr unzumutbarer Beeinträchtigungen der Nachbarn geht.

aa) Generell drittschützende Normen

346 **Generell** drittschützende Normen sind solche Vorschriften, bei denen die Schutznormlehre unproblematisch anzuwenden ist, weil die Normen bereits nach den allgemeinen Grundsätzen Individualinteressen zu dienen bestimmt sind. Solche Normen sind deshalb drittschützend, weil der **Gesetzgeber** selbst sie zum Schutze von Individualinteressen bestimmt hat. Jeder Verstoß gegen eine solche Norm führt danach zu einer Verletzung (auch) von Drittrechten. Ein besonders wichtiges Beispiel ist das bauordnungsrechtliche **Abstandsflächengebot** (Kap. 3 Rn. 311 ff.): Dieses besteht, um Dritte vor Feuer oder unzureichender Belichtung und Belüftung zu schützen und einen Sozialabstand zu gewährleisten (Kap. 3 Rn. 311). Es geht also gerade und unmittelbar um den Schutz Dritter. Unabhängig also davon, welche Auswirkungen eine Anlage im Einzelfall entfaltet, verletzt die Missachtung des allgemeinen Abstandsflächengebots den Nachbarn in eigenen Rechten.[21] Allerdings ist nicht jeder Dritte von dem Schutzzweck der Norm umfasst.

bb) Partiell drittschützende Normen: das Gebot der Rücksichtnahme

347 Ist eine Norm nicht generell drittschützend, kann sich Drittschutz gleichwohl aus einer anderen Überlegung ergeben. Die Rechtsprechung schreibt manchen baurechtlichen Normen, die nicht generell drittschützend sind, partiellen Drittschutz zu, wenn diese Ausdruck des sogenannten **Gebots der Rücksichtnahme** sind und **dieses** Gebot im

---

20 BVerwGE 50, 282 (286 f.); 94, 151 (158); *Schenke*, in: Kopp/Schenke, (Hrsg.), VwGO, 28. Aufl. 2022, § 42 Rn. 78, 83 ff. m.w.N.
21 OVG Bln-Bbg, DVBl. 1993, 120 (122); *Wahl/Schütz*, in: Schoch/Schneider (Hrsg.), VwGO, 43 EL August 2022, § 42 Abs. 2 Rn. 121.

Einzelfall verletzt ist. Die Norm ist dabei nicht generell, sondern – wie gleich gezeigt wird – nur im Einzelfall (daher partiell) drittschützend. Daher kann sich der Dritte auch nicht bloß auf die Verletzung der Norm an sich berufen, sondern muss eine Verletzung des in der Norm zum Ausdruck kommenden Gebots der Rücksichtnahme geltend machen, die von bestimmten Voraussetzungen abhängig ist (dazu sogleich). Die Norm bildet als gesetzliche Grundlage nur den ‚Haken', an den die Prüfung des Gebots der Rücksichtnahme ‚zu hängen' ist. Meist knüpft die Rechtsprechung das Gebot der Rücksichtnahme an einzelne Tatbestandsmerkmale einer Norm, bisweilen aber auch an die Norm insgesamt an. Eines der wichtigsten Beispiele ist das Tatbestandsmerkmal des Einfügens in der nicht generell drittschützenden Vorschrift des § 34 I 1 BauGB.[22] Diese Engführung auf einzelne Tatbestandsmerkmale soll die Anwendbarkeit des Gebots der Rücksichtnahme begrenzen, damit es nicht zu einer allgemeinen Härtefallklausel wird, die das System des subjektiven Rechtsschutzes unterhöhlt.[23] Daher hat das jeweilige Anknüpfungstatbestandsmerkmal auch keinen inhaltlichen Einfluss auf den Gehalt des Gebots der Rücksichtnahme.

▶ **Beispiel:** Fügt sich ein Vorhaben im Hinblick auf das Maß der baulichen Nutzung nicht gemäß § 34 I 1 BauGB in die Eigenart der näheren Umgebung ein, führt der partielle Drittschutzcharakter des Tatbestandsmerkmals ‚Einfügen' nicht dazu, dass der Nachbar sich bereits darauf berufen kann. Es bedarf vielmehr einer eigenständigen Prüfung, ob das Gebot der Rücksichtnahme selbst verletzt ist. ◀

Die für die Praxis vorgenommene ‚Erfindung' des Rücksichtnahmegebots durch die Rechtsprechung zielt darauf, Drittschutz im Einzelfall dadurch zu ermöglichen, dass eine **Abwägung** zwischen den widerstreitenden Interessen von Bauherrn und Dritten ermöglicht und daran Rechtsschutzmöglichkeiten geknüpft werden.[24] Denn es hat sich in der Praxis gezeigt, dass es Fallkonstellationen gibt, die über die generell nachbarschützenden Normen nicht ausreichend abgedeckt werden. Insofern bewegt sich die Rechtsprechung mit dem Gebot der Rücksichtnahme in einem gesetzlich nicht vorgeprägten Raum, was das Rücksichtnahmegebot im Hinblick auf die Rechtsbindung der dritten Gewalt aus Art. 97 I GG in einem problematischen Licht erscheinen lässt, auch wenn der Individualrechtsschutz dadurch verbessert wird. Deswegen muss diese Erweiterung der Rechtsschutzmöglichkeiten systematisch begrenzt werden, nicht zuletzt auch deshalb, um damit die durch § 42 II VwGO etablierte Grundentscheidung für einen **gesetzlich bestimmten** Individualrechtsschutz im Baurecht nicht zu unterlaufen. Daher betreibt die Rechtsprechung einen vergleichsweise hohen argumentativen Aufwand, um das Gebot der Rücksichtnahme zu rechtfertigen und die mit ihm verbundene Ausweitung des Rechtsschutzes zu begrenzen.

348

Das Bundesverwaltungsgericht stellt dazu im Ausgangspunkt (durchaus erstaunlich) fest, dass das Gebot der Rücksichtnahme **objektiv-rechtlicher Art** ist, also gerade keine subjektiven Rechte verleiht. Den Hintergrund bildet die Schutznormlehre: Eine Norm kann einem Dritten nur dann subjektive Rechte verleihen, wenn sie genau vorgibt, welchem Dritten in welcher konkreten Hinsicht Schutz zukommen soll. Das ist etwa bei der generellen Abstandsflächenpflicht der Fall: Die jeweilige Vorschrift in der Landesbauordnung erklärt konkret, dass dem (angrenzenden) Nachbarn (konkreter Dritter) hinsichtlich des Abstands der Anlagen auf dem jeweiligen Grundstück (kon-

349

---

22 BVerwGE 52, 122 (125); grundlegend *Weyreuther*, BauR 1975, 1 ff.
23 Ausdrücklich BVerwG, NVwZ, 1999, 879 (879).
24 *Schenke*, in: Kopp/Schenke (Hrsg.), VwGO, 28. Aufl. 2022, § 42 Rn. 98.

krete Konstellation) Schutz vermittelt werden soll. Das Gebot der Rücksichtnahme besagt demgegenüber im Ausgangspunkt nur, dass bauliche Nutzungen wechselseitig stets Rücksicht aufeinander üben müssen. Es bleibt also zunächst unklar, auf wen in welcher Hinsicht Rücksicht zu nehmen ist.

350 Dieser objektiv-rechtliche Gehalt des Rücksichtnahmegebots kann sich daher nur in Ansehung der Umstände eines konkreten Einzelfalls hin zu einem drittschützenden Gebot verdichten, und zwar dann, wenn aus den konkreten Umständen ersichtlich wird, auf **welchen konkreten Dritten in welcher Hinsicht Rücksicht** zu nehmen ist – etwa wenn aufgrund der Begebenheiten des konkreten Falls der direkte Nachbar mit massiven Lärmauswirkungen konfrontiert wird. In der Formulierung des Bundesverwaltungsgerichts: „Dem (…) Gebot der Rücksichtnahme kommt danach eine drittschützende Wirkung zu, soweit in **qualifizierter** und zugleich **individualisierter Weise** auf schutzwürdige Interessen eines erkennbar abgegrenzten Kreises Dritter Rücksicht zu nehmen ist".[25]

351 Zu prüfen ist damit, ob das betroffene Bauvorhaben nach **Maßgabe der Einzelfallumstände** so gestaltet ist, dass es die konkreten Interessen eines konkreten Dritten bzw. eines konkreten Personenkreises in einem solchen Maße, also qualifiziert, beeinträchtigt, dass seine Auswirkungen auf ein zuträgliches Maß reduziert werden müssen. Auf eine Kurzformel gebracht lässt sich sagen, dass das Gebot der Rücksichtnahme immer dann subjektiv-rechtliche Wirkung entfaltet, wenn das Bauvorhaben im Einzelfall für einen konkreten Dritten **unzumutbar** ist.

▶ **Beispiel:** Der Betrieb einer Diskothek in der Innenstadt hat solche Lärmauswirkungen auf die unmittelbar angrenzenden Nachbarn, dass diese nachts nicht mehr schlafen können. Denn in diesem Fall ist anhand der Einzelfallumstände klar, dass das Bauvorhaben in Bezug auf die unmittelbar angrenzenden Nachbarn („individualisiert") sowie im Hinblick auf die Lärmauswirkungen („qualifiziert") mehr Rücksicht nehmen muss. Daher entfaltet das Gebot der Rücksichtnahme in diesem Einzelfall für die unmittelbar angrenzenden Nachbarn ausnahmsweise subjektiv-rechtliche Wirkung. ◀

352 So kompliziert die Herleitung der subjektiv-rechtlichen Wirkung des Rücksichtnahmegebots erscheint, so vergleichsweise leicht ist dessen Prüfung: Das Bauvorhaben ist rücksichtslos in Bezug auf einen konkreten Dritten und entfaltet dadurch auch subjektiv-rechtliche Wirkung für diesen, wenn eine **Abwägung** der Interessen des Bauherrn mit denen des konkreten Dritten ergibt, dass Letzterer das Bauvorhaben aufgrund eines gewissen Umstands nicht zu dulden hat.

353 Der Charakter des Rücksichtnahmegebots als ungeschriebenes Institut sowie dessen verfassungsrechtliche Verflechtungen bedingen, dass von einer solchen Unzumutbarkeit nur **in Ausnahmefällen** gesprochen werden kann. Ein Bauvorhaben darf also belästigende Wirkungen haben, es darf nur nicht unzumutbar für einen bestimmten Dritten sein. Die Rechtsprechung betont in diesem Zusammenhang, dass für eine Verletzung des Rücksichtnahmegebots nur wenig Spielraum verbleibt, wenn das Bauvorhaben bauplanungs- und bauordnungsrechtskonform ist.[26] Dann überwiegt vor dem Hintergrund des Art. 14 I GG regelmäßig das Interesse des Bauherrn, sein Vorhaben zu realisieren.

---

25 Etwa BVerwGE 67, 334 (339).
26 BVerwGE 67, 334 (339).

§ 8 Rechtsschutz bei der Vorhabenzulassung § 8

▶ **Vertiefung:** In der Praxis gilt dies besonders für die Einhaltung der Regelungen über die **Abstandsflächen**. Rücksichtnahme- und Abstandsflächengebot verfolgen ähnliche Ziele, geht es doch in beiden Fällen u. a. um die Gewährleistung eines angemessenen Sozialabstands. Zwar kann eine Verletzung des Rücksichtnahmegebots nicht allein mit dem Hinweis auf die Einhaltung der Abstandsflächen abgelehnt werden, handelt es sich doch trotz ähnlicher Schutzziele um zwei unterschiedliche Institute, nämlich des Bauplanungsrechts einerseits und des Bauordnungsrechts andererseits. Die Rechtsprechung betont aber zu Recht, dass im Falle der Einhaltung der Abstandsflächen allein aus **tatsächlichen** Gründen eine Unzumutbarkeit in aller Regel nicht anzunehmen ist.[27] ◀

Erleichtert wird die damit notwendige Zumutbarkeitsprüfung in Praxis und Studium dadurch, dass sich im Laufe der Zeit bestimmte **Fallgruppen**[28] herausgebildet haben, in denen eine Rücksichtslosigkeit (trotz möglicher Einhaltung aller baurechtlichen Vorschriften) anzunehmen ist und deren Kenntnis ratsam ist:

- Von dem konkreten Bauvorhaben gehen unzumutbare, **Lärm- und Geruchsbelästigungen** aus. In den allermeisten Fällen geht es hier um die Einhaltung der Grenzwerte nach der TA Lärm oder der TA Luft, die trotz ihres Charakters als Verwaltungsvorschrift Außenwirkung entfalten und demnach wie Rechtsnormen auch etwa von Gerichten zu beachten sind[29].[30] Allerdings ist die Unzumutbarkeit nicht allein von der Überschreitung von Grenzwerten abhängig, zumal Regelwerke hier nicht immer Anwendung finden; eine Unzumutbarkeit kann sich auch aus rein abstrakten Überlegungen ergeben, wonach bestimmte vorhabenbezogenen (Lärm-)Auswirkungen ungeachtet ihrer konkreten Ausgestaltung als unzumutbar erachtet werden.

▶ **Beispiel:** So wurde etwa die Rücksichtslosigkeit von drei geplanten Garagen nebst Zufahrt bejaht, weil diese – allein durch die zu erwartenden Rangier- und Fahrgeräusche an sich, d. h. unabhängig von der prognostizierten Häufigkeit der Fahrzeugbewegungen und einer Grenzwertüberschreitung des zu erwartenden Lärms – in einem reinen Wohngebiet im hinteren Grundstücksbereich errichtet werden sollten und daher das Ruhebedürfnis des Nachbarn unzumutbar beeinträchtigt hätten.[31] ◀

- Das Bauvorhaben begründet eine für das Nachbargrundstück unzumutbare **Verschattung**.
- Als unzumutbar werden auch Vorhaben erachtet, die auf die Nachbarschaft eine **erdrückende** Wirkung haben, also für das Nachbargrundstück die Atmosphäre eines ‚Gefängnishofs' schaffen.
- Das Vorhaben schafft unzumutbare **Einsichtsmöglichkeiten**, insbesondere in die der Intimsphäre vorbehaltene Räume auf dem Nachbargrundstück. Grundsätzlich sind Einsichtsmöglichkeiten in überwiegend bebauten Gebieten hinzunehmen und durch zumutbare eigene Sichtschutzmöglichkeiten abzuwehren.[32] Verbleibt dem Nachbarn aber kein einziger der privaten Lebensgestaltung zugeordneter Raum mehr und sind

354

---

27 BVerwG, BauR 1999, 615 ff.; OVG NRW, ZfBR 2009, 374 ff.
28 Lesenswert *Vechtritz*, DVBl. 2016, 90 ff.
29 BVerwGE 129, 209 ff. (TA Lärm); BVerwG, NVwZ 2000, 440 ff. (TA Luft).
30 Etwa zur geräuschbedingten Rücksichtslosigkeit von Windrädern BVerwGE 129, 209 ff.; zur geräuschbedingten Rücksichtslosigkeit eines Festzeltes VG Gelsenkirchen, Beschl. v. 15.9.2021 – 5 L 995/21 –, juris.
31 OVG NRW, NVwZ-RR 2014, 33 ff.
32 BVerwG, Beschl. v. 15.6.2016 – 4 B 52.15; OVG NRW, Beschl. V. 30.10.2015 -7 B 1031/15 –, juris.

ihm zumutbare Schutzmaßnahmen nicht mehr ausreichend, ist die Unzumutbarkeit des Bauvorhabens zu bejahen.[33]

355 Diese Fallgruppen sind **nicht abschließend**, so dass es in einschlägigen Konstellationen bei der Notwendigkeit einer Abwägung der widerstreitenden Interessen im Einzelfall bleibt.

b) Stufe 2: der Nachbar als Teil des geschützten Personenkreises

356 Steht fest, dass eine möglicherweise verletzte Vorschrift Individualinteressen schützt, ist zu prüfen, ob auch der Dritte zu dem **von der Norm geschützten Personenkreis** gehört. Man nennt den von baurechtlichen Vorschriften geschützten Dritten den **Nachbarn**.[34] Nachbar im baurechtlichen Sinne ist **jeder**, der von der in Rede stehenden Rechtsnorm individuell geschützt wird: Das kann neben dem Eigentümer des unmittelbar an das Vorhabengrundstück angrenzenden Grundstücks (sog. **Angrenzer**) auch der Eigentümer eines hunderte Meter vom Vorhabengrundstück entfernt liegenden Grundstücks sein.[35] Ob der Dritte von dem Schutz der in Rede stehenden drittschützenden Norm erfasst wird, ist sowohl in räumlicher als auch in personeller Hinsicht zu bewerten.

aa) Personelle Dimension

357 Zunächst ist die **personelle** Dimension einer drittschützenden Norm in den Blick zu nehmen. Das Baurecht enthält in wesentlichen Teilen Inhalts- und Schrankenbestimmung des Eigentums, Art. 14 I, II GG. Aus diesem Grunde schützen baurechtliche Vorschriften nach herrschender Auffassung nur **dinglich Berechtigte** an einem Grundstück, also etwa den Eigentümer oder einen Hypothekeninhaber usf.[36] **Obligatorisch Berechtigte**, etwa der Mieter oder Pächter, sind deshalb nicht Nachbarn und daher von den drittschützenden Normen des Baurechts auch nicht geschützt.[37] Der rein obligatorisch Berechtigte repräsentiert in diesem Sinne das Grundstück nicht. Er muss seine Rechtsposition gegenüber dem Eigentümer, nicht aber gegenüber dem Bauherrn geltend machen.[38]

358 Dies gilt allerdings nach einer zutreffenden Mindermeinung nicht ausnahmslos,[39] denn das öffentliche Baurecht knüpft nicht immer an das Grundstück selbst an, sondern eben auch an die bauliche Anlage, deren Nutzung und ihre Auswirkungen. Insoweit kann nicht ausschließlich nur der Grundstücksberechtigte als dinglich Berechtigter geschützt sein. Dort, wo das Baurecht gerade auch den Schutz tatsächlich betroffener Personen im Blick hat, etwa bei den Abstandsflächenregelungen, ist dieser Schutz nicht sinnvoll auf den allein dinglich Berechtigten, möglicherweise aber gar nicht am Ort wohnenden Dritten zu begrenzen.[40] Unstreitig zählen daher auch obligatorisch Berechtigte zu den Nachbarn, wenn außer dem obligatorischen Recht **persönliche Rechts-**

---

33 HessVGH, Beschl. v. 9.10.2015 – 4 B 1353/15; BayVGH, NVwZ-RR 2016, 247 ff.
34 *Stollmann/Beaucamp*, Öffentliches Baurecht, 13. Aufl. 2022, § 20 Rn. 17 ff.
35 *Muckel/Ogorek*, Öffentliches Baurecht, 4. Aufl. 2020, § 10 Rn. 5. Vgl. auch *Rieger*, in: Schrödter (Hrsg.), BauGB, 9. Aufl. 2019, § 31 Rn. 49.
36 BVerwG, NJW 1994, 1233 (1234); *Otto*, Öffentliches Baurecht II, 8. Aufl. 2023, § 17 Rn. 60; *Muckel/Ogorek*, Öffentliches Baurecht, 4. Aufl. 2020, § 10 Rn. 9.
37 *Muckel/Ogorek*, Öffentliches Baurecht, 4. Aufl. 2020, § 10 Rn. 9; BVerwG, NJW 1994, 1233 (1234).
38 *Otto*, Öffentliches Baurecht II, 8. Aufl. 2023, § 17 Rn. 41.
39 So auch *Erbguth/Schubert*, Öffentliches Baurecht, 6. Aufl. 2015, § 15 Rn. 44.
40 Vgl. *Brohm*, Öffentliches Baurecht, 3. Aufl. 2002, § 30 Rn. 9.

§ 8 Rechtsschutz bei der Vorhabenzulassung

güter wie Leben und Gesundheit betroffen sind. Hier gebietet schon die staatliche Schutzpflicht für die entsprechenden Grundrechtspositionen eine Klagemöglichkeit.[41]

bb) Räumliche Dimension

Ob der Dritte von der drittschützenden Norm erfasst ist, hängt aber auch vom räumlichen Bezug des Drittgrundstücks zum Bauvorhaben ab. Hier geht es in der Regel um die Frage, ob nur der Angrenzer oder auch weiter vom Grundstück entfernt ansässige dingliche Berechtigte geschützt sind. Problematisch ist dies nur bei generell drittschützenden Normen. Bei partiell drittschützenden Normen ist stets der dinglich berechtigte Dritte geschützt, für den sich das Bauvorhaben als unzumutbar (rücksichtslos) erweist.

Wie eng oder weit der Schutzradius bei generell drittschützenden Vorschriften gezogen ist, muss anhand des **Schutzzwecks** der in Rede stehenden Norm bestimmt werden. So wird etwa bei den Abstandsflächen angenommen, dass der Schutzzweck regelmäßig nur den Angrenzer erfasst, nicht aber räumlich weiter entfernte Dritte.[42] Anders hingegen etwa bei Vorschriften zum Brandschutz innerhalb eines Gebäudes (z. B. die Vorgaben zu Rettungswegen[43]). Hier werden gerade nicht die Angrenzer, sondern nur die Personen in der betroffenen Anlage selbst geschützt.

▶ **Beispiel:** Der Eigentümer des östlich an das Vorhabengrundstück angrenzenden Grundstücks rügt die Nichteinhaltung der Abstandsflächen des geplanten Vorhabens zur westlichen Grundstücksgrenze. Insoweit sollen die Abstandsflächen aber nur den westlichen Nachbargrundstückseigentümer, nicht aber den östlichen schützen. ◀

3. Drittschützende Wirkung der wichtigsten baurechtlichen Vorschriften

a) Bauplanungsrecht

Die wichtigsten Normen des bauplanungsrechtlichen Drittschutzes sind die §§ 29 ff. BauGB. Konkret geht es vor allem um §§ 30, 31, 33, 34 und 35 BauGB.

aa) § 30 BauGB

§ 30 I BauGB bestimmt nur den Prüfungsmaßstab für die Vorhabenzulassung, stellt aber selbst keine materiellen Anforderungen auf, mit Ausnahme der – nicht drittschützenden – Sicherung der Erschließung (Kap. 3 Rn. 89). Materieller Prüfungsmaßstab ist vielmehr der Bebauungsplan. Es kommt daher darauf an, ob das zuzulassende Vorhaben gegen **Festsetzungen** des Bebauungsplans verstößt und ob **diese** drittschützend sind:

---

[41] Vgl. BVerwGE 105, 178 (182 f.); *Erbguth/Schubert*, Öffentliches Baurecht, 6. Aufl. 2015, § 15 Rn. 44; *Muckel/Ogorek*, Öffentliches Baurecht, 4. Aufl. 2020, § 10 Rn. 11.
[42] *Stollmann/Beaucamp*, Öffentliches Baurecht, 13. Aufl. 2022, § 20 Rn. 18; *Muckel/Ogorek*, Öffentliches Baurecht, 4. Aufl. 2020, § 10 Rn. 56; vgl. *Ortloff*, NVwZ 2006, 999 (1004).
[43] Etwa § 33 BauO NRW. Etwa § 15 IV, V LBO BW; Art. 31 BayBO; § 33 BauO Bln; § 33 BbgBO; § 33 BremLBO; § 31 HBauO; § 36 HBO; § 33 LBauO M-V; § 33 NBauO; § 33 BauO NRW; § 15 IV LBauO RP; § 33 LBO Saar; § 33 SächsBO; § 32 BauO LSA; § 33 LBO SH; § 33 ThürBO.

(1) Festsetzungen über die Art der baulichen Nutzung

- Festsetzungen über die **Art der baulichen Nutzung** sind nach ganz herrschender Meinung **generell drittschützend**,[44] weil die §§ 2 ff. BauNVO darauf zielen, eine hinreichende Homogenität der Gebietsnutzungen untereinander zu garantieren.[45] Die Grundstückseigentümer innerhalb eines Gebiets bilden in einer tradierten Begrifflichkeit eine **Schicksalsgemeinschaft**, deren Mitglieder alle den gleichen rechtlichen Vorgaben zur baulichen Nutzung unterworfen sind und die deswegen einen Anspruch haben, von unverträglichen Nutzungen verschont zu bleiben.[46] Sie haben gegeneinander einen **Gebietserhaltungsanspruch**.[47] Zu dieser Schicksalsgemeinschaft gehören alle, die über Eigentum an einem Grundstück in dem jeweiligen Baugebiet nach §§ 2 ff. BauNVO verfügen.[48] Etwas anderes gilt nur für den seltenen Fall, in dem die Gemeinde durch eine Festsetzung einen **gebietsübergreifenden Schutz** bezweckt.[49] Ein entsprechender Wille muss sich hinreichend klar aus der Begründung zum Bebauungsplan ergeben. Die Beschränkung des Gebietserhaltungsanspruchs auf die Gebietsangehörigen wird zum Teil auch für die Fälle bezweifelt, in denen Grundstücke **an der Grenze** zwischen zwei verschiedenen Baugebieten betroffen sind. Sie können auch durch Vorhaben im jeweils anderen Baugebiet negativ betroffen sein. Dass der gebietsfremde Dritte per se drittschutz**bedürftig** ist, begründet den Drittschutz rechtlich aber noch nicht. Sollten die §§ 2 ff. BauNVO auch gebietsübergreifenden Schutz begründen, müssten sie für die Zulassung eines Bauvorhabens auch dessen Verträglichkeit mit den umliegenden Baugebieten berücksichtigen. Das tun sie aber erkennbar nicht; Mischformen gibt es nicht. Ein **genereller** Drittschutz zugunsten von Grundstücken im Grenzbereich zweier Baugebiete ist daher abzulehnen.

▶ **Beispiel:** Die Religionsgemeinschaft A möchte in einem Industriegebiet eine Andachtshalle errichten. Dagegen klagen sowohl die B-AG als auch die C-GmbH. Beide sind verarbeitende Industriebetriebe und befürchten, dass bei einer Zulassung der Andachtshalle Einschränkungen ihrer Produktion zum Schutz der Halle die Folge wären. Während der Betrieb der B-AG in demselben Industriegebiet liegt, ist die C-GmbH in dem benachbarten Gewerbegebiet ansässig. Eine Andachtshalle – obgleich sie eine Anlage für kulturelle bzw. religiöse Zwecke darstellt, § 9 III Nr. 2 BauNVO – ist in einem Industriegebiet unzulässig, weil sie gegen den (ungeschriebenen) Grundsatz der Gebietsverträglichkeit verstößt, weil die Nutzungszwecke von Andachtshalle und Industriebetrieb diametral verschieden sind.[50] Dagegen kann sich die B-AG auch wehren: Als Teil der im Industriegebiet Ansässigen steht ihr der Gebietserhaltungsanspruch zu, also der Schutz vor unzulässigen und damit unzu-

---

44 BVerwG, NVwZ 2000, 679 (679 ff.); OVG NRW, BauR 2003, 217 f.; *Ortloff*, NVwZ 2004, 934 (941); *Muckel/Ogorek*, Öffentliches Baurecht, 4. Aufl. 2020, § 10 Rn. 28; *Reidt*, in: Battis/Krautzberger/Löhr (Hrsg.), BauGB, 15. Aufl. 2022, Vorb. §§ 29 ff. Rn. 36.
45 BVerwGE 94, 151 (155); *Reidt*, in: Battis/Krautzberger/Löhr (Hrsg.), BauGB, 15. Aufl. 2022, Vorb. §§ 29 ff. Rn. 36.
46 BVerwG, NVwZ 2008, 427 (428); HessVGH, ZfBR 2013, 179 ff.; *Schröer*, NJW 2009, 484 ff.; *Waechter*, BauR 2009, 1237 (1241 ff.).
47 BVerwG, NVwZ 2008, 427 (428); *Muckel/Ogorek*, Öffentliches Baurecht, 4. Aufl. 2020, § 10 Rn. 28.
48 Vgl. BVerwGE 94, 151 (155); *Schröer*, NJW, 484 (484).
49 OVG NRW, Beschl. v. 16.12.2014 – 2 A 2082/14 –, juris; *Spannowsky*, in: ders./Hornmann/Kämper (Hrsg.), BeckOK-BauNVO, 32. Ed. Januar 2023, § 1 Rn. 145.1.
50 Siehe dazu bereits oben Kap. 3 Rn. 103; vgl. VGH BW, BauR 2010, 882 ff.; Urt. v. 20.7.2011 – 3 S 465/11 –, juris; *Muckel/Ogorek*, Öffentliches Baurecht, 4. Aufl. 2020, § 7 Rn. 42.

mutbar beeinträchtigenden Nutzungen. Die C-GmbH ist hingegen kein Nachbar im Sinne des Baurechts, weil sie nicht Adressat des Schutzes der §§ 2 ff. BauNVO ist. ◄

- Neben dem Gebietserhaltungsanspruch wird zum Teil auch das Bestehen eines **Gebietsprägungserhaltungsanspruchs** angenommen.[51] Dieser bezieht sich auf den Fall, in dem ein Vorhaben zwar grundsätzlich einem der Nutzungstypen der Absätze 2 und 3 der §§ 2 ff. BauNVO zugeordnet werden kann, aber mit der Zwecksetzung des Gebiets gleichwohl nicht übereinstimmt. Diese Konstellation kann entstehen, weil unter die unbestimmten Rechtsbegriffe der verschiedenen Nutzungstypen eine Fülle sehr verschiedener konkreter Nutzungen subsumiert werden kann. In der Rechtsprechung war etwa über die ausnahmsweise Zulassung eines Krematoriums in einem Gewerbegebiet zu entscheiden, § 31 I BauGB iVm § 8 III Nr. 2 BauNVO. Hier hat das Bundesverwaltungsgericht geurteilt, dass für die Zulassung des Vorhabens nicht nur die Subsumtion unter einen Nutzungstyp des jeweiligen Gebiets, sondern auch die allgemeine Zwecksetzung des Baugebiets relevant sei,[52] die aufeinander bezogen werden müssten. Der Gebietsprägungserhaltungsanspruch steht dabei zwischen dem Gebietserhaltungsanspruch (Ausschluss gebietsfremder Nutzungen) und dem Gebot der Rücksichtnahme (Ausschluss eines abstrakt zulässigen aber konkret nicht zumutbaren Vorhabens). Der prüfungspraktische Anwendungsbereich ist gering.

- Eine Sonderrolle spielen die beiden Varianten des **§ 15 I BauNVO**. Die Rechtsprechung sieht mittlerweile[53] **beide Regelungen als partiell drittschützend** an (Rücksichtnahmegebot).[54] Dass § 15 I BauNVO nur über das Gebot der Rücksichtnahme und nicht generell drittschützend sein soll, ist nicht ohne Weiteres plausibel, deutet der Zweck des § 15 I BauNVO doch eher auf einen allgemeinen Drittschutz hin. Das Bundesverwaltungsgericht begründet sein engeres Verständnis damit, dass der Adressatenkreis des von § 15 I BauNVO bezweckten Schutzes zu unbestimmt sei. Es fehle an einem im Sinne der Schutznormtheorie hinreichend abgrenzbaren Personenkreis.[55]

Jedenfalls auf § 15 I 1 BauNVO trifft die These des unbestimmten Adressatenkreises indes nicht zu, verfolgt die Norm doch gerade denselben Zweck, den auch die §§ 2 ff. BauNVO verfolgen, nämlich die Gebietserhaltung. Der Unterschied zwischen §§ 2 ff. BauNVO und § 15 I 1 BauNVO liegt lediglich darin, dass erstere ein Bauvorhaben grundsätzlich typisierend, letzterer es aber im Einzelfall betrachtet. Auch darf sich auf die Missachtung der Gebietseigenart bei § 15 I 1 BauNVO – wie bei §§ 2 ff. BauNVO – nur ein Grundeigentümer des betroffenen Baugebiets, also gerade der eingrenzbaren Schicksalsgemeinschaft berufen. Etwas anderes gilt für § 15 I 2 BauNVO, weil diese Vorschrift nicht auf ein Baugebiet, sondern allgemein die „Umgebung" bezogen ist,[56] der geschützte Personenkreis daher nur im Wege einer Einzelfallbetrachtung unter Anwendung des Gebots der Rücksichtnahme eingrenzbar wird.

---

51 Insbesondere *Decker*, JA 2007, 55 ff.; *Stühler*, BauR 2011, 1576 (1579 f.).
52 BVerwG, BauR 2006, 659 f.
53 Früher zumindest den drittschützenden Charakter von § 15 I 1 BauNVO ablehnend BVerwGE 44, 244 ff.; vgl. *Söfker*, in: Ernst/Zinkahn/Bielenberg/Krautzberger (Hrsg.), BauGB, 147. EL August 2022, § 15 BauNVO Rn. 36.
54 BVerwGE 67, 334 (336 ff.); BVerwG, NVwZ 2002, 1384 (1384 f.); *Henkel*, in: Spannowsky/Hornmann/Kämper (Hrsg.), BeckOK-BauNVO, 32. Ed. 15.01.2023, § 15 Rn. 13 m.w.N.
55 BVerwGE 44, 244 ff.
56 *Henkel*, in: Spannowsky/Hornmann/Kämper (Hrsg.), BeckOK-BauNVO, 32. Ed. 15.01.2023, § 15 Rn. 29.

(2) Festsetzungen über das Maß der baulichen Nutzung

364 Zu den Festsetzungen über das Maß der baulichen Nutzung gehören Vorgaben zur Höhe, Anzahl der Geschosse und zur flächenmäßigen Größe der baulichen Anlagen, vgl. § 16 BauNVO. Nach allgemeiner Ansicht sorgen diese Festsetzungen **grundsätzlich** nur für eine äußerlich homogene Erscheinung der Bebauung im Interesse der Allgemeinheit, sind also nicht drittschützend. Allerdings kann die **planende Gemeinde** den Festsetzungen über das Maß der baulichen Nutzung drittschützende Wirkung verleihen, wenn sie die Festsetzungen (auch) zum Schutz der Individualinteressen Dritter vornimmt und dadurch eine nachbarliche Schicksalsgemeinschaft begründen will.[57] So kann etwa die planende Gemeinde in der Begründung zum Bebauungsplan ausführen, dass die Festsetzung einer bestimmten Anzahl der Vollgeschosse oder der Höhe auch dazu dient, den (angrenzenden) Nachbarn Belichtung und Belüftung zu sichern.[58]

365 Als ein Paukenschlag wird in diesem Zusammenhang vielfach die sogenannte **Wannsee-Entscheidung** des Bundesverwaltungsgerichts aus dem Jahre 2018 gesehen:[59] Zugrunde lag ihr ein Rechtsstreit über einen Bebauungsplan, der vor 1960 beschlossen worden war. Die Rechtsprechung zum Drittschutz, wie sie heute besteht, bildete sich aber erst seit etwa 1960 heraus; zuvor gab es keine Nachbarklagen. Die Verwaltung allein hatte es in der Hand, für angemessenen Nachbarschutz zu sorgen. Daher hat das Bundesverwaltungsgericht in diesem Fall das nachbarliche Klagerecht bezüglich des Maßes der baulichen Nutzung nicht aus dem erklärten gemeindlichen Willen, sondern aus **objektiven** Umständen hergeleitet, konkret aus der Kombination der Festsetzungen über die Art der baulichen Nutzung und der konkreten Eigenschaften des Plangebiets, einem Seeufergebiet mit Naherholungscharakter.

366 Zum Teil wurde die Entscheidung zum Anlass genommen, die bisherige Drittschutzkonzeption für erledigt zu erklären:[60] Nunmehr könne die Frage der drittschützenden Wirkung von Festsetzungen auch unabhängig vom Willen der planenden Gemeinde objektiv bestimmt werden. Diese Auffassung geht allerdings deutlich zu weit:[61] Denn sie unterscheidet nicht zwischen der drittschützenden Wirkung einer Festsetzung und ihrer Geltendmachung durch den Kläger im Prozess. Nur im Hinblick auf die nachträgliche subjektiv-rechtliche Aufladung einer **ohnehin schon drittschützenden Festsetzung** hat das Bundesverwaltungsgericht in der Entscheidung judiziert. Wenn die Gemeinde (vor 1960) eine Festsetzung drittschützend verstanden habe, so sei es möglich, „dass ein Nachbar Verstöße gegen dieses Konzept, wie es in den Maßfestsetzungen zum Ausdruck gekommen ist, **geltend machen darf**".[62] Es geht also nicht um das Konzept des Drittschutzes, also um die Frage, ob die Festsetzungen über das Maß der baulichen Nutzung ein nachbarliches Austauschverhältnis begründen sollen, sondern nur um die klageweise Geltendmachung. Von solchen Sonderkonstellationen abgesehen bleibt es daher dabei, dass Festsetzungen über das Maß der baulichen Nutzung keinen Drittschutz vermitteln.

---

[57] BVerwGE 162, 363 ff.; BVerwG, NVwZ 1996, 170 (171); NVwZ 1996, 888 (888); OVG NRW, BauR 2001, 217 (217 f.); NdsOVG, NVwZ-RR 2005, 17 (18).
[58] Vgl. *Reidt*, in: Battis/Krautzberger/Löhr (Hrsg.), BauGB, 15. Aufl. 2022, Vorb. §§ 29 ff. Rn. 42.
[59] BVerwGE 162, 363 ff.
[60] Vgl. *Schubert*, ZfBR 2019, 343 ff.; *Schröer/Kümmel*, NVwZ 2018, 1775 ff.; *Hufen*, JuS 2019, 509 (511).
[61] Siehe auch OVG NRW, Beschl. v. 8.7.2020 – 10 A 3398/19 –, juris.
[62] BVerwGE 162, 363 (369), Herv. D. Verf.

(3) Sonstige Festsetzungen

Die für den Drittschutz von Festsetzungen über das Maß der baulichen Nutzung angestellten Überlegungen können auf die Festsetzungen über die **überbaubare Grundstücksfläche** übertragen werden. Vorgaben, an welcher Stelle Anlagen auf einem Grundstück stehen dürfen oder nicht, dienen primär dem Interesse an einem homogenen Erscheinungsbild der Bebauung innerhalb eines Gebiets. Insoweit sind diese Festsetzungen nicht drittschützend.[63] Allerdings kann die planende Gemeinde ihnen drittschützende Wirkung verleihen, wenn sie sie ausdrücklich zugunsten von Interessen Dritter beschließt. So kann etwa eine bestimmte Baugrenze, § 23 III BauNVO, dazu dienen, dass zwischen den Anlagen im Gebiet ein hinreichender Abstand besteht und so zugunsten der angrenzenden Dritten eine angemessene Belichtung und Belüftung ermöglicht werden.[64]

367

Die Festsetzung, ob Anlagen in offener oder geschlossener **Bauweise**, § 22 BauNVO, errichtet werden sollen, hat nur **teilweise** drittschützende Wirkung. Sie kommt nach allgemeiner Meinung nur der Festsetzung **offener** Bauweise zu.[65] Diese diene generell dem angrenzenden Nachbarn und gewährleiste hinreichende Belichtung und Belüftung. Daher ist durch diese Festsetzung auch nur der **Angrenzer** geschützt. Andere Dritte, deren Grundstück nicht an die betroffene Anlage angrenzt, werden nicht geschützt.[66]

368

bb) § 31 BauGB

Ein Bauvorhaben verstößt gegen § 31 BauGB, wenn zu seinen Gunsten eine Ausnahme angenommen, § 31 I BauGB, oder eine Befreiung erteilt worden ist, § 31 II BauGB, ohne dass die entsprechenden Voraussetzungen vorliegen.

369

Da **Ausnahmen** im Bebauungsplan ausdrücklich vorgesehen sein müssen (Kap. 3 Rn. 128), hängt der Drittschutz in diesen Fällen davon ab, hinsichtlich welcher Festsetzung der Bebauungsplan eine Ausnahme vorsieht. Ermöglicht er Ausnahmen von drittschützenden Festsetzungen, ist die Ausnahmevorschrift im Bebauungsplan ebenfalls drittschützend.

370

▶ **Beispiel:** Ein Bebauungsplan sieht eine Baugrenze aus Gründen des Nachbarschutzes vor. In den textlichen Festsetzungen findet sich zudem die Feststellung: Nebenanlagen dürfen über die Baugrenze hinaus errichtet werden. Wird nun ein Wohnhaus über die Baugrenzen hinaus errichtet, kann sich der angrenzende Nachbar dagegen zur Wehr setzen: Die Festsetzung über die Baugrenze ist kraft gemeindlichen Willens nachbarschützend und damit auch die Ausnahmefestsetzung. Da ein Wohnhaus keine Nebenanlage ist, darf es auch nicht die Baugrenze überschreiten. Selbst wenn die Baubehörde der Auffassung wäre, es falle unter die Ausnahme, kann sich der Nachbar wegen des Nachbarschutzes der Ausnahmeregelung auf diese fehlerhafte Einschätzung berufen. (2) Sieht der Bebauungsplan eine Ausnahme dahingehend vor, dass in einem allgemeinen Wohngebiet ausnahmsweise eine Tankstelle zulässig ist, § 4 III Nr. 5 BauNVO, werden hierüber die Interessen der Schicksalsgemeinschaft weiterhin geschützt. Denn die Nachbarn haben ein Interesse daran, dass

---

[63] BVerwG, NVwZ 1996, 888 (888); NdsOVG, NVwZ-RR 2015, 565 (566).
[64] Vgl. *Reidt*, in: Battis/Krautzberger/Löhr (Hrsg.), BauGB, 15. Aufl. 2022, Vorb. §§ 29 ff. Rn. 44 m.w.N.
[65] BVerwG, NVwZ 2015, 1769 (1770 f.); BVerwGE 110, 355 (359, 362 f.); *Muckel/Ogorek*, Öffentliches Baurecht, 4. Aufl. 2020, § 10 Rn. 34.
[66] *Reidt*, in: Battis/Krautzberger/Löhr (Hrsg.), BauGB, 15. Aufl. 2022, Vorb. §§ 29 ff. Rn. 45.

die Ausnahme auch eingehalten wird: Verstößt ein Bauvorhaben gegen diese Ausnahme, etwa weil bereits zahlreiche Tankstellen vorhanden sind und daher die Neuansiedlung einer weiteren Tankstelle keine „Ausnahme" mehr ist, wird faktisch eine Anlage zugelassen, die auch nach der Ausnahme nicht zulässig ist, also deren Nutzung nicht in das betroffene Gebiet passt. Insoweit wird auch hier der Gebietserhaltungsanspruch verletzt. ◄

371 Etwas anderes gilt bei **Befreiungen** nach § 31 II BauGB (Kap. 3 Rn. 131 ff.). Bei Befreiung von einer **drittschützenden Festsetzung** müssen **alle Voraussetzungen** des § 31 II BauGB vorliegen.[67] Ist dies nicht der Fall, ist der von der betroffenen Festsetzung geschützte Nachbar in seinen Rechten verletzt. Denn wird von einer drittschützenden Festsetzung befreit, obwohl die gesetzlichen Voraussetzungen nicht vorliegen, wird die drittschützende Festsetzung selbst verletzt.

▶ **Beispiel:** Der Bebauungsplan setzt ein allgemeines Wohngebiet, § 4 BauNVO, fest. Es soll eine Kfz-Werkstatt errichtet werden, die aber, weil sie als störender Gewerbebetrieb einzustufen ist, nach § 4 BauNVO unzulässig ist. Erlaubt hier die Behörde eine Befreiung und liegen die Voraussetzungen des § 31 II BauGB nicht vor, wird der Gebietserhaltungsanspruch verletzt, weil eine gebietsunverträgliche Nutzung zugelassen wird. ◄

372 Befreiungen von **nicht drittschützenden Festsetzungen** haben zur Folge, dass das Gericht ausschließlich einen möglichen Verstoß gegen das **Gebot der Rücksichtnahme** prüft, das in das Tatbestandsmerkmal „Würdigung nachbarlicher Interessen" hineingelesen wird.[68] Die Befreiung ist dann unzulässig, wenn das Vorhaben für den Nachbarn unzumutbar ist. Hier besteht also nur partieller Drittschutz. Prozessual ergibt sich dabei in der Praxis zumeist eine Besonderheit:

cc) § 34 BauGB

373 Ist **§ 34 II BauGB** anwendbar, greifen die §§ 2 ff. BauNVO. Es gilt insoweit das zu § 30 I BauGB Gesagte. Die §§ 2 ff. BauNVO gewährleisten einen **Gebietserhaltungsanspruch**, weil insoweit die im jeweiligen im Rahmen von § 34 II BauGB faktischen Baugebiet Ansässigen eine Schicksalsgemeinschaft bilden.[69] Daher sind auch hier nur die Gebietsangehörigen klageberechtigt, also diejenigen, deren Grundstücke zu der näheren Umgebung gehören, die dem jeweiligen faktischen Baugebiet entspricht.[70] Die von § 34 II BauGB bezweckte Gleichstellung mit einem beplanten Gebiet (Kap. 3 Rn. 177) setzt sich hier also auf der Rechtsschutzebene fort.[71] Nach § 34 II 2 BauGB ist zudem § 31 BauGB anwendbar. Hier gelten das zu § 31 BauGB Gesagte entsprechend (Kap. 3 Rn. 369 ff.).

374 Anders liegen die Dinge, sofern es um eine Vorhabenzulassung nach **§ 34 I 1 BauGB** geht. Die Vorschrift zielt auf die Gewährleistung eines homogenen und geordneten

---

67 BVerwGE 142, 1 ff.; 82, 343 ff. Siehe dazu auch *Reidt*, in: Battis/Krautzberger/Löhr (Hrsg.), BauGB, 15. Aufl. 2022, Vorb. §§ 29 ff. Rn. 64 m.w.N.
68 BVerwGE 128, 118 ff.; BVerwG, NVwZ-RR 1999, 8; *Reidt*, in: Battis/Krautzberger/Löhr (Hrsg.), BauGB, 15. Aufl. 2022, Vorb. §§ 29 ff. Rn. 63 m.w.N. Siehe ferner *Siegmund*, in: Spannowsky/Uechtritz (Hrsg.), BeckOK-BauGB, 57. Ed. Dezember 2022, § 31 Rn. 97.
69 BVerwGE 94, 151 (155 ff.); *Erbguth/Schubert*, Öffentliches Baurecht, 6. Aufl. 2015, § 15 Rn. 51. Vgl. *Söfker*, in Ernst/Zinkahn/Bielenberg/Krautzberger (Hrsg.), BauGB, 147. EL August 2022, § 34 Rn. 143; *Rieger*, in: Schrödter (Hrsg.), BauGB, 9. Aufl. 2019, § 34 Rn. 134.
70 BVerwGE 55, 369 (380); BVerwG, NVwZ-RR 1999, 105 (106).
71 BVerwG, ZfBR 2012, 378 (379); *Jarass/Kment*, BauGB, 3. Aufl. 2022, § 34 Rn. 59; *Söfker*, in Ernst/Zinkahn/Bielenberg/Krautzberger (Hrsg.), BauGB, 147. EL 2022, § 42 Rn. 143; *Rieger*, in: Schrödter (Hrsg.), BauGB, 9. Aufl. 2019, § 34 Rn. 134. Vgl. *Erbguth/Schubert*, Öffentliches Baurecht, 6. Aufl. 2015, § 15 Rn. 46 ff.

städtebaulichen Erscheinungsbildes. Im Rahmen des **Tatbestandsmerkmals „einfügen"** wird allerdings geprüft, ob sich das Bauvorhaben in den vorfindlichen tatsächlichen Rahmen einpasst. Dabei spielen auch nachbarliche Interessen eine Rolle. Das Merkmal des Einfügens wird daher als **Ausdruck des Gebots der Rücksichtnahme** verstanden. Das bedeutet: Nur wenn eine Abwägung ergibt, dass die Privatinteressen bestimmter Nachbarn ausnahmsweise verletzt sind, das Vorhaben also unzumutbar ist, dann (und nur dann) entfaltet das Gebot der Rücksichtnahme über § 34 I 1 BauGB im Tatbestandsmerkmal „einfügen" drittschützende Wirkung.[72] Es handelt sich mithin um eine Form des partiellen Drittschutzes!

▶ **Beispiel:** In einem unbeplanten Innenbereich wird ein 30 Meter hohes Gebäude in einer Umgebung voller 12 Meter hoher Gebäude zugelassen. Bei der Prüfung, ob sich das Vorhaben im Sinne von § 34 I 1 BauGB einfügt, muss geklärt werden, ob das Bauvorhaben den von der Umgebung vorgegebenen Rahmen hinsichtlich der Höhe und damit des Maßes der baulichen Nutzung, § 16 II BauNVO, einhält. Ob ein etwaiger Verstoß auch durch Nachbarn gerügt werden kann, hängt davon ab, ob das Gebot der Rücksichtnahme verletzt ist, also die betroffenen Nachbarn in individualisierter und qualifizierter Weise in ihren Rechten verletzt werden. Dies ist hier deshalb zu bejahen, weil die Überschreitung der Höhe **derart massiv** ist, dass ausnahmsweise die Interessen jedenfalls der angrenzenden Nachbarn verletzt werden (erdrückende Wirkung). Immerhin bedeutet eine solche Höhenüberschreitung, dass zumindest die Nachbarn, die in unmittelbarer Nähe des Bauvorhabens ihr Grundstück haben, im Hinblick auf Belichtung und Belüftung und den optischen Gesamteindruck deutlich über Gebühr beeinträchtigt werden. ◀

Die übrigen Tatbestandsvoraussetzungen des § 34 I 1, 2 und III BauGB dienen allein städtebaulichen Zwecken und sind daher nicht – auch nicht partiell – drittschützend.[73]

375

dd) § 35 BauGB

§ 35 BauGB dient dem Zweck, den Außenbereich von Bebauung freizuhalten. Es geht dabei um den Schutz der Interessen der Allgemeinheit, so dass Verstöße gegen § 35 BauGB grundsätzlich nicht im Wege des Individualrechtsschutzes gerügt werden können.[74] Rechtsprechung und Literatur lassen von diesem Grundsatz indes **zwei Ausnahmen** zu:

376

- Wird durch das Bauvorhaben eine **privilegierte** Nachbaranlage, § 35 I BauGB, tatsächlich beeinträchtigt, so darf sich der dinglich Berechtigte an diesem Nachbargrundstück gegen das Bauvorhaben wehren. Gerechtfertigt wird dies durch den **besonderen Schutz der privilegierten Vorhaben**.[75]

▶ **Beispiel:** Der Eigentümer eines Bauernhofs wehrt sich gegen die Baugenehmigung zur Errichtung eines Hotels auf dem Nachbargrundstück. Da der Bauernhof nach § 35 I Nr. 1 BauGB privilegiert ist, darf er sich gegen die Baugenehmigung wehren, sofern das Hotel unter Verstoß gegen § 35 BauGB genehmigt worden ist. ◀

---

72 BVerwGE 89, 69 (76); BVerwG, NJW 1983, 2460 (2460 f.); NVwZ 1999, 879 (879); *Otto*, Öffentliches Baurecht II, 8. Aufl. 2023, § 18 Rn. 28; *Erbguth/Schubert*, Öffentliches Baurecht, 6. Aufl. 2015, § 15 Rn. 51.
73 *Erbguth/Schubert*, Öffentliches Baurecht, 6. Aufl. 2015, § 15 Rn. 51.
74 *Otto*, Öffentliches Baurecht II, 8. Aufl. 2023, § 18 Rn. 32.
75 BVerwG, DVBl. 1969, 263 (263 f.); vgl. *Wahl/Schütz*, in: Schoch/Schneider (Hrsg.), VwGO, 43. EL August 2022, § 42 Abs. 2 Rn. 120 m.w.N.

- § 35 III 1 Nr. 3 BauGB erklärt den Schutz vor **schädlichen Umwelteinwirkungen** zu einem relevanten öffentlichen Belang. Nach allgemeiner Meinung kommt darin zugleich das **Gebot der Rücksichtnahme** zum Ausdruck: Wer schädliche Umwelteinwirkungen vermeiden muss, der muss insgesamt Rücksicht nehmen. Von daher kann sich jeder Nachbar im Außenbereich gegen ein in diesem Sinne rücksichtsloses Vorhaben – ob privilegiert oder nicht – zur Wehr setzen.[76]

---

[76] BVerwGE 52, 122 (125 f.); BVerwG, NVwZ 1983, 609 (609); *Konrad*, JA 2006, 59 f.; *Erbguth/Schubert*, Öffentliches Baurecht, 6. Aufl. 2015, § 15 Rn. 51; *Otto*, Öffentliches Baurecht II, 8. Aufl. 2023, § 18 Rn. 32.

§ 8 Rechtsschutz bei der Vorhabenzulassung

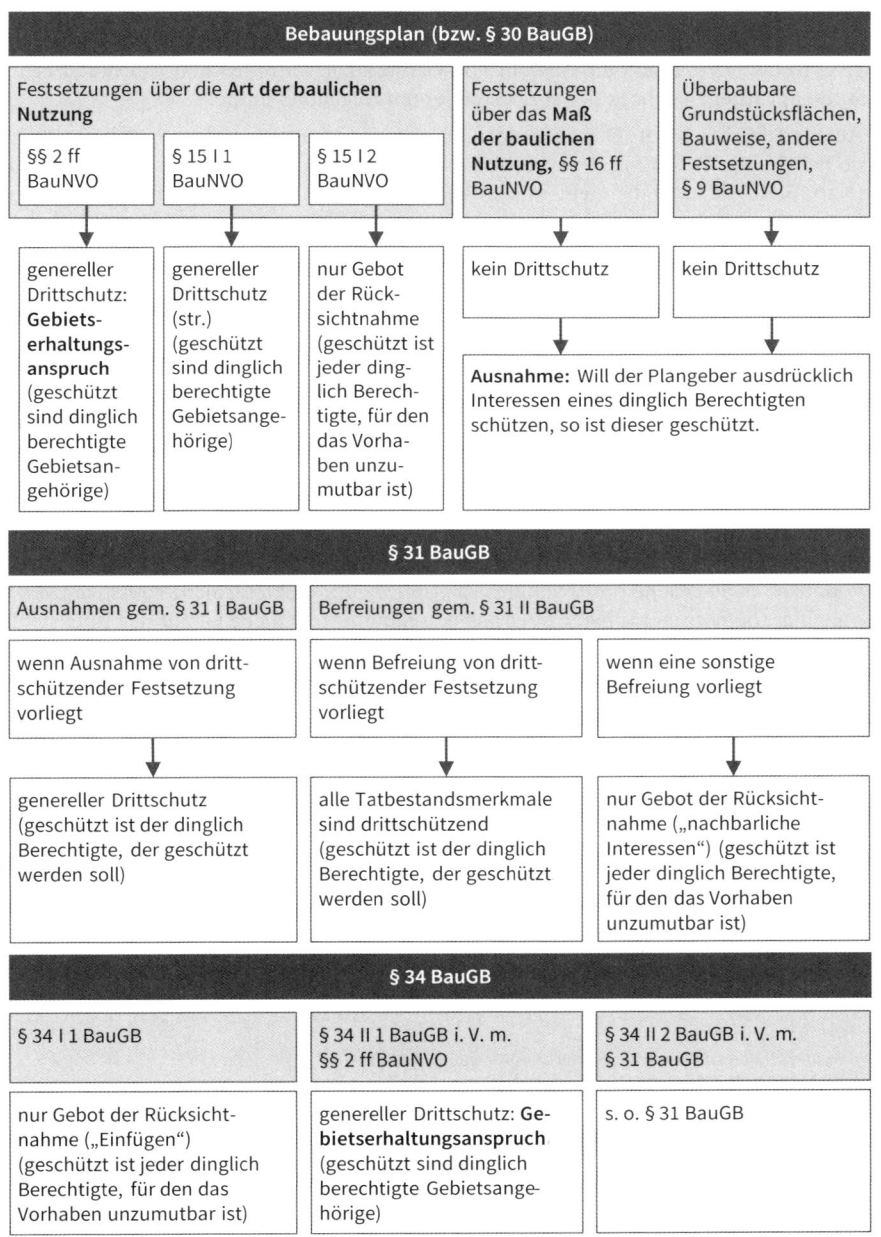

b) Bauordnungsrecht

377 Das Bauordnungsrecht dient verschiedenen Zwecken. Im Vordergrund stehen die Gefahrenabwehr sowie ergänzend auch der Schutz sozialer und ästhetischer Belange (Kap. 3 Rn. 310). Privatinteressen spielen dabei im Rahmen der Gefahrenabwehr eine gewisse Rolle, wenn es um die Abwehr von Gefahren gegen Individualrechtsgüter geht. In Studienprüfungen geht es dabei regelmäßig um folgende Punkte:

- **Abstandsflächengebot**: Die Abstandsflächenregelungen dienen dazu, für hinreichende Belichtung, Belüftung, entsprechenden Brandschutz und Sozialabstand zu sorgen (Kap. 3 Rn. 311). Dabei geht es sämtlich um den Schutz **privater Interessen**. Insofern sind die Abstandsflächenregelungen generell drittschützend.[77] In persönlicher Hinsicht werden **nur die Angrenzer** geschützt, weil nur sie durch fehlenden oder geringen Abstand überhaupt beeinträchtigt werden können.[78]

- **Verunstaltungsverbot**: Die Vorschriften über die Verunstaltungsverbote dienen zunächst nur dem homogenen Erscheinungsbild eines Bebauungskomplexes und damit **öffentlichen Interessen**. Sie sind daher nicht drittschützend.[79] Dies wird zwar teilweise für die umgebungsbezogenen Verunstaltungsverbote anders beurteilt. Dies überzeugt aber nicht, weil auch diese auf ein ungestörtes – umgebungsbezogenes – Erscheinungsbild bezogen sind, woraus sich noch lange kein Individualschutz ableiten lässt. Die Rechtsprechung verkompliziert die Frage nach dem Drittschutz zudem, indem sie die nachbarschützende Wirkung der Verunstaltungsverbote ausschließlich im Falle besonderer Rücksichtslosigkeit annimmt, wenn also die Verunstaltung massive Auswirkungen auf das Nachbargrundstück hat.[80] Unabhängig davon, dass es hier keine positiven Praxisbeispiele gibt, dürften solche Konstellationen ohnehin dogmatisch sauberer über das bauplanungsrechtliche Gebot der Rücksichtnahme zu lösen sein.[81]

- **Stellplatzpflicht**: Die Stellplatzpflicht dient in erster Linie dazu, die Sicherheit und Leichtigkeit des Straßenverkehrs zu gewährleisten.[82] Drittschutz entfalten die entsprechenden Normen daher nicht. Eine Ausnahme bilden Vorschriften in einigen Ländern, die einfordern, dass Stellplätze die Umgebung – etwa durch Lärm oder Gerüche – nicht stören dürfen.[83] Sie sind als generell drittschützend anzusehen.[84]

c) Verfahrensrecht

378 Verfahrens- und Formregelungen dienen dem Zweck, **rechtsstaatlich geordnete Entscheidungsabläufe** zu ermöglichen. Infolgedessen werden Verfahrensvorschriften grundsätzlich nicht als drittschützend angesehen.[85] Eine Ausnahme wird aber im Fal-

---

[77] OVG NRW, NWVBl. 1994, 418 (419); 2009, 102 (103); BayVGH, NVwZ-RR 2007, 578 (578); NdsOVG, BauR 1987, 74 (74).
[78] *Erbguth/Schubert*, Öffentliches Baurecht, 6. Aufl. 2015, § 15 Rn. 53.
[79] OVG NRW, BauR 2007, 1560 (1560).
[80] Siehe nur OVG NRW, Beschl. v. 14.1.2015 – 2 A 2341/13 –, juris; vgl. auch *Otto*, Öffentliches Baurecht II, 8. Aufl. 2023, § 18 Rn. 41; dagegen *Erbguth/Schubert*, Öffentliches Baurecht, 6. Aufl. 2015, § 15 Rn. 53.
[81] Vgl. *Henke*, in: BeckOK-BauordnungsR NRW, 13. Ed. Dezember 2022, § 9 Rn. 26.
[82] VGH BW, NVwZ-RR 1998, 611 (611); BVerwG, NVwZ 2003, 1516 (1516). Vgl. *Johlen*, in: Gädtke/ders. u. a. (Hrsg.), BauO NRW, 14. Aufl. 2023, § 48 Rn. 7.
[83] § 37 VIII LBO BW; § 47 VII LBauO RP; § 47 V 1 LBO Saar; § 49 II LBO SH.
[84] A.A. *Otto*, Öffentliches Baurecht II, 8. Aufl. 2023, § 18 Rn. 48.
[85] *Wahl/Schütz*, in: Schoch/Schneider (Hrsg.), VwGO, 43. EL August 2022, § 42 Abs. 2 Rn. 122; *Erbguth/Schubert*, Öffentliches Baurecht, 6. Aufl. 2015, § 15 Rn. 54 f., auch zur abweichenden Handhabung bei Vorschriften des EU-Rechts.

le einer **Unbestimmtheit** der Baugenehmigung gemacht. Nach § 37 I LVwVfG muss ein Verwaltungsakt, und damit auch eine baurechtliche Genehmigung klar erkennen lassen, welches konkrete Vorhaben unter welchen Voraussetzungen genehmigt worden ist. Vor allem möglicherweise betroffene Dritte müssen erkennen können, **ob die Genehmigung sie in ihren Rechten verletzt**. Daher darf sich der Dritte auf die Unbestimmtheit der Baugenehmigung dann berufen, wenn nicht geklärt werden kann, ob er in seinen nachbarschaftlichen Rechten verletzt ist.[86] Kann eine Nachbarrechtsverletzung trotz der Unbestimmtheit aber **ausgeschlossen** werden, darf sich der Dritte folgerichtig nicht auf die Unbestimmtheit der Baugenehmigung berufen, sei sie noch so eklatant.

▶ **Beispiel:** Es wird eine Diskothek genehmigt. In der Baugenehmigung finden sich aber weder Angaben dazu, welche Lärmemissionen die Diskothek voraussichtlich verursachen wird, noch Bestimmungen zu Lärmgrenzwerten. Für den Angrenzer ist daher nicht ersichtlich, ob der Betrieb das Gebot der Rücksichtnahme verletzt. Der Angrenzer kann die Aufhebung der Baugenehmigung allein wegen der Unbestimmtheit begehren, da nicht ausgeschlossen werden kann, dass die Diskothek ihm gegenüber rücksichtslos ist. (2) Der Nachbar wendet sich gegen eine Baugenehmigung zur Errichtung eines neuen Wohnhauses nebst Tiefgarage. In der Tiefgarage sind vier Stellplätze vorgesehen. Zudem weist die Tiefgarage Fensteröffnungen in Richtung des Nachbargrundstücks auf. Bestimmungen und Aussagen zu Lärmemissionen fehlen in der Baugenehmigung. Hier kann sich der Nachbar gleichwohl nicht auf Unbestimmtheit berufen, weil bei nur vier Stellplätzen von so wenigen Fahrbewegungen auszugehen ist, dass eine Lärmgrenzwertverletzung ausgeschlossen ist.[87] ◀

Eine weitere Ausnahme wird zum Teil für die Verletzung von **Anhörungs- und Beteiligungsvorschriften** gemacht. Zu diesen zählen sowohl die besonderen Beteiligungsvorschriften aus den Bauordnungen als auch die allgemeinen Anhörungs- und Beteiligungsvorschriften der LVwVfG (Kap. 3 Rn. 35 ff.). Diese dienen gerade dem Zweck, durch die Beteiligung des Dritten am Verfahren materielle Rechtsverstöße durch die behördliche Entscheidung zu vermeiden. Insoweit sind die Anhörungs- und Beteiligungsvorschriften drittschützend.[88] Allerdings muss die Beteiligung auch tatsächlich zu einer Verletzung materieller Rechte des Dritten geführt haben.[89] Der Drittschutz der Anhörungs- und Beteiligungsvorschriften ist also an die Verletzung drittschützender materieller Vorschriften geknüpft.

379

▶ **Beispiel:** Die Behörde erlässt gegenüber dem Bauherrn B eine Baugenehmigung, die diesem die Errichtung einer Diskothek ermöglicht. Der angrenzende Grundstückseigentümer N will sich dagegen wehren, insbesondere weil er vorher nicht angehört worden ist. Für die Frage, ob er sich auf das Unterlassen der Anhörung nach § 28 LVwVfG berufen kann, ist entscheidend, ob durch die Anhörung materielle Rechtsverstöße hätten verhindert werden können: Ist die Baugenehmigung rechtswidrig, weil sie trotz fehlender, aber notwendiger Stellplätze erlassen worden ist, liegt darin kein drittschutzrelevanter Rechtsverstoß. Selbst wenn N vorher angehört worden wäre und die Behörde den Verstoß gegen die Stellplatzpflicht erkannt und vermieden hätte, so wäre der drittschützende Zweck der Anhörungsvor-

---

[86] OVG NRW, DÖV 2018, 877; Reidt, in: Battis/Krautzberger/Löhr (Hrsg.), BauGB, 15. Aufl. 2022, Vorb. §§ 29 ff. Rn. 35.
[87] Vgl. OVG NRW, Beschl. v. 16.12.2020 – 10 A 361/20 –, juris; VG Gelsenkirchen, Urt. v. 12.12.2019 – 5 K 1222/18 –, juris.
[88] *Otto*, Öffentliches Baurecht II, 8. Aufl. 2023, § 19 Rn. 13.
[89] BVerwG, DVBl. 1982, 1096 f.; VGH BW, NVwZ-RR 2007, 82 (83); vgl. *Erbguth/Schubert*, Öffentliches Baurecht, 6. Aufl. 2015, § 15 Rn. 54.

schrift gar nicht berührt, weil die Stellplatzpflicht selbst nicht drittschützend ist. Durch die Anhörung sollen aber gerade Rechtsverletzungen des Anzuhörenden vermieden werden. ◀

380 Eine Verletzung der Anhörungs- und Beteiligungsvorschriften ist insgesamt nur selten anzunehmen, weil etwaige Verstöße **geheilt** werden können. Das gilt sogar im Prozess, § 45 II LVwVfG. Bevor die Behörde ein für sie nachteiliges Urteil in Kauf nimmt, wird sie im Prozess die Beteiligung nachholen.

d) Verfassungsrecht

381 Eine Verletzung des Art. 14 I 1 GG kann im öffentlichen Baurecht nur in Gestalt der Verletzung des einfachen Rechts relevant werden (Kap. 3 Rn. 342). Aber auch bei anderen Grundrechten ist die Rechtsprechung zurückhaltend. So wird insbesondere die Berufung auf die körperliche Unversehrtheit nach **Art. 2 II 1 GG** als unzulässig erachtet, weil das Grundrecht nicht konturscharf genug sei.[90] Das Grundrecht bedarf ähnlich wie die Eigentumsgarantie einer einfachgesetzlichen Konkretisierung, weil ansonsten hinzunehmende Relativierungen der körperlichen Unversehrtheit von abzuwehrenden Verletzungen nicht angemessen zu unterscheiden sind. Diese Unterscheidung zu treffen ist im Übrigen eine Aufgabe des Gesetzgebers, nicht der Gerichte oder der Verwaltung. Die Frage des Drittschutzes unmittelbar aus den Grundrechten ist im Baurecht daher **praktisch bedeutungslos**.[91]

4. Einzelne prozessuale Aspekte

382 Die Nachbaranfechtung ist in Hauptsacheverfahren prozessual in eine Anfechtungssituation eingekleidet. Statthafte Klageart ist daher die Anfechtungsklage.

a) Klagefrist

383 Für die Klagefrist gilt an sich § 74 I VwGO. Abzustellen ist daher auf den Zeitpunkt der Zustellung des Widerspruchsbescheids oder – falls ein Widerspruchsverfahren nicht vorgesehen ist – der Bekanntgabe der angefochtenen Baugenehmigung. Probleme ergeben sich aber, wenn – wie in der Praxis häufig – die Baugenehmigung dem Dritten gar nicht bekannt gemacht worden ist. Dann gilt grundsätzlich, dass jederzeit Klage erhoben werden kann. Insbesondere gilt § 58 II VwGO weder unmittelbar noch analog.[92] Dieser Befund bedarf aber allein aus Gründen der Rechtssicherheit der Einschränkung, da der Dritte andernfalls auch noch Jahrzehnte nach Realisierung des Bauvorhabens dessen rechtliche Grundlage nachträglich entziehen könnte. Die Rechtsprechung greift daher unter Heranziehung des Grundsatzes von **Treu und Glauben** zum Trick der **prozessualen Verwirkung**: Das Klagerecht des Dritten ist prozessual (!) verwirkt, wenn der Dritte sichere Kenntnis von der Baugenehmigung erlangt oder eine solche hätte erlangen müssen, gleichwohl aber die Klage erst über ein Jahr später erhebt. Insoweit ersetzt die sichere Kenntniserlangung bzw. fahrlässige Unkenntnis die Bekanntgabe der Baugenehmigung. Daher läuft für den Dritten die Frist des § 58 II

---

[90] BVerwGE 54, 211 (221); vgl. *Otto*, Öffentliches Baurecht II, 8. Aufl. 2023, § 18 Rn. 56; *Erbguth/Schubert*, Öffentliches Baurecht, 6. Aufl. 2015, § 15 Rn. 59.
[91] Ebenso *Otto*, Öffentliches Baurecht II, 8. Aufl. 2023, § 18 Rn. 51, 56.
[92] BVerwGE 44, 294 ff.

VwGO so, als sei ihm die Baugenehmigung in dem Zeitpunkt amtlich bekannt geworden, in dem er von ihr sichere Kenntnis erlangt hat oder hätte erlangen müssen.[93]

b) Begründetheit

Für die Begründetheitsprüfung gilt der Maßstab des § 113 I 1 VwGO: Die Baugenehmigung muss rechtswidrig sein **und** den Kläger in seinen Rechten verletzen. Liest man die Vorschrift streng, bedeutete dies, dass man zunächst die gesamte Baugenehmigung auf ihre (objektive) Rechtmäßigkeit bzw. -widrigkeit hin überprüfen müsste, um dann zu untersuchen, welche dieser Rechtsverstöße zugleich den Dritten in seinen Rechten verletzen, weil die missachteten Vorschriften drittschützend sind.

384

aa) Aufhebungsanspruch

In der Praxis wäre das allerdings zu aufwendig. Um die Prüfung von vorneherein nur auf die Verletzung nachbarschützende Vorschriften zu beschränken, prüfen die Gerichte daher – an sich entgegen § 113 I 1 VwGO – nur einen **Aufhebungs- bzw. Abwehranspruch** des Nachbarn, wechseln also begrifflich plötzlich in den Anspruchsaufbau. Dies ermöglicht, von vorneherein nur nachbarschützende Normen zu prüfen, da nichtdrittschützende Normen einen Aufhebungsanspruch nicht zu begründen vermögen.

385

▶ **Beispiel eines Obersatzes aus einem Urteil:** „Hinsichtlich des gerichtlichen Prüfungsmaßstabs gilt, dass im baurechtlichen Nachbarstreit keine Prüfung der objektiven Rechtmäßigkeit der Baugenehmigung vorzunehmen, sondern allein zu fragen ist, ob der jeweils angefochtene Verwaltungsakt den Kläger in seinen subjektiven Rechten verletzt. Ihm muss insoweit ein eigenes subjektiv-öffentliches Abwehrrecht gegen die angegriffenen Bescheide zustehen. Dies ist nur der Fall, wenn der jeweilige Verwaltungsakt Rechtsvorschriften verletzt, die den Kläger zu schützen beabsichtigen." ◀

bb) Verwirkung

Ein solcher Anspruch scheidet aus, wenn der Kläger seine Rechte **verwirkt** hat. Hierbei handelt es sich um eine **materiell-rechtliche Kategorie**, die ebenfalls der Idee von Treu und Glauben entspringt, aber nicht zur Verfristung der Klage, sondern nur dazu führt, dass kein materieller Anspruch auf Aufhebung der Baugenehmigung besteht.[94]

386

(1) Verwirkung aus Gründen des Vertrauensschutzes

Eine Verwirkung kann sich aus **zwei Gründen** ergeben: Einmal kann der Kläger dem Vorhaben bzw. der baulichen Anlage auf seinem Nachbargrundstück ausdrücklich **zustimmen**. Dadurch erklärt er gegenüber seinem Nachbarn, dass er mit dem Vorhaben einverstanden ist und dagegen nicht vorgeht. In der Praxis erfolgt diese Zustimmung häufig dadurch, dass der jeweilige Nachbar die Bauunterlagen unterschreibt.

387

Eine Verwirkung kann sich aber auch aus den **Umständen** ergeben und zwar dann, wenn der Bauherr nicht mehr davon ausgehen musste, dass der Dritte gegen sein Vorhaben (gerichtlich) vorgeht. Die Anforderungen an eine solche Verwirkung sind

388

---

[93] BVerwGE 44, 294 ff.
[94] *Muckel/Ogorek*, Öffentliches Baurecht, 4. Aufl. 2020, § 11 Rn. 18.

indes hoch:[95] Insbesondere muss der Dritte längere Zeit seit der (ersten) Möglichkeit zum rechtlichen Vorgehen gegen das Vorhaben verstreichen lassen (**Zeitmoment**) und es müssen besondere Umstände vorliegen, durch die das verspätete Vorgehen gegen das Vorhaben als unbillig und für den betroffenen Nachbar unzumutbar erscheinen (**Umstandsmoment**).

389 Ob diese Voraussetzungen erfüllt sind, ist stets anhand des Einzelfalls zu prüfen. Entscheidend ist dabei, dass beide Momente eine **Abwägung** verlangen. Für das Zeitmoment gilt, dass es nicht an die prozessuale Jahresfrist, § 58 II VwGO, gebunden ist, d. h., dass auch bereits vor Ablauf der Jahresfrist das Zeitmoment der Verwirkung angenommen werden kann.[96] Der maßgebliche Zeitraum beginnt regelmäßig mit Kenntnisnahme vom Bauvorhaben durch den Dritten. Dabei muss der Dritte aber auch nicht bei jeder Bautätigkeit auf dem Nachbargrundstück eine Verletzung seiner Rechte vermuten, sondern kann zunächst zuwarten, ohne gleich Verwirkung zu riskieren. Je weiter die Baumaßnahme fortschreitet und sich sowohl absehen lässt, dass deren Durchführung erhebliche finanzielle Aufwendungen erfordert, welche bei einer Geltendmachung nachbarlicher Abwehrrechte frustriert würden, als auch, dass Nachbarrechte damit doch bedroht seien, desto eher muss sich der Nachbar an die Bauaufsichtsbehörde (oder den Bauherrn) wenden.[97] Für das Umstandsmoment sind insbesondere solche Aspekte entscheidend, die das Vertrauen des Bauherrn in das Nichtvorgehen gegen sein Bauvorhaben begründen.

(2) Verwirkung wegen des eigenen gleichwertigen Verstoßes

390 Eine weitere Einschränkung kann sich bezüglich **einzelner Rechtsverstöße** ergeben: Die Berufung auf einen **bestimmten Rechtsverstoß** wird nämlich in Rechtsprechung und Literatur verneint, wenn dies gegen **Treu und Glauben** verstößt. Wie in anderen Rechtsbereichen handelt es sich hierbei um eine Wertung, die eine Klage dann erfolglos werden lässt, wenn die Rechtsausübung als unbillig erscheint. Der klassische Fall im öffentlichen Baurecht liegt so, dass der Kläger die Verletzung von (drittschützenden) Vorschriften des öffentlichen Baurechts durch eine bauliche Anlage auf dem Nachbargrundstück rügt, er selbst aber ebenfalls gegen diese Vorschriften in **vergleichbarer Weise** verstößt.[98] Denn das Recht zur Klage wird letztlich daraus abgeleitet, dass ein Verstoß gegen Vorschriften, die nachbarschützend sind, das nachbarliche Gemeinschaftsverhältnis beeinträchtigt. Wer daher selbst dieses Gemeinschaftsverhältnis in vergleichbarer Weise stört, kann sich billigerweise nicht gegen eine Störung durch seine Nachbarn wenden. Daher spielt es auch keine Rolle, ob die Anlage des Klägers genehmigt und insoweit bestandsgestützt ist.[99] Die Vergleichbarkeit ist sowohl **quantitativ wie qualitativ** zu prüfen, d. h. einerseits muss das Ausmaß des Verstoßes (z. B. bei Abstandsflächen der Umfang fehlender Abstandsflächen), andererseits die durch den Verstoß ausgelösten Beeinträchtigungen im Hinblick auf den Normzweck jeweils vergleichbar sein.[100]

---

95 BVerwGE 44, 294 ff.
96 BayVGH, Beschl. v. 25.6.2018 – 2 ZB 17.1157 –, juris.
97 BVerwG, NVwZ 1991, 1182; NdsOVG, BauR 2012, 239 ff.
98 Vgl. VGH BW, BauR 2003, 1203 ff.
99 OVG NRW, Beschl. v. 12.10.2010 – 7 B 1840/09 –, juris.
100 Siehe dazu VG Gelsenkirchen, Beschl. v. 11.3.2022 – 5 L 66/22 –, juris, Rn. 49.

▶ **Beispiel:** Nachbar N wehrt sich gegen die Baugenehmigung des B und beruft sich darauf, dass das genehmigte Vorhaben (was zutrifft) anstatt der geforderten drei Meter gar keine Abstandsflächen einhalte. Verstößt nun die Anlage des N selbst gegen Abstandsflächenrecht, kann sich N auf den Abstandsflächenverstoß des Vorhabens des B dann nicht berufen, wenn beide Verstöße gleichwertig sind. Das wäre etwa der Fall, wenn die Anlage des N selbst statt der erforderlichen drei Meter gar keine Abstandsflächen einhält. Sind die Abstandsflächen der Anlage des N nur um zehn Zentimeter zu gering, dürfte hingegen jedenfalls quantitativ eine Vergleichbarkeit des Verstoßes nicht anzunehmen sein. Letzteres insbesondere, weil die Beeinträchtigung des Zwecks der Abstände – Gewährung von Sozialabstand, Belichtung, Belüftung und Brandschutz – bei dem Fehlen von zehn Zentimetern nicht einem Fehlen von drei Metern, mithin dem 30-fachen, als gleichwertig zu qualifizieren ist. ◀

II. Verpflichtung auf behördliches Einschreiten

Der Dritte wendet sich regelmäßig gegen eine bauaufsichtliche Zulassung, weil er das Vorhaben nicht realisiert sehen möchte. In den allermeisten Fällen ist dabei ein Anfechtungsrechtsbehelf gegen die jeweilige Zulassung statthaft. Stützt sich der Dritte aber (auch) auf die Verletzung von (nachbarschützenden) Normen, deren Prüfung gar nicht Gegenstand des Zulassungsverfahrens war, kann ihm eine Anfechtungsklage allein nicht zum Erfolg verhelfen. Da die gerügten Normen nicht Gegenstand des Genehmigungsverfahrens waren, kann sich die Unbedenklichkeitsbescheinigung der bauaufsichtlichen Zulassung nicht auf diese Vorschriften erstrecken (Kap. 3 Rn. 65). Eine Anfechtung der Zulassung wäre insoweit **unstatthaft**, weil die Reichweite der Regelungswirkung der Zulassung die gerügten Normen nicht umfasst. Häufigster Fall ist die Geltendmachung der Verletzung von Normen, die im vereinfachten Genehmigungsverfahren nicht zu prüfen sind. Im Hinblick auf diese Vorschriften ist das Vorhaben daher so zu behandeln, als gäbe es **keine bauaufsichtliche Zulassung**. In diesen Fällen vermag daher nur ein Rechtsbehelf auf **behördliches Einschreiten** zu helfen (Kap. 4 Rn. 98 ff.). Gegen ein solches Vorbringen kann nicht der durch die bauaufsichtliche Zulassung vermittelte Bestandsschutz des Vorhabens angeführt werden, da dieser mit dem Bereich der Regelungswirkung kongruent ist. Wo keine Regelungswirkung besteht, besteht auch kein Bestandsschutz.

391

▶ **Beispiel:** Der Nachbar klagt gegen die im vereinfachten Genehmigungsverfahren genehmigte Errichtung eines Wohnanbaus. Er macht geltend, der Anbau verletze das Abstandsflächenrecht, aber auch brandschutzrechtliche Regelungen. In Bezug auf das Abstandsflächenrecht ist eine Anfechtung der erteilten Baugenehmigung statthaft, da dieses Prüfungsmaßstab im vereinfachten Genehmigungsverfahrens ist und daher auch an der Regelungswirkung der Baugenehmigung teilnimmt. In den meisten Ländern ist der Brandschutz aber nicht (mehr) Prüfungsmaßstab im vereinfachten Genehmigungsverfahren und ist daher von der Regelungswirkung der Baugenehmigung nicht umfasst. Will der Nachbar hier Erfolg haben, muss er neben der Anfechtungsklage auch eine Verpflichtungsklage auf entsprechende bauordnungsrechtliche Verfügung erheben. Bezüglich des Brandschutzes ist eine Anfechtungsklage nicht statthaft. ◀

III. Besonderheiten im einstweiligen Rechtsschutz

Die Thematik des Nachbarschutzes kann auch in den prozessualen Rahmen des einstweiligen Rechtsschutzes eingebunden werden. Da in der Hauptsache in aller Regel

392

ein Anfechtungsrechtsbehelf statthaft sein wird, regelmäßig die Anfechtungsklage gegen die bauaufsichtliche Zulassung, spielen Fragen des Drittschutzes im einstweiligen Rechtsschutz zunächst nur innerhalb der §§ 80, 80a VwGO eine Rolle.

393 Da die bauaufsichtliche Zulassung den Adressaten Bauherrn) begünstigt und den Nachbarn (Dritten) belastet, liegt ein Fall des § 80a I Nr. 2 VwGO vor, in dem der Nachbar die Ausnutzung der Baugenehmigung verhindern will und daher einen Antrag auf Anordnung der aufschiebenden Wirkung seiner Klage stellen kann.

▶ **Vertiefung:** Zu beachten ist, dass § 80 I Nr. 2 VwGO selbst nur von der **Aussetzung der Vollziehung** spricht. Die Formulierung „Anordnung der aufschiebenden Wirkung" stammt aus § 80 V 1 Var. 1 VwGO. Im Rahmen des § 80a VwGO ist streitig, ob sich die Statthaftigkeit des Antrags aus § 80a III 1 VwGO selbst, oder aus § 80a III 2 iVm § 80 V 1 Var. 1 VwGO ergibt. In ersterem Fall muss man dann von der Aussetzung der Vollziehung, im letzteren von der Anordnung der aufschiebenden Wirkung sprechen.[101] ◀

394 Dass die Klage des Nachbarn keine aufschiebende Wirkung hat, ergibt sich aus § 80 II 1 Nr. 3 VwGO iVm **§ 212a I BauGB**. Diese Norm ordnet an, dass ein Rechtsbehelf keine aufschiebende Wirkung hat, wenn er von einem Dritten eingelegt wird und die **bauaufsichtsrechtliche Zulassung** eines Bauvorhabens betrifft. Fraglich dabei ist, was unter bauaufsichtlicher Zulassung zu verstehen ist. Unproblematisch fallen die Teilbaugenehmigung und die Baugenehmigung hierunter. Streitig ist dies hingegen beim **Vorbescheid**, da er lediglich eine Teilunbedenklichkeitsbescheinigung, aber keine Realisierungserlaubnis enthält. Daher wird teilweise die Anwendung des § 212a I BauGB auf Vorbescheide abgelehnt, da sie ein Bauvorhaben nicht zulassen.[102] Dagegen wird angeführt, dass Vorbescheide für eine spätere Baugenehmigung grundsätzlich Bindungswirkung (Kap. 3 Rn. 71) entfalten, insoweit einen vorweggenommenen Teil der Baugenehmigung bedeuteten und die Behörde im Falle der aufschiebenden Wirkung der Klage gegen den Vorbescheid gleichwohl die Baugenehmigung nicht erlassen könne, etwas, was § 212a I BauGB gerade verhindern wolle.[103]

395 In Prüfungen fällt immer wieder auf, dass die Anwendung des § 212a I BauGB angenommen wird, ohne dass zuvor dessen Voraussetzungen geprüft wurden. Dies zeigt sich vor allem an folgender tatbestandlicher Einschränkung: Der Ausschluss der aufschiebenden Wirkung ist nur auf Rechtsbehelfe Dritter gegen die bauaufsichtliche Zulassung von Vorhaben nach § 29 I BauGB gerichtet. Daher gilt § 212a I BauGB nicht für Anfechtungsklagen Dritter gegen eine Baugenehmigung, die den Abbruch einer Anlage genehmigt, da § 29 I BauGB Abrissmaßnahmen nicht als „Vorhaben" ansieht.[104]

▶ **Vertiefung:** Häufig begehrt der Nachbar im Eilverfahren nicht nur die Anordnung der aufschiebenden Wirkung seiner Klage gegen die bauaufsichtliche Zulassung, sondern verlangt überdies den Erlass einer Stilllegungsverfügung, weil der Bauherr signalisiert hat, sich an eine für ihn negative Entscheidung nicht halten zu wollen. Für diese Konstellation sieht § 80a I Nr. 2 Alt. 2 VwGO vor, dass das Gericht auf Antrag **Sicherungsmaßnahmen** anordnen

---

101 Zu der Diskussion der richtigen „Normenkette" *Schoch*, in: Schoch/Schneider (Hrsg.), VwGO, 24. Lfg. 2012, § 80a Rn. 49 m.w.N.
102 *Hornmann*, in: Spannowsky/Uechtritz (Hrsg.), BeckOK-BauGB, 47. Ed. November 2019, § 212a Rn. 17 m.w.N.
103 So insbesondere OVG NRW, DVBl. 1999, 708 ff.; NdsOVG, NVwZ-RR 2010, 140 ff.; vgl. dazu auch *Kalb/Külpmann*, in: Ernst/Zinkahn/Bielenberg/Krautzberger (Hrsg.), BauGB, 130. Lfg. 2018, § 212a Rn. 25.
104 OVG NRW, Beschl. v. 22.9.2015 – 2 B 723/15 –, juris.

kann. Die Sicherung bezieht sich dabei auf die Aussetzung der sofortigen Vollziehung, § 80a I Nr. 2 Alt. 1 VwGO, und sichert insoweit ausschließlich das Institut der aufschiebenden Wirkung. Wegen der systematischen Stellung der Regelung unmittelbar hinter § 80a I Nr. 2 Alt. 1 VwGO setzt eine Sicherungsmaßnahme nach § 80a I Nr. 2 Alt. 2 VwGO nur voraus, dass das Gericht die sofortige Vollziehung ausgesetzt bzw. die aufschiebende Wirkung angeordnet hat, § 80a I Nr. 2 Alt. 1 VwGO, und die **Gefahr** besteht, dass der Adressat des Verwaltungsakts sich an diese gerichtliche Entscheidung nicht halten wird. Eine materielle Prüfung eines Anspruchs auf Erlass etwa einer Stilllegungsverfügung ist daher nicht geboten, § 123 VwGO ist also insoweit nicht einschlägig, weil § 80a I Nr. 2 Alt. 2 VwGO ein eigenständiges Institut ist.[105] ◀

IV. Der Rechtsschutz der Gemeinde

Auch die Gemeinde als Beteiligte des Genehmigungsverfahrens kann in Rechten aus Art. 28 II 1 GG beeinträchtigt werden. Sie kann die erteilte Baugenehmigung **anfechten**, wenn durch sie möglicherweise ein eigenes Recht verletzt ist. Eigene Rechte stehen der Gemeinde nur zu, soweit Rechtsvorschriften die kommunale Selbstverwaltung im Sinne von Art. 28 II 1 GG zu schützen bezwecken. Im Rahmen des Genehmigungsverfahrens ist dies ausschließlich **§ 36 BauGB**. Wurde etwa die Gemeinde nicht beteiligt, obgleich dies nach § 36 BauGB notwendig gewesen wäre, kann sie die erteilte Baugenehmigung anfechten.[106]

▶ **Hinweis:** Eine solche Anfechtung ist nicht möglich, wenn die Gemeinde selbst die zuständige Baubehörde ist. Denn dann ist nach hM § 36 BauGB gar nicht anwendbar (Kap. 3 Rn. 296), so dass die Möglichkeit einer Rechtsverletzung ausscheidet. Mangels anderer die Gemeinde schützender Vorschriften ist eine Anfechtungsklage dann unzulässig. ◀

Hat die Baubehörde das Einvernehmen der Gemeinde nach § 36 II 3 BauGB **ersetzt**, kann die Gemeinde diese Ersetzung **anfechten**, weil es sich dabei ihr gegenüber um einen Verwaltungsakt handelt.[107] In der Regel wird sich die Gemeinde aber auch gegen die Baugenehmigung insgesamt wenden, ist deren Aufhebung doch das eigentliche Ziel. Liegen die Voraussetzungen für die Ersetzung des gemeindlichen Einvernehmens nach § 36 II 3 BauGB nicht vor, wird die betroffene Gemeinde sowohl durch die Ersetzung als auch durch die Baugenehmigung in ihrem Recht aus Art. 28 II 1 GG verletzt.[108]

Gemeindlicher Rechtsschutz gegen eine bauaufsichtliche Zulassung kann auch in Gestalt des einstweiligen Rechtsschutzes gemäß §§ 80, 80a VwGO relevant werden. Es stellt sich dabei die Frage, ob die Gemeinde Dritte im Sinne des **§ 212a I BauGB** ist. Die herrschende Ansicht **bejaht** dies zurecht.[109] Dritter im Sinne der Norm sind alle diejenigen, die rechtlich nicht dem Genehmigungsadressaten oder der zuständigen Baubehörde zuzurechnen sind.[110] Die Gemeinde ist in diesem Fall über Art. 28 II 1

---

105 *Schoch*, in: ders./Schneider (Hrsg.), VwGO, 43. EL 2022, § 80a Rn. 37 ff.
106 BVerwG, NVwZ 2008, 1347 (1348); NVwZ 1991, 1076 (1076 f.); *Schoch*, NVwZ 2012, 777 (780).
107 *Söfker*, in: Ernst/Zinkahn/Bielenberg/Krautzberger (Hrsg.), BauGB, 147. EL August 2022, § 36 Rn. 43; *Hofmeister*, in: Spannowsky/Uechtritz (Hrsg.), BeckOK-BauGB, 57. Ed. Dezember 2022, § 36 Rn. 41; *Horn*, NVwZ 2002, 406 (415).
108 Falllösungsbeispiel: Heckel, JuS 2011, 904 ff.; Penßel, ZJS 2019, 492 ff. (online abrufbar).
109 VGH BW, NVwZ 1999, 442 (443); NdsOVG, NVwZ 1999, 1005 (1005 f.); *Battis*, in: ders./Krautzberger/Löhr (Hrsg.), BauGB, 15. Aufl. 2022, § 212a Rn. 2.
110 Vgl. *Kalb/Külpmann*, in: Ernst/Zinkahn/Bielenberg/Krautzberger (Hrsg.), BauGB, 147. EL August 2022, § 212a Rn. 28.

GG besonders geschützt und nimmt eigene rechtliche Interessen wahr. Sie ist damit weder dem Genehmigungsadressaten noch der zuständigen Baubehörde zuzurechnen, sondern Dritte. Infolgedessen hat ihr Rechtsbehelf gegen bauaufsichtliche Zulassungen keine aufschiebende Wirkung. Auch hier ist zu beachten, dass § 212a I BauGB nur im Zusammenhang von bauaufsichtlichen Zulassungen gilt. Eine Anfechtung der Ersetzung des Einvernehmens hat gemäß § 80 I VwGO aufschiebende Wirkung, weil die Ersetzung keine bauaufsichtliche Zulassung darstellt, § 212a I BauGB mithin nicht greift.[111]

C. Fallbeispiel

I. Sachverhalt[112]

399 Als sein Vater verstirbt, erbt E dessen in der nordrhein-westfälischen kreisfreien Stadt S gelegenes Grundstück, das mit einem kleinen Einfamilienhaus bebaut ist. Das Grundstück liegt in einer ruhigen Gegend, für die ein Bebauungsplan nicht besteht und in der sich in dichter Bebauung ausschließlich eingeschossige Einfamilienhäuser befinden. E entschließt sich, das Einfamilienhaus abzureißen und stattdessen ein sechsgeschossiges Mehrfamilienhaus mit zehn Wohneinheiten, einer Dachterrasse und einer Tiefgarage mit sechs Stellplätzen zu errichten. Er erhält hierfür auch eine Baugenehmigung. N, der Eigentümer des angrenzenden Grundstücks, erfährt davon nichts. Erst als die Bauarbeiten beginnen, wird er hellhörig und meldet sich bei der zuständigen Baubehörde, die ihm Einsicht in die Bauakte des Vorhabengrundstücks gewährt. Als der Rohbau des neuen Mehrfamilienhauses ca. zehn Monate nach Baubeginn fertig ist, erhebt N Klage vor dem zuständigen Verwaltungsgericht „gegen das Bauvorhaben" und stellt zugleich einen Eilantrag.

Zur Begründung führt N an, ein Mehrfamilienhaus passe nicht in die Gegend voller kleiner Einfamilienhäuser. Im Übrigen sei es vom Baukörper viel zu groß und wuchtig, es enge ihn ein. Von der Dachterrasse könne man in seinen Garten schauen, was er als unangenehm empfinde. Im Übrigen werde die geplante Tiefgarage erhebliche Lärmbelästigungen verursachen.

E kann die Argumentation des N nicht nachvollziehen. Er sei von dem Verfahren überrascht, weil N – was zutrifft – in regelmäßigen Abständen auf der Baustelle gewesen sei und sich nach dem Baufortschritt erkundigt, hierbei aber den aktuellen Bauzustand stillschweigend zur Kenntnis genommen habe.

Hat der Eilantrag des N Erfolg? Gehen Sie davon aus, dass das Mehrfamilienhaus den erforderlichen Grenzabstand zum Grundstück des N einhält und die Grenzwerte der hier einschlägigen Lärmschutzvorschriften nicht überschritten werden.

II. Lösungshinweise

400 Der Eilantrag des N hat Erfolg, wenn der Verwaltungsrechtsweg eröffnet ist (A.), der Antrag zulässig (B.) und begründet (C.) ist.

---

111 NdsOVG, NVwZ 1999, 1005 (1005 f.).
112 Vgl. VG Gelsenkirchen, Urt. v. 12.12.2019 – 5 K 1222/18 –, juris.

§ 8 Rechtsschutz bei der Vorhabenzulassung

1. Eröffnung des Verwaltungsrechtswegs

In Ermangelung auf- bzw. abdrängender Sonderzuweisungen richtet sich die Eröffnung des Verwaltungsrechtswegs nach der Generalklausel des § 40 I 1 VwGO, wonach eine öffentlich-rechtliche Streitigkeit nichtverfassungsrechtlicher Art vorliegen muss. Eine öffentlich-rechtliche Streitigkeit liegt vor, wenn die streitentscheidende Norm öffentlich-rechtlich ist, d. h. ausschließlich einen Hoheitsträger als solchen berechtigt oder verpflichtet. Dies ist bei dem hier streitentscheidenden § 74 BauO NRW der Fall,[113] weil die Vorschrift ausschließlich die Baubehörde als Hoheitsträger zum Handeln verpflichtet. Der Streit ist nach der Formel von der doppelten Verfassungsunmittelbarkeit auch nicht verfassungsrechtlicher Natur. Eine abdrängende Sonderzuweisung existiert nicht. Der Verwaltungsrechtsweg ist eröffnet.

2. Zulässigkeit

Fraglich ist, ob der Eilantrag zulässig ist, d. h. seine Sachentscheidungsvoraussetzungen vorliegen.

a) Statthafte Antragsart

Die Statthaftigkeit des Antrags richtet sich nach dem Begehren des Antragstellers, §§ 122 I, 88 VwGO. N begehrt hier, die Verwirklichung des Vorhabens des E zu verhindern.

Hier könnte ein Antrag nach §§ 80, 80a VwGO statthaft sein, der dem allgemeinen Eilantrag nach § 123 I VwGO vorgeht, § 123 V VwGO. Da N als Nachbar, d. h. Dritter, einen Antrag stellt, könnte ein Antrag gemäß § 80a I Nr. 2, III 2 in Verbindung mit § 80 V 1 Var. 1 VwGO statthaft sein und auf die Anordnung der aufschiebenden Wirkung seiner Klage gerichtet sein.

Dies setzt zunächst voraus, dass N einen Rechtsbehelf gegen den ihn belastenden, an einen anderen gerichteten, diesen begünstigenden Verwaltungsakt eingelegt hat. N hat vorliegend Klage gegen die dem E erteilte Baugenehmigung erhoben. Die Baugenehmigung ist ein Verwaltungsakt im Sinne von § 35 S. 1 LVwVfG. Sie begünstigt den E, weil er auf ihrer Grundlage sein Vorhaben verwirklichen kann. Sie belastet den N, weil er sich durch die Realisierung des Vorhabens in seinen Rechten verletzt fühlt.

Darüber hinaus verlangt ein Antrag nach § 80a I Nr. 2 VwGO, dass der vom Dritten eingelegte Rechtsbehelf keine aufschiebende Wirkung hat. Vorliegend könnte die aufschiebende Wirkung der Klage des N gemäß § 80 II 1 Nr. 3 VwGO iVm § 212a I BauGB entfallen. Danach haben u. a. Klagen eines Dritten gegen die bauaufsichtliche Zulassung eines Vorhabens iSv § 29 I BauGB keine aufschiebende Wirkung. Die Baugenehmigung ist wegen ihrer Legalisierungswirkung als bauaufsichtliche Zulassung zu werten. Fraglich ist, ob ein Vorhaben iSv § 29 I BauGB genehmigt wurde. Es könnte sich um die Errichtung einer baulichen Anlage handeln. Eine Errichtung, also ein erstmaliges Herstellen, liegt hier vor. Eine bauliche Anlage iSv § 29 I BauGB ist jede auf Dauer künstlich mit dem Erdboden verbundene Anlage, die bodenrechtliche Relevanz hat. Das Mehrfamilienhaus ist auf Dauer angelegt und mit dem Erdboden verbunden.

---

[113] § 58 I LBO BW; Art. 68 I 1 BayBO; § 71 I 1 BauO Bln; § 72 I 1 BbgBO; § 72 I 1 BremLBO; § 72 I 1 HBauO; § 74 I HBO; § 72 LBauO M-V; § 70 1 I NBauO; § 74 I BauO NRW; § 70 I LBauO RP; § 73 I 1 LBO Saar; § 72 I SächsBO; § 71 I BauO LSA; § 72 I 1 LBO SH; § 71 I 1 ThürBO.

Es entfaltet bodenrechtliche Relevanz, weil bereits seine Tiefgarage mit dem hervorgerufenen Kfz-Verkehr in der Lage ist, die Wohnbedürfnisse zu berühren, § 1 VI Nr. 1 BauGB. Die Klage des N gegen die das Vorhaben zulassende Baugenehmigung entfaltet daher keine aufschiebende Wirkung.

b) Antragsbefugnis

407 N müsste analog § 42 II VwGO antragsbefugt sein, also geltend machen, durch die Vollziehung der Baugenehmigung in eigenen Rechten verletzt zu sein, was zumindest möglich sein muss, d. h. nicht von vorneherein ausgeschlossen erscheinen darf.

408 Fraglich ist daher, ob die Vollziehung der Baugenehmigung den N möglicherweise in seinen Rechten verletzt. Dies setzt voraus, dass die Baugenehmigung eine Rechtsvorschrift verletzt, die nicht nur die Interessen der Allgemeinheit, sondern auch den individuellen Interessen des Antragstellers zu dienen bestimmt ist. Vorliegend erscheint es nicht ausgeschlossen, dass die Baugenehmigung § 34 II BauGB in Verbindung mit § 2 ff. BauNVO missachtet, weil es sich vorliegend um ein faktisches Baugebiet nach § 34 II BauGB handeln könnte, in dem das Vorhaben unzulässig sein könnte. Darin läge auch eine subjektive Rechtsverletzung des N, weil die §§ 2 ff. BauNVO gerade auch ihn als Eigentümer des Nachbargrundstücks zu schützen beabsichtigen. Zweck der §§ 2 ff. BauNVO ist es, durch die Vorgabe von Baugebietstypen nutzungshomogene Strukturen zu schaffen, d. h. nur miteinander verträgliche Nutzungen in einem Gebiet zuzulassen, um die anderen Grundstückseigentümer dieses Baugebiets vor unzumutbaren Störungen zu schützen. Insoweit bilden die Grundstückseigentümer eines Baugebiets eine Schicksalsgemeinschaft. N ist Eigentümer des Nachbargrundstücks, das – unterstellt ein Fall des § 34 II BauGB läge vor – im gleichen Baugebiet wie das Vorhabengrundstück liegt, wodurch N von der Schutzwirkung der §§ 2 ff. BauNVO erfasst wäre. N ist antragsbefugt.

c) Rechtsschutzbedürfnis

409 Fraglich ist, ob für den Antrag des N ein Rechtsschutzbedürfnis besteht. Dies ist grundsätzlich zu bejahen, wenn nicht ausnahmsweise ein einfacherer und effektiverer Weg zum Erreichen des Rechtsschutzziels besteht oder die Inanspruchnahme gerichtlichen Rechtsschutzes sich als rechtsmissbräuchlich erweist.

410 Das Rechtsschutzbedürfnis könnte hier fehlen, sofern die Klage des N in der Hauptsache offensichtlich unzulässig ist. Die in der Hauptsache erhobene Klage könnte gemäß § 74 I 2 VwGO verfristet sein. Dies setzt hier voraus, dass die Baugenehmigung dem N zugestellt bzw. bekanntgegeben worden ist. Dies ist hier aber nicht der Fall, so dass N jederzeit klagen kann.

411 Jedoch unterliegt das Recht des N, gegen die Baugenehmigung vorzugehen, der Verwirkung. Danach ist die prozessuale Geltendmachung eines Rechts ausgeschlossen, wenn der Betroffene sichere Kenntnis von der Baugenehmigung erlangt oder eine solche hätte erlangen müssen, gleichwohl aber erst über ein Jahr später, § 58 II VwGO, gegen sie vorgeht. Hier hat N Kenntnis von der Baugenehmigung erlangt, als er unmittelbar nach Baubeginn Einsicht in die Bauakte genommen hat. Dass er früher von ihr hätte Kenntnis erlangen müssen, ist nicht ersichtlich. Erst die Bauarbeiten konnten hier einen Hinweis auf eine Baugenehmigung liefern. N ist dabei auch nicht mehr als ein Jahr, sondern bereits zehn Monate nach Baubeginn und damit innerhalb der

laufenden prozessualen Verwirkungsfrist gegen die Baugenehmigung vorgegangen. Ein Rechtsschutzbedürfnis besteht also.

d) Ergebnis

Der Antrag ist zulässig. 412

3. Begründetheit

Fraglich ist, ob der Eilantrag des N begründet ist. Dies setzt voraus, dass das Gericht auf Basis einer eigenen Abwägung des Interesses des Bauherrn E an der Ausnutzung der Baugenehmigung mit dem Interesse des N an der Suspendierung der Baugenehmigung ergibt, dass letzteres Interesse überwiegt. Maßgeblich für die Interessenabwägung sind die Erfolgsaussichten in der Hauptsache. 413

Fraglich ist daher, ob die Klage des N gegen die Baugenehmigung Erfolg hätte. Hinsichtlich der Zulässigkeit ergeben sich unter Bezugnahme auf die obigen Ausführungen keine Bedenken. Zu prüfen aber ist, ob die Klage des N begründet ist, also die Baugenehmigung rechtswidrig ist und den N in seinen Rechten verletzt, § 113 I 1 VwGO. 414

a) Verwirkung

Die Klage könnte bereits deshalb keinen Erfolg haben, weil N seine Nachbarrechte aus materiellen Gründen verwirkt hat. Das Institut der Verwirkung entspringt dem Grundsatz von Treu und Glauben und bewirkt, dass ein Recht verwirkt ist, wenn seine Geltendmachung sich als unbillig darstellt. Verwirkung ist durch ein Zeit- und ein Umstandsmoment gekennzeichnet. N müsste über einen hinreichend langen Zeitraum nichts gegen das Vorhaben unternommen haben und zusätzlich den Eindruck erweckt haben, auch nichts unternehmen zu wollen, so dass auf Seiten des E ein berechtigtes Vertrauen auf ein Nichtvorgehen des N gegen das Bauvorhaben entstanden ist. N hat vorliegend zehn Monate gewartet, bevor er gegen das Vorhaben des E vorgegangen ist. Es handelt sich hierbei nicht um einen Zeitraum, der ein berechtigtes Interesse des E gegenüber dem N, nicht gegen das Vorhaben vorzugehen, begründen kann, zumal in dieser Zeit das Vorhaben noch nicht einmal fertig gestellt war. Überdies hat N keinen hinreichenden Anlass für die Entstehung eines solchen Vertrauens gegeben. Er hat zwar immer wieder nach dem Bauzustand gefragt und hierbei geschwiegen. Das reine Schweigen lässt aber noch nicht den sicheren Schluss zu, N werde nicht gegen das Vorhaben vorgehen. N hat damit seine Rechte nicht verwirkt. 415

b) Rechtswidrigkeit der Baugenehmigung

Fraglich ist daher, ob die Baugenehmigung des E formell bzw. materiell rechtswidrig ist. 416

▶ **Hinweis zum Aufbau:** In der Praxis wird die Baugenehmigung nicht wie hier erst objektiv auf ihre Rechtswidrigkeit hin überprüft und erst im Anschluss gefragt, welche der festgestellten Mängel den Kläger als Dritten in seinen subjektiven Rechten verletzen, sondern im Sinne eines Anspruchsaufbaus allein geprüft, ob den Kläger schützende Vorschriften verletzt sind (Kap. 3 Rn. 385). Hierbei handelt es sich um einen vertretbaren Prüfungsaufbau, der in Prüfungen im Rahmen des Referendariats wegen der dort erwarteten praxisorientierten Lösung zwingend, in Universitätsprüfungen allerdings überwiegend nicht gewählt wird.

Dort wird in aller Regel im Sinne einer gutachtlichen Lösung eine umfassende Prüfung erwartet, weswegen dieser Aufbau auch hier gewählt wird. ◀

417 Hinsichtlich der formellen Rechtmäßigkeit der Baugenehmigung bestehen keine Bedenken. Fraglich ist aber, ob die Baugenehmigung materiell rechtmäßig ist. Sie ist rechtswidrig, wenn die Tatbestandsvoraussetzungen der entsprechenden Rechtsgrundlage nicht vorliegen bzw. eine falsche Rechtsfolge gewählt worden ist. Rechtsgrundlage für die Erteilung der Baugenehmigung ist § 74 I BauO NRW. Die Entscheidung über die Erteilung der Baugenehmigung ist eine gebundene Entscheidung. Eine Baugenehmigung ist daher zu erteilen, wenn das Vorhaben genehmigungspflichtig ist und nicht gegen öffentlich-rechtliche Normen verstößt.

aa) Genehmigungspflicht

418 Nach § 60 I BauO NRW ist eine Genehmigung erforderlich, wenn es sich u. a. um die Errichtung einer Anlage handelt. Das Mehrfamilienhaus soll erstmalig gebaut, also errichtet werden. Vorliegend könnte das Mehrfamilienhaus eine bauliche Anlage iSv § 2 I 1 BauO NRW sein, d. h. eine aus Bauprodukten hergestellte Anlage, die fest mit dem Erdboden verbunden ist. Dies ist hier offenkundig der Fall. Das Mehrfamilienhaus besteht aus Bauprodukten und ist schon über die unterirdische Tiefgarage mit dem Erdboden fest verbunden. Ausnahmen von der Genehmigungspflicht sind hier nicht ersichtlich. Das Vorhaben ist genehmigungspflichtig.

bb) Genehmigungsfähigkeit

419 Das Vorhaben ist genehmigungsfähig, wenn ihm keine materiell-rechtlichen Vorschriften des öffentlichen Rechts entgegenstehen.

(1) Prüfungsmaßstab

420 Fraglich ist, ob die Baugenehmigung alle öffentlich-rechtlichen Vorschriften erfasst oder die Baubehörde nur einen eingeschränkten Prüfungsmaßstab anlegen musste. Letzteres hätte zur Folge, dass der Inhalt der Baugenehmigung nur die vom behördlichen Prüfungsmaßstab abgedeckten Vorschriften erfassen würde und die Rechtmäßigkeitskontrolle entsprechend eingeschränkt wäre.

421 Ein eingeschränkter Prüfungsmaßstab könnte anzunehmen sein, wenn die Baugenehmigung im Rahmen des vereinfachten Genehmigungsverfahrens erteilt worden wäre. Das vereinfachte Genehmigungsverfahren findet nur dann nicht statt, wenn es sich um einen großen Sonderbau handelt, § 64 I BauO NRW.[114] Die großen Sonderbauten werden in § 58 II BauO NRW benannt.[115] Das Vorhaben des E zählt nicht dazu, so dass das Vorhaben im vereinfachten Genehmigungsverfahren genehmigt wurde. Die Behörde musste daher nur die in § 64 I BauO NRW genannten Vorschriften prüfen, auf die die hier vorzunehmende Rechtmäßigkeitskontrolle beschränkt ist.

---

114 § 52 I LBO BW; Art. 59 1 BayBO; § 63 1 BauO Bln; § 64 I BbgBO; § 63 1 BremLBO; § 61 I HBauO; § 65 I 1 HBO; § 63 I 1 LBauO M-V; § 63 I 1 NBauO; § 64 I BauO NRW; § 66 I Nr. 1 LBauO RP; § 64 I 2 LBO Saar; § 63 1 SächsBO; § 62 1 BauO LSA; § 63 I LBO SH; § 62 I ThürBO.
115 § 38 II LBO BW; Art. 2 IV BayBO; § 2 IV BauO Bln; § 2 IV BbgBO; § 2 IV BremLBO; § 2 IV HBauO; § 2 IX HBO; § 2 IV LBauO M-V; § 2 V NBauO; § 64 I BauO NRW; § 50 I 1 LBauO RP; § 2 IV LBO Saar; § 2 IV SächsBO; § 2 IV BauO LSA; § 2 IV LBO SH; § 2 IV ThürBO.

(2) Bauplanungsrecht, §§ 29 ff. BauGB

Fraglich ist, ob das Vorhaben nach §§ 29 ff. BauGB, die zum Prüfungsgegenstand gehören, § 64 I Nr. 1 lit. a BauO NRW, bauplanungsrechtlich zulässig ist.

(a) § 29 I BauGB

Der Anwendungsbereich des Bauplanungsrechts ist nach § 29 I BauGB eröffnet (s. o.).

(b) Zulässigkeit nach § 34 BauGB

In Ermangelung eines Bebauungsplans könnte sich die Beurteilung der Zulässigkeit des Mehrfamilienhauses nach § 34 BauGB richten. Das setzt voraus, dass es in einem im Zusammenhang bebauten Ortsteil, § 34 I 1 BauGB, errichtet werden soll. Dies ist unproblematisch zu bejahen, da es sich vorliegend um eine dicht bebaute Umgebung handelt und keine Anhaltspunkte dafür ersichtlich sind, dass es an geschlossener Bebauung oder an Bebauung von hinreichendem Gewicht fehlt.

Das Vorhaben ist nach § 34 I 1 BauGB zulässig, wenn es sich hinsichtlich Art oder Maß der baulichen Nutzung, der Bauweise und der Grundstücksfläche, die überbaut werden soll, in die Eigenart der näheren Umgebung einfügt.

(aa) Art der baulichen Nutzung

Im Hinblick auf die **Art der baulichen Nutzung** ist vorrangig § 34 II BauGB zu prüfen, nach dem auf die §§ 2 ff. BauNVO abzustellen ist. Dies setzt zunächst voraus, dass die nähere Umgebung des Vorhabengrundstücks faktisch einem Gebiet der §§ 2 ff. BauNVO entspricht, d. h. sämtliche prägende Nutzungen einem der Gebiete eindeutig zugeordnet werden können. Hier befinden sich in der näheren Umgebung nur Wohnhäuser, so dass die Umgebung einem reinen Wohngebiet nach § 3 BauNVO entspricht. Ein allgemeines Wohngebiet scheidet aus, weil sich dieses – wie § 4 II BauNVO zeigt – auch dadurch auszeichnet, dass neben Wohnhäusern auch andere Nutzungen vorhanden sind. Daran fehlt es hier, in der näheren Umgebung finden sich ausschließlich Wohnhäuser, so dass der Gebietscharakter dem des § 3 BauNVO entspricht.

Fraglich ist, ob das Vorhaben nach § 3 BauNVO zulässig ist. Insoweit könnte es unter die allgemein zulässige Wohnnutzung nach § 3 II Nr. 1 BauNVO fallen. Ein Mehrfamilienhaus dient offenkundig dem Wohnen. Dass es kein Einfamilienhaus ist, spielt hierbei keine Rolle, weil § 3 BauNVO insoweit nicht differenziert. Daher ist das Vorhaben nach § 3 BauNVO zulässig.

Das Vorhaben könnte aber ausnahmsweise nach § 15 I 1 BauNVO unzulässig sein, weil es durch seine Größe der Eigenart des Baugebiets widerspricht. Darauf zielt N ab, wenn er vorträgt, im Gebiet befänden sich nur Einfamilienhäuser. Fraglich ist aber bereits, ob das Vorhaben, selbst wenn das Gebiet durch Einfamilienhäuser geprägt ist, dieser Eigenart widerspricht. Ein solcher Widerspruch soll erst dann vorliegen, wenn das Vorhaben in einem krassen Kontrast zur Gebietsumgebung steht. Ein Abweichen von der Umgebungseigenart alleine genügt nicht. Dabei ist hier zusätzlich zu beachten, dass § 15 I 1 BauNVO die Art der baulichen Nutzung betrifft, das Merkmal der Vorhabengröße hingegen das Maß der baulichen Nutzung betrifft. Fälle wie der vorliegende können daher nur dann unter § 15 I 1 BauNVO subsumiert werden, wenn sich die Anlage durch ihre Größe in derart signifikant von anderen den Gebietscharakter prägenden Anlagen abhebt, dass sie eine unzumutbare neue Art der baulichen Nutzung darstellt (Umschlagen von Quantität in Qualität). Dies ist etwa bei einer Wohnanlage mit mehreren Dutzend Wohnungen in einem Gebiet mit Einfamilienhäusern der Fall. Dies trifft auf das Mehrfamilienhaus nicht zu. Zwar weist es mehr Wohneinheiten auf als die vorhandene Bebauung mit Einfamilienhäusern. Der Unterschied ist aber nicht derart groß, dass man von einer eigenständigen, der Eigenart des Baugebiets in hohem Maße entgegenstehenden Nutzungsart ausgehen könnte.

(bb) Maß der baulichen Nutzung

429 Fraglich ist, ob dies auch im Hinblick auf das **Maß der baulichen Nutzung** der Fall ist. Dies setzt nach § 34 I 1 BauGB voraus, dass das Vorhaben den Rahmen einhält, der von den vorhandenen, prägenden Anlagen vorgegeben wird oder den Rahmen zwar überschreitet, aber keine bodenrechtlichen Spannungen erzeugt. Vorliegend zeichnet sich die nähere Umgebung durch kleine, eingeschossige Einfamilienhäuser aus. Das genehmigte Mehrfamilienhaus weist hingegen sechs Geschosse auf. Insoweit wird der Rahmen überschritten. Das Vorhaben erzeugt auch bodenrechtliche Spannungen, weil es Vorbildwirkungen entfalten kann, was zur Umgestaltung der Umgebungsprägung führen kann.

430 Im Hinblick auf die übrigen Zulässigkeitsmerkmale ergeben sich keine Bedenken. Das Vorhaben ist damit bauplanungsrechtlich nicht zulässig, weil es sich hinsichtlich des Maßes seiner baulichen Nutzung nicht in die nähere Umgebung einfügt.

cc) Bauordnungsrecht

431 Im Hinblick auf die im vereinfachten Genehmigungsverfahren zu prüfenden bauordnungsrechtlichen Vorschriften, § 64 I Nr. 1 lit. b BauO NRW, ergeben sich keine Bedenken. Insbesondere wird die Vorschrift über die Abstandsflächen, § 6 BauO NRW, nicht verletzt.

c) Zwischenergebnis

432 Die Baugenehmigung ist materiell rechtswidrig.

III. Verletzung in eigenen Rechten

433 Die objektive Rechtswidrigkeit der Baugenehmigung allein genügt für die Annahme der Begründetheit einer Klage nicht. Vielmehr muss die Baugenehmigung gerade gegen Vorschriften verstoßen, die dem Schutz des Klägers zu dienen bestimmt sind, § 113 I 1 VwGO.

434 Vorliegend ist die Baugenehmigung rechtswidrig, weil sich das Vorhaben entgegen § 34 I 1 BauGB hinsichtlich des Maßes der baulichen Nutzung nicht in die nähere Umgebung einfügt. Fraglich ist, ob die Vorschrift nachbarschützend ist. Das setzt voraus, dass sie jedenfalls auch Individualinteressen zu dienen bestimmt ist und N zu dem von der Norm geschützten Personenkreis gehört. § 34 I 1 BauGB hat allerdings nur das Allgemeininteresse einer städtebaulichen Ordnung und Entwicklung im Blick; Individualinteressen sind hierbei grundsätzlich nicht berücksichtigt. Die Vorschrift ist demnach jedenfalls nicht generell drittschützend.

Sie könnte aber partiell drittschützend sein, d. h. im Einzelfall über das Gebot der Rücksichtnahme Drittschutz verleihen. Bei dem Gebot der Rücksichtnahme handelt es sich um ein ungeschriebenes Institut, das hier im Tatbestandsmerkmal des „Einfügens", § 34 I 1 BauGB, zum Ausdruck kommt. Es besagt, dass auf die Interessen von Nachbarn in der Umgebung Rücksicht zu nehmen ist, soweit diese beeinträchtigt werden. Insoweit entfaltet das Gebot zunächst nur objektiv-rechtliche Wirkung. Im Einzelfall kann es aber subjektiv-rechtlich aufgeladen sein, wenn aufgrund der konkreten Umstände klar wird, dass sich das Bauvorhaben für einen konkreten Dritten oder Personenkreis als unzumutbar erweist. Dies könnte im Hinblick auf N der Fall sein, wenn eine Interessenabwägung zwischen dem Interesse des Bauherrn E und dem Nachbarn des Vorhabengrundstücks N ergibt, dass das Bauvorhaben des E für N unzumutbar ist. Bloße Belästigungen reichen dabei nicht aus.

N trägt vor, das Mehrfamilienhaus sei so groß, dass es ihn einenge. Es ist anerkannt, dass ein Vorhaben rücksichtslos ist, wenn es eine Größe aufweist, durch die es für den betroffenen Nachbarn erdrückend wirkt. Davon kann hier indes keine Rede sein, zumal die erforderlichen Abstandsflächen gewahrt sind. Zwar sind die bauordnungsrechtlichen Abstandsflächen und das bauplanungsrechtliche Gebot der Rücksichtnahme trotz gleichartiger Zielsetzung unterschiedliche Regelungsregime, die nicht miteinander verknüpft sind. Allerdings vermögen sie in tatsächlicher Hinsicht Wechselwirkung zu entfalten. Eine Anlage, die die Abstandsflächen nicht einhält, ist bereits aus tatsächlichen Gründen rücksichtslos, weil ohne den erforderlichen Grenzabstand eine erdrückende Wirkung wahrscheinlicher wird. An einer solchen Wirkung fehlt es aber hier.

Auch unzumutbare Einsichtsmöglichkeiten des Bauherrn in und auf das Nachbargrundstück können zur Rücksichtslosigkeit eines Vorhabens führen. Allerdings ist in überwiegend bebauten Gebieten wie hier mit Einsichtsmöglichkeiten zu rechnen. Einsichtsmöglichkeiten führen daher nur dann zur Rücksichtslosigkeit des Vorhabens, wenn sie unüblich und eine krasse Beeinträchtigung für den Nachbarn bedeuten, wenn also insbesondere trotz zumutbarer Schutz- und Abwehrmaßnahmen Einblicke gerade in die Intimsphäre des Nachbarn möglich sind. Vorliegend ist von einer solchen krassen Ausnahmekonstellation nicht auszugehen, zumal es dem N zumutbar erscheint, etwaige Sichtschutzmaßnahmen in seinem Garten zu errichten.

Schließlich könnte das Mehrfamilienhaus rücksichtslos sein, weil es für N zu unzumutbaren Lärmentwicklungen führt. Diesbezüglich setzt die Annahme der Rücksichtslosigkeit voraus, dass Lärm vom Vorhaben ausgeht, der entweder die hierfür gesetzten Grenzwerte (insbesondere der TA Lärm) überschreitet oder aber aus sich heraus als unzumutbar zu bewerten ist, etwa weil er besonders geschützte Ruhebereiche intensiv beeinträchtigt. Beides ist hier aber nicht der Fall. Durch die Tiefgarage wird zudem erheblicher Lärm vom Grundstück des N abgehalten. Dass ein besonderer Ruhebereich des Grundstücks des N berührt wird, ist überdies nicht ersichtlich. Das Vorhaben erweist sich damit nicht als rücksichtslos.

IV. Ergebnis

Der Antrag nach § 80a VwGO ist unbegründet. Er hat daher insgesamt keinen Erfolg.

Wiederholungsfragen

1. Wer ist ‚Nachbar' im Sinne des Baurechts? (Kap. 3 Rn. 356)
2. Unter welchen Voraussetzungen sind Vorschriften des öffentlichen Baurechts allgemein drittschützend? Unterscheiden Sie zwischen Bauplanungs- und Bauordnungsrecht. Nennen Sie die entsprechenden Vorschriften. (Kap. 3 Rn. 344 ff., 361 ff., 377 ff.)
3. Welche Festsetzungen eines Bebauungsplans sind a) grundsätzlich, b) grundsätzlich nicht und c) welche nur ausnahmsweise drittschützend? (Kap. 3 Rn. 362 ff.)
4. Hat ein Rechtsbehelf a) eines Nachbarn und b) einer Gemeinde gegen eine bauaufsichtliche Zulassung aufschiebende Wirkung? Begründen Sie Ihre Auffassung zu b) eingehender. (Kap. 3 Rn. 394, 398)
5. Erklären Sie, wie die Gemeinde ihre Rechtsposition aus § 36 BauGB gegebenenfalls im Verwaltungsprozess geltend machen kann. (Kap. 3 Rn. 396 ff.)
6. Nachbar N hält die dem Bauherrn erteilte Baugenehmigung für rechtswidrig, weil sie eine Vorschrift missachtet, die nicht Gegenstand der bauaufsichtlichen Zulassung war, weil das Vorhaben im einfachen Genehmigungsverfahren genehmigt wurde. Wie kann N dies prozessual geltend machen? (Kap. 3 Rn. 391)
7. Nachbar N wehrt sich vor Gericht gegen die dem Bauherrn erteilte Baugenehmigung zur Errichtung eines Mehrfamilienhauses mit der Begründung, es entfalte eine erdrückende Wirkung. Wie ist dieses Argument rechtlich einzuordnen? Die Verletzung welcher Vorschrift bzw. welches Rechtsinstituts wird geltend gemacht? Unter welchen Voraussetzungen hat die Klage Erfolg? (Rn. Kap. 3 Rn. 399 ff.)
8. Rechtsanwalt R schreibt in seiner Klagebegründung: „Für das Vorhaben ist § 34 maßgeblich. Das Vorhaben fügt sich aber nach dem Maß der baulichen Nutzung nicht in die Eigenart der näheren Umgebung ein, § 34 I 1 BauGB. Da in das Tatbestandsmerkmal des Einfügens das Gebot der Rücksichtnahme hineingelesen wird, darf sich der angrenzende Nachbar, der Kläger, auf den Verstoß gegen das Merkmal des Einfügens berufen". Liegt R mit dem letzten Satz richtig? (Kap. 3 Rn. 374)
9. N gehört ein Grundstück, das am Ende eines Plangebiets belegen ist, durch welches ein Gewerbegebiet festsetzt. Gegenüber seinem Grundstück, für das ein anderer Bebauungsplan ein Mischgebiet festsetzt, soll ein Altenheim errichtet werden. N wehrt sich mit dem Argument, das Vorhaben verstoße gegen die Festsetzung eines Mischgebiets. Mit Erfolg? (Rn. Kap. 3 Rn. 362)

Kapitel 4: Bauordnungsverfügungen

§ 1 Zur Orientierung und Wiederholung

A. Bauordnungsverfügungen und ihre Rechtsgrundlagen 2
B. Der Tatbestand: formelle und materielle Illegalität 3
C. Das Ermessen 7
D. Bauordnungsverfügungen im Prozess 8

In diesem Kapitel wechselt die bisher eingenommene Sichtweise auf das Bauvorhaben: Ging es bei der Bauleitplanung (Kap. 2) um die Bildung des Maßstabs für die Prüfung der Zulässigkeit eines Vorhabens und bei der konkreten Vorhabenzulassung (Kap. 3) um die präventive Zulässigkeitskontrolle, also um die Prüfung und Genehmigung eines Bauvorhabens **vor** dessen Realisierung, behandelt dieses Kapitel die Bauordnungsverfügungen gegen bereits verwirklichte Bauvorhaben. Es geht also um eine **nachträgliche** – repressive – Rechtmäßigkeitskontrolle.

A. Bauordnungsverfügungen und ihre Rechtsgrundlagen

Geht die zuständige Bauaufsichtsbehörde davon aus, dass das Bauvorhaben nicht so realisiert wurde, wie es rechtlich hätte realisiert werden müssen, hat sie dafür Sorge zu tragen, dass der Zustand (wieder-)hergestellt wird, der geltendem Recht entspricht. Verschiedene Optionen stehen dabei offen, wobei sich das behördliche Handeln nach dem jeweiligen Rechtsverstoß richtet: Die Behörde kann den Bauherrn auffordern, eine baurechtswidrige bauliche Anlage abzureißen oder notwendige Änderungen an ihr vorzunehmen. Sie kann dem Bauherrn aber auch untersagen, die Anlage in rechtswidriger Weise zu nutzen oder eine noch aktive Baustelle stillzulegen. Förmliche baubehördliche Aufforderungen bezeichnet man als Bauordnungsverfügungen. Deren Rechtsgrundlagen finden sich in der jeweiligen Landesbauordnung – und zwar entweder allein in Form einer bauordnungsrechtlichen Generalklausel oder daneben auch ausgeformt zu den drei baupolizeilichen Standardmaßnahmen der Abrissverfügung, der Nutzungsuntersagung oder der Baustellenstilllegung (Baustopp). Bauordnungsverfügungen sind Maßnahmen der Eingriffsverwaltung und liegen daher wie beinahe jede repressive Behördenhandlung im Ermessen der Behörde und müssen verhältnismäßig sein. Regelmäßig geht es in Studienfällen um die Rechtmäßigkeit dieser Verfügungen als Verwaltungsakte.

B. Der Tatbestand: formelle und materielle Illegalität

Die jeweiligen Ermächtigungsgrundlagen in den Landesbauordnungen verlangen für den Erlass einer Bauordnungsverfügung, dass die betroffene bauliche Anlage bzw. deren Nutzung im **Widerspruch zu öffentlich-rechtlichen Vorschriften** steht. Das Merkmal umfasst neben der materiellen Baurechtmäßigkeit der Anlage, die auch bei der Vorhabenzulassung zu prüfen ist, auch die formelle Baurechtmäßigkeit und damit die Frage, ob eine erforderliche Genehmigung eingeholt und beachtet wurde. Daher unterscheidet man bei der Rechtmäßigkeitsprüfung der Bauordnungsverfügung auf der Tatbestandsebene zwischen formeller und materieller Illegalität der Anlage. Formell illegal ist eine Anlage, die genehmigungspflichtig ist und für die eine wirksame Baugenehmigung nicht vorliegt oder die einer erteilten Genehmigung, gegebenenfalls auch nur in einem Nebenaspekt, nicht entspricht. Materiell illegal ist eine Anlage, wenn sie gegen materielles öffentliches Recht, also etwa gegen §§ 29 ff. BauGB verstößt. Aus der Unterscheidung folgt, dass ein Vorhaben formell und materiell rechtmäßig oder rechtswidrig oder aber nur formell oder nur materiell rechtswidrig sein kann.

4   Die Unterscheidung von formeller und materieller Legalität eines Bauvorhabens ermöglicht eine differenzierte rechtliche Bewertung der jeweiligen baulichen Anlage. Das ist aus rechtsstaatlichen Gründen geboten, weil der Vorwurf der formellen Illegalität ein geringeres Gewicht aufweist als der der materiellen Illegalität einer Anlage. Maßnahmen, die nur auf Grundlage der formellen Illegalität ergehen, müssen daher typischerweise eine geringere Eingriffsintensität aufweisen (z. B. Baustopp).

5   Jede Bauordnungsverfügung setzt die formelle Illegalität der Anlage bzw. deren Nutzung voraus. Liegt eine wirksame Baugenehmigung vor, die vom Bauherrn beachtet wurde, ist das Vorhaben also formell legal, entfaltet die Genehmigung Bestandsschutz, der ein behördliches Einschreiten ausschließt. Dies gilt nur für genehmigungsbedürftige Vorhaben. Für Vorhaben, die im vereinfachten Genehmigungs- oder im Anzeigeverfahren zugelassen werden, gilt ggf. Abweichendes.

6   Je nach Fallkonstellation und gewählter Bauordnungsverfügung unterschiedlich zu beurteilen ist die Frage, ob es neben der formellen Illegalität einer baulichen Anlage **zusätzlich der materiellen Illegalität** bedarf, damit die Behörde einschreiten darf. Dies ist der Fall, wenn die Behörde sich ausdrücklich auf die materielle Illegalität der Anlage bzw. deren Nutzung beruft, sowie bei **typischerweise** besonders eingriffsintensiven Bauordnungsverfügungen, um den Anforderungen des Verhältnismäßigkeitsgrundsatzes zu genügen. Das ist zumeist bei der Abrissverfügung der Fall. Bei den weniger eingriffsintensiven Verfügungen des Baustopps sowie der Nutzungsuntersagung wird gemeinhin die formelle Illegalität als ausreichender Vorwurf angesehen.

C. Das Ermessen

7   Weil Bauordnungsverfügungen Eingriffsverwaltungsakte sind, liegen sie im Ermessen der Behörde. Die gerichtliche Überprüfung des behördlichen Ermessens beschränkt sich nach den Grundsätzen des allgemeinen Verwaltungsrechts auf die sogenannten Ermessensfehler, § 114 S. 1 VwGO. Besonders häufig geht es dabei um **Ermessensüberschreitungen** wegen Verstoßes gegen den Verhältnismäßigkeitsgrundsatz. Hier spielen regelmäßig verschiedene baurechtstypische Aspekte eine Rolle, etwa Fragen der behördlichen Duldung oder solche des Bestandsschutzes. Beide Kategorien sind Ausdruck des rechtsstaatlichen **Vertrauensschutzes**.

D. Bauordnungsverfügungen im Prozess

8   Bauordnungsverfügungen sind belastende Verwaltungsakte. Der Adressat muss sich gegen sie im Wege der Anfechtungsklage, § 42 I Var. 1 VwGO wehren. Rechtsmittel gegen Bauordnungsverfügungen haben nach dem Gesetz aufschiebende Wirkung, § 80 I 1 VwGO, weil kein Ausnahmefall des § 80 II 1 Nr. 1–3 VwGO greift. Daher bleibt der Behörde nur, die sofortige Vollziehung anzuordnen, § 80 II 1 Nr. 4 VwGO. Dann muss der Adressat im Eilverfahren einen Antrag auf Wiederherstellung der aufschiebenden Wirkung stellen, § 80 V 1 Var. 2 VwGO.

Der Nachbar wird regelmäßig eine Verpflichtungsklage, § 42 I Var. 2 VwGO, erheben mit dem Ziel des Erlasses einer entsprechenden Verfügung. Ein Anspruch, § 113 V 1 VwGO, ergibt sich aber nur bei einer Ermessensreduzierung auf Null, dessen Voraussetzungen beim Erlass von Bauordnungsverfügungen unterschiedlich beurteilt werden.

§ 2 Maßnahmen in der repressiven Rechtmäßigkeitskontrolle

A. Konstellationen der repressiven Rechtmäßigkeitskontrolle 10
B. Inhalte bauordnungsrechtlicher Maßnahmen 13
   I. Die bauordnungsrechtlichen Standardmaßnahmen 14
     1. Abrissverfügung (Beseitigungsverfügung) 14
     2. Stilllegungsverfügung (Baustopp) 15
     3. Nutzungsuntersagung 16
   II. Sonstige Maßnahmen 17
Wiederholungsfragen

▶ **Lernziele**

1. Sie können die wesentlichen Konstellationen, in denen es um eine repressive Rechtmäßigkeitskontrolle von Bauvorhaben geht, benennen und an einem Fallbeispiel erläutern.
2. Sie können Bauordnungsverfügungen nach Gegenstand und Eingriffsintensität unterscheiden und die Grenzen des Kriteriums der Eingriffsintensität anhand von Beispielen erläutern. ◀

A. Konstellationen der repressiven Rechtmäßigkeitskontrolle

10 Die präventive Rechtmäßigkeitskontrolle von Bauvorhaben wird durch die zuständige Bauaufsichtsbehörde im Baugenehmigungsverfahren ausgeübt: durch die Erteilung, Versagung oder modifizierte Erteilung einer Baugenehmigung. Rechtsverstößen soll damit vorgebeugt werden. Diese können sich aber auch **nach der Realisierung** des Bauvorhabens zeigen oder erst dann auftreten. Folgende Konstellationen lassen sich unterscheiden:

- Das Bauvorhaben wird trotz bestehender Genehmigungspflicht ohne eine entsprechende Baugenehmigung ausgeführt.

▶ **Beispiel:** A eröffnet in bisher als Arztpraxis genutzten Räumen ein Café, ohne die für eine solche Nutzungsänderung erforderliche Baugenehmigung einzuholen. ◀

- Die erforderliche Baugenehmigung wird zwar eingeholt, bei der Realisierung des Bauvorhabens wird aber von der Genehmigung abgewichen.

▶ **Beispiele:** (1) A erhält eine Baugenehmigung für die Errichtung eines zweigeschossigen Wohngebäudes, errichtet dann aber ein dreigeschossiges Wohngebäude. (2) A erhält eine Baugenehmigung, die einen Abstand des Bauvorhabens von der Grundstücksgrenze von 10 m festlegt. Das Vorhaben weist aber nur einen Abstand von 9,5 m auf. (3) A erhält eine Baugenehmigung für ein Wohngebäude mit einem Spitzdach ohne Dachgauben auf der östlichen Dachseite; A baut aber eine breite Dachgaube ein. ◀

- Das Bauvorhaben ist zwar genehmigungsfrei, seine Realisierung erfolgt aber unter Missachtung der gesetzlichen Vorschriften.

▶ **Beispiel:** A errichtet in seinem Garten eine Gartenhütte, die zwar genehmigungsfrei ist, aber die erforderlichen Abstandsflächen nicht einhält. ◀

11 In diesen Konstellationen muss die zuständige Behörde die Möglichkeit haben, die Beseitigung des rechtswidrigen Zustands zu verlangen und notfalls zwangsweise durch-

§ 2 Maßnahmen in der repressiven Rechtmäßigkeitskontrolle

zusetzen. Da die Behörde in diesen Fällen erst tätig werden kann, nachdem mit der Realisierung des Bauvorhabens begonnen worden oder es sogar schon fertiggestellt ist, nennt man dieses Vorgehen auch repressive Rechtmäßigkeitskontrolle (lat. *reprimere*: zurückdrängen). Dazu sehen die Bauordnungen der Länder Befugnisse zum Erlass von Bauordnungsverfügungen vor. Die Länder sind hier zur Gesetzgebung befugt, weil die Regelung repressiver Maßnahmen nicht zu dem der Bundeskompetenz zugeordneten Bodenrecht zählt (Kap. 1 Rn. 10).[1]

Die repressive Rechtmäßigkeitskontrolle ist nicht Bestandteil der Leistungs-, sondern der Eingriffsverwaltung, denn es geht ihr um die Beseitigung eines rechtswidrigen Vorhabens und nicht um die Erteilung einer behördlichen Erlaubnis. Das hat Folgen für die Anforderungen an die Rechtmäßigkeit solcher Verfügungen: Erlass und Inhalt stehen im Ermessen der Verwaltung. Im Rahmen dieses Ermessens ist wegen des Eingriffscharakters der Grundsatz der Verhältnismäßigkeit zu berücksichtigen.

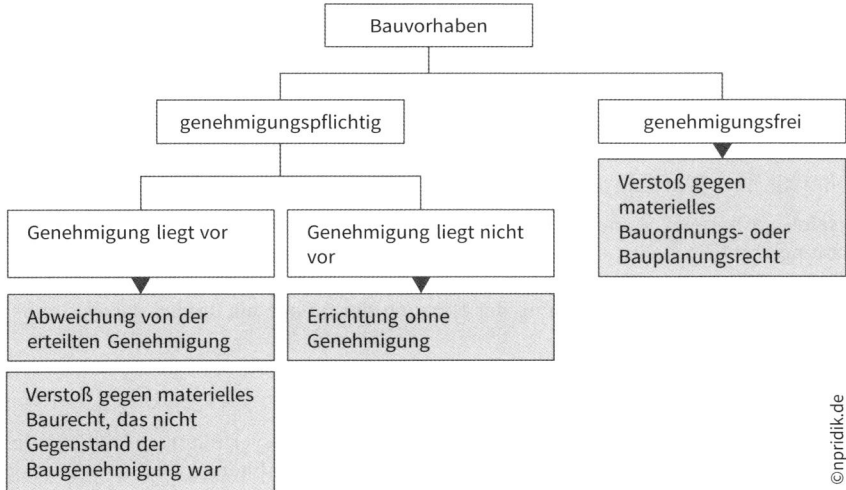

B. Inhalte bauordnungsrechtlicher Maßnahmen

In der juristischen Ausbildung geht es typischerweise und beinahe ausschließlich um eine von drei bauordnungsrechtlichen Maßnahmen: die Abrissverfügung, die Stilllegungsverfügung und die Nutzungsuntersagung.

---

[1] Vgl. *Finkelnburg/Ortloff/Otto*, Öffentliches Baurecht, Bd. 2, 7. Aufl. 2018, § 10.

I. Die bauordnungsrechtlichen Standardmaßnahmen

1. Abrissverfügung (Beseitigungsverfügung)

14 Die bauordnungsrechtliche Verfügung mit der typischerweise stärksten Eingriffswirkung ist die Anordnung, dass eine (illegal) errichtete bauliche Anlage bzw. ein bestimmter Teil der Anlage abgerissen bzw. beseitigt werden muss, um rechtmäßige Zustände wiederherzustellen. Typischerweise wird eine Abrissverfügung (nur) dann erlassen, wenn das Bauvorhaben nicht nur ohne oder unter Verstoß gegen eine erteilte Genehmigung errichtet worden ist, sondern gleichzeitig auch materiell baurechtswidrig und also nicht genehmigungsfähig ist.

2. Stilllegungsverfügung (Baustopp)

15 Gegenüber der Abriss- und Beseitigungsverfügung typischerweise deutlich weniger einschneidend ist die Stilllegungsverfügung (Baustopp). Diese kommt in Betracht, wenn mit einer baulichen Tätigkeit, also etwa mit einer Errichtung einer baulichen Anlage, bereits begonnen worden ist, die Arbeiten aber noch nicht fertig gestellt sind. Der entsprechende Bauherr wird hier verpflichtet, die Tätigkeit einzustellen, die Baustelle also stillzulegen, um aufgetretene Fragen zu klären.

3. Nutzungsuntersagung

16 Eine Nutzungsuntersagung kommt in Betracht, wenn die Beendigung der aktuellen Nutzung einer Anlage ausreicht, um den rechtswidrigen Zustand zu beseitigen. Zu Nutzungsuntersagungen kommt es meist dann, wenn eine zulässige Nutzung geändert wird und die neue Nutzung rechtswidrig ist.

▶ **Beispiel:** A betreibt in einer als Wohngebäude genehmigten Anlage ein Bordell, das bauplanungsrechtlich dem Gewerbebegriff unterfällt.[2] Gewerbebetriebe sind aber in der betroffenen Umgebung unzulässig, da es sich um ein reines Wohngebiet, § 3 BauNVO, handelt. Hier könnte die Untersagung der Nutzung der Anlage als Bordell das Mittel der Wahl sein. ◀

II. Sonstige Maßnahmen

17 Neben den genannten Maßnahmen sind auch Bauordnungsverfügungen anderen Inhalts denkbar, wobei dieser jeweils von dem Rechtsverstoß abhängt, den zu beseitigen Zweck der Verfügung ist.

▶ **Beispiele:** (1) Die Baubehörde stellt fest, dass ein Wohngebäude im Dachgeschoss kein brandschutzrechtlich konformes Dachfenster für den zweiten Rettungsweg aufweist und erlässt eine Bauordnungsverfügung, die dem Eigentümer aufgibt, ein solches Dachfenster mit bestimmten Maßen einzubauen. (2) Der Grundstückseigentümer versieht die auf seinem Grundstück vorhandenen Parkplatzflächen mit einer aus Sicht der Baubehörde verunstaltenden Farbe und erhält daher die Bauordnungsverfügung, die Farbe auf den Parkplatzflächen zu entfernen. (3) Eine für bestimmte Öffnungszeiten genehmigte Tankstelle hat tatsächlich länger geöffnet. Hier wird die Behörde eine Verfügung mit dem Inhalt erlassen, die genehmigten Öffnungszeiten einzuhalten. ◀

---

2 Vgl. BVerwGE 174, 118 (118 f.); BVerwG, NVwZ 2016, 151 (152 f.); BVerwG, ZfBR 2014, 574 (574).

§ 2 Maßnahmen in der repressiven Rechtmäßigkeitskontrolle

Arten von Bauordnungs-verfügungen	 Abrissverfügung	 Nutzungsuntersagung	 Baustopp
Ziel	eine ortsfeste oder mobile bauliche Anlage soll verschwinden	eine (meist) genehmigte bauliche Anlage soll insoweit nicht (mehr) genutzt werden, als die Nutzung öffentlich-rechtlichen Vorschriften widerspricht	der Bau einer Anlage soll nicht fortgeführt werden
Rechtscharakter	Verwaltungsakt	Verwaltungsakt	Verwaltungsakt
Eingriffswirkung	bei Abriss typischerweise stark wegen Substanzverletzung; bei Entfernung einer mobilen Anlage dagegen nur schwach	typischerweise mittel, da genehmigte Nutzung noch möglich ist; ausnahmsweise aber stark, wenn wirtschaftliche Folgen hoch sind	typischerweise schwach, da das Vorhaben noch nicht fertiggestellt ist; ausnahmsweise mittel oder stark, wenn Baustopp hohe Folgekosten nach sich zieht

©npridik.de

Wiederholungsfragen

1. Inwiefern ist die baubehördliche Rechtmäßigkeitskontrolle von Vorhaben repressiv?
2. Welche Konstellationen sind für die repressive Rechtmäßigkeitskontrolle denkbar?
3. Welchen Inhalt würde in den nachfolgenden Konstellationen eine Bauordnungsverfügung haben?

a) Die Behörde stellt fest, dass in einem reinen Wohngebiet, § 3 BauNVO, eine nicht genehmigte Kfz-Werkstatt betrieben wird. (Kap. 4 Rn. 16)

b) A errichtet einen Wintergarten an seinem Wohnhaus, der die Abstandsflächen nicht einhält. (Kap. 4 Rn. 14)

c) Im Dachgeschoss eines Wohnhauses fehlt es an einem zweiten Rettungsweg, weil es an hinreichend großen Fenstern mangelt. (Kap. 4 Rn. 17)

d) Eine Tankstelle hat längere Öffnungszeiten, als ihr in der Baugenehmigung erlaubt sind. (Kap. 4 Rn. 17)

§ 3 Rechtmäßigkeitsvoraussetzungen von Bauordnungsverfügungen

A. Die Struktur der Rechtmäßigkeitsprüfung von Bauordnungsverfügungen 18
B. Die Ermächtigungsgrundlage(n) für bauordnungsrechtliche Verfügungen 19
C. Formelle Rechtmäßigkeitsvoraussetzungen von Bauordnungsverfügungen 22
D. Materielle Rechtmäßigkeitsvoraussetzungen von Bauordnungsverfügungen 23
   I. Tatbestand: formelle und materielle Illegalität 23
     1. Formelle Illegalität 26
     2. Materielle Illegalität 28
     3. Formelle und materielle Illegalität als Rechtmäßigkeitsvoraussetzungen 29
       a) Formelle Illegalität als Rechtmäßigkeitsvoraussetzung von Bauordnungsverfügungen 30
       b) Materielle Illegalität als Rechtmäßigkeitsvoraussetzung von Bauordnungsverfügungen 33
         aa) Stilllegungsverfügung (Baustopp) 35
         bb) Abriss-/Beseitigungsverfügung 36
         cc) Nutzungsuntersagung 39
         dd) Sonderfall: Behörde beruft sich auf materielle Illegalität 41
     4. Abriss-/Beseitigungsverfügung: Herstellung rechtmäßiger Zustände auf andere Weise 42
   II. Adressat 44
   III. Ermessen 46
     1. Entschließungsermessen 47
       a) Duldung durch die Baubehörde 49
       b) Bestandsgeschützte Anlagen 52
     2. Auswahlermessen 55
       a) Typischer Ermessensfehler: Ermessensüberschreitung 57
       b) Typischer Ermessensfehler: Ermessensfehlgebrauch 61
   IV. Fallbeispiel 62
     1. Sachverhalt 62
     2. Lösungshinweise 63
       a) Ermächtigungsgrundlage 64
       b) Formelle Rechtmäßigkeit 65
       c) Materielle Rechtmäßigkeit 66
         aa) Tatbestand 67
         (1) Anlage 68
         (2) Widerspruch zu öffentlich-rechtlichen Vorschriften 69
         bb) Adressat 77
       d) Rechtsfolge 78
         aa) Entschließungsermessen .. 79
         bb) Auswahlentscheidung 85
       e) Ergebnis 86
Wiederholungsfragen

▶ **Lernziele**

1. Sie können die Begriffe der formellen und materiellen Illegalität und die maßgeblichen Konstellationen formeller Illegalität unterscheiden und anhand von Beispielen erläutern.
2. Sie können anhand der in Ihrem Bundesland einschlägigen Normen die Rechtsgrundlagen für Bauordnungsverfügungen benennen und erläutern, welche materiellen Recht-

mäßigkeitsvoraussetzungen der Wortlaut erkennen lässt und wie diese Voraussetzungen in Literatur und Rechtsprechung grundsätzlich differenziert werden.

3. Sie können die Rechtmäßigkeitsvoraussetzungen der einzelnen gängigen Bauordnungsverfügungen anhand der in Ihrem Bundesland einschlägigen Rechtsnormen unter Heranziehung der Unterscheidung von formeller und materieller Illegalität erläutern, Ausnahmen benennen und erörtern, inwiefern im Tatbestand der Ermächtigungsnormen Aspekte des Verhältnismäßigkeitsdenkens eine Rolle spielen. Sie können für jede der maßgeblichen Grund- und Ausnahmekonstellationen ein Beispiel bilden.

4. Sie können typische relevante Gesichtspunkte der bauordnungsrechtlichen Ermessensausübung nennen und erörtern sowie typische Ermessensfehler bei Bauordnungsverfügungen benennen und erklären. Sie können jeweils konkrete Beispiele nennen und diese auch variieren.

5. Sie können die Begriffe von Verwirkung, Duldung und Bestandsschutz voneinander abgrenzen, ihre Bedeutung erläutern und sie im Aufbau der Prüfung verorten. ◂

A. Die Struktur der Rechtmäßigkeitsprüfung von Bauordnungsverfügungen

Die Rechtmäßigkeitsprüfung einer bauordnungsrechtlichen Verfügung erfolgt nach dem allgemeinen Prüfungsschema für einen belastenden Verwaltungsakt.[1] Tatbestandlich ist stets verlangt, dass durch das Vorhaben ein Verstoß gegen öffentlich-rechtliche Vorschriften verursacht wird. Daran anknüpfend haben Rechtsprechung und Literatur ein Prüfungsmuster geschaffen, für das die Unterscheidung von formeller Illegalität und materieller Illegalität des Bauvorhabens zentral ist. Darin kommt zum Ausdruck, dass ein Vorhaben gegen öffentlich-rechtliche Vorschriften nicht nur in materieller Hinsicht verstoßen kann, z. B. durch Missachtung des § 34 BauGB, sondern auch das Verfahrensrecht verletzt sein kann, etwa wenn das Vorhaben ohne (wirksame) Baugenehmigung errichtet wurde oder von einer erteilten Genehmigung abweicht, ungeachtet dessen, ob das Vorhaben in der Sache, also materiell, rechtmäßig ist. Zudem erlaubt die Unterscheidung, verschiedene Voraussetzungen für typischen Bauordnungsverfügungen zu bestimmen, in denen die verschiedenen typischen Eingriffsintensitäten abgebildet werden. Folgendes Prüfungsschema ergibt sich daraus:

▶ **Prüfungsschema: Bauordnungsverfügung**

I. Ermächtigungsgrundlage nach Landesbauordnung
II. Formelle Rechtmäßigkeit
   1. Zuständigkeit
   2. Verfahren
   3. Form
III. Materielle Rechtmäßigkeit
   1. Tatbestand
      a. Formelle Illegalität des Bauvorhabens
      b. Materielle Illegalität des Bauvorhabens (sofern nötig)
   2. Richtiger Adressat (kann auch im Tatbestand geprüft werden)
   3. Rechtsfolge: Ermessen, § 40 (L)VwVfG

---

[1] Allgemein dazu *Erbguth/Guckelberger*, Allgemeines Verwaltungsrecht, 9. Aufl. 2018, § 14.

       a. Entschließungsermessen
       b. Mittelauswahlermessen
       c. Störerauswahlermessen
IV. Ergebnis ◂

B. Die Ermächtigungsgrundlage(n) für bauordnungsrechtliche Verfügungen

19 Da die repressive Rechtmäßigkeitskontrolle Bestandteil des Bauordnungsrechts der Länder ist, sind unterschiedliche Ausgestaltungen der Ermächtigungsnormen anzutreffen: Jede Landesbauordnung kennt eine **Generalklausel** für das repressive Vorgehen.[2] Danach wird den Behörden lediglich pauschal aufgegeben, die Einhaltung baurechtlicher sowie anderer öffentlich-rechtlicher Vorschriften zu gewährleisten und im gegenteiligen Falle die erforderlichen Maßnahmen zu treffen. Einige Landesbauordnungen sehen **daneben** spezielle Rechtsgrundlagen für die drei gängigen **Standardmaßnahmen** vor, deren tatbestandliche Formulierungen sich aber in der Regel nicht wesentlich von der der Generalklausel unterscheiden.[3]

20 In den Bundesländern, in denen nur die Generalklausel existiert, sind alle Maßnahmen auf diese zu stützen. In den Bundesländern, die zusätzlich die genannten Standardbefugnisse vorsehen, sind die Bauordnungsverfügungen auf die jeweilige Spezialvorschrift zu stützen, alle übrigen, nicht gesondert geregelten Maßnahmen hingegen auf die Generalklausel.

21 Bei der Prüfung von bauordnungsrechtlichen Verfügungen ist demnach darauf zu achten, ob für sie spezielle Ermächtigungsgrundlagen bestehen oder ob auf eine Generalermächtigung abzustellen ist. Die damit jeweils verbundenen materiellen Rechtsfragen, insbesondere nach den Voraussetzungen der jeweiligen Maßnahmen, sind allerdings weitgehend identisch, weil auch die Länder, die die einzelnen Verfügungstypen ausdrücklich nennen, auf eine aussagekräftige Spezifizierung ihrer materiellen Voraussetzungen im Wesentlichen verzichten und stattdessen tatbestandlich sehr allgemein einen baurechtswidrigen Zustand voraussetzen.

C. Formelle Rechtmäßigkeitsvoraussetzungen von Bauordnungsverfügungen

22 Im Hinblick auf die formellen Rechtmäßigkeitsvoraussetzungen ergeben sich keine Besonderheiten gegenüber anderen Eingriffsmaßnahmen. Wer die zuständige Bauaufsichtsbehörde ist, ergibt sich aus den Landesbauordnungen und dem sonstigen Landesrecht.[4] Im Rahmen des Verwaltungsverfahrens ist in jedem Fall die Anhörung des Betroffenen als Adressaten, § 28 I LVwVfG zu beachten, sofern sie nicht ausnahmsweise nach § 28 II LVwVfG entbehrlich ist. Ob Formerfordernisse bestehen, hängt von den Regelungen der Landesbauordnungen ab. Zu beachten ist, dass es sich bei der bauordnungsrechtlichen Verfügung um eine Ordnungsverfügung handelt. Das (repressive)

---

2 § 47 I 2 LBO BW; Art. 54 II 2 BayBO; § 58 I 5 BauO Bln; § 58 II 2 BbgBO; § 58 II 2 BremLBO; § 58 I 2 HBauO; § 61 II 2 HBO; § 58 I 2 LBauO M-V; § 79 I 1 NBauO; § 58 II 2 BauO NRW; § 59 I 1 Hs. 2 LBauO RP; § 57 I 2 LBO Saar; § 58 II 2 BauO LSA; § 58 II 2 SächsBO; § 58 II 2 LBO SH; § 58 I 2 ThürBO.
3 §§ 64 ff. LBO BW; Art. 74 ff. BayBO; §§ 78 ff. BauO Bln; §§ 78 ff. BbgBO; §§ 77 ff. BremLBO; §§ 74 ff. HBauO; §§ 80 ff. HBO; §§ 78 ff. LBauO MV; § 79 NBauO; §§ 80 ff. BauO NRW; §§ 80 ff. LBauO RP; §§ 80 ff. LBO Saar; §§ 77 ff. BauO LSA; §§ 78 ff. SächsBO; § 78 ff. LBO SH; §§ 77 ff. ThürBO.
4 § 46 LBO BW; Art. 53 BayBO; § 57 BbgBO; § 57 BremLBO; § 60 HBO; § 57 LBauO MV; § 57 NBauO; § 57 BauO NRW; § 58 LBauO RP; § 58 LBO Saar; § 56 BauO LSA; § 57 SächsBO; § 57 LBO SH; § 57 ThürBO.

§ 3 Rechtmäßigkeitsvoraussetzungen von Bauordnungsverfügungen

Bauordnungsrecht ist eben besonderes Ordnungsrecht. Daher müssen Vorgaben aus dem allgemeinen Ordnungsrecht beachtet werden, soweit die Landesbauordnungen keine Sonderregelungen vorsehen (Kap. 1 Rn. 12).

▶ **Beispiel:** So muss etwa nach § 20 OBG NRW jede Ordnungsverfügung, und damit auch eine Bauordnungsverfügung, grundsätzlich schriftlich ergehen. ◀

D. Materielle Rechtmäßigkeitsvoraussetzungen von Bauordnungsverfügungen

I. Tatbestand: formelle und materielle Illegalität

In der Regel schreiben die bauordnungsrechtlichen Befugnisnormen als Tatbestandsvoraussetzungen für den Erlass einer Bauordnungsverfügung lediglich vor, dass eine (bauliche) Anlage – oder im Falle einer Nutzungsuntersagung deren Nutzung – im Widerspruch zu öffentlich-rechtlichen Vorschriften stehen muss. Dabei spielt keine Rolle, ob es sich um eine Befugnis aufgrund einer Generalklausel oder eine Spezialermächtigung zum Erlass einer konkreten Ordnungsverfügung handelt.

Anders als bei der Erteilung einer Baugenehmigung kommt hier aber nicht nur ein Verstoß gegen materielle Vorschriften, etwa §§ 29 ff. BauGB, in Betracht, sondern auch gegen Rechtsnormen, die formelle Anforderungen an das Bauvorhaben stellen, also Fragen des Baugenehmigungsverfahrens und hier insbesondere der Genehmigungspflichtigkeit betreffen. Dies hat bei der Vorhabenzulassung keine Bedeutung, weil sich diese gerade innerhalb des Baugenehmigungsverfahrens vollzieht. Bei der repressiven Rechtmäßigkeitskontrolle ist daher zu unterscheiden zwischen formeller und materieller Illegalität des Bauvorhabens. **Formelle Illegalität** ist gegeben, wenn trotz bestehender Genehmigungspflicht das Bauvorhaben ohne wirksame Genehmigung oder unter Missachtung einer erteilten Genehmigung realisiert worden ist.[5] **Materielle Illegalität** liegt vor, wenn das Bauvorhaben gegen materielle baurechtliche Anforderungen, zum Beispiel solche der §§ 29 ff. BauGB oder des materiellen Bauordnungsrechts, verstößt.[6]

Die Unterscheidung zwischen formeller und materieller Illegalität ist rechtlich von hoher Bedeutung.[7] Denn der mit der formellen Illegalität eines Bauvorhabens verbundene Rechtswidrigkeitsvorwurf kann im Hinblick auf seine Schwere nicht mit dem materieller Illegalität gleichgesetzt werden:[8] Der Vorwurf, eine erforderliche Genehmigung nicht eingeholt zu haben oder von einer erteilten Genehmigung abgewichen zu sein, möglicherweise nur geringfügig, wiegt regelmäßig weniger schwer als der Vorwurf materieller Verstöße, etwa gegen Brandschutznormen. Aus der Baufreiheit des Art. 14 I 1 GG ergibt sich grundsätzlich ein Anspruch des Bauherrn auf Realisierung des Bauvorhabens, nicht aber in gleicher Weise ein Recht, beispielsweise die brandschutzrechtlichen Anforderungen zu umgehen. Deswegen können Verstöße gegen formelles Bauordnungsrecht und gegen materielles öffentliches Recht bereits vor dem Hintergrund des Art. 14 I 1 GG im Regelfall nicht als gleichgewichtig angesehen werden. Im Übrigen sind beide Formen der Illegalität auch mit unterschiedlichem Aufwand behebbar: Während die formelle Illegalität durch das Nachholen des Genehmigungs-

---

5 BVerwG, BauR 1996, 829 (829).
6 Vgl. *Hoppe/Bönker/Grotefels*, Öffentliches Baurecht, 4. Aufl. 2010, § 16 Rn. 85.
7 Kritisch etwa *Lindner*, JuS 2014, 118 ff.
8 Vgl. BVerwGE 3, 351 (354); ausführlich auch *Finkelnburg/Ortloff/Otto*, Öffentliches Baurecht, Bd. 2, 6. Aufl. 2010, S. 172.

verfahrens beseitigt werden kann, bleibt bei materiellen Verstößen häufig nur die endgültige Aufgabe der Nutzung oder gar Beseitigung der Anlage.

1. Formelle Illegalität

26 Ein Bauvorhaben ist formell illegal, wenn trotz Genehmigungspflicht keine wirksame Baugenehmigung vorliegt. Voraussetzung der formellen Illegalität eines Bauvorhabens ist damit zunächst dessen Genehmigungspflichtigkeit, was in Prüfungen inzident zu prüfen ist. Besteht grundsätzlich eine Genehmigungspflicht, sind **drei Varianten** formeller Illegalität denkbar:[9]

- Formelle Illegalität betrifft erstens den Fall, dass überhaupt **keine Baugenehmigung eingeholt** worden ist, obgleich sie erforderlich gewesen wäre.
- Formelle Illegalität liegt zweitens auch dann vor, wenn bei bestehender Genehmigungspflicht eine Baugenehmigung eingeholt worden ist, diese aber (mittlerweile) **nicht (mehr) wirksam** ist.

▶ **Beispiel:** A beantragt für die Errichtung seines Wohnhauses eine Baugenehmigung, die auch erteilt wird. A beginnt mit der Errichtung aber aus finanziellen Gründen erst nach Ablauf von fünf Jahren. Zu diesem Zeitpunkt hat sich die Baugenehmigung aber durch Zeitablauf erledigt, § 43 II LVwVfG, weil alle Bauordnungen für den Beginn der Realisierung entsprechende Befristungen vorsehen. Das Gleiche würde gelten, wenn die zuständige Behörde die Baugenehmigung wirksam gemäß §§ 48, 49 LVwVfG aufgehoben hätte. Kein Fall formeller Illegalität liegt vor, wenn ein Bauherr innerhalb der Verwirklichungsfrist mit der ordnungsgemäßen Errichtung einer baulichen Anlage beginnt, sich zwischen Erteilung der Baugenehmigung und Baubeginn aber die Rechtslage geändert hat. Die wirksam erteilte Baugenehmigung legalisiert das Vorhaben, auch wenn sie selbst in der Zwischenzeit nicht mehr dem geltenden Recht entspricht. Wäre dies anders, erwüchsen zahlreiche Bauvorhaben über die Zeit in formelle Illegalität. ◀

- Als dritte Form der formellen Illegalität bleibt der Fall, in dem bei bestehender Genehmigungspflicht eine wirksame Baugenehmigung zwar eingeholt, diese aber bei der Realisierung des Vorhabens **nicht beachtet** worden ist. Hier fehlt es an der erforderlichen **Kongruenz** von Genehmigung und Vorhaben.[10] Entscheidend ist dabei, dass die Abweichungen wesentlich sind.[11] Das ist insbesondere der Fall, wenn durch die Abweichungen die Genehmigungsfrage neu gestellt wird, weil die materielle Prüfung des Vorhabens anderen Maßstäben unterliegt, etwa eine andere Abstandsflächenberechnung oder eine andere Einschätzung im Hinblick auf die Nutzungsart nach §§ 2 ff. BauNVO erfordert.[12] In diesen Fällen hat die im Rahmen der Genehmigungserteilung vorgenommene präventive Rechtmäßigkeitskontrolle keine Bedeutung mehr, weil das tatsächlich realisierte Bauvorhaben wenigstens in bestimmten Teilen einer völlig anderen Bewertung unterzogen werden muss. Die erteilte Baugenehmigung vermag also eine Unbedenklichkeit des Vorhabens (Kap. 3 Rn. 64) nicht zu bescheinigen.

---

9 Vgl. auch *Lindner*, JuS 2014, 118 (119 f.).
10 Dazu *Hoppe/Bönke/Grotefels*, Öffentliches Baurecht, 4. Aufl. 2010, § 16 Rn. 85.
11 OVG NRW, NWVBl. 1987, 19 (19); *Finkelnburg/Ortloff/Otto*, Öffentliches Baurecht, Bd. 2, 7. Aufl. 2018, § 12 Rn. 3, § 13 Rn. 12.
12 BayVGH, Beschl. v. 26.7.1991 – 20 CS 89.1224.

§ 3 Rechtmäßigkeitsvoraussetzungen von Bauordnungsverfügungen § 3

▶ **Beispiele:** (1) A beantragt die Errichtung eines fünfstöckigen Mehrfamilienhauses. Ihm wird das Wohnhaus mit nur drei Stockwerken genehmigt. Errichtet A nun dennoch ein fünfstöckiges Wohnhaus, ist es zumindest formell illegal, weil die Abweichung wesentlich ist, da die Beurteilung des Vorhabens hinsichtlich des Maßes der baulichen Nutzung mit Blick auf die Anzahl der Vollgeschosse andersartig erfolgt. (2) Statt der genehmigten 2,70 Meter hohen Garage weist die tatsächlich realisierte Garage eine Höhe von 3,10 Meter auf. Hier handelt es sich um eine wesentliche Abweichung, weil etwa die Frage der Abstandsflächen neu gestellt wird. ◀

Damit ergeben sich für die Prüfung der formellen Illegalität folgende drei Leitfragen: (1) Ist das Bauvorhaben genehmigungspflichtig? (2) Besteht eine wirksame Baugenehmigung? (3) Decken sich Baugenehmigung und realisiertes Bauvorhaben?

27

▶ **Beachte:** Der Begriff der formellen Illegalität bezieht sich allein auf die bauliche Anlage und die Frage, ob sie (wirksam) genehmigt worden ist. Der Begriff bezieht sich also auf den Tatbestand der Ermächtigungsgrundlage und ist also materielle Voraussetzung für die Rechtmäßigkeit der Bauordnungsverfügung. Die formelle Illegalität des Bauvorhabens darf deswegen nicht mit der formellen Rechtswidrigkeit eines Verwaltungsakts verwechselt werden. ◀

Wann ein Bauvorhaben formell rechtswidrig ist oder wird

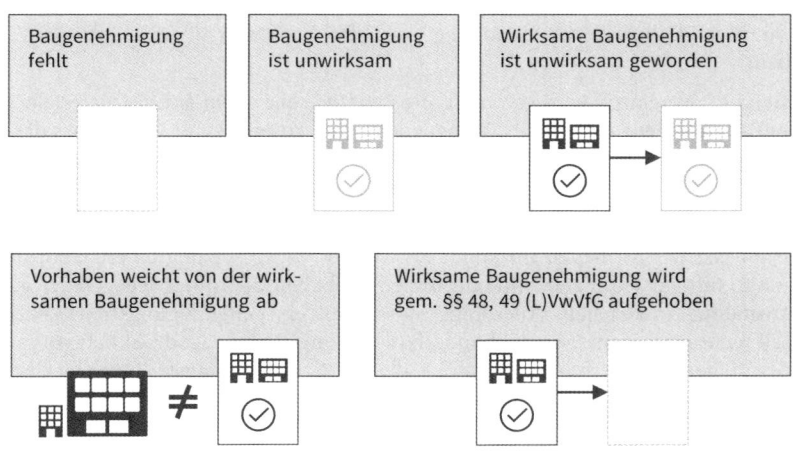

©npridik.de

2. Materielle Illegalität

Ein Bauvorhaben ist materiell illegal, wenn die Anlage bzw. deren Nutzung nicht genehmigungsfähig ist. Die Anlage bzw. deren Nutzung muss also **sämtlichen** materielle Anforderungen des Bauplanungs-, des Bauordnungsrechts und des sonstigen öffentlichen Rechts genügen, um materiell legal zu sein. Dabei spielt grundsätzlich keine Rolle, wie das Verhältnis der Baubehörde zu den anderen Behörden rechtlich ausgestaltet ist und die materiellen Prüfungskompetenzen zwischen ihnen verteilt sind.

28

▶ **Beispiele:** (1) A nutzt seinen als Wohnhaus genehmigten Bungalow im reinen Wohngebiet als Bordell (bauplanungsrechtlicher Verstoß). (2) A gestaltet sein Bürogebäude in verunstaltender Weise und beleuchtet es nachts mit Scheinwerfern, deren Blendwirkung Risiken für den Straßenverkehr begründet (bauordnungsrechtlicher Verstoß). (3) A errichtet seine Karosserie-Werkstatt unter Verstoß gegen naturschutzrechtliche Anforderungen und beeinträchtigt dadurch den Lebensraum einer vom Aussterben bedrohten Fledermausart (Verstoß gegen sonstiges öffentliches Recht). ◀

3. Formelle und materielle Illegalität als Rechtmäßigkeitsvoraussetzungen

29 Es stellt sich die Frage, unter welchen Voraussetzungen formelle und/oder materielle Illegalität alternativ oder kumulativ als Tatbestandsvoraussetzung von Bauordnungsverfügungen vorliegen müssen.

a) Formelle Illegalität als Rechtmäßigkeitsvoraussetzung von Bauordnungsverfügungen

30 Die formelle Illegalität des Bauvorhabens ist grundsätzlich **zwingende Voraussetzung** einer jeden rechtmäßigen Bauordnungsverfügung. Gegen eine Anlage bzw. deren Nutzung, die durch eine wirksame Baugenehmigung legalisiert wurde, also nicht formell illegal ist, darf bereits deshalb nicht behördlich vorgegangen werden, weil dem die Legalisierungswirkung der Baugenehmigung entgegensteht (Kap. 3 Rn. 65). Dies gilt auch dann, wenn die Genehmigung selbst rechtswidrig sein sollte. Die Behörde muss daher in diesen Fällen die Genehmigung unter den Voraussetzungen des § 48 LVwVfG aufheben.

▶ **Vertiefung:** Vereinzelt wird gefordert, die Behörde solle allein auf die materielle Illegalität des Bauvorhabens abstellen.[13] Dagegen wird aber zurecht eingewandt, dass die rechtliche Folgenlosigkeit des Bauens ohne Genehmigung Schwarzbauten geradezu anreizen würde und damit konterkariert würde, was mit der präventiven Rechtmäßigkeitskontrolle bezweckt werde. ◀

31 Der Grundsatz der formellen Illegalität als Mindestvoraussetzung einer Bauordnungsverfügung läuft im Falle genehmigungsfreier Vorhaben allerdings leer. Daher ist dort eine **Ausnahme** zu machen. Allerdings muss auch ein genehmigungsfreies Vorhaben materiell rechtmäßig sein, wie die Landesbauordnungen auch ausdrücklich vorgeben.[14] Daher ist allgemein anerkannt, dass im Falle der Genehmigungsfreiheit eines Bauvorhabens **ausschließlich die materielle Illegalität** Tatbestandsvoraussetzung bauordnungsrechtlicher Verfügungen ist.[15] Das Gleiche gilt für das Kenntnisgabe- bzw. Anzeigeverfahren, weil die Baubehörde auch in diesen Fällen keine Prüfung vornimmt.

32 Entsprechendes gilt, wenn ein Genehmigungsverfahren durchgeführt wird, das nur einen **eingeschränkten Prüfungsmaßstab** kennt und die repressive Maßnahme sich nunmehr **auf Vorschriften stützt**, die **nicht** Teil des Prüfprogrammes gewesen sind. Das kann etwa bei den Genehmigungsfreistellungsverfahren (Kap. 3 Rn. 29) oder dem vereinfachten Genehmigungsverfahren (Kap. 3 Rn. 40 f.) der Fall sein. Beide Konstel-

---

13 Insbesondere *Fischer*, NVwZ 2004, 1057 (1058 ff.).
14 § 50 V BO BW; Art. 55 II BayBO; § 59 II BauO Bln; § 59 II BbgBO; § 59 II BremLBO; § 59 II HBauO; § 62 II HBO; § 59 III LBauO M-V; § 59 III 1 NBauO; § 60 II BauO NRW; § 62 III BauO RP; § 60 II 1 LBO Saar; § 58 II BauO LSA; § 59 II SächsBO; § 59 II LBO SH; § 59 II 1 ThürBO.
15 Vgl. *Wenzel*, in: Gädtke/Johlen u. a. (Hrsg.), BauO NRW, 13. Aufl. 2019, § 58 Rn. 66.

lationen haben gemein, dass die Baubehörde vorab nur die Einhaltung bestimmter, nicht aber aller öffentlich-rechtlichen Vorschriften prüft. Liegt bezüglich dieser im Verfahren nicht geprüften Normen ein Rechtsverstoß vor, kann es für eine entsprechende bauordnungsrechtliche Verfügung nicht auf die formelle Illegalität ankommen. Denn entweder liegt keine Genehmigung vor (Genehmigungsfreistellung), ist also eine formelle Illegalität wie bei der Genehmigungsfreiheit unmöglich, oder es liegt eine Genehmigung vor, die sich aber nicht auf die streitigen materiellen Fragen erstreckt (vereinfachtes Genehmigungsverfahren). Auch hier gilt: Soll wegen Verstößen gegen die im Baugenehmigungsverfahren nicht geprüften Normen bauordnungsrechtlich vorgegangen werden, kommt es allein auf die materielle Illegalität an.

▶ **Beispiel:** Die Genehmigung zur Errichtung eines Wohngebäudes im Land L erfolgt im vereinfachten Genehmigungsverfahren, weswegen die Einhaltung der brandschutzrechtlichen Vorgaben nicht geprüft wird. Nach Errichtung erfährt die Baubehörde davon, dass die Vorgaben des zweiten Rettungsweges nicht eingehalten werden, weil im Dachgeschoss kein entsprechendes Dachfenster vorgesehen ist. Die Behörde möchte nun eine entsprechende bauordnungsrechtliche Maßnahme erlassen. Da die Vorschriften über den zweiten Rettungsweg im Genehmigungsverfahren nicht geprüft worden sind, kann für die Rechtmäßigkeit der Maßnahme das Erfordernis der formellen Illegalität der baulichen Anlage nicht gelten. Insbesondere ist das Wohngebäude diesbezüglich nicht formell legal, weil sich die Legalisierungswirkung der Baugenehmigung mangels Prüfung nicht auf die Brandschutzfragen erstreckt. Hier kommt es daher allein auf die materielle Illegalität an. ◀

b) Materielle Illegalität als Rechtmäßigkeitsvoraussetzung von Bauordnungsverfügungen

Aus der Notwendigkeit, die formelle und materielle Illegalität von Bauvorhaben zu unterscheiden (Kap. 4 Rn. 24 f.), ergibt sich, dass nicht für alle bauordnungsrechtlichen Verfügungen neben der formellen Illegalität das Vorliegen materieller Illegalität des Bauvorhabens notwendig ist. Die tatbestandlichen Voraussetzungen müssen vielmehr nach Verfügungstyp und Fallgestaltung differenziert werden. Maßstab ist hier der **Verhältnismäßigkeitsgrundsatz**.[16] Je intensiver eine Bauordnungsverfügung in die Rechte des Adressaten eingreift, desto stärker muss der Rechtswidrigkeitsvorwurf sein. Umgekehrt sind auswirkungsschwächere Eingriffe auch bereits bei geringeren Rechtsverstößen möglich.

▶ **Beispiel:** A errichtet eine Gartenlaube, vergisst aber, für sie eine Genehmigung einzuholen. Die Gartenlaube wäre aber genehmigt worden, weil sie baurechtlich und auch im Übrigen rechtlich zulässig ist. Hier wäre es unverhältnismäßig, wenn die Behörde A zum Abriss der Gartenlaube auffordern (und zwingen) dürfte. Gleichzeitig wäre es aber ebenso unangemessen, für eine Stilllegung der Errichtungsarbeiten an der Gartenlaube materielle Illegalität des Vorhabens vorauszusetzen. Die Eingriffswirkung der Stilllegung in diesem Fall ist gering und wäre erledigt, wenn die Baugenehmigung erteilt ist. Sie kann daher auch schon bei einem rein formellen Rechtsverstoß angeordnet werden. ◀

Die Bezugnahme auf den Grundsatz der Verhältnismäßigkeit ist in diesem Zusammenhang zunächst missverständlich, denn er betrifft grundsätzlich die Bewertung der Rechtsfolgen einer staatlichen Maßnahme. Mit der Frage nach der notwendigen Art der Illegalität eines Bauvorhabens als Voraussetzung einer Bauordnungsverfügung ist

---

16 *Stollmann/Beaucamp*, Öffentliches Baurecht, 13. Aufl. 2022, § 19 Rn. 30.

aber eine Frage des Tatbestands der Ermächtigungsgrundlage angesprochen. Aufgrund der hochgradigen Unbestimmtheit der Ermächtigungsgrundlagen sorgt der Verhältnismäßigkeitsgrundsatz aber auch **schon auf Tatbestandsebene** für eine angemessene inhaltliche Bestimmung des unbestimmten Rechtsbegriffes des „Widerspruchs gegen öffentlich-rechtliche Vorschriften". Dabei ist allerdings zu sehen: Während die Verhältnismäßigkeitsüberlegungen auf Rechtsfolgenseite immer konkreter Art sind, d. h. einzelfallbezogen und damit auf die Verhältnismäßigkeit einer konkreten Maßnahme zielen, sind die Überlegungen, welche Anforderungen an das Tatbestandsmerkmal der Illegalität eines Bauvorhabens beim Erlass von Bauordnungsverfügungen zu stellen sind, **typisierend-abstrakt**. Daher ist grundsätzlich nicht entscheidend, welche Eingriffsintensität eine Bauordnungsverfügung im konkreten Einzelfall hat, um aus ihr abzuleiten, welche Illegalitätsanforderungen für ihren Erlass bestehen. Es kommt nur darauf an, welche Eingriffsfolgen sie **typischerweise** hat. Deswegen ist beim Erlass von Bauordnungsverfügungen immer auch der Verhältnismäßigkeit auf Rechtsfolgenseite Aufmerksamkeit zu widmen, weil dort ggf. eine Korrektur der tatbestandlichen Typisierungsentscheidung im Einzelfall erfolgt.

aa) Stilllegungsverfügung (Baustopp)

35 Nach diesem Grundsatz kommt man für die Stilllegungsverfügung zu dem Ergebnis, dass es für sie **keiner** materiellen Illegalität des Bauvorhabens bedarf.[17] Umgekehrt formuliert: Für eine rechtmäßige Stilllegungsverfügung genügt es, dass das Bauvorhaben lediglich formell illegal ist. Denn eine Stilllegungsverfügung greift typischerweise nur schwach in die Rechte des betroffenen Bauherrn ein. Sie führt lediglich zu einem Baustopp, der jederzeit wieder rückgängig gemacht werden kann. Hinter dem Baustopp liegt grundsätzlich die Idee, den Bauherrn zur Einholung der erforderlichen Genehmigung zu bewegen, bevor der Bau fortgesetzt wird. Dass ein Baustopp bei kleinen wie großen Vorhaben auch erhebliche wirtschaftliche Konsequenzen nach sich ziehen kann, ist damit nicht geleugnet, darf aber erst auf der Rechtsfolgenseite, genauer: innerhalb des einzelfallbezogenen Verhältnismäßigkeitsgrundsatzes als Ermessensgrenze, Berücksichtigung finden.

bb) Abriss-/Beseitigungsverfügung

36 Demgegenüber greift die Abrissverfügung regelmäßig besonders tief in die Rechte des Bauherrn ein, weil sie meist mit einer irreversiblen Substanzverletzung einhergeht. Daher verlangt die ganz herrschende Auffassung für die Rechtmäßigkeit einer Abrissverfügung **sowohl formelle als auch materielle Illegalität** des Bauvorhabens.[18] Die Gegenansicht lässt hingegen die formelle Illegalität ausreichen, weil sonst derjenige begünstigt werde, der ohne Genehmigung sein Bauvorhaben materiell rechtmäßig realisiere.[19] Diesem gegenüber dürfte dann – trotz fehlender Genehmigung – keine Abrissverfügung ergehen. Dagegen ist aber der Verhältnismäßigkeitsgrundsatz anzuführen: Bei Vorhaben, die lediglich formell illegal sind, stellt sich eine Abrissverfügung spätestens auf Rechtsfolgenseite, also im Einzelfall, als stets unverhältnismäßig dar.[20]

---

17 BayVGH, NuR 1991, 283 ff.; *Erbguth*, Öffentliches Baurecht, 5. Aufl. 2009, § 13 Rn. 52.
18 BVerwG, BauR 2002, 1520 (1523); *Ortloff*, NVwZ 2004, 934 (942).
19 Vgl. *Koch/Hendler*, Baurecht, 6. Aufl. 2015, § 26 Rn. 25.
20 *Muckel/Ogorek*, Öffentliches Baurecht, 3. Aufl. 2018, § 9 Rn. 33.

§ 3 Rechtmäßigkeitsvoraussetzungen von Bauordnungsverfügungen

Es gibt indes auch Fälle, in denen die Voraussetzung materieller Illegalität **entbehrlich** scheint. Das Urbild der Abrissverfügung ist der tatsächliche Abriss einer Anlage mit der Folge, dass die Substanz der Anlage unwiederbringlich zerstört wird. Dies muss aber nicht so sein. Ziel der Abrissverfügung ist die endgültige Beseitigung eines baurechtswidrigen Zustandes. Diese Beseitigung kann aber unter Umständen auch **ohne Substanzverletzung** vollzogen werden.

▶ **Beispiele:** (1) Werbefahnen, die (ohne entsprechende Beschädigung) einfach abgehängt und auch jederzeit wieder aufgehängt werden können, sollte sich die Beseitigungsverfügung als rechtswidrig erweisen. (2) Das Aufstellen von Kühlzellen, die ohne Weiteres abtransportiert werden können.[21] ◀

In diesen Fällen weist die Verfügung, die auf bloße Entfernung zielt, nicht eine solche Eingriffsintensität auf, dass materielle Illegalität als Rechtmäßigkeitsvoraussetzung verlangt werden müsste. Es ist daher anerkannt, dass für die Abrissverfügung formelle Illegalität der baulichen Anlage ausreicht, wenn deren Beseitigung ohne Weiteres und insbesondere ohne Substanzverlust möglich ist, eine Wiedererrichtung also ebenfalls jederzeit erfolgen kann.[22] Dass hier auf Tatbestandsebene trotz der an sich abstrakt vorzunehmenden Bewertung (Kap. 4 Rn. 34) der Abrissverfügung mit den Einzelfallumständen argumentiert wird, scheint weder in Rechtsprechung noch Literatur auf Kritik zu stoßen. Überzeugend ist es gleichwohl nicht. Hier sollte aus Konsistenzgründen die Rechtmäßigkeit der Beseitigungs- bzw. Abrissverfügung auf Rechtsfolgenseite scheitern, wo Umstände des Einzelfalls eine Rolle spielen.

cc) Nutzungsuntersagung

Ob die materielle Illegalität des Bauvorhabens eine Rechtmäßigkeitsvoraussetzung einer Nutzungsuntersagung ist, wurde von den Oberverwaltungsgerichten und Verwaltungsgerichtshöfen der Länder lange unterschiedlich beurteilt. Der Verwaltungsgerichtshof Baden-Württemberg vertrat lange Zeit (als einziges Obergericht) die Auffassung, für eine Nutzungsuntersagung bedürfe es sowohl formeller wie auch materieller Illegalität.[23] Hauptargument war, dass eine Nutzungsuntersagung ähnlich einer Abrissverfügung in aller Regel eingriffsintensiv sei, insbesondere weil sie regelmäßig auf Dauer ausgerichtet sei. Diese Rechtsprechung hat der Verwaltungsgerichtshof mittlerweile aufgegeben.[24] Dabei hat er aber nicht eine Änderung der Bewertung der Eingriffsintensität, sondern mit Blick auf die Landesbauordnung Baden-Württemberg vor allem systematische wie teleologische Argumente bemüht: Die einschlägige Vorschrift über die Nutzungsuntersagung verlange anders als die Vorschrift über die Abrissverfügung nicht, dass materiell rechtmäßige Zustände auf andere Weise nicht hergestellt werden könnten, was darauf hindeute, dass es bei der Nutzungsuntersagung auch nicht (mehr) auf die materielle Prüfung ankomme. Zudem liege der Zweck der Nutzungsuntersagung allein darin, den Betroffenen auf das Genehmigungsverfahren zu verweisen, und nicht auf die Wiederherstellung materiell rechtmäßiger Zustände.

Die anderen Obergerichte sehen seit jeher die Nutzungsuntersagung nicht als mit der Abrissverfügung vergleichbar an und lassen allein deshalb formelle Illegalität ge-

---

21 OVG NRW, BauR 2006, 369 ff.
22 OVG NRW, BauR 2006, 369 ff.; OVG MV, NordÖR 2000, 126 ff.
23 Etwa VGH BW, Urt. v. 12.9.1984 – 3 S 1607/84; VGH BW, Urt. v. 19.10.2009 – 5 S 347/09 –, juris, Rn. 37.
24 VGH BW, Urt. v. 9.11.2020 – 3 S 2590/18 –, juris.

nügen.[25] Immerhin könne die Nutzungsuntersagung anders als die Abrissverfügung ohne Substanzverlust wieder rückgängig gemacht werden. Sie führe lediglich dazu, dass „der eine Anlage unerlaubt Nutzende ohne zusätzlichen Verlust an Vermögenssubstanz lediglich hinter die formellen Schranken des Baurechts zurückgedrängt und gezwungen wird, etwaige diesbezügliche Vermögensinteressen auf dem dafür verfassungsrechtlich unbedenklich vorgeschriebenen Weg der Genehmigungsbeantragung weiterzuverfolgen".[26] Für diese Ansicht spricht, dass sie sich bruchloser in das etablierte Begründungsmodell einfügt: Sowohl bei der Stilllegungsverfügung als auch bei der Abrissverfügung wurde als maßgebliches Kriterium die abstrakte Eingriffsintensität, insbesondere die Reversibilität des Eingriffs, angeführt. Auf die Nutzungsuntersagung bezogen muss dies zur Folge haben, dass die Eingriffsintensität der Nutzungsuntersagung der einer Abrissverfügung abstrakt gerade nicht entspricht. Dass die Nutzungsuntersagung möglicherweise besonders intensiv wirken kann, etwa wenn einem Berufstätigen die geschäftliche Nutzung einer baulichen Anlage untersagt wird, versteht sich von selbst. Dies ist aber ausschließlich eine Frage des Einzelfalls. Auf der Ebene des Tatbestands der Eingriffsgrundlage, um die es hier geht, kann nicht pauschal von einer entsprechend hohen Eingriffsintensität der Nutzungsuntersagung ausgegangen werden. Die Nutzungsuntersagung führt insbesondere angesichts der jederzeit möglichen Wiedernutzung nicht stets zu einem dem Abriss der Anlage vergleichbaren Zustand. Wirkt die Nutzungsuntersagung atypisch schwer, kann bzw. muss dies auf der Rechtsfolgenseite berücksichtigt werden (Kap. 4 Rn. 59).

dd) Sonderfall: Behörde beruft sich auf materielle Illegalität

41 Auch wenn nach einer abstrakten Verhältnismäßigkeitsbewertung die materielle Illegalität einer Anlage als Voraussetzung einer Bauordnungsverfügung an sich nicht erforderlich ist, muss sie in einem Fall gleichwohl auf der Ebene des Tatbestandes geprüft werden: Nach der Rechtsprechung ist die materielle Illegalität der Anlage bzw. ihrer Nutzung dann Tatbestandsvoraussetzung der Nutzungsuntersagung, wenn die zuständige Behörde sich selbst auf diese beruft.[27] Es wäre wenig überzeugend, eine Nutzungsuntersagung nur auf die formelle Illegalität des Bauvorhabens hin zu überprüfen, wenn die erlassende Behörde selbst die Nutzungsuntersagung mit der materiellen Illegalität begründet. Immerhin hat dies erhebliche Auswirkungen auf das Ermessen. Ist die materielle Illegalität also Argument für die Behörde, gegen die Anlage vorzugehen, dann muss dies auch ein zutreffendes Argument sein.

---

25 BVerwG, BRS 67 Nr. 70; OVG NRW, BRS 58 Nr. 128; HessVGH, NVwZ-RR 2003, 720 ff.; *Kment*, BauR 2000, 1675 (1676 ff.).
26 OVG Saarl, NVwZ 1985, 122 (122).
27 NdsOVG, NVwZ-RR 2007, 306 (306).

§ 3 Rechtmäßigkeitsvoraussetzungen von Bauordnungsverfügungen

©npridik.de

4. Abriss-/Beseitigungsverfügung: Herstellung rechtmäßiger Zustände auf andere Weise

Die Landesbauordnungen haben die Abriss-/Beseitigungsverfügung spezialgesetzlich geregelt und schreiben, außer in Niedersachen, vor, dass diese nur ergehen darf, wenn rechtmäßige Zustände auf andere Weise nicht hergestellt werden können.[28] Damit wird die im Rahmen der Verhältnismäßigkeitsprüfung anzusprechende **Erforderlichkeit** gesetzlich normiert, wobei umstritten ist, ob diese hier als Tatbestandsvoraussetzung zu behandeln oder – wie nach allgemeiner Dogmatik – im Rahmen des Ermessens zu prüfen ist. Auch wenn es im Ergebnis nicht besonders relevant sein dürfte, deutet die Formulierung „wenn nicht" auf eine tatbestandliche Einschränkung hin.

Im Rahmen der Erforderlichkeit – ob nun auf Tatbestands- oder Ermessensebene – wird häufig die Frage gestellt, ob die Behörde auch nur einen **teilweisen Abriss bzw. eine teilweise Beseitigung** verfügen darf. Als Orientierung ist hier der allgemeine Grundsatz wichtig, dass die Behörde für rechtmäßige Zustände zu sorgen hat. Daher kommt ein Teilabriss auch nur dann in Betracht, wenn die Anlage tatsächlich baulich

42

43

---

[28] § 65 I 1 BO BW; Art. 76 S. 1 BayBO; § 80 S. 1 BauO Bln; § 80 I 1 BbgBO; § 79 I 1 BremLBO; § 76 I 1 HBauO; § 82 I 1 HBO; § 80 I LBauO M-V; § 79 I 2 Nr. 4 NBauO; § 82 I 1 BauO NRW; § 81 S. 1 Var. 1 BauO RP; § 82 I LBO Saar; § 79 S. 1 BauO LSA; § 80 I 1 SächsBO; § 80 S. 1 LBO SH; § 79 I 1 ThürBO.

sowie funktional teilbar ist und durch den nur teilweise erfolgenden Abriss ordnungsgemäße Zustände entstehen.[29] Denn andernfalls ist nur eine vollständige Beseitigung geeignet, den bauaufsichtlichen Zweck zu erreichen, nämlich baurechtmäßige Zustände zu schaffen, da andernfalls eine baurechtswidrige Teilruine das Ergebnis wäre.

▶ **Beispiele:** (1) A errichtet formell illegal einen Wintergarten als Anbau an sein Wohnhaus, der die Abstandsflächen nicht einhält. Hier wäre es unverhältnismäßig, weil nicht erforderlich, den Abriss des gesamten Wohnhauses zu verfügen, weil der Wintergarten räumlich wie funktional hinreichend teilbar ist. (2) Anders hingegen bei einer an ein Wohngebäude angebauten Terrasse, die um 50 Zentimeter die Baugrenzen überschreitet. Hier kann nicht argumentiert werden, die Behörde dürfe nicht die Beseitigung der gesamten Terrasse, sondern nur ihren Rückbau um 50 Zentimeter verfügen, da die Terrasse baulich als eine Einheit zu werten ist und daher der vollständige Abriss der Terrasse das Mittel der Wahl bleibt, um baurechtmäßige Zustände herzustellen. Allerdings dürfte die Behörde auch hier nicht den Abriss des gesamten Wohngebäudes verfügen, da insoweit zwischen diesem und der Terrasse eine hinreichende Teilbarkeit anzunehmen ist. ◀

II. Adressat

44 Eine bauordnungsrechtliche Verfügung muss wie jede Ordnungsverfügung an den richtigen Adressaten gerichtet werden. Die meisten Landesbauordnungen treffen hierzu eine gesonderte Regelung, nach der zunächst der Bauherr Gesamtverantwortlicher für das Bauvorhaben ist.[30] Darunter ist derjenige zu verstehen, der auf seine Verantwortung hin die Errichtung baulicher Anlagen vorbereitet oder ausführt bzw. vorbereiten und ausführen lässt.[31] Dies kann, muss aber nicht der Eigentümer oder der spätere Nutzer der Anlage sein. Diese Regelungen gelten aber nur, solange das Bauvorhaben noch nicht realisiert wurde, sondern sich noch im Verwirklichungsprozess befindet.[32] Ist etwa die Errichtung der Anlage abgeschlossen, gelten die bauordnungsrechtlichen Sonderregelungen nicht mehr. Es muss dann auf die Störerregeln des **allgemeinen Gefahrenabwehrrechts** zurückgegriffen werden.[33] Richtiger Adressat ist danach der Eigentümer der baulichen Anlage (Zustandsstörer) oder derjenige, durch dessen Verhalten die baurechtswidrige Anlage bzw. ihr baurechtswidriger Zustand geschaffen oder unterhalten wird (Verhaltensstörer). Im Ausnahmefall kann auch der sogenannte Nichtstörer in Anspruch genommen werden.[34]

45 Häufig stellt sich die Frage, inwieweit der Eigentümer einer Anlage als **Zustandsstörer** von der Behörde in Anspruch genommen werden darf, wenn die Gefahr durch ein Dazwischentreten **Dritter** entsteht. Die baurechtliche Rechtsprechung ist hier streng: Der Eigentümer muss für alle Gefahren einstehen, die von seinem Grundstück ausgehen, und damit auch für Gefahren, die durch Dritte hervorgerufen werden, weil er auch die entsprechende Sachherrschaft über die Gefahrenquelle hat. Dies entspricht auch

---

29 *Keller*, in: Spannowsky/Saurenhaus, BeckOK BauO NRW, § 82 Rn. 20.
30 § 41 LBO BW; Art. 49 BayBO; § 52 BauO Bln; § 52 BbgBO; § 52 I BremLBO; § 53 HBauO; § 55 HBO; § 52 LBauO MV; § 52 NBauO; § 52 BauO NRW; § 54 I, II 1 LBauO RP; § 52 LBO Saar; § 51 LBO LSA; § 52 SächsBO; § 53 LBO SH; § 52 ThürBO.
31 *Reichel/Schulte*, Handbuch Bauordnungsrecht, 2004, Kap. 11 Rn. 3.
32 Vgl. NdsOVG, ZfBR 2000, 349 (352); BayVGH, BauR 1980, 159 (159 f.).
33 *Finkelnburg/Ortloff/Otto*, Öffentliches Baurecht, Bd. 2, 7. Aufl. 2018, § 13 Rn. 67; *Hoppe/Bönker/Grotefels*, Öffentliches Baurecht, 4. Aufl. 2010, § 16 Rn. 4 ff., 101.
34 Vgl. beispielsweise §§ 12 II, 19 OBG iVm § 57 I 2 BauO NRW.

dem Gedanken der Sozialbindung des Eigentums, Art. 14 II GG.[35] Eine Ausnahme ist nur dort zu machen, wo die Gefahr dem Grundstück bzw. der Anlage nicht mehr **zurechenbar** ist.[36] Erforderlich ist dabei, dass die Gefahr ausschließlich durch Dritte hervorgerufen wird und in keinerlei Hinsicht auf das Grundstück bzw. die Anlage zurückzuführen ist. Dies hängt von einer Wertung im Einzelfall ab.

▶ **Beispiel:**[37] Mit der Errichtung eines Geschäftsgebäudes wurde begonnen, diese aber nicht abgeschlossen. Auch nach mehreren Jahren sind die Treppenaufgänge nicht abgesichert und es befinden sich zahlreiche Gefahrenquellen im Gebäude, z. B. einsturzbedrohte Wände. Das Objekt wird durch zahlreiche Obdachlose und Jugendliche genutzt, die sich – rechtswidrig – Zugang zum Grundstück verschaffen. Die Behörde erlässt der Eigentümerin des Objekts gegenüber eine Abrissverfügung, weil die Gefahr besteht, dass Menschen verletzt werden oder bei Unfällen sterben könnten. Hier ist jedenfalls die Eigentümerin wegen ihrer Sachherrschaft über das Objekt Zustandsverantwortliche. Die Gefahr entsteht zwar (auch) durch das rechtswidrige Betreten des Grundstücks durch Dritte, hat aber gleichwohl ihren Ursprung in dem Zustand des Gebäudes, insbesondere in den fehlenden Absicherungen. Zwar sind die Obdachlosen und Jugendlichen Handlungsstörer. Die Gefahr ist aber dem Objekt (ebenfalls) zurechenbar, so dass die Eigentümerin (ebenfalls) Störerin ist. ◀

III. Ermessen

In allen Landesbauordnungen wird der Erlass der bauordnungsrechtlichen Verfügungen in das Ermessen der Behörde gestellt. Damit sind zunächst die Vorgaben des allgemeinen Verwaltungsrechts sowie des Verwaltungsprozessrechts zu beachten. Gerichte können Ermessensentscheidungen nur eingeschränkt überprüfen, und zwar gemäß § 114 S. 1 VwGO nur dahingehend, ob die gesetzlichen Grenzen des Ermessens überschritten werden oder der Zweck der Ermächtigung nicht hinreichend beachtet worden ist, § 40 LVwVfG. Basis der Überprüfung ist die **Ermessensfehlerlehre**.[38] Zu berücksichtigen ist, dass das Ermessen sich auf drei Entscheidungen bezieht, die grundsätzlich jeweils getrennt zu prüfen sind. So hat die Baubehörde Ermessen hinsichtlich der Frage, ob sie überhaupt tätig wird und eine bauordnungsrechtliche Verfügung erlässt (Entschließungsermessen), hinsichtlich der Auswahl des Mittels, also ob etwa eine Abrissverfügung oder eine Nutzungsuntersagung erlassen wird (Mittelauswahlermessen) sowie, welchen Störer sie heranzieht, sofern eine Störermehrheit besteht (Störerauswahlermessen).

46

1. Entschließungsermessen

Stellt die Bauaufsichtsbehörde die formelle und/oder materielle Illegalität einer baulichen Anlage fest, verbleibt ihr grundsätzlich die Option, nicht einzuschreiten. Da es allerdings nach den Landesbauordnungen Aufgabe der Bauaufsichtsbehörden ist, die Einhaltung der öffentlich-rechtlichen Vorschriften zu gewährleisten, wird allgemein angenommen, dass das Recht, untätig zu bleiben, nur in begründeten Einzelfällen besteht und regelmäßig eingeschritten werden muss.[39] Auch hier zeigt sich die eingangs bereits

47

---

35 BVerfGE 102, 1 ff.
36 BVerfGE 102, 1 ff.; BVerwG, Beschl. v. 16.6.2005 – 3 B 129/04 –, juris.
37 Vgl. VG Gelsenkirchen, Urt. v. 1.10.2020 – 5 K 3313/19.
38 Dazu ausführlich *Hufen*, ZJS 2010, 603 ff.
39 BVerwG, NJW 1961, 793 ff.; BVerwG, NVwZ 1988, 824 ff.

beschriebene Strenge des öffentlichen Baurechts (Kap. 1 Rn. 53 ff.). Entscheidend ist im Einzelfall jeweils die Schwere der Gefahr bzw. der Störung.

48 Entscheidet sich die Behörde zum Tätigwerden, ist dies angesichts der gesetzlichen Aufgaben- und Befugniszuweisung daher in aller Regel nicht ermessensfehlerhaft. Nur in seltenen Fällen liegt eine Überschreitung der Ermessensgrenzen vor, wenn das Tätigwerden an sich unverhältnismäßig ist. Dies wird insbesondere in zwei Konstellationen angenommen: Entweder hat die Behörde die illegale Anlage bereits geduldet oder – und wichtiger – die betroffene Anlage ist bestandsgeschützt.

a) Duldung durch die Baubehörde

49 Jede bauordnungsrechtliche Verfügung hat zur Voraussetzung, dass die zuständige Behörde überhaupt Kenntnis vom baurechtswidrigen Zustand der baulichen Anlage hat. In der Praxis kommt es nicht selten vor, dass die Bauaufsichtsbehörde schon lange um die Illegalität einer Anlage weiß, jedoch zunächst nichts gegen diese unternimmt. Wird sie dann zu einem späteren Zeitpunkt tätig, stellt sich die Frage, ob die vorangehende Hinnahme des rechtswidrigen Zustands das behördliche Einschreiten hindert. Dieses Problem wird unter dem Begriff der Duldung bzw. der Verwirkung wegen Duldung des baurechtswidrigen Zustands erörtert.[40]

50 Es geht dabei um Anforderungen an das Verwaltungshandeln, die sich aus dem Rechtsstaatsprinzip ergeben: Repressives staatliches Handeln ist unzulässig, wenn es sich als unverhältnismäßig erweist, weil damit die Grenzen des Ermessens überschritten sind (**Ermessensüberschreitung**). Ein solcher Fall liegt vor, wenn der Adressat auf das Ausbleiben einer Eingriffsmaßnahme **vertrauen** durfte. Dies ist eine Frage der **Abwägung** zwischen Vertrauensschutz des Bürgers und dem staatlichen Interesse, den baurechtswidrigen Zustand zu beseitigen. Der Vertrauensschutz des Adressaten überwiegt dabei nur selten, um die Ordnungsfunktion der Rechtsordnung nicht zu sehr zu relativieren. Aus diesem Grund wird die Möglichkeit des Schutzes unter Aspekten der Duldung oder der Verwirkung des behördlichen Eingriffsrechts zum Teil sogar gänzlich abgelehnt.[41] Während nämlich eine rechtswidrige Baugenehmigung grundsätzlich nach § 48 LVwVfG zurückgenommen werden könne, wäre bei Annahme einer Verwirkung das ordnungsbehördliche Vorgehen gegen eine formell illegale Anlage ausgeschlossen. Insoweit könne es Fälle geben, in denen formell illegale Bauten besser stünden als rechtswidrig genehmigte Anlagen.

51 Aber auch wenn man gegen diese Auffassung eine Verwirkung des behördlichen Eingriffsrechts durch Duldung einer Anlage für möglich hält, so ist diese nur in dem seltenen Fall des überwiegenden Vertrauensschutzes des Bürgers anzunehmen. Hierfür bedarf es aber gewichtiger Gründe. Nicht ausreichend ist, was allerdings häufig vorgetragen wird, dass der baurechtswidrige Zustand schon lange Zeit besteht und die Behörde davon wusste. Die Behörde muss vielmehr zusätzlich **signalisiert** haben, den baurechtswidrigen Zustand tolerieren zu wollen. Einfaches Nichtstun der Behörde reicht also nicht aus. Es bedarf vielmehr einer **aktiven Duldung**, etwa wenn die Behörde – irrig – dem Bauherrn gegenüber erklärt, die Anlage sei rechtmäßig.[42]

---

[40] Vgl. BVerfG, NVwZ 2005, 203 f.; *Muckel/Ogorek*, Öffentliches Baurecht, 3. Aufl. 2018, § 9 Rn. 43; allgemein dazu *Sommer*, JA 2017, 567 ff.
[41] OVG NRW, NWVBl. 1992, 205; *Erbguth*, Öffentliches Baurecht, 5. Aufl. 2009, § 13 Rn. 61.
[42] OVG NRW, NVwZ-RR 2016, 851 (852 f.).

§ 3 Rechtmäßigkeitsvoraussetzungen von Bauordnungsverfügungen

b) Bestandsgeschützte Anlagen

Ein wichtiger Aspekt des Vertrauensschutzes des Bürgers wird unter dem Begriff des **passiven Bestandsschutzes** diskutiert. Der passive Bestandsschutz betrifft die Frage, ob und ggf. inwieweit die Behörde mittels Verfügung eine bestehende Anlage bzw. Nutzung beschränken darf (Kap. 3 Rn. 257). Da es sich bei der Figur des passiven Bestandsschutzes um eine Beschränkung staatlicher Eingriffsbefugnisse handelt, bedarf es – anders als im Fall des aktiven Bestandsschutzes (Kap. 3 Rn. 257) – keiner eigenen gesetzlichen Regelung der Details:[43] Es geht beim passiven Bestandsschutz nicht um den Umfang der Baufreiheit, der als Ausfluss von Art. 14 I 1 GG einfachgesetzlich zu bestimmen ist, sondern um die Abwehr eingreifender Handlungen. Der passive Bestandsschutz ergibt sich daher unmittelbar aus Art. 14 I 1 GG.

Anders als bei der Verwirkung bzw. Duldung ergibt sich beim passiven Bestandsschutz das berechtigte Vertrauen des Adressaten auf Nichteinschreiten der Behörde nicht durch deren Verhalten, sondern aufgrund der **Rechtslage**: Repressive Maßnahmen sind unverhältnismäßig und damit rechtswidrig, wenn die betroffene Anlage bzw. deren Nutzung jedenfalls eine Zeitlang mit der Rechtsordnung in Einklang stand. Hierbei wird unterstellt, dass der betroffene Adressat der Maßnahme hiervon wusste und wegen der (jedenfalls zeitweisen) Kongruenz von Anlage bzw. ihrer Nutzung und der Rechtsordnung auf ein Ausbleiben repressiver Maßnahmen der Behörde vertraut hat und vertrauen durfte.

Unter welchen Voraussetzungen passiver Bestandsschutz besteht, ist im Einzelnen auch umstritten. Die Rechtsprechung hat bestimmte **Fallgruppen** entwickelt, die aber nicht abschließend sind.

- Streng genommen ist zunächst der Fall fehlender formeller Illegalität erfasst, d. h., der Bauherr verfügt über eine wirksame Baugenehmigung. In diesem Falle vermittelt die bestehende Baugenehmigung einen entsprechenden Vertrauensschutz. Es handelt sich um den (Regel-)Fall formellen Bestandsschutzes. Die Rechtmäßigkeit einer etwaigen Verfügung scheitert dann wegen fehlender formeller Illegalität bereits am Tatbestand (Kap. 4 Rn. 30).
- Zum Zeitpunkt der Realisierung des Bauvorhabens fehlte zwar eine Genehmigung, die Anlage bzw. ihre Nutzung war aber über die ganze Zeit **materiell legal**.[44] Hier überwiegt der Bestandsschutz, weil das Vorhaben immer materiell legal war. Anderenfalls könnte das Fehlen einer Genehmigung ein zulässiges Vorhaben verhindern, was aus Gründen der Verhältnismäßigkeit nicht überzeugend ist.
- Zum Zeitpunkt der Realisierung war das Bauvorhaben formell und materiell illegal, im Nachhinein war es aber – zumindest kurzzeitig – materiell legal.[45] Dies kann sich aus geänderten tatsächlichen Rahmenbedingungen, vor allem aber durch Änderung der maßgeblichen Bauleitpläne ergeben. Auch hier ist eine Verfügung rechtswidrig, weil unverhältnismäßig: Das Vorhaben war zu einem zurückliegenden Zeitpunkt materiell legal, woraus sich ein berechtigtes Vertrauen des Bauherrn ergibt. Etwas anderes gilt nur dann, wenn das Vorhaben nur für sehr kurze Zeit

---

43 Anders Kaiser, in: Ehlers/Fehling/Pünder (Hrsg.), Besonderes Verwaltungsrecht, Bd. 2, 4. Aufl. 2020, § 41 Rn. 135.
44 BVerwG, NJW 1971, 1624 (1625).
45 BVerwG, NJW 1980, 252; NJW 1971, 1624 (1625).

materiell legal war. In der Regel werden hier drei Monate als Mindestzeitraum angegeben.[46]

▶ **Beispiel:** A errichtet ein Wohnhaus ohne Genehmigung im Außenbereich. Nach zwei Jahren wird ein Bebauungsplan erlassen, der für das Gebiet ein Wohngebiet festsetzt. Weitere drei Jahre später wird der Bebauungsplan wieder aufgehoben. Hier war das Vorhaben zwar zu Beginn formell wie materiell illegal. Durch den Bebauungsplan war es aber zumindest für drei Jahre materiell legal, so dass A hinreichenden Vertrauensschutz genießt. Eine Abrissverfügung wäre daher nun ermessensfehlerhaft. ◀

Schutz vorhandener baulicher Anlagen vor Veränderungen

	Aktiver Bestandsschutz	Passiver Bestandsschutz	
Initiator der Veränderung	Bauherr	Behörde	
Ziel der Veränderung	anderweitige Nutzung	Herstellung eines baurechtskonformen Zustands	
Bedeutung des Bestandsschutzes	Berechtigung zur Vornahme gewisser baulicher Veränderungen oder Erweiterungen	Schutz vor behördlichen Eingriffen in den aktuellen Bestand (z. B. in Form einer Abrissverfügung oder Nutzungsuntersagung)	
Geschütztes Interesse	Nutzungsinteresse des Bauherrn	Bestandsinteresse des Bauherrn	
Rechtliche Folge	Anspruch auf Genehmigung	Sofern das Bestandsinteresse des Bauherrn das öffentliche Interesse an der Herstellung eines baurechtskonformen Zustands überwiegt, ist eine Bauordnungsverfügung unverhältnismäßig und daher rechtswidrig	
Rechtsgrundlage	früher: Art. 14 I 1 GG heute: Anspruch auf Genehmigung besteht nur, wenn es dafür eine **einfachgesetzliche Grundlage** gibt, z. B. § 35 IV BauGB	Art. 14 I 1 GG, sofern der Bauherr darauf **vertrauen** durfte, dass es keine repressiven Verfügungen geben wird	Wann Bestandsschutz bestehen **kann** (Fallgruppen Rspr.): 1) Die Anlage ist genehmigt. 2) Die Anlage war materiell rechtmäßig. 3) Die Anlage war mindestens drei Monate lang materiell rechtmäßig.

©npridik.de

2. Auswahlermessen

55 Ist die Entscheidung der Behörde, gegen eine formell bzw. materiell illegale bauliche Anlage vorzugehen, nicht zu beanstanden, stellt sich die Frage, welches Mittel gewählt werden, d. h. welchen Inhalt die bauordnungsrechtliche Verfügung haben darf. Auch hier hat die Behörde grundsätzlich einen Ermessensspielraum, der gemäß § 114 S. 1 VwGO nur eingeschränkt gerichtlich überprüfbar ist.

56 Bei der **Abrissverfügung** und der **Nutzungsuntersagung** wird die Reichweite des Auswahlermessens allerdings teilweise abweichend beurteilt. Nach einer Ansicht in der Literatur soll im Hinblick auf diese Verfügungen nämlich ein Fall des sogenannten **intendierten Ermessens** vorliegen.[47] Das bedeutet, dass der Erlass dieser Maßnahmen grundsätzlich vom Gesetzgeber gewollt ist und die Behörde nur ausnahmsweise und unter besonderer Begründung etwas anderes verfügen darf. Zwar spricht zunächst einiges für die Annahme intendierten Ermessens, weil sich die Frage stellt, was die Behörde anderes tun soll, wenn eine Nutzung formell illegal ist bzw. eine Anlage

---

46 Lindner, DÖV 2014, 313 (320 f.).
47 Ortloff, NVwZ 2004, 934 (942); Muckel/Ogorek, Öffentliches Baurecht, 3. Aufl. 2018, § 9 Rn. 42; OVG MV, Beschl. v. 19.1.2016 – 3 L 161/11 –, juris (zur Nutzungsuntersagung).

formell sowie materiell illegal ist, als deren Nutzung zu untersagen bzw. deren Abriss anzuordnen. Gleichwohl ergibt sich ein intendiertes Ermessen nicht hinreichend aus dem Gesetz oder aus sonstigen Überlegungen, zumal die Frage der Verhältnismäßigkeit hier stets eine entscheidende ist, deren Beantwortung aber stets von den Umständen des Einzelfalles abhängt. Ohne den Einzelfall klar geprüft zu haben, ist eine Aussage über die Verhältnismäßigkeit einer Nutzungsuntersagung oder Abrissverfügung kaum möglich.

▶ **Beispiel:** Ein Wohnhaus ist nicht genehmigt. Es verfügt nicht über angemessene Rettungswege und ist damit sowohl formell als auch materiell illegal. Die Annahme eines intendierten Ermessens bezüglich einer Abrissverfügung hilft hier nicht, weil gleichwohl zu überprüfen ist, ob es nicht mildere Mittel gäbe, die gleich geeignet wären, den baurechtswidrigen Zustand abzustellen. ◀

a) Typischer Ermessensfehler: Ermessensüberschreitung

Ein typischer Fehler der Auswahlermessensausübung beim Erlass von Bauordnungsverfügungen betrifft die Überschreitung der gesetzlichen Ermessensgrenzen in Gestalt des **Verhältnismäßigkeitsgrundsatzes**. Insbesondere im Rahmen der **Geeignetheit** der Anordnung muss darauf geachtet werden, dass der gewählte Verfügungsinhalt geeignet ist, den im Fall maßgeblichen Rechtsverstoß wirksam zu beseitigen. So kommt etwa eine Nutzungsuntersagung nur dann in Betracht, wenn der Gesetzesverstoß gerade in einer illegalen Nutzung liegt. Sie scheidet aus, wenn sich der Rechtsverstoß beispielsweise in der Unterschreitung von Abstandsflächen begründet.

Im Rahmen der **Erforderlichkeitsprüfung** ist, wie stets, darauf zu achten, dass die Behörde das mildeste, aber gleich geeignete Mittel einzusetzen hat.

▶ **Beispiel:** Ein Gebäude droht einzustürzen, weil es nicht (mehr) standsicher ist. Die Behörde ordnet daher den Abriss des Gebäudes an. Kann hier die Standsicherheit aber durch Erneuerung einzelner tragender Wände gewährleistet werden, wäre eine bauordnungsrechtliche Verfügung mit dem Inhalt, dieses Auswechseln vorzunehmen, gleich geeignet wie ein Abriss, aber wesentlich weniger eingreifend, weil die bauliche Anlage nicht irreversibel beseitigt werden müsste. ◀

Im Rahmen der **Angemessenheit** kommt es wie stets auf eine Abwägung der widerstreitenden rechtlichen Interessen an. Besonderheiten sind allerdings beim Erlass der **Nutzungsuntersagung** zu beachten: Die Nutzungsuntersagung verlangt auf Tatbestandsseite **nur die formelle Illegalität** des Bauvorhabens. Gleichwohl lässt die Rechtsprechung auf Rechtsfolgenseite in der Angemessenheitsprüfung der Maßnahme die Frage nach der materiellen Illegalität wieder aufleben: Weist eine Nutzungsuntersagung im Einzelfall eine gesondert festzustellende besondere Eingriffsintensität auf, etwa weil ein Gewerbebetrieb untersagt wird und dadurch die Existenz des Gewerbetreibenden in Gefahr ist, kann sie unangemessen sein.[48] Dies kann aber nur ausnahmsweise angenommen werden. Umgekehrt kann die Nutzungsuntersagung dann wiederum ausnahmsweise angemessen sein, wenn der Gewerbebetrieb nicht nur formell, **sondern auch materiell illegal** ist. Denn dann weist er einen solch schweren baurechtlichen Verstoß auf, dass selbst die schwerwiegende Nutzungsuntersagung angemessen

---

48 Etwa OVG NRW, Beschl. v. 18.11.2019 – 10 B 1422/19 –, juris, Rn. 8.

erscheint.[49] Das Erfordernis der materiellen Illegalität dient hier also als **kompensatorischer Ausgleich** zur Eingriffsintensität.

▶ **Beispiel:** A betreibt ein formell illegales Einzelhandelsgeschäft. Ihm wird die weitere Nutzung untersagt. Dies stellt sich hier für A, der über keinerlei andere Erwerbsquelle verfügt, als besonders schwerwiegend dar, weil die Nutzungsuntersagung einer Gewerbeuntersagung gleichkommt. Daher ist die Nutzungsuntersagung ermessensfehlerhaft, weil unverhältnismäßig. Etwas anderes würde nur gelten, wenn der Laden des A auch materiell illegal wäre. ◀

60 Dagegen ist eine **Nutzungsuntersagung** auch ohne besondere Eingriffswirkung unverhältnismäßig, d. h. unangemessen, wenn das Vorhaben zwar formell illegal, materiell aber offensichtlich legal ist. In diesem Fall könnte der Bauherr jederzeit einen erfolgreichen Bauantrag stellen. In einem solchen Fall dennoch die Nutzung zu untersagen, steht angesichts der Genehmigungsfähigkeit des Vorhabens außer Verhältnis zum Eingriff, den die Untersagung bedeutet. Die Rechtsprechung nimmt einen solchen unverhältnismäßigen Eingriff allerdings nur dann an, **wenn bereits ein Bauantrag** zur nachträglichen Legalisierung der betroffenen Nutzung **gestellt** wurde und das Vorhaben **offensichtlich genehmigungsfähig** ist.[50] Denn dann erscheint es nur als eine Frage der Zeit, bis eine formell wie materiell legale Nutzung vorliegt, eine Untersagung erscheint bei Abwägung der widerstreitenden Interessen unangemessen.

b) Typischer Ermessensfehler: Ermessensfehlgebrauch

61 Eine weitere Begrenzung ergibt sich durch den Zweck der Ermächtigungsgrundlage: Der Erlass der bauordnungsrechtlichen Verfügungen dient allein der Abwehr von Gefahren. Daher darf die Baubehörde bei ihrer Entscheidung, welchen Inhalt die bauordnungsrechtliche Verfügung aufweisen soll, auch nur solche Aspekte heranziehen, die diesem Zweck entsprechen. Andernfalls liegt ein Ermessensfehlgebrauch vor, weil sachwidrige Erwägungen angestellt werden. Ein solcher Fehlgebrauch wäre etwa anzunehmen, wenn die Baubehörde bei der Wahl ihres Mittels ausschließlich auf finanzielle Interessen des Betroffenen abstellt.[51] Entscheidend ist, welches Mittel effektiv die Gefahr beseitigt, und nicht, welches Mittel am kostengünstigsten ist.

---

49 OVG NRW, BauR 2005, 853; NWVBl. 2014, 466 (467); vgl. *Stollmann/Beaucamp*, Öffentliches Baurecht, 13. Aufl. 2022, § 19 Rn. 20.
50 OVG NRW, BauR 2015, 1963 ff.; Beschl. v. 18.7.2016 – 7 B 745/16; dazu auch *Keller*, in: Spannowsky/Saurenhaus (Hrsg.), BeckOK-BauO NRW, 1.12.2022, § 82 Rn. 33.
51 VG Gelsenkirchen, Urt. v. 1.10.2020 – 5 K 3313/19 –, juris, Rn. 44 ff.

§ 3 Rechtmäßigkeitsvoraussetzungen von Bauordnungsverfügungen § 3

IV. Fallbeispiel

1. Sachverhalt

A erwirbt eine ehemalige baurechtlich genehmigte Speisegaststätte in der nordrhein-westfälischen Stadt S und wandelt sie zu einer Wasserpfeifengaststätte (Shisha-Bar) um. Eine Baugenehmigung beantragt er zunächst nicht, holt aber eine gaststättenrechtliche Erlaubnis ein. Bei regelmäßigen Razzien, insbesondere auch der Baubehörde,

62

wird die fehlende Genehmigung nicht thematisiert. Für das Gebiet, in der sich die Gaststätte befindet, existiert auf Grundlage eines Planaufstellungsbeschlusses eine rechtmäßige Veränderungssperre, die die Ansiedlung von Vergnügungsstätten verbietet. Nach einiger Zeit erlässt die zuständige Baubehörde nach Anhörung schriftlich eine formell rechtmäßige Nutzungsuntersagung und begründet dies damit, dass der Shisha-Bar die erforderliche Baugenehmigung fehle. Im Übrigen habe A erhebliche Schulden und sei wirtschaftlich nicht leistungsfähig, weshalb ein wirtschaftlicher Betrieb nicht geduldet werden könne. Daraufhin beantragt A die Erteilung einer Baugenehmigung.

Ist die Nutzungsuntersagung rechtswidrig?

2. Lösungshinweise

63 Die Nutzungsuntersagung ist rechtswidrig, wenn sie nicht auf einer tauglichen Ermächtigungsgrundlage beruht oder formell oder materiell nicht den gesetzlichen Anforderungen entspricht.

a) Ermächtigungsgrundlage

64 Eine Nutzungsuntersagung kann nach § 82 S. 2 BauO NRW erlassen werden.[52]

b) Formelle Rechtmäßigkeit

65 Die Untersagung müsste formell rechtmäßig sein. Dies ist hier laut Sachverhalt der Fall. Die Zuständigkeit der Behörde richtet sich nach § 57 I 2 iVm I 1 Nr. 3 lit. a BauO NRW, das Verfahren, insbesondere die gemäß § 28 I VwVfG NRW erforderliche Anhörung, hat ordnungsgemäß stattgefunden. Auch die Form des § 20 OBG NRW ist gewahrt worden.

c) Materielle Rechtmäßigkeit

66 Die Untersagung ist materiell rechtmäßig, wenn die Tatbestandsvoraussetzungen vorliegen und eine rechtsfehlerfreie Rechtsfolge gewählt worden ist.

aa) Tatbestand

67 Eine Nutzungsuntersagung kann nach § 82 S. 2 BauO NRW erlassen werden, wenn eine Anlage im Widerspruch zu öffentlich-rechtlichen Vorschriften genutzt wird.

(1) Anlage

68 Die Shisha-Bar könnte eine Anlage in Gestalt einer baulichen Anlage iSv § 2 I BauO NRW sein. Nach § 2 I 1 BauO NRW sind bauliche Anlagen solche, die mit dem Erdboden verbunden und aus Bauprodukten hergestellt sind. Dies ist bei der Shisha-Bar der Fall. Unabhängig davon, ob die Anlage mit dem Erdboden verbunden ist, liegt sie aufgrund eigener Schwere auf dem Erdboden auf, was gemäß § 2 I 2 BauO NRW ausreichend ist.

---

52 Zu den nach Landesrecht jeweils einschlägigen Ermächtigungsgrundlagen siehe oben Fn. 5.

§ 3 Rechtmäßigkeitsvoraussetzungen von Bauordnungsverfügungen

(2) Widerspruch zu öffentlich-rechtlichen Vorschriften

Die Nutzung der (baulichen) Anlage müsste öffentlich-rechtlichen Vorschriften widersprechen. Hierbei ist zwischen formeller und materieller Baurechtswidrigkeit zu unterscheiden.

Formelle Illegalität bedeutet, dass die Anlage bzw. ihre Nutzung trotz Genehmigungspflicht nicht von einer wirksamen Baugenehmigung gedeckt ist. Dies kann der Fall sein, wenn es an einer Baugenehmigung von vornherein fehlt, wenn diese unwirksam oder zurückgenommen worden ist oder wenn das realisierte Vorhaben und das genehmigte Vorhaben einander nicht entsprechen. Vorliegend hat A keine Baugenehmigung eingeholt, weswegen die Nutzung formell illegal ist, wenn sie genehmigungsbedürftig wäre. Nach § 60 I BauO NRW ist vorbehaltlich hier nicht ersichtlicher Ausnahmen u. a. die Nutzungsänderung von baulichen Anlagen genehmigungsbedürftig.[53] Eine bauliche Anlage liegt vor. Fraglich ist, ob A deren Nutzung geändert hat. Von einer Nutzungsänderung ist auszugehen, wenn es zu einem Wechsel des Nutzungszwecks kommt und die neue Nutzung möglicherweise anderen öffentlich-rechtlichen Vorschriften oder zwar den gleichen Anforderungen wie die ehemalige Nutzung, aber in anderer Intensität unterliegt und daher ein erneutes Genehmigungsverfahren erforderlich werden lässt.

Vorliegend wurde aus einer gewöhnlichen Gaststätte eine Shisha-Bar. Diese könnte bereits bauplanungsrechtlich anders, nämlich als Vergnügungsstätte und nicht mehr als Speisewirtschaft zu beurteilen sein. Im Übrigen unterliegen Shisha-Bars möglicherweise anderen Sicherheitsvorschriften, etwa hinsichtlich der Belüftung oder des Brandschutzes. Von daher liegt eine Nutzungsänderung vor.

Die Baugenehmigung ist auch nicht vor dem Hintergrund der erteilten gaststättenrechtlichen Erlaubnis entbehrlich. Zwar sieht das Gesetz an manchen Stellen, etwa in § 13 BImSchG, eine sogenannte Konzentrationswirkung vor, bei der es nur einer besonderen Genehmigung bedarf, in der andere Genehmigungen aufgehen. Im Gaststättenrecht ist eine solche Wirkung der gaststättenrechtlichen Genehmigung aber nicht angeordnet.[54] Die Shisha-Bar wird also nicht durch gaststättenrechtliche Erlaubnis zugleich baurechtlich legalisiert. Die Shisha-Bar wird also formell illegal betrieben.

Fraglich ist, ob die formelle Illegalität bereits für die Bejahung des Tatbestandes der Ermächtigungsgrundlage genügt oder ob es darüber hinaus auch der materiellen Illegalität des Vorhabens, hier: der Nutzungsänderung, bedarf. Diese Frage hängt aus Gründen der Verhältnismäßigkeit von der Eingriffswirkung der Maßnahme ab, wobei dies auf Ebene des Tatbestandes grundsätzlich abstrakt zu beurteilen ist. Dabei ist mittlerweile anerkannt, dass Nutzungsuntersagungen im Einzelfall zwar schwerwiegend sein können, abstrakt besehen aber keine solch intensive Eingriffswirkung haben, dass sie zum Ausgleich ihrer Eingriffswirkung stets schon tatbestandlich materielle Illegalität des Vorhabens zur Voraussetzung haben müssten. Dafür spricht, dass eine Nutzungsuntersagung keine vollendeten Tatsachen schafft, sondern jederzeit reversibel ist. Vor diesem Hintergrund ist der Tatbestand mit Vorliegen der formellen Illegalität grundsätzlich erfüllt.

---

[53] § 49 BO BW; Art. 55 I BayBO; § 59 I BauO Bln; § 59 I BbgBO; § 59 I 1 BremLBO; § 59 I 1 HBauO; § 62 I 1 HBO; § 59 I 1 LBauO M-V; § 59 I NBauO; § 60 I BauO NRW; § 61 BauO RP; § 60 I LBO Saar; § 58 I BauO LSA; § 59 I SächsBO; § 59 I LBO SH; § 59 I ThürBO.

[54] BVerwG, Urt. v. 17.10.1989 – 1 C 18.87 –, juris.

74 Eine Ausnahme von diesem Grundsatz ist aber dann zuzulassen, wenn sich die Behörde ausdrücklich auf die materielle Illegalität beruft. Denn es entspricht dem Grundsatz der Rechtsstaatlichkeit, dass die Behörde, wenn sie ihren Prüfungsmaßstab freiwillig erweitert, diesen auch ordnungsgemäß anwenden muss, und dies insoweit gerichtlich zu überprüfen ist. Fraglich ist daher für die Bejahung des Tatbestandes ausnahmsweise doch, ob die formell illegale Nutzung auch materiell illegal ist. Materiell illegal ist eine Nutzung bzw. eine Anlage, für die keine Baugenehmigung erteilt werden dürfte, die also nicht genehmigungsfähig ist. Nach § 74 I BauO NRW setzt die Genehmigungsfähigkeit voraus, dass der Nutzung bzw. der Anlage keine öffentlich-rechtlichen Vorschriften entgegenstehen.[55] Dies könnte hier allerdings der Fall sein, wenn die Shisha-Bar gegen die Veränderungssperre verstößt. Eine Veränderungssperre ist eine Satzung, § 16 I BauGB, und damit eine öffentlich-rechtliche Rechtsvorschrift. Sie hat gemäß § 14 I Nr. 1 BauGB zur Folge, dass Vorhaben im Sinne von § 29 BauGB nicht durchgeführt werden dürfen, sofern sie der Planung entgegenstehen. Letzteres ist zwar kein ausdrückliches Tatbestandsmerkmal des § 14 BauGB, ergibt sich aber vor dem Hintergrund des Art. 14 I 1 GG, weil allein der Schutz der Planungshoheit der Gemeinde, Art. 28 II 1 GG, es hier zu rechtfertigen vermag, die Baufreiheit einzuschränken.

75 Die Veränderungssperre ist laut Sachverhalt rechtmäßig und damit wirksam.[56] Die Nutzung der Anlage als Shisha-Bar müsste ein Vorhaben im Sinne des § 29 I BauGB sein, was u. a. die Änderung der Nutzung einer baulichen Anlage umfasst. Eine Nutzungsänderung iSv § 29 I BauGB liegt vor, weil die Shisha-Bar möglicherweise anderen bauplanungsrechtlichen Anforderungen unterliegt. Die Shisha-Bar ist möglicherweise im Hinblick auf die Art ihrer baulichen Nutzung anders zu bewerten als die zuvor in der Anlage betriebene Gaststätte. Die Nutzungsänderung widerspricht auch dem Zweck der Veränderungssperre, weil es gerade der Zweck der Planung ist, entsprechende Nutzungen zu verhindern. Andere Verstöße gegen öffentlich-rechtliche Vorschriften sind nicht ersichtlich.

76 Die Tatbestandsvoraussetzungen für den Erlass der Nutzungsuntersagung liegen vor.

bb) Adressat

77 A ist als Eigentümer der Anlage und als Verantwortlicher für den Betrieb der Bar sowohl als Zustandsstörer, § 18 OBG NRW, als auch als Verhaltensstörer, § 17 OBG NRW, richtiger Adressat der Verfügung.[57]

d) Rechtsfolge

78 Als Rechtsfolge räumt § 82 S. 2 BauO NRW der Behörde einen Ermessensspielraum ein, dessen Ausnutzung gerichtlich gemäß § 114 S. 1 VwGO nur eingeschränkt, namentlich auf die Überschreitung gesetzlicher Grenzen und auf die Beachtung des Zwecks der Ermächtigungsgrundlage, überprüfbar ist.

---

55 § 58 I 1 LBO BW; § 68 I 1 BayBO; § 71 I 1 BauO Bln; § 72 I 1 BbgBO; § 72 I 1 BremLBO; § 72 I 1 HBauO; § 74 I HBO; § 72 I LBauO M-V; § 70 I 1 NBauO; § 74 I 1 BauO NRW; § 70 I 1 LBauO RP; § 72 I SächsBO; § 73 I 1 LBO Saar; § 71 I 1 BauO LSA; § 72 I 1 LBO SH; § 71 I 1 ThürBO.
56 In Klausuren kann es hier zu einer Inzidentprüfung der Rechtmäßigkeit der Veränderungssperre kommen.
57 §§ 6, 7 PolG BW; Art. 7, 8 PAG (Bayern); §§ 13, 14 ASOG Bln; §§ 16, 17 OBG BB; §§ 5, 6 BremPolG; §§ 8, 9 SOG (Hamburg); §§ 6, 7 HSOG; §§ 69, 70 SOG M-V; §§ 6, 7 NPOG; §§ 17, 18 OBG NRW; §§ 4, 5 POG RP; §§ 4, 5 SPolG; §§ 14, 15 SächsPBG; §§ 7, 8 SOG LSA; §§ 218, 219 LVwG SH; §§ 10, 11 ThürOBG.

aa) Entschließungsermessen

Fraglich ist, ob die Entscheidung der Behörde über das Ob des Erlasses der Nutzungsuntersagung ermessensfehlerhaft war.

Ein Ermessensfehlgebrauch liegt vor, wenn die Behörde ihrer Entscheidung andere Aspekte zugrunde gelegt hat, als von der Ermächtigungsgrundlage gedeckt sind. § 82 S. 2 BauO NRW dient der baurechtlichen Gefahrenabwehr, so dass die Behörde allein solche Aspekte bei der Frage, ob sie die Nutzungsuntersagung erlässt, zu berücksichtigen hat. Allerdings genügt es dabei, wenn ein tragender Aspekt mit dem Ermessenszweck übereinstimmt, die Behörde also die Maßnahme auch erlassen hätte, wenn sie die übrigen, gegebenenfalls ermessenszweckwidrigen Erwägungen unbeachtet gelassen hätte.[58] Zwar ist hier die Frage der wirtschaftlichen Leistungsfähigkeit keine gefahrenabwehrrechtliche, sondern eine in der Person des Nutzers liegende Überlegung.[59] Allerdings stützt die Behörde die Untersagung (auch) maßgeblich auf die Baurechtswidrigkeit und damit einen gefahrenabwehrbezogenen Aspekt. Auch ohne Berücksichtigung des Aspekts der wirtschaftlichen Situation des A hätte die Behörde die Nutzung untersagt („im Übrigen"). Daher liegt mit der formellen Baurechtswidrigkeit zumindest ein tragfähiger, ermessensgerechter Aspekt vor. Ein Ermessensfehlgebrauch scheidet aus.

Die Entscheidung der Behörde, die Nutzungsuntersagung zu erlassen, könnte aber unverhältnismäßig sein. Verhältnismäßig ist eine Maßnahme, wenn sie einem legitimen Zweck dient, zu dessen Erreichen sie geeignet und erforderlich und insgesamt angemessen ist.

Der Zweck der Nutzungsuntersagung – die Abwehr baurechtlicher Gefahren und die Wiederherstellung rechtmäßiger Baurechtszustände – ist offenkundig legitim, die Nutzungsuntersagung ist dabei auch unproblematisch geeignet, diesen Zweck zu fördern. Andere, mildere, aber gleich geeignete Mittel sind nicht ersichtlich. Fraglich ist aber, ob die Nutzungsuntersagung angemessen ist. Dies setzt voraus, dass der Zweck der Maßnahme nicht außer Verhältnis zu der Intensität des mit ihr verbundenen Eingriffs in die Rechtsgüter des Betroffenen steht. Die Nutzungsuntersagung könnte hier unangemessen sein, wenn A auf ein Ausbleiben der Maßnahme vertrauen durfte. Davon ist auszugehen, wenn die Behörde A gegenüber signalisiert hat, gegen die Nutzung seiner Anlage nicht vorzugehen, die (rechtswidrige) Nutzung also zu **dulden**. Von einer Duldung kann aber nur ausgegangen werden, wenn diese aktiv erfolgt. Ein reines behördliches Unterlassen genügt nicht, weil insoweit kein schützenswertes Vertrauensmoment entstehen kann. Vorliegend ist die Behörde zwar trotz Kenntnis der Illegalität nicht gegen die Shisha-Bar vorgegangen. Ein durch aktives Tun entstandenes Vertrauensmoment zugunsten des A ist aber nicht erkennbar. Die Behörde hat in keiner Weise signalisiert, sich mit der Rechtswidrigkeit der Nutzung abzufinden. Insoweit stehen A nicht genügend Vertrauensaspekte zur Seite, die ein Vertrauen auf das Ausbleiben bauordnungsrechtlicher Maßnahmen rechtfertigen könnten.

Eine Unangemessenheit der Nutzungsuntersagung könnte sich weiter daraus ergeben, dass sie die wirtschaftliche Existenz des A zu vernichten droht und in ihrer Wirkung einer irreversiblen Abrissverfügung gleichkommt. In solchen Fällen kann es ausnahmsweise darauf ankommen, ob das Vorhaben auch materiell illegal ist. Denn weist die Nutzungsuntersagung im Einzelfall eine Eingriffsintensität auf, wie sie üblicherweise

---
58 BVerwGE 61, 215 (222).
59 OVG RhPf, NJOZ 2008, 393 (395 f.).

nur Abrissverfügungen zukommt, ist es auch gerechtfertigt, wie bei der Abrissverfügung ausnahmsweise neben der formellen auch die materielle Illegalität zu verlangen. Unabhängig davon, ob die Nutzungsuntersagung hier tatsächlich eine entsprechende Intensität aufweist, stellt sich die Shisha-Bar aus den benannten Gründen aber ohnehin auch als materiell illegal dar, weil sie wegen der Veränderungssperre nicht genehmigungsfähig ist. Die Nutzungsuntersagung erwiese sich also selbst im Falle eines intensitätsbezogenen Gleichlaufs mit der Abrissverfügung als angemessen.

84 Eine Unangemessenheit der Nutzungsuntersagung könnte sich schließlich daraus ergeben, dass A zwischenzeitlich einen Bauantrag gestellt hat. Der Bauantrag könnte die Nutzungsuntersagung dann unangemessen werden lassen, wenn klar ist, dass die beantragte Baugenehmigung zu erteilen ist, es also nur noch eine Frage der Zeit ist, bis es sich um eine formell wie materiell legale Nutzung handelt. Vorliegend hat A zwar den Antrag gestellt. Die Nutzungsänderung ist aber offensichtlich materiell illegal und damit nicht genehmigungsfähig, weil ihr die wirksame Veränderungssperre entgegensteht. Von daher ist die Nutzungsuntersagung auch trotz laufenden Bauantrags nicht unangemessen.

bb) Auswahlentscheidung

85 Hinsichtlich des Inhalts der Verfügung (Untersagung der Nutzung) und auch in Bezug auf die Auswahl des Adressaten sind Ermessensfehler nicht ersichtlich.

e) Ergebnis

86 Die Nutzungsuntersagung ist formell wie materiell rechtmäßig.

Wiederholungsfragen

1. Warum unterscheidet man bei Bauordnungsverfügungen zwischen formeller und materieller Illegalität und warum ist dies zwingend? (Kap. 4 Rn. 24 f.)
2. A betreibt ein Hotel mit 25 Betten, das nur über eine Baugenehmigung für 13 Betten verfügt. Die Behörde möchte A deshalb die Hotelnutzung untersagen. Darf sie das bereits wegen der 25 Betten oder muss sie materielles Baurecht prüfen? (Kap. 4 Rn. 39 f.)
3. Welche Folgen hat es für die Prüfung der Rechtmäßigkeit der Nutzungsuntersagung in Ziffer 2, wenn die Behörde sich ausdrücklich darauf beruft, das Hotel erfülle auch nicht die brandschutzrechtlichen Anforderungen? (Kap. 4 Rn. 41)
4. A betreibt eine Kfz-Werkstatt, für die er eine wirksame Baugenehmigung besitzt. Die Behörde kommt bei einer Prüfung zu dem Ergebnis, dass die Brandschutzbestimmungen nicht eingehalten werden und kündigt eine Nutzungsuntersagung an. A meint, dem stehe seine Baugenehmigung entgegen. Wovon hängt es nun ab, ob eine Nutzungsuntersagung überhaupt erlassen werden darf? (Kap. 4 Rn. 30 ff., 54)
5. A bringt an seinem Wohngebäude formell illegal eine Markise an, die er jederzeit ohne Aufwand und Eingriff in die Sachsubstanz abnehmen kann. Bedarf es für eine Abrissverfügung der materiellen Illegalität der Markisenanbringung? (Kap. 4 Rn. 37 f.)
6. Die Behörde erklärt dem Eigentümer eines formell wie materiell illegalen Gebäudes, sie sei mit diesem einverstanden und werde nichts unternehmen. Welche

Folgen hat dies für die Rechtmäßigkeit einer Abrissverfügung bezüglich des Gebäudes? (Kap. 4 Rn. 49 ff.)
7. Was ist der Unterschied zwischen aktivem und passivem Bestandsschutz? Welche Form wird bei Bauordnungsverfügungen relevant? (Kap. 4 Rn. 52 ff.)
8. A erwirbt einen Bauernhof, der nach dem Bebauungsplan unzulässig ist. Nach fünf Jahren wird dieser Bebauungsplan geändert und lässt nunmehr Bauernhöfe an der Stelle, an der der Bauernhof des A steht, wieder zu. Nach einem Jahr werden Bauernhöfe in einem neuen Bebauungsplan wieder für unzulässig erklärt. Warum darf die Baubehörde heute keine Bauordnungsverfügung bezüglich des Bauernhofes des A erlassen? (Kap. 4 Rn. 54)
9. A betreibt eine formell illegale, aber materiell legale Arztpraxis. Die Behörde untersagt ihm wegen der formellen Illegalität den weiteren Betrieb, was A beinahe in die Insolvenz rutschen lässt, da die Praxis seine einzige Erwerbsquelle ist und ohnehin kaum etwas erwirtschaftet. A meint, dass die Arztpraxis materiell legal ist, spiele eine Rolle. Warum hat er Recht? (Kap. 4 Rn. 59)

§ 4 Rechtsschutzkonstellationen

A. Anfechtungsrechtsbehelfe des Adressaten	88	a) Nachbarrechtsrelevanter Verstoß	98
B. Rechtsschutzmöglichkeiten des Nachbarn	92	b) Ermessensreduzierung auf Null	99
I. Drittschutz bei repressiven Maßnahmen	92	2. Anspruch auf Neubescheidung, § 113 V 2 VwGO	105
II. Zulässigkeit von Nachbarrechtsbehelfen	95	3. Ausschluss wegen Verwirkung	107
III. Begründetheit von Nachbarrechtsbehelfen	96	Wiederholungs- und Vertiefungsfragen	
1. Anspruch auf Erlass einer bauordnungsrechtlichen Verfügung	97		

▶ **Lernziele**

1. Sie können begründen, warum Rechtsbehelfe des Adressaten gegen eine Bauordnungsverfügung nicht § 212a BauGB unterfallen.
2. Sie können die Voraussetzungen eines Drittanspruchs auf Erlass einer Bauordnungsverfügung abstrakt nennen, erklären und an Beispielen konkretisieren.
3. Sie können benennen und erklären, wovon das Vorliegen einer behördlichen Ermessensreduzierung auf Null beim Anspruch Dritter auf Einschreiten abhängig gemacht wird und welche Folge dies für die Entscheidung bei Verpflichtungsrechtsbehelfen Dritter hat.
4. Sie können den Begriff und die Bedeutung der Verwirkung von Ansprüchen von Dritten erklären und einordnen. ◀

87 Wie verwaltungsprozessrechtlich mit bauordnungsrechtlichen Verfügungen umzugehen ist, hängt davon ab, wer das verwaltungsgerichtliche Verfahren in Gang setzt.

A. Anfechtungsrechtsbehelfe des Adressaten

88 Zunächst kommt der Adressat der Verfügung als Kläger, Antragsteller oder Widerspruchsführer in Betracht. Die bauordnungsrechtliche Verfügung ist stets ein Verwaltungsakt.[1] Der Adressat dieser Verfügung kann daher grundsätzlich mittels Anfechtungsrechtsbehelfen gegen die Verfügung vorgehen.[2] In Betracht kommen in der Hauptsache eine Anfechtungsklage nach § 42 I Var. 1 VwGO oder, wo dies landesrechtlich vorgesehen ist, ein Anfechtungswiderspruch nach § 68 I VwGO in Betracht. Klage- oder Widerspruchsbefugnis ergeben sich nach einhelliger Meinung aus der Stellung als Adressat der Verfügung (sogenannte ‚Adressatentheorie').[3] Im Rahmen der Begründetheit ist zu prüfen, ob die Bauordnungsverfügung rechtswidrig ist und den Adressaten in seinen Rechten verletzt, § 113 I 1 VwGO.

---

[1] Vgl. *Finkelnburg/Ortloff/Otto*, Öffentliches Baurecht, Bd. 2, 7. Aufl. 2018, § 10 Rn. 1. Allgemein zu den Merkmalen eines Verwaltungsaktes siehe *Erbguth/Guckelberger*, Allgemeines Verwaltungsrecht, 9. Aufl. 2018, § 12 Rn. 3 ff.
[2] Allgemein zur Statthaftigkeit einer Anfechtungsklage und deren Zulässigkeit und Begründetheit siehe *Erbguth/Guckelberger*, Allgemeines Verwaltungsrecht, 9. Aufl. 2018, § 20 Rn. 17 ff.
[3] *Hufen*, Verwaltungsprozessrecht, 12. Aufl. 2021, § 14 Rn. 60.

Probleme können sich ergeben, wenn sich die Sach- und Rechtslage während des gerichtlichen Verfahrens ändert, insbesondere wenn durch eine zwischenzeitlich eingetretene Rechtsänderung die Anlage bzw. deren Nutzung materiell legal wird. Aufgeworfen ist damit die Frage des **maßgeblichen Zeitpunktes** der Beurteilung der Sach- und Rechtslage.[4] Im Sinne der allgemeinen verwaltungsprozessrechtlichen Dogmatik wird sie zunächst mit Verweis auf den Zeitpunkt der letzten Behördenentscheidung, also den Erlass des Verwaltungsakts, beantwortet.[5] Aus verfassungsrechtlichen Gründen wird hiervon vor allem für die **Abrissverfügung** indes eine **Ausnahme** zugelassen: Ändert sich die materielle Rechtslage nach Bescheiderlass zugunsten des Adressaten, wird also eine Anlage bzw. deren Nutzung nachträglich materiell legal, ist dies auch im Prozess noch zu berücksichtigen. Denn es wäre unverhältnismäßig und im Übrigen auch zweckwidrig, gegen eine Anlage repressiv einzuschreiten, obwohl sie in gleicher Form genehmigt werden müsste.[6]

▶ **Beispiel:** A errichtet ohne Genehmigung ein Wohngebäude, hält hier aber die erforderlichen Abstandsflächen nicht ein. Die Behörde erlässt daraufhin eine Beseitigungsverfügung. Im Nachhinein tritt ein Bebauungsplan für das betroffene Gebiet in Kraft, nach dem die vom Wohngebäude des A gewahrten Abstandsflächen aus städtebaulichen Gründen zulässig sind. Hier wäre es unverhältnismäßig, die Klage des A gegen die Beseitigungsverfügung abzulehnen, weil die Behörde nunmehr jederzeit auf Antrag die Baugenehmigung für das Wohngebäude erteilen müsste und unabhängig davon auch die Beseitigungsverfügung heutzutage nicht mehr erlassen dürfte. ◀

Hinsichtlich der **Nutzungsuntersagung** ist zudem zu berücksichtigen, dass bei ihr auch auf die letzte mündliche Verhandlung im Verwaltungsprozess abzustellen ist, da sie einen **Dauerverwaltungsakt** darstellt. Eine Nutzungsuntersagungsverfügung beinhaltet nämlich nicht nur das Gebot, die beanstandete Nutzung (einmalig) einzustellen, sondern zugleich dauerhaft das Verbot, dieselbe oder eine vergleichbare Nutzung an diesem Standort wieder aufzunehmen.[7] Daher ist für sie – wie für Dauerverwaltungsakte üblich – der Zeitpunkt der letzten mündlichen Verhandlung entscheidend.[8]

Rechtsbehelfe gegen eine bauordnungsrechtliche Verfügung entfalten grundsätzlich **aufschiebende Wirkung** gemäß § 80 I VwGO, weil ein Ausnahmetatbestand des § 80 II VwGO nicht vorliegt. Insbesondere ist § 212a I BauGB nicht einschlägig, der nur Fälle behandelt, in denen Dritte gegen die bauaufsichtsrechtliche **Zulassung** von Bauvorhaben vorgehen (Kap. 3 Rn. 394). Die Vollziehbarkeit der bauordnungsrechtlichen Verfügung ist im Anfechtungsfall also ausgesetzt. Die Behörde kann dies nur dadurch ändern, dass sie gemäß § 80 II 1 Nr. 4 VwGO die sofortige Vollziehung ausdrücklich anordnet, was in der Praxis aufgrund der befürchteten negativen Vorbildwirkung illegaler baulicher Anlagen häufig vorkommt. Die Anordnung der sofortigen Vollziehung hat gemäß § 80 II 1 Nr. 4, III VwGO formelle wie materielle Voraussetzungen.[9] Neben der Begründungsnotwendigkeit der Anordnung, § 80 III VwGO, muss sie in materiel-

---

[4] *Stollmann/Beaucamp*, Öffentliches Baurecht, § 19 Rn. 67; allgemein dazu *Hufen*, Verwaltungsprozessrecht, 12. Aufl. 2021, § 24 Rn. 8 ff.
[5] BVerwGE 34, 155 (158).
[6] BVerwGE 5, 351 (352); BVerwG, NJW 1986, 1186 (1187).
[7] BayVGH, NVwZ-RR 2018, 837 (839); SächsOVG, Urt. v. 22.12.2017 – 1 A 111/15 –, juris; OVG Bln-Bbg, Beschl. v. 2.10.2018 – OVG 10 S 75.17 –, juris.
[8] *Smith*, in: Schönenbroicher/Kamp/Henkel (Hrsg.), BauO NRW, 2. Aufl. 2022, § 82 Rn. 56.
[9] Ausführlich zu den Anforderungen an die behördliche Anordnung der sofortigen Vollziehung siehe *Erbguth/Guckelberger*, Allgemeines Verwaltungsrecht, 9. Aufl. 2018, § 21 Rn. 5 ff.

ler Hinsicht insbesondere das Ergebnis einer Abwägung zwischen dem öffentlichen Interesse an der sofortigen Vollziehung und dem privaten Interesse an der aufschiebenden Wirkung des Rechtsbehelfs sein. Die Behörde wird sich hier gerade wegen der bereits genannten Vorbildwirkung sowie der Ordnungsfunktion des Baurechts stets auf die Unzumutbarkeit des Abwartens berufen, dauern doch Klageverfahren vor dem Verwaltungsgericht nicht selten ein bis zwei Jahre. Will sich der Adressat gegen die Anordnung der sofortigen Vollziehung wehren, muss er einen entsprechenden Antrag bei Gericht auf **Wiederherstellung der aufschiebenden Wirkung** gemäß § 80 V 1 Var. 2 VwGO stellen.[10]

B. Rechtsschutzmöglichkeiten des Nachbarn

I. Drittschutz bei repressiven Maßnahmen

92 Will ein Nachbar oder ein anderer Dritter eine bauordnungsrechtliche Verfügung gegen ein Bauvorhaben des Bauherrn erwirken, sind grundsätzlich **Verpflichtungsrechtsbehelfe** in Form eines Antrags nach § 123 I VwGO, eine Verpflichtungsklage gemäß § 42 I Var. 2 VwGO und – sofern gesetzlich vorgesehen – ein Verpflichtungswiderspruch nach § 68 II VwGO statthaft.

93 Diese Verpflichtungsbegehren sehen sich **zwei Problemen** ausgesetzt: Zum einen kann der Nachbar bzw. der Dritte auch hier nicht die Einhaltung von Vorschriften verlangen, die ihn nicht betreffen, die also nicht seinem Schutz dienen. Die als Anspruchsgrundlage allein in Betracht kommenden Rechtsgrundlagen für den Erlass von Bauordnungsverfügungen sehen aber keinen unmittelbaren subjektiv-öffentlichen Schutz für Dritte vor, sondern regeln lediglich, wann die Behörde entsprechende Maßnahmen erlassen darf. Zum zweiten steht der Erlass der Maßnahmen stets im Ermessen der Behörde, vermittelt also ohnehin nicht unmittelbar einen Anspruch zugunsten des Nachbarn oder des Dritten.

94 Gleichwohl ist ein **Anspruch** des Dritten auf Erlass einer bauordnungsrechtlichen Maßnahme nicht ausgeschlossen. Voraussetzung ist aber, dass durch die Anlage bzw. deren Nutzung **drittschützende** Vorschriften, die auch den konkreten Dritten schützen, verletzt werden.[11] Darüber hinaus ist auf Rechtsfolgenseite eine **Ermessensreduzierung auf Null** erforderlich, ein Erlass der bauaufsichtlichen Maßnahme muss daher rechtlich zwingend sein.

II. Zulässigkeit von Nachbarrechtsbehelfen

95 Im Rahmen der Antrags-, Klage- und Widerspruchsbefugnis ist mit der **Schutznormlehre** zu arbeiten: Eine möglicherweise bestehende Rechtsverletzung liegt dann vor, wenn nicht ausgeschlossen werden kann, dass ein Anspruch auf Erlass des begehrten Verwaltungsakts besteht, also zunächst gegen drittschützende Vorschriften des öffentlichen Rechts verstoßen wird und weiter das der Behörde übertragende Ermessen möglicherweise auf Null reduziert ist. Die übrigen Zulässigkeitsvoraussetzungen weisen keine Besonderheiten auf.

---

10 Vgl. zum Antrag nach § 80 V 1 VwGO *Herbolsheimer*, JuS 2024, 24 ff.
11 *Kaiser*, in: Ehlers/Fehling/Pünder (Hrsg.), Besonderes Verwaltungsrecht, Bd. 2, 4. Aufl. 2020, § 41 Rn. 184.

III. Begründetheit von Nachbarrechtsbehelfen

Ein Verpflichtungsrechtsbehelf eines Nachbarn bzw. eines Dritten ist gemäß § 113 V 1 VwGO in erster Linie nur dann begründet, wenn die behördliche Ablehnung bzw. das behördliche Unterlassen, den begehrten Verwaltungsakt zu erlassen, rechtswidrig ist. Eine Unterlassung ist aber nur dann rechtswidrig, wenn ein Anspruch auf Erlass des Verwaltungsakts besteht.

1. Anspruch auf Erlass einer bauordnungsrechtlichen Verfügung

Ein solcher Anspruch hat formelle wie materielle Voraussetzungen. **Formell** wird lediglich verlangt, dass der Nachbar bzw. der Dritte einen **Antrag bei der zuständigen Behörde** gestellt hat.[12] **Materiell** unterliegt der Anspruch zwei Voraussetzungen: dem Verstoß der (baulichen) Anlage bzw. deren Nutzung gegen den betroffenen Nachbarn bzw. Dritten schützende (materielle) Vorschriften und der Ermessensreduzierung auf Null.

a) Nachbarrechtsrelevanter Verstoß

Wie bereits ausgeführt, vermitteln die Rechtsgrundlagen für Bauordnungsverfügungen einen Drittanspruch nur dann, wenn der verlangte Widerspruch der Anlage bzw. deren Nutzung zu öffentlich-rechtlichen Vorschriften sich gerade in einem Verstoß gegen die den Nachbarn bzw. den Dritten schützenden Vorschriften zeigt. Hierzu ist auf die Ausführungen im Rahmen der bauaufsichtlichen Zulassung zu verweisen (Kap. 3 Rn. 332 ff.). Wichtig zu sehen ist, dass der Umstand, dass eine Anlage bzw. deren Nutzung formell illegal ist, für einen Anspruch des Nachbarn bzw. des Dritten allein **nicht** genügend ist, da die Vorschriften über das formelle Genehmigungsverfahren keinen Drittschutz vermitteln (Kap. 3 Rn. 378). Ein Nachbar bzw. Dritter kann daher nur bei Verletzung materieller (drittschützender) Vorschriften einen Anspruch auf Einschreiten haben.[13]

b) Ermessensreduzierung auf Null

Schließlich muss auch das Ermessen der Behörde auf Null reduziert sein. Zu beachten ist hierbei, dass auch hier die **drei Ebenen** des Ermessens zu unterscheiden sind (Kap. 4 Rn. 46):

Regelmäßig allein problematisch ist das **Entschließungsermessen**, also die Frage, ob die Behörde überhaupt tätig werden muss. Wann hier die erforderliche Ermessensreduzierung auf Null anzunehmen ist, ist in der Rechtsprechung **umstritten**:[14] Nach einer Ansicht genügt grundsätzlich jeder (materielle) Verstoß gegen drittschützende Vorschriften, um eine Ermessensreduzierung auf Null zu bejahen.[15] Hintergrund dieser Auffassung ist, dass aufgrund der regelmäßig vorliegenden formellen Illegalität sowie der zunehmenden Genehmigungsfreiheit bzw. des eingeschränkten behördlichen Prüfungsmaßstabs ein entsprechendes Genehmigungsverfahren oder eine behördliche Prüfung oft nicht durchgeführt werden, in deren Rahmen die Behörde die Verletzung

---

[12] *Stollmann/Beaucamp*, Öffentliches Baurecht, 13. Aufl. 2022, § 21 Rn. 42.
[13] BVerwG, Beschl. v. 13.12.1999 – 4 B 101.99 –, juris.
[14] Dazu auch *Kaiser* in: Ehlers/Fehling/Pünder (Hrsg.), Besonderes Verwaltungsrecht, Bd. 2, 4. Aufl. 2020, § 41 Rn. 185 ff.
[15] Etwa VGH BW, BauR 2014, 1752 (1753); SächsOVG, BauR 2014, 978 ff.; OVG NRW, BauR 2008, 1442 ff.

nachbarlicher Rechte prüfen kann. Das gerichtliche Verfahren dient dieser Ansicht zufolge der Verwirklichung eines effizienten Nachbarschutzes und damit der **Kompensation** einer fehlenden vorgelagerten Behördenbeteiligung.[16] Etwas anderes soll nur gelten, wenn der Nachbar bzw. der Dritte nicht schutzwürdig ist, insbesondere wenn er von dem Regelverstoß gar nicht berührt ist, etwa weil er selbst sein Grundstück gar nicht (baulich) nutzen kann.[17] Dabei handelt es sich aber um sehr seltene Ausnahmefälle.

101 Die Gegenansicht verlangt neben einem Verstoß gegen materielle drittschützende Vorschriften, dass der Nachbar bzw. der Dritte durch den Verstoß **erheblich** beeinträchtigt ist, er muss also in den vom Gesetz verfolgten Schutzzielen mehr als nur geringfügig berührt sein. Dahinter stehen die Maßstäbe, die das Bundesverwaltungsgericht zur Frage des polizeirechtlichen Einschreitens[18] entwickelt hat: Nur erhebliche Beeinträchtigungen rechtfertigten es, der betroffenen Behörde bei der Frage nach dem Ob des Einschreitens keinen Spielraum mehr zu lassen und sie zum Tätigwerden zu verpflichten. Nur dann wäre die Entscheidung, einzuschreiten, die einzig rechtlich zulässige Handlungsalternative.

▶ **Beispiel:** Die zwei Meter hohe, auf dem Grundstück des A unmittelbar an die Grenze zum Grundstück des N errichtete Steinmauer ist standunsicher. N begehrt von der Behörde eine Beseitigungsverfügung. Hier dürfte ein Verstoß gegen materielles, nachbarschützendes Recht, nämlich die Vorschrift über Standsicherheit von (baulichen) Anlagen,[19] vorliegen. Die Vorschrift soll insbesondere auch den angrenzenden Nachbarn vor Schäden an seinem Eigentum sowie seinem Leben und seiner Gesundheit und dritter Personen schützen und ist daher nachbarschützend.[20] Auch dürfte das Ermessen der Behörde auf Null reduziert sein, auch wenn man eine gewisse Erheblichkeit der Rechtsbeeinträchtigung fordert: Angesichts der Höhe sowie des Standortes der Mauer dürften die Interessen des N mehr als nur geringfügig beeinträchtigt sein, weil insbesondere die zu befürchtende Schadensintensität als hoch einzustufen sein dürfte. ◀

102 Unabhängig von diesem Streit kann aber eine Reduzierung des Erschließungsermessens auf Null im Einzelfall ausgeschlossen sein, wenn der begehrte Erlass der Bauordnungsverfügung selbst rechtswidrig wäre, etwa weil die Behörde eine rechtswidrige bauliche Anlage aktiv duldet. Der Anspruch des Dritten kann also nicht weitergehen als die objektive Pflicht der Bauaufsichtsbehörde. Daher kann es auch in Prüfungen hier inzident zu einer Prüfung kommen, ob der Erlass der bauordnungsrechtlichen Maßnahme gegenüber **dem Adressaten rechtmäßig**, insbesondere verhältnismäßig, wäre.[21]

103 Im Einzelfall kann auch das **Auswahlermessen**, vor allem im Hinblick auf das Mittel, Probleme bereiten. Dahinter steckt die Frage, ob der Nachbar einen Anspruch auf eine bestimmte bauordnungsrechtliche Maßnahme hat. In aller Regel wird zwar nur eine Maßnahme in Betracht kommen, weil nur diese den baurechtswidrigen Zustand beseitigen kann, und daher dann das Auswahlermessen im Hinblick auf diese Maßnahme

---

16 Vgl. dazu *Kaiser* in: Ehlers/Fehling/Pünder (Hrsg.), Besonderes Verwaltungsrecht Bd. 2, 4. Aufl. 2020, § 41 Rn. 187.
17 OVG NRW, NJW 1984, 883 ff.; BeckRS 2010, 55485; vgl. auch *Dziallas*, NZBau 2011, 351 ff.
18 BVerwGE 11, 95 ff.
19 § 13 LBO BW; Art. 10 BayBO; § 12 BauO Bln; § 12 BbgBO; § 12 BremLBO; § 15 HBauO; § 12 HBO; § 12 LBauO M-V; § 12 NBauO; § 12 BauO NRW; § 13 LBauO RP; § 13 LBO Saar; § 12 BauO LSA; § 12 SächsBO; § 12 LBO SH; § 12 ThürBO.
20 VGH BW, BauR 2018, 1997 (2001).
21 OVG RhPf, NVwZ-RR 2012, 749 (751).

auf Null reduziert ist.²² Bei einem Verstoß gegen Abstandsflächenregeln kommt etwa in aller Regel nur eine Abrissverfügung in Betracht, eine Nutzungsuntersagung wäre hier mangels Geeignetheit rechtswidrig. In den Fällen, in denen aber **mehrere gleich geeignete Maßnahmen** möglich sind, ist auf den Ermessensspielraum der Behörde zu achten. Dann hat der Nachbar bzw. der Dritte zwar einen Anspruch gegen die Behörde, dass sie tätig wird, nicht aber einen Anspruch auf eine bestimmte Maßnahme.²³

▶ **Beispiel:**²⁴ Eine Gaststätte (mit Außenterrasse) erweist sich gegenüber dem Nachbarn als rücksichtslos, weil sie zu bestimmten Zeiten unzumutbare Lärmemissionen verursacht. Der Nachbar mag daher einen Anspruch auf bauordnungsrechtliches Einschreiten haben. Welche Maßnahme die Behörde aber genau erlässt, steht hier in ihrem Ermessen. Es kommen nämlich mehrere Maßnahmen in Betracht, etwa eine Beschränkung der Betriebszeiten, Regelungen zum Einbau von Schallschutzfenstern und -türen, zum Öffnen und Schließen der Fenster und Türen, Beschränkungen bei der Art der stattfindenden Veranstaltungen, insbesondere in Bezug auf Musikveranstaltungen, Regelungen zu den Betriebszeiten und zum Standort der Lüftungsanlage und anderes mehr. Da diese Maßnahmen alle gleich geeignet sind, den baurechtswidrigen Zustand zu beenden, also die zu hohen Lärmwerte auf ein verträgliches Maß zu reduzieren, ist nicht eine Maßnahme rechtlich zwingend und es obliegt daher der Behörde, welche dieser Maßnahmen sie ergreift. ◀

Entsprechendes gilt für das **Störerauswahlermessen**. Dieses ist nur dann auf Null reduziert, wenn lediglich ein einziger Störer zur Beseitigung des baurechtswidrigen Zustands in Betracht kommt. Gibt es mehrere Störer und wäre die Inanspruchnahme eines jeden von ihnen gleich geeignet, den baurechtswidrigen Zustand zu beseitigen, steht der Behörde ein Ermessensspielraum zu, der Nachbar bzw. der Dritte hat keinen Anspruch auf das Vorgehen gegen einen bestimmten Störer.

2. Anspruch auf Neubescheidung, § 113 V 2 VwGO

Neben § 113 V 1 VwGO sieht § 113 V 2 VwGO die sogenannte Neubescheidung vor. Diese kommt aber nach dem Wortlaut der Norm nur in Betracht, wenn für einen Vornahmeausspruch, also der gerichtlich ausgesprochenen Verpflichtung der Behörde auf Erlass des begehrten Verwaltungsakts nach § 113 V 1 VwGO, die Spruchreife fehlt.²⁵ Ein solcher Fall liegt bei **Ermessensvorschriften** vor, wenn zwar die Tatbestandsvoraussetzungen gegeben sind, der Ermessensspielraum der Behörde aber im Einzelfall **nicht** auf Null reduziert ist. Dann hat der Dritte nur einen Anspruch auf ermessensfehlerfreie Entscheidung. Es wird dann vom Gericht eine sogenannte Neubescheidung ausgeurteilt, wenn die Behörde bei ihrer Entscheidung **ermessensfehlerhaft** entschieden hat. In Prüfungen kommt es insoweit zu einer inzidenten Anwendung der Ermessensfehlerlehre, vgl. § 114 S. 1 VwGO, im Hinblick auf die Ablehnungsentscheidung der Behörde. Die Neubescheidung muss in der Sache nicht zwingend zu einem anderen Ergebnis führen. Es besteht für den Dritten aber zumindest die Chance, dass die Behörde sich anders entscheidet.

Da der Erlass einer Bauordnungsverfügung drei Ermessensebenen kennt (Kap. 4 Rn. 46), ist für jede Ermessensebene gesondert zu prüfen, ob ein Anspruch auf ein

---
22 OVG NRW, BauR 2006, 342 (348).
23 OVG NRW, DVBl. 2010, 259 (260).
24 Vgl. OVG NRW, DVBl. 2010, 259 ff.
25 Allgemein dazu *Herbolsheimer*, JuS 2023, 217 (221 f.).

bestimmtes Ergebnis iSv § 113 V 1 VwGO besteht oder jeweils nur ein Anspruch auf Neubescheidung.

▶ **Vertiefung:** Von daher kann es auch zu „Mischverpflichtungen" kommen: So kann das Gericht die Behörde zum Erlass einer bauordnungsrechtlichen Maßnahme gegenüber einem bestimmten Störer verpflichten, § 113 V 1 VwGO, wenn das Erschließungs- und Störerauswahlermessen jeweils auf Null reduziert ist, im Hinblick auf die zu wählende Maßnahme aber nur die Neubescheidung, § 113 V 2 VwGO, aussprechen, wenn diesbezüglich zwar das Auswahlermessen nicht auf Null reduziert ist, es aber bei der behördlichen Entscheidung hierüber zu Fehlern gekommen ist.[26] ◀

3. Ausschluss wegen Verwirkung

107 Ein Anspruch sowohl auf Erlass einer bauordnungsrechtlichen Verfügung als auch auf Neubescheidung besteht allerdings nicht, wenn der Nachbar bzw. der Dritte seine Rechte verwirkt hat. Insoweit gelten hier die zur Drittanfechtung der Baugenehmigung erörterten Gesichtspunkte (Kap. 3 Rn. 386 ff.). Eine prozessuale Verwirkung ist im Rahmen von Verpflichtungsbegehren nicht möglich, weil diese auf eine unterlassene Bekanntgabe der Baugenehmigung gegenüber dem Dritten abstellt, was in der Konstellation des Anspruchs auf bauaufsichtliches Einschreiten nicht relevant werden kann.

▶ **Beispiel:** A bemerkt, dass auf seinem bislang unbebauten Nachbargrundstück Bauarbeiten stattfinden. Eine Baugenehmigung wurde ihm nicht bekanntgegeben. Nach einigen Wochen sieht er, dass ein Fundament nicht nur direkt an seiner Grundstücksgrenze, sondern auch in erheblichem Ausmaße gegossen wird. Drei Monate später trifft er zufällig den Bauherrn B auf dem Nachbargrundstück und spricht mit ihm über die Bautätigkeit. Hier erfährt er, dass ein 20 Wohneinheiten großes Mehrfamilienhaus grenzständig an sein Grundstück errichtet wird. Er sagt dazu nichts. Als das Wohnhaus 18 Monate später fertig errichtet ist, klagt er gegen die Stadt auf Erlass einer Abrissverfügung. Hier dürfte die für die Verwirkung relevante Kenntnisnahme bereits in dem Zeitpunkt zu bejahen sein, als A von dem Fundamentguss erfährt. Er hat daher 21 Monate, also beinahe zwei Jahre, bis zu seiner Klage verstreichen lassen, so dass das Zeitmoment der Verwirkung zu bejahen wäre. Zudem dürfte auch das Umstandsmoment vorliegen, weil der Kläger im Rahmen seines Gesprächs mit dem Bauherrn auch in keiner Weise seinen Unmut geäußert hat und insoweit ein hinreichendes Vertrauen auf Seiten des Bauherrn geschaffen hat, dass er nicht gegen das Mehrfamilienhaus vorgehen wird. ◀

Wiederholungs- und Vertiefungsfragen

1. A erhält eine Nutzungsuntersagung. Wie kann er hiergegen vorgehen? Was ist zu tun, wenn die Behörde die sofortige Vollziehung der Nutzungsuntersagung angeordnet hat? (Kap. 4 Rn. 88, 91)
2. Die Behörde gibt A auf, dessen nicht genehmigtes Wohngebäude abzureißen, weil es (was zutrifft) die erforderlichen Abstandsflächen nicht einhält. A erhebt Anfechtungsklage. Während des Prozesses baut er sein Wohngebäude so um, dass es die Abstandsflächen nunmehr einhält. Er trägt nun vor, die Abrissverfügung sei zumindest jetzt rechtswidrig, weil es an der erforderlichen materiellen Illegalität fehle. Die Behörde entgegnet, entscheidend sei, ob die Voraussetzungen für die

---

26 Vgl. etwa OVG NRW, DVBl 2010, 259 ff.

Abrissverfügung zum Zeitpunkt ihres Erlasses bestanden hätten. Wer hat Recht? (Kap. 4 Rn. 89)
3. Welchen zwei Problemen sieht sich der Nachbarschutz im Zusammenhang mit bauordnungsrechtlichen Verfügungen ausgesetzt? (Kap. 4 Rn. 93)
4. Unter welchen Voraussetzungen besteht für die Behörde im Zuge eines Nachbarrechtsbehelfs kein Ermessen im Hinblick auf die Frage, ob sie repressiv tätig wird? (Kap. 4 Rn. 99 ff.)
5. A betreibt formell illegal ein Wettbüro, das in dem betroffenen Baugebiet nach der Art seiner baulichen Nutzung unzulässig ist. Nachbar N erhebt daraufhin Klage gegen die Behörde auf Erlass einer Nutzungsuntersagung gegenüber A.

   a) Muss die Behörde tätig werden? (Kap. 4 Rn. 97 ff.)
   b) Die Behörde entgegnet, dass sie zwar tätig werde, es ihr aber obliege, welche Maßnahme sie erlassen wolle. Hat sie hier Recht? (Kap. 4 Rn. 103)
   c) Angenommen das Wettbüro ist materiell legal und A hat zwischenzeitlich einen Bauantrag bei der Behörde gestellt. Besteht der Anspruch des N unter diesen Voraussetzungen? (Kap. 4 Rn. 89, 101)
   d) Angenommen A ist nur der Eigentümer des betroffenen Grundstücks, das Wettbüro wird hingegen von L betrieben. Hat N dann einen Anspruch auf Einschreiten gegenüber A? (Kap. 4 Rn. 104)

§ 5 Fallbeispiel

A. Sachverhalt 108	III. Begründetheit 124
B. Lösungshinweise 109	1. Formelle Voraussetzungen 125
I. Eröffnung des Verwaltungs-	2. Materielle Voraussetzun-
rechtswegs 110	gen 126
II. Zulässigkeit 111	a) Verstoß gegen drittschüt-
1. Statthaftigkeit 112	zende Vorschriften 127
2. Klagebefugnis 113	b) Verstoß gegen öffentlich-
a) Möglichkeit des Verstoßes	rechtliche Vorschriften 128
gegen nachbarschützende	c) Nachbarschützende Wir-
öffentlich-rechtliche Vor-	kung 130
schriften 114	d) Verwirkung 131
b) Nachbarschutz 115	3. Ermessensreduzierung auf
3. Relevanz der Baugenehmi-	Null 132
gung 117	a) Entschließungsermessen .. 133
4. Vorverfahren 120	b) Auswahlermessen 135
5. Klagefrist 121	c) Störerauswahlermessen ... 136
6. Rechtsschutzbedürfnis 122	IV. Ergebnis 137
7. Zwischenergebnis 123	Wiederholungs- und Vertiefungsfragen

A. Sachverhalt

108   A möchte auf dem in seinem Alleineigentum stehenden Grundstück in der nordrhein-westfälischen kreisfreien Stadt S ein zweigeschossiges Einfamilienhaus errichten und beantragt hierfür eine Baugenehmigung, die er auch erhält. Als die Bauarbeiten beginnen und N, Eigentümer des direkt angrenzenden Grundstücks, bemerkt, dass die zu seinem Grundstück zeigende (nichttragende) Außenwand des neuen Wohnhauses aus brennbaren Stoffen besteht, wendet er sich sofort an die zuständige Baubehörde, um zu erreichen, dass die Außenwand aus nichtbrennbaren Stoffen errichtet wird. Dies lehnt die Behörde mit Bescheid ab, weshalb N Klage vor dem zuständigen Verwaltungsgericht erhebt.

A wendet gegen die Klage ein, N könne sich auf eine Verletzung von Nachbarrechten, unabhängig davon, dass eine solche nicht anzunehmen ist, nicht berufen. Immerhin habe er, A, eine Baugenehmigung. Im Übrigen verletze N selbst Nachbarrechte, da auch die zu seinem, A, zeigende (nichttragende) Außenwand des Wohngebäudes des N – was zutrifft – zu fünf Prozent aus brennbaren Stoffen bestehe.

Hat die Klage Erfolg?

B. Lösungshinweise

109   Die Klage des N hat Erfolg, wenn der Verwaltungsrechtsweg eröffnet ist (I.), die Klage zulässig (II.) und begründet (III.) ist.

I. Eröffnung des Verwaltungsrechtswegs

110   In Ermangelung auf- bzw. abdrängender Sonderzuweisungen richtet sich die Eröffnung des Verwaltungsrechtswegs nach der Generalklausel des § 40 I 1 VwGO, wonach eine öffentlich-rechtliche Streitigkeit nichtverfassungsrechtlicher Art vorliegen muss.

§ 5 Fallbeispiel

Eine öffentlich-rechtliche Streitigkeit liegt vor, wenn die streitentscheidende Norm öffentlich-rechtlicher Art ist, d. h. ausschließlich einen Hoheitsträger berechtigt oder verpflichtet. Dies ist bei der hier streitentscheidenden Norm des § 58 II BauO NRW der Fall, weil die Vorschrift ausschließlich die Baubehörde als Hoheitsträger zum Handeln berechtigt bzw. verpflichtet.[1] Der Streit ist nach der Formel von der doppelten Verfassungsunmittelbarkeit auch nichtverfassungsrechtlicher Art. Eine abdrängende Sonderzuweisung existiert schließlich nicht. Der Verwaltungsrechtsweg ist eröffnet.

II. Zulässigkeit

Fraglich ist, ob die Klage zulässig ist, d. h. ihre Sachurteilsvoraussetzungen vorliegen.   111

1. Statthaftigkeit

Fraglich ist, welche Klageart vorliegend statthaft ist. Dies richtet sich nach dem klägerischen Begehren, vgl. § 88 VwGO. N begehrt vorliegend von der zuständigen Behörde, dass diese A gegenüber anordnet, die zum Grundstück des N ausgerichtete Außenwand des gerade im Bau befindlichen Wohngebäudes mit nichtbrennbaren Stoffen zu errichten. Insoweit könnte es sich um eine Verpflichtungsklage gemäß § 42 I Var. 2 VwGO handeln. Dies setzt voraus, dass der Kläger eine Leistung von der Behörde in Form eines Verwaltungsakts begehrt. N begehrt eine Leistung der Behörde in Form einer Verfügung, mit der A die Errichtung der Außenwand mit nichtbrennbaren Stoffen aufgegeben wird. Eine solche bauordnungsrechtliche Verfügung ist ein Verwaltungsakt iSv § 35 S. 1 VwVfG NRW.   112

2. Klagebefugnis

N müsste gemäß § 42 II VwGO klagebefugt sein, also geltend machen, in eigenen Rechten verletzt zu sein, was zumindest möglich erscheinen muss, d. h. nicht von vornherein ausgeschlossen sein darf. Angesichts dessen, dass N selbst Dritter ist, also den Erlass eines Verwaltungsakts gegenüber einer anderen Person begehrt, besteht ein subjektiv-öffentliches Recht nur dann, wenn die Rechtsgrundlage für den Erlass des begehrten Verwaltungsakts dem N möglicherweise einen Anspruch verleiht. Die hier insoweit allein in Betracht kommende Norm des § 58 II BauO NRW sagt aber lediglich aus, dass für den Erlass einer bauaufsichtlichen Verfügung ein Widerspruch zu öffentlich-rechtlichen Vorschriften vorliegen muss und stellt überdies die Entscheidung über den Erlass in das Ermessen der Behörde. Von daher kann die Existenz des Anspruchs des N nur dann angenommen werden, wenn das Wohnhaus des A möglicherweise gegen Vorschriften verstößt, die N zu schützen beabsichtigen, und überdies die Möglichkeit einer Ermessensreduzierung auf Null besteht.   113

a) Möglichkeit des Verstoßes gegen nachbarschützende öffentlich-rechtliche Vorschriften

In Betracht kommt vorliegend ein Verstoß gegen die Vorschrift des § 28 II BauO NRW, wonach nichttragende Außenwände jedenfalls grundsätzlich aus nichtbrennbaren Stof-   114

---

1 § 47 I LBO BW; Art. 54 II BayBO; § 58 I BauO Bln; § 58 II BbgBO; § 58 II BremLBO; § 58 I 2 HBauO; § 61 II HBO; § 58 I LBauO M-V; § 79 I NBauO; § 58 II BauO NRW; § 59 I LBauO RP; § 57 II LBO Saar; § 57 I BauO LSA; § 58 II SächsBO; § 58 II LBO SH; § 58 I ThürBO.

fen bestehen müssen. Ein entsprechender Verstoß drängt sich hier auf und ist daher jedenfalls möglich.

b) Nachbarschutz

115 Fraglich ist, ob § 28 II BauO NRW nachbarschützende Wirkung zukommt und ob N zu dem geschützten Personenkreis zählt. Eine Vorschrift ist nachbarschützend, wenn sie zumindest auch Individualinteressen zu dienen bestimmt ist. Vorliegend soll die Verpflichtung, Außenwände nur aus nichtbrennbaren Stoffen zu errichten, offenkundig dazu dienen, das Ausbreiten möglicher Brände auf Nachbargebäude zu verhindern. Geschützt werden damit auch Individualinteressen, nämlich das Interesse der unmittelbaren Nachbarn am Erhalt ihres Eigentums sowie ihrer körperlichen Unversehrtheit. Die Vorschrift ist damit offensichtlich drittschützend.

116 Überdies müsste N zu dem geschützten Personenkreis zählen. § 28 II BauO NRW geht es um die Verbreitung möglicher Brände und schützt damit jedenfalls direkt angrenzende Nachbarn wie den N. N als Eigentümer und damit dinglich Berechtigter gehört ohne Weiteres zum geschützten Personenkreis.

3. Relevanz der Baugenehmigung

117 Die Möglichkeit eines Anspruchs auf bauaufsichtliches Einschreiten könnte gleichwohl nicht bestehen, wenn das Wohngebäude durch die Baugenehmigung und deren Legalisierungswirkung bestandsgeschützt ist. Denn in diesem Fall wäre jedes bauaufsichtliche Einschreiten gegenüber A rechtswidrig, so dass der Nachbar hierauf auch keinen Anspruch haben kann.

▶ **Hinweis:** Dieser Aspekt kann sowohl in der Statthaftigkeit geprüft werden bei der Frage, ob N nicht vielmehr die Baugenehmigung des A anfechten müsste, als auch erst in der Begründetheit bei der formellen Illegalität des Vorhabens angesprochen werden. ◀

118 Inwieweit die Legalisierungswirkung der Baugenehmigung reicht, hängt davon ab, welchem behördlichen Prüfungsmaßstab sie unterlag. Denn die Baugenehmigung kann eine Anlage bzw. deren Nutzung nur legalisieren und ihre Unbedenklichkeit bescheinigen, soweit die Behörde dies auch geprüft hat. Vorliegend könnte daher die Legalisierungswirkung der Baugenehmigung des A dem möglichen Anspruch des N auf bauaufsichtliches Einschreiten nicht entgegenstehen, sofern der von N vorgetragene Vorwurf brandschutzrechtlicher Mängel nicht Gegenstand des Baugenehmigungsverfahrens war.

119 Dies könnte der Fall sein, weil das Wohnhaus des A im Rahmen eines vereinfachten Genehmigungsverfahrens nach § 64 BauO NRW genehmigt worden sein könnte.[2] Dies hätte nach § 64 I Nr. 1 lit. d BauO NRW zur Folge, dass brandschutzrechtliche Fragen nur geprüft werden, soweit es sich um einen Sonderbau handelt. Das vereinfachte Genehmigungsverfahren findet gemäß § 64 I BauO NRW nur dann nicht statt, wenn es sich um einen großen Sonderbau handelt. Die großen Sonderbauten werden in § 50 II BauO NRW aufgeführt. Das Vorhaben des A zählt offenkundig nicht dazu, so dass das Wohnhaus im vereinfachten Genehmigungsverfahren genehmigt wurde.

---

2 § 52 LBO BW; Art. 59 BayBO; § 63 BauO Bln; § 63 BbgBO; § 63 BremLBO; § 61 HBauO; § 65 HBO; § 63 LBauO M-V; § 63 NBauO; § 64 BauO NRW; § 66 LBauO RP; § 64 LBO Saar; § 62 BauO LSA; § 63 SächsBO; § 63 LBO SH; § 62 ThürBO.

Fraglich ist daher nur noch, ob die Behörde hierbei brandschutzrechtliche Fragen prüfen musste, was voraussetzt, dass das genehmigte Einfamilienhaus als (einfacher) Sonderbau zu werten ist. Ein Sonderbau liegt nach § 50 I BauO NRW vor bei Anlagen und Räumen besonderer Art oder Nutzung, für die eine abweichende Handhabung im Hinblick auf die Frage des Genehmigungsverfahrens gerechtfertigt erscheint.[3] Dies ist vorliegend nicht der Fall. Ein Einfamilienhaus, wie es hier genehmigt wurde, weist keine solchen Besonderheiten auf, dass aus bauordnungsrechtlicher Sicht strengere Anforderungen an das Genehmigungsverfahren zu stellen wären. Das zeigen auch die in § 50 II BauO NRW genannten großen Sonderbauten. Ein Einfamilienhaus ist mit den dort genannten Sonderbauten der Art nach aber offenkundig nicht vergleichbar. Demnach hatte die Baubehörde vorliegend brandschutzrechtliche Fragen im Zuge des Baugenehmigungsverfahrens nicht zu prüfen. Die Baugenehmigung kann das Wohnhaus des A auch im Hinblick auf den Brandschutz nicht legalisieren und steht einem darauf gestützten möglichen Anspruch des N auf bauaufsichtliches Einschreiten nicht entgegen.

4. Vorverfahren

Ein Vorverfahren war nicht erforderlich, § 68 I 2 VwGO iVm § 110 I, III 2 Nr. 7 JustG NRW.[4]

5. Klagefrist

N müsste die Klagefrist eingehalten haben, die sich in Ermangelung der Erforderlichkeit eines Vorverfahrens nach 74 II, I 2 VwGO richtet und einen Monat ab Bekanntgabe des Ablehnungsbescheids beträgt. Anhaltspunkte dafür, dass N diese Frist nicht eingehalten hat, sind nicht ersichtlich.

6. Rechtsschutzbedürfnis

Anhaltspunkte, die gegen ein Rechtsschutzbedürfnis sprechen, sind nicht ersichtlich.

7. Zwischenergebnis

Die Klage ist zulässig.

III. Begründetheit

Fraglich ist, ob die Klage des N begründet ist. Dies setzt gemäß § 113 V 1 VwGO voraus, dass die Ablehnung des Erlasses des Verwaltungsakts durch die Behörde rechtswidrig war und N dadurch in seinen Rechten verletzt ist. Dies ist aber nur der Fall, wenn N einen Anspruch auf Erlass des Verwaltungsakts hat. Ein Anspruch des N könnte sich aus § 58 II 2 iVm 1 BauO NRW ergeben. Danach treffen die zuständigen Behörden im Rahmen ihres pflichtgemäßen Ermessens alle notwendigen Maßnahmen, wenn bei der Errichtung, Änderung, Nutzungsänderung und Beseitigung oder bei der Nutzung und Instandhaltung von Anlagen öffentlich-rechtliche Vorschriften nicht eingehalten wurden.

---

3   § 38 II LBO BW; Art. 2 IV BayBO; § 2 IV BauO Bln; § 2 IV BbgBO; § 2 IV BremLBO; § 2 IV HBauO; § 2 IX HBO; § 2 IV LBauO M-V; § 2 V NBauO; § 50 I BauO NRW; § 50 I 1 LBauO RP; § 2 IV LBO Saar; § 2 IV BauO LSA; § 2 IV SächsBO; § 2 IV LBO SH; § 2 IV ThürBO.

4   So auch in Bayern gemäß Art. 12 II BayAGVwGO. In Mecklenburg-Vorpommern ist das Vorverfahren nach § 13a AGGerStrG MV fakultativ.

1. Formelle Voraussetzungen

125 Hinsichtlich der formellen Erlassvoraussetzungen ergeben sich keine Zweifel. N hat sich insbesondere an die zuständige Behörde gewandt.

2. Materielle Voraussetzungen

126 Fraglich aber ist, ob die materiellen Anspruchsvoraussetzungen bestehen. Aus den besagten Gründen ist dies nur der Fall, wenn das Wohngebäude des A gegen den N schützende Vorschriften des öffentlichen Rechts verstößt und überdies das Ermessen der Behörde auf Null reduziert ist.

a) Verstoß gegen drittschützende Vorschriften

127 Fraglich ist, ob das Wohngebäude des A gegen den N schützende Vorschriften verstößt.

b) Verstoß gegen öffentlich-rechtliche Vorschriften

128 Zu prüfen ist daher zunächst, ob das Wohngebäude des A überhaupt gegen öffentlich-rechtliche Vorschriften verstößt. Dies ist der Fall, wenn es formell illegal und/oder materiell illegal ist. Formelle Illegalität liegt vor, wenn trotz Genehmigungspflicht keine wirksame Baugenehmigung vorliegt bzw. diese nicht beachtet wurde. Dies ist hier nicht der Fall, weil vorliegend zwar ein Genehmigungsverfahren durchgeführt wurde, hierbei aber die in Rede stehenden brandschutzrechtlichen Vorschriften nicht geprüft wurden. Insoweit ist in Konstellationen wie dieser anerkannt, dass es wie bei genehmigungsfreien Anlagen nicht auf ihre formelle Illegalität, sondern ausschließlich auf ihre materielle Illegalität ankommen kann.

129 Materielle Illegalität liegt vor, wenn die Anlage bzw. deren Nutzung nicht genehmigungsfähig ist, also gegen materielle Vorschriften des öffentlichen Rechts verstößt. Dies kommt hier allein im Zusammenhang mit § 28 II BauO NRW in Betracht. Danach müssen u. a. nichttragende Außenwände aus nichtbrennbaren Baustoffen bestehen. Daran fehlt es hier. Ausnahmen sind nicht ersichtlich.

c) Nachbarschützende Wirkung

130 Die Vorschrift des § 28 II BauO NRW ist, wie bereits festgestellt, drittschützend und erfasst insbesondere auch dinglich berechtigte Angrenzer wie den N.

d) Verwirkung

131 Allerdings könnte es N verwehrt sein, sich auf die Verletzung dieser Vorschrift zu berufen, da N sich gegen einen Verstoß wehrt, obwohl er selbst nämliche Vorschriften des öffentlichen Rechts missachtet hat. Nach dem auch im öffentlichen Recht anwendbaren Grundsatz von Treu und Glauben ist eine Geltendmachung eines Rechts ausgeschlossen, wenn sie sich in Abwägung der Gesamtumstände als verwerflich erweist. Dies ist dann anzunehmen, wenn der Eigentümer eines Grundstücks die Beachtung einer Vorschrift einfordert, deren Anforderungen sein eigenes Vorhaben selbst nicht einhält. Denn das Recht zur Klage wird letztlich daraus abgeleitet, dass ein Verstoß gegen Vorschriften, die nachbarschützend sind, das nachbarliche Gemeinschaftsverhältnis beeinträchtigt. Wer daher selbst dieses Gemeinschaftsverhältnis in vergleichbarer

Weise stört, kann sich billigerweise nicht gegen eine Störung durch seine Nachbarn wenden. Allerdings setzt dies voraus, dass der eigene Verstoß des Nachbarn mit dem von diesem geltend gemachten Vorwurf qualitativ wie quantitativ vergleichbar ist. Vorliegend führt N an, die gesamte Außenwand des Wohngebäudes des A bestünde aus brennbaren Stoffen, während seine eigene Außenwand nur zu fünf Prozent aus brennbaren Stoffen bestehe. Insoweit besteht nicht nur quantitativ ein beachtlicher Unterschied zwischen beiden im Raum stehenden Verstößen, sondern auch qualitativ betrachtet ist der Verstoß des N mit dem möglichen Verstoß des A nicht vergleichbar. Eine zu einhundert Prozent aus brennbaren Stoffen bestehende Außenwand begründet ein deutlich höheres Gefahrenpotential im Hinblick auf die Ausbreitung möglicher Brände als eine Außenwand, die nur zu fünf Prozent aus brennbarem Stoff besteht. Insoweit hat N sein Klagerecht in Bezug auf die Stoffqualität der Außenwand nicht verwirkt.

▶ **Hinweis:** Da sich dieser Aspekt der (materiellen) Verwirkung ausschließlich auf die Geltendmachung eines bestimmten Rechtsverstoßes bezieht, ist es am überzeugendsten, die Verwirkung auch im Zusammenhang mit diesem Verstoß zu prüfen. Hätte N etwa weiter auch die Verletzung der Abstandsflächenpflicht geltend gemacht, dürfte die eigene Missachtung der brandschutzrechtlichen Vorschrift diesbezüglich in aller Regel keine Relevanz entfalten. ◀

3. Ermessensreduzierung auf Null

Für einen Anspruch des N müsste aber zusätzlich das von § 58 II 2 iVm 1 BauO NRW eingeräumte Ermessen auf Null reduziert sein. Dies setzt voraus, dass keine andere Entscheidung neben dem begehrten Erlass der bauordnungsrechtlichen Verfügung rechtlich zulässig wäre. Das gilt sowohl im Hinblick auf das Entschließungsermessen als auch das Mittel- sowie Störerauswahlermessen.

a) Entschließungsermessen

Wann für das Entschließungsermessen von einer Ermessensreduzierung auf Null ausgegangen werden kann, wird unterschiedlich beantwortet. Auf der einen Seite könnte jeder nachbarrechtsrelevante Verstoß eine Ermessensreduzierung zugunsten des Nachbarn begründen, weil ihm durch das fehlende Durchlaufen eines Genehmigungsverfahrens eine Instanz, die auch die Einhaltung seiner Rechte überprüft, genommen wurde. Andererseits ist dieses Argument gerade in Fällen wie hier, in denen das Gesetz ohnehin kein Genehmigungsverfahren bzw. keine behördliche Prüfung vorsieht, ohne Gewicht. Zudem muss der Bürger die Behörde nicht wegen jedes Rechtsverstoßes unabhängig von seiner Qualität zum Handeln verpflichten können, da andernfalls der vom Gesetzgeber gewollte Ermessensspielraum zu sehr eingeschränkt würde. Danach müsste der festgestellte nachbarrechtsrelevante Verstoß eine gewisse Erheblichkeit aufweisen. Unabhängig davon, welcher Ansicht man folgt, kommen beide Auffassungen hier zu dem Ergebnis einer Ermessensreduzierung auf Null: Einerseits liegt ein nachbarrechtsrelevanter Verstoß vor, andererseits weist er angesichts seines Gefahrenpotentials, nicht nur, aber vor allem für N, die erforderliche Erheblichkeit auf, stehen doch Gefahren für hochrangige Rechtsgüter wie Leben und körperliche Unversehrtheit im Raum.

134 Der Anspruch des N könnte aber daran scheitern, dass eine entsprechende Verfügung der Behörde sich gegenüber A als rechtswidrig erweisen würde. Hierfür sind aber keine Anhaltspunkte ersichtlich.

b) Auswahlermessen

135 Fraglich ist, ob N auch einen Anspruch gerade auf die bauordnungsrechtliche Verfügung mit dem Inhalt hat, die Außenwand zwingend aus nichtbrennbaren Stoffen herzustellen. Eine hierfür erforderliche Ermessensreduzierung auf Null liegt nur vor, wenn diese Maßnahme die einzig (rechtlich zulässige) Maßnahme wäre, die den baurechtswidrigen Zustand zu beseitigen vermag. So liegt die Sache hier. Eine bauordnungsrechtliche Maßnahme anderen Inhalts, die in gleicher Weise den Verstoß gegen § 28 II BauO NRW beseitigen kann, ist nicht ersichtlich.

c) Störerauswahlermessen

136 Der Anspruch des N verdichtet sich zu einem Anspruch gegen die Behörde auf Einschreiten gegenüber A, wenn keine anderen Störer in Betracht kommen, die in gleicher Weise den baurechtswidrigen Zustand beseitigen können. Andernfalls liegt es im Ermessen der Behörde, gegenüber wem sie tätig wird. Vorliegend sind aber keine anderen Störer als A, der Bauherr ist, vgl. § 53 BauO NRW, ersichtlich. Der Anspruch richtet sich daher auf Einschreiten der Behörde gegenüber A.

IV. Ergebnis

137 Die Klage ist begründet und hat damit Erfolg.

Wiederholungs- und Vertiefungsfragen

1. Welche Standardmaßnahmen bauordnungsrechtlicher Verfügungen gibt es?
2. Warum muss zwingend zwischen formeller und materieller Illegalität unterschieden werden?
3. A erhält eine Nutzungsuntersagung und meint, sie sei nur rechtmäßig, wenn die betroffene Nutzung formell sowie materiell illegal sei, da die Untersagung ihn konkret erheblich belaste. Wie ist hierauf zu antworten?
4. Ist der Erlass einer bauordnungsrechtlichen Verfügung zulässig, wenn die betroffene Anlage bzw. deren Nutzung im genehmigungsfreien Verfahren erlassen wurde? Was, wenn sie im vereinfachten Genehmigungsverfahren genehmigt wurde?
5. A erhält eine Abrissverfügung, nach der er sein gesamtes Wohngebäude abreißen lassen muss, weil es die erforderlichen Abstandsflächen nicht einhält. Er ist der Meinung, die Behörde könne lediglich den Rückbau des Wohngebäudes auf den zulässigen Abstand zur Grundstücksgrenze verlangen. Zu Recht?
6. Wann ist eine bauordnungsrechtliche Verfügung wegen Bestandsschutzes ermessensfehlerhaft?
7. Nachbar N möchte, dass die Behörde eine Abrissverfügung gegen A erlässt. Was ist Voraussetzung hierfür? Welche Fragen stellen sich vor allem beim Ermessen?

Glossar

	Rechtsgrundlage z. B.	Definition/Erklärung
Abriss-/Beseitigungs-verfügung	§ 65 I 1 LBO BW Art. 76 S. 1 BayBO § 76 I 1 HBauO § 82 I 1 BauO NRW § 80 S. 1 SächsBO	Die Abriss- oder Beseitigungsverfügung (auch: Abbruchanordnung) ist ein Verwaltungsakt, mit dem die Bauaufsichtsbehörde die Beseitigung baulicher und sonstiger Anlagen verlangen kann, sofern diese gegen öffentlich-rechtliche Vorschriften verstoßen. Die Beseitigung muss nicht immer mit einem Substanzverlust einhergehen, sondern kann sich etwa auch in einer (De-) Montage zeigen (z. B. Entfernung einer Markise).
Abstandsflächen	§ 5 LBO BW Art. 6 BayBO § 6 HBauO § 6 BauO NRW § 6 SächsBO	Abstandsflächen sind Flächen, die vor baulichen Anlagen liegen und von Bebauung freizuhalten sind. Sie dienen der Belichtung, Belüftung, dem Brandschutz und der Wahrung eines Sozialabstands zwischen benachbarten baulichen Anlagen und müssen daher grundsätzlich auf dem Grundstück der jeweiligen baulichen Anlage selbst liegen.
Änderung	§§ 2 XIII, 49 LBO BW Art. 55 I BayBO § 59 I 1 HBauO § 60 BauO NRW § 59 I SächsBO	Eine (bauliche) Änderung liegt vor, wenn der vorhandene Baubestand in seiner Substanz in irgendeiner Weise umgestaltet wird, wobei die Änderungen auch in An-, Um- oder Erweiterungsbauten bestehen können.
Anlagen für gesundheitliche Zwecke	§ 3 III Nr. 2, § 4 II Nr. 3, § 6 II Nr. 5 BauNVO	Anlagen für gesundheitliche Zwecke dienen dem Schutz, der Pflege, der Erhaltung und der Wiederherstellung der Gesundheit (z. B. Sanatorium, Klinik, Kurhaus u. ä.).
Anlagen für kulturelle Zwecke	§ 3 III Nr. 2, § 4 II Nr. 3, § 6 II Nr. 5 BauNVO	Anlagen für kulturelle Zwecke umfassen grundsätzlich alle Anlagen aus den Bereichen Kunst, Wissenschaft, Bildung und Kultur (z. B. Museen, Hochschulen, Opernhäuser, Theater u. ä.).
Anlagen für soziale Zwecke	§ 3 III Nr. 2, § 4 II Nr. 3, § 6 II Nr. 5 BauNVO	Anlagen für soziale Zwecke dienen der sozialen Fürsorge und der Wohlfahrt (z. B. Kindergarten, Jugendtreff usf.)
Anlagen für sportliche Zwecke	§ 3 III Nr. 2, § 4 II Nr. 3, § 6 II Nr. 5 BauNVO	Anlagen für sportliche Zwecke dienen der körperlichen Ertüchtigung, freizeitmäßigen Körperbewegung sowie dem Fitnesstraining (z. B. Schwimmbad, Fußballplatz, Fitnessstudio, Kegelbahn u. ä.).
Anlagen für Verwaltungen	§ 4 III Nr. 3, § 6 II Nr. 5, § 7 II Nr. 1 BauNVO	Anlagen für Verwaltungen sind alle eigenständigen Anlagen, die der (nicht zwingenden büromäßigen) Erledigung verschiedenster Verwaltungsaufgaben gewidmet sind (z. B. Polizeidienststelle, Feuerwache, Krankenkasse u. ä.).

	Rechtsgrundlage z. B.	Definition/Erklärung
Art der baulichen Nutzung	§ 30 I BauGB § 34 I 1 BauGB §§ 1–14 BauNVO	Die Art der baulichen Nutzung betrifft die zulässigen Nutzungszwecke einer baulichen Anlage („Wie" der Nutzung). Die üblichen Nutzungsarten werden durch §§ 1–14 BauNVO festgelegt.
Ausnahme	§ 31 I BauGB	Ausnahmen nach § 31 I BauGB betreffen Vorhaben, die bereits im Bebauungsplan als Ausnahmen zugelassen sind. Besonders – aber nicht ausschließlich – relevant sind Ausnahmen, die im jeweiligen Absatz 3 der §§ 2 ff. BauGB geregelt sind.
Außenbereich	§ 35 BauGB	Außenbereich sind die Flächen, die nicht im Geltungsbereich eines qualifizierten Bebauungsplans liegen und keinen im Zusammenhang bebauten Ortsteil nach § 34 I BauGB bilden.
Baufreiheit	Art. 14 GG	Art. 14 I 1 GG verbürgt als Teil der Eigentumsgarantie auch die Baufreiheit. Sie umfasst das Recht, das Grundstück baulich zu nutzen. Die Normen des Baurechts sind Inhalts- und Schrankenbestimmungen im Sinne von Art. 14 I 2 GG und bestimmen abschließend über die Möglichkeiten der baulichen Nutzung. Die Baufreiheit geht damit in den einfach-gesetzlichen Vorschriften des Baurechts auf und besteht folglich nur so weit, wie das einfache Recht die bauliche Nutzung eines Grundstücks zulässt.
Baugenehmigung	§ 58 I 1 LBO BW Art. 68 I 1 BayBO § 72 I 1 HBauO § 74 I 1 BauO NRW § 71 I SächsBO	Die Baugenehmigung ist ein für den Bauherrn begünstigender Verwaltungsakt. Sie ist erforderlich bei Errichtung, Änderung und Nutzungsänderung genehmigungsbedürftiger Vorhaben. Mit ihr wird die Übereinstimmung des genehmigten Vorhabens mit den öffentlich-rechtlichen Vorschriften bescheinigt und zugleich die Freigabe der Realisierung gewährt.
Baugenehmigungsverfahren, vereinfachtes	§ 52 LBO BW Art. 59 BayBO § 61 HBauO § 64 BauO NRW § 63 SächsBO	Im Rahmen des vereinfachten Baugenehmigungsverfahrens ist der Umfang der vor Erteilung der Baugenehmigung zu prüfenden baurechtlichen Vorschriften eingeschränkt.

Glossar

	Rechtsgrundlage z. B.	Definition/Erklärung
Baulast	§ 71 I 1 LBO BW § 79 I 1 HBauO § 85 I 1 BauO NRW § 83 I 1 SächsBO	Unter Baulast versteht man die öffentlich-rechtliche Verpflichtung des Grundstückeigentümers zu einem sein Grundstück betreffenden Tun, Dulden oder Unterlassen, die sich nicht schon aus den öffentlich-rechtlichen Vorschriften ergibt. Ein Beispiel bildet die Abstandsflächenbaulast, die erforderlich sein kann, wenn Abstandsflächen nicht gänzlich auf dem eigenen, sondern dem angrenzenden Grundstück liegen. Mittels der Baulast verhilft der angrenzende Grundstückseigentümer dem Bauherrn zur Einhaltung der Abstandsflächenpflicht, indem er sich verpflichtet, innerhalb der auf sein Grundstück überschießenden Abstandsfläche nicht zu bauen.
Bauleitplanung	§ 1 I BauGB Flächennutzungsplan Bebauungsplan	Die Bauleitplanung bereitet die bauliche und sonstige Nutzung der Grundstücke in der Gemeinde vor und leitet sie an. Wesentliche Instrumente der gemeindlichen Bauleitplanung sind der Flächennutzungs- und der Bebauungsplan.
bauliche Anlage (Bauordnungsrecht)	§ 2 I LBO BW § 2 I BayBO § 2 I HBauO § 2 I BauO NRW § 2 I SächsBO	Bauliche Anlagen sind mit dem Erdboden verbundene, aus Bauprodukten hergestellte Anlagen. Der Begriff der baulichen Anlage wird in den Bauordnungen der Länder im Detail weitgehend übereinstimmend definiert. Er ist wegen der unterschiedlichen Zielrichtung vom Begriff der baulichen Anlage nach dem BauGB zu unterscheiden, wiewohl zwischen beiden deutliche Überlappungen bestehen.
bauliche Anlage (Bauplanungsrecht)	§ 29 I BauGB	Unter einer baulichen Anlage wird jedes Bauwerk verstanden, das durch einen menschlichen Eingriff mit dem Erdboden fest verbunden wird und bodenrechtliche Relevanz hat.
Baulücke	§ 34 I 1 BauGB	Baulücken werden relevant bei der Bestimmung des Bebauungszusammenhangs, § 34 I 1 BauGB. Es handelt sich um baurechtlich als unbebaut zu qualifizierende Flächen, die den ansonsten durch die übrige Bebauung vermittelten Eindruck der Geschlossenheit und Zusammengehörigkeit *nicht* unterbrechen. Haben sie aufgrund ihrer Größe eine ‚Unterbrechungswirkung‘, spricht man von einer – nach § 35 BauGB zu beurteilenden – Außenbereichsinsel.
Bauordnungsrecht	BauO der Länder und ergänzende Vorschriften der Länder und Gemeinden, etwa kommunale Stellplatzsatzungen	Das Bauordnungsrecht ist anlagenbezogen und regelt im Wesentlichen einerseits zum Zwecke der Gefahrenabwehr die Anforderungen an (bauliche) Anlagen und andererseits das baurechtliche Verwaltungsverfahren. In jüngerer Zeit kamen aber auch weitere Zwecke hinzu, denen sich das Bauordnungsrecht widmet, wie etwa die Barrierefreiheit, derer sich die Länder aufgrund Art. 70 GG annehmen können.

Glossar

	Rechtsgrundlage z. B.	Definition/Erklärung
Bauordnungsverfügung	§ 47 I 2 LBO BW Art. 54 II 2 BayBO § 58 I 2 HBauO § 58 II 2 BauO NRW § 58 II 2 SächsBO	Bauordnungsverfügungen sind Mittel der repressiven Vorhabenkontrolle, die die Bauaufsichtsbehörde ergreifen kann, um gegen baurechtswidrige/illegale Bauvorhaben oder Baustellen vorzugehen. Klassisch sind der Baustopp (Stilllegungsverfügung), die Nutzungsuntersagung und die Abrissverfügung, die in einigen Ländern auch besonders geregelt sind.
Bauplanungsrecht	BauGB, BauNVO	Das Bauplanungsrecht regelt als Unterfall des Bodenrechts, Art. 74 I Nr. 18 Var. 2 GG, die bauliche Nutzung von Grund und Boden im Verhältnis zu ihrer Umgebung. Prägend ist dabei die städtebauliche (kommunale) Planung und Beurteilung von Nutzungskonflikten.
Baurechtswidrigkeit/ Illegalität, formelle	§§ 58, 81, 82 BauO NRW	Formell baurechtswidrig ist eine Anlage, die genehmigungspflichtig ist und für die eine wirksame Baugenehmigung nicht (mehr) vorliegt oder die einer erteilten Genehmigung, gegebenenfalls auch nur in einem Nebenaspekt, nicht entspricht.
Baurechtswidrigkeit/ Illegalität, materielle	§§ 58, 81, 82 BauO NRW	Materiell baurechtswidrig ist eine Anlage, wenn sie gegen materielles öffentliches Recht verstößt, also nicht gänzlich genehmigungsfähig ist.
Baustopp	§ 64 I 1 LBO BW Art. 75 I 1 BayBO § 75 I 1 HBauO § 81 I 1 BauO NRW § 79 I 1 SächsBO	Der Baustopp (bzw. Baustillegung) ist ein Verwaltungsakt, mit dem die Bauaufsichtsbehörde die Ausführung von Bauarbeiten untersagt. Sein Zweck liegt vor allem in der Wahrung der Genehmigungspflicht, weil er gerade dann verfügt wird, wenn eine Anlage zwar materiell legal, formell aber mangels Genehmigung illegal ist.
Bebauungsplan	§§ 8 ff., 30 BauGB § 1 III–X BauNVO	Der Bebauungsplan ist eine gemeindliche Satzung. Er enthält rechtsverbindliche Festsetzungen über die städtebauliche Ordnung und bildet regelmäßig eine wichtige Grundlage für die Zulassung einzelner Bauvorhaben.
Bebauungsplan (einfacher)	§ 30 III BauGB	Ein einfacher Bebauungsplan liegt vor, wenn nicht alle Voraussetzungen erfüllt sind, die für einen qualifizierten Bebauungsplan nach § 30 I BauGB erforderlich sind. Soweit der einfache Bebauungsplan keine Mindestfestsetzung enthält, richtet sich die Zulässigkeit des Vorhabens daher nach dem Bebauungsplan selbst und bezüglich der fehlenden Mindestfestsetzungen („im Übrigen") nach §§ 34, 35 BauGB.
Bebauungsplan (qualifizierter)	§ 30 I BauGB	Ein qualifizierter Bebauungsplan liegt vor, wenn dieser mindestens Festsetzungen über Art und Maß der baulichen Nutzung, die überbaubare Grundstücksfläche und die örtlichen Verkehrsflächen enthält. In diesem Fall bildet der Bebauungsplan auch den alleinigen planungsrechtlichen Zulässigkeitsmaßstab für ein Bauvorhaben.

Glossar

	Rechtsgrundlage z. B.	Definition/Erklärung
Bebauungsplan (vorhabenbezogener)	§§ 12, 30 II BauGB	Der vorhabenbezogene Bebauungsplan ist eine spezielle Form des Bebauungsplans, bei der zur Realisierung eines bestimmten Bauvorhabens ein Bebauungsplan aufgestellt wird.
Bebauungszusammenhang	§ 34 I 1 BauGB	Ein Bebauungszusammenhang liegt vor, wenn aufeinanderfolgende Bebauung (möglicherweise auch trotz vorhandener Baulücken) nach der Verkehrsauffassung den Eindruck der Geschlossenheit und Zusammengehörigkeit vermittelt.
Befreiung	§ 31 II BauGB	Im Rahmen einer Befreiung (Dispens) nach § 31 II BauGB kann ein Vorhaben unabhängig von entgegenstehenden Festsetzungen im Bebauungsplan im Einzelfall zugelassen werden. Das an sich der Behörde eröffnete Ermessen ist dabei bei Vorliegen der Dispensvoraussetzungen in aller Regel auf Null reduziert.
Belange, bodenrechtliche	§ 1 V, VI BauGB	Unter bodenrechtlichen Belangen sind städtebaulich relevante Belange zu verstehen, d. h. diejenigen öffentlichen Interessen, die bei der Aufstellung des Bebauungsplans in die Abwägung einzubeziehen sind, § 1 V, VI BauGB.
Belange, öffentliche	§ 35 III BauGB	Öffentliche Belange sind solche, die einem im Außenbereich geplanten Bauvorhaben möglicherweise entgegenstehen, § 35 I BauGB, bzw. die von einem solchen Bauvorhaben möglicherweise beeinträchtigt werden können, § 35 II BauGB.
Bestandsschutz	§ 35 IV BauGB allgemeines Rechtsprinzip/Verhältnismäßigkeit	Bestandsschutz weist eine aktive und eine passive Komponente auf. Aktiver Bestandsschutz wird vermittelt, wenn Bestandsschutzgründe einen Anspruch auf Genehmigung eines Bauvorhabens begründen. Heute ist anerkannt, dass aktiver Bestandsschutz nur dann besteht, wenn es gesetzlich ausdrücklich vorgesehen ist, insb. § 35 IV BauGB. Bestimmte Umstände vermitteln dagegen passiven Bestandsschutz, wenn sie das repressive Eingreifen der Behörde verhindern, weil sich dieses aus Gründen des Vertrauensschutzes als unverhältnismäßig erwiese, z. B. den Erlass einer Abrissverfügung gegen ein Vorhaben, das in der Vergangenheit für einen längeren Zeitraum (materiell) legal war.
Betrieb, land- oder forstwirtschaftlicher	§ 35 I Nr. 1 BauGB	Legaldefinition der Landwirtschaft gem. § 201 BauGB. Forstwirtschaft ist die planmäßige Bewirtschaftung von Wald mit Anbau, Pflege und Abschlag zum Zweck der Holzgewinnung. Betrieb ist die sinnvolle organisatorische Zusammenfassung von Betriebsmitteln, die auf Dauer angelegt ist und mit Gewinnerzielungsabsicht eingesetzt werden.

Glossar

	Rechtsgrundlage z. B.	Definition/Erklärung
bodenrechtliche/ bauplanungsrechtliche Relevanz (eines Vorhabens)	§ 29 I BauGB	Die bodenrechtliche (auch: bauplanungsrechtliche) Relevanz ist ein wesentliches Kriterium zur Bestimmung, ob eine bauliche Anlage im bauplanungsrechtlichen Sinne vorliegt: Nur bauplanungsrechtlich relevante Anlagen sind für die §§ 30 ff. BauGB von Interesse und begründen ein Regelungsbedürfnis. Die bodenrechtliche Relevanz eines Vorhabens ist gegeben, wenn es bodenrechtliche Interessen, wie sie etwa in § 1 V, VI BauGB formuliert sind, zu beeinträchtigen vermag.
Eigenart der näheren Umgebung	§ 34 I 1 BauGB	Die Eigenart der näheren Umgebung wird durch diejenige vorhandene Bebauung und ihre Nutzung geprägt, die das Wesen der näheren Umgebung ausmachen, d. h. die auf das betroffene Vorhabengrundstück von (bodenrechtlichem) Einfluss sein können oder die umgekehrt vom Vorhabengrundstück geprägt sind.
Einfügen	§ 34 I 1 BauGB	Ein Vorhaben fügt sich in die Eigenart der näheren Umgebung ein, wenn es sich hinsichtlich der vier sachlichen Aspekte des § 34 I BauGB im Rahmen der Eigenart der näheren Umgebung hält oder diesen Rahmen zwar überschreitet, aber weder selbst noch durch seine Vorbildwirkung geeignet ist, bodenrechtliche Spannungen auszulösen oder zu erhöhen, die planerisch bewältigt werden müssen.
Einvernehmen, gemeindliches	§ 36 BauGB	Das gemeindliche Einvernehmen dient der Sicherung der Planungshoheit als Teil der kommunalen Selbstverwaltungsgarantie gem. Art. 28 II GG. Es ist erforderlich, wenn über die Zulässigkeit eines Vorhabens durch die von der Gemeinde verschiedene Baugenehmigungsbehörde entschieden werden soll, das nicht bereits durch die Gemeinde mittels eines Bebauungsplans abstrakt zugelassen wurde.
Entwicklung und Ordnung, städtebauliche	§ 1 III 1 BauGB	Mit städtebaulicher Entwicklung und Ordnung werden Ziel und Gegenstand der Bauleitplanung umschrieben: Die Gemeinde muss bei der Anleitung und Regelung der Grundstücksnutzung, § 1 I BauGB, die konfligierenden bodenrechtlichen Belange in Ausgleich bringen, um Nutzungskonflikte aktuell zu vermeiden (Ordnung) und die künftige Nutzungsstruktur vorzugeben (Entwicklung).
Entwicklungsgebot	§ 8 II 1 BauGB	Das Entwicklungsgebot drückt das Stufenverhältnis der Bauleitplanung aus, nach dem der Bebauungsplan grundsätzlich aus dem Flächennutzungsplan zu entwickeln ist.

Glossar

	Rechtsgrundlage z. B.	Definition/Erklärung
Errichtung	§ 29 I BauGB §§ 2 XIII, 49 LBO BW Art. 55 I BayBO § 59 I 1 HBauO § 60 BauO NRW § 59 I SächsBO	Errichtung bedeutet die erstmalige Herstellung eines Bauwerks oder die Wiederherstellung einer zerstörten Anlage mit Hilfe von Baustoffen und Baumaterialien.
Erschließung, Sicherung der	§ 127 BauGB	Die Erschließung umfasst die Mindestanforderungen an die Benutzbarkeit eines Grundstücks und meint etwa die verkehrliche Anbindung oder den Anschluss an die Strom- und Wasserversorgung.
Flächennutzungsplan	§ 5 BauGB	Der Flächennutzungsplan stellt die erste Stufe der Bauleitplanung dar und bereitet die spätere verbindliche Planung durch den Bebauungsplan vor, indem die Grundstücksnutzung des gesamten Gemeindegebietes in Grundzügen dargestellt wird.
Gebietserhaltungs-anspruch	§§ 2 ff. BauNVO	Der Gebietserhaltungsanspruch bezeichnet den Abwehranspruch eines dinglich Berechtigten gegen die Realisierung einer baulichen Nutzung, die ihrer Art nach dem Gebietscharakter widerspricht, weil sie nach den anwendbaren §§ 2 ff. BauNVO unzulässig ist. Die Anwendbarkeit der §§ 2 ff. BauNVO kann sich aus dem Bebauungsplan, § 1 III 2 BauNVO, oder aus der Eigenart der näheren Umgebung, § 34 II BauGB, ergeben. Der Gebietserhaltungsanspruch ist also drittschützend, weil alle dinglich Berechtigten eines Gebietes nach den gesetzgeberischen Vorstellungen eine bodenrechtliche Schicksalsgemeinschaft bilden, die sich gegen Verfremdungen des Gebietstypus wehren können soll.
Gebietsprägungs-erhaltungsanspruch	§§ 2 ff. BauNVO	Der Gebietsprägungserhaltungsanspruch ist ein von der Literatur geschaffener, in der Praxis weitgehend unbeachtet gebliebener Begriff, der auf die (seltene) Form der Gebietsunverträglichkeit abstellt, bei der ein Vorhaben nach den §§ 2 ff. BauNVO unzulässig ist und daher mit dem Gebietserhaltungsanspruch abgewehrt werden kann, weil es zwar keine unzumutbaren Störungen bedeutet, aber mit dem Zweck des Gebiets an sich unvereinbar ist (z. B. Krematorium mit Abschiedshalle in Gewerbegebiet).
Geschossflächen-anzahl	§ 20 II BauNVO	Die Geschossflächenzahl gibt an, wie viele Quadratmeter Geschossfläche je Quadratmeter Grundstücksfläche zulässig sind (z. B. 0,8 = 80 % der Grundstücksfläche dürfen die Geschossflächen zusammen aufweisen).

309

	Rechtsgrundlage z. B.	Definition/Erklärung
Gewerbebetrieb	§ 4 III Nr. 2, § 6 II Nr. 4, § 7 II Nr. 3 BauNVO	Gewerbe als Gewerbe anzusehen sind Betriebe des Handwerks und der Industrie, des Handels, das Hotel- und Gaststättengewerbe, das Verkehrsgewerbe und die einer besonderen Genehmigung unterliegenden Gewerbe, § 30 ff. GewO, aber etwa Dienstleistungsbetriebe, sofern sie nicht § 6 GewO unterliegen. Der Begriff des Gewerbebetriebs hat in der BauNVO eine Auffangfunktion, weil §§ 2 ff. BauNVO vielfach einzelne Ausprägungen von Gewerbebetrieben ausdrücklich nennen, z. B. in § 7 II Nr. 1 BauNVOLB BauR Einzelhandelsbetriebe, Schank- und Speisewirtschaften und Betriebe des Beherbergungsgewerbes.
Grundfläche	§ 19 II BauNVO	Mit Grundfläche ist die auf einem Grundstück bebaute Fläche gemeint.
Grundflächenzahl	§ 19 I BauNVO	Die Grundflächenzahl gibt an, wie viele Quadratmeter Grundfläche je Quadratmeter Grundstücksfläche zulässig sind (z. B. 0,2 = 20 % der Grundstücksfläche darf bebaut werden).
Grundsätze der Raumordnung	§ 1 IV BauGB	Grundsätze der Raumordnung sind Regelungen in der Raumordnungsplanung, bei denen der Plangeber die erforderliche Abwägung noch nicht abschließend vorgenommen hat, es sich also nicht um rechtsverbindliche Letztentscheidungen, sondern um Leitlinien für die vom nachrangig zuständigen Plangeber (z. B. Kommune) vorzunehmenden Abwägung handelt.
Innenbereich	§ 34 I 1 BauGB	Zum Innenbereich gehören die Grundstücke, die „innerhalb der im Zusammenhang bebauten Ortsteile" (Bebauungszusammenhang), § 34 Abs. 1 BauGB, liegen oder deren Zuordnung zum Innenbereich gemäß § 34 IV BauGB durch Satzung festgelegt ist.
Maß der baulichen Nutzung	§ 16 ff. BauNVO	Das Maß der baulichen Nutzung betrachtet die Intensität der Grundstücksnutzung (Höhe, Anzahl der Vollgeschosse, Umfang der bebauten Fläche usf.). Die möglichen Festsetzungen finden sich in § 16 II BauNVO.
Nachbar	§ 55 I LBO BW Art. 66 I BayBO § 71 I HBauO § 72 I BauO NRW § 70 I SächsBO	Nachbar ist ein Rechtsbegriff und meint diejenigen Personen, die vom Drittschutz baurechtlicher Vorschriften umfasst sind. In personeller Hinsicht sind das stets nur dinglich Berechtigte eines Grundstücks (h. M.) in räumlicher Hinsicht kommt es auf den Schutzzweck der jeweils betroffenen Vorschrift an (z. B. § 6 I BauO NRW schützt nur den Angrenzer).

Glossar

	Rechtsgrundlage z. B.	Definition/Erklärung
Nutzungsänderung (bauordnungsrechtlich)	§ 2 XIII Nr. 1, 49 LBO BW Art. 55 I BayBauO § 62 I HBauO § 60 I BauO NRW § 59 I SächsBO	Eine Nutzungsänderung liegt dann vor, wenn eine neue Anlagennutzung möglicherweise anderen rechtlichen Bewertungen unterliegt. Es kann auch schon die Änderung der Nutzungsintensität eine Nutzungsänderung darstellen (z. B. Änderung der Öffnungszeiten), wenn diese möglicherweise eine andere rechtliche Bewertung erfordern (z. B. Sonntagsschutz).
Nutzungsänderung (bauplanungsrechtlich)	§ 29 I BauGB	wie Nutzungsänderung (bauordnungsrechtlich), wobei sich die möglicherweise anderweitige rechtliche Bewertung aus dem Bauplanungsrecht ergibt.
Nutzungsuntersagung	§ 65 I 2 LBO BW Art. 76 S. 2 BayBO § 76 I 2 HBauO § 82 I 2 BauO NRW § 80 S. 2 SächsBO	Die Nutzungsuntersagung ist ein Verwaltungsakt, mit dem die zuständige Bauaufsichtsbehörde die unzulässige Nutzung von Anlagen verbietet.
Ortsteil	§ 34 I 1 BauGB	Ortsteil ist jede Ansammlung von Anlagen, die nach der Zahl der vorhandenen Bauten ein gewisses Gewicht besitzt und Ausdruck einer organischen Siedlungsstruktur ist.
Plangebiet	§ 3 BauGB	Plangebiet ist die von einem Raumordnungs- oder Bauleitplan umfasste Fläche.
Planungshoheit, gemeindliche		Das Recht der örtlichen Bauleitplanung ist den Gemeinden verfassungsrechtlich als Teil der Garantie der kommunalen Selbstverwaltung in Art. 28 II 1 GG garantiert. Es sichert den Gemeinden das Recht, alle Angelegenheiten der örtlichen Gemeinschaft im Rahmen der Gesetze in eigener Verantwortung zu regeln. In § 1 III, § 2 I 1 BauGB wird die Bauleitplanung als Aufgabe der Gemeinde, die diese in eigener Verantwortung wahrzunehmen hat, bestimmt.
Raumordnung	§ 1 IV BauGB ROG	Raumordnung meint die zusammenfassende, überörtliche und überfachliche Ordnung des Raums aufgrund von vorgegebenen oder sich erst entwickelnden Leitvorstellungen. Ziele der Raumordnung sind in § 3 Nr. 2 ROG definiert.
Siedlungsstruktur, organische	§ 34 I 1 BauGB	Die Frage nach der organischen Siedlungsstruktur stellt sich bei der Prüfung des Vorliegens eines Ortsteils, § 34 I 1 BauGB: Eine organische Siedlungsstruktur liegt vor, wenn sich die Bebauung in einer der Siedlungsstruktur angemessenen Weise fortentwickelt hat und somit eine aufeinanderfolgende und zusammenhängende Bebauung gegeben ist. Nicht erforderlich ist eine nach Art und Zweckbestimmung einheitliche Bebauung.

Glossar

	Rechtsgrundlage z. B.	Definition/Erklärung
Spannung, bodenrechtliche	§ 34 I 1 BauGB	Bodenrechtliche Spannungen sind dadurch gekennzeichnet, dass ein Vorhaben die vorhandene städtebauliche Situation in bauplanungsrechtlich relevanter Weise verschlechtert, stört oder belastet und das Bedürfnis hervorruft, die Voraussetzungen für seine Zulassung unter Einsatz der Mittel der Bauleitplanung zu schaffen.
Splittersiedlung	§ 35 III Nr. 7 BauGB vgl. § 34 I 1 BauGB	Eine Splittersiedlung ist jeder Siedlungsansatz, der kein Ortsteil im Sinne von § 34 I 1 BauGB ist, dem es also an dem erforderlichen städtebaulichen Gewicht (der erforderlichen Anzahl an Bauten) oder der organischen Siedlungsstruktur fehlt.
Teilbaugenehmigung	§ 61 I 1 LBO BW Art. 70 S. 1 BayBO § 72 V 1 HBauO § 76 S. 1 BauO NRW § 74 S. 1 SächsBO	Die Teilbaugenehmigung ist eine Baugenehmigung nur für einen (abgrenzbaren) Teil des Vorhabens.
Umwelteinwirkungen, schädliche	§ 35 III 1 Nr. 3 BauGB	Der Begriff der schädlichen Umwelteinwirkungen ist in § 3 I BImSchG legaldefiniert. Wann die Schwelle der Erheblichkeit überschritten ist, richtet sich nach dem üblichen, zumutbaren Maß. Durch (normkonkretisierende) Verwaltungsvorschriften wie TA Luft, TA Lärm oder VDI-Richtlinien werden Richtwerte festgesetzt, die trotz des eigentlichen fehlenden Rechtsnormcharakters ausnahmsweise Außenwirkung entfalten.
Veränderungssperre	§ 14 I BauGB	Die Veränderungssperre ist eine gemeindliche Satzung, durch die zum Schutz laufender Planung (Aufstellung eines Bebauungsplans) solche Vorhaben bereits vor Inkrafttreten des beabsichtigten Bebauungsplans unzulässig werden und daher nicht genehmigt werden dürfen, die die Planung möglicherweise konterkarieren.
Vergnügungsstätte	z. B. § 6 II Nr. 8 BauNVO	Vergnügungsstätten stellen eine besondere Art von Gewerbebetrieben dar, die sich durch kommerzielle Freizeitgestaltung und Amüsierbetrieb auszeichnen und bei denen – in unterschiedlicher Weise – die Unterhaltung der Besucher und Kunden im Vordergrund steht.
Verunstaltung	§ 11 LBO BW Art. 8 BayBO § 12 HBauO § 9 BauO NRW § 9 SächsBO	Verunstaltung meint einen das ästhetische Empfinden eines Betrachters nicht bloß beeinträchtigenden, sondern grob verletzenden Zustand. Maßgeblich sind der Standpunkt und das Empfinden eines sog. gebildeten Durchschnittsmenschen, der für ästhetische Eindrücke aufgeschlossen ist.

Glossar

	Rechtsgrundlage z. B.	Definition/Erklärung
(Bau-)Vorbescheid	§ 57 I 1 LBO BW Art. 71 S. 1 BayBO § 63 I 1 HBauO § 77 I 1 BauO NRW § 75 S. 1 SächsBO	Mittels des Bauvorbescheids kann der Bauherr bereits vor Einreichung des Bauantrages über einzelne Zulässigkeitsfragen des geplanten Vorhabens eine behördliche Feststellung erlangen. Der Vorbescheid hat also nur Feststellungswirkung hinsichtlich der aufgeworfenen Fragen, jedoch – anders als die Teilbaugenehmigung – keine Gestattungswirkung.
Vorhaben	§ 29 I BauGB	Ein Vorhaben umfasst bauordnungsrechtlich wie bauplanungsrechtlich die Errichtung, Änderung oder Nutzungsänderung von (baulichen) Anlagen.
Vorhaben, privilegierte, sonstige und begünstigte	§ 35 I, II BauGB	Die Unterscheidung zwischen privilegierten und sonstigen Vorhaben erleichtert die nach § 35 BauGB vorzunehmende Abwägung zwischen Vorhaben und öffentlichen Belangen, weil der Gesetzgeber sie insoweit schon vorstrukturiert hat: Privilegierte Vorhaben (§ 35 I BauGB) sind solche, die im Außenbereich grundsätzlich zulässig sind („nicht entgegenstehen"), sonstige Vorhaben (§ 35 II BauGB), hingegen diejenigen, die grundsätzlich unzulässig sind („nicht beeinträchtigt").
Wohnen	z. B. § 3 II Nr. 1 BauNVO § 4 II Nr. 1 BauNVO § 6 II Nr. 1 BauNVO	Wohnen meint die auf Dauer angelegte Häuslichkeit, die von Eigengestaltung und Freiwilligkeit der Lebensführung geprägt ist.
Ziele der Raumordnung	§ 1 IV BauGB ROG	Ziele der Raumordnung sind in Raumordnungsplänen festgesetzte verbindliche Festlegungen, bei der also der Plangeber die erforderliche Abwägung bereits letztentscheidend vorgenommen hat. Eine Legaldefinition findet sich in § 3 I Nr. 2 ROG.
Zurückstellung	§ 15 I 1 BauGB	Die Zurückstellung ist ein Verwaltungsakt, mit dem über ein Bauantrag zum Schutz der laufenden, aber noch nicht abgeschlossenen gemeindlichen Planung für eine gewisse Zeit nicht entschieden werden muss, wenn zu befürchten ist, dass das Vorhaben die Planung konterkarieren wird. Es handelt sich hier neben der Veränderungssperre um ein weiteres Mittel zum Schutz laufender kommunaler Planung.

Stichwortverzeichnis

Die Angaben verweisen auf die Teile des Buches (*kursive Zahlen*), die Paragrafen (**fette Zahlen**) sowie die Randnummern innerhalb der einzelnen Paragrafen (magere Zahlen). Beispiel: Teil 1 § 9 Rn. 10 = *1* **9** 10

Abrissverfügung *4* **2** 14, **3** 36 ff.
Abstandsflächen *3* **7** 311 ff.
Abwägung *2* **2** 58 ff.
Abwägungsfehlerlehre *2* **2** 65 ff.
Anfechtungsklage
– siehe Drittanfechtungsklage *3* **8** 382
Anhörung *3* **2** 35 ff.
Anlage
– siehe bauliche Anlage *3* **2** 15
Anzeige-/Kenntnisgabeverfahren *3* **2** 29
Art der baulichen Nutzung *2* **2** 43 ff.; *3* **4** 176 ff.
– Drittschutz *3* **8** 362
Ausnahme *3* **3** 128 ff.
– Drittschutz *3* **8** 370
Außenbereich
– Anwendungsbereich *3* **5** 223
– Außenbereichsinsel *3* **4** 171
– begünstigte Vorhaben *3* **5** 227, 257 ff.
– Bestandsschutz *3* **5** 258
– Drittschutz *3* **8** 376
– öffentliche Belange *3* **5** 252 ff.
– privilegierte Vorhaben *3* **5** 229 ff.
– sonstige Vorhaben *3* **5** 225 ff.
– Systematik *3* **5** 224 ff.
Bauantrag *3* **2** 34
Baufreiheit *1* **2** 20
Baugenehmigung *3* **2** 62 ff.
– formeller Bestandsschutz *3* **2** 65 f.
– Geltungsdauer *3* **2** 69
– Nebenbestimmungen *3* **2** 67 f.
– Sachbescheidungsinteresse *3* **2** 57 f.
– Wirkungen *3* **2** 64
Bauleitplanung
– Abstimmungsgebot *2* **3** 110 ff.
– Abwägungsgebot *2* **3** 113 ff.
– Anpassung an die Raumordnungsziele *2* **3** 108 f.
– Beteiligung *2* **3** 80 ff., 89 ff.
– Entwicklungsgebot *2* **3** 120 ff.
– Erforderlichkeit *2* **3** 103 ff.
– Fehlerfolgenlehre *2* **3** 125 ff.
– formelle Rechtmäßigkeit *2* **3** 79 ff.

– Funktion *2* **1** 1, **2** 11 ff.
– Gesamtplanung *2* **2** 21 ff.
– materielle Rechtmäßigkeit *2* **3** 97 ff.
– Rechtsschutz *2* **5** 168 ff.
bauliche Anlage
– Bauordnungsrecht *3* **2** 15 ff.
– Bauplanungsrecht *3* **2** 43 ff.
Baunutzungsverordnung *3* **3** 90 ff.
– Nutzungsarten *3* **3** 92 ff., 98
Bauordnungsrecht
– Abgrenzung zum Bauplanungsrecht *1* **1** 14 ff.
– Drittschutz *3* **8** 377
– Funktion *3* **7** 310
– materielles Bauordnungsrecht *3* **7** 311 ff.
– Verfahrensregelungen, siehe Genehmigungsverfahren *3* **2** 31
Bauordnungsverfügungen
– Adressat *4* **3** 44 f.
– Ermessen *4* **3** 46 ff.
– Rechtsschutz *4* **4** 87 ff.
– Verhältnismäßigkeit *4* **3** 33 f., 57 ff.
Bauplanungsrecht *3* **2** 42 ff.
– Abgrenzung zum Bauordnungsrecht *1* **1** 14 ff.
Bauvorbescheid *3* **2** 70 ff.
Bauvorhaben *3* **2** 14 ff.
Bauweise *2* **2** 54
Bebauungsplan
– Arten *2* **2** 39 f.; *3* **3** 81, 124 f.
– Funktionen *2* **2** 37
– Funktionslosigkeit *3* **3** 86
– Inhalte *2* **2** 42 ff., **3** 101 f.
– Rechtsschutz *2* **5** 169 ff.
Bebauungszusammenhang *3* **4** 167 ff.
Befreiung *3* **3** 131 ff.
– Drittschutz *3* **8** 371 f.
Beseitigungsverfügung
– siehe Abrissverfügung *4* **2** 14
Bestandsschutz *3* **5** 258; *4* **3** 52 ff.
Dispens
– siehe Befreiung *3* **3** 131
Drittanfechtungsklage *3* **8** 382 ff.

315

Stichwortverzeichnis

Drittschutz *3* **8** 344 ff.
Duldung *4* **3** 49 ff.
Eigenart der näheren Umgebung *3* **4** 175 ff., 180, 185 ff.
Eigentumsfreiheit *1* **2** 20
Einfügen *3* **4** 175 ff.
Einvernehmen der Gemeinde *3* **6** 293 ff.
Erdrückende Wirkung *3* **8** 354
Erschließung
– siehe Sicherung der Erschließung *3* **3** 123
Fachplanung *2* **2** 20
Faktisches Baugebiet *3* **4** 177 ff.
Flächennutzungsplan
– Funktionen *2* **2** 26 ff.
– Inhalte *2* **2** 34 ff.
– Konzentrationszonen *2* **5** 184 f.
– Rechtmäßigkeit *2* **5** 181 ff.
– Rechtsnatur *2* **2** 30 ff.
Gebietserhaltungsanspruch *3* **8** 362, 373
Gebietsprägungserhaltungsanspruch *3* **8** 362
Gebietstypen *3* **2** 50
Gebietsverträglichkeit *3* **3** 100 ff.
Gebot der Rücksichtnahme *3* **3** 122, **8** 347 ff.
Gemengelage *3* **4** 183
Genehmigungsfähigkeit *3* **2** 39 ff.
Genehmigungsfreiheit *3* **2** 27 f.
Genehmigungsfreistellung *3* **2** 29
Genehmigungspflicht *3* **2** 12 ff.
Genehmigungstypen *3* **2** 61 ff.
– Baugenehmigung *3* **2** 62 ff.
– Bauvorbescheid *3* **2** 70 ff.
– Teilbaugenehmigung *3* **2** 74 ff.
Genehmigungsverfahren *3* **2** 31 ff.
Gesetzgebungskompetenz *1* **1** 10 ff.
– Bodenrecht *1* **1** 10
– Gefahrenabwehr *1* **1** 12
Gestaltungssatzungen *3* **7** 323
Grundzüge der gemeindlichen Planung *3* **3** 134
Illegalität
– siehe Bauordnungsverfügungen *4* **1** 1
im Zusammenhang bebauter Ortsteil *3* **4** 163 ff.
– Bebauungszusammenhang *3* **4** 167 ff.
– Innenbereich kraft Satzung *3* **4** 173

– maßstabsbildende Bebauung *3* **4** 170
– Ortsteil *3* **4** 164 ff.
– Splittersiedlung *3* **4** 164, 166
Innenbereich
– siehe im Zusammenhang bebauter Ortsteil *3* **4** 163
interkommunales Abstimmungsgebot *2* **3** 110
Konzentrationswirkung *3* **2** 54
landwirtschaftlicher Betrieb *3* **5** 231 ff.
Maß der baulichen Nutzung *2* **2** 48 ff.
– Drittschutz *3* **8** 364 f.
Nachbar *3* **8** 356 f.
Normenkontrollantrag *2* **5** 170 ff.
Nutzungsuntersagung *4* **2** 16, **3** 39 f.
öffentliche Belange
– siehe Außenbereich *3* **5** 223
örtliche Verkehrsflächen *3* **3** 88
Ortsteil
– siehe im Zusammenhang bebauter Ortsteil *3* **4** 163
Planungshoheit *1* **2** 22, **4** 43
Planungssicherungsinstrumente *3* **6** 289 ff.
präventives Verbot mit Erlaubnisvorbehalt *3* **2** 60
privilegierte Vorhaben
– siehe Außenbereich *3* **5** 223
repressive Rechtmäßigkeitskontrolle *4* **2** 10 ff.
Rücksichtnahme
– siehe Gebot der Rücksichtnahme *3* **3** 122
Sachbescheidungsinteresse *3* **2** 57 f.
Schlusspunkttheorie *3* **2** 56
Schutznormtheorie *3* **8** 343
Selbstverwaltungsgarantie *1* **2** 21
Separationsmodell *3* **2** 55
Sicherung der Erschließung *3* **3** 123 f., **4** 187
Sicherungsinstrumente
– siehe Planungssicherungsinstrumente *3* **6** 289
Splittersiedlung *3* **4** 164, 166, **5** 255 ff.
Stellplätze *3* **7** 318 f.
Stilllegungsverfügung *4* **2** 15, **3** 35
TA Lärm / Luft *3* **8** 354

Stichwortverzeichnis

Teilbaugenehmigung *3* **2** 74 ff.

überbaubare Grundstücksfläche *2* **2** 53
- Drittschutz *3* **8** 367

Veränderungssperre *2* **4** 145 ff., *5* 191; *3* **6** 291

Verhältnismäßigkeit
- siehe Bauordnungsverfügungen *4* **1** 1

Verpflichtung auf behördliches Einschreiten *3* **8** 391 ff.

Verschattung *3* **8** 354

Verunstaltungsverbot *3* **7** 320 ff.
- Drittschutz *3* **8** 377

Verwaltungsvorschriften *1* **3** 31; *3* **8** 354

Vorhabenzulassung *3* **2** 39 ff.
- im beplanten Gebiet *3* **3** 77 ff., 84 ff., 124 ff.
- im unbeplanten Außenbereich *3* **5** 221 ff.
- im unbeplanten Innenbereich *3* **4** 161 ff.
- Verfahren, siehe Genehmigungsverfahren *3* **2** 31

Werbeanlagen *3* **7** 324 ff.

Zulassung von Bauvorhaben
- siehe Vorhabenzulassung *3* **2** 39

Zurückstellung von Baugesuchen *2* **4** 165 ff.; *3* **6** 292